Księża wobec bezpieki

ks. Tadeusz Isakowicz-Zaleski
Księża wobec bezpieki
na przykładzie archidiecezji krakowskiej

Wydawnictwo Znak, Kraków 2007

Projekt okładki
Dominika Zaleska

Na pierwszej stronie okładki
Nowa Huta Bieńczyce, kościół Arka Pana, 1 maja 1982,
Solidarność oddaje swe sztandary pod opiekę Matki Bożej
Fot. Stanisław Markowski

Fotografia autora na czwartej stronie okładki
Wojciech Olkuśnik/Agencja Gazeta

Redakcja
Wojciech Bonowicz

Konsultacja historyczna
ks. prof. dr hab. Józef Marecki
dr Filip Musiał
mgr Ewa Zając

Korekta
Małgorzata Biernacka
Urszula Horecka
Beata Trebel

Indeks
Wojciech Bonowicz

Łamanie
Irena Jagocha

Swoje honorarium Autor w całości przeznaczył na potrzeby
prac remontowo-budowlanych w Integracyjnej Szkole Podstawowej
w Radwanowicach i w prowadzonych przez Fundację im. Brata Alberta
ośrodkach dla osób niepełnosprawnych.

Wydawca dziękuje krakowskiemu Oddziałowi Instytutu Pamięci
Narodowej za udostępnienie reprodukcji dokumentów pochodzących
z archiwum IPN oraz za zgodę na ich zamieszczenie w niniejszej książce.

znak Zamówienia: Dział Handlowy, 30-105 Kraków, ul. Kościuszki 37
Bezpłatna infolinia: 0 800 130 082
Zapraszamy do naszej księgarni internetowej: www.znak.com.pl

Niech Twój Kościół
będzie żywym świadectwem prawdy i wolności,
sprawiedliwości i pokoju,
aby wszyscy ludzie otworzyli się
na nadzieję nowego świata.

Z V Modlitwy Eucharystycznej

Kapłanom i świeckim,
zapomnianym bohaterom
zmagań z systemem komunistycznym,

a w szczególności
śp. księdzu Kazimierzowi Jancarzowi
i śp. księdzu Adolfowi Chojnackiemu.

PRZEDMOWA

Nigdy nie zamierzałem udać się do Instytutu Pamięci Narodowej, aby zapoznać się z aktami Służby Bezpieczeństwa, a tym bardziej z własną teczką. Uważałem, że po 1989 roku definitywnie zakończył się czas zmagania z systemem komunistycznym, a rozpoczął czas służenia Kościołowi i Ojczyźnie w całkiem inny sposób. Jednak akta te przyszły do mnie same.

Półtora roku temu wraz z przyjaciółmi z podziemnej Solidarności jechałem pociągiem do Gdańska na uroczystości 25-lecia podpisania Porozumień Sierpniowych. Podczas wielogodzinnej podróży wysłuchałem po raz pierwszy opowieści byłych opozycjonistów, którzy byli świeżo po lekturze swoich akt. Niektórzy z nich, opowiadając o tym, co znaleźli w swoich teczkach, nie kryli emocji, a nawet mieli łzy w oczach.

Miesiąc później z audycji radiowej pani Danieli Motak z Radia Kraków dowiedziałem się, że w oddziale IPN w Krakowie zachowały się zarówno akta SB, w których występuję jako figurant o pseudonimie „Jonasz", jak i kaseta wideo nakręcona przez samych funkcjonariuszy bezpieki po moim drugim pobiciu w grudniu 1985 roku (zawiera ona dwukrotne przesłuchanie mnie jako pokrzywdzonego oraz wizję lokalną, obdukcję lekarską i rekonstrukcję wydarzeń z moim udziałem jako pozoranta). Wówczas przełamałem się i – korzystając z otrzymanego wcześniej statusu pokrzywdzonego przez system komunistyczny – wystąpiłem o swoje akta.

Dnia 8 października 2005 roku, kiedy po raz pierwszy przekroczyłem próg archiwum IPN w Wieliczce, długo nie zapomnę. Zapoznanie się z zachowanymi materiałami było doświadczeniem porażającym i to nie tylko dlatego, że wspomniana kaseta wideo przypomniała bolesne dla mnie sprawy. Najgorsze było odkrycie, że wśród wielu wspaniałych i gorliwych kapłanów archidiecezji krakowskiej, w tym osób, które znałem i ceniłem, znaleźli się w czasach PRL-u także tajni współpracownicy SB.

Zwróciłem się z tym problemem do władz kościelnych. Na pierwszy list nie dostałem odpowiedzi, na drugi odpisano mi lakonicznie, polecając mnie opiece Matki Boskiej. W końcu po kolejnej próbie uzyskania jakiegoś stanowiska w tej kwestii usłyszałem, że są to sprawy, które dzisiaj nikogo już nie interesują, i że najlepiej, abym – jak argumentowano: dla dobra Kościoła – dał sobie z tym spokój.

Długo zmagałam się sam z sobą. Zastanawiałem się, co w tej sytuacji zrobiłby mój nieżyjący przyjaciel, ksiądz Kazimierz Jancarz, kapelan nowohuckich robotników. Doszedłem do wniosku, że on – właśnie dla dobra Kościoła – nie poszedłby w tej sprawie na kompromis. Przeczuwałem, że problem tzw. lustracji duchowieństwa wcześniej czy później stanie się problemem publicznym, a unikanie jego podejmowania przez sam Kościół może doprowadzić do nieodwracalnych szkód. Przede wszystkim – rzuci cień na tych duchownych (a była ich przecież znakomita większość!), którzy nigdy się współpracą z komunistyczną bezpieką nie splamili. Na początku 2006 roku zdecydowałem więc zaapelować publicznie do moich współbraci księży o samooczyszczenie. Stało się to w czasie spotkania działaczy Solidarności z dziennikarzami, na którym to spotkaniu jeden z naszych przyjaciół, robotnik z Nowej Huty, przyznał się do współpracy z SB i przeprosił za to swoich kolegów.

Nie spodziewałem się, że te kilka zdań wówczas przeze mnie wypowiedzianych będzie kamyczkiem, który uruchomi lawinę w całej Polsce. To, przez co musiałem przejść od tego czasu, a czego smutnym finałem był komunikat krakowskiej Kurii Metropolitalnej z dnia 17 października i przebieg kongregacji duchownych w dniu 4 listopada 2006 roku, to temat na osobną publikację, którą przygotuje już ktoś inny.

Równocześnie z wystosowaniem wspomnianego apelu rozpocząłem badania historyczne w archiwach IPN. Historia była bowiem zawsze moją pasją. Po obronieniu pracy magisterskiej, napisanej pod kierunkiem wybitnego historyka Kościoła księdza profesora Bolesława Kumora, nie dane mi było jednak kontynuować pracy naukowej (w 1983 roku władze komunistyczne odmówiły mi wydania paszportu na wyjazd na studia do Rzymu). W marcu ubiegłego roku pod kierunkiem księdza profesora Andrzeja Zwolińskiego z Papieskiej Akademii Teologicznej w Krakowie otwarłem w IPN projekt badawczy pt. „Działalność antykościelna Wydziału IV Służby Bezpieczeństwa".

W swoich badaniach skoncentrowałem się na archidiecezji krakowskiej, której teren od 1975 roku podzielony był między cztery województwa. Z tego powodu kwerendę prowadziłem w archiwach oddziałów IPN w Krakowie i Katowicach, gdzie zgromadzone są akta SB z Krakowa, Nowego Sącza, Katowic i Bielska-Białej. Korzystałem też z archiwów Departamentu IV oraz Departamentu I MSW w Warszawie, gdzie znalazłem wiele cennych dokumentów zachowanych na mikrofilmach. Sięgnąłem ponadto do dokumentów, które – jako pokrzywdzeni – otrzymali działacze Solidarności, tak z Regionu Małopolska, jak i z Regionu Śląsko-Dąbrowskiego.

Tak jak i inni niezależni badacze, nie mogłem korzystać z archiwów kościelnych, które z założenia nie udostępniają teczek personalnych osób żyjących lub niedawno zmarłych. Dlatego przeprowadziłem szereg wywiadów z żyjącymi świadkami tamtych wydarzeń, w tym także z wieloma duchownymi. Ci ostatni udzielili mi szeregu cennych informacji, choć prawie wszyscy prosili o zachowanie anonimowości. Podobnie było z duchownymi, z którymi konsultowałem opisy poszczególnych sylwetek księży. Skorzystałem także z licznych opracowań udostępnionych mi przez bibliotekę IPN oraz historyków świeckich.

Nie udało mi się dotrzeć do środowiska byłych funkcjonariuszy Wydziału IV SB w Krakowie. Po tym, co usłyszałem na swój temat w ich wypowiedziach zarejestrowanych przez pana Macieja Gawlikowskiego, autora filmu *Zastraszyć księdza*, byłoby to zresztą bezcelowe. Nadal bowiem obowiązuje wśród nich mafijna zasada omerty, czyli zmowy milczenia. A jeśli muszą już coś powiedzieć na temat swojej przeszłości (np. w czasie procesów lustracyjnych), to – w obawie przed odpowiedzialnością karną – starają się maksymalnie wybielać swoje działania, przedstawiając SB jako organizację, która nie zajmowała się niczym innym jak fałszowaniem teczek i oszukiwaniem swoich przełożonych. Wyjątkiem była relacja byłego funkcjonariusza SB Kazimierza Sulki, który już kilkanaście lat temu ujawnił kulisy nieudanego zamachu na życie księdza Adolfa Chojnackiego oraz działalności agentury w powiecie suskim.

Zebrawszy obfity materiał, zdecydowałem się na przygotowanie opracowania, które postanowiłem sporządzić w dwóch wersjach. Pierwsza z nich, opatrzona przypisami, będzie w przyszłości broniona jako praca naukowa; druga, którą tu prezentuję, ma charakter popularno-naukowy. Aby przedstawić jak najszerszą panoramę postaw, sięgnąłem po sylwetki księży pracujących w archidiecezji krakowskiej w latach 1945–1989. Wybrałem osoby z następujących grup:

– duchowni świeccy inkardynowani do archidiecezji,

– duchowni świeccy z innych diecezji, pracujący na terenie archidiecezji (dotyczy to głównie księży archidiecezji lwowskiej, przybyłych po 1945 roku),

– duchowni świeccy studiujący na terenie archidiecezji (dotyczy to głównie księży z diecezji katowickiej i częstochowskiej, których seminaria duchowne znajdowały się w Krakowie),

– zakonnicy studiujący lub pracujący na terenie archidiecezji,

– zakonnicy i duchowni świeccy z innych diecezji, którzy na terenie archidiecezji przebywali wprawdzie czasowo, np. z okazji pielgrzymek papieskich, ale na ich temat zachowały się informacje w archiwach krakowskiej, nowosądeckiej czy bielskiej SB.

W szczególnych przypadkach dołączyłem także sylwetki członków rodzin niektórych duchownych, np. szwagra i bratanka kardynała Franciszka Macharskiego czy brata kardynała Stanisława Dziwisza. Wyłączyłem natomiast sprawy żeńskich zgromadzeń zakonnych.

Trudno jest pisać o samym sobie, dlatego wyłączyłem z niniejszego opracowania większość spraw dotyczących mojej osoby (np. udziału w działalności opozycji demokratycznej i Duszpasterstwa Ludzi Pracy w Nowej Hucie Mistrzejowicach czy uczestnictwa w strajku w kombinacie nowohuckim w 1988 roku); znajdą się one zapewne we wspomnianej publikacji przygotowywanej przez innego autora. Na opracowanie czeka też sprawa inwigilacji mojej cioci, siostry Miriam Isakowicz ze Zgromadzenia Sióstr Franciszkanek Służebnic Krzyża z Lasek, w tym też donosy składane na nią i jej otoczenie przez tajnego współpracownika o pseudonimie „Ignacy", czyli księdza Jerzego Dąbrowskiego, późniejszego biskupa i zastępcę sekretarza Konferencji Episkopatu Polski (jego działalność została opisana już przez jednego z historyków). Z kolei sprawa dwóch napadów na mnie dokonanych w 1985 roku przez „nieznanych sprawców" była przedmiotem śledztwa prowadzonego przez krakowską prokuraturę w latach 1991–1995, a obecnie jest przedmiotem śledztwa prowadzonego przez pion prokuratorski IPN.

W niniejszej publikacji przyjąłem zasadę, że ujawniane są wszystkie nazwiska funkcjonariuszy UB i SB oraz ich agentów informatorów i tajnych współpracowników. Wyjątek stanowią sytuacje, gdy nie ma dostatecznej pewności, kto ukrywa się pod występującym w dokumentach bezpieki pseudonimem, oraz gdy opisywane są sprawy obyczajowe. W publikacji pominięto te fragmenty akt SB, zwłaszcza donosów, których publikacja mogłaby naruszać dobra osobiste osób represjonowanych i inwigilowanych oraz ich rodzin.

Co do księży zarejestrowanych przez SB jako tajni współpracownicy, to do wszystkich żyjących, których nazwiska i miejsce pobytu udało się ustalić, wysłałem listy z informacją, że w dokumentach bezpieki znajduje się taki zapis, i poprosiłem o skomentowanie tej sprawy. Na listy odpowiedziała tylko połowa. Fotokopie ich odpowiedzi zostały zamieszczone w części *Załączniki*.

Kwerenda zakończona została w styczniu 2007 roku. Zdaję sobie sprawę, że w nieodległej przyszłości pojawią się kolejne dokumenty, które rzucą nowe światło na opisywane w publikacji sprawy, a może także ujawnią kolejne tajemnice komunistycznej bezpieki, np. nazwiska tych tajnych współpracowników, których pseudonimy do tej pory nie zostały rozszyfrowane.

Zebrany materiał podzieliłem na osiem części. W I, poświęconej czasom stalinowskim, zestawiłem w formie kontrastu sylwetki księży represjonowanych przez władze komunistyczne oraz sylwetki księży kolaborujących z tymi władzami. W II opisałem działania prowadzone w latach osiemdziesiątych przeciwko kapelanom Solidarności i opozycji demokratycznej. Spośród wielu księży niezłomnych wybrałem postaci swoich przyjaciół: księży Kazimierza Jancarza, Adolfa Chojnackiego i Andrzeja Zwolińskiego, oraz duszpasterzy jezuickich działających na terenie mojej rodzinnej parafii pw. św. Mikołaja w Krakowie. Dwóm pierwszym duchownym, już dzisiaj nieżyjącym, publikację niniejszą zadedykowałem. Ze względu na szczupłość miejsca nie mogłem szerzej opisać innych sylwetek, ale noszę się z zamiarem przygotowania kolejnej książki, w której w pełni przybliżę czytelnikom chwalebną działalność innych krakowskich duchownych, m.in. biskupa Albina Małysiaka oraz księży Franciszka Kołacza, Stanisława Koniecznego i Władysława Palmowskiego.

W III części opisałem przykłady duchownych, przeciwko którym bezpieka prowadziła działania operacyjne, zbierając doniesienia od innych duchownych – a także, w niektórych wypadkach, od osób świeckich – będących tajnymi współpracownikami SB. Aby zainteresować tymi sprawami także czytelników spoza Małopolski, wybrałem przykłady osób powszechnie znanych, np. kardynała Franciszka Macharskiego czy księży Franciszka Blachnickiego i Józefa Tischnera. W części tej znalazł się też rozdział poświęcony doniesieniom, jakie SB zbierała w rodzinnej miejscowości studenta Stanisława Pyjasa, zamordowanego w niewyjaśnionych dotąd okolicznościach w 1977 roku.

Część IV zawiera sylwetki duchownych, którzy oparli się werbunkowi. Są to tylko przykłady, wybrane spośród wielu opisanych w aktach bezpieki. W części V omówione zostały z kolei przypadki pozornej współpracy – rejestracji przeprowadzanej „na wyrost" przez funkcjonariuszy UB i SB. Ocena tego, co było pozorną, a co rzeczywistą współpracą, jest niekiedy bardzo trudna; jednakże drobiazgowa analiza dokumentów, a także rzetelne relacje świadków mogą pomóc w ustaleniu prawdy. Wreszcie w części VI opisałem duchownych, którzy potrafili współpracę zerwać. Przykłady te świadczą o duchowym zwycięstwie tych osób.

Część VII nosi tytuł *Współpraca*; omówione w niej zostały te przypadki, które na podstawie zachowanych dokumentów należy zakwalifikować właśnie jako świadomą i tajną współpracę z bezpieką. Starałem się jednak w miarę możliwości pokazać, że każdy z opisanych przypadków różni się od pozostałych. Byli współpracownicy, którzy za informacje przekazywane bezpiece otrzymywali prezenty czy ułatwienia paszportowe, ale byli też tacy, którzy odmawiali przyjęcia jakichkolwiek „korzyści". Jedni współpracowali chętnie, inni niechętnie. W dodatku w zachowanej dokumentacji jest szereg luk, a niekiedy mamy do dyspozycji tylko pojedyncze dokumenty. Wszystkie te elementy zostały wzięte pod uwagę.

W części ostatniej przedstawione zostały problemy, na jakie natrafia badacz akt bezpieki dotyczących Kościoła. Zaproponowana została w niej m.in. kategoria opornej współpracy, to znaczy takiej, która – z punktu widzenia samej bezpieki – nie miała większej wartości. Część rozdziałów ma charakter edukacyjny: pokazuje, w jaki sposób SB mogła wykorzystywać słabości poszczególnych księży, aby nakłonić ich do współpracy.

Porządkując zebrany materiał w taki, a nie inny sposób, chciałem przede wszystkim dostarczyć użytecznych narzędzi wszystkim tym, którzy będą studiować archiwa IPN dotyczące Kościoła. Równocześnie zależało mi na tym, aby w toczącą się dyskusję na temat tzw. lustracji duchowieństwa wprowadzić nieco porządku i ostudzić towarzyszące jej emocje.

Kończąc, dziękuję Bogu, że dał mi dość sił, abym w burzliwym okresie ostatniego półtora roku mógł wytrzymać wszystko, czego doświadczyłem. Dziękuję Mu także, że postawił na mojej drodze wielu ludzi dobrej woli, bez których braterskiej i bezinteresownej pomocy nie dałbym rady przygotować niniejszej publikacji.

Przede wszystkim pragnę serdecznie podziękować promotorowi pracy badawczej, księdzu profesorowi doktorowi habilitowanemu Andrzejowi Zwolińskiemu, panu redaktorowi Wojciechowi Bonowiczowi, który przyjął na siebie trud przygotowania publikacji do druku, i jego żonie Dianie, a także mojej Matce i Siostrom oraz państwu Annie i Markowi Łosiom; wszyscy oni udzielali mi bardzo wielu cennych uwag i rad, a przede wszystkim wspierali duchowo w trudnym położeniu, co było dla mnie rzeczą wręcz bezcenną. Za wsparcie duchowe dziękuję także ojcu Krzysztofowi Mądelowi, jezuicie, który jako jeden z nielicznych duchownych bronił mnie publicznie przed atakami personalnymi, a którego władze zakonne usunęły karnie z Krakowa i przeniosły do Kłodzka.

Za ogromną pomoc merytoryczną dziękuję pracownikom Instytutu Pamięci Narodowej, a zwłaszcza panu doktorowi habilitowanemu Januszowi Kurtyce, prezesowi Instytutu, panu profesorowi doktorowi habilitowanemu Ryszardowi Terleckiemu, dyrektorowi Oddziału w Krakowie, panu Rafałowi Dyrczowi, naczelnikowi Oddziałowego Biura Udostępniania i Archiwizacji Dokumentów w Krakowie z siedzibą w Wieliczce, pani doktor Renacie Dziechciarz, naczelnikowi Oddziałowego Biura Udostępniania i Archiwizacji Dokumentów w Katowicach, oraz memu opiekunowi, archiwiście Tadeuszowi Żabie, a także wszystkim pracownikom oddziałów w Krakowie, Warszawie i Katowicach oraz archiwum w Wieliczce.

Na ręce pana prezesa Henryka Woźniakowskiego i pani dyrektor Danuty Skóry składam serdeczne podziękowania pracownikom Wydawnictwa Znak za podjęcie trudu wydawniczego. W szczególny sposób dziękuję recenzentom historycznym mojej pracy: pani magister Ewie Zając, księdzu profesorowi doktorowi habilitowanemu Józefowi Mareckiemu z Papieskiej Akademii Teologicznej w Krakowie oraz panu doktorowi Filipowi Musiałowi.

Przyjaciołom z czasów podziemnej Solidarności oraz wiernym obrządku ormiańskiego, a także pracownikom i wolontariuszom Fundacji im. Brata Alberta i Oświatowego Towarzystwa Integracyjnego w Radwanowicach dziękuję za wszelkie wyrazy solidarności, a Radzie i Zarządowi Fundacji za wyrozumiałość i za stworzenie odpowiednich warunków umożliwiających przygotowanie publikacji. Dziękuję także tym osobom świeckim i duchownym, które udzieliły mi bezinteresownej pomocy materialnej. Na koniec pragnę podziękować wszystkim znanym i nieznanym mi z imienia i nazwiska osobom z kraju i zagranicy, które przekazywały wyrazy duchowego wsparcia.

Ufam, że wykonana przeze mnie praca przyniesie owoce jedności i przebaczenia, a nie wrogości i podziału.

Ks. Tadeusz Isakowicz-Zaleski

Radwanowice, 6 stycznia 2007 roku,
w dzień ormiańskiego Bożego Narodzenia

WPROWADZENIE

I

Po zakończeniu działań wojennych w 1945 roku Polska znalazła się w nowej sytuacji geopolitycznej. W wyniku układów jałtańskich i poczdamskich Europa została podzielona na dwie strefy wpływów: Polska znalazła się pod dominacją sowiecką. Łączyło się to nie tylko ze zmianą granic, przesiedleniem ludności, ale także z narzuceniem nowego systemu politycznego kreowanego przez Polski Komitet Wyzwolenia Narodowego będący pod całkowitą kontrolą Józefa Stalina. Zmianie uległy granice diecezji i metropolii kościelnych – niektóre zupełnie przestały istnieć. Polscy komuniści początkowo utrzymywali poprawne stosunki z Kościołem katolickim. Było to im niezbędne, aby utrzymać się przy władzy i wzmocnić swoją pozycję.

Jednak już od pierwszych chwil funkcjonowania Tymczasowego Rządu Jedności Narodowej dochodziło do zadrażnień na linii władze państwowe – Kościół. Ich pierwszym widocznym znakiem była uchwała tegoż rządu z dnia 12 września 1945 roku zrywająca konkordat zawarty pomiędzy Stolicą Apostolską a Rzeczpospolitą Polską w 1925 roku. W następnych latach Kościół poddawany był niezbyt widocznej, aczkolwiek stałej presji ze strony władz. Nic dziwnego, gdyż jak wykazała przyszłość, był jedyną instytucją, która mogła przeciwstawić się doktrynie komunistycznej i światopoglądowi marksistowskiemu.

Do walki z religią, w tym do zwalczania i rozpracowywania Kościoła katolickiego i innych związków wyznaniowych, powołano w Ministerstwie Bezpieczeństwa Publicznego najpierw Wydział III w ramach Departamentu I, a następnie, już z końcem 1945 roku, osobny Departament V. Analogicznie w Wojewódzkich Urzędach Bezpieczeństwa Publicznego powstały Wydziały V, a w Powiatowych Urzędach Bezpieczeństwa Publicznego – Referaty V. W następnych latach dochodziło do wielokrotnych wewnętrznych reform w aparacie bezpieczeństwa, a nawet do zmian jego nazwy. Z końcem 1954 roku w miejsce MBP powstał Komitet do Spraw Bezpieczeństwa Publicznego, a w listopadzie 1956 roku – w obrębie stworzonego wówczas Ministerstwa Spraw Wewnętrznych – powstała Służba Bezpieczeństwa, która zastąpiła dotychczasowy Urząd Bezpieczeństwa. Były to jedynie działania maskujące. W rzeczywistości ci sami funkcjonariusze – choć zatrudnieni w departamentach, wydziałach i sekcjach oznaczanych coraz to innymi numerami – pracowali stale nad tym samym: nad niszczeniem wpływów Kościoła i duchowieństwa w polskim społeczeństwie.

Walka wydana Kościołowi katolickiemu w latach funkcjonowania PRL-u była prowadzona z różnym nasileniem. W pierwszym okresie, do 1956 roku, była bardzo brutalna i bezwzględna. Po rozbiciu pozostałości Polskiego Państwa Podziemnego oraz podziemia politycznego i zbrojnego doprowadzono do zniszczenia Polskiego Stronnictwa Ludowego i rozłamu w Stronnictwie Pracy. W tej sytuacji Kościół został jedyną siłą społeczną, która mogła przeciwstawić się komunistom. Wskutek oskarżeń o współpracę z okupantem, udział w napadach na przedstawicieli władzy ludowej, sprzyjanie „bandytom" oraz przechowywanie broni do więzień trafiło kilkuset duchownych katolickich (do połowy 1947 roku karę więzienia odbywało 60 kapłanów).

W okresie poprzedzającym referendum (czerwiec 1946), a później wybory do Sejmu Ustawodawczego (styczeń 1947) rozpoczęto stałą inwigilację działalności duszpasterskiej i społecznej duchownych. Podczas przesłuchań oraz wizyt składanych im przez funkcjonariuszy UB i pracowników administracji państwowej starano się – poprzez perswazję, kary administracyjne i straszenie więzieniem – wymuszać uległość wobec rozporządzeń władz. Planowano z duchownych uczynić bezwolne narzędzia wspomagające działania komunistów i władz reżimowych. Z tego też powodu pod koniec lat czterdziestych przy Związku Bojowników o Wolność i Demokrację powołano Komisję Księży. W latach następnych, po rozwiązaniu w 1950 roku kościelnego Caritasu, komuniści powołali nowy „Caritas", a na jego czele postawili kilku złamanych przez siebie duchownych.

Mimo prób łagodzenia sporów i nawiązania przez Episkopat poprawnych stosunków z władzami państwowymi (czego wyrazem było m.in. porozumienie zawarte 14 kwietnia 1950 roku) w latach następnych represje znacznie się wzmogły. Były przemyślane, uciążliwe, długofalowe i zmierzały do zarówno materialnego, jak i moralnego zniszczenia Kościoła. Funkcjonariusze UB stworzyli wśród duchownych sieć agenturalną, dzięki której gromadzili nie tylko informacje o duchowieństwie, planach duszpasterskich i działalności Kościoła, ale także mogli wpływać na tę działalność.

W pierwszym rzędzie starano się zniszczyć podstawy materialne funkcjonowania Kościoła katolickiego. Zagrabiono kościelne gospodarstwa rolne, przejęto tereny należące do wspólnot zakonnych, upaństwowiono przejmowane siłą zabudowania. Początkowo utrudniano działalność wydawniczą, a następnie zlikwidowano kościelne wydawnictwa i drukarnie.

W 1952 roku przeprowadzono ogólnopolską likwidację niższych seminariów zakonnych oraz internatów i burs prowadzonych przez Kościół. W następnych latach systematycznie usuwano siostry zakonne ze szpitali, przychodni i domów pomocy społecznej. Zlikwidowano też prowadzone przez zakonnice przedszkola, a pomieszczenia klasztorne lub budynki, w których się znajdowały, przejęto na inne cele lub upaństwowiono. Ze szkół usunięto krzyże, zakazano modlitwy przed rozpoczęciem zajęć, a wkrótce także zlikwidowano w szkołach lekcje religii.

Szerokim echem odbiła się prowadzona pod kryptonimem „X-2" akcja rugowania z Ziem Zachodnich i Śląska sióstr zakonnych uważanych za „element niemiecki". Większość z nich przesiedlono do obozów pracy na terenie województwa krakowskiego w Staniątkach (dwa obozy), Wieliczce i Stadnikach. Wcześniej z tychże miejscowości usunięto z klasztorów zakonników i siostry zakonne. W ten sposób na przykład przerwano działalność kontemplacyjnej wspólnoty benedyktynek ze Staniątek, założonej w początkach XIII wieku. Mniszki wywieziono do wcześniej opróżnionego klasztoru bernardynów w Alwerni. W trakcie przeprowadzki do Alwerni i późniejszego powrotu do Staniątek uległy zniszczeniu księgozbiory, archiwalia i cenne średniowieczne zabytki opactwa.

W 1951 aresztowano, a w 1953 roku przeprowadzono proces biskupa kieleckiego Czesława Kaczmarka, którego oskarżono o współpracę z hitlerowcami. W więzieniu przebywał do 1956 roku. W 1953 roku odbył się proces duchownych krakowskich, który przeszedł do historii jako „proces kurii krakowskiej".

W omawianym okresie do aresztów i więzień trafiło kilkuset duchownych, zakonników i sióstr zakonnych oskarżonych o współpracę z hitlerowcami lub pomoc partyzantom. Urządzano pokazowe procesy, w prasie piętnowano kapłanów jako „wrogów władzy ludowej". Przesłuchaniom duchownych towarzyszyło bicie, wymyślne tortury oraz znęcanie się psychiczne. Po wyroku duchowni odbywali karę wraz z kryminalistami, byli pozbawieni opieki medycznej i możliwości widzenia się z bliskimi.

W ramach zaplanowanych represji wobec hierarchii w 1951 roku pozbawiono możliwości wykonywania funkcji administratorów diecezji w Gdańsku (Andrzej Wronka), Gorzowie (Edmund Nowicki), Opolu (Bolesław Kominek), Olsztynie (Teodor Bensch) i Wrocławiu (Karol Milik). W 1952 roku podobne represje spotkały m.in. arcybiskupa Eugeniusza Baziaka w Krakowie oraz biskupa Stanisława Adamskiego w Katowicach. W 1953 roku na przeszło trzy lata internowano prymasa Stefana Wyszyńskiego. Przebywając w Komańczy, ułożył on Śluby Narodu, które złożono 26 sierpnia 1956 roku na Jasnej Górze – w trzechsetną rocznicę ślubów Jana Kazimierza.

W 1954 roku władze państwowe zlikwidowały Wydziały Teologiczne na Uniwersytecie Jagiellońskim i Uniwersytecie Warszawskim, a w ich miejsce powołały w Warszawie Akademię Teologii Katolickiej.

Pod koniec 1956 roku wraz ze zmianami politycznymi nastąpiła chwilowa zmiana polityki władz PRL wobec duchownych i Kościoła. Z internowania zwolniony został prymas Wyszyński, pozwolono administratorom apostolskim powrócić do swych diecezji, zlikwidowano wspomniane obozy pracy dla sióstr zakonnych, skrócono kary lub warunkowo zwolniono z więzień duchownych, na krótko też do szkół powróciła katecheza.

Odwilż była jednak krótkotrwała. Z końcem lat pięćdziesiątych komuniści zmienili taktykę walki z Kościołem. Wydaje się, że zrezygnowali ze zniszczenia Kościoła na rzecz stopniowego przejmowania nad nim kontroli i wpływania na jego działalność. Wzmogła się inwigilacja instytucji kościelnych i duchowieństwa.

Potrzeba podjęcia przez bezpiekę kompleksowych działań przeciwko Kościołowi katolickiemu została teoretycznie uzasadniona w ogłoszonej 2 lipca 1960 roku nowej instrukcji dotyczącej środków i form pracy operacyjnej, która na najbliższe dziesięć lat określiła zasady funkcjonowania SB. W preambule tego dokumentu napisano m.in., że „kler Kościoła katolickiego, posiadającego scentralizowaną organizację, poważne zaplecze i znaczne wpływy w różnych warstwach naszego społeczeństwa, stanowi główną antysocjalistyczną siłę wewnątrz kraju".

Gwałtowny „przyrost zadań" bezpieki związany z tą antykościelną ofensywą sprawił, że dotychczasowe zasady funkcjonowania, organizacja „pracy", struktura i skład osobowy jednostek zajmujących się działaniami skierowanymi przeciwko religii i duchowieństwu uznano w MSW za niewystarczające. Niebagatelny wpływ na tę sytuację miał – czego w resorcie nie ukrywano – kryzys, który popaździernikowe przeobrażenia wywołały również w aparacie bezpieczeństwa. Impas ten dotknął zwłaszcza jednostki zajmujące się dotąd „sprawami kościelnymi". Planowane i podejmowane wówczas przez SB akcje przeciwko Kościołowi często spotykały się z niechęcią i oporami samych funkcjonariuszy. Podobny kryzys dotyczył również kontaktów z konfidentami, co uwidoczniło się przede wszystkim w gwałtownym zmniejszeniu się liczby informatorów i agentów związanych ze środowiskami kościelnymi.

Zahamowania, jakie przejawiali funkcjonariusze antykościelnego pionu, stanowiły na tyle powszechny i poważny problem, że zajął się nimi sam minister Władysław Wicha. W grudniu 1957 roku na odprawie kierownictwa SB stwierdził, iż „na odcinku kleru od dłuższego czasu widać opory i niechęć do pracy ze strony niektórych towarzyszy. Obecnie te nastroje spotęgowały się". Przyczyn tego stanu rzeczy Wicha doszukiwał się „w politycznym zagubieniu" wielu funkcjonariuszy oraz w niewłaściwym zrozumieniu polityki państwa prowadzonej wobec Kościoła.

Niedostosowanie struktury i organizacji jednostek zajmujących się walką z Kościołem do szeroko i kompleksowo zakrojonych planów spowodowało, iż w pierwszej kolejności skoncentrowano się w resorcie na

strukturalnej przebudowie antykościelnego pionu. Od 1960 roku rozpoczęto w MSW prace nad utworzeniem osobnego departamentu z odpowiednikami w postaci wydziałów na szczeblu województw. W 1962
roku na bazie dotychczasowego Wydziału V Departamentu III powstał
Departament IV, który przejął organizację i wszelkie czynności związane z „rozpoznawaniem i zwalczaniem działalności politycznej, społecznej i ideologicznej Kościoła katolickiego i wszystkich innych związków
religijnych z wyjątkiem Kościoła Prawosławnego, Ewangelicko-Augs-
burskiego, Ewangelicko-Reformowanego i wyznania Mojżeszowego".

Utworzenie pionu IV nie tylko spowodowało radykalne powiększe-
nie stanu kadrowego i zapoczątkowało gruntowną zmianę zasad pracy operacyjnej skierowanej przeciwko duchowieństwu i innym osobom
związanym z Kościołem, ale przyniosło też przemiany w koncepcjach
i programowaniu działań operacyjnych. Konieczność takich zmian syg-
nalizował już w 1959 roku wspomniany minister Wicha, który przy okazji podsumowania i oceny działań SB w walce z Kościołem w tym roku
stwierdził m.in.: „Braki w naszej pracy to powrót do starych schematów
i utartych norm. Kler ustawił się po nowemu, trzeba wprowadzić szereg
nowych myśli operacyjnych, a nie tylko takie metody, jak: sprawa, agentura, wywiad, technika czy obserwacja. Owszem, to są środki podstawowe, ale nie rozwiązują one wszystkiego". Wynikało to z konstatacji,
iż „walka z reakcyjnym klerem" to przede wszystkim „walka o szerokie
rzesze społeczeństwa, które w większości jest katolickie". W przełoże-
niu na praktykę funkcjonowania bezpieki znaczyło to, iż chodzi o zastosowanie takich środków i taki styl prowadzenia wszelkich działań operacyjnych i represyjnych wobec kleru, żeby społeczeństwo było przeko-
nane o słuszności poczynań SB.

Rozkręcanie ofensywy MSW przeciwko Kościołowi wymagało także
„ulepszenia" i zmodyfikowania sposobów gromadzenia oraz ewidencjo-
nowania informacji dotyczących zarówno kleru, jak i instytucji kościelnych. Z perspektywy bezpieki każda, nawet najmniejsza, struktura Kościoła, a także każdy ksiądz lub zakonnik stanowili potencjalne zagrożenie. Ten operacyjny dogmat w połączeniu z oceną, iż niektóre, często
kluczowe informacje bądź w ogóle nie docierały do resortu, bądź umy-
kały uwadze funkcjonariuszy lub też – z braku wystarczających danych
– nie były odpowiednio interpretowane, stał się punktem wyjścia do na-

łożenia na antykościelne jednostki SB obowiązku „pogłębionego i zindywidualizowanego" rozpracowania operacyjnego.

W związku z tym 6 lipca 1963 roku ukazały się jednocześnie dwa normatywy regulujące w sposób systemowy zagadnienia ewidencyjno-dokumentacyjne związane z działalnością Kościoła oraz poszczególnych duchownych. Były to Zarządzenie nr 00114/63 Ministra Spraw Wewnętrznych w sprawie prowadzenia ewidencji i dokumentowania działalności kleru katolickiego oraz Instrukcja nr 002/63 Dyrektora Departamentu IV i Dyrektora Biura „C" o zasadach i trybie prowadzenia ewidencji i dokumentowania działalności kleru katolickiego. Odtąd podstawową formą działań operacyjnych podejmowanych przez bezpiekę przeciwko Kościołowi w Polsce były tzw. teczki ewidencji operacyjnej na księdza, parafię i biskupa (w skrócie: TEOK, TEOP i TEOB). Prowadzone według ustalonych i jednolitych zasad, umożliwiały SB permanentne monitorowanie życia oraz poczynań wszystkich bez wyjątku duchownych, od chwili wstąpienia do seminarium lub zakonu aż do śmierci bądź wystąpienia ze stanu kapłańskiego. Wiedza ta służyła bezpiece do podejmowania działań dezintegracyjnych i dezinformacyjnych wśród duchownych oraz w środowiskach związanych z Kościołem katolickim, co w latach siedemdziesiątych i osiemdziesiątych należało do kanonu pracy operacyjnej. Nie ulega również wątpliwości, że materiały gromadzone we wspomnianych teczkach stanowiły dogodny punkt wyjścia w typowaniu kandydatów do werbunku.

W wytycznych wewnątrzresortowych podkreślano, iż praca operacyjna i działania Departamentu IV oraz jego odpowiedników w terenie mają określoną specyfikę. Wynikała ona przede wszystkim z tego, iż głównym obiektem zainteresowania operacyjnego bezpieki był Kościół katolicki, czyli instytucja posiadająca jednolitą, hierarchiczną, scentralizowaną i zwartą strukturę, prowadząca – zdaniem kierownictwa MSW – działalność opozycyjną w sferze ideologicznej i społeczno-politycznej. W związku z tym od funkcjonariuszy pionu antykościelnego wymagano, po pierwsze, „rozpoznania i rozpracowania przejawów i faktów wrogiej, szkodliwej działalności polityczno-ideologicznej" oraz przeciwdziałania możliwościom jej podjęcia. Po drugie – i to była istota sprawy – praca operacyjna miała zapewnić osiągnięcie perspektywicznych celów politycznych. Do najważniejszych z nich należały: „neutralizacja polityczna hierarchii kościelnej i kleru, doprowadzenie do afirmacji przez duchowieństwo i kościół systemu społeczno-politycznego PRL, sprowadzenie roli kościoła do zaspokajania potrzeb religijnych ludzi wierzących, osłabienie wpływu kościoła na społeczeństwo, w tym szczególnie możliwości działania w sferze ideologicznej i społeczno-politycznej". Nastawiano się zatem na działania długofalowe, co według esbeckich analityków powodowało konieczność zastosowania w walce z Kościołem „określonych, specyficznych, metod i środków, które nie są konieczne i przydatne na innych odcinkach i w realizacji innych zadań".

Poza prowadzeniem wspomnianych teczek ewidencji operacyjnej – zakładanych bez wyjątku wszystkim duchownym i wszystkim parafiom – stosowano wobec tego środowiska także rutynowe formy pracy operacyjnej. Księża, którzy prowadzili działalność uznawaną przez bezpiekę za pozareligijną (np. sympatyzowali z opozycją), stawali się figurantami spraw operacyjnego rozpracowania. Z kolei główne instytucje kościelne, zgromadzenia zakonne, uczelnie katolickie i seminaria, a także uroczystości religijne były kontrolowane w ramach spraw obiektowych.

TEOK-i, TEOB-y i TEOP-y w wyniku decyzji kierownictwa resortu zostały zniszczone w 1989 roku, wkrótce po czerwcowych wyborach. W ten sposób najprawdopodobniej na zawsze zniknęły z pola widzenia badaczy. Tu i ówdzie zachowały się jedynie pojedyncze egzemplarze tego rodzaju akt.

Z kolei w znacznie większym stopniu, niż się dotąd wydawało, zachowały się akta dotyczące współpracy niektórych księży z komunistyczną bezpieką. Opisując agenturalne uwikłania części księży, warto zatem pamiętać o tym, że na skutek odpowiednio przeprowadzonej operacji niszczenia akt dostępny obecnie „poesbecki" materiał źródłowy jest dalece niereprezentatywny. Zachwiane zostały chociażby jego proporcje: dokumentacja dotycząca permanentnej inwigilacji polskiego duchowieństwa nie zachowała się prawie wcale, natomiast akta świadczące o kolaboracji księży – w którą, wedle opinii historyków, w ten lub inny sposób „zaplątało się" około 10 procent duchownych – są dostępne w o wiele większym stopniu. Brak wiedzy lub zapominanie o powyższym aspekcie sprawia, iż przy ocenie skali tej współpracy nie bierze się pod uwagę całego kontekstu zagadnienia, w związku z czym dla wielu osób wspomniane 10 procent to a ż 10 procent. Warto więc przy takich okazjach zawsze podkreślać, że żadne środowisko czy grupa zawodowa nie była w PRL-u poddana tak kompleksowej kontroli i inwigilacji jak duchowni katoliccy.

Należy pamiętać, że SB uaktywniła się szczególnie w okresie poprzedzającym obchody milenijne. Jej działania nie ograniczały się tylko do inwigilacji duchownych, ale inspirowały pracowników Prezydiów Rad Narodowych do prowadzenia kontroli, wydawania i cofania pozwoleń na procesje, zgromadzenia, sporządzanie dekoracji oraz instalowanie głośników na świątyniach, a także nakładania kar za nieprzestrzeganie poleceń itp. Władze zdecydowały się nawet na tak kuriozalne posunięcie jak „zaaresztowanie" kopii jasnogórskiego wizerunku Matki Boskiej peregrynującego po polskich parafiach.

Spośród rozmaitych form nękania duchowieństwa w tym okresie wspomnieć należy pozbawienie duchownych prawa do bezpłatnej opieki medycznej, nieuzasadnione podnoszenie podatków, kary grzywny nakładane przez kolegia, a nawet procesy sądowe. Inną uciążliwą formą zwalczania Kościoła było powoływanie do służby wojskowej kleryków.

Istotną rolę w kształtowaniu stosunków między państwem a Kościołem odegrały dwa wydarzenia pośrednio związane z obchodami milenijnymi. W 1965 roku Episkopat Polski wystosował do biskupów niemieckich orędzie ze znamiennym stwierdzeniem: „wybaczamy i prosimy o wybaczenie". Nie tylko na biskupów, ale i na cały Kościół ze strony rządzących posypały się zarzuty o szowinizm, rewizjonizm i brak patriotyzmu. Czas pokazał, że to właśnie Kościół miał rację. Natomiast w 1972 roku ostatecznie uregulowane zostały sprawy diecezji na ziemiach zachodnich. Paweł VI nadał dotychczasowym administraturom apostolskim status diecezji i włączył je do polskich metropolii.

Walkę z Kościołem katolickim prowadziła oczywiście nie tylko Służba Bezpieczeństwa. Podobnie jak Urzędy do spraw Wyznań przy Prezydiach Rad Narodowych, SB wykonywała polecenia Polskiej Zjednoczonej Partii Robotniczej, która decydowała o polityce wobec Kościoła. To w Komitecie Centralnym PZPR zapadały najważniejsze decyzje dotyczące działań antykościelnych.

Episkopat Polski, z prymasem Stefanem Wyszyńskim na czele, wielokrotnie w tym okresie występował w obronie praw człowieka, wolności religijnej, stał na straży narodowego sumienia, wytykając rządzącym błędy i niesprawiedliwość. Pozbawieni dostępu do mediów, biskupi mogli się wypowiadać w sposób nieskrępowany jedynie poprzez listy pasterskie.

Kolejny etap walki z Kościołem rozpoczął się wraz z wyborem na Stolicę Piotrową Jana Pawła II i powstaniem NSZZ „Solidarność". Kościół wydatnie poparł nowy ruch. Przed aparatem bezpieczeństwa pojawiły się nowe zadania. Euforia społeczeństwa i nadzieja na lepszą przyszłość nie przeszkodziły funkcjonariuszom SB rozbudowywać wśród duchownych sieci agenturalnej w kraju i poza jego granicami. Dzięki niej starano się docierać do najwyższych struktur kościelnych i wpływać na decyzje hierarchów. Uaktywniła się działająca w ramach SB grupa „D", zajmująca się fizyczną likwidacją osób niewygodnych dla ówczesnej władzy.

Ostatnim akordem dogorywającej władzy komunistycznej był stan wojenny. Jego represje dotknęły cały naród, w tym także Kościół. W okresie dławienia zrywu niepodległościowego Kościół organizował pomoc dla internowanych, prowadził – dzięki pomocy krajów zachodnich – szeroko zakrojoną pomoc charytatywną, udzielał schronienia poszukiwanym, wspomagał zwolnionych z pracy. Liczne nabożeństwa w intencji ojczyzny, spotkania „ludzi pracy" czy tygodnie kultury chrześcijańskiej były nie tylko spotkaniami religijnymi, ale poniekąd także polityczną manifestacją ludzkich przekonań.

Nie było to *novum*, gdyż od 1947 roku Kościół katolicki był jedyną opozycją w państwie totalitarnego zniewolenia. Dzięki jego nieugiętej postawie było możliwe odzyskanie niepodległości w 1989 roku.

II

W działaniach prowadzonych przeciwko Kościołowi katolickiemu Urząd, a następnie Służba Bezpieczeństwa wykorzystywała szeroki wachlarz środków pracy operacyjnej. Te narzędzia, służące w znacznej części zdobywaniu wiedzy o Kościele i poszczególnych duchownych, dzielono na dwie podstawowe grupy, nazywane osobowymi i rzeczowymi źródłami informacji. Rzeczowymi środkami pracy informacyjnej nazywano podsłuchy pokojowe, telefoniczne i telegraficzne, podgląd i dokumentację fotograficzną, tajne przeszukania, perlustrację (czyli kontrolę) korespondencji oraz obserwację zewnętrzną. Z kolei za osobowe środki pracy operacyjnej, nazywane inaczej osobowymi źródłami informacji (OZI), uznawano różne kategorie konfidentów.

Nazewnictwo poszczególnych kategorii zmieniało się kilkakrotnie, co wiązało się z wprowadzaniem nowych instrukcji dotyczących pracy operacyjnej, w których precyzyjnie definiowano, co rozumie się pod pojęciem danego środka pracy operacyjnej. Niezależnie od zmian nazw można uznać, że wyróżniano cztery podstawowe kategorie OZI:

1. obligatoryjnie rejestrowany w ewidencji operacyjnej współpracownik, którego kontakty z resortem były dalece sformalizowane – informator, agent, tajny współpracownik (TW) rezydent;

2. rejestrowany w ewidencji operacyjnej dysponent lokalu użyczanego na potrzeby resortu – dysponent lokalu kontaktowego (LK);

3. często nierejestrowane w ewidencji operacyjnej źródło informacji o słabiej sformalizowanej współpracy z resortem – kontakt operacyjny (KO), pomoc obywatelska (PO; określona też jako kontakt poufny /KP/ lub kontakt obywatelski /KO/), kontakt służbowy (KS);

4. rejestrowany w ewidencji operacyjnej specjalista służący resortowi wiedzą fachową – konsultant (KT).

Podstawowym osobowym środkiem pracy operacyjnej byli w latach 1945–1960 informatorzy i agenci, a później tajni współpracownicy. Przed ich zwerbowaniem funkcjonariusz prowadzący daną sprawę typował kandydata do pozyskania, a następnie, po otrzymaniu zgody przełożonego, przeprowadzał tzw. opracowanie, czyli przystępował do szeroko zakrojonej inwigilacji, której celem miało być uzyskanie jak najbardziej szczegółowej wiedzy o danej osobie i – w konsekwencji – stworzenie jej portretu psychologicznego. Było to niezbędne dla podjęcia decyzji o tym, jaką taktykę postępowania wobec kandydata należy przyjąć w chwili nawiązania z nim kontaktu. Gdy funkcjonariusz uznał, że dysponuje wystarczającą wiedzą, by przeprowadzić skuteczny werbunek, zwracał się do przełożonego o zgodę na podjęcie próby pozyskania.

W sporządzanym wniosku przedstawiał sylwetkę kandydata i uzasadniał jego przydatność dla prowadzonej sprawy operacyjnej, a także analizował jego stosunek do SB i określał podstawę pozyskania do współpracy. Tę podstawę stanowić mogły: materiały obciążające (grożące sankcjami sądowymi lub administracyjnymi), materiały kompromitujące (najczęściej natury moralnej), tzw. uczucia patriotyczne (pobudki ideowe) lub tzw. zainteresowanie materialne (czyli różnego rodzaju korzyści uzyskiwane w zamian za współpracę, np. pieniądze, paszport, markowe alkohole, przydział materiałów budowlanych itp.). Dwie pierwsze możliwości stosowano nader często w latach czterdziestych i pięćdziesiątych; zdarzało się wówczas, że duchownym grożono śmiercią, jeżeliby odrzucili propozycję podjęcia współpracy. Z kolei w latach siedemdziesiątych i osiemdziesiątych najczęściej decydowano się na werbunek w zamian za korzyści uzyskiwane przez współpracownika.

Jednocześnie funkcjonariusz określał taktykę przeprowadzenia werbunku, a więc precyzował, czy pozyskanie nastąpi w konsekwencji jednego spotkania, czy też, ze względu na spodziewany opór kandydata, należy zdecydować się na formę pozyskania stopniowego – podczas kilku spotkań, w trakcie których będą przełamywane kolejne bariery psychiczne werbowanego. Taka metoda była szczególnie często stosowana w latach siedemdziesiątych i osiemdziesiątych. W niektórych sytuacjach decydowano się na przeprowadzanie pozyskania pozornie dla innego celu. Jeśli np. duchowny, który miał być, zgodnie z oczekiwaniami bezpieki, wykorzystywany jako źródło informacji na temat kurii, nie chciał o tym rozmawiać z funkcjonariuszem, a równocześnie nie odmówił przekazywania informacji np. na temat sytuacji w parafii, przekonywano go, że współpraca będzie dotyczyła tylko tej ostatniej sprawy. Dopiero w czasie współpracy pokonywano kolejne opory psychiczne i stopniowo nakierowywano rozmowy na interesujący SB temat kurii.

Po uzyskaniu zgody na dokonanie werbunku funkcjonariusz konstruował plan rozmowy (rozmów), w trakcie której (których) miał doprowadzić do przełomu psychicznego i uzyskania zgody na współpracę z SB. Zgoda ta niekoniecznie musiała mieć formę pisemną – często poprzestawano na zobowiązaniu ustnym. Właśnie ta forma była po 1970 roku najczęściej stosowana podczas werbunku osób duchownych. Co więcej, zobowiązanie to nie musiało przybierać formy deklaracji o „współpracy z SB". Przeciwnie – nierzadko mogło być świadomie wyrażoną zgodą na udzielanie pomocy bądź informacji SB lub na systema-

tyczny i zachowywany w tajemnicy kontakt z esbekiem. Zdarzały się nawet przypadki, że funkcjonariusze przekonywali duchownego, że tajny
kontakt z SB nie jest współpracą, ale elementem służącym normalizacji
stosunków państwo – Kościół. Było to zgodne z wytycznymi dla funkcjonariuszy pionu IV SB. W wytycznych tych podkreślano, że wymóg
odebrania zobowiązania do współpracy i uzyskania wartościowych materiałów informacyjnych w stosunku do osób duchownych należy traktować bardzo elastycznie. Co więcej, przestrzegano wręcz przed zbyt
sztywnym trzymaniem się przepisów. W związku z tym fakt przyjęcia
zobowiązania nie musiał być głównym warunkiem sformalizowania
werbunku; aby zarejestrować daną osobę jako tajnego współpracownika, wystarczyła konstatacja, że – jak pisano w omawianych wyżej wytycznych – „pozyskiwany przekazuje nam przedstawiające wartość operacyjną informacje (ustne lub pisemne), wykonuje zlecone mu zadania
oraz ma świadomość, że jego kontakt z pracownikiem SB jest systematyczny i ma charakter służbowy (nieoficjalny)". Ocena, czy pozyskanie
można uznać za dokonane, należała do funkcjonariusza, który je przeprowadzał, i przełożonego, który je zatwierdzał.

Po uzyskaniu zgody na współpracę (lub tajny kontakt) funkcjonariusz sporządzał wniosek o zatwierdzenie dokonanego pozyskania i dopiero wówczas dana osoba traktowana była przez SB jako tajny współpracownik. Jednak zgoda na współpracę (lub kontakt z esbekiem) nie
musiała oznaczać, że dana osoba faktycznie ze zobowiązania się wywią-
zała. Zdarzało się, że już podczas drugiego spotkania formalnie zwerbowani TW odmawiali dalszych kontaktów z SB. Innymi słowy, wyrażenie zgody na współpracę stanowiło jedynie etap werbunku formalnego,
ale nie oznaczało jeszcze werbunku faktycznego. O werbunku faktycznym można było mówić dopiero wtedy, gdy doszło do podjęcia współpracy i przekazania SB informacji.

Z perspektywy resortu, aby uznać kogoś za TW, należało najpierw:
– dokonać odpowiednich sprawdzeń w ewidencji operacyjnej;
– przeprowadzić opracowanie kandydata;
– przeprowadzić rozmowę pozyskaniową;
– uzyskać pisemne lub słowne zobowiązanie do współpracy z SB,
  udzielania jej pomocy bądź zgodę na systematyczny tajny kontakt
  z funkcjonariuszem SB.

Natomiast z perspektywy TW możemy mówić, że – w zależności od przypadku – mógł on być świadom:

- podpisania/złożenia ustnego zobowiązania do współpracy bądź udzielania pomocy czy informacji funkcjonariuszowi SB;
- zgody na kontakt (najczęściej tajny) z funkcjonariuszem SB;
- udzielania – ustnie lub pisemnie – informacji funkcjonariuszowi SB;
- wykonywania zadań zleconych przez funkcjonariusza SB;
- pobierania wynagrodzenia – w formie pieniędzy, podarunków bądź przywilejów (np. paszportu) – od funkcjonariusza SB.

Każdy przypadek tajnej współpracy należy analizować odrębnie. Zależnie od osobowości danego TW, jego pozycji społecznej, roli odgrywanej w środowisku obierano inną taktykę postępowania. Dlatego w wypadku konkretnego TW mogły występować wszystkie wymienione elementy bądź tylko niektóre z nich. Z tego powodu charakter współpracy niektórych księży może dzisiaj wymykać się jednoznacznej ocenie. Z tych samych względów można przyjąć, że – przynajmniej w niektórych przypadkach – księża utrzymujący kontakty z funkcjonariuszami bezpieki mieli ograniczoną świadomość, jak te kontakty są traktowane przez owych funkcjonariuszy. Jednocześnie trzeba pamiętać o wytycznych Episkopatu, a w przypadku diecezji krakowskiej także o niezwykle restrykcyjnych regułach ustanowionych przez kardynała Karola Wojtyłę, zabraniających duchownym nieoficjalnych spotkań z funkcjonariuszami SB.

Zupełnie inną kwestią, którą warto zasygnalizować, jest fakt wypierania ze świadomości przez część dawnych TW faktu współpracy. Psychiczne samooszukiwanie się co do prawdziwej roli, jak odegrało się w przeszłości, nie świadczy jednak o braku świadomości podjęcia zobowiązania czy świadomości utrzymywania pozasłużbowego kontaktu z funkcjonariuszami SB.

Ks. Józef Marecki, Filip Musiał, Ewa Zając

I
CZAS OTWARTEJ WALKI Z KOŚCIOŁEM

Kler „o wrogim zabarwieniu"

Po sześciu latach krwawej wojny rok 1945 nie przyniósł Polsce upragnionej wolności. Za zgodą wielkich mocarstw nasza ojczyzna znalazła się pod dominacją Związku Sowieckiego, który wprawdzie nie uczynił z niej kolejnej republiki, ale narzucając komunistyczne rządy, zniewolił ją i przekształcił w państwo satelickie. Ostoją dla polskiego społeczeństwa w tych ciężkich czasach – tak jak w innych epokach – był Kościół katolicki, który przed niedemokratyczną władzą nigdy się nie ugiął. To przede wszystkim on podtrzymywał ducha narodowego, stając się oazą wolności i wartości patriotycznych.

Doskonale zdawali sobie z tego sprawę rządcy z moskiewskiego nadania. Ostrze represji skierowane zostało więc nie tylko przeciwko podziemiu niepodległościowemu, ale i przeciwko usiłującej jawnie działać opozycji oraz Kościołowi. Najsroższe represje stosowano w latach 1944–1956, nazywanych powszechnie czasami stalinowskimi. Zamordowano wtedy skrytobójczo kilkudziesięciu kapłanów, a prawie tysiąc skazano w sfingowanych procesach na więzienie. W 1953 roku internowany został prymas Stefan Wyszyński. Niszczono Kościół także administracyjnie, odbierając mu prawo do nieskrępowanej działalności oraz likwidując stowarzyszenia katolickie, w tym te o charakterze charytatywnym. Systematycznie pozbawiano katolików swobód obywatelskich, m.in. prawa do zrzeszania się i do wyrażania swoich przekonań.

Po ustaniu terroru stalinowskiego represje wobec Kościoła trwały z mniejszym lub większym nasileniem do 1989 roku, czyli do zwycięstwa Solidarności. Główną odpowiedzialność za nie ponosi represyjne ramię władzy komunistycznej, czyli Ministerstwo Bezpieczeństwa Publicznego i jego kolejne mutacje. MBP powstało 1 stycznia 1945 roku na bazie Resortu Bezpieczeństwa Publicznego, który pół roku wcześniej zaczął funkcjonować przy marionetkowym Polskim Komitecie Wyzwolenia Narodowego. Początkowo sprawy wyznaniowe leżały w gestii Wydziału III Departamentu I, a później Wydziału V Departamentu V wspomnianego ministerstwa. Jednak w 1953 roku utworzono samodzielny Departament XI, którego celem była walka z wrogą działalnością w związkach wyznaniowych. Pod koniec 1954 roku rozwiązano MBP, tworząc w jego miejsce Komitet do spraw Bezpieczeństwa Publicznego. W nowej strukturze działaniami przeciwko Kościołowi i związkom wyznaniowym zajmował się Departament VI.

Na fali politycznej odwilży, w listopadzie 1956 roku, Komitet do spraw Bezpieczeństwa Publicznego zlikwidowano, a na jego bazie, w ramach Ministerstwa Spraw Wewnętrznych, utworzono Służbę Bezpieczeństwa. Jednocześnie – w związku z realizacją przez ekipę Władysława Gomułki polityki rzekomej demokratyzacji i ocieplania stosunków z Kościołem – zlikwidowano osobny departament zajmujący się rozpracowywaniem Kościoła. Działania te prowadziły odpowiednie wydziały Departamentu III, odpowiedzialnego za represje wobec opozycji. Dopiero w 1962 roku, w związku z kolejną antykościelną ofensywą powołano osobny Departament IV MSW, którego odpowiednikami w poszczególnych województwach były Wydziały IV SB przy komendach wojewódzkich MO (KW MO). W 1983 roku, po tak zwanej reformie Kiszczaka, piony SB na poziomie województw zostały formalnie umieszczone w ramach wojewódzkich urzędów spraw wewnętrznych (WUSW).

Ze względu na ograniczoną objętość niniejszej publikacji nie sposób opisać wszystkich represji wobec duchownych w czasach stalinowskich. Dlatego w tym rozdziale przedstawiono krótko dziesięć wybranych przykładów, obrazujących zabójstwa i bezprawne uwięzienia kapłanów z terenu archidiecezji krakowskiej.

Zamordowani

Najgłośniejszym przykładem mordu dokonanego na kapłanie archidiecezji krakowskiej jest zabójstwo sługi Bożego księdza Michała Rapacza. Duchowny ten urodził się 16 września 1904 roku w Tenczynie należącym wówczas do parafii w Lubniu. Po ukończeniu gimnazjum w Myślenicach wstąpił do Wyższego Seminarium Duchownego w Krakowie. Święcenia kapłańskie otrzymał w 1931 roku. (Nawiasem mówiąc, jego kolegą seminaryjnym wyświęconym w tym samym roku był inny sługa Boży ksiądz Władysław Bukowiński, więzień sowieckich łagrów i duszpasterz katolików w Kazachstanie). W 1937 roku ksiądz Rapacz został mianowany administratorem parafii w Płokach koło Trzebini, gdzie kilka lat wcześniej pracował jako wikary. Była to trudna parafia obejmująca kilka biednych wiosek, w których szerzyło się bezrobocie, a w ślad za nim szła propaganda komunistyczna, obiecująca „raj na ziemi”. Ciężka sytuacja mieszkańców pogorszyła się jeszcze w czasie wojny, kiedy cały region trzebiński został wcielony do Rzeszy.

Pomimo tych trudności duchowny pracował nadzwyczaj gorliwie, odradzając moralnie i religijnie powierzoną mu placówkę. Do dziś pozostała wśród parafian pamięć o nim jako o człowieku skromnym i pracowitym, dbającym nie o dobra materialne, ale duchowe. Gdy po zakończeniu wojny nastały czasy systemu totalitarnego, gorliwy i bezkompromisowy duszpasterz stał się niewygodny dla nowej władzy. W nocy z 11 na 12 maja (z soboty na niedzielę) 1946 roku bojówka złożona z działaczy komunistycznych napadła na plebanię w Płokach. Po wtargnięciu do budynku odczytano księdzu Rapaczowi samozwańczy wyrok śmierci, a następnie wyprowadzono go siłą z plebanii. Duchowny, świadom, że są to jego ostatnie chwile, mówił głośno: *„Fiat voluntas Tua, Domine* – Niech się dzieje wola Twoja, Panie”. Oprawcy zawlekli go do lasu plebańskiego i tam z zimną krwią dokonano mordu, uderzając księdza w głowę twardym przedmiotem, a następnie strzelając z dwóch pistoletów: raz w tył głowy i raz prosto w czoło.

Ciało zamordowanego kapłana odnaleziono dopiero nad ranem. Z przebiegu wydarzeń jasno wynikało, że nie była to zbrodnia na tle rabunkowym, nie chodziło też o porachunki personalne; był to typowy mord polityczny, jakich w tym czasie dokonano w Polsce bardzo wiele. Pogrzeb księdza Michała Rapacza odbył się w jego rodzinnej parafii w Lubniu, ale w 1980 roku ekshumowano jego zwłoki i złożono je w Płokach. Od samego początku ksiądz uważany był za męczennika. Jego grób odwiedzali nie tylko parafianie, ale i mieszkańcy okolicznych miejscowości. Zrodził się autentyczny kult, który spowodował, że archidiecezja krakowska rozpoczęła proces beatyfikacyjny. Należy mieć nadzieję, że zakończy się on wyniesieniem na ołtarze kapłana męczennika z Płok.

Drugim kapłanem zamordowanym na tym samym terenie w czasie „utrwalania" władzy komunistycznej był ksiądz Franciszek Flasiński. Urodził się on w 1888 roku w Dąbrowie (parafia Brzezie). Święcenia kapłańskie przyjął w 1912 roku w Krakowie. W 1931 został proboszczem w Libiążu, zwanym wtedy Wielkim, w ówczesnym dekanacie nowogórskim. Przyczynił się do budowy domu parafialnego w Libiążu, kaplicy w miejscowości Dąb oraz powstania domu dla starców, w którym obecnie znajduje się katolicka szkoła. Za swoją gorliwą pracę duszpasterską i społeczną otrzymał tytuł kanonika. W czasie wojny współpracował z Armią Krajową i pomagał osobom represjonowanym przez niemieckiego okupanta. Po zakończeniu działań wojennych zajął się odbudową zniszczonego kościoła.

Kulisy jego zamordowania są wciąż bardzo mało znane. Wiadomo jedynie, że w nocy z 6 na 7 września 1946 roku – a więc zaledwie kilka miesięcy po zabójstwie księdza Rapacza – został zastrzelony na swojej plebanii. W czasie napadu wezwał na pomoc sąsiadów, ale został uciszony serią z pistoletu maszynowego. Zmarł po kilku godzinach w szpitalu w Chrzanowie. Był to również mord polityczny, którego dokonali trzej funkcjonariusze Urzędu Bezpieczeństwa: Czesław Saternus, Zbigniew Karkula i Mieczysław Mendyk. Kapłan został pochowany na cmentarzu w Libiążu. W jego pogrzebie, który prowadził kardynał Adam Stefan Sapieha, wzięło udział dziesięć tysięcy wiernych z Libiąża i okolicznych parafii. Na tablicy nagrobnej wypisano słowa: „Dobry pasterz daje duszę za owce swoje – za pracę pełną poświęceń z wdzięczności parafianie". Czterdzieści lat później z inicjatywy księdza Stanisława Marchewki, obecnego proboszcza libiąskiego i kapelana Solidarności, została wmurowana w kościele pamiątkowa tablica ku czci kapłana męczennika.

Oprócz dwóch księży diecezjalnych na terenie archidiecezji krakowskiej zamordowano także zakonnika, ojca Władysława Gurgacza, jezuitę. Urodził się on w 1914 roku w Jabłonicy Polskiej koło Brzozowa na Podkarpaciu. Po studiach filozoficznych w Krakowie i teologicznych w Warszawie przyjął w 1942 roku w Częstochowie święcenia kapłańskie. Przez następne lata pracował w Starej Wsi, Gorlicach i Krynicy.

W tej ostatniej miejscowości był szykanowany przez lokalne władze za odważne kazania. W 1947 roku, chcąc nieść pociechę duchową polskim patriotom walczącym w partyzantce antykomunistycznej, został kapelanem Polskiej Podziemnej Armii Niepodległościowej działającej w Małopolsce. Aresztowany przez bezpiekę, został w sierpniu 1949 roku w pokazowym procesie skazany na karę śmierci. Wyrok wykonano 14 września tegoż roku w więzieniu przy ulicy Montelupich w Krakowie. Zwłoki księdza Gurgacza złożono na cmentarzu Rakowickim. W Krakowie znajduje się ulica jego imienia. Dla środowisk niepodległościowych i patriotycznych jest kapłanem męczennikiem, nazywanym często „Popiełuszką lat stalinowskich".

„Proces kurii krakowskiej"

Inną formą prześladowania Kościoła były wyroki długoletniego i ciężkiego więzienia dla duchownych, wydawane w odpowiednio przygotowanych i starannie wyreżyserowanych procesach sądowych. Najgłośniejszy tego typu proces odbył się w styczniu 1953 roku w Krakowie. Do historii przeszedł pod nazwą „proces kurii krakowskiej", chociaż tylko dwóch spośród kilkunastu oskarżonych było pracownikami kurii. Głównym oskarżycielem był prokurator wojskowy pułkownik Stanisław Zarakowski, oskarżający w licznych procesach zakończonych karą śmierci. W procesie zapadły trzy wyroki śmierci i wiele wyroków długoletniego więzienia.

Głównym oskarżonym był ksiądz Józef Lelito. Duchowny ten urodził się w 1915 roku w Żarkach. Święcenia kapłańskie przyjął w 1939 roku w Krakowie. Jako wikary pracował w parafiach w podkrakowskich Liszkach i Skawinie. W czasie okupacji włączył się w konspirację, zostając zaprzysiężonym kapelanem Narodowej Organizacji Wojskowej. Po zakończeniu wojny objął funkcję komendanta powiatowego NOW w Skawinie, przyjmując pseudonim „Szymon". Zagrożony aresztowaniem, musiał się ukryć w Zielonogórskiem, gdzie przebywał pod przybranym nazwiskiem. W 1947 powrócił do Skawiny i ujawnił się, korzystając z amnestii. Władze kościelne mianowały go wikarym w Niedźwiedziu koło Mszany Dolnej, a następnie w Rabce. Tutaj ponownie nawiązał kontakt z konspiracją. Zbierał informacje o sytuacji w kraju, które następnie były przekazywane na Zachód na użytek działającej na uchodźstwie Rady Politycznej. Informacji tych szukał m.in. u dwóch swoich przyjaciół, księży Jana Pochopienia i Wita Brzyckiego, pracujących wówczas w Kurii Metropolitalnej. Aresztowano go w listopadzie 1952 roku. W procesie krakowskim skazany został na karę śmierci. Taki sam wyrok otrzymały również dwie osoby świeckie: Michał Kowalik i Edward Chachlica, którzy w czasie okupacji byli żołnierzami NOW, a po wojnie współpracowali ze wspomnianą Radą Polityczną.

Ksiądz Lelito obok udręk fizycznych przeszedł także ogromne duchowe katusze, czekając ponad pół roku w celi śmierci na wykonanie wyroku. Egzekucja jednak nie nastąpiła, a karę śmierci zamieniono na dożywocie, które później złagodzono do 12 lat więzienia. Poniżany i maltretowany przeżył trzy lata w ciężkich więzieniach we Wronkach i Rawiczu. Po Październiku '56 odzyskał wolność. Po wyjściu z więzienia przez kilka lat wracał do zdrowia i duchowej równowagi. Dopiero w 1959 podjął pracę duszpasterską w Józefowie, w archidiecezji warszawskiej. Następnie powrócił do diecezji macierzystej, obejmując najpierw funkcję wikarego w Lanckoronie, a później proboszcza w Dankowicach koło Oświęcimia. W 1974 roku został rezydentem w Rabce, gdzie zmarł cztery lata później.

Drugi ze skazanych w procesie krakowskim duchownych, ksiądz Wit Brzycki, urodził się w 1887 roku we Lwowie. Święcenia kapłańskie otrzymał w Krakowie w 1911 roku, a w 1924 został mianowany proboszczem w Hałcnowie koło Bielska. Z chwilą wybuchu II wojny światowej, po włączeniu tych terenów do Rzeszy, musiał wyjechać do Krakowa, gdzie pracował w parafii na Salwatorze. Przez pewien czas duszpasterzował także na Woli Justowskiej. Zaraz po wycofaniu się Niemców z Krakowa został notariuszem Kurii Metropolitalnej. W listopadzie 1952 roku w związku ze sprawą księdza Lelity został aresztowany przez UB pod zarzutem szpiegostwa. Podczas procesu wywołał poruszenie na sali sądowej, oświadczając w pewnym momencie: „Wiem, że nie wyjdę stąd żywy!". Skazano go na 15 lat więzienia. W więzieniu ciężko zachorował. Z tego powodu w marcu 1954 roku został warunkowo wypuszczony na wolność. Zmarł 10 października tegoż roku. Pięć lat później został zrehabilitowany przez sąd.

Kolejnym skazanym w „procesie kurii krakowskiej" był ksiądz Franciszek Szymonek. Urodził się w 1919 roku w Oświęcimiu. W 1942 ukończył krakowskie seminarium i przyjął święcenia kapłańskie. Jako wikary pracował w parafiach w Raciborowicach, Chrzanowie Kościelcu, Niegowici (drugim wikarym był tam w tym czasie ksiądz Karol Wojtyła) i Rabce. W tej ostatniej parafii pomagał księdzu Józefowi Lelicie w działalności konspiracyjnej. Tak jak inni księża został aresztowany w listopadzie 1952 roku. Dwa miesiące później skazano go na dożywocie. Przebywał w kilku ciężkich więzieniach dla więźniów politycznych. Na początku 1957 roku został warunkowo wypuszczony na wolność. Był wikarym w Gilowicach, a następnie w Zubrzycy Górnej, gdzie w 1965 roku został proboszczem. Zmarł osiem lat później.

Następnym ze skazanych, który przypłacił życiem bezprawne uwięzienie, był ksiądz Józef Fudali, pochodzący z Rabki. Urodził się w 1915 roku, święcenia kapłańskie przyjął w roku 1940 w Krakowie. Jako wikary pracował w parafiach w Raciborowicach, Wieliczce i Liszkach. Podczas pracy w tej ostatniej parafii został w 1952 roku aresztowany przez UB pod absurdalnymi zarzutami współpracy z obcym wywiadem (w rzeczywistości od jednej z parafianek dostał paczkę z lekarstwami z Zachodu). Przeszedł okrutne śledztwo, połączone z torturami fizycznymi i psychicznymi. Jego sprawę wyłączono z głównego „procesu kurii krakowskiej"; wyrok 13 lat więzienia wydano nań w maju 1953 roku. W więzieniu, wskutek tortur, jakim był poddawany w śledztwie, ksiądz Fudali ciężko zachorował. Rodzina i przełożeni kościelni apelowali do władz o ułaskawienie, ale apele te nic nie dały. Ksiądz Fudali zmarł w więziennym szpitalu 30 stycznia 1955 roku, w wieku zaledwie 40 lat.

W ramach przygotowań do „procesu kurii krakowskiej" aresztowano również ówczesnego administratora apostolskiego archidiecezji krakowskiej arcybiskupa Eugeniusza Baziaka, który kierował Kościołem krakowskim, zachowując jednocześnie tytuł metropolity lwowskiego. Arcybiskup Baziak urodził się w 1890 roku w Tarnopolu. Święcenia kapłańskie przyjął w 1912 roku. Podczas I wojny światowej został wcielony do armii austriackiej jako kapelan szpitalny; nabawił się wówczas tyfusu plamistego, co trwale odbiło się na jego zdrowiu. W 1933 roku został biskupem pomocniczym archidiecezji lwowskiej. W czasie II wojny światowej przeżył gehennę za sprawą obu okupantów. Jeszcze za życia metropolity lwowskiego arcybiskupa Bolesława Twardowskiego został jego koadiutorem, a po jego śmierci nowym metropolitą. Represjonowany przez władze sowieckie, zdecydował się na opuszczenie Lwowa w kwietniu 1946 roku. Rezydował w Lubaczowie, na jedynym skrawku archidiecezji lwowskiej, który pozostał w Polsce. W 1951 roku przeniósł się do Krakowa, gdzie został koadiutorem sędziwego kardynała Adama Stefana Sapiehy. Po jego śmierci objął obowiązki administratora archidiecezji krakowskiej.

W listopadzie i grudniu 1952 roku arcybiskup Baziak był wielokrotnie przesłuchiwany, a następnie został aresztowany. Zwolniono go w wigilię Bożego Narodzenia tegoż roku. Władze państwowe nakazały mu jednak opuścić Kraków. Przez cztery lata przebywał na wygnaniu w Krynicy, a następnie u swojej rodziny w Tarnowie. W tym czasie rządy w archidiecezji, jako wikariusz kapitulny, sprawował biskup Franciszek Jop. W 1956 roku arcybiskup Baziak powrócił do Krakowa. Zmarł w 1962 roku w Warszawie, tuż przed ogłoszeniem jego nominacji na metropolitę krakowskiego. Pochowany został w katedrze wawelskiej.

Na przełomie 1952 i 1953 roku aresztowanych zostało wielu innych księży krakowskich, w tym Jan Pochopień, Bolesław Przybyszewski, Czesław Skowron, Tadeusz Kurowski i Mieczysław Noworyta. Losy trzech pierwszych omówione będą w częściach V, VI i VII niniejszego opracowania. Tu opisane więc zostaną przypadki jedynie dwóch ostatnich.

Ksiądz Tadeusz Kurowski urodził się w 1900 roku w Wadowicach. Jako nastolatek walczył w Legionach Józefa Piłsudskiego. Wziął też udział w wojnie polsko-bolszewickiej w 1920 roku. Po zdaniu matury studiował prawo na Uniwersytecie Jagiellońskim. Jednak po kilku latach przeszedł na Wydział Teologiczny, zostając klerykiem Wyższego Seminarium Duchownego w Krakowie. W 1930 roku przyjął święcenia kapłańskie. Arcybiskup Adam Stefan Sapieha, który bardzo go cenił, uczynił go swoim sekretarzem, a następnie powierzał mu różne odpowiedzialne funkcje, m.in. duszpasterza akademickiego i wykładowcy seminaryjnego. Mianował go też proboszczem parafii pw. św. Floriana w Krakowie i kanonikiem Kapituły Metropolitalnej na Wawelu. Nic dziwnego, że w 1952 roku, w czasie aresztowań księży krakowskich, ksiądz Kurowski – uważany przez komunistyczną bezpiekę za jeden z filarów archidiecezji krakowskiej i spadkobiercę niezłomnego Kardynała – również trafił do więzienia. Wypuszczono go po paru miesiącach, ale kontynuowano jego inwigilację. Zachowały się akta działań bezpieki wymierzonych przeciwko niemu; próbowano różnymi sposobami usunąć go z Krakowa. Działania te zakończyły się jednak niepowodzeniem. Ksiądz Tadeusz Kurowski zmarł w Krakowie w 1964 roku.

Drugi ze wspomnianych duchownych, ksiądz Mieczysław Noworyta, również gorliwy duszpasterz i patriota, urodził się w 1906 roku w Trzebini. Święcenia kapłańskie przyjął w 1931 roku, będąc kolegą seminaryjnym dwóch wspomnianych powyżej sług Bożych Michała Rapacza i Władysława Bukowińskiego. Jako wikary pracował w kilku parafiach, angażując się bardzo w działalność Katolickiego Stowarzyszenia Młodzieży (KSM). W czasie kampanii wrześniowej 1939 roku był kapelanem szpitala wojskowego. Podczas okupacji pracował jako wikary w Suchej Beskidzkiej. Aresztowany został w tym samym czasie co ksiądz Kurowski; wraz z nim też został po paru miesiącach zwolniony. W trakcie śledztwa stawiano mu zarzuty związane z jego działalnością wśród młodzieży. Po wyjściu z więzienia również był mocno inwigilowany przez SB, która używała do tego celu m.in. kilkunastu swoich konfidentów. Mimo to ksiądz Noworyta kontynuował swoją pracę. W 1958 roku został proboszczem w Mszanie Dolnej, a w latach następnych dziekanem i prałatem. Zmarł w 1980 roku jako wciąż czynny duszpasterz.

Inni księża więźniowie

Kilku księży pracujących na terenie archidiecezji krakowskiej trafiło do więzień nie w ramach represji wobec Kurii Metropolitalnej, ale w konsekwencji innych spraw prowadzonych przez SB. Taki los spotkał m.in. księdza Franciszka Mirka. Urodzony w 1893 roku w Naprawie koło Rabki, święcenia kapłańskie przyjął w 1916 w Krakowie. Był człowiekiem bardzo zdolnym, obronił dwa doktoraty – z prawa (w Strasburgu) i z filozofii (w Poznaniu) – a następnie habilitował się z socjologii. Uzyskał także tytuł magistra teologii na Wydziale Teologicznym Uniwersytetu Warszawskiego. Równocześnie prowadził pracę duszpasterską, pełniąc m.in. funkcję proboszcza w parafii pw. św. Mikołaja w Krakowie i w parafii w Nowej Górze. Po wojnie został proboszczem w parafii pw. św. Józefa w krakowskim Podgórzu. Ze względu na swoje wykształcenie, zaangażowanie duszpasterskie, a także działalność publicystyczną został uznany przez wojującą z Kościołem władzę za niebezpiecznego przeciwnika. W grudniu 1949 roku aresztowano go pod fałszywymi zarzutami. Po półtorarocznych udrękach więziennych został zwolniony. Nigdy nie dał się złamać i z tego powodu był nadal szykanowany. Zmarł w 1970 roku.

Innym duchownym z omawianej grupy był ksiądz Józef Sanak. Urodził się w 1917 roku w Przeciszowie, wiosce leżącej między Zatorem a Oświęcimiem. W 1936 roku wstąpił do Wyższego Seminarium Duchownego w Krakowie i w 1941 przyjął święcenia kapłańskie. Pracował w parafiach w Jawiszowicach koło Oświęcimia i w Andrychowie. Został w tym czasie zaprzysiężony jako żołnierz Armii Krajowej o pseudonimie „Kapelan". Brał czynny udział w pomocy więźniom KL Auschwitz. Z tego powodu musiał uciekać z Polski, chroniąc się aż w Austrii. W 1945 roku powrócił do Andrychowa, gdzie pełnił obowiązki katechety.

W 1950 roku został aresztowany przez UB. Powodem aresztowania było wysłuchanie spowiedzi jednego z przywódców podziemia poakowskiego. Został skazany na 6 lat więzienia, a po uchyleniu wyroku i ponownym procesie – na 8 lat. Przebywał w aresztach i więzieniach w Wadowicach, Katowicach, Cieszynie i Strzelcach Opolskich. Jako więzień pracował w fabryce butów w Opolu. W 1955 roku został warunkowo zwolniony. Po raz kolejny powrócił do Andrychowa. W 1961 roku został przeniesiony do Kóz koło Bielska, ale był tam tylko administratorem parafii, gdyż władze państwowe odmówiły zatwierdzenia jego nominacji na proboszcza. Dziesięć lat później został proboszczem w Bielsku-Białej. Zasłużył się wielce jako kapelan Solidarności. Z chwilą ogłoszenia stanu wojennego, pamiętając swoją więzienną niedolę, zorganizował na Podbeskidziu pomoc dla uwięzionych, internowanych i represjonowanych. Słynął z odważnych kazań patriotycznych. Obecnie przebywa na emeryturze. W 2001 roku wydał swoje wspomnienia więzienne pt. *Gorszy niż bandyta – kapłan w stalinowskim więzieniu*.

Prześladowania dotknęły też księdza Jana Barana, mocno zaangażowanego – podobnie jak ksiądz Noworyta – w działalność KSM.

Ksiądz Baran urodził się w 1913 roku w Sieprawiu. Po święceniach kapłańskich w 1938 roku pracował w kilku parafiach, głównie w Krakowie. Jego działalność wśród młodzieży bardzo niepokoiła władze komunistyczne, które w marcu 1952 roku, w czasie pełnienia przez niego posługi duszpasterskiej w parafii pw. św. Szczepana w Krakowie, zdecydowały o jego aresztowaniu. W sfingowanym procesie sądowym, w którym zarzucano mu działalność antypaństwową, został skazany na rok więzienia. Karę odbył co do jednego dnia. Nigdy nie zmienił swoich patriotycznych przekonań, co powodowało kolejne represje, tym razem na drodze administracyjnej. Od 1964 roku pracował w Wydziale Duszpasterskim Kurii Metropolitalnej, a w latach następnych także w Sądzie Metropolitalnym. W ostatnich latach życia był rektorem kościoła pw. św. Wojciecha na Rynku Głównym w Krakowie. Zmarł w 1982 roku.

Represje stalinowskie nie dotyczyły wyłącznie księży diecezjalnych, ale i księży zakonnych pracujących na terenie archidiecezji krakowskiej. Tak było np. w wypadku ojca Wojciecha Zmarza, pochodzącego z diecezji przemyskiej. Pełnił on rozmaite ważne funkcje w klasztorze franciszkanów „czarnych", czyli konwentualnych, w Krakowie, a po zakończeniu II wojny światowej został nawet wybrany na prowincjała. W 1951 roku aresztowano go pod zarzutem nielegalnego posiadania dewiz i skazano na 7 lat więzienia. W 1955 roku wyszedł na wolność. Ponownie został wybrany na prowincjała. SB nadal interesowała się jego działalnością. Pracował przy procesach beatyfikacyjnych m.in. brata Alberta i ojca Rafała Kalinowskiego. Zmarł w 1990 roku.

Po 1956 roku

Polityczna odwilż po Październiku '56, związana z dojściem do władzy ekipy Władysława Gomułki, przyniosła wprawdzie wolność wielu uwięzionym, ale nie trwała długo. Niebawem wojna z Kościołem rozpoczęła się od nowa. Szczególnie widoczne było to w Krakowie, który dla władz komunistycznych był zawsze – jak pisano – ośrodkiem reakcji i klerykalizmu. W jednym z raportów opisywano poszczególne środowiska, głównie kościelne, w następujący sposób:

Dalszym wrogim ośrodkiem są profesorowie b. Wydziału Teologicznego przy UJ zatrudnieni obecnie w Seminariach Duchownych, którzy są bezwzględnie posłuszni Prymasowi Wyszyńskiemu. Na czoło wysuwa się tu prof. Kłósak Kazimierz, prof. Różycki Ignacy i prof. Usowicz /misjonarz/.

Kuria także opiera się w swej działalności o redakcję „Tygodnika Powszechnego" i „Znak", gdzie szczególną aktywność przejawiają: Turowicz Jerzy, Woźniakowski Jacek, Gołubiew Antoni, Stomma Stanisław i Zawiejski [właśc. Zawieyski] Jerzy.

Niemałą rolę w życiu i działalności Kościoła odgrywają reakcyjni dziekani w terenie, a do takich należą ks. ks. Śliwa Józef z Wieliczki, Prochownik Leonard z Wadowic, Żądło Mikołaj z Rajczy, pow. Żywiec, Mroczek Andrzej z Ciężkowic, pow. Chrzanów, Lesiak z Nowego Sącza, Zdebski Mateusz z Rabki, Jajko Tadeusz z Zatora pow. Oświęcim, Machay Ferdynand z Krakowa i wielu innych.

Dużą pomoc w realizowaniu polityki Wyszyńskiego dają niektórzy wojujący wikariusze na parafiach. Wyróżniają się tu ks. ks. Baran Jan z parafii Szczepana, Pietraszko Jan z parafii Anny, Kurowski Tadeusz z parafii Floriana, Bajer Andrzej z Prądnika, Mirek Franciszek z Podgórza, Gigoń Antoni z Bronowic Małych, Dźwigoński Franciszek z Oświęcimia, Grohs Władysław z Osieka, Bajer Stanisław z Jaworzna, Łaczek Marian z Bieżanowa, Curzydło Władysław z Zakopanego, Sikora Jan z Dankowic, Noworyta Mieczysław z Mszany Dolnej, Schmidt Rudolf z Krzeszowic, Rutana Jan z Libiąża i wielu innych.

Ze względu na tak silne zaangażowanie księży – a także świeckich – w działalność duszpasterską na terenie archidiecezji krakowskiej komunistyczna bezpieka od lat pięćdziesiątych do końca osiemdziesiątych prowadziła wobec nich wiele spraw operacyjnych. Warto wyliczyć przynajmniej kryptonimy niektórych – spośród kilkuset! – tego rodzaju spraw (o różnym charakterze i prowadzonych w różnym czasie), gdyż niektórzy ich figuranci, czyli osoby inwigilowane przez SB, pojawiają się na kartach niniejszego opracowania:

„Aborts"   ksiądz Jerzy Stroba, rektor Śląskiego Wyższego Seminarium Duchownego z siedzibą w Krakowie, późniejszy arcybiskup poznański

„Ameba"   ksiądz Franciszek Mirek, proboszcz parafii pw. św. Józefa w Krakowie Podgórzu

„Artysta"	ojciec Placyd Galiński, opat benedyktynów w Tyńcu
„As"	ksiądz Stanisław Ambroży, były major AK
„Bury"	ksiądz Andrzej Bardecki, asystent kościelny „Tygodnika Powszechnego"
„Czarny"	ojciec Celestyn Szawan, prowincjał księży jezuitów
„Kapelan"	biskup Julian Groblicki
„Kat"	ksiądz Bonawentura Kadeja, prowincjał zakonu pijarów, organizator i sekretarz Konferencji Wyższych Przełożonych Zakonów Męskich w Polsce
„Kaznodzieja"	ksiądz Jan Baran, wikariusz parafii pw. św. Szczepana
„Kierownik"	ksiądz Stanisław Czartoryski, kierownik Wydziału Duszpasterskiego Kurii Metropolitalnej w Krakowie
„Klerykał"	ksiądz Marek Piątkowski, prowincjał księży salwatorianów
„Kondor"	ksiądz Franciszek Macharski, późniejszy kardynał
„Kozioł"	ksiądz Karol Kozłowski, rektor Wyższego Seminarium Duchownego w Krakowie
„Kulawy"	ojciec Krzysztof Kasznica, dominikanin
„Łysy"	ksiądz Mieczysław Noworyta, proboszcz w Mszanie Dolnej
„Magnat"	ksiądz Baron, wizytator księży misjonarzy
„Magister"	ksiądz Mikołaj Kuczkowski, kanclerz Kurii Metropolitalnej w Krakowie
„Mąciciel"	ojciec Augustyn Ciesielski, opat cystersów w Mogile
„Ministrant"	ksiądz Tadeusz Ryłko, wikariusz parafii pw. św. Szczepana w Krakowie
„Miś"	ojciec Jan Niedźwiadek, przeor kamedułów na Bielanach
„Nela"	ksiądz Józef Hajduk, prefekt-prokurator Wyższego Seminarium Duchownego w Krakowie
„Nieznany"	ojciec Roman Wojnicz, przeor karmelitów bosych
„Orawa"	ksiądz Ferdynand Machay, proboszcz parafii mariackiej w Krakowie
„Pedagog"	biskup Karol Wojtyła
„Prefekt"	biskup Jan Pietraszko
„Profesor"	ksiądz Aleksy Klawek, wykładowca na Wydziale Teologicznym w Krakowie

„Ptaszek"   ksiądz Wróbel, prowincjał księży pijarów
„Rowski"   ksiądz Tadeusz Kurowski, proboszcz parafii pw. św. Floriana w Krakowie
„Wschód"   arcybiskup Eugeniusz Baziak
„Wujek"   ksiądz Stanisław Grodecki, wikariusz parafii mariackiej w Krakowie
„Wzgórze"   ojciec Piotr Rostworowski, przeor benedyktynów w Tyńcu
„Zastępca"   ksiądz Czesław Obtułowicz, zastępca kierownika Wydziału Duszpasterskiego Kurii Metropolitalnej w Krakowie

Liczba prowadzonych spraw świadczy o tym, jak wielką wagę władze komunistyczne przywiązywały do rozpracowywania Kościoła. Reasumując, trzeba podkreślić, że zarówno w okresie stalinowskim, jak i w latach następnych archidiecezja krakowska, a szczególnie Kuria Metropolitalna w Krakowie poddane były rozmaitym formom represji ze strony bezpieki. Brutalność tych represji w pierwszej połowie lat pięćdziesiątych – stosowanie przemocy fizycznej i psychicznej – pozostała w pamięci i świadomości duchownych tamtego pokolenia. Jednych, którzy stanowili większość, umacniało to w ich poglądach antykomunistycznych; innych przeciwnie – zastraszało i przerażało, a nawet skłaniało do uległości wobec nowej władzy. Ci ostatni, żyjąc niejednokrotnie w lęku przed powtórzeniem się represji z okresu stalinizmu, byli podatni na manipulacje SB. Choć niniejsze opracowanie skupia się na latach siedemdziesiątych i osiemdziesiątych ubiegłego wieku, warto pamiętać o tym, co działo się dwie, trzy dekady wcześniej, gdyż wpłynęło to znacząco na późniejsze postawy duchownych wobec bezpieki.

Kler „postępowy"

Aby osłabić wpływ Kościoła katolickiego na polskie społeczeństwo, władze komunistyczne stosowały dwie metody postępowania. Jedną – opisaną w poprzednim rozdziale – były rozmaite formy zastraszania, stosowania przemocy fizycznej i psychicznej, aż po skrytobójstwo i mordy sądowe. Natomiast druga metoda polegała na rozbijaniu Kościoła od wewnątrz. W tym celu powołano m.in. Komisję Księży przy Związku Bojowników o Wolność i Demokrację. Jej członkowie przeszli do historii pod nazwą kleru „postępowego" lub „księży patriotów". Idea powołania komisji narodziła się w czasie zjazdu organizacji kombatanckich, który w dniach 1–2 września 1949 roku odbył się w auli Politechniki Warszawskiej. Doszło wówczas do zjednoczenia tych organizacji w ZBoWiD. Po zakończeniu obrad grupę ponad czterdziestu księży uczestniczących w tym zjeździe przyjął w Belwederze sam Bolesław Bierut.

Główna Komisja Księży przy ZBoWiD-zie powstała formalnie 28 lutego 1950 roku. Na jej czele stanął osiemdziesięcioletni ksiądz kanonik Edmund Konarski z archidiecezji gnieźnieńskiej. W skład prezydium weszli ponadto jako współprzewodniczący: ksiądz Bonifacy Woźny, augustianin z Krakowa, ksiądz Józef Bartel oraz ksiądz pułkownik Wacław Pyszkowski z diecezji gnieźnieńskiej, mianowany wbrew woli hierarchii kościelnej i bez mocy kanonicznej szefem Duszpasterstwa Wojskowego. Sekretarzem został ksiądz Roman Szemraj z diecezji sandomierskiej, były kapelan AK, a następnie generalny dziekan Ludowego Wojska Polskiego. Do zarządu weszli natomiast: ksiądz Antoni Lamparty, kapelan armii Berlinga i proboszcz ze Środy Śląskiej; ksiądz Stanisław Owczarek, proboszcz z Konar koło Grójca w archidiecezji warszawskiej; ksiądz Stanisław Skurski z diecezji sandomierskiej, który chciał wstąpić do Polskiej Partii Robotniczej (poprzedniczki PZPR), ale go nie przyjęto. W ciągu 1950 roku powołano we wszystkich województwach okręgowe komisje księży. W I Ogólnopolskim Zjeździe Komisji Księży w lutym 1952 roku udział wzięło 350 duchownych.

W okresie największego rozkwitu środowisko „księży patriotów" liczyło tysiąc osób plus drugie tyle „sympatyków", przy czym „sympatykami" byli na ogół księża sporadycznie tylko włączający się w działalność komisji (np. w województwie krakowskim Komisja Księży liczyła w 1952 roku 45 członków i 180 sympatyków). „Księża patrioci" mieli własny organ prasowy, „Głos Kapłana", oczywiście bez *imprimatur* kościelnego. Pismo to zmieniło później nazwę na „Głos Obywatela", a następnie na „Kuźnica Kapłańska". W 1950 roku pod fałszywymi zarzutami odebrano Kościołowi organizację charytatywną Caritas i powierzono ją księżom kolaborującym z komunistami.

Do komisji księży wstąpiło wielu duchownych, którzy w latach wojny byli więźniami niemieckich obozów koncentracyjnych, gdzie w heroiczny sposób cierpieli za Kościół i ojczyznę. Ludzie ci mieli za sobą tak bolesne doświadczenia, że nowej władzy łatwo było nimi manipulować i wywierać na nich presję psychiczną. Do komisji wstępowali także kapelani wojskowi. Osobną grupę stanowili kapłani zmuszeni do tego szantażem. Większość członków stanowili jednak duchowni, którzy z walką o wolność w czasie II wojny światowej nie mieli nic wspólnego, a do nowych struktur włączali się jedynie z powodów koniunkturalnych. Byli oni typowymi karierowiczami, częstokroć także skłóconymi ze swoimi przełożonymi. Tylko niewielki procent członków stanowili ci duchowni, którzy – całkowicie naiwnie – wierzyli, że nowy system przyniesie Polsce sprawiedliwość społeczną.

Trzeba wyraźnie zaznaczyć, że środowisko „księży patriotów" od samego początku było infiltrowane i sterowane przez komunistyczną bezpiekę, która w tym działaniu posługiwała się wieloma duchownymi zwerbowanymi jako informatorzy i agenci. Niektórzy z tych współpracowników dawali się wykorzystywać do rozbijania Kościoła także po 1956 roku.

Klasycznym przykładem agenta działającego z dużym wyrachowaniem był ksiądz Henryk Weryński. Urodził się w 1892 roku w Mielcu. W 1910 wstąpił do seminarium w Tarnowie. Po święceniach w 1915 roku pracował w kilku parafiach diecezji tarnowskiej. Na terenie archidiecezji krakowskiej znalazł się w 1930 roku, kiedy to powierzono mu kierowanie krakowskim oddziałem Katolickiej Agencji Prasowej. Uważał się za literata i publicystę, pisywał do czasopism; popierał wówczas rządy piłsudczyków, próbując nawet startować w wyborach z listy sanacyjnej. Kariery polityka jednak nie zrobił.

Po II wojnie światowej ksiądz Weryński poparł z kolei system komunistyczny. Otrzymał za to zakaz odprawiania mszy świętych na terenie archidiecezji, który zresztą władze kościelne później cofnęły. Podjął posługę kapelana w LWP, dochodząc szybko do stopnia podpułkownika oraz stanowiska zastępcy kapelana Dowództwa Okręgu Wojskowego. Został też proboszczem krakowskiej parafii wojskowej pw. św. Agnieszki, zwanej popularnie „Agnieszkowem". W 1947 roku wstąpił do Stronnictwa Pracy, przekształconego później w prorządowe Stronnictwo Demokratyczne. W 1950 roku jako jeden z pierwszych duchownych z diecezji tarnowskiej wstąpił do Komisji Księży przy ZBoWiD-zie, stając się jej aktywnym członkiem. Trzy lata później na Zjeździe Duchownych i Świeckich Działaczy Katolickich w Krakowie wygłosił przemówienie całkowicie popierające nową władzę. Otrzymał z rąk komunistów wiele odznaczeń, m.in. Krzyż Kawalerski Orderu Odrodzenia Polski oraz Złoty Krzyż Zasługi. Nie stronił też od przyjmowania gratyfikacji materialnych.

Do współpracy z Urzędem Bezpieczeństwa jako agent informator o pseudonimie „Hanka" został zwerbowany 22 grudnia 1946 roku przez Henryka Chmielewskiego, wicedyrektora Departamentu II MBP. Podpisał wówczas zobowiązanie, na mocy którego w zamian za udzielane informacje miał otrzymywać od bezpieki 5000 złotych miesięcznie, płatne z dołu. Ponadto domagał się od UB poparcia w sprawach awansu kościelnego (ubiegał się o eksponowane probostwo i prałaturę) oraz w sprawie umieszczania w prasie katolickiej jego artykułów, które ze względu na ich prorządowy charakter były do tej pory odrzucane przez redakcje. W latach następnych funkcjonariusze rzeczywiście w tej sprawie naciskali na redakcje „Słowa Powszechnego" i przejętego w 1953 roku przez PAX „Tygodnika Powszechnego".

Jako informator ksiądz Weryński pisał donosy na całe środowisko krakowskie, zarówno na duchownych, jak i świeckich. Pułkownik Józef

Światło, wicedyrektor Departamentu X MBP, który w 1953 roku uciekł na Zachód, tak opisywał jego działalność:

> Ks. kapelan płk Henryk Weryński był od wielu lat na służbie bezpieki i otrzymywał instrukcje bezpośrednio od mjr. Kozłowskiego, ówczesnego naczelnika Wydziału V WUBP w Krakowie. Przychodził do mnie jako zastępcy szefa wojewódzkiego urzędu bezpieczeństwa, osobiście wręczyłem mu kupon na sutannę. Został mianowany kapelanem wojskowym i przeniesiony do Krakowa po to tylko, aby mógł łatwiej zdobywać informacje w otoczeniu kardynała Sapiehy. Najwięcej wiadomości zawierały jego raporty ze spowiedzi.

Wobec informacji pułkownika Światły, ogłoszonych na falach Radia Wolna Europa, „Hanka" stał się jako informator całkowicie bezużyteczny i w 1956 roku został wyrejestrowany z sieci agenturalnej. Pozostał jednak kapelanem wojskowym. Zmarł w 1984 roku.

Jak wspomniano, w Głównej Komisji Księży przy ZBoWiD-zie zasiadał ksiądz Bonifacy Woźny, augustianin. Urodził się on w 1907 roku w Zbąszyniu, w archidiecezji poznańskiej. Święcenia kapłańskie w zakonie augustianów otrzymał w 1935 roku. W czasie II wojny światowej był więźniem obozu koncentracyjnego. Po wojnie, jako prowincjał augustianów w Polsce, rezydował w Krakowie, gdzie jego zakon prowadził dwie parafie: pw. Matki Bożej Dobrej Rady w Krakowie Prokocimiu i pw. św. Katarzyny na Kazimierzu. Jesienią 1947 roku został proboszczem pierwszej z nich.

W parafii powstawała wówczas świątynia, która miała być „pomnikiem wdzięczności za ocalenie Krakowa". Dzięki temu udało się uzyskać dotacje rządowe na prowadzenie budowy, którą przerwały działania wojenne. Znaczną kwotę na ten cel – z powodów propagandowych – wpłacił Bolesław Bierut, a za jego przykładem poszli również inni ówcześni prominenci. Ksiądz Woźny również korzystał z pomocy państwa, a nawet doprowadził do włączenia kościelnej inwestycji do rządowego planu sześcioletniego.

Władze kościelne wielokrotnie upominały proboszcza z Prokocimia. W końcu, w lipcu 1950 roku, kardynał Sapieha z upoważnienia Stolicy Apostolskiej rozwiązał zakon augustianów w Polsce i usunął księdza Woźnego z funkcji prowincjała i proboszcza. Pozostali augustianie musieli przejść do diecezji jako księża świeccy. Sapieha zmarł jednak rok później, a jego następcę, arcybiskupa Eugeniusza Baziaka, w grudniu 1952 roku usunięto z Krakowa. Wówczas to ksiądz Woźny, duchowny dyspozycyjny wobec władz komunistycznych, został narzucony archidiecezji krakowskiej jako jeden z dwóch wikariuszy generalnych, którzy kierowali archidiecezją w miejsce uwięzionych pracowników Kurii Metropolitalnej. Cytowany już pułkownik Światło tak pisał o działalności księdza Woźnego:

> Drugim agentem bezpieki, o wiele cenniejszym, był ks. Bonifacy Woźny, wikariusz generalny archidiecezji krakowskiej. Z polecenia mjr. Kozłowskiego odwiedzał różnych księży w terenie i skłaniał ich do współpracy. Doniesienia jego były tak cenne, że na spotkanie z Woźnym przyjeżdżała z Warszawy płk Julia Brystygierowa, dyrektor Departamentu V w MBP. Ksiądz Woźny miał wypłacane sute wynagrodzenie pieniężne, był zaopatrywany w paczki żywnościowe i ubrania.

Julia Brystygierowa to niechlubnej pamięci „Krwawa Luna", od 1945 roku kierująca Departamentem V zaciekle zwalczającym opozycję i Kościół katolicki. Przyczyniła się do aresztowania wielu księży, do których pałała ogromną nienawiścią; osobiście katowała więźniów, znęcając się nad nimi również psychicznie. Prześladowała także obywateli innych wyznań, w tym zwłaszcza świadków Jehowy, którzy z powodu swoich przekonań odmawiali służby wojskowej. Brystygierowa osobiście prowadziła najważniejszych agentów wywodzących się z kręgów duchowieństwa. Zachowane dokumenty nie potwierdzają jednak, że spotykała się z księdzem Woźnym; nie stwierdzono też, aby formalnie był on agentem bądź informatorem bezpieki.

Mimo postawy zajmowanej w czasach stalinowskich duchowny w 1955 roku ponownie został proboszczem w Prokocimiu. W historii parafii zapisał się dobrze – jako ksiądz, który dokończył budowę świątyni. W 1978 roku przeszedł na emeryturę. Zmarł 19 grudnia 1984 roku. Rok później epitafium dla niego wmurowano w ścianę prokocimskiego kościoła. Zakon augustianów został reaktywowany w Polsce w 1981 roku, ale tworząca się od podstaw struktura zakonna nie przyjęła żadnego z byłych augustianów, odcinając się w ten sposób od ich powojennej przeszłości.

Drugi z narzuconych wówczas archidiecezji krakowskiej wikariuszy generalnych, ksiądz Stanisław Huet, przeniósł się z Krakowa do Warszawy i został wykładowcą Akademii Teologii Katolickiej. Był znanym teologiem, pozostawił po sobie wiele publikacji. Nadal jednak wiernie współpracował z władzami komunistycznymi, przyjmując od nich coraz to nowe odznaczenia państwowe. Zmarł w 1961 roku.

Kolejnym agentem, tym razem zwerbowanym i manipulowanym przez UB w wyniku szantażu, był ksiądz Anatol Boczek. Urodził się w 1920 roku we Włocławku. W 1938 roku wstąpił do Wyższego Seminarium Duchownego w Krakowie. Po święceniach w 1943 roku został skierowany do parafii w Krzęcinie koło Skawiny. Doszło tam do ostrego konfliktu z władzami kościelnymi, w wyniku którego duchowny porzucił archidiecezję, a następnie, zaraz po zakończeniu działań wojennych, wyjechał do Nowej Soli w Zielonogórskiem, gdzie pracował jako zwykły robotnik. Po pewnym czasie powrócił jednak do Krakowa, przeprosił kardynała Sapiehę i został przywrócony do stanu kapłańskiego. Jako wikary przechodził z parafii do parafii, wszędzie popadając w różnego rodzaju konflikty i w kłopoty na tle obyczajowym.

W 1947 roku następny incydent z jego udziałem odnotowany został przez Milicję Obywatelską, która zebrane informacje przesłała do Urzędu Bezpieczeństwa. Wkrótce ubecy nawiązali z księdzem stały kontakt. Dysponując kompromitującymi materiałami, przymusili go do współpracy. W aktach zachował się odręcznie napisany dokument:

```
Ja niżej podpisany zobowiązuję się dobrowolnie współpra-
cować z organami Bezpieczeństwa i o wszystkich przejawach
wrogiej działalności szkodzącej Polsce Ludowej zawiadamiać.
Jest mi wiadomym, że za zdradę tajemnicy przyrzeczonej od-
powiadał będę przed Wojskowym Sądem Okręgowym. Dla lepszego
zakonspirowania się przybieram sobie pseudonim „Luty", któ-
rym będę się podpisywał.
     Milówka, 27 II 1949
     Anatol Boczek
```

W następnych latach ksiądz Boczek podpisał kolejne zobowiązanie do współpracy, zmieniając pseudonim na „Porwa". Wobec funkcjonariuszy bezpieki był całkowicie uległy, wykonywał praktycznie każde ich polecenie. Nie tylko składał liczne doniesienia, głównie na innych księży, ale też angażował się w inspirowane przez bezpiekę działania destrukcyjne na terenie archidiecezji (m.in. jako jeden z pierwszych duchownych zapisał się do Komisji Księży). Brał udział we wszystkich zjazdach i konferencjach „księży patriotów". To właśnie z inicjatywy UB w czasie jednego z takich zjazdów odczytał publicznie w imieniu zebranych hołdowniczy list do premiera Józefa Cyrankiewicza, co odbiło się głośnym echem w prasie reżimowej. Za współpracę pobierał nieregularne gratyfikacje w wysokości od 5 do 10 tysięcy złotych.

W 1950 roku ksiądz Boczek wraz z kilkoma innymi „księżmi patriotami" został wezwany do Kurii Metropolitalnej w Krakowie, gdzie od kardynała Sapiehy otrzymał nakaz wystąpienia z Komisji Księży. Ponieważ odmówił, został zawieszony w czynnościach kapłańskich i skierowany na przymusowe rekolekcje do jednego z klasztorów. Nawiasem mówiąc, w klasztorze tym jednym z przełożonych był informator o pseudonimie „Eliasz", który o wszystkim informował swoich mocodawców. Po zdjęciu suspensy księdza Boczka skierowano do parafii w Sieprawiu, a następnie do Raciechowic koło Dobczyc, gdzie proboszczem był jego kolega rocznikowy – a zarazem także „ksiądz patriota" – Jan Osadziński. Ze strony kurii było to świadome posunięcie, bo rzeczywiście w tym nowym, wiejskim środowisku, na dodatek na obrzeżach archidiecezji, agent UB nie mógł wyrządzać Kościołowi znaczących szkód.

Początkowo bezpieka próbowała wykorzystywać jeszcze księdza Boczka do inwigilacji m.in. spółdzielni rolniczych. Podjęła również działania, które miały zmienić status duchownego. Kierownik Sekcji I Wydziału XI Urzędu Bezpieczeństwa Publicznego w Krakowie, Adam Błażejczyk, pisał o tym następująco:

> Jeżeli chodzi o dalszą współpracę z wymienionym informatorem, to planujemy go obsadzić na samodzielne stanowisko kapelana zakonnic, które zostały przesiedlone z Zachodu, a zarazem rektora w jednym z miejsc na terenie woj. krakowskiego i przez to stworzyć mu większe możliwości operacyjne w pracy, gdyż jest on całkowicie z nami związany i na tym odcinku mógłby nam oddać duże przysługi.

Z planów tych nic nie wyszło. W 1956 roku, na fali zmian politycznych, bezpieka sama wyrejestrowała nieprzydatnego współpracownika z sieci agenturalnej. Jako powód podano chorobę alkoholową, a co za tym idzie – znikomą możliwość dalszego wykorzystania operacyjnego. W 1962 roku ksiądz Boczek skierowany został jako wikary do parafii w Wawrzeńczycach. Dwa lata później osiadł na stałe w parafii pw. św. Judy Tadeusza w Krakowie Czyżynach, najpierw jako wikary, a później rezydent. W 1979 roku powrócił do czynnej działalności w Zrzeszeniu Katolików „Caritas", zostając przewodniczącym komisji opieki społecznej. Zmarł w 1993 roku w Krakowie, w 83. roku życia.

Całkiem inny przebieg miała współpraca z bezpieką kolejnego duchownego, księdza Leona Bzowskiego: został on najpierw „księdzem patriotą", a dopiero później informatorem bezpieki. Współpracę kontynuował również po Październiku '56. Ksiądz Bzowski urodził się w 1901 roku w Ciężkowicach pod Jaworznem. W 1920 wstąpił jako ochotnik do Wojska Polskiego i wziął udział w wojnie z bolszewikami. Po zakończeniu działań wojennych przez dwa lata pracował jako nauczyciel. W 1923 roku wstąpił do seminarium. Święcenia kapłańskie otrzymał w 1927. Pięć lat później został mianowany kapelanem wojskowym w stopniu kapitana. Kiedy wybuchła II wojna światowa, wyruszył na front jako kapelan szpitala polowego. W czasie odwrotu został pod Zamościem zagarnięty przez wojska sowieckie. Uciekł na stronę niemiecką, dzięki czemu nie podzielił losu oficerów polskich wymordowanych w Katyniu czy Charkowie. W 1940 roku został mianowany administratorem, a następnie proboszczem parafii pw. św. św. Apostołów Piotra i Pawła w Trzebini. Przez wiele lat prowadził intensywne prace budowlane zmierzające do dokończenia budowy kościoła.

W czasie wojny, a także po jej zakończeniu ksiądz Bzowski nie angażował się w działalność niepodległościową. Mimo to od 1947 roku był rozpracowywany przez UB w Chrzanowie. Rozpracowania zaniechano, gdy duchowny wstąpił w 1950 roku do Komisji Księży przy ZBoWiD-zie, a następnie został członkiem Zarządu Wojewódzkiego Zrzeszenia Katolików „Caritas". Wkrótce też ksiądz Bzowski został informatorem UB o pseudonimie „Homer". Jak zaznaczono w dokumentach, werbunek odbył się „na zasadzie lojalności". Dokonał go w dniu 27 grudnia 1952 roku starszy referent Kazimierz Kęsek, a kolejnymi funkcjonariuszami prowadzącymi „Homera" byli Stanisław Lipowy, Józef Tracz i Władysław Chmielowski.

Ksiądz Bzowski stał się odtąd bezwolnym narzędziem w rękach funkcjonariuszy UB, a następnie SB. Z ich polecenia brał udział w licznych zjazdach „księży patriotów" i Frontu Jedności Narodu, agitował

też innych duchownych do wzięcia udziału w tych spotkaniach, objeż-
dżając w tym celu poszczególne plebanie. Od 1960 roku pełnił funkcję przewodniczącego Zrzeszenia Katolików „Caritas" w województwie
krakowskim. Jako jeden z dwóch księży z powiatu chrzanowskiego –
zgodnie z zarządzeniem władz państwowych, ale wbrew stanowisku
przełożonych kościelnych – zarejestrował w 1961 roku punkt katechetyczny, za co otrzymał reprymendę od arcybiskupa Eugeniusza Baziaka. Z kolei władze państwowe nagrodziły jego postawę, przyznając mu
Złoty Krzyż Zasługi, a w 1964 roku Krzyż Kawalerski Orderu Odrodzenia Polski.

Co do działalności agenturalnej, to jego doniesienia – bardzo szczere i prawdziwe – dotyczyły księży z okolic Trzebini, Chrzanowa, Jaworzna i Libiąża, a zwłaszcza księży dziekanów: Andrzeja Bajera, Andrzeja
Mroczka i Jana Wolnego seniora. TW „Homer" przekazywał też informacje o sytuacji w klasztorze Księży Salwatorianów w Trzebini (w tym
o rozpracowywanym przez SB zakonniku, księdzu Ślusarczyku), relacjonował swoje kontakty z pracownikami kurii i kolegami z rocznika
seminaryjnego, a także składał sprawozdania ze spotkań dekanalnych
i katechetycznych. Nie pobierał pieniędzy, tylko kilka razy był wynagradzany paczkami żywnościowymi.

W 1965 roku SB postanowiła wykreślić „Homera" z sieci agenturalnej. Były ku temu dwa powody. Po pierwsze, duchowny był już w tym
czasie bardzo chory i praktycznie nie wychodził z domu. Po drugie,
jego zaangażowanie w działalność prorządową kompromitowało go
w oczach innych księży i dlatego unikali z nim kontaktu. Ksiądz Leon
Bzowski zmarł 4 marca 1966 roku. Parafianie zachowali o nim dobre
wspomnienia, ponieważ dokończył budowę kościoła.

Bardzo interesujący – ze względu na zaangażowanie we współpracę – jest przypadek wspomnianego wyżej księdza Jana Osadzińskiego.
Urodzony w 1918 roku w Mętkowie (powiat chrzanowski), święcenia
kapłańskie otrzymał w 1943. W 1953 roku został mianowany proboszczem parafii w Raciechowicach, gdzie spędził ponad 50 lat życia. W ruch
„księży patriotów" włączył się od samego początku jego istnienia, dochodząc w nim do wysokich stanowisk. Był m.in. prezesem Zarządu
Wojewódzkiego i wiceprzewodniczącym Zarządu Głównego Zrzeszenia Katolików „Caritas". Na jubileusz trzydziestolecia ruchu wystąpił

sam dla siebie o wysokie odznaczenie państwowe – Order Sztandaru Pracy II klasy – a dla zachowania pozorów we wniosku wpisał też innych księży działaczy: Józefa Podrazę, Henryka Pamułę i Adama Srokę (wszyscy trzej mieli otrzymać Złote Krzyże Zasługi), Antoniego Karabułę i Wacława Grzesika (Krzyże Kawalerskie Orderu Odrodzenia Polski) oraz Bonifacego Woźnego (Order Sztandaru Pracy II klasy).

Z dokumentów wynika, że ksiądz Osadziński rozpoczął tajną współpracę z bezpieką w 1948 roku, przyjmując pseudonim „Grzybowski". Sześć lat później został wyrejestrowany, a jako powód podano wybranie go do samorządu powiatowego. Przez następne lata był traktowany nie jako informator lub tajny współpracownik, lecz jako kontakt operacyjny o pseudonimie „Sad" (fragment nazwiska). Esbecy uważali, że ponieważ donosi gorliwie i często, współpracy z nim nie trzeba formalizować. Dopiero w czasie pierwszej pielgrzymki papieskiej w 1979 roku księdza Osadzińskiego zarejestrowano jako TW o pseudonimie „Piotr". Ze względu na rangę współpracownika prowadzili go osobiście najważniejsi funkcjonariusze Wydziału IV SB w Krakowie: podpułkownik Władysław Żyła, naczelnik wydziału, a następnie major Wiesław Ciupiński i pułkownik Józef Biel.

Spotkania odbywały się w restauracjach, a duchowny przychodził na nie zawsze po cywilnemu. Jego doniesienia dotyczyły przede wszystkim innych księży, których znał bądź z dekanatu dobczyckiego, bądź z działalności w „Caritasie". Donosił też na władze zrzeszenia oraz na innych „księży patriotów" (m.in. na opisanego poniżej księdza Alfreda Brodę), dzięki czemu SB mogła kontrolować działalność tych ostatnich. Ze szczegółami informował o wszystkich skandalach obyczajowych, co służyło do szantażu podczas innych werbunków. W donoszeniu był „ideowy", nie brał pieniędzy, załatwiał jedynie paszporty dla siebie i rodziny.

Przez władze archidiecezji krakowskiej był traktowany więcej niż chłodno. W jednym z raportów żalił się, że podczas peregrynacji relikwii świętego Stanisława do wszystkich parafii w dekanacie przyjechali biskupi, a do niego tylko jeden z infułatów. Z tego powodu starał się przypodobać innym księżom, pomagając im w załatwianiu różnych spraw urzędowych i uzyskiwaniu korzyści. Nie zmieniało to jednak faktu, że na nich też donosił. Oto jeden z wielu przykładów – notatka służbowa sporządzona przez oficera prowadzącego 20 listopada 1972 roku:

W rozmowie na temat innych spraw „Sad" powiedział, że w miesiącu październiku – listopadzie zgłosił się do jego biura
ks. Fidelus Bronisław chyba trzech, albo nawet czterokrotnie
z propozycją poparcia go w uzyskaniu mieszkania lokalowego na terenie m. Krakowa. Sprawę tą jak mi wiadomo nagrywał
z-ca Kierownika Wydz. Wyznań Moskal, a ostatnio dokumenty
w tej sprawie przydziału mieszkania złożył w Wydz. Lokalowym
DRW Zwierzyniec. Sprawą tą był również zainteresowany kier.
Wydz. Lokalowego MRN [Miejskiej Rady Narodowej] ob. Węgrzyn,
z którym na kontakcie pozostawał ks. Fidelus.
    Ks. F. jest kurialistą, a obecnie jak mi wiadomo uczęsz-
cza na Wydz. Prawa UJ. Posiada stałe zameldowanie na terenie m. Krakowa.
    Uwaga:
    Ponieważ Kier. Wydz. Lokalowego jest w dyspozycji Wydz.
Śledczego tut. Komendy, omówić tę sprawę z ppłk Lechowskim
czy nie wchodziły tu w grę sprawy materialne.
    Ppłk Wł. Żyła

Ksiądz Jan Osadziński współpracował z SB do samego końca
PRL-u. Zmarł w 2004 roku. Na jego pogrzeb nie przyjechał żaden
z biskupów.

Ostatnim przykładem księdza „postępowego", którego działalność
przypadła już nie na lata stalinowskie – i który, w odróżnieniu od pozostałych, po pewnym czasie wywikłał się ze zobowiązania do współpracy
z SB – jest ksiądz Alfred Broda. Urodził się on w 1936 roku w Zgłobie-
niu koło Rzeszowa. Do seminarium duchownego wstąpił jednak w Krakowie. W 1961 roku otrzymał święcenia kapłańskie. Jako wikary pracował w różnych parafiach, między innymi w Bieńczycach w Nowej
Hucie. Miał zawsze poglądy prorządowe, czym wyraźnie odróżniał się
od innych księży. Należał do Zrzeszenia Katolików „Caritas". Z tego też
względu od 1971 roku był „w zainteresowaniu" Służby Bezpieczeństwa.
Z zachowanych akt wynika, że pozyskała go ona do współpracy – jako
TW o pseudonimie „Janusz" – dwa lata później. W kwestionariuszu wer-
bunkowym podporucznik Jan Dziedzic zapisał:

TW ps. „Janusz" pozyskany został do współpracy na zasadach
dobrowolności w 1973 r. Przy pozyskaniu sporządził własnoręcznie zobowiązanie o podjęciu współpracy ze Służbą Bezpieczeństwa. Do 1976 r. kontakt z TW utrzymywał pracownik

b. RSB [Referatu Służby Bezpieczeństwa] Nowa Huta, a następnie ppor. Mieczysław Mrowiec z KM [Komendy Miejskiej] MO Żywiec. W 1976 r. TW „Janusz" odmówił współpracy z SB, motywując to faktem powierzenia mu odpowiedzialnych obowiązków w oddziale Caritasu Bielsko-Biała i związanym z tym brakiem czasu. W okresie 3-letniej współpracy, tj. w latach 1973-1976, TW „Janusz" 10-krotnie wynagradzany był kwotami pieniężnymi, które kwitował pseudonimem.

„Janusz" udzielał informacji o innych duchownych, głównie z terenu dekanatu nowohuckiego i żywieckiego, a także o tych, którzy działali w Zrzeszeniu Katolików „Caritas". Jak wynika z powyższej notatki, po trzech latach zerwał współpracę. Inne dokumenty wskazują, że w latach osiemdziesiątych SB czterokrotnie próbowała zachęcić go do powrotu, ale zawsze odmawiał. Jednocześnie oficjalnie współpracował z władzami komunistycznymi, m.in. aktywnie działając podczas stanu wojennego w gminie Rajcza w Patriotycznym Ruchu Ocalenia Narodowego. Za zaangażowanie w ruch „księży patriotów" był upominany przez władze kościelne. W jednym z raportów z 1976 roku pisał:

W dniu 9 listopada br. odbył się w Kalwarii zjazd wszystkich księży diecezji krakowskiej, na którym Wojtyła wygłosił ok. 1-godzinne przemówienie, w którym najbardziej wyeksponował sprawę przynależności księży do „Caritasu". Omawiając ten problem, w bardzo ostrych słowach skrytykował tych wszystkich księży, którzy należą do „Caritasu". Powiedział, że wszyscy księża, którzy należą do „Caritasu" będą ukarani włącznie z suspendowaniem. Następnie nazwał ich księżmi, którzy są na usługach państwa ateistycznego.
Najbardziej atakował jednak sprawę ubezpieczeń księży zorganizowaną przez „Caritas" wspólnie z ZUS. Nazwał to bezprawiem, to jest wbrew porozumieniu między państwem a Kościołem. Księża członkowie „Caritas" stwierdzili po tym wystąpieniu, że jeszcze nigdy nie widzieli tak mocno wzburzonego Kardynała Wojtyły. [...]
Po wystąpieniu Kardynała Wojtyły odbył się w Krakowie zjazd – zebranie członków „Caritas" z diecezji krakowskiej. Na zebraniu tym omówiono wystąpienie Wojtyły, stwierdzając równocześnie, że we wszystkich diecezjach biskupi skrytykowali caritasowców, jednakże nie tak ostro jak zrobił to Kardynał Wojtyła.

Ksiądz Alfred Broda był dla Zrzeszenia Katolików „Caritas" bardzo ważnym członkiem: jako jeden z trzech prezesów kół wojewódzkich pełnił tę funkcję, będąc jednocześnie urzędującym proboszczem (pozostali prezesi byli emerytami). Swoich poglądów politycznych nie zmienił do końca trwania komunizmu w Polsce. Obecnie jest proboszczem w Zwardoniu, w diecezji bielsko-żywieckiej. Na list od autora niniejszej publikacji odpowiedział. Pełna treść odpowiedzi znajduje się w części *Załączniki*.

Podsumowując, trzeba stwierdzić, że ruch „księży patriotów" – niezależnie od różnic w postawach poszczególnych jego członków – nie tylko rozbijał od wewnątrz Kościół, ale również umożliwiał funkcjonariuszom Urzędu, a następnie Służby Bezpieczeństwa werbowanie cennej agentury. O niektórych z „księży patriotów" będzie jeszcze mowa w niniejszej publikacji.

II
DZIAŁANIA OPERACYJNE

Kryptonim „Kurier" - inwigilacja księdza Kazimierza Jancarza

Kim dla Warszawy był sługa Boży ksiądz Jerzy Popiełuszko, tym dla Krakowa, a zwłaszcza dla Nowej Huty, był ksiądz Kazimierz Jancarz – człowiek charyzmatyczny, kapłan wielkiej odwagi i gorliwości duszpasterskiej, a zarazem jeden z wielu „niepokornych" w Kościele polskim. Jego krótkie, ale intensywne życie obfitowało w burzliwe wydarzenia. Choć nigdy nie otrzymał oficjalnej nominacji na duszpasterza robotników, był jednym z prekursorów tego rodzaju duszpasterstwa w archidiecezji krakowskiej. Jego posługa zbliżyła do Boga wielu ludzi, którzy wcześniej trzymali się z dala od Kościoła katolickiego. Kapłan ten niósł ewangeliczną nadzieję wtedy, kiedy jej najbardziej potrzebowano – w latach stanu wojennego, gdy władza komunistyczna usiłowała stłumić wolnościowe dążenia narodu polskiego. Z tego powodu był represjonowany przez Służbę Bezpieczeństwa, która przez 10 lat podejmowała przeciwko niemu rozmaite działania, głównie w ramach sprawy operacyjnego rozpracowania pod kryptonimem „Kurier".

Ksiądz Jancarz urodził się 9 grudnia 1947 roku w Suchej Beskidzkiej. Maturę zdał w Technikum Kolejowym w Krakowie, w którym podjął naukę, chcąc kontynuować tradycję rodzinną (jego ojciec był dróżnikiem). W czasie nauki odbywał liczne praktyki, między innymi jako maszynista na parowozach. Jednak pod wpływem osobistych przemyśleń w 1966 roku wstąpił do krakowskiego Wyższego Seminarium Duchownego. Drogę powołania kapłańskiego wybrali także dwaj jego bracia: Marian, ksiądz archidiecezji krakowskiej, od 20 lat pracujący w Szwecji, i Janusz, który wstąpił do zgromadzenia chrystusowców i dziś duszpasterzuje na Florydzie w Stanach Zjednoczonych.

Przyszły kapelan Solidarności ze względu na swój impulsywny charakter miewał w czasie studiów kłopoty. W pewnym momencie chciano go nawet usunąć z seminarium, ale wtedy – jak sam później wspominał – pomógł mu kardynał Karol Wojtyła. Święcenia kapłańskie przyjął w 1972 roku. Jako wikary pracował w parafiach w Pisarzowicach, Andrychowie, Oświęcimiu i Niepołomicach. W 1978 roku został przeniesiony do parafii pw. (wówczas) bł. Maksymiliana Marii Kolbego w Mistrzejowicach w Nowej Hucie, z którą w pamięci ludzkiej jest identyfikowany do dnia dzisiejszego.

Była to parafia bardzo młoda, erygowana w 1976 roku. Wieś Mistrzejowice przez wieki wchodziła bowiem w skład parafii w Raciborowicach. Gdy jednak na należących do niej polach wyrosły bloki mieszkalne, z polecenia kardynała Karola Wojtyły młody i pełen energii wikary z Raciborowic, ksiądz Józef Kurzeja, zaczął organizować od podstaw nową parafię. Aby być bliżej swoich wiernych, w 1970 roku w prowizorycznych warunkach – w starym, drewnianym budyneczku stojącym w pobliżu nowych osiedli – zaczął prowadzić katechizację i odprawiać msze; z tego powodu nazywano go „księdzem z zielonej budki". Ksiądz Kurzeja zmarł bardzo młodo – w 1976 roku, mając zaledwie 39 lat. Jego heroiczną pracę kontynuował ksiądz Mikołaj Kuczkowski, wcześniej kanclerz kurii, który w Mistrzejowicach wzniósł dużą i nowoczesną świątynię.

Przychodząc do tej parafii, ksiądz Jancarz nie przypuszczał zapewne, co będzie go tu czekać za parę lat. Od pierwszego roku wszedł w wir pracy duszpasterskiej, na którą składał się przede wszystkim – jak sam mówił – „młyn katechetyczny" oraz bardzo mocne zaangażowanie w ruch oazowy, czyli w Ruch Światło-Życie, stworzony przez księdza Franciszka Blachnickiego. Ponadto kiedy w 1980 roku powstała Solidarność, która w nowohuckim kombinacie była wyjątkowo liczna i silna, ksiądz Jancarz zaangażował się także w sprawy robotnicze. Więzi te zacieśniły się jeszcze bardziej po wprowadzeniu stanu wojennego.

W czasie strajku, który trwał po 13 grudnia 1981 roku w Hucie im. Lenina, do robotników przyszli z posługą duszpasterską nowohuccy kapłani, w tym m.in. ojcowie cystersi Jacek Stożek, Niward Karsznia i Norbert Paciora oraz księża diecezjalni Józef Gorzelany, Jan Bielański i Stanisław Podziorny. Z kolei po rozbiciu strajku ogromną pomoc represjonowanym okazała parafia w Bieńczycach, a zwłaszcza jej dynamiczny wikary, ksiądz Władysław Palmowski, który jako jeden z pierwszych zaczął odwiedzać miejsca internowania w Strzelcach Opolskich, Rzeszowie Załężu oraz w Uhercach i Łupkowie w Bieszczadach. Duchowny włączył się także aktywnie w podziemną działalność Solidarności i w tworzenie struktur konspiracyjnych. Niestety, w wyniku kombinacji operacyjnych i nacisków na Kurię Metropolitalną SB doprowadziła pod koniec kwietnia 1983 roku – a więc przed zapowiedzianymi na 1 i 3 maja demonstracjami Solidarności – do usunięcia księdza Palmowskiego z Bieńczyc i przeniesienia go do odległej parafii w Straconce, dzielnicy Bielska-Białej. (Następnie przez 20 lat ksiądz Palmowski pracował w diecezji koszalińskiej; obecnie jest proboszczem w Morawicy koło Krakowa).

Obok wspomnianych Bieńczyc i parafii cysterskiej na osiedlu Szklane Domy (gdzie działało Duszpasterstwo Hutników utworzone przez ojca Jacka Stożka) jednym z najważniejszych centrów duszpasterstwa robotniczego, a zarazem ośrodkiem pomocy dla represjonowanych i ich rodzin stała się też parafia w Mistrzejowicach. Momentem przełomowym w jej działalności było pojawienie się informacji, która napłynęła z więzienia w Załężu, że w dniu 13 czerwca 1982 roku rozpoczął się strajk głodowy osadzonych tam działaczy Solidarności. Ich przyjaciele na znak solidarności z nimi spontanicznie zorganizowali w Mistrzejowicach, w tzw. dolnym kościele, czyli w kaplicy pod główną nawą, dziewięciodniowe czuwanie modlitewne. Zakończyło się ono we czwartek 24 czerwca, w święto Jana Chrzciciela, kiedy grupa działaczy zwolnionych z Załęża dotarła na wieczorną mszę świętą. Ksiądz Jancarz – który był opiekunem czuwających – zaapelował wówczas do tłumnie zgromadzonych wiernych, aby przyszli na modlitwę także w następny czwartek. W ten sposób narodziła się w Mistrzejowicach tradycja czwartkowych mszy świętych za ojczyznę.

Gromadziły one co tydzień kilka tysięcy osób, nie tylko z Nowej Huty i całego Krakowa, ale również z różnych stron Polski. Msza święta rozpoczynała się zawsze o 19.00, a kończyła Apelem Jasnogórskim o 21.00. Zawsze też było odpowiednie kazanie, z akcentami patriotycznymi, głoszone przez księdza Jancarza lub przez któregoś z zaproszonych kapłanów.

Spośród duchownych z terenu archidiecezji krakowskiej, którzy w tym czasie wspierali działalność księdza Jancarza, wspomnieć należy księży: Adolfa Chojnackiego, proboszcza w Bieżanowie (jego postać omówiono w kolejnym rozdziale), Kazimierza Wójciaka z zakonu pijarów (obecnie duszpasterza na Białorusi), Józefa Stramka z zakonu kanoników regularnych, proboszcza parafii pw. Bożego Ciała w Krakowie (a obecnie proboszcza sanktuarium maryjnego w Gietrzwałdzie na Warmii), Stanisława Koniecznego, proboszcza w Świątnikach Górnych (zmarł w 1994, w 55. roku życia), Tadeusza Boguckiego, ówczesnego wikarego w Mistrzejowicach (obecnie proboszcza w Rabce Zarytem) oraz Wojciecha Stokłosę, wikarego w parafii mariackiej (obecnie proboszcza w krakowskich Piaskach Wielkich). Na czwartkowych mszach pojawiali się też kapłani spoza archidiecezji. Najbardziej znaną postacią był sługa Boży ksiądz Jerzy Popiełuszko, rówieśnik księdza Jancarza, bardzo z nim zaprzyjaźniony. Przyjeżdżali też księża: Stanisław Kardasz z Torunia, Stanisław Małkowski z Warszawy, Edward Frankowski ze Stalowej Woli (obecnie biskup sufragan w Sandomierzu) i Henryk Jankowski z Gdańska. Nigdy natomiast nie pojawili się na nich przedstawiciele władz archidiecezji krakowskiej, co przez uczestników było ustawicznie komentowane jako wyraz braku aprobaty ze strony Kurii Metropolitalnej.

Systematycznie odprawiane msze święte za ojczyznę stały się zaczynem nowej struktury duszpasterskiej, nazwanej oficjalnie Duszpasterstwem Ludzi Pracy (DLP). W jej skład wchodziły cztery konfraternie: Akademicka, Robotnicza, Samarytańska i Nauczycielska. W 1983 roku ksiądz Jancarz wraz z Janem L. Franczykiem z Chrześcijańskiej Wspólnoty Ludzi Pracy powołał do życia Chrześcijański Uniwersytet Robotniczy (ChUR) im. ks. kard. Stefana Wyszyńskiego, wzorowany na działaniach Prymasa Tysiąclecia, który jeszcze jako zwykły ksiądz troszczył się o podnoszenie poziomu wykształcenia robotników. Celem uniwersytetu miało być ukształtowanie w środowisku robotniczym katolickich elit, zdolnych do prowadzenia działalności niezależnej od komunistycznej władzy. W ramach ChUR-u co dwa tygodnie, w soboty, odbywały się wykłady dla robotników i członków Solidarności. Dotyczyły one głównie historii i kultury Polski, pedagogiki oraz katolickiej nauki społecznej. Prelegentami byli znani duszpasterze i twórcy sztuki, a przede wszystkim pracownicy krakowskich wyższych uczelni, w tym UJ i PAT-u. Zetknięcie się przedstawicieli środowisk robotniczych z przedstawicielami środowisk inteligenckich bardzo umacniało jedność społeczną.

W ramach mistrzejowickiego duszpasterstwa organizowano doroczne pielgrzymki ludzi pracy do Kalwarii Zebrzydowskiej i na Jasną Górę (te ostatnie, organizowane w latach 1983–1984 wspólnie z księdzem Jerzym Popiełuszką, odbywały się zawsze w trzecią niedzielę września). Członkowie duszpasterstwa uczestniczyli w krakowskich pieszych pielgrzymkach na Jasną Górę, zawsze w grupie XIV', zwanej „solidarnościową". Ponadto w Mistrzejowicach organizowano wystawy, koncerty i spotkania z twórcami niezależnymi (np. Jackiem Fedorowiczem, Stanisławem Markowskim czy Andrzejem Wajdą) oraz „Sacrosongi", czyli przeglądy piosenki religijnej (wspólnie z ich twórcą, księdzem Janem Palusińskim, salezjaninem). Przy DLP istniało studio nagrań muzycznych i filmowych, działała też Niezależna Telewizja Mistrzejowicka, której twórcą był m.in. dziennikarz Maciej Szumowski, dokumentująca wydarzenia z okresu zmagań Solidarności z władzą totalitarną. Wolontariusze duszpasterstwa prowadzili bezpłatną aptekę lekarstw z darów zagranicznych, organizowali pomoc dla osób internowanych, bezrobotnych i represjonowanych, a także dla osób niepełnosprawnych z tzw. wspólnot muminkowych, należących do ruchu „Wiara i Światło", które wyjeżdżały na obozy do Rabki. Z kolei w specjalnie w tym celu utworzonej bazie „Jasna Polana" w Grzechyni urządzano kolonie letnie dla dzieci.

Warto zaznaczyć, że spośród księży archidiecezji krakowskiej podobną działalność jak ksiądz Kazimierz Jancarz, choć na inną skalę, prowadził także ksiądz prałat Franciszek Kołacz, proboszcz parafii pw. św. Józefa w Krakowie Podgórzu, kapłan bardzo związany z Ruchem Światło-Życie. W kościele w Podgórzu odprawiane były msze za ojczyznę i utworzone zostało nowe duszpasterstwo zwane popularnie „Kamieniołomem", przy którym również działał Chrześcijański Uniwersytet Robotniczy. Nawiasem mówiąc, trzeci ChUR powstał w parafii pw. Najświętszej Marii Panny „Na Piasku" przy ulicy Karmelickiej w Krakowie.

Ksiądz Jancarz współpracował z podziemnymi strukturami związku, w tym m.in. z „wielką czwórką" liderów nowohuckiej Solidarności: Janem Ciesielskim, Mieczysławem Gilem, Stanisławem Handzlikiem i Edwardem Nowakiem. Głównymi animatorami DLP byli Jacek Smagowicz, Kazimierz Fugiel i wspomniany Maciej Szumowski. Natomiast całe mnóstwo „służebnych" prac, bez których środowisko to nie mogłoby funkcjonować, wykonywała duża grupa wolontariuszy, do których należeli m.in.: Grzegorz Kowalski, Edward Kuliga, Józefa Maleyki, Mikołaj Parzelski, Jarosław Potasz, Lucyna Rusek, Barbara i Andrzej Szewczykowie oraz Irena Wójtowicz. Nieocenione usługi oddał także mecenas Andrzej Rozmarynowicz, obrońca w wielu procesach politycznych, człowiek wielkiej odwagi cywilnej, późniejszy senator III RP i kawaler maltański. Służył on poradą prawną zarówno księdzu Jancarzowi, jak i wielu innym represjonowanym osobom, świeckim i duchownym. Na potrzeby DLP ksiądz Jancarz oddał swoje mieszkanie, a ksiądz Kuczkowski duże pomieszczenie w przyziemiu kościoła, zwane „Bunkrem".

Po zamordowaniu księdza Jerzego Popiełuszki na czwartkowe msze święte zaczęło przychodzić coraz więcej osób. Z oddolnej inspiracji – i przy pełnym poparciu księdza Jancarza – obok istniejących już konfraterni powstało w tym czasie w Mistrzejowicach nowe stowarzyszenie katolickie: Ruch Odwaga i Prawda im. ks. Jerzego Popiełuszki. Od 1985 roku imię zamordowanego kapelana robotników przyjęła wspomniana grupa XIV', uczestnicząca w pieszych pielgrzymkach na Jasną Górę.

Ta wszechstronna działalność była oczywiście bacznie śledzona przez Służbę Bezpieczeństwa. Informacje na ten temat można znaleźć w dziesiątkach raportów i sprawozdań Wydziału IV SB. Przykładem niech będzie sprawozdanie za rok 1986:

Niektóre świątynie, zwłaszcza kościół o. Kolbego stanowiący nadal ostoję nielegalnych działalności, tworzą warunki do gromadzenia się aktywistów tzw. konspiracji i bezkarnego głoszenia wrogich poglądów politycznych. W obiektach sakralnych kultywowane są tradycje b. „Solidarności". Tak przez – elementy wystroju, jak i treści okazjonalnych uroczystości. Nie należy spodziewać się, aby działalność grup radykalnych duchownych uległa w najbliższym czasie wyraźnemu osłabieniu, chociaż przed wizytą Jana Pawła II może zostać w pewnym stopniu stonowana.

Bardziej szczegółowo o działalności DLP w Mistrzejowicach informował kierownictwo SB powstały rok wcześniej „Kierunkowy plan pracy operacyjnej Wydziału IV WUSW w Krakowie na rok 1986". Zwrócono w nim uwagę m.in. na „negatywny wystrój kościoła" i na regularne pojawianie się w Mistrzejowicach przedstawicieli środowisk twórczych „pozostających na emigracji wewnętrznej". Przede wszystkim jednak podkreślano rolę duszpasterza animatora wszystkich działań:

Szczególne zagrożenie stwarza działalność ks. Jancarza z parafii Mistrzejowice, skupiającego wokół tamtejszego kościoła byłych działaczy „Solidarności" i osoby związane z nielegalnymi strukturami. Gama działań tego księdza jest bardzo szeroka i nieustannie się rozrasta. [...] Podkreślić należy, że parafia ta promieniuje na inne ośrodki duszpasterskie, które czerpią wzory do własnej działalności.

W tym samym dokumencie w rozdziale poświęconym planowanym „przedsięwzięciom operacyjnym" zarówno ksiądz Jancarz, jak i współpracujący z nim ksiądz Adolf Chojnacki oraz autor niniejszej publikacji zostali wskazani jako duchowni, przeciwko którym należy podjąć najbardziej energiczne działania:

W celu zdyscyplinowania kleru krakowskiego niezbędne jest zneutralizowanie postaw księży aktywnie kształtujących negatywne nastroje społeczne. Planuje się przede wszystkim:
   - dokumentowanie pod kątem procesowym [podkr. autora] działalności figuranta sprawy operacyjnego rozpracowania krypt. „Kurier" - ks. K. Jancarza, umocnienie się operacyjne w parafii Mistrzejowice i prowadzenie działań profilaktycznych w stosunku do osób zaangażowanych w działalność parafii. Władze administracyjne będą inspirowane do stałych nacisków na Kurię krakowską, która powinna podjąć konkretne decyzje w stosunku do ks. Jancarza;
   - procesowe dokumentowanie działalności figuranta sprawy operacyjnego rozpracowania krypt. „Szerszeń" ks. A. Chojnackiego, umocnienie się operacyjne w parafii Bieżanów. Kontynuowanie działań operacyjnych i inspirowanie administracyjnych zmierzających do sfinalizowania przeniesienia ks. Chojnackiego na inną placówkę;
   - prowadzenie działań operacyjnych zmierzających do pełnego rozpoznania i udokumentowania działalności prowadzonej przez figuranta sprawy operacyjnego rozpracowania krypt. „Jonasz" - ks. T. Zaleskiego.

Służba Bezpieczeństwa praktycznie do końca 1988 roku naciskała na Kurię Metropolitalną w sprawie przenoszenia kapelanów Solidarności jak najdalej od Krakowa i Nowej Huty. Jak wspomniano, w 1983 roku naciski te odniosły skutek w stosunku do księdza Palmowskiego. Trzy lata później – o czym będzie mowa w następnym rozdziale – podobnie stało się w wypadku księdza Chojnackiego. Bezpiece nie udało się natomiast sfinalizować z powodzeniem intryg wokół osoby księdza Jancarza. Zdecydowała o tym nieugięta postawa jego bezpośredniego przełożonego, byłego kanclerza kurii, księdza Mikołaja Kuczkowskiego, który wszelkimi sposobami chronił swego wikarego. Świadectwo jego postawy znajdujemy m.in. w meldunku operacyjnym z 30 kwietnia 1985 roku (w nawiasach podano numery rejestracyjne, umożliwiające SB szybką identyfikację konkretnych duchownych lub parafii):

W DUSW [Dzielnicowym Urzędzie Spraw Wewnętrznych] w Nowej Hucie przeprowadzono /Wydz. IV tut. WUSW/ kolejną rozmowę profilaktyczno-ostrzegawczą z proboszczem parafii Mistrzejowice ks. M. Kuczkowskim /11251/. W rozmowie zwrócono zwłaszcza uwagę na agitatorską aktywność wikarego tam. parafii ks. K. Jancarza /34290/, który ostatnio kilkakrotnie zachęcał z ambony wiernych do uczestnictwa m. in. w demonstracyjnej imprezie religijnej w dniu 1 maja o godz. 14.30 w kościele oo. Cystersów na Szklanych Domach – Nowa Huta /7752D1/. Ks. M. Kuczkowski usiłował usprawiedliwić postępowanie w/w faktem, iż został on zobligowany do informowania wiernych o tej mszy św. przez grupę hutników zamieszkałych na terenie parafii Mistrzejowice. Równocześnie rozmówca starał się podważyć zasadność zarzutu wykorzystania przez ks. K. Jancarza /kazania/ i zapraszania przez niego prelegentów /wykłady/ tradycyjnych tzw. nabożeństw czwartkowych w Mistrzejowicach dla pozareligijnych negatywnych politycznie celów. Zdaniem ks. M. Kuczkowskiego działalność duszpasterska ks. K. Jancarza służy prawdzie i mieści się w ramach zasad nauki społecznej głoszonej przez Kościół. Podzielił się on również, że nieuzasadnione są zarzuty eksponowania w czasie w/w nabożeństw akcentów prosolidarnościowych, ponieważ ks. Jancarz i zapraszane osoby używają słowa „solidarność" jedynie w znaczeniu moralnym i ogólnoludzkim. Wyraził ponadto swoją dezaprobatę dla sposobu i form zakończenia dochodzenia w sprawie ks. Zaleskiego

i stwierdzając, że wpłynie to negatywnie na i tak mocno nad-
szarpnięty autorytet organów MSW.

Z powodu swego bezgranicznego zaangażowania w sprawy Solidarności ksiądz Jancarz nie miał łatwego życia w środowisku kapłańskim.
Wielu duchownych popierało go lub przynajmniej odnosiło się do niego życzliwie, nie brakowało jednak i takich, którzy uważali, że swoimi
działaniami ściąga represje nie tylko na parafię mistrzejowicką, ale i na
całą archidiecezję. Byli też księża, którzy krytykowali go z niższych pobudek. Jeden ze świadków tamtego czasu w liście do autora niniejszej
publikacji napisał:

> Pamiętam doskonale atmosferę Mistrzejowic z okresu stanu wojennego.
> Wspominam poświęcenie wielu kapłanów, którzy byli wówczas jedynym
> oparciem dla prześladowanych. [...] Nie zapomnę również zawiści wielu
> naszych braci kapłanów, płynącej z tego, że coś dobrego ktoś inny może
> robić. Były próby ośmieszania i lekceważenia. Proboszcz od świętej Anny
> nie mówił o Kaziu Jancarzu inaczej, jak „jajcarz". Ileż to również uszczy-
> pliwych uwag słyszałem o ks. Jerzym Popiełuszko.

Także wśród wyższych przełożonych księdza Jancarza nie było w jego sprawie jednomyślności. Ksiądz biskup Albin Małysiak sympatyzował
z nim, ale np. biskup Julian Groblicki i kanclerz kurii ksiądz Bronisław
Fidelus krytykowali go w obecności innych osób, co zresztą skwapliwie
zostało odnotowane przez tajnych współpracowników SB. Co do postawy kardynała Franciszka Macharskiego, to trzeba przyznać, że choć nie
popierał on angażowania się swoich podwładnych w sprawy podziemnej
Solidarności, to jednak po sankcje administracyjne – w przeciwieństwie
do innych ordynariuszy – sięgał wyjątkowo rzadko. Co więcej, w decydu-
jących chwilach stawał w obronie atakowanych duchownych.

Wśród krytyków księdza Jancarza byli też tacy, którzy potępiali go
z inspiracji SB. Stosowali w ten sposób jedną z metod walki z Kościołem, czyli dezintegrację. W otoczeniu księdza działało kilkunastu tajnych współpracowników (obecny stan badań nie pozwala na rozszyfro-
wanie ich pseudonimów). Prócz tego doniesienia na niego składało wiele osób kontaktujących się z nim przy różnych okazjach. Jedną z takich
osób był TW o pseudonimie „Tadek". Zachowane dokumenty – teczka
personalna i teczka pracy – pozwalają stwierdzić, że chodzi o księdza

Tadeusza Leśniaka, ówczesnego proboszcza z Bystrej Podhalańskiej w dekanacie makowskim.

Kapłan ten jeszcze w czasach seminaryjnych był kilkakrotnie namawiany do tajnej współpracy, ale za każdym razem odmawiał (więcej o tej sprawie można przeczytać w rozdziale *Klerycy* w części IV niniejszego opracowania). W 1958 roku przyjął święcenia kapłańskie. Przez następne lata pracował jako wikary w parafiach w Cięcinie, Zabierzowie, Jaworznie Dąbrowie Narodowej, Jeleśni, Frydrychowicach i Tenczynku. W tym czasie SB, zdobywszy materiały kompromitujące duchownego, próbowała go dwukrotnie zwerbować, raz w 1962 roku na posterunku MO w Jaworznie, drugi raz w roku 1964. Ksiądz Leśniak jednak stanowczo odmawiał przekazywania jakichkolwiek informacji. W 1968 roku miał roczną przerwę w pracy duszpasterskiej; po niej został skierowany do parafii w Jabłonce. Tam jego spotkania z esbekami nabrały innego charakteru. Z jednym z nich przeszedł nawet na „ty”. Ostateczne pozyskanie księdza Leśniaka, z przyjęciem pseudonimu „Tadek”, nastąpiło w 1980 roku. W sporządzonym wówczas raporcie młodszy chorąży Kazimierz Śliwa, funkcjonariusz SB, napisał:

> Cel pozyskania: kontrola pracy duszpasterskiej parafii Jordanów, Osielec i Sidzina. Kontrola atmosfery wśród księży w dekanacie. Opinie na temat wytycznych i zaleceń kurialnych i episkopalnych.

Właśnie jako TW informujący o sytuacji w dekanacie makowskim „Tadek” składał też doniesienia na księdza Jancarza, który organizował kolonie w Grzechyni koło Makowa Podhalańskiego. Charakterystycznym przykładem doniesienia zawierającego negatywne opinie o księdzu Jancarzu, a także opisującego, jaki stosunek mają do niego inni księża, jest następująca notatka z 27 października 1986 roku (zgodnie z wewnętrzną esbecką konspiracją, TW składający doniesienie jest w niej opisywany w trzeciej osobie):

> Notatka spisana ze słów TW „Tadek"
> W ostatnich dniach w parafii Bystra Podhalańska przebywał bp. Górny. Celem wizyty było zapoznanie się ze stanem budowy kościoła oraz rozbudowy placówki zakonnej żeńskiej.

Z postępów w budowach był wyraźnie zadowolony. W rozmowie tej prócz proboszcza brał udział ks. Tadeusz Leśniak. Ten ostatni jest w dobrej komitywie z biskupem, są na per „ty". TW określił biskupa Górnego jako „równego chłopa". Chce zdobyć u księży pozytywne oceny.

Biskup Górny pytał jak TW i inni księża oceniają ks. Jancarza. TW powiedział, że trudno coś o nim powiedzieć, jest to trudny człowiek do współpracy i współżycia. Jak na przykład na odpuście w jego parafii księża pytali, o co teraz będzie walczył skoro więźniowie zostali zwolnieni z więzień, odpowiedział, że walczyć będzie o niepodległość. [...] Księża oceniają ks. Jancarza jako niepoważnego, a najczęściej mówią o nim „przykładając palec do czoła". Nie ma uznania wśród księży sąsiednich parafii. [...]

Uwagi:

- W trakcie spotkania zaproponowałem TW spotykanie się z moim znajomym kolegą z RUSW [Rejonowego Urzędu Spraw Wewnętrznych] Rabka. Jednak TW dał wyraźnie do zrozumienia, że bardziej odpowiada mu kontakt ze mną. Nadmieniłem, że będzie mógł łatwiej załatwiać sprawy paszportowe, jednak nie był propozycją tą zainteresowany. Jest do mnie zbyt mocno „przywiązany".

- Na spotkaniu wręczyłem TW kwiaty i butelkę koniaku wartości 2. 500 zł z okazji imienin, które wypłaciłem z funduszu „0" [chodzi o fundusz operacyjny].

Ppłk. St. Polak

Podpisany pod tą notatką oficer SB był naczelnikiem Wydziału IV w Nowym Sączu. W 1983 roku osobiście przejął on „na kontakt" TW o pseudonimie „Tadek", co świadczy o tym, że współpracownik ten był traktowany jako cenne źródło informacji. Doniesienia takie jak powyższe mogły być wykorzystywane do działań dezintegracyjnych w środowisku księży i do wzmacniania niechęci do księdza Jancarza. Przy okazji warto zaznaczyć, że według esbeckich raportów TW „Tadek" był obdarowywany nie tylko alkoholem, ale i innymi dość oryginalnymi prezentami. Funkcjonariusz prowadzący pisał np.:

TW zwrócił się z prośbą o kupno mu konserw mięsnych albo rybnych, gdyż ma robotników do budowy kościoła. Konserwy takie kupiłem za 2 tys. zł. - pokrywając ten zakup z funduszu „0", co rozliczyłem jako konsumpcję.

W prezencie wręczyłem TW „Homilie – rozważania liturgiczne na niedziele" – ks. Fr. Ziebury, wartość 2,500 zł, które pokryłem z funduszu „0".

Księdzem Jancarzem SB interesowała się szczególnie w okresie przygotowań do trzeciej pielgrzymki papieskiej w 1987 roku. Starano się zdobyć jak najwięcej informacji o planach Duszpasterstwa Ludzi Pracy z Mistrzejowic związanych z udziałem jego członków w mszach i spotkaniach z Janem Pawłem II. Zachowały się doniesienia w tej sprawie pochodzące od tajnych współpracowników o pseudonimach „Jarek" i „Biały".

Na podstawie zachowanych dokumentów TW „Jarek" został zidentyfikowany jako Wacław Rusek, pracownik Huty im. Lenina. W latach sześćdziesiątych studiował on w Wyższym Seminarium Duchownym w Krakowie, jednak święceń nie przyjął. Jako tajny współpracownik wykorzystywał swoje dobre kontakty z wieloma duchownymi, w tym także z księdzem Jancarzem. Związał się też z tworzącym się w Krakowie kołem Towarzystwa Pomocy im. Adama Chmielowskiego, które powstało w celu opieki nad ludźmi bezdomnymi i niepełnosprawnymi; został nawet – jako ochotnik – członkiem jego zarządu. A ponieważ środowisko to – którego głównym animatorem był Stanisław Pruszyński – współpracowało z duszpasterstwem w Mistrzejowicach, miał możliwość zebrania wielu interesujących informacji. Doniesienia jego były szczegółowe. Na przykład, relacjonując spotkanie zarządu koła w dniu 30 maja 1987 roku, przekazał wśród wielu innych spraw również treść luźnych rozmów, „w których rozważano tematy związane z wizytą Papieża":

Wg TW dwa sektory na Błoniach A i B będą zdominowane przez grupy tzw. „Duszpasterstw" z Krakowa i Nowej Huty. Zaproszenia do tych sektorów otrzymał również ks. Jancarz.

Pruszyński w rozmowie z kanc. Fidelusem został poinformowany, iż parafia w Mistrzejowicach zgłosiła jedno z większych zapotrzebowań na środki transportu /mikrobusy/ z Kurii. Jancarz chce otrzymać i prawdopodobnie otrzyma środki transportu z Kurii. Będą to samochody oznakowane jako środki transportu Kurii i z obsługi Papieża.

Według relacji TW, niektórzy uczestnicy spotkania zapowiadali, że podczas mszy na Błoniach w Krakowie „duszpasterstwa robotnicze i studenckie” będą się starały zamanifestować jedność z Papieżem:

W/w liczą, iż będzie można wnieść na teren sektorów różnego rodzaju emblematy i transparenty, przygotowywane są nadruki na otrzymane chusty, w tym: „Solidarność”, „KPN”, „WiP” itp. Brylują w tym studenci i KPN.

W kolejnym doniesieniu – z 5 czerwca tegoż roku – „Jarek” uzupełnił przekazane wcześniej informacje, podając m.in., że wspomniane materiały mają wnieść na Błonia „osoby, które nie wchodziły w konflikt ze Służbą Bezpieczeństwa, dopiero na terenie sektorów mają przekazywać lub rozwijać wszelkiego rodzaju transparenty”.

O mistrzejowickich przygotowaniach do pielgrzymki informował też bezpiekę TW „Biały”, czyli – jak wynika z zachowanych dokumentów – Eugeniusz Koch. Losy tej postaci są bardzo skomplikowane. Do połowy 1981 roku pracował jako podoficer w milicji, gdzie starał się założyć związki zawodowe. 13 grudnia tegoż roku został internowany na 8 miesięcy. Wypuszczony na wolność, po pewnym czasie znowu został internowany. W tym czasie wielokrotnie korzystał z pomocy księdza Jancarza. Pomimo to podjął tajną współpracę z SB i donosił na kapelana Solidarności. Informował m.in. o planowanym udziale delegacji środowiska mistrzejowickiego w mszy papieskiej na Zaspie w Gdańsku:

Wyciąg z informacji operacyjnej od TW ps. „Biały” z dnia 1987-05-21
[...] TW w dalszym ciągu potwierdza, że głównym ośrodkiem organizacyjnym wyprawy do Gdańska jest kościół w Mistrzejowicach – ks. Jancarz. Naganiaczami do wyjazdu do Gdańska i żeby ludzie się zapisywali to jest Jacek SMAGOWICZ i ks. Tadeusz Zaleski ps. „Zieliński” [według „Białego” tak brzmiał konspiracyjny pseudonim duchownego]. Transparenty przygotowuje każdy w swoim zakresie. Takim, którzy na każdą okazję malują transparenty jest m.in. Waldemar Lorek oraz jego kolega o imieniu Zdzisław [...] Zdzichu utrzymuje kontakt w Częstochowie z ojcem duchownym – MIECZNIKOWSKI – zakonnik z Łodzi, reakcja.

TW „Biały" złożył nawet raport na... psa, którego w tym czasie Solidarność zakupiła do obrony autora niniejszej publikacji. Każda z takich informacji mogła być wykorzystana do działań przeciwko współpracownikom księdza Jancarza i przeciwko niemu samemu. Mimo to SB nie udało się zapobiec przygotowaniom do pielgrzymki, a delegacje z Mistrzejowic były obecne – z transparentami – w wielu miejscach, które odwiedził Papież.

Po 1990 roku Eugeniusz Koch został komendantem Straży Miejskiej. Gdy z powodu zarzutów o branie łapówek trafił do więzienia, wielu działaczy dawnego podziemia poręczyło za niego, nie wiedząc, że byli w przeszłości ofiarami jego doniesień.

Ważnym wydarzeniem w życiu księdza Jancarza był strajk, który wybuchł w nowohuckim kombinacie pod koniec kwietnia 1988 roku. Kapelan Solidarności został wwieziony na teren strajkującej huty 1 maja w... karetce pogotowia i wraz z księdzem Józefem Orawczakiem, obecnym proboszczem na Zarabiu w Myślenicach, odprawił w jednej z fabrycznych hal uroczystą mszę świętą. Po brutalnym zdławieniu strajku przez oddziały ZOMO w nocy z 4 na 5 maja załoga podjęła protest absencyjny. Ze względu na ogromną liczbę osób represjonowanych i pozbawionych pracy ksiądz Jancarz powołał wówczas Wikariat Solidarności, który swoją nazwą nawiązywał do struktur charytatywnych pomagających osobom represjonowanym przez juntę Pinocheta w Chile. Działalność ta, polegająca na organizowaniu zbiórek pieniężnych i udzielaniu pomocy materialnej pokrzywdzonym robotnikom nowohuckim, spotkała się z ogromnym odzewem mieszkańców Krakowa, w tym środowisk inteligenckich. Był to szczytowy okres działalności Duszpasterstwa Ludzi Pracy. Zdecydowana postawa jego członków przyczyniła się do uwolnienia aresztowanych działaczy strajkowych, a komitet strajkowy przekształcił się w jawną strukturę Solidarności, obierając za swoją tymczasową siedzibę mistrzejowicki „Bunkier".

Ostatnim wielkim akordem działalności DLP w epoce komunizmu było zorganizowanie w sierpniu 1988 roku w parafii w Mistrzejowicach Międzynarodowej Konferencji Praw Człowieka. Współorganizatorami tego wielkiego wydarzenia były Ruch Wolność i Pokój (reprezentowany m.in. przez Jana Rokitę, Zbigniewa Fijaka i Bogdana Klicha) oraz Komisja Interwencji NSZZ „Solidarność" (z Zofią i Zbigniewem Roma-szewskimi). W spotkaniu wzięło udział ponad 1000 osób, w tym 400 delegatów z całego świata; nie dojechali jedynie zapowiedziani uczestnicy ze Związku Sowieckiego, gdyż władze odmówiły im wiz. Hasłem konferencji były słowa: „Prawa człowieka nie znają granic. Walka o nie jest sprawą nas wszystkich".

W lutym 1989 roku Mistrzejowice odwiedził Lech Wałęsa. Wtedy to ksiądz Kazimierz Jancarz za swoje zasługi został honorowym członkiem Komisji Zakładowej NSZZ „Solidarność" Huty im. Lenina. W parę dni później przyszła nominacja na stanowisko proboszcza w parafii pw. Podwyższenia Krzyża Świętego w Luborzycy pod Krakowem – co było jedyną formą docenienia wybitnego duszpasterza ze strony władz kościelnych. Inna sprawa, że decyzja ta została przez wielu zinterpretowana jako ugodowe posunięcie strony kościelnej wobec władz państwowych. W nowej parafii, wykorzystując swoje dotychczasowe kontakty, ksiądz Jancarz rozwinął szeroką działalność duszpasterską i społeczną, tworząc m.in. rozgłośnię radiową i pismo „Krzyż Luborzycki".

Ogromny wysiłek duszpasterski, a zarazem długotrwałe stresy związane z zaangażowaniem w walkę o wolną Polskę mocno nadszarpnęły zdrowie kapelana Solidarności. Mimo iż ksiądz Jancarz sprawiał wrażenie człowieka twardego, był jednocześnie bardzo wrażliwy i mocno przeżywał krytykę i ataki personalne, których obiektem był przez całe lata osiemdziesiąte. Najbardziej bolał nad tym, że jego tytanicznej pracy nie doceniali ani jego przełożeni, ani pewna część jego współbraci. Ciężko chorował na serce. Zmarł nagle, nad ranem 25 marca 1993 roku, w święto Zwiastowania Najświętszej Marii Panny i – co wielu odczytało symbolicznie – we czwartek. Zgodnie z wolą rodziny nie został pochowany w Luborzycy, ale na cmentarzu w Makowie Podhalańskim. Na jego pogrzeb przyjechały tysiące wiernych, wśród nich prezydent RP Lech Wałęsa. Pogrzeb prowadził kardynał Franciszek Macharski.

Dziś pamięć o wybitnym kapłanie pielęgnują przede wszystkim ludzie świeccy – jego przyjaciele i współpracownicy. Dzięki ich wysiłkom jest w Nowej Hucie ulica imienia księdza Jancarza, a w 2005 roku odsłonięto jego pomnik na skwerze przed mistrzejowickim kościołem. W ostatnim czasie, dzięki staraniom pani dyrektor Barbary Nowak, imię kapelana Solidarności przyjęła Szkoła Podstawowa nr 85 na osiedlu Złotego Wieku w Mistrzejowicach. W zamierzeniach przyjaciół i współpracowników księdza Jancarza ma być ona „żywym muzeum" ideałów patriotycznych i solidarnościowych. Kapłan, który przeprowadził wielu ludzi przez „Morze Czerwone" do Boga i wolnej Polski, został uczczony w sposób, na jaki z pewnością zasłużył.

„Szerszeń" i „Adwokat" - inwigilacja księdza Adolfa Chojnackiego

Drugim, obok księdza Jancarza, kapłanem archidiecezji krakowskiej tak bardzo zaangażowanym w działalność patriotyczną i niepodległościową – a zarazem kolejnym „niepokornym" – był ksiądz kanonik Adolf Chojnacki, proboszcz w Krakowie Bieżanowie, a następnie w Juszczynie. Za swoją bezkompromisową postawę był ustawicznie atakowany przez władze komunistyczne. Służba Bezpieczeństwa prowadziła przeciwko niemu dwie sprawy operacyjnego rozpracowania: jedna, pod kryptonimem „Szerszeń", była prowadzona przez Wydział IV SB w Krakowie; druga, pod kryptonimem „Adwokat", przez Wydział IV SB w Bielsku-Białej. Dokumentów dotyczących jego osoby zachowało się w archiwach SB bardzo dużo; na ich podstawie można prześledzić życie i działalność tego heroicznego kapłana, a także historię represji, jakim był poddawany.

Adolf Chojnacki urodził się 4 stycznia 1932 roku we wsi Cichawa należącej do parafii w Niegowici. Imię, które otrzymał na chrzcie, wybrano – jak sam opowiadał – ze względu na znanego i lubianego aktora Adolfa Dymszę. Ojciec przyszłego kapłana był działaczem ruchu ludowego, członkiem PSL, który dziewięciorgu swoim dzieciom wpoił miłość do Kościoła i ojczyzny. Gorącym patriotą był również brat ojca, u którego w Krakowie w pierwszych latach powojennych mieszkał młody Adolf, uczęszczając do liceum. Po zdaniu matury w 1951 roku wstąpił do Wyższego Seminarium Duchownego w Krakowie. Okres jego studiów to czas najcięższych represji wobec Kościoła krakowskiego (o czym była mowa w części I niniejszego opracowania). Święcenia kapłańskie przyjął z rąk biskupa Franciszka Jopa w czerwcu 1956 roku, na kilka dni przed wybuchem powstania w Poznaniu, co zawsze uważał za symboliczne zrządzenie Opatrzności. Jego pierwszą parafią była Rabka, gdzie od razu, pełniąc jednocześnie obowiązki wikarego, wpadł w wir spraw społecznych. Już wtedy zasłynął z ostrych kazań, w których piętnował komunizm i tych, którzy mu służyli. Nie szczędził cierpkich słów nawet duchownym, którzy jako „księża patrioci" szli na współpracę z prześladowcami Kościoła.

Taka postawa księdza Chojnackiego nie podobała się władzom państwowym, a zarazem – ze względu na sytuację Kościoła w reżimie komunistycznym – nie była też na rękę jego kościelnym przełożonym. W ciągu następnych lat duchownego często przenoszono z parafii do parafii. Pracował jako wikary w Poroninie, Bielsku-Białej, Kozach, Chrzanowie, Skawinie i Nowym Targu. Wszędzie prezentował postawę gorliwego, ale niepokornego duszpasterza, nie zważając na zarzuty swoich przełożonych, że jest „politykiem w sutannie". Od początku lat sześćdziesiątych znalazł się „w zainteresowaniu" Służby Bezpieczeństwa. W 1962 roku SB próbowała nawet zwerbować go jako tajnego współpracownika, korzystając z tego, że siostra księdza starała się o paszport na wyjazd do męża pracującego za granicą. Ksiądz Chojnacki stanowczo odmówił. Już wtedy doniesienia składali na niego tajni współpracownicy wywodzący się z duchowieństwa diecezjalnego, w tym TW „Andrzej" i TW „Władek".

Od tej pory ksiądz Chojnacki stale spotykał się z różnego rodzaju szykanami. Władze państwowe zaprotestowały np. przeciwko skierowaniu go jako wikarego do parafii w nowohuckich Bieńczycach. Pod presją tego protestu kuria krakowska musiała ustąpić i po paru tygodniach anulowała wcześniejszą decyzję. Ksiądz Chojnacki został wówczas skierowany do parafii w Grabiu koło Niepołomic, a następnie do Babic w dekanacie chrzanowskim. Po czterech latach, w 1973 roku, został mianowany rektorem budującego się dopiero kościoła w Zagórzu należącym do parafii babickiej. Tutaj mocno zaangażował się w prace budowlane oraz w duszpasterstwo młodzieży. Szczególnie dużo energii wkładał w walkę z pijaństwem. Dwa lata później został mianowany kanonikiem honorowym, był też wicedziekanem dekanatu chrzanowskiego i członkiem Rady Kapłańskiej. Z chwilą powstania Solidarności od razu związał się z nowym ruchem. W atmosferze zawirowań politycznych, a zarazem rodzących się nadziei przyjął w październiku 1981 roku propozycję objęcia probostwa w parafii pw. Narodzenia Najświętszej Marii Panny w krakowskim Bieżanowie.

Dwa miesiące po objęciu parafii ksiądz Chojnacki przeżył dramat wprowadzenia stanu wojennego. Na wydarzenie to zareagował natychmiast: w pamiętną niedzielę 13 grudnia wszystkie msze święte – ku zaskoczeniu swoich parafian – odprawił w czarnych szatach liturgicznych właściwych dla mszy żałobnych. Parę miesięcy później wprowadził stałe msze święte w intencji ojczyzny – w niedziele przypadające po trzynastym dniu danego miesiąca. W wystroju bieżanowskiego kościoła pojawiło się wiele elementów patriotycznych, w tym orły w koronie, flagi narodowe i emblematy Solidarności. Słynne na cały Kraków stały się też dekoracje bożonarodzeniowe, zwłaszcza choinka, którą zamiast kolorowego papierowego łańcucha owijał drut kolczasty. Wszystkie te działania spowodowały, że władze państwowe odmówiły zatwierdzenia księdza Chojnackiego jako proboszcza parafii, wobec czego do końca pozostawał on jedynie jej administratorem.

Wśród zachowanych dokumentów wytworzonych przez SB znajduje się „Analiza działalności ks. Adolfa Chojnackiego w parafii Kraków Bieżanów", sporządzona w lutym 1986 roku (a więc już po przeniesieniu księdza z Krakowa) przez naczelnika Wydziału IV, podpułkownika Zygmunta Majkę. Czytamy w niej m.in.:

Swoją działalność duszpasterską w nowej parafii rozpoczął od kampanii oszczerstw pod adresem władz, MO, LWP, oskarżając te instytucje o „gwałt na narodzie". Prócz kazań o wyraźnie negatywnym wydźwięku, przy okazji świąt kościelnych organizował tendencyjny i jednoznacznie wrogi wystrój kościoła.

W dniu 24.01.1982 r. powiedział, że posłowie zostali wyznaczeni a nie wybrani i żądał aby głosowali przeciwko uchwaleniu dekretu o stanie wojennym. Tak w stanie wojennym, jak i po jego zawieszeniu ks. A. Chojnacki w dalszym ciągu w głoszonych kazaniach i intencjach otwarcie atakuje władze polityczne i administracyjne kraju. Neguje podstawowe pryncypia ustrojowe PRL i jej sojusze, szczególnie ze Związkiem Radzieckim. Wszelkie rocznice i święta państwowe wykorzystuje do przedstawienia zdarzeń i faktów w sposób fałszywy i jednostronny.

W okresie przed wyborami do rad narodowych prowadził na terenie swojej parafii kampanię „ośmieszającą" wybory, postulując m. innymi aby uprawnieni do głosowania obywatele wrzucali do urn puste koperty, a karty wyborcze zabierali ze sobą i przekazali jemu. W tym czasie w rejonie, który obejmuje parafia bieżanowska w kilku miejscach pojawiły się malowane plakaty wykonane w formie dyplomów dla niektórych mieszkańców „za zasługi w donoszeniu i szpiclowaniu". Istnieją realne przesłanki, iż inicjatorem tej akcji był ks. A. Chojnacki.

Kolejnym forum szczególnie aktywnych ataków tego księdza na Rząd, ustrój, a szczególnie resort MSW stały się nabożeństwa odprawiane w trakcie trwania śledztwa o zabójstwo ks. J. Popiełuszki, a następnie „procesu toruńskiego". Między innymi zorganizował wśród parafian akcje zbierania podpisów pod protestem skierowanym do Sejmu PRL przeciwko metodzie jakich dopuszczają się w swej działalności funkcjonariusze MSW.

Na marginesie warto zauważyć, że w swoim krytycznym stosunku do wyborów – które w tym czasie były kompletną fikcją – ksiądz Chojnacki nie był wśród księży odosobniony. Zachował się bardzo ciekawy meldunek szefa krakowskiej SB pułkownika Wiesława Działowskiego z 13 października 1985 roku, dotyczący właśnie tej sprawy:

Naczelnik Wydziału I Departamentu IV MSW w Warszawie
Informacja
W nawiązaniu do szyfrogramu nr UG–02031/85 z dnia 9 X 85 r. informuję, że według wstępnych danych na terenie woj. krakowskiego do głosowania przystąpiło 167 księży diecezjalnych, 164 księży zakonnych, co stanowi 11% osób duchownych zamieszkałych na naszym terenie.

W głosowaniu nie wziął udziału żaden z biskupów krakowskich /bp Pietraszko pobrał zaświadczenie o głosowaniu/. Wszyscy biskupi poza kard. Macharskim, który wyjechał do Rzymu, przebywali w kraju. Nie głosowali także rektorzy seminariów zakonnych i diecezjalnych, jak również kadra naukowa Papieskiej Akademii Teologicznej. Z wyższych przełożonych zakonnych w wyborach uczestniczył jedynie podprzeor zakonu Cystersów o. Wincenty Ślęzak. Należy podkreślić znikomy udział w wyborach księży z terenu miasta, przeważająca większość głosujących to duchowni poza krakowscy. Grupowy udział w wyborach stwierdzono w parafii Bobin, gdzie ks. proboszcz Adolf

Larcz głosował jako jeden z pierwszych mieszkańców tej miejscowości w asyście członków rady parafialnej /5 osób/, oraz w Skale dokąd pieszo przybyła grupa podopiecznych domu „Caritas" w Ojcowie pod przewodnictwem br. Antoniego Paniczki ze Zgromadzenia Albertynów. Ponad to dziekan, proboszcz parafii Proszowice ks. Marian Wieczorek głosował wspólnie z 3 wikariuszami. [...] Odnotowano 3 antywyborcze wypowiedzi księży:

– w kościele w Skawinie nieustalony dotychczas ksiądz wzywał do modlitwy za tych co idą do urn wyborczych, którzy popierają obłudę, fałsz i cygaństwo,

– w kościele w Głogoczowie ks. Józef Pochopień stwierdził, że dzień dzisiejszy jest szczególny, gdyż wykaże, czy jesteśmy z kościołem czy przeciw niemu,

– w kościele w Świątnikach Górnych ks. St. Konieczny powiedział, że dzień dzisiejszy jest wyborem pomiędzy Polską katolicką, chrześcijańską, a ateizmem bolszewickim.

Ponadto stwierdzono kilka negatywnych politycznie wystąpień nie nawiązujących bezpośrednio do wyborów. Na przykład: w Mistrzejowicach o. E. Ryba, w kościele Cystersów w Mogile o. Paweł Młynarz [właśc. Mynarz] w kościele Jezuitów o. A. Jarnuszkiewicz i w Bieżanowie /intencje modlitw/.

Ksiądz Chojnacki z roku na rok coraz aktywniej rozwijał swoją działalność duszpasterską i patriotyczną. Nie przeszkadzało mu to, że jego kazania były nagrywane i że był ustawicznie, nieraz w ostentacyjny sposób inwigilowany. Nie ugiął się też wobec podejmowanych przez SB działań nękających i zastraszających, polegających m.in. na rozpowszechnianiu wśród parafian plotek, jakoby był ojcem dziecka, na anonimowych telefonach, listach z pogróżkami, a nawet na aktach agresji w postaci np. wybijania szyb w oknach plebanii. Jak wynika z opracowania Adama Dziuroka pt. *„Szczypanie" ks. Adolfa Chojnackiego*, funkcjonariusze SB w swoich działaniach wykazywali się dużą pomysłowością. Rozlepiano np. ogłoszenia z adresem księdza informujące o tym, że chce on sprzedać telewizor kolorowy, meble lub samochód, a nawet że jest pośrednikiem... radiestety. Tłum zainteresowanych, który zjawiał się na plebanii, był dla księdza dodatkową uciążliwością. Zgłaszało się też do niego mnóstwo innych osób wezwanych przez SB. „Do księdza kierowano na przykład weterynarza do chorej krowy (ksiądz nie miał krowy), studentów ze Spółdzielni »Żaczek« do wykonania jakichś prac, dźwig do odholowania wraku samochodu czy pracowników zoo po odbiór znalezionej sarenki. W takich przypadkach ksiądz Chojnacki odsyłał zainteresowanych na Mogilską 109, czyli do siedziby krakowskiej SB".

19 lutego 1985 roku w pomieszczeniach należących do parafii w Bieżanowie ośmiu działaczy niepodległościowych, w większości członków krakowskiej Konfederacji Polski Niepodległej, pod przewodnictwem legendarnej suwnicowej ze Stoczni Gdańskiej Anny Walentynowicz i przy pełnym poparciu księdza Chojnackiego rozpoczęło słynną głodówkę rotacyjną, trwającą pół roku. Jako powód protestu podano ataki SB na księży, więzienie ludzi za ich przekonania oraz aresztowanie w Gdańsku ośmiu działaczy Solidarności. Akcja ta od samego początku była inwigilowana przez SB. Od razu też zaczęto energicznie naciskać na władze archidiecezji, żeby powstrzymały protest. Podpułkownik Zygmunt Majka pisał o tym w raporcie:

W dniu dzisiejszym zgodnie z rozmową przeprowadzoną w dniu wczorajszym przez tut. Wydział IV z kanclerzem Bronisławem Fidelusem, wezwany został do Kurii Metropolitalnej w związku z trwającą głodówką w kościele w Bieżanowie ks. A. Chojnacki, którego kard. Fr. Macharski zobowiązał do usunięcia z terenu kościoła protestujących osób. W odpowiedzi na apel metropolity ks. A. Chojnacki stwierdził, że może jedynie wycofać się osobiście z udziału w akcji protestacyjnej, natomiast nie zastosuje żadnych środków perswazyjnych w stosunku do pozostałych uczestników głodówki. [...]

Należy podkreślić, że w czasie dotychczasowych rozmów prowadzonych z naszej inspiracji przez czynniki administracyjne m. Krakowa z kard. Macharskim i innymi kurialistami wykazywali oni żywe zainteresowanie, by w środkach masowego przekazu nie ukazała się informacja na temat głodówki, gdyż posunięcie takie utrudniłoby Kurii skuteczną presję na ks. A. Chojnackiego i członków grupy „głodujących". Stanowisko to zostało z naszej strony odpowiednio wykorzystane tj. w kierunku zmobilizowania metropolity do podejmowania bardziej zdecydowanych kroków zmierzających do jak najszybszego zlikwidowania zagrożenia powstałego w związku z głodówką.

Jak widać, w sprawie głodówki władze uciekły się do specyficznego szantażu, grożąc, że wykorzystają protest propagandowo przeciwko Kościołowi. Świadczy o tym też inny meldunek – z 22 marca:

Nawiązując do pobytu ks. Małysiaka kanclerz Kurii ks. B. Fidelus poinformował władze, że pomimo dłuższego przekonywania uczestników głodówki, a zwłaszcza A. Walentynowicz, wspomniani nie zdecydowali się na przerwanie protestu. W dniu dzisiejszym mimo zapowiedzi, iż dadzą odpowiedź poprzez ks. A. Chojnackiego nie nastąpiły żadne zmiany. W tej sytuacji Dyrektor Wydziału d/s wyznań wezwał kanclerza ks. B. Fidelusa oraz ks. St. Małysiaka, którym przekazał zaniepokojenie władz w związku z bezradnością Kurii, co upoważnia władze by przekazały w środkach masowego przekazu pełne dane odnośnie faktu i podłoża trwającej głodówki. Ponadto w powyższej sprawie ukażą się artykuły prasowe a telewizja krakowska przygotuje stosowny program.

Wszelkie naciski władz państwowych i kościelnych na księdza Chojnackiego nie odniosły najmniejszego skutku. Duchowny, choć nie brał bezpośrednio udziału w głodówce (jedynie w niektóre dni pościł o chlebie i wodzie), to jednak wspierał ją całkowicie. Głodujący nie tylko korzystali za jego zgodą z pomieszczeń parafialnych, ale i otrzymywali od niego wszelką pomoc, m.in. związaną z drukiem i kolportażem ulotek. Warto zaznaczyć, że środowisko Mistrzejowic skupione wokół księdza Jancarza nie poparło wprost protestu w Bieżanowie, niemniej ksiądz Chojnacki podczas czwartkowych mszy za ojczyznę mógł publicznie składać sprawozdania z przebiegu protestu. Kolejny meldunek SB donosił:

Wymieniony utrzymuje bliskie kontakty z ks. Kazimierzem Jancarzem i na bazie wspólnych „zainteresowań" każdorazowo asystuje w „nabożeństwach czwartkowych" w Mistrzejowicach, gdzie kilkakrotnie głosił kazania o tematyce i treści w równym stopniu zajadłe jak w Bieżanowie.

Duchownym, który bezpośrednio wsparł proboszcza z Bieżanowa, był jego przyjaciel ksiądz Stanisław Konieczny, proboszcz w Mętkowie, a następnie w Świątnikach Górnych. W marcu 1985 roku prowadził on w Bieżanowie rekolekcje dla głodujących, zapraszał też księdza Chojnackiego do głoszenia kazań w swojej parafii. Obaj duchowni byli radykalnymi przeciwnikami ustroju komunistycznego. W jednym z meldunków SB z 1985 roku zapisano np., że ksiądz Konieczny „odbierał przysięgę od dzieci z okazji I Komunii Św., że nie będą »należeć do organizacji komunistycznych«".

Protest głodowy miał także dramatyczne momenty. Do nich zaliczyć można sprawę porwania i maltretowania przez „nieznanych sprawców" francuskiego księgarza Frédérica Constainga, który odwiedził głodujących. Został on zatrzymany 12 marca podczas odprawy na lotnisku w Balicach; miał przy sobie – jak napisano w sporządzonym następnego dnia meldunku – „szereg materiałów związanych z trwającym w kościele w Bieżanowie protestem głodowym, a m.in. list otwarty głodujących do Macharskiego z 8 bm. podpisany przez A. Walentynowicz". Krótko po opuszczeniu aresztu przy ulicy Mogilskiej Constaing został napadnięty przez trzech mężczyzn, którzy wciągnęli go siłą do samochodu, a następnie przypalali papierosami jego brzuch i ręce. Incydent ten miał pokazać, że w celu zlikwidowania protestu SB jest gotowa uciec się do rozwiązań siłowych.

Przykrym wydarzeniem był konflikt, do jakiego doszło 19 maja w katedrze na Wawelu, kiedy to tamtejszy proboszcz, ksiądz Janusz Bielański, odniósł się źle do delegacji głodujących pragnącej uczcić marszałka Józefa Piłsudskiego. Wydarzenie to opisane zostało w „Komunikacie Specjalnym" nr 20 sygnowanym przez małopolską Solidarność i kolportowanym w Bieżanowie. Meldunek SB z 12 czerwca zwracał uwagę, że w tekście tym

```
skrytykowana jest ostro postawa proboszcza katedry wawel-
skiej /3956A2/ ks. J. Bielańskiego /16988/, któremu zarzu-
ca się nie wpuszczenie delegacji „głodujących" do krypty
J. Piłsudskiego w czasie uroczystości na Wawelu w dniu 19
maja br. z okazji rocznicy śmierci marszałka. W komunika-
cie stwierdza się: „dla kronikarskiej rzetelności utrwalmy
też pewien przykry fakt współczesności. Oto, kiedy 19 ma-
ja w rocznicę pogrzebu marszałka Piłsudskiego na Wawel, do
Katedry Srebrnych Dzwonów udała się delegacja głodujących
z ks. Chojnackim, nowy i młody proboszcz katedry zachował
się, oględnie mówiąc, nieumiejętnie i niedojrzale. Bywa: nie
szata ani stanowisko zdobi człowieka.
    Listem zareagował do wawelskiego proboszcza ks. A. Choj-
nacki. Oto wyjątki: „gdyby oddano Katedrę wawelską w ajen-
cję, kulturalny ajent nie odniósłby się tak. Swoim zacho-
waniem znieważył ks. proboszcz 214 ludzi, którzy do tego
dnia składali ofiarę z głodu w obronie wartości wspól-
nych nam wszystkim. Większość z nich to byli internowa-
```

ni, prześladowani, więzieni za przekonania. Byli wśród nich
żołnierze AK, uczestnicy walk o niepodległość w czasie
II wojny, były wśród nich matki, które wychowały dzieci,
obecnie już w wieku ks. proboszcza".

Protest głodowy zakończył się ostatecznie 31 sierpnia 1985 roku,
w piątą rocznicę podpisania porozumień gdańskich. W ciągu sześciu
miesięcy wzięło w nim udział 387 osób z 67 różnych miejscowości. Dużą grupę wśród głodujących stanowili dawni żołnierze Polski Podziemnej, uczestnicy podziemia antykomunistycznego z lat czterdziestych
i pięćdziesiątych oraz byli więźniowie polityczni. Z kolei spośród opozycjonistów krakowskich uczestniczyli w głodówce m.in. Ryszard Bocian, Adam Macedoński, Agata Michałek, Maciej Gawlikowski, Ryszard
Majdzik, Mieczysław Majdzik oraz Bożena i Radosław Hugetowie.

Wiadomo było, że po zakończeniu protestu dni księdza Chojnackiego jako administratora w Bieżanowie są policzone. Ksiądz odmówił jednak podania się do dymisji. Esbecja nasiliła więc działania, które miały
doprowadzić do jego usunięcia. W cytowanej już analizie z lutego 1986
roku czytamy:

Równolegle realizowane kombinacje operacyjne i inspirowane
wielokierunkowe naciski na kardynała Franciszka Macharskiego doprowadziły do zajęcia przez metropolitę bardziej zdecydowanego stanowiska, w efekcie czego 3 lutego 1986 r. ks.
A. Chojnacki stosownym dokumentem został odwołany ze stanowiska administratora parafii Bieżanów i skierowany na urlop wypoczynkowy.
Pomimo tego 13 lutego 1986 r. zorganizował tradycyjne nabożeństwo w intencji Ojczyzny, mające charakter „testamentu" gdzie na zakończenie pod tzw. tablicą katyńską, odbierał od uczestników nabożeństwa ślubowanie kontynuacji prowadzonej przez niego działalności.
Podobnie przebiegające nabożeństwo odbyło się 19 lutego
1986 r. W trakcie jego trwania podnoszono zasługi ks. A. Chojnackiego, a także nawiązano do celów jakie miał protest głodowy. Całość miała charakter pożegnania ks. Adolfa Chojnackiego.
W dniu 21 lutego 1986 r. Kuria Metropolitalna w Krakowie
decyzją kard. Fr. Macharskiego przeniosła ks. A. Chojnackiego do parafii Juszczyn woj. Bielsko-Biała, a w jego miejsce
mianowała ks. Stanisława Lejawkę.

Paradoks takiego rozwiązania całej sprawy polegał na tym, że ksiądz Lejawka – o czym ani ksiądz Chojnacki, ani jego kościelni przełożeni nie wiedzieli – był od kilku lat, jak wynika z dokumentów, tajnym współpracownikiem SB.

Duchowny ów urodził się w 1935 roku w Żywcu. Święcenia kapłańskie przyjął w roku 1958. Dziewięć lat później został skierowany do Juszczyna koło Makowa Podhalańskiego, a w 1982 roku, po utworzeniu w tej miejscowości odrębnej parafii, został jej pierwszym proboszczem. Jego kontakty z SB sięgają końca lat siedemdziesiątych, ale samo pozyskanie go jako TW nastąpiło w 1981 roku. Werbujący go funkcjonariusz nadał mu pseudonim „Wacław"; w stosownym formularzu, zachowanym w teczce personalnej duchownego, w rubryce „Cel pozyskania" napisał:

1/ Bliższe rozpoznanie poszczególnych księży w dekanacie makowskim, oceny ich postaw, poglądów, zamierzeń itp.
2/ Ujawnianie wszelkich kwestii dotyczących budownictwa sakralnego i przykościelnego w tym rejonie.
3/ Rozpoznanie ruchu oazowego i SLO [Służby Liturgicznej Ołtarza],
4/ Informacje o komentarzach duchowieństwa i wiernych na temat decyzji władz państwowych, mających charakter społeczno-polityczny.

Teczka pracy „Wacława", który po przeprowadzce do Bieżanowa zmienił pseudonim na „Optyk", została wprawdzie zniszczona w styczniu 1990 roku, ale w aktach operacji „Zorza II", związanej z pielgrzymką papieską z 1987 roku, zachowały się niektóre jego doniesienia, dotyczące zwłaszcza dekanatu Kraków Podgórze.

Podobnie jak w Bieżanowie, także w nowej parafii ksiądz Chojnacki nie otrzymał nominacji proboszczowskiej, pozostając jedynie administratorem. Mimo to od razu obok intensywnej pracy duszpasterskiej, w tym zwłaszcza na rzecz trzeźwości, rozwinął też działalność patriotyczną. Przede wszystkim zaczął, tak jak w poprzednim miejscu, odprawiać msze święte za ojczyznę. Przyjeżdżali na nie z Krakowa i innych miast jego przyjaciele, w tym członkowie Solidarności i KPN. On sam z kolei nadal jeździł do Mistrzejowic, gdzie głosił płomienne kazania. Organizował też wyjazdy swoich parafian np. do grobu księdza Jerzego Popiełuszki w Warszawie. Nawiązał również liczne kontakty z byłymi żołnierzami Armii Krajowej i działaczami Zrzeszenia „Wolność i Niezawisłość" mieszkającymi w okolicach Makowa. Bardzo dbał o pamięć o zamordowanych przez komunistów polskich patriotach, w tym zwłaszcza o legendarnym dowódcy partyzanckim Józefie Kurasiu „Ogniu".

Pojawienie się księdza Chojnackiego w rejonie Makowa Podhalańskiego postawiło tamtejszą bezpiekę w stan pogotowia; dotyczyło to zarówno Wydziału IV WUSW w Bielsku-Białej, jak i podlegającego mu Rejonowego USW w Suchej Beskidzkiej. Przez pierwszy rok w sposób niewybredny, wręcz prymitywny, podejmowano działania zmierzające do zniechęcenia nowego administratora do pracy w Juszczynie. Podobnie jak w Krakowie, nękano go anonimowymi telefonami i listami, rozpuszczano plotki, że jest chory psychicznie lub że ma dziecko, rozklejano karykatury, na których był przedstawiany obok Hitlera jako „Adolf II". W szczególny sposób drwiono sobie z jego imienia, insynuując, jakoby był synem volksdeutscha i żołnierza Wehrmachtu. Mnożono też rozmaite przeszkody administracyjne, odmawiając mu np. zgody na poprowadzenie procesji Bożego Ciała.

Do zbierania informacji na temat księdza Chojnackiego wykorzystywano licznych tajnych współpracowników, w tym także duchownych. Jednym z nich był wspomniany w poprzednim rozdziale TW „Tadek"; ze względu na położenie Juszczyna na pograniczu dwóch województw do działań podejmowanych wobec niepokornego kapłana włączył się bowiem także Wydział IV WUSW w Nowym Sączu. Naczelnik tego wydziału, podpułkownik Stanisław Polak, wyznaczył „Tadkowi" konkretne zadania (m.in. zebranie informacji, jak ksiądz Chojnacki skomentował decyzję kardynała o przenosinach), a w październiku 1986 roku tak oceniał jego przydatność:

> Przy pomocy TW można zabezpieczyć dopływ informacji o postawach i działalności ks. Chojnackiego, przekazywać do powielania przeciwko niemu kompromitujących go wiadomości, a tym samym uniemożliwienie mu zdobycia zaufania u księży sąsiednich parafii. [...] Ponadto można poprzez TW powielać w środowisku kleru korzystne dla służby informacje, urabiać opinię o osobach, co za jego pośrednictwem docierać może do bpa Górnego.

„Korzystne dla służby informacje" to oczywiście informacje spreparowane przez SB, wyrządzające krzywdę patriotycznie nastawionym duchownym. Miały one dyskredytować tych ostatnich zarówno

w oczach kolegów księży, jak i przełożonych. Od TW „Tadka" oczekiwano więc nie tylko doniesień, ale również włączenia się w akcję dez-
informacyjną.

W maju 1987 roku Wydział IV WUSW w Bielsku-Białej wszczął
przeciwko księdzu Chojnackiemu sprawę operacyjnego rozpracowania
o kryptonimie „Adwokat". W jej ramach przygotowywano wiele działań dywersyjnych, począwszy od otrucia psów i zamalowania okien na
plebanii, aż po podpalenie garażu i zabudowań gospodarczych. Dla celów procesowych nagrywano i spisywano wszystkie wystąpienia księdza; zajmowało się tym trzech tajnych współpracowników, mieszkańców Juszczyna. Ksiądz był stale inwigilowany, a esbecy nawet nie kryli
się z tym, że obserwują plebanię. Jawna obserwacja była jedną z metod
psychicznego nękania osób represjonowanych. Ponadto wielokrotnie
zatrzymywano księdza pod pretekstem kontroli drogowych, aby również w ten sposób uprzykrzać mu życie.

Według informacji przekazanych samemu księdzu przez funkcjonariusza SB Kazimierza Sulkę, odpowiedzialnego wcześniej za nękanie
duchownego, zamierzano też przygotować na niego zamach, polega-
jący – podobnie jak akcja przeciwko księdzu Jerzemu Popiełuszce – na
obrzuceniu jego samochodu kamieniami i spowodowaniu śmiertelnego
wypadku drogowego. Wątku tego nigdy do końca nie wyjaśniono, choć
w latach 1990–1994 toczył się proces w tej sprawie, w którym głównymi oskarżonymi byli naczelnik Wydziału IV w Bielsku-Białej Stanisław
Kałat i oficer Marek Kencki. Oskarżeni zostali uznani za winnych prze-
kroczenia swoich uprawnień, jednak na mocy ustawy o amnestii sąd
odstąpił od wymierzenia kary.

Po zwycięstwie Solidarności ksiądz Chojnacki otrzymał w końcu nominację proboszczowską, której Urząd ds. Wyznań odmawiał mu przez
lata „za wykorzystywanie obiektów sakralnych do działań politycznych". Pomimo tego uregulowania duchowny nie pozostał w Juszczynie, lecz podjął się nowej misji, wynikającej także z pobudek patriotycznych. W 1993 roku zrezygnował z probostwa i za zgodą kardynała
Macharskiego wyjechał, by przez dwa lata pracować wśród potom-
ków polskich rodzin osiadłych w okresie zaborów na Bukowinie w Rumunii. Przez następne dwa lata działał jako duszpasterz na Ukrainie,
na terenie archidiecezji lwowskiej. Bardzo ciężka praca, uciążliwe do-

jazdy do filialnych kościołów, a przede wszystkim niesprzyjający klimat i trudne warunki życia bardzo mocno nadszarpnęły zdrowie niestrudzonego kapłana.

W 1997 roku ksiądz Chojnacki wrócił do kraju. Nie podjął już jednak obowiązków duszpasterskich, rezygnując z proponowanego mu probostwa w nowej parafii. Zamieszkał w Domu Księży Emerytów w Makowie Podhalańskim. Do końca utrzymywał kontakty ze środowiskami niepodległościowymi. Zmarł 22 marca 2001 roku i został pochowany na cmentarzu parafialnym w Juszczynie. Pozostawił po sobie wspomnienie gorliwego i bezkompromisowego kapłana, który wśród wielu innych zaangażowań na pierwszym miejscu stawiał sprawę niepodległości Polski i szacunku dla tych, którzy o tę niepodległość walczyli.

Wyrzucony z trzech województw – działania SB przeciwko księdzu Andrzejowi Zwolińskiemu

Skalę działań podejmowanych przez aparat bezpieczeństwa przeciwko krakowskim duchownym w latach osiemdziesiątych dobrze pokazuje przypadek księdza Andrzeja Zwolińskiego, wówczas początkującego wikarego, a obecnie profesora Papieskiej Akademii Teologicznej w Krakowie. W odróżnieniu od księży opisanych w poprzednich rozdziałach nie był on organizatorem spektakularnych przedsięwzięć duszpasterskich i patriotycznych. Jednakże sama jego postawa sprawiała, że był przez SB uważany za duchownego, którego należy rozmaitymi sposobami „neutralizować". Nie zachowały się wprawdzie teczki prowadzonej przeciwko niemu sprawy operacyjnego rozpracowania (nie znamy też kryptonimu tej sprawy), ale liczne dokumenty odnalezione w wyniku kwerendy w aktach innych spraw pozwalają na dość daleko idącą rekonstrukcję.

Ksiądz Andrzej Zwoliński urodził się 18 marca 1957 roku w Radwanowicach koło Krzeszowic. Ze względu na wychowanie, jakie otrzymał w domu, od dziecka był wrażliwy na sprawy religijne i społeczne, angażując się w szkole średniej m.in. w ruch Grup Apostolskich. W 1976 roku wstąpił do Wyższego Seminarium Duchownego w Krakowie. Sześć lat później otrzymał święcenia kapłańskie z rąk kardynała Franciszka Macharskiego. Przez pierwsze dwa lata pracował jako wikary w parafii pw. Matki Bożej Nieustającej Pomocy w Jaworznie. Równocześnie kontynuował pracę naukową, specjalizując się w nauce społecznej Kościoła.

Jako duszpasterz od początku angażował się w pracę z młodzieżą oraz w działalność patriotyczną. Dla młodzieży niepełnosprawnej intelektualnie założył w Jaworznie wspólnotę tzw. muminków. Związał się również z działaczami podziemnej Solidarności, wspierając m.in. osoby kolportujące niezależne wydawnictwa. Obdarzony darem krasomówczym, zasłynął z kazań, w których tematyka religijna przeplatała się bardzo mocno z tematyką patriotyczną i społeczną. Kazaniami tymi budził ludzkie sumienia, zyskując szacunek i sympatię wielu wiernych.

Jego postawa nie mogła jednak pozostać obojętna SB, zwłaszcza Wydziałowi IV WUSW w Katowicach, który swym działaniem obejmował Jaworzno. W noc sylwestrową 1983 roku ksiądz Zwoliński został zatrzymany przez milicję, gdy w pociągu relacji Katowice–Kraków prowadzona przez niego młodzież śpiewała „zakazane piosenki", czyli... kolędy do tekstów Ernesta Brylla. Między innymi z tego powodu kilka miesięcy później został przeniesiony poza obręb województwa katowickiego, zostając wikarym w parafii pw. św. Stanisława Biskupa w Andrychowie. Ponieważ zainicjował tam stałe msze święte za ojczyznę, zainteresował się nim z kolei Wydział IV WUSW w Bielsku-Białej. W styczniu 1985 roku funkcjonariusze SB nasilili akcje przeciwko młodemu wikaremu, przesłuchując i zastraszając katechizowaną przez niego młodzież. Aresztowano też wówczas jego bliskiego współpracownika, a zarazem działacza podbeskidzkiej Solidarności, Wiesława Pyzia, który został skazany na rok więzienia za działalność związkową. Równocześnie w wyniku tzw. kombinacji operacyjnych, czyli intryg i nacisków na władze kościelne – w tym na biskupa Juliana Groblickiego i księdza proboszcza Andrzeja Waksmańskiego – esbecy doprowadzili w lutym tegoż roku do przeniesienia księdza Zwolińskiego z Andrychowa. Nastąpiło to po zaledwie półrocznej pracy duszpasterskiej w parafii, co było ewenementem w skali całej archidiecezji.

W tej sprawie ogromnie negatywną rolę odegrał TW o pseudonimie „Szerszeń", duchowny będący proboszczem, zwerbowany w 1979 roku. Ponieważ jego teczka została w 1990 roku zniszczona (pozostały same okładki i jedna kartka, znajdujące się obecnie w IPN w Katowicach), nie można jednoznacznie ocenić przebiegu współpracy; z tego powodu zdecydowano się nie podawać nazwiska tej osoby.

Młody kapłan społecznik przeniesiony został przez swych kościelnych przełożonych na teren trzeciego z kolei województwa – nowosądeckiego – obejmując funkcję wikarego w parafii pw. św. Marii Magdaleny w Rabce. Niezrażony, również w nowym miejscu rozwinął aktywną działalność duszpasterską, głosząc patriotyczne kazania i skupiając wokół siebie młodzież. Za zgodą Duszpasterstwa Młodzieży Archidiecezji Krakowskiej, prowadzonego przez księdza prałata Antoniego Sołtysika, zorganizował tzw. rekolekcje historyczne, podczas których mówił młodym ludziom o sprawach przemilczanych na szkolnych lekcjach historii. Prelekcje historyczne wygłaszał także w trakcie krakowskich i góralskich pieszych pielgrzymek na Jasną Górę. Ponadto zaczął organizować w Rabce Tygodnie Kultury Chrześcijańskiej, co od razu zostało odnotowane przez Wydział IV WUSW w Nowym Sączu, który przejął inwigilację niepokornego duchownego. W jednym z raportów z lipca 1985 roku funkcjonariusz SB pisał:

W dniach 14-22 bm. w kościele parafialnym św. Magdaleny w Rabce odbędą się uroczystości w ramach „Tygodnia Kultury Chrześcijańskiej", których organizatorem jest ks. Andrzej Zwoliński /42962/. Z terenu Krakowa przewidziany jest udział w w/w imprezie m.in. ks. T. Zaleskiego /42014/, ks. J. Tischnera /11876/ i red. M. Skwarnickiego /0028/. W zakończeniu uczestniczył będzie ks. bp K. Górny /23451/. W zabezpieczeniu Tygodnia Kultury Chrześcijańskiej w konsultacji z Wydz. IV w Nowym Sączu uczestniczyć będą także nasze źródła.

W czasie trwania Tygodnia esbecy odnotowali ponadto występ Haliny Mikołajskiej, aktorki z Warszawy, członkini Komitetu Obrony Robotników, oraz plastyka z Krakowa Adama Macedońskiego, współzałożyciela Chrześcijańskiej Wspólnoty Ludzi Pracy i redaktora podziemnego „Krzyża Nowohuckiego".

Jedną z metod pacyfikowania „niepokornych" księży było wpływanie na ich przełożonych. Mogło to przybierać formę rozmowy przeprowadzanej np. przez pracownika Urzędu ds. Wyznań, który posługując się argumentacją odwołującą się do dobra Kościoła, sugerował, że należałoby zdyscyplinować konkretnego księdza. Pracownik „wyznaniówki" starał się przy tym prowadzić rozmowę w taki sposób, żeby dany hierarcha nie poczuł się manipulowany. Świadectwo takich działań znajdujemy w jednym z raportów dotyczących księdza Zwolińskiego:

Z uwagi na odnotowane w ostatnim okresie czasu przypadki prezentowania negatywnych poglądów w głoszonych kazaniach

przez ks. A. Zwolińskiego z Rabki oraz podejmowanie szkodliwych inicjatyw /m. in. w ramach Tygodnia Kultury Chrześ-
cijańskiej/ ks. bp Pietraszko przeprowadził z w/w rozmowę
profilaktyczną, która winna wpłynąć pozytywnie na zmianę
osobowości ks. A. Zwolińskiego. Rozmowa została przeprowadzona w wyniku zainspirowanego przez naszą Służbę spotkania Dyrektora Wydziału ds. Wyznań w Nowym Sączu z bp. Pietraszką.

Do działań podejmowanych przeciwko księdzu Zwolińskiemu SB
starała się użyć kilkunastu tajnych współpracowników, wśród których
było też kilku kapłanów. Jeden z nich, TW „Andrzej" (opisany szerzej
w rozdziale *Agent w otoczeniu księdza Józefa Tischnera* w części III niniejszego opracowania), otrzymał np. polecenie zbierania informacji
o wszelkich poczynaniach księdza Zwolińskiego na Podhalu, gdzie ten,
ze względu na swoją kaznodziejską sławę, był zapraszany do różnych
parafii. Pytany m.in. o kazanie wygłoszone przez młodego księdza podczas mszy za ojczyznę w kościele pw. św. Katarzyny w Nowym Targu,
TW „Andrzej" odpowiedział:

Zwolińskiego nie znam i jeżeli miał w Nowym Targu patriotyczne kazanie to chyba Łukaszczyk nie spodziewał się tego.
Tego typu propaganda z ambony świadczy o krótkowzroczności
księdza, ale jak nabierze doświadczenia, to z pewnością się
uspokoi. Chyba, że jest to typ tego, który głodował pod Krakowem, tacy się zdarzają. U mnie Zwoliński kazań nie będzie
głosił i chyba w ogóle na Spiszu, u nas nie ma takich „patriotów".

Funkcjonariusze nowosądeckiej SB odwiedzili także wspomnianego księdza Mieczysława Łukaszczyka, proboszcza nowotarskiej parafii,
i przeprowadzili z nim rozmowę profilaktyczno-ostrzegawczą. Nawiasem mówiąc, duchowny ten był wówczas zarejestrowany przez SB jako TW o pseudonimie „Turysta" (będzie mu poświęcony ostatni rozdział
w części III). Warto zapoznać się z obszerniejszymi fragmentami raportu porucznika Marka Sucharskiego z tego spotkania, aby przekonać się,
w jaki sposób bezpieka starała się wpływać na stosunek księży do ich
„niepokornych" kolegów:

W dniu 18 IX 1985 r. wspólnie z kpt. M. Kozieńcem przeprowadziliśmy rozmowę z ks. Mieczysławem Łukaszczykiem - proboszczem parafii św. Katarzyny w Nowym Targu.

Pretekstem do rozmowy było wrogie politycznie kazanie wygłoszone dnia 13 IX 1985 r. na mszy św. w intencji „Ojczyzny" w kościele św. Katarzyny w Nowym Targu przez ks. Andrzeja Zwolińskiego - wikarego par. św. M. Magdaleny w Rabce.

Ks. Łukaszczyka zapoznaliśmy z celem naszej wizyty. Stwierdziliśmy, że jest nam znany fakt wystąpienia ks. Zwolińskiego, dysponujemy oceną prawną treści kazania w/w duchownego /m.in. odczytano ks. Łukaszczykowi fragment homilii ks. Zwolińskiego/ i jest to podstawa do podjęcia wobec ks. Zwolińskiego czynności prokuratorskich. Jednakże ze względu na dobre stosunki ks. Łukaszczyka z władzami państwowymi na terenie woj. bielskiego, jak i dotychczas na terenie Nowego Targu, postanowiliśmy tę sprawę załatwić bez powiadamiania prokuratora.

Ks. Łukaszczyk potwierdził, że poprosił ks. Zwolińskiego o wygłoszenie kazania w dniu 13 IX br. na mszy św. „za Ojczyznę". Wcześniej go nie znał, nie wiedział, jakie ma poglądy, jaki jest charakter jego wystąpień. Nie znał też negatywnych homilii głoszonych przez ks. Zwolińskiego w trakcie Tygodnia Kultury Chrześcijańskiej w Rabce, gdyż w tym czasie zajęty był sprawami związanymi z pogrzebem ks. Bala.

Przedstawiliśmy więc ks. Łukaszczykowi krótką charakterystykę ks. Zwolińskiego, jego działalności na terenie Andrychowa oraz Rabki, gdzie interweniować musiał bp Groblicki.

Ks. Łukaszczyk potwierdził, że nic na ten temat mu nie wiadomo. Nie zna księży młodych, nawet z okolicznych parafii, natomiast wśród swoich rówieśników czy starszych wiekiem duchownych jest zorientowany w całej diecezji krakowskiej. [...] Podkreślił, że różnimy się ideologiami i stąd może tak jednoznacznie zostało przez nas odebrane kazanie ks. Zwolińskiego. Zgodził się jednak z faktem, że niektóre fragmenty i sformułowania były niepotrzebne, jak np. że Polska jest „obdartym szkieletem" po zdelegalizowaniu „Solidarności". Podkreślił, że wspólnym naszym celem jest działanie, aby Polska była silna, suwerenna, ale ludowa.

Zobowiązał się, iż więcej ks. Zwolińskiego nie zaprosi do swojej parafii. Nie będzie też mu mówił o naszej wizycie i treści rozmowy, a my jeżeli mamy jakieś inne dowody negatywnej działalności ks. Zwolińskiego, to ze swojej strony możemy podejmować stosowne działania.

Kolejnym duchownym użytym w działaniach przeciwko księdzu Zwolińskiemu był TW o pseudonimie „Meteor". Pod pseudonimem tym w ewidencji operacyjnej SB zarejestrowano księdza Józefa Kapcię. Duchowny ten urodził się w 1940 roku w Regulicach koło Chrzanowa. Święcenia kapłańskie otrzymał w roku 1964. Jako wikary pracował w Makowie Podhalańskim oraz parafiach pw. św. Anny i pw. Wszystkich Świętych w Krakowie. Przez pewien czas był referentem w Wydziale Katechetycznym Kurii Metropolitalnej. W 1982 roku został proboszczem w Kalwarii Zebrzydowskiej, a pięć lat później – w parafii pw. św. Teresy w Rabce. Współpracownikiem SB był od 1984 roku. Jego postać przewija się także w segregatorze materiałów wstępnych (SMW) o kryptonimie „Junak" (zob. rozdział *Sprawy obyczajowe* w części VIII). Odpowiedź duchownego na list od autora niniejszej publikacji znajduje się w części *Załączniki*.

W swoich doniesieniach dostarczał wielu informacji o księżach z dekanatów kalwaryjskiego i rabczańskiego, w tym także o biskupach wizytujących owe dekanaty. Jego informacje o księdzu Zwolińskim były na ogół bardzo zjadliwe i raczej nie nadają się do cytowania. Można jedynie podać fragment notatki sporządzonej przez młodszego chorążego Stanisława Krawca po rozmowie z TW w dniu 20 listopada 1987 roku:

Odnośnie ks. Andrzeja Zwolińskiego, to TW oświadczył, iż jego postępowanie to osobna karta historii. Stwierdził, iż on już się uspokoił ze swoimi kazaniami. Jednakże na moje stwierdzenie, iż ks. Andrzej Zwoliński w dniu 11 XI 1987 r. o godz. 18.30 wygłosił kazanie o wrogiej treści, TW stwierdził, że jest on niepoważnym człowiekiem i całe duchowieństwo rabczańskie przez niego cierpi. TW zdaje sobie sprawę, iż z powodu jego negatywnej postawy szereg spraw dla duchowieństwa nie zostało i nie zostanie załatwionych. Nie wspominał tu o jakie sprawy chodzi.

Powiedział, że gdyby ktoś nie znał ks. Zwolińskiego to nigdy by nie przypuszczał, że jest on zdolny do wygłoszenia kazania o wrogiej negatywnie politycznie treści. W trakcie kiedy przebywa w parafii św. Marii Magdaleny w Rabce z okazji różnych spotkań, to ks. Andrzej Zwoliński siedzi zawsze pokorny i cichy, nie zabierając głosu, chyba że zostanie o to poproszony przez któregoś z księży lub też dziekana Janikowskiego.

TW stwierdził, iż na pewno na jego negatywną działalność mają wpływ osoby świeckie, które w przeszłości działały w „Solidarności".

Podczas mojej rozmowy z TW był zastępca Szefa ds. SB por. M. Batkiewicz, który zabierając głos stwierdził, że to ks. Zwoliński ma wpływ na osoby świeckie a nie odwrotnie i może dać parę przykładów na ten temat.

Jak odnotowali funkcjonariusze SB, za swoje usługi TW „Meteor" miał dostawać drobne prezenty w postaci kwiatów lub alkoholu. Zachowały się raporty o ich zakupie. Oto jeden z nich, sporządzony przez tego samego funkcjonariusza:

Melduję, że w dniu 7 IX 1987 r. podczas spotkania z TW ps. Meteor nr ewid. NS-16612 wręczyłem prezent w postaci koniaku „French Brendy" wartości 3.000 zł. – tytułem wynagrodzenia za dotychczasową współpracę oraz przekazywane informacje dot. ks. Zwolińskiego oraz sytuacji w dekanacie rabczańskim. Proszę Tow. Szefa o rozliczenie w/w kwoty z funduszu „0".

Informacje na temat księdza Zwolińskiego starano się też uzyskać od innego proboszcza, którego w tym czasie pozyskano jako tajnego współpracownika, nadając mu pseudonim „Tadek" (dla łatwiejszej orientacji w niniejszej publikacji określany będzie jako „Tadek" II). Jak wynika z zachowanych dokumentów, działalność jego była w praktyce nieszkodliwa i trwała niewiele ponad rok. „Tadek" II, nagabywany w sprawie księdza Zwolińskiego, udzielał odpowiedzi wymijających. Poniżej jeden z przykładów, zapisany w raporcie chorążego Krawca:

W trakcie dalszej rozmowy zapytałem się wprost o ks. Zwolińskiego, dlaczego zaprosił na odpust ks. Zwolińskiego, który wygłosił tak wredne kazanie. TW powiedział, iż on nie zapraszał jego, a tylko przysłał go jemu ks. dziekan Janikowski. On nie słyszał tego kazania, ponieważ był zajęty przygotowaniem obiadu dla zaproszonych księży.

Takie same wybiegi duchowny stosował również podczas następnych rozmów, starając się wykręcić od dalszej współpracy. Inni księża z okolic Rabki w sprawie księdza Zwolińskiego nie występują. Podobnie wygląda sprawa z jego kolegami seminaryjnymi oraz świeckimi współpracownikami. Udało się jedynie zwerbować pojedyncze osoby spośród mieszkańców Rabki. Dzięki ich doniesieniom, a także innym działaniom samych esbeków odnotowywano kolejne dowody „antypaństwowej" działalności wikarego. W listopadzie 1985 roku raportowano:

> W Szkole Podstawowej Nr 1 w Rabce uczniowie klas starszych, działających z inspiracji ks. A. Zwolińskiego podjęli inicjatywę wprowadzenia do szkoły krzyży. Klasy VII usiłowały wczoraj zawiesić krzyże w swoich klasach lekcyjnych. Zamiar ich został udaremniony dzięki zdecydowanej postawie dyrekcji i nauczycieli. Uczniowie jednej z klas VI sporządzili z kolei symboliczne krzyże z plasteliny, które umieścili na piórnikach, ostentacyjnie wyłożonych na ławkach.

W innych raportach odnotowywano skrupulatnie spotkania, wycieczki i obozy organizowane dla młodzieży przez księdza Zwolińskiego. Interesowano się jego kontaktami z osobami pracującymi przy remoncie willi „Chorążówka" (dziś już nieistniejącej) w Rabce, którą adaptowano na dom wypoczynkowy dla osób niepełnosprawnych. Z placówki tej, która nosiła imię św. Brata Alberta, korzystały wspólnoty „muminkowe" z całej Polski, a organizowane tam obozy letnie i zimowe również były inwigilowane przez SB.

Kontakty księdza Zwolińskiego badano też w ramach sprawy operacyjnego rozpracowania o kryptonimie „Mazur", skierowanej przeciwko Jadwidze Mazurkiewicz, filologowi rosyjskiemu z Uniwersytetu Jagiellońskiego. Osoba ta w dniu 19 października 1986 roku została zatrzymana przy wjeździe do ZSRS, gdyż wiozła obrazki religijne. Uczyniono z tego ogromną aferę, a wikarego z Rabki próbowano w nią wmontować.

Jednocześnie nie ustawały naciski na władze kościelne, aby wobec „niepokornego" księdza zajęły bardziej zdecydowane stanowisko. 9 października 1985 roku doszło do spotkania dyrektora Wydziału do spraw Wyznań Urzędu Wojewódzkiego w Nowym Sączu z kanclerzem Kurii Metropolitalnej księdzem Bronisławem Fidelusem i proboszczem parafii pw. św. Marii Magdaleny w Rabce księdzem Tadeuszem Janikowskim. W raporcie SB tak opisano to spotkanie:

Przedmiotem rozmowy była negatywna działalność ks. Andrzeja Zwolińskiego - wikariusza parafii św. Marii Magdaleny, podejmującego w ostatnim okresie czasu inicjatywy go-
dzące w proces stabilizacji życia społeczno-politycznego
w kraju. O negatywnych postawach ks. A. Zwolińskiego informowano w meldunkach z dnia 22 IX i wcześniejszych. W dniu
1 X br. Dyrektor [Wydziału] ds. Wyznań w Nowym Sączu skierował
do ks. kard. Macharskiego decyzję o wydaniu stosownych zarządzeń w odniesieniu do ks. A. Zwolińskiego. Zostało również wszczęte z urzędu postępowanie administracyjne w sprawie szkodliwej dla państwa działalności księdza. Ks. ks.
Fidelus i Janikowski ze zrozumieniem odnieśli się do przedstawionych uwag i zastrzeżeń odnośnie prezentowanych postaw przez ks. A. Zwolińskiego, przekazali również stanowisko w tej sprawie ks. kardynała Macharskiego, który polecił
im spowodowanie neutralizacji osoby A. Zwolińskiego. Zobo-
wiązali się podjąć stosowne działania - rozmowa profilak-
tyczno-ostrzegawcza.

Efektem nacisków były dwie rozmowy przeprowadzone z księdzem
Zwolińskim przez księdza kanclerza Fidelusa w październiku 1985 roku. Ponieważ duchowny nie zmienił swojego postępowania, dalej od-
ważnie głosząc kazania patriotyczne i prowadząc aktywną działalność
wśród młodzieży, dyrektor nowosądeckiego Wydziału do spraw Wyznań
jeszcze dwukrotnie – 19 lipca 1986 i 28 sierpnia 1987 roku – zwrócił się
do władz archidiecezji krakowskiej z żądaniem usunięcia księdza Zwolińskiego z funkcji wikarego w Rabce. W obu pismach jako uzasadnienie zacytowano fragmenty kazań wikarego:

1. W dniu 1 listopada 1985 r. podczas kazania nawiązał do
   pomordowanych w Katyniu i na Syberii, zapytując, gdzie
   są ich mogiły. Dalej mówił o cmentarzu Orląt we Lwowie,
   twierdząc, że „rozjechany został przez czołgi radzieckie
   i zamieniony na wysypisko śmieci".
2. W dniu 11 listopada 1985 r. wygłosił kazanie o martyro-
   logii narodu polskiego o walce o niepodległość, w którym
   wystąpiły treści antyradzieckie i antyustrojowe na przykładzie ofiar Syberii, Katynia, Powstania warszawskiego,
   „kontrrewolucji 1945 r.", Poznania, Gdańska, Szczecina
   i Elbląga. Wśród ofiar wymienił Przemyka, Włosika i ks.
   Popiełuszkę. [...]

3. W dniu 24 grudnia 1985 r. w czasie kazania w sposób napast-
   liwy krytykował Partię, Rząd, organy MO i SB oraz ZOMO.

W odpowiedzi na wysuwane żądania władze kościelne wskazywa-
ły, że Wydział do spraw Wyznań nie może podejmować decyzji dotyczących nominacji wikariuszowskich. Ostatecznie jednak 31 listopada (nawiasem mówiąc, nie ma takiego dnia w kalendarzu) 1987 roku uprawo-
mocniła się decyzja administracyjna o usunięciu księdza Zwolińskiego
z wikariatu w Rabce. Jednocześnie w tym samym roku władze w ramach represji unieważniły wydany wcześniej duchownemu paszport.
Zaatakowano go też publicznie na łamach „Gazety Krakowskiej".

Informatorzy SB przekazali swoim oficerom prowadzącym krążące
wówczas pogłoski, że strona kościelna ma zamiar dyscyplinarnie wysłać
księdza Zwolińskiego do Francji, a nawet na misje do Afryki. W rzeczywistości po opuszczeniu Rabki duchowny został skierowany na studia
na Katolickim Uniwersytecie Lubelskim, co było zgodne z jego naukowymi aspiracjami. W 1990 roku obronił tam pracę doktorską, a cztery
lata później na Papieskiej Akademii Teologicznej w Krakowie przedstawił pracę habilitacyjną. W roku 2003 otrzymał tytuł profesora.

Małopolska Solidarność doceniła jego działalność społeczną i patriotyczną, przyznając mu medal „Plus ultra". Dla duchownego – którego wyrzucano z parafii w trzech kolejnych województwach – to wyróż-
nienie liczyło się najbardziej.

Przeciw zakonowi jezuitów

Działania Służby Bezpieczeństwa na terenie archidiecezji krakowskiej nie dotyczyły wyłącznie duchowieństwa świeckiego. Inwigilacją objęto również zgromadzenia zakonne. Nie sposób w niniejszym opracowaniu omówić wszystkie tego typu sprawy, dlatego szerzej opisane zostaną jedynie działania SB przeciwko ojcom jezuitom.

W trudnych latach osiemdziesiątych obie prowincje zakonu jezuitów – krakowska i warszawska – otwarły szeroko podwoje swoich kościołów i klasztorów dla Solidarności i osób represjonowanych. Wspomnieć tu należy zwłaszcza ośrodki w Kaliszu, Radomiu, Bydgoszczy, Szczecinie i we Wrocławiu, a także nazwiska ojców Huberta Czumy, Stefana Dzierżka, Stefana Miecznikowskiego i Adama Wiktora. W Krakowie podobną rolę odegrali ojcowie Kazimierz Ptaszkowski i Jerzy Sermak. To dzięki ich odwadze i determinacji jezuicka bazylika pw. Najświętszego Serca Pana Jezusa przy ulicy Kopernika stała się kolejną krakowską „oazą wolności".

Każdego trzynastego dnia miesiąca odbywały się tu msze święte za ojczyznę, na które licznie przybywali przedstawiciele opozycji i mieszkańcy Krakowa. Ze względu na bliskość klinik Akademii Medycznej z duszpasterstwem jezuickim związani byli zwłaszcza studenci medycyny i działacze lekarskiej Solidarności, prowadzeni przez doktora Janusza Kutybę, profesora Zbigniewa Chłapa i doktora Jana Ciećkiewicza. Jak ważny to był ośrodek, świadczą zapisy w „Kierunkowym planie pracy operacyjnej Wydziału IV WUSW w Krakowie na rok 1986", sporządzonym przez jego naczelnika, podpułkownika Józefa Biela. Przewidziano tam m.in.:

5. Podjęcie przedsięwzięć zmierzających do wyeliminowania
zagrożeń porządku publicznego na terenie Krakowa, wynikają-
cych z działalności księży parafii Bieńczyce, Mogiła, Szklane Domy, św. Józefa i Jezuitów. Działania realizowane będą zgodnie z odrębnymi planami w ramach spraw prowadzonych
na te obiekty.
[...]
10. Operacyjne umacnianie się we wszystkich środowiskach
kleru zakonnego, w tym zwłaszcza w ogniwach kierowniczych
stosownie do rangi, roli i aktywności, przede wszystkim
w sferze negatywnych zaangażowań. Zaktywizować pracę operacyjną w odniesieniu do Cystersów, Dominikanów, Jezuitów,
Karmelitów Trzewiczkowych, Paulinów i Pijarów. Uniemożli-
wiać udostępnianie bazy kościelnej dla działań o politycznie wrogiej postawie.

Z powodu swego „solidarnościowego" zaangażowania dwaj działający w Krakowie jezuici byli szczególnie inwigilowani przez SB. Pierwszy z nich, ojciec Kazimierz Ptaszkowski, był nawet figurantem jednej
ze spraw operacyjnego rozpracowania.

Duchowny ten urodził się w 1950 roku w Ptaszkowej koło Nowego
Sącza, w diecezji tarnowskiej. Do nowicjatu jezuitów wstąpił w 1969
roku. Studiował w Krakowie, Warszawie i Rzymie, a święcenia kapłańskie przyjął w 1978 roku w Nowym Sączu. Dwa lata później został prefektem wspomnianej bazyliki. Jego posługa przypadła na najgorętszy
czas Solidarności i stanu wojennego. Postawa księdza sympatyzującego
z opozycją od razu zwróciła uwagę bezpieki. 3 kwietnia 1982 roku krakowska SB przygotowała plan działań w ramach sprawy operacyjnego rozpracowania o kryptonimie „Świeca", której celem głównym było
„niedopuszczenie do utrwalania i rozszerzania konspiracyjnej działalności NSZZ »Solidarność«". W planie tym zapisano m.in.:

W ramach spraw operacyjnych szczególną kontrolą operacyjną
objąć inspiratorów i organizatorów konspiracyjnej działal-
ności związkowej
- R. Kaczmarka - wydz. III
- L. Kuzaj - jw.
- T. Piekarza - wydz. V
- J. Lassotę - jw.
- J. Dziewulskiego - wydz. III
- J. Smagowicza - wydz. V

- W. Czyża - wydz. III-1
- A. Kawalec - Wydz. C
- A. Kłoczkowskiego [właśc. Kłoczowskiego] - Wydz. IV
- P. Młynarza [właśc. Mynarza] - jw.
- W. Palmowskiego - jw.
- A. Chojnackiego - jw.
- K. Ptaszkowskiego - jw.
- F. Płonkę - jw.
- Jancarza - jw.

Odpowiedzialni: N-cy Wydziałów: III, III-1, IV, V.
Termin realizacji: na bieżąco od dnia 6.04. 1982 r.

Osiem pierwszych osób na liście to działacze Solidarności, siedem następnych – znani krakowscy duszpasterze. Obok duchownych wspominanych już w niniejszej publikacji pojawiają się tu: ojciec Paweł Mynarz, cysters z Mogiły, ojciec Jan Andrzej Kłoczowski, dominikanin, i ksiądz Franciszek Płonka, duszpasterz akademicki.

Nazwisko ojca Ptaszkowskiego pojawia się też w szyfrogramie z 24 sierpnia 1982 roku, w którym komendant wojewódzki MO w Krakowie pułkownik Adam Trzybiński informuje przełożonych o planowanym internowaniu 24 osób, w tym 5 księży: Kazimierza Jancarza, Adolfa Chojnackiego, Władysława Palmowskiego, Kazimierza Ptaszkowskiego i Pawła Leksa (sercanina z Krakowa Płaszowa). Do internowania wymienionych duchownych ostatecznie nie doszło, gdyż władze obawiały się ostrej reakcji kardynała Franciszka Macharskiego. W 1983 roku ojciec Ptaszkowski został przeniesiony do Nowego Sącza, gdzie nadal utrzymywał kontakty z podziemną Solidarnością.

Krakowska SB interesowała się też działalnością drugiego jezuity, ojca Jerzego Sermaka. Przyszły duchowny urodził się w 1953 roku w Czechowicach na Śląsku. Do nowicjatu jezuickiego w Starej Wsi wstąpił w tym samym czasie co ojciec Ptaszkowski, razem z nim też studiował w Krakowie, Warszawie i Rzymie. W Rzymie przyjął święcenia kapłańskie w 1977 roku. Trzy lata później został wysłany do Krakowa, gdzie objął funkcję duszpasterza akademickiego. Ponadto w 1984 roku został ojcem duchownym kleryków, a w 1988 – redaktorem naczelnym „Posłańca Serca Jezusowego". Przez cały ten czas współpracował z podziemną Solidarnością, często odprawiał msze święte za ojczyznę i głosił patriotyczne kazania.

Nazwisko ojca Sermaka pojawia się w różnych dokumentach esbeckich obok nazwisk innych księży sympatyzujących z opozycją. Przykładem niech będzie fragment cytowanego już w poprzednim rozdziale sprawozdania z pracy SB w Krakowie za rok 1986. Jest on o tyle ciekawy, że pokazuje, jak aparat bezpieczeństwa postrzegał w tym czasie duchowieństwo krakowskie:

```
Krakowski kler generalnie wykazuje bierny stosunek do wyda-
rzeń politycznych i sytuacji społeczno-gospodarczej kraju,
demonstrując zgodnie z zaleceniami Episkopatu Polski ofi-
cjalną neutralność. Tym bardziej wyraźne są przypadki nie-
subordynacji wobec dyrektyw hierarchii kościelnej. Niektó-
rzy przedstawiciele kleru jak K. Jancarz, F. Kołacz, S. Ko-
nieczny, J. Sermak i T. Zaleski głoszą w kościołach św.
Józefa, OO Jezuitów, Cystersów, o. M. Kolbego, w Bieńczycach
i Świątnikach Górnych kazania i organizują imprezy o zde-
cydowanie wrogim antysocjalistycznym wydźwięku. W kościele
Karmelitów i w Mistrzejowicach prowadzona jest działalność
tzw. Chrześcijańskich Uniwersytetów Robotniczych propagują-
cych negatywne treści.
```

Aby móc wpływać na postawy „niepokornych" księży, SB starała się pozyskać w ich otoczeniu tajnych współpracowników. Dochodzimy tu do bolesnego problemu agentury w zakonie jezuitów. Na podstawie dotychczasowych badań ustalono, że w latach siedemdziesiątych i osiemdziesiątych w środowisku krakowskich jezuitów działało co najmniej sześciu tajnych współpracowników SB. Nosili oni pseudonimy: „Jackowski", „Kazek", „Janiszewski", „Stefan", „Anteusz" i „Biały" (w niniejszej publikacji – „Biały" II). Sprawa pierwszego z nich omówiona zostanie w części VII niniejszego opracowania, w rozdziale *Wyżsi przełożeni zakonni*.

W ocenie bezpieki ważnym źródłem informacji o tym, co dzieje się w zakonie, był TW „Kazek". Jak udało się ustalić na podstawie dokumentów zachowanych w archiwach IPN, pseudonim ten nosił ojciec Edward Stoch. Urodzony w 1927 roku w Suchej Beskidzkiej, wychowywał się w Krakowie i w 1948 wstąpił do zakonu jezuitów, będąc zwykłym robotnikiem. Święcenia kapłańskie otrzymał w 1957 roku w Warszawie. Cztery lata później wrócił do Krakowa, gdzie przez kilkadziesiąt lat pracował m.in. jako minister klasztoru i kapelan domu pomocy społecznej. Najdłużej jednak pełnił funkcję prefekta bazyliki pw. Najświętszego Serca Pana Jezusa. Z tej racji brał udział w spotkaniach księży diecezjalnych i zakonnych z dekanatu Kraków II.

Do współpracy z SB został zwerbowany 10 grudnia 1962 roku. Podstawą werbunku była zasada dobrowolności, w aktach nie ma informacji o zastosowaniu szantażu. Spotkania z oficerami prowadzącymi – najpierw Józefem Chojnackim, a następnie Stanisławem Piskorzem – odbywały się w różnych miejscach, m.in. w pobliskim Ogrodzie Botanicznym i lokalu kontaktowym (LK) o kryptonimie „Marianna". Oficerem kontrolującym przebieg współpracy był m.in. major Eugeniusz Muszyński. Wiarygodność przekazywanych informacji sprawdzana była przez innych tajnych współpracowników, w tym zwłaszcza przez TW „Anteusza" i TW „Stefana". Owocem współpracy ojca Stocha z SB jest aż siedem tomów doniesień, z których bezpieka zdążyła zniszczyć tylko tom ostatni, zawierający doniesienia z lat osiemdziesiątych.

Za współpracę TW „Kazek" był wynagradzany rzeczowo. Dla przykładu warto zacytować raport z 30 marca 1977 roku:

```
W rozmowie z TW zapytałem go, czy nie potrzebuje czegoś na
święta, a o co ja mógłbym się postarać. TW wyjaśnił, że uprzed-
nio obdarowałem go szynką lub słodyczami i koniakiem, z cze-
go on niewiele skorzystał, gdyż prawie w całości to rozdaje.
    Wyjaśnił, że o ile chciałbym mu coś podarować, to naj-
chętniej widziałby kilka kaset do magnetofonu.
```

Kasety, jak wynika z następnych akt, potrzebne były do nagrywania... kazań innych zakonników. Oficer postanowił więc:

```
Wystąpić z wnioskiem do Kierownictwa Służby o przekazanie
dla TW „Kazek" kwoty 1500 zł i wręczenia mu za pokwitowa-
niem. Przemawia za tym fakt, że jest to sposób wiążący go
z naszą Służbą, zaś TW uzasadnia, że lepiej, gdy sam sobie
kupi kasety do magnetofonu, takie jakie uzna za stosowne.
```

Doniesienia „Kazka" dotyczyły wewnętrznych spraw zakonu. TW opisywał poszczególnych zakonników (cechy charakteru, przydzielone czynności, stan zdrowia, planowane urlopy i wyjazdy, a nawet przydział kartek na cukier) i kleryków (w tym także tych, którzy odeszli z zakonu), informował o poczynaniach swoich współbraci jako duszpasterzy (zwłaszcza tych, którzy byli niewygodni dla SB), o rozkładzie pokoi w klasztorze (do doniesień dołączone były ręcznie wykonane plany poszczególnych pięter), wreszcie – o konfliktach we wspólnocie zakonnej. Na podstawie tych informacji SB mogła prowadzić wiele działań dezinformacyjnych, m.in. przeciwko wspomnianym ojcom Ptaszkowskiemu i Sermakowi, a także przeciwko ojcu Czesławowi Drążkowi, duszpasterzowi akademickiemu.

„Kazek" składał też doniesienia o gościach odwiedzających klasztor i wygłaszanych przez nich opiniach (chodziło m.in. o władze zakonu, o kardynała Karola Wojtyłę i innych biskupów, o księdza Józefa Tischnera i towarzyszące mu osoby), opisywał sytuację w dekanacie Kraków II – w tym zwłaszcza w parafii pw. św. Mikołaja, na której terenie znajduje się jezuicka bazylika – a także informował o studentach i działaczach Solidarności związanych z prowadzonym przez jezuitów duszpasterstwem.

26 sierpnia 2006 roku, w czasie gdy na Jasnej Górze Episkopat Polski ogłaszał „Memoriał w sprawie współpracy niektórych duchownych z organami bezpieczeństwa...", ojciec Stoch przyznał się przed swoimi współbraćmi do współpracy i poprosił ich o wybaczenie. Odpowiedział także na list od autora niniejszej publikacji. Pełna treść odpowiedzi wraz z przeprosinami zamieszczona jest w części *Załączniki*.

Kolejnym zakonnikiem zwerbowanym do współpracy przez SB był TW „Janiszewski". W jego wypadku zachowała się zarówno teczka personalna, jak i teczka pracy. Wynika z nich, że pod wspomnianym pseudonimem zarejestrowany został przez bezpiekę ojciec Stefan Filipowicz. Urodził się on w 1934 roku w Szczakowej, święcenia kapłańskie w zakonie jezuitów otrzymał w roku 1961. Następnie wraz z ojcem Eugeniuszem Ożogiem, późniejszym prowincjałem, wyjechał na kilka lat do Poznania, gdzie studiował filologię romańską na Uniwersytecie Adama Mickiewicza. Tam też w maju 1965 został zwerbowany przez SB do tajnej współpracy (bezpieka zbierała informacje na jego temat przynajmniej od 1959 roku). W jego charakterystyce z 1967 roku inspektor Wydziału IV SB w Poznaniu kapitan Antoni Kokot, oficer prowadzący „Janiszewskiego" używający nazwiska operacyjnego „Orlikowski", napisał:

Informacje jakie TW przekazywał dotyczyły składu personalnego zakonników w klasztorze poznańskim, pełnionych przez nich funkcji, działalności duszpasterskiej zakonników tego klasztoru, sytuacji w klasztorze, ważniejszych wydarzeń odnoszących się do działalności innych osób duchownych przybywających z Zachodu do Polski np. wizyta Casarolego i ks. Mruka, charakteryzował postawy niektórych zakonników oraz scharakteryzował lektora języka francuskiego UAM w Poznaniu. Zdał dokładną i ciekawą relację z pobytu za granicą. Informacje przekazywane przez niego są dość wartościowe i obrazują działalność klasztoru poznańskiego.

Wyjaśnić należy, że ksiądz prałat Agostino Casaroli, późniejszy kardynał i sekretarz stanu Stolicy Apostolskiej, był specjalnym wysłannikiem Watykanu do kontaktów z władzami komunistycznymi (w 1967 roku trzykrotnie odwiedził Polskę), a ojciec Antoni Mruk – asystentem generała zakonu jezuitów. W dalszej części dokumentu oficer SB występował z wnioskiem, że w związku z planowanymi przenosinami TW do Krakowa należy go „przekazać na łączność Wydziałowi IV w Krakowie i wykorzystywać w dalszym ciągu po zagadnieniu zakonu OO. Jezuitów".

Jak wynika z zachowanej dokumentacji, krakowski Wydział IV SB sam upomniał się o dokumenty dotyczące „Janiszewskiego". Równocześnie prosił o „przekazanie na kontakt" drugiego jezuity, który współpracował z SB w Poznaniu jako TW o pseudonimie „Stefan" i również w tym samym czasie został skierowany do pracy w Krakowie. TW „Stefan" był dla SB bardzo cennym agentem, gdyż miał dostęp do najważniejszych spraw w zakonie. Ponieważ jednak jego teczka personalna nie została odnaleziona, nie można w chwili obecnej dokonać jednoznacznej identyfikacji.

W Krakowie TW „Janiszewski" przekazywał m.in. informacje o wizycie generała zakonu jezuitów ojca Pedra Arrupego w maju 1969 roku. W 1970 współpracę na terenie Krakowa zawieszono; ojciec Filipowicz wyjechał do Rzymu, by pracować w Sekcji Polskiej Radia Watykańskiego. Trzy lata później został jej kierownikiem. W 1980 roku w środowisku watykańskim padły na niego podejrzenia, że współpracuje z polską bezpieką. Przeniesiony został więc z Włoch do pracy duszpasterskiej w Stanach Zjednoczonych. Na list od autora niniejszej publikacji duchowny odpowiedział. Pełna treść odpowiedzi znajduje się w części *Załączniki*.

Sprawa współpracy ojca Stefana Filipowicza została opisana szczegółowo w artykule Ryszarda Terleckiego *Jezuita w dokumentach bezpieki*, zamieszczonym w periodyku „Horyzonty Wychowania" (nr 5/2006). W tym samym piśmie wydrukowano też obszerne wyjaśnienia samego duchownego, a także jego komentarz do wspomnianego artykułu. Ojciec Filipowicz napisał w nim m.in.:

– nigdy nie podpisywałem żadnego zobowiązania do współpracy z UB;
– nigdy też nie zgadzałem się w sumieniu na tajny kontakt z funkcjonariuszem UB;
– podobnie nie udzielałem informacji funkcjonariuszowi UB, przy czym jasnym jest chyba, że rozmowa z natury swojej nie jest udzielaniem informacji, chociaż jest taką w oczach funkcjonariuszy UB;
– nigdy nie dawano mi żadnych zadań do wykonania, chociaż były sugestie w tym kierunku; [...]
– o moich, koniecznych ze względu na starania o paszport, kontaktach regularnie byli informowani moi przełożeni, o czym mówiłem także przedstawicielom bezpieki [...].

Spośród agentów zwerbowanych do rozpracowywania zakonu jezuitów za jednego z najcenniejszych SB uważała TW o pseudonimie „Anteusz". Pod pseudonimem tym zarejestrowany został ojciec Ludwik Piechnik, wybitny uczony i pedagog. Ojciec Piechnik urodził się w 1920 roku w Krzesławicach. Do zakonu wstąpił w roku 1938, a dziesięć lat później otrzymał święcenia kapłańskie. Odbył studia pedagogiczne na Uniwersytecie Jagiellońskim i obronił pracę doktorską, a następnie uzyskał tytuł profesora. W krakowskim klasztorze pełnił przez wiele lat funkcję prefekta kleryków. Był też dyrektorem Wydawnictwa Apostolstwa Modlitwy i superiorem domu zakonnego w Krakowie Przegorzałach. Nigdy nie został prowincjałem, ale przez wielu współbraci był uważany za szarą eminencję zakonu, decydującą o wielu najważniejszych sprawach. Właśnie ze względu na tę nadzwyczajną pozycję w zakonie SB postanowiła go pozyskać.

Wniosek o zgodę na werbunek sporządzono we wrześniu 1970 roku. Jego autor, funkcjonariusz SB Henryk Król, tak charakteryzuje w nim kandydata na tajnego współpracownika:

Wykazuje lojalny stosunek do obecnego ustroju. Jest żądny władzy, umysł szybki, elastyczny, zdolność do analizy i syn-

tezy, zadowolenie w wyżyciu się intelektualnym. Kandydat na
prowincjała, obecnie uchodzi za szarą eminencję. Lubi prze-
stawać z ludźmi o oryginalnych zainteresowaniach.

Swoje pierwsze spotkanie z ojcem Piechnikiem funkcjonariusz opisał następująco:

osobistego zetknięcia dokonano w dniu 28.08.1970 r. Kontakt
z kandydatem nawiązano za pośrednictwem jego brata Piotra,
którego o to poproszono. Brat jego powiadomił kandydata /co
uprzednio z nim uzgodniono/ o tym, że oficer Służby Bezpieczeństwa kpt. Karski chciał się z nim widzieć, by porozmawiać w ważnej, a dyskretnej sprawie. Jeśli więc wyrazi zgodę
na taką rozmowę, sam powiadomi o tym kpt. Karskiego dzwoniąc
na nr tel. 308-23. co też kandydat uczynił. Do spotkania
doszło na ulicy, skąd następnie udaliśmy się do MK [mieszka-
nia konspiracyjnego] „Grota”.
      Już na MK, podczas prowadzonej rozmowy, poczęstowałem
kandydata kawą i koniakiem. Wypił kawę i dwa kieliszki koniaku. Więcej pić nie chciał, tłumacząc się słabym sercem,
ja nie nalegałem. Uważam jednak, że serce ma zdrowe, w ogóle nie wygląda, by mu coś dolegało.
      Rozmowa trwała dwie godziny. Kandydat na postawione
pytania i problemy udzielał wyczerpujących odpowiedzi,
a także sam przejawiał dużo inicjatywy. W pewnym momencie wyraził nawet żal z tego powodu, żeśmy się wcześniej
nie znali.
      Zetknięcie uznać należy za w pełni udane i rokujące po-
zytywny finał tzn. pozyskanie.

Przed przystąpieniem do werbunku oficer SB musiał jeszcze dro-
biazgowo opisać cel i motywy pozyskania. W tej części dokumentu czytamy m.in., że chodzi o „penetrowanie i kontrolowanie zakonu oo. Jezuitów”, o „ewentualne ograniczanie i uniemożliwianie oraz likwido-
wanie wrogiej działalności”, a także – w przyszłości – o „wpływanie na
politykę zakonu i jego działalność”:

Towarzystwo Jezusowe, z którego wywodzi się kandydat, należy
do najbardziej prężnych i aktywnych zakonów. Stąd też bierze
się konieczność jego operacyjnego kontrolowania przez Służbę Bezpieczeństwa, zwłaszcza, że jezuitom powierzono szczególną rolę obrony doktryny katolickiej.

Aktualnie w zakresie tym nie posiadamy dostatecznej ilości wartościowych TW. Mam tu na uwadze jednostki sieci, która nie tylko pozwoli na inwigilację operacyjną działalności zakonu, ale także na wpływanie by działalność ta odpowiadała naszym planom politycznym i operacyjnym. Kandydat jest osobą o szerokich zainteresowaniach. Z materiałów operacyjnych wynika, że w zasadniczych założeniach aprobuje obecną rzeczywistość. Jest zwolennikiem koegzystencji i dialogu. Jest jednostką, która po pozyskaniu może być wykorzystywana nie tylko w aspektach źródła informacji, ale też wpływania na kierunki działania prowincji południowej zakonu oo. Jezuitów.

10 grudnia 1970 roku w mieszkaniu konspiracyjnym „Grota" doszło do spotkania ojca Piechnika z funkcjonariuszem SB kapitanem Stanisławem Piskorzem.

Kandydat wyraził zgodę na utrzymywanie kontaktów z organami Służby Bezpieczeństwa. Uzgodniliśmy, że kontakty te będą miały charakter nieoficjalny i celem ich będzie przekazywanie informacji tym organom przez w/w. Kontakty między w/w a pracownikiem Sł. Bezp. wyrażać się będą w spotkaniach, na których w formie dyskursów mających charakter konsultacyjny będzie udzielał swoich opinii na interesujące SB tematy, dotyczące zakonu oo. Jezuitów i problematyki religijnej Kościoła w Polsce. [...] Zobowiązania pisemnego nie odebrano, ani pseudonimu nie uzgodniono. [...] Omówiono również charakter ewentualnego wynagrodzenia, nie TW lecz jego rodzinie.

Jak wynika z kwestionariusza TW, już podczas pierwszego spotkania nowy współpracownik przekazał oficerowi SB bardzo cenne informacje:

Wyjaśniono powody, dla których jezuita o. Antoni Mokrzycki zrezygnował z pracy w radiu watykańskim. Wyjaśnieniami powyższego zainteresowany był Departament IV MSW.
    Natomiast odnośnie jezuity o. Filipowicza, który obecnie pracuje w tymże radio, uzyskano dane świadczące o próbie współpracy przez NRF-enowską propagandę. Uzyskano również szereg ogólnych informacji dot. zakonu oo. Jezuitów, a także obecnego prowincjała o. Nawrockiego i jego, jak też zakonu kontaktów z jezuitami we Włoszech.

Teczka pracy, w której gromadzono informacje pochodzące od TW „Anteusza", zachowała się, ale jest w niej tylko jedno doniesienie... z 1989 roku. Po sfalowanym grzbiecie widać jednak, że było ich znacznie więcej. Wszystkie zostały zniszczone na początku 1990 roku. Zachowała się natomiast typowa karta kontrolna, na której widnieją nazwiska funkcjonariuszy SB zajmujących się tą sprawą, wśród nich – inspektora Głównego Inspektoratu Ministra (MSW):

L.p.	Stopień, nazwisko i imię	Stanowisko służbowe i nazwa jednostki	Data	Cel zapoznania
1.	Kpt. Król Henryk	St. inspektor		
2.	Kpt. St. Piskorz	Inspektor WUSW Kraków	19 VII 75	Prowadzący TW
3.	Kpt. T. Cholewa	Z-ca N-ka W. IV	1982	Prowadzący
4.	Mjr L. Kurach	St. insp. Wydz. Insp.	20 IX 83	Ocena pracy z TW
5.	Kpt. E. Wojcie-chowski	St. insp. Wydz. Inspekcji	16 II 88	Kontrola GIM

Wiele doniesień „Anteusza" zachowało się natomiast w teczkach osób, na które składał donosy, a także w materiałach SB dotyczących papieskich pielgrzymek z 1979, 1983 i 1987 roku. Przetrwały też do dnia dzisiejszego informacje o działaniach, do których był angażowany. Oto kilka przykładów:

```
Notatka ze spotkania z TW „Anteusz" z dnia 3.12.1975 r.
[...]
     3/ Uzgodnię z Wydz V. Dep. IV MSW zadanie dla TW „An-
teusz" polegające na przekazaniu asystentowi generała suge-
stii o mieszaniu się do spraw zakonnych kardynałów Wyszyń-
skiego i Wojtyły.
     Kpt. St. Piskorz


Poprzez TW ps. „Anteusz" przystąpić do działań w odniesieniu
do ks. Mola, który znany jest z wrogich wystąpień z ambony.
```

Notatka ze spotkania z TW „Anteusz" z dnia 12.05.1979 r.

Na teren Krakowa z Rzymu przybył ks. Dziwisz. Z informacji jakie na ten temat przekazały TW zakonnice wynikało:

– pobyt ks. Dziwisza w Krakowie utrzymywano w tajemnicy do czasu, aż ten widziany był. Co było tego powodem, nie wiadomo.

– Cel przybycia Dziwisza do Krakowa związany był z przygotowaniami wizyty papieża.

– Ks. Dziwisz wyrażał rozczarowanie jakoby zbyt ślamazarnie czynione były w Krakowie /w przeciwieństwie do Warszawy/ przygotowania na przyjęcie papieża. W Kalwarii jeszcze nic nie zrobiono, a w Nowym Targu mówi się, że „trzeba o tym pomyśleć".

Dyrektor Domu Jezuickiego, ul. Kopernika, o. Czesław Drążek czynił starania, by papież przejeżdżając do Nowej Huty odwiedził po drodze Kościół oo. Jezuitów przy ul. Kopernika, gdzie zorganizowano by spotkanie papieża z chorymi. Już dziś wiadomo, że do takiego spotkania nie dojdzie oraz że w Kurii dano o. Drążkowi negatywną odpowiedź.

W relacjach składanych przez TW odbijają się jego sympatie i antypatie w stosunku do braci zakonnych. Znajdują się tam też informacje, które mogły być wykorzystane przez SB do skłócenia Kościoła krakowskiego. Oto jeden przykład:

Wyciąg z notatki służbowej ze spotkania z TW „Anteusz" z dnia 12.05.1987 r.

Fakt wysługiwania się Macharskiego o. Musiałem coraz krytyczniej oceniany jest przez jezuitów. Twierdzi się, że kuria nic nie robi dla zakonu jezuickiego, zaś chętnie wyręcza się jezuitami. [...] Dlatego obecnie jezuici robią wytyki [sic!] o. Musiałowi, że usługuje kurii. [...] O. Musiał ma sterować z ramienia kurii obsługą wizyty papieża. Ma pojechać do Rzymu jezuita kierujący sekcją Polską Radia Watykan o. Florian Pełka. Już był w Polsce i ponownie ma przyjechać jezuita włoski o. Tucci, który zajmuje się przygotowaniem wizyty w Polsce Jana Pawła II.

O. Czesław Drążek przygotował broszurę dot. wystąpień papieża w kwestii Eucharystii, którą wydrukują za pomocą tzw. małej poligrafii i ukaże się tuż przed przyjazdem Papieża do Polski. TW fakt ten skomentował: „Drążek jest kolejną postacią, która jest rozkochana w papieżu i szereg spraw robi dla rozgłosu".

W ostatnim zachowanym dokumencie – notatce służbowej z 13 marca 1989 roku – znalazły się dalsze doniesienia na wspomnianego ojca Stanisława Musiała, o którym się mówiło, że może być nowym prowincjałem, a także na kilku innych jezuitów oraz osoby z kręgu „Tygodnika Powszechnego". TW „Anteusz" ujawnił również SB tzw. terno, czyli nazwiska trzech kandydatów na stanowisko prowincjała, oraz kontakty jezuitów z naukowcami z Wilna, a nawet sprawę przywiezienia do Polski mikrofilmów zawierających dokumenty Akademii Wileńskiej.

Ksiądz profesor Ludwik Piechnik był autorem licznych publikacji z zakresu pedagogiki. Angażował się także w działalność społeczną, będąc – jako prezes Związku Młodzieży Przemysłowej i Rękodzielniczej – odnowicielem Bursy im. Księdza Kuznowicza w Krakowie i współtwórcą Fundacji Ruperta Mayera Dzieło Pomocy Dzieciom. Otrzymał tytuł doktora *honoris causa* Uniwersytetu Wileńskiego i medal „Cracoviae Merenti", przyznawany przez władze miasta Krakowa. Jego zasługi w wielu dziedzinach trudno kwestionować. Zmarł 26 czerwca 2006 roku w wieku 86 lat.

Co do TW „Biały" II, to zapis o jego działalności zachował się w sprawozdaniu Wydziału IV SB w Krakowie za rok 1977:

TW „Biały" – posiada wysoką pozycję w hierarchii zakonnej, pracownik Kurii Generalnej i Radia Watykan. Ma perspektywę wyjścia operacyjnego na ośrodki zagraniczne.

Ze względu na brak teczki personalnej nie można na razie ustalić jego tożsamości.

III
DONIESIENIA

Donosy na kardynała
Franciszka Macharskiego

Zadaniem bezpieki było nie tylko wykrywanie działań antysystemowych, ale również zapobieganie wydarzeniom, które mogłyby być niebezpieczne dla komunistycznej władzy. Funkcjonariusze SB przykładali do profilaktyki dużą wagę. Dlatego obok rozpracowywania niepokornych duchownych pion do walki z Kościołem prowadził działania zapobiegawcze np. w ramach tzw. spraw obiektowych czy teczek ewidencji operacyjnej. Ich celem było monitorowanie działalności tych osób, których nie poddano jeszcze intensywnemu rozpracowaniu, ale które z racji tego, że były duchownymi, znajdowały się „w zainteresowaniu" resortu. Figurantem tego typu sprawy – obok „Pedagoga", czyli kardynała Karola Wojtyły, i „Prefekta", czyli biskupa Jana Pietraszki – stał się w Krakowie m.in. także „Kondor", czyli ksiądz Franciszek Macharski. Akta tej konkretnej sprawy zostały zniszczone, ale zachowało się wiele innych dokumentów, na podstawie których można częściowo odtworzyć historię zdobywania przez SB informacji na temat metropolity krakowskiego – zarówno przed otrzymaniem przez niego tej godności, jak i potem.

Przyszły kardynał urodził się 20 maja 1927 roku w Krakowie, w rodzinie inteligenckiej. Jego matką była Zofia z domu Pec, bliska krewna innego metropolity krakowskiego, kardynała Albina Dunajewskiego. Ojciec, Leopold Macharski, był właścicielem znanej restauracji „Hawełka". Franciszek był ich najmłodszym dzieckiem; miał brata Władysława i dwie siostry, Marię i Janinę. Do matury przygotowywał się podczas wojny na tajnych kompletach. Chroniąc się przed wywózką na roboty do Niemiec, podjął jako szesnastolatek pracę gońca w Biurze Transportu Generalnej Dyrekcji Monopoli. Zaraz po zakończeniu wojny zdał maturę i wstąpił do Wyższego Seminarium Duchownego w Krakowie.

Był najmłodszym klerykiem na roku. Razem z nim studiowali bowiem koledzy, którzy nadrabiali lata nauki stracone z powodu wojny. W seminarium zaprzyjaźnił się m.in. ze starszym kolegą Karolem Wojtyłą oraz kolegą z tego samego kursu Andrzejem Deskurem, późniejszym kardynałem. Święcenia kapłańskie przyjął w Niedzielę Palmową, 2 kwietnia 1950 roku. Ponieważ znał dobrze języki obce, został skierowany na dalsze studia do Szwajcarii. Zachował się mikrofilm zawierający list kardynała Adama Stefana Sapiehy w jego sprawie, datowany 27 października 1950 roku:

```
Do Ministerstwa Bezpieczeństwa Publicznego
Wydział Paszportów Zagranicznych
Do rąk własnych Pana Płk Sobczyńskiego

     W dniu 4 IX br. zwróciłem się do Wydziału Paszportów
Zagranicznych z prośbą o udzielenie paszportu dla kapła-
na mojej archidiecezji ks. Franciszka Macharskiego, mają-
cego udać się do Szwajcarii na wyższe studia teologiczne.
Równocześnie zostało złożone podanie i wymagane załącz-
niki.
     Będąc przekonany - stosownie do otrzymanych zapewnień
- o pozytywnym załatwieniu tej sprawy, proszę uprzejmie
o przyspieszenie wydania paszportu, a to z uwagi na to, że
semestr zimowy rozpoczyna się na uniwersytecie w Fryburgu
jeszcze w październiku.
     Nadmieniam, że władze szwajcarskie zawiadomiły już o swej
gotowości udzielenia wizy wjazdowej.
```

Dziesięć dni później do urzędu paszportowego w Krakowie przyszła z MBP odmowa:

```
W odpowiedzi na Wasze pismo ldz. I-JB-2720/50 dot. ks. Fran-
ciszka Macharskiego komunikuję, iż wyjazd w/w do Szwajcarii
uważamy za niewskazany.
     Naczelnik Wydziału V Dep. V MBP
```

Przyszły kardynał na studia więc nie wyjechał; został mianowany wikarym w parafii w Kozach koło Bielska-Białej. Wiedząc jednak o jego staraniach, bezpieka podjęła działania zmierzające do pozyskania go jako tajnego współpracownika. Liczono na to, że uda się go złamać obietnicą załatwienia paszportu. Najpierw przeprowadzono wywiad środowiskowy dotyczący jego rodziny. Jeden z funkcjonariuszy donosił:

Pod względem moralnym w/w, jak i rodzina zachowuje się dobrze. Pod względem politycznym do obecnej rzeczywistości ustosunkowani są nieprzychylnie, poglądów prawicowych. Zamieszkuje w otoczeniu inteligencji pracującej. Tryb życia dobry.

Następnie naczelnik Wydziału I Departamentu VII MBP major Stanisław Rogulski polecił podwładnym przygotować i przeprowadzić werbunek.

Warszawa, dn. 17 III 1952 r.

Do Naczelnika Wydz. V WUBP w Katowicach

Na terenie parafii Kozy, pow. Biała, woj. Katowice przebywa ks. Macharski Franciszek. W/wymieniony we wrześniu 1950 r. rozpoczął starania o wyjazd do Szwajcarii na studia. Starania te, poparte interwencją kard. Sapiehy, zakończyły się odmową.

Ks. Macharski usilnie stara się o zezwolenie na wyjazd co było związane z jego dalszą karierą. Obecna sytuacja nie przedstawia dla niego większych możliwości rozwoju.

Mając to na uwadze, należy opracować go do werbunku.

Jako jeden z czynników podstawy do werbunku można postawić przed ks. Macharskim sprawę umożliwienia mu wyjazdu na studia, o ile przy współpracy z organami Bezpieczeństwa wykaże swój patriotyzm i szczere chęci służenia Polsce Ludowej.

Werbunek winien być poprzedzony wnikliwym rozpracowaniem kandydata, z uwzględnieniem na miarę możliwości jego obecnych planów życiowych, zamiłowań, słabostek itp.

Trzeba wziąć pod uwagę, że jest to ksiądz młody, uzdolniony, lecz jednocześnie słabo jeszcze uodporniony na odpowiednio zastosowany nacisk.

Dobitne zobrazowanie mu jego obecnej sytuacji, przy jednoczesnym przedstawieniu perspektyw dalszych studiów za granicą, stanowi poważny element możliwości zwerbowania wymienionego.

Ew[entualny] werbunek w pierwszym etapie miałby zastosowanie po waszej linii, przy jednoczesnym aktywnym szkoleniu ideologiczno-operacyjnym zwerbowanego. W dalszym okresie byłby wykorzystywany przez nasz departament.

Przed realizacją werbunku należy porozumieć się z naszym Wydziałem.

Cztery załączniki.

Naczelnik Wydziału I Departamentu VII MBP
Mjr Rogulski

Okazało się, że młody, zdolny ksiądz wcale nie jest „słabo uodporniony na nacisk". Werbunek się nie powiódł, a duchowny przez następne lata nadal pracował w Kozach. Do Szwajcarii wyjechał dopiero w 1956 roku, korzystając z chwilowej odwilży politycznej. Studiował na uniwersytecie we Fryburgu, skąd po obronie doktoratu wrócił do Krakowa w 1961 roku. Przez cały okres studiów był „w zainteresowaniu" Departamentu I MSW, zajmującego się m.in. inwigilacją uchodźstwa politycznego i Polaków czasowo przebywających za granicą. Latem 1963 roku, kiedy wszystkim duchownym zaczęto zakładać teczki ewidencji operacyjnej na księdza (TEOK), zaniechano osobnego prowadzenia tej sprawy: część materiałów przekazano do archiwum, a część włączono zapewne do tej właśnie teczki. Dzięki stałej kontroli – prowadzonej już w ramach TEOK – wiedziano, że arcybiskup Karol Wojtyła darzy księdza Macharskiego zaufaniem, przewidywano też, że wcześniej czy później duchowny ten zrobi kościelną karierę.

Pod koniec lat sześćdziesiątych nieoczekiwanie pojawiło się nowe źródło informacji: przebywający w więzieniu szwagier księdza Macharskiego Julian Polan-Haraschin – postać niesłychanie skomplikowana, której losy mogłyby posłużyć za kanwę powieści sensacyjnej – zaproponował, że w zamian za wcześniejsze zwolnienie będzie na niego donosił.

Julian Haraschin urodził się w 1912 roku w Krakowie, w znanej mieszczańskiej rodzinie. W 1936 roku ukończył prawo na Uniwersytecie Jagiellońskim i podjął pracę w Poczcie Polskiej. W czasie wojny trafił do niemieckiego oflagu, ale został z niego zwolniony, kiedy okazało się, że jest cywilem bezprawnie posługującym się stopniem oficerskim. Przez całą wojnę pracował jako urzędnik. Był aresztowany i sądzony przez okupantów, ale nie za działalność patriotyczną, lecz za spekulację. Zwolniono go z aresztu dzięki protekcji, a po wojnie dorobił sobie przeszłość kombatancką, twierdząc, że był oficerem Armii Krajowej.

W 1945 roku zaczął pracować jako prawnik w wojskowym wymiarze sprawiedliwości. W karierze ogromnie pomógł mu uczeń jego ojca Michał Rola-Żymierski, były legionista i generał, który w okresie międzywojennym został skazany za nadużycia finansowe i zdegradowany do stopnia szeregowego, a w czasie wojny sprzymierzył się z komunistami. Dzięki niemu Haraschin, nie mając przeszkolenia wojskowego, doszedł do stopnia podpułkownika i stanowiska zastępcy szefa Wojskowego Sądu Rejonowego w Krakowie. Jako sędzia stalinowski – wówczas już posługujący się nazwiskiem Polan-Haraschin – był przez środowisko niepodległościowe nazywany Krwawym Julkiem, ponieważ wydał ponad 60 wyroków śmierci, w większości na żołnierzy Armii Krajowej i członków podziemia antykomunistycznego. Orzeczenia były tak surowe, że niektóre z nich sądy drugiej instancji zmieniały na korzyść oskarżonych. Większość jednak została wykonana, a wielu ze skazanych wówczas polskich patriotów nie ma dotąd swoich mogił, gdyż ich szczątki po egzekucji zostały złożone w nieoznaczonych miejscach.

W 1950 roku Polan-Haraschin doktoryzował się na Uniwersytecie Jagiellońskim, a następnie został kierownikiem Studium Zaocznego na Wydziale Prawa UJ. W 1956 zawarł cywilny związek małżeński z Janiną Macharską, rozwiódłszy się wcześniej z dotychczasową żoną. Sześć lat później został aresztowany i skazany na 9 lat, jednak nie za zbrodnie sądowe z czasów stalinowskich, ale za branie łapówek i fałszowanie dyplomów prawniczych. Odbywając karę w więzieniu na Mokotowie w Warszawie, został zwerbowany przez SB jako tajny współpracownik o pseudonimie „Leon". Był tzw. agentem celnym, to znaczy konfidentem donoszącym na swoich współwięźniów. Następnie kontakt z nim nawiązał pułkownik Konrad Straszewski z Departamentu IV SB MSW; to właśnie jemu Polan-Haraschin złożył ofertę współpracy w zamian za zwolnienie.

W archiwum IPN w Krakowie zachowało się 12 tomów akt TW „Leona", liczących w sumie aż 4 tysiące stron! Jest to gigantyczny materiał dający obraz inwigilacji nie tylko Kościoła, ale i wielu innych środowisk krakowskich. W aktach zachował się też wniosek o opracowanie go jako kandydata na TW, przygotowany w czerwcu 1968 roku. W „Uzasadnieniu pozyskania kandydata" podano:

spokrewniony z Franciszkiem Macharskim, przyjacielem i bliskim współpracownikiem kard. K. Wojtyły, co stwarza możliwości wejścia i rozpracowywania środowiska współpracowników Wojtyły.

Z kolei w rubryce „Możliwości operacyjne kandydata" napisano:

Posiada wiele koneksji w kołach duchowieństwa krakowskiego, m.in. z o. Rostworowskim z Tyńca, ks. Turowiczem, przez którego ma dostęp do wielu pozostałych osób, a szczególnie do kard. Wojtyły.

Warto w tym miejscu nadmienić, że wybitnego duszpasterza ojca Piotra Rostworowskiego, benedyktyna, Haraschin poznał... odsiadując karę w więzieniu. Ojciec Rostworowski został bowiem skazany w 1966 roku na cztery lata za pomoc dwóm obywatelkom Czechosłowacji w próbie ucieczki na Zachód. Do rozmowy przewerbunkowej (z agenta celnego na agenta działającego na wolności) doszło 21 stycznia 1969 roku po warunkowym zwolnieniu Haraschina z więzienia. O rezultatach tej rozmowy funkcjonariusz SB tak informował przełożonych:

Potwierdziłem poprzednie ustalenia co do współpracy w zakresie rozpracowania środowiska kleru krakowskiego i współpracowników kard. K. Wojtyły. Uzgodniono również, że starał się będzie poprzez swojego szwagra ks. F. Macharskiego uzyskać pracę w kurii krakowskiej w charakterze radcy prawnego [...].

Początkowo „Leon" był prowadzony przez funkcjonariuszy Departamentu IV SB MSW w Warszawie. W sierpniu 1971 został przekazany Wydziałowi IV SB w Krakowie. Zadecydował o tym m.in. fakt, że w tym czasie ksiądz Macharski został rektorem krakowskiego Wyższego Seminarium Duchownego. Wtedy też Haraschin zmienił pseudonim na „Zbyszek", a w 1977 roku na „Karol". Oficerami prowadzącymi byli wysocy funkcjonariusze SB w Krakowie: pułkownik Władysław Żyła, naczelnik Wydziału IV, pułkownik Stanisław Wałach, szef SB w Krakowie, oraz podpułkownik, a potem pułkownik Józef Biel, naczelnik Wydziału IV, a następnie zastępca szefa SB w Krakowie. Spotkania odbywały się w lokalu kontaktowym „Krowodrza", a także w samochodach i lokalach gastronomicznych. Za swoje doniesienia TW otrzymywał wysokie wynagrodzenie, nawet do 5 tysięcy złotych za kwartał.

Doniesienia Haraschina dotyczyły przede wszystkim księdza Franciszka Macharskiego. W jednym z tomów znajduje się charakterystyka duchownego i jego rodziny licząca aż 62 strony! Ponadto przekazywał on mniej lub bardziej szczegółowe informacje na temat: kardynała Karola Wojtyły i jego sekretarza księdza Stanisława Dziwisza; kardynała Andrzeja Deskura; wspomnianego ojca Piotra Rostworowskiego; ojca Czesława Białka, jezuity, więźnia politycznego, którego także poznał w więzieniu; księdza Józefa Tischnera; księdza Franciszka Płonki; niemal wszystkich ważniejszych pracowników Kurii Metropolitalnej i Wyższego Seminarium Duchownego; mecenasa Andrzeja Rozmarynowicza, doradcy kurii, a zarazem obrońcy w wielu procesach politycznych; większości pracowników Wydziału Prawa UJ i adwokatury krakowskiej; Aleksandra Menharda, własnego kuzyna, pracownika Radia Wolna Europa, oraz innej swojej krewnej, mieszkającej w Niemczech, żony kierownika Sekcji Bułgarskiej RWE; mecenasa Władysława Macharskiego i jego syna Jacka Macharskiego, pracownika naukowego UJ; rodziny Woźniakowskich, a w szczególności Róży Woźniakowskiej działającej w Studenckim Komitecie Solidarności; niektórych kleryków (a obecnie księży), np. Jana Abrahamowicza, Kazimierza Greli i autora niniejszej publikacji oraz ich rodzin; wielu rodzin skoligaconych lub zaprzyjaźnionych z rodziną Macharskich.

Sporządzając doniesienia, TW posługiwał się najczęściej informacjami wyciąganymi podstępem od swojego szwagra, np. w czasie spotkań rodzinnych, a także od jego krewnych i współpracowników. Informacje te były dla bezpieki bardzo cenne. Np. w październiku 1975 roku „Karol" opisał przygotowania delegacji kleryków do pielgrzymki do Rzymu z okazji Roku Jubileuszowego:

Macharski podał, że władze MSW wręczają paszporty na samym lotnisku jadącym do Rzymu na pielgrzymkę, że są wypadki odmowy wyjazdu. Dla Macharskiego było problemem czy Issajewicz

[chodzi o autora publikacji, którego nazwisko informator ustawicznie przekręcał] dostanie na lotnisku paszport, bo został także
Issajewicz powołany do wojska. Ale ta sprawa nie jest problemem, bo gdy pojedzie to przedstawiony będzie Cassarolemu
i papieżowi przez Deskura jako ten, który ma powołanie do WP,
a gdy nie pojedzie to sprawę imiennie przedstawi się tym osobom, jako tego, który miał jechać, ale został powołany do WP
i nie dano mu paszportu. Sprawa tych powołań tegorocznych
do WP ma być wykorzystana w Watykanie jako dowód, że władze
PRL nie dotrzymują obietnic.

Donosy Polana-Haraschina wprowadzano nie tylko do akt sprawy
„Kondor" i do teczek poszczególnych księży i osób świeckich, ale także
wysyłano do Departamentu IV SB MSW w Warszawie; z kolei na czas
zagranicznych wyjazdów Polana-Haraschina zadania – zgodnie z obowiązującymi w resorcie regułami – wyznaczali mu funkcjonariusze Departamentu I (nawiasem mówiąc, koszty jego podróży pokrywała bezpieka). Świadczą o tym dwie zachowane notatki służbowe sporządzone
przez funkcjonariuszy spotykających się z agentem. Pierwsza pochodzi
z 1976 roku; w rubryce „Przedsięwzięcia" zapisano w niej:

1/ Wyciągi z doniesienia dot. kard. Wojtyły, bpa Deskura
i ks. Macharskiego przesłane zostaną do Wydz. I Dep. IV
MSW oraz wykorzystane w sprawach na bpa Deskura i ks. Macharskiego.
2/ Zlecę ujęcia w aktywnym rozpracowaniu – zainteresowanie
[*sic!*] adw. Wł. Macharskiego, mając na uwadze zastosowanie kombinacji operacyjnych w odniesieniu do ks. Macharskiego.
3/ W związku z wyjazdem „Zbyszka" do RFN uzgodnię z ppłk
Knapczykiem zadania dla TW.

Z kolei w notatce ze spotkania w sierpniu 1981 roku – podczas którego TW przekazał funkcjonariuszowi SB treść swojej rozmowy z kardynałem Macharskim – czytamy:

Podkreślenia wymaga dyspozycyjność TW ps. „Karol", który natychmiast po rozmowie z kard. Macharskim opracował informację operacyjną i w trybie pilnym wywołał spotkanie. Przekazane przez TW informacje przedstawiają istotną wartość operacyjną.

Spotkanie odbyłem z uwagi na pilny tryb w kawiarni /wolna sobota – niemożliwe wykorzystanie LK Krowodrza/.
Następne spotkanie TW wywoła telefonicznie.

Przedsięwzięcia:
1/ Kopie doniesienia prześlę do wiadomości Dyrektora Dep. IV
MSW gen. Konrada Straszewskiego. [...]
3/ Wyciąg z doniesienia przekażę Sekcji I do sprawy „Kondor".

Jak widać z powyższych zapisów, Haraschin był nie tylko cennym, ale również bardzo pilnym agentem. Jeżeli miał coś istotnego do przekazania, sam niezwłocznie „wywoływał spotkanie" z prowadzącym go oficerem.

Jego doniesienia nabrały jeszcze większej wagi po wyborze kardynała Karola Wojtyły na Stolicę Piotrową. TW „Karol" w styczniu 1979 roku wyjechał do Rzymu i został wraz z grupą pielgrzymów z archidiecezji krakowskiej przyjęty w apartamentach papieskich. Sporządził wówczas raport, w którym dokładnie opisał życie w Watykanie, a nawet takie szczegóły jak... kolor obić na fotelach w prywatnym pokoju Jana Pawła II. Inna sprawa, że przeciwko udziałowi Haraschina w pielgrzymce ze względu na jego stalinowską przeszłość protestowało wiele osób, w tym dwie krakowskie arystokratki: Pelagia Potocka i Matylda z Sapiehów Osterwina. Z kolei w czasie wspólnej jazdy na lotnisko jeden z krakowskich księży – który jako młody chłopak wstąpił do oddziału partyzanckiego Józefa Kurasia „Ognia" i uczestniczył w procesach, w których Haraschin był sędzią – zasłabł, usłyszawszy jego nazwisko podczas odczytywania listy uczestników.

W czasie pierwszej papieskiej pielgrzymki do ojczyzny w 1979 roku TW „Karol" był jednym z najważniejszych agentów penetrujących środowisko Kurii Metropolitalnej. Jego rola wzrosła jeszcze po powstaniu Solidarności. Oczekiwano, że dzięki jego kontaktom władze komunistyczne będą lepiej zorientowane w stosunku Kościoła do rodzącego się ruchu społecznego. Otrzymywał w związku z tym konkretne polecenia. Oto dwa przykłady:

Zadania:
W czasie rozmowy z kard. Fr. Macharskim szczególną proszę zwrócić uwagę na: stanowisko krakowskiego metropolity do NSZZ „Solidarność" oraz jak ocenia obecną sytuację w kraju.

Uwagi z odbytego spotkania:

Na spotkanie TW przyszedł punktualnie z napisanym donie-
sieniem. Z TW omówiłem sposób wykonywania zadania. Do rozmowy z kard. Macharskim dojdzie w drugi dzień świąt. Następne spotkanie TW wywoła telefonicznie. Na spotkaniu wręczyłem kwotę 5000 zł. /pięć tysięcy/ tytułem wynagrodzenia za
współpracę.

Spotkanie odbyłem w prywatnym samochodzie, udając się z TW
w rejon Lasku Wolskiego. W trakcie spotkania omówiłem szcze-
gółowy sposób wykonania zadania zawartego w punkcie nr 2.
Zadanie to zleciłem TW na zlecenie Dep. IV /Z-ca Dyrektora
płk. A. Pietruszka/, który jest w posiadaniu informacji jakoby kard. F. Macharski na prośbę Jana Pawła II opracował
pisemną relację o sytuacji w Partii. Wykonanie przez TW tego
zadania pozwoli uwiarygodnić informację Dep. IV MSW.

W trakcie spotkania wręczyłem kwotę 5000 zł tytułem wynagrodzenia za współpracę.

Warto dodać, że obok licznych cennych informacji Haraschin przekazywał w swych doniesieniach także wiele wiadomości wyssanych
z palca. Był mitomanem; twierdził na przykład, że jest (cytat) „bratem
cioteczno-ciotecznym" Karola Wojtyły. Uroił sobie także różnego rodzaju odznaczenia i tytuły, jakie rzekomo otrzymał. W jego doniesieniach
widać mściwość i skłonność do personalnych porachunków, głównie ze
środowiskiem prawniczym i uniwersyteckim. Pełno w nich także akcentów antysemickich.

Julian Haraschin zmarł w 1984 roku, do końca współpracując z SB.
Na obecnym etapie badań trudno jeszcze oszacować wszystkie szkody,
jakie wyrządził krakowskiemu Kościołowi. Trzeba natomiast wyraźnie
zaznaczyć, że choć kardynał Macharski nie wiedział o podwójnej roli
swojego szwagra, to jednak i jako rektor seminarium, i jako metropolita krakowski nigdy go nie dopuszczał do najbardziej poufnych spraw
kościelnych.

Na marginesie warto wspomnieć, że pod wpływem donosów Haraschina bezpieka zdecydowała się w 1975 roku założyć sprawę operacyjnego sprawdzenia o kryptonimie „Maja" przeciwko bratankowi przyszłego kardynała Jackowi Macharskiemu. Był on wyróżniającym się
młodym pracownikiem naukowym, absolwentem prawa na UJ i asy-

stentem w Zakładzie Teorii Państwa i Prawa w Instytucie Nauk Politycznych. Haraschin doniósł SB, że cieszy się on dużym zaufaniem nie tylko stryja, ale także samego kardynała Wojtyły. W ramach prowadzonej przeciwko niemu sprawy założono mu m.in. podsłuch telefoniczny i sprawdzano prywatną korespondencję. Sprawę zakończono w styczniu 1976 roku, kiedy to Jacek Macharski zginął w wypadku samochodowym.

Przy pisaniu niniejszego rozdziału autor publikacji rozmawiał z kardynałem Franciszkiem Macharskim, który udzielił mu szeregu ważnych informacji.

Przypadek „Jolanty" - donosy na watykańskiego dyplomatę

Peerelowska bezpieka inwigilowała nie tylko duchownych pracujących w kraju. Z taką samą – a może nawet większą – gorliwością gromadziła informacje o tych, którzy pracowali za granicą, szczególnie w strukturach Stolicy Apostolskiej. Jednym z takich duchownych był ksiądz Józef Wesołowski, obecny arcybiskup i nuncjusz papieski w dawnych sowieckich republikach azjatyckich – Kazachstanie, Tadżykistanie, Turkmenistanie i Uzbekistanie.

Przyszły watykański dyplomata urodził się w 1948 roku w Mizernej, w parafii Maniowy. Jego matka pochodziła z arystokratycznej rodziny Drohojowskich, właścicieli zamku w Czorsztynie. Po maturze, którą zdał w 1966 w Nowym Targu, wstąpił do Wyższego Seminarium Duchownego w Krakowie. Święcenia kapłańskie przyjął w 1972 roku. Cztery lata później wyjechał na studia do Rzymu. Po ich ukończeniu podjął pracę w dyplomacji watykańskiej, pełniąc przeróżne funkcje w nuncjaturach papieskich w RPA, Kostaryce, Japonii, Szwajcarii, Indiach i Danii.

Służba Bezpieczeństwa interesowała się księdzem Wesołowskim od początku jego pracy dyplomatycznej. Funkcjonariusze SB szukali osób, które miałyby do niego bezpośredni dostęp i mogły dzięki temu wydobywać cenne informacje. Jeszcze przed rozpoczęciem kariery watykańskiej księdza Wesołowskiego SB zwerbowała bliską mu osobę, księdza Antoniego Siudę, proboszcza jego rodzinnej parafii. Jak pokazują zachowane akta, właśnie od niego starano się uzyskać wiedzę o polskim duchownym pracującym w dyplomacji watykańskiej.

Ksiądz Antoni Siuda pochodził z Libiąża. Urodził się w 1916 roku, do seminarium w Krakowie wstąpił w 1936. W 1940 roku ze względu na zły stan zdrowia przerwał studia. Powrócił do seminarium w 1944; rok później otrzymał święcenia kapłańskie. Jego pierwszą placówką duszpasterską były Zebrzydowice. W 1950 roku został przeniesiony do parafii w Maniowach, gdzie pracował do końca życia, najpierw jako wikary, a później jako proboszcz. Od 1962 roku pełnił funkcję wicedziekana, a następnie dziekana dekanatu niedzickiego (spiskiego). Został też członkiem Rady Kapłańskiej.

Pierwsze kontakty z SB miał w 1961 roku, gdy starał się o paszport w związku z wyjazdem do Stanów Zjednoczonych. Nie został wtedy pozyskany jako tajny współpracownik, sklasyfikowano go natomiast jako pomoc obywatelską (PO). W tym charakterze udzielał pierwszych informacji o innych księżach. Dwa lata później bezpieka rozważała kombinację operacyjną polegającą na tym, że władze kościelne miały przenieść z Kacwina do Chrzanowa księdza Andrzeja Walenia, dziekana spiskiego, zdecydowanego przeciwnika systemu. Otwierałoby to drogę awansu przychylnie nastawionemu do władz księdzu Siudzie. W notatce służbowej sporządzonej przez SB 20 kwietnia 1963 roku na podstawie informacji pochodzących od innego duchownego pracującego na tym terenie czytamy:

Z drugiej strony zaś widzimy nasze korzyści operacyjne, gdyż z chwilą jego [czyli ks. Walenia] przeniesienia obecny v-ce dziekan tegoż dekanatu ks. Siuda Antoni z Maniów objąć ma funkcję dziekana, a v-ce dziekanem mianowany zostałby pozostający na naszym kontakcie TW ps. „Franek". Niezależnie od tego TW ps. „Franek" zostałby mianowany proboszczem, gdyż w chwili obecnej pełni obowiązki wikarego. Powyższą propozycję jak podaje TW ps. „Franek" przedstawić miał ks. Waleń w Kurii, na co najprawdopodobniej Kuria się zgodzi. Zaznaczyć przy tym należy, że ks. Siuda pozytywnie ustosunkowany jest do zachodzących przemian w kraju i w tej chwili wykorzystywany jest przez nas jako pomoc obywatelska. Przekazywane przez niego dotychczasowe informacje sprawdzane są przez inne źródła, o czym świadczy fakt, że jest on szczery w stosunku do nas [sic!].

Kombinacja nie doszła do skutku. Ksiądz Siuda pozostał jednak pomocą obywatelską, a następnie kontaktem operacyjnym SB, za co w 1965 roku dostał zgodę na kolejny wyjazd do Stanów Zjednoczonych.

Dopiero w 1972 roku bezpieka postanowiła przeklasyfikować go na tajnego współpracownika. We wniosku o opracowanie księdza Siudy jako kandydata na TW podkreślono nie tylko częste wyjazdy duchownego za granicę, ale i jego stosunek do spraw materialnych (posiadał samochód marki Volvo, co w tamtych czasach było ewenementem). Werbunek się powiódł. Pozyskany TW przyjął pseudonim „Szczawnicki" (od pobliskiej Szczawnicy), który następnie szybko zmieniono na „Jolanta". Z akt wynika, że już podczas werbunku proboszcz z Maniów przekazał SB informacje, które dotyczyły budowy domu ojców karmelitów w Krośnicy, działalności księdza Mieczysława Zonia, administratora w Kacwinie, oraz problemów polsko-słowackich w niektórych parafiach dekanatu.

W następnych latach TW „Jolanta" był wykorzystywany przede wszystkim do działań przeciwko księdzu Franciszkowi Blachnickiemu, twórcy ruchu oazowego, który dla bezpieki nowosądeckiej był najważniejszym figurantem. Aby poznać zakres i charakter działań podejmowanych przez „Jolantę", warto zapoznać się z fragmentami sporządzonej przez SB jego charakterystyki podsumowującej lata 1977–1984:

> Zgodnie z założeniami i kierunkiem wykorzystania TW przekazuje szereg wartościowych informacji dot. ks. Blachnickiego i jego struktur. W rozmowach z kurialistami oraz podległymi mu księżmi negował działalność oazową, co znalazło szerokie negatywne dla tego ruchu odbicie wśród duchowieństwa na Podhalu. Ta atmosfera i odbicie miało miejsce w Kurii Krakowskiej. W wyniku tych kontaktów wzrosła jego pozycja wśród kurialistów – są nadal żywe kontakty. TW realizował zadania dwukrotnie na terenie RFN. Dotarł do ośrodka ks. Blachnickiego, skąd przywiózł informacje o dużym znaczeniu operacyjno-politycznym, a które wykorzystane były przez Dep. IV MSW.
>
> W okresie tym TW został mocno uzależniony od SB, poprzez załatwienie mu wielu spraw osobistych. Jest jednostką związaną i chętnie przekazuje wszelkie informacje. Wynagradzany nie jest – jego strona materialna jest bardzo dobra. Spotkania uzależnione są od jego możliwości, chętnie na nie przychodzi. Jest zainteresowany konspiracją. W bieżącym roku dwa razy przebywał w RFN i jeden raz w USA. [...]
>
> W dalszym ciągu może realizować zadania na terenie RFN w odniesieniu do ks. Blachnickiego. Posiada wpływ na dziekanów w Zakopanym [sic!] i N. Targu.

Analizując postawę i stosunek TW do naszych organów oraz aktualne możliwości będzie on wykorzystany w następujących kierunkach:

- neutralizacja negatywnych postaw podległych mu księży w dekanacie, izolowanie ich od wpływów opozycji i podziemia. Zdecydowane reagowanie na przejawy wrogich wystąpień z ambon, zakładanie nowych struktur na wsi o szkodliwych politycznie tendencjach o zabarwieniu klerykalnym lub prawicowym;

- rozpoznawanie postaw kleru w tematach jak wyżej z dekanatu N. Targ, Zakopane oraz kurialistów jak np. Pietraszko, Smoleński, Groblicki, Krejcza, profesor Różycki, kanclerz Fidelus. Rozpoznanie jak realizowana jest przez kurię sprawa powstania duszpasterstwa rolników, robotników i młodzieży oraz inne zadania przekazywane przez kurię do realizacji w parafiach - uczestniczył będzie w naradach z kurią;

- rozpoznawał będzie stosunek duchowieństwa do polityki władz, PRON oraz wyborów do Rad Narodowych;

- na odcinku ruchu oazowego w rozmowach z kurialistami utrzymywał będzie, że kadra Blachnickiego pracująca w oazach diecezjalnych przemyca w treściach stare tematy, co może być kiedyś wykorzystane przez władze, że kuria popiera działalność Blachnickiego na Zachodzie. Chodzi o powodowanie wyzbywania się kadrowych pracowników oaz. Wykorzystać naturalne warunki i możliwości wyjazdu do Blachnickiego i realizacji odpowiedniego zadania po uprzednim uzgodnieniu z Dep. IV MSW;

- rozpoznawać i wykorzystywać istniejący konflikt pomiędzy wiernymi parafii Kacwin, Maruszyna a kurią. Będzie to miało na celu dezintegrację środowiska i absorbowanie kleru i kurialistów w sprawy własne;

- rozpoznanie w rejonie dekanatu form pracy kleru na odcinku naboru do WSD. Ten sam temat kontrolować na terenie N. Targu;

- utrzymywanie przyjaznych stosunków z ks. Wesołowskim - pracownikiem Watykanu, z chwilą jego pojawienia się w rejonie działania TW. Tu będzie realizował zadania dla Dep. IV.;

- poprzez zadania wpływać dezintegrująco na duchowieństwo i wywoływać wzajemną nieufność.

Jak wynika z powyższej charakterystyki, dla SB najważniejsza była możliwość wpływania poprzez „Jolantę" na opinię innych duchownych i rozbijanie w ten sposób środowiska. Potwierdza to również następny opis działalności TW, sporządzony w 1986 roku:

> Wykorzystując swoje i dekanalne problemy budowlane - utrzymywał będzie kontakty z kanclerzem Fidelusem, bpem Groblickim i Pietraszko oraz prof. Różyckim, poprzez których będzie dokonywać sondaży panujących w kurii, oraz jakie są oceny innych parafii i księży. Kontakty te wykorzystywane mogą być do przemycania na szczebel kurii korzystnych dla nas informacji, a szczególnie informacji o osobach dla nas niewygodnych. Wytworzenie korzystnej dla nas atmosfery wokół problemów lub osób.

W tym samym dokumencie zapisano, że TW „Jolanta" będzie sprawdzany przez innych TW, którzy „wywodzą się z tego samego środowiska". Istotnie, działalność proboszcza z Maniów była kontrolowana przez SB dzięki informacjom pochodzącym od TW o pseudonimach „Franek", „Andrzej", „Zbigniew", „Janusz", „Kustosz", „Góral", „Wacław", „Józef", „Dobry" i „Las" II oraz od „kontaktu pozaagenturalnego" (takie nietypowe pojęcie pojawia się w dokumentach) o pseudonimie „Sad", czyli księdza Jana Osadzińskiego z Radziechowic (zob. rozdział Kler „postępowy" w części I niniejszego opracowania). Z kolei doniesienia „Jolanty" pozwalały sprawdzać wiarygodność TW o pseudonimie „Andrzej" (będzie o nim mowa w kolejnym rozdziale). Poszczególni TW, co było żelazną zasadą, nie wiedzieli nawzajem o sobie, że pracują dla bezpieki.

Spotkania proboszcza z Maniów z prowadzącym go funkcjonariuszem odbywały się na ogół w restauracjach w Nowym Sączu (rachunki regulowała oczywiście SB). Jak odnotowano w dokumentach, obok zgody na liczne wyjazdy zagraniczne, TW otrzymywał okazjonalne prezenty, w tym kwiaty, butelki koniaku, komplety piżam męskich, a także książki (np. Homilie i rozważania liturgiczne na niedziele i święta czy album Malarstwo Armenii). Innego rodzaju „prezentem" były ułatwienia w uzyskaniu paszportu przez osoby, które TW protegował. Było to działanie szczególnie wyrachowane, gdyż, po pierwsze, jeszcze bardziej wiązało duchownego z SB, a po drugie, pozytywne „załatwianie" spraw paszportowych jeszcze bardziej umacniało jego pozycję na Podhalu.

W latach 1973–1989 ksiądz Siuda odbył prawie sto spotkań z funkcjonariuszami bezpieki. Oficerem prowadzącym go przez wiele lat był podpułkownik Stanisław Polak, naczelnik Wydziału IV w Nowym Sączu. Tak wysoki stopień i ranga stanowiska pokazują, jak bardzo TW „Jolanta" był ważny dla SB. Ksiądz i funkcjonariusz zaprzyjaźnili się zresztą ze sobą. Świadczy o tym jeden z odręcznych listów duchownego, datowany 18 listopada 1980 roku, rozpoczynający się od słów: „Stanisławie! Mam serdeczną prośbę. Byłem osobiście, ale nie zastałem...". Po tych słowach następuje prośba o załatwienie paszportu jednemu z mieszkańców Maniów. Aby nie było wątpliwości, od kogo list pochodzi, ksiądz Siuda nie tylko go podpisał, ale i... przybił parafialną pieczątkę.

Doniesienia składane przez „Jolantę" dotyczyły następujących spraw: działalności księży na Spiszu i Podhalu; przenosin księży dokonywanych przez Kurię Metropolitalną; konfliktów między duchownymi, a także skandali obyczajowych z ich udziałem; informacji pochodzących z Kurii Metropolitalnej, zarówno oficjalnych (biuletyny, zarządzenia itp.), jak nieoficjalnych (plotki); przygotowań do pielgrzymek Ojca Świętego w latach 1979, 1983 i 1987; budownictwa sakralnego na terenie dekanatu niedzickiego; danych personalnych osób domagających się wprowadzenia w parafiach na Spiszu mszy w języku słowackim; reakcji wiernych po zabójstwie księdza Jerzego Popiełuszki i procesie jego zabójców w Toruniu; działalności Solidarności Wiejskiej i duszpasterstwa rolników; przygotowań Solidarności do wyborów w czerwcu 1989 roku.

Wśród tak wielu doniesień zachowało się szczególnie dużo informacji dotyczących księdza Józefa Wesołowskiego, zwłaszcza z drugiej połowy lat osiemdziesiątych. Wybrane cytaty mają zobrazować skalę inwigilacji duchownego dyplomaty w czasie jego pobytów w rodzinnych stronach. TW „Jolanta" otrzymał zadanie kontaktowania się z jego rodziną w celu ustalenia, kiedy dokładnie ksiądz Wesołowski przyjedzie i co zamierza robić, a także wyciągania od niego informacji o różnym charakterze. Warto zwrócić uwagę, że doniesienia były składane niezwłocznie po przyjeździe przyszłego nuncjusza do Polski, a co cenniejsze z nich Wydział IV przekazywał do Departamentu I MSW:

Notatka ze słów TW „Jolanta", przyjęta przez ppłk. St. Polaka 15 I 1979 r. /po konsekracji Fr. Macharskiego/
[...] TW rozmawiał też z sekretarzem osobistym Ojca Świętego ks. Dziwiszem oraz ks. Wesołowskim z Czorsztyna, któ-

ry studiuje w Watykanie. Obaj stwierdzili, że papież swoją bezpośredniością i aktywnością zdobył serca Rzymian. [...] Ks. Dziwisz w dalszym ciągu czuje się skrępowany i ograniczony, bo nie zawsze nawet może wyjść na miasto. Ks. Wesołowski mówił, że wielu księży polskich umizguje się papieżowi licząc na stanowiska i awanse. [...] Wśród kurialistów krakowskich dyskutuje się możliwości nominacji nowego biskupa. Kandydatami są ks. Pieronek i ks. St. Nowak - ojciec duchowy z WSD.

Są też wyrażane negatywne opinie, że w kurii w Krakowie jest grupa spekulantów, handlarzy medalami i medalikami z wizerunkiem Ojca Świętego. Najniekorzystniej mówi się o ks. Fidelusie, który sprzedaje po 200-250 zł za sztukę. Obecnie przywieźli znów około 500 sztuk. Tam za sztukę płaci się 0,50 dolara.

Zadania ustne:

Poprzez ks. Różyckiego, Fidelusa - śledzić sytuację i oceny kurialistów, pierwszych dni władzy Macharskiego.

Nowy Sącz, 31 V 1985
Notatka spisana ze słów TW ps. „Jolanta"

W ubiegłym tygodniu TW rozmawiał z Wesołowskim, który powiedział mu, iż syn przyjeżdża do Czorsztyna na parę dni.

W dniu 29 V w godzinach rannych istotnie ks. Wesołowski przyjechał do rodziny, ale tylko na 3 dni. Skorzystał z okazji pobytu w Rzymie na uroczystościach Konsystorza Kardynałów i chciał odwiedzić rodzinę. Mówił do TW, że w br. do Polski nie przyjedzie, bo nie dostanie urlopu. Nowo nominowany Nuncjusz w Kostaryce czuje się źle na zdrowiu i w każdej chwili musi go zastępować. Innych tematów nie poruszali.

Notatka spisana ze słów TW ps. „Jolanta" w dn. 9 VIII 1986 r.

W dniu 6 VIII 86 do Czorsztyna w odwiedziny do ojca przyjechał ks. Wesołowski. Zamierza przebywać około jednego miesiąca. W rozmowie oświadczył, że obecnie przebywa w Japonii, gdzie pełni funkcję Sekretarza Nuncjatury. Z miejsca pracy jest zadowolony. Obawiał się przeniesienia do któregoś z państw europejskich. Przyznał się również TW, że jak poprzednio przebywał w Czorsztynie, to odwiedzali go panowie z Warszawy z MSW i pytali o 3 osoby z poprzedniego miejsca pracy - nie powiedział co to za osoby. Mieli również do niego pretensję o to, że podczas kazań wychwalał działalność „Solidarności" [...]. W dniu 8 VIII br. ks. Wesołowski

złożył kurtuazyjną wizytę kardynałowi Macharskiemu. W dniu
15 VIII br. będzie obecny na tradycyjnym odpuście w Ludźmierzu, gdzie będzie również kard. Macharski. Ks. Wesołowski w rozmowie bardzo jest ostrożny, niechętnie rozmawia na
temat swojej pracy czy też Watykanu. Przez okres miesiąca przebywać będzie w Czorsztynie. Nie myśli nigdzie wyjeż-
dżać.

Uwagi

TW odwiedził mnie w domu, podczas mojej choroby.

Wyciąg dot. ks. Wesołowskiego przekazać tow. st. inspek-
torowi Kierownictwa po Departamencie I MSW.

27 VIII 86
Notatka spisana ze słów TW ps. „Jolanta"

Odnośnie ks. Wesołowskiego z Watykanu TW stwierdził, że
nadal przebywa u ojca w Czorsztynie, pracuje, pomaga ojcu na
gospodarstwie. Nigdzie nie wyjeżdża. [...]

Zadania ustne:

- spotkać się z ks. Wesołowskim przed jego odjazdem do
Watykanu, zorientować się, jak ocenia spędzony urlop w Polsce, rozmowy z kurią krakowską, z kim i kiedy zamierza się
ponownie odwiedzić Polskę.

Nowy Sącz, 1 II 1987 r.
Notatka spisana ze słów TW ps. „Jolanta"

W dniach od 23 XII do 14 I 1987 r. na terenie Czorsztyna
u swojej rodziny przebywał ks. Józef Wesołowski. [...] W dniu
27 XII brał udział w parafialnym odpuście w Zakopanym [sic!],
gdzie wśród księży był obecny ks. kard. Macharski. Ks. Wesołowski nie wypowiadał się podczas tego spotkania o swojej
pracy. Podobnie kard. Macharski nie omawiał żadnych tematów interesujących jak np. wizyta papieża w Polsce, rozmowy
Glemp - Jaruzelski czy też inne. Jak oceniają księża Macharski jest trudny do takich tematów, jest skryty. Ks. Wesołowski oprócz doraźnych kontaktów z księżmi sąsiednich parafii
z nikim kontaktów nie utrzymuje.

W rozmowie z TW „Jolanta" poruszał następujące tematy:
obecnie pracuje w nuncjaturze w Tokio. Z pracy jest zadowolony, uczy się języka japońskiego. Dobrze układa się współpraca z nuncjuszem. Na Nowy Rok do Czorsztyna otrzymał od niego
i współpracujących zakonnic życzenia z czego był zadowolony.

Zwierzał się, że nuncjatura w Tokio bacznie zwraca uwagę na bieżące wydarzenia w Filipinach, głównie na stosunki Episkopat - kard. Sina a pani prezydent. Znaczna część

Episkopatu popiera politykę pani Aquino. Kard. Sina popiera
stanowisko dogadywania się z partyzantami — sam ich też popiera. Na tym tle pomiędzy nim a Nuncjuszem Watykanu w Filipinach są poważne nieporozumienia. [...]

Ks. Wesołowski z Polski udaje się do Watykanu, bo jak
oświadczył dwa lata nie widział się z papieżem.

Warto zauważyć, że mimo życzliwości, z jaką ksiądz Wesołowski od-
nosił się do proboszcza rodzinnej parafii, w kontaktach z nim był dyskretny: o swojej pracy mówił ogólnikowo, nie poruszał też tematów dotyczących sytuacji w Polsce.

Nowy Sącz, 27 VII 87
Notatka spisana ze słów TW ps. „Jolanta"
W dniu 23 VII br. TW rozmawiał telefonicznie z ks. Wesołowskim J. z Tokio, pytał go czy otrzymał od niego list z po-
zdrowieniami od bpa Groblickiego. Wesołowski podziękował za
życzenia. Bp Groblicki pisał list w obecności TW oceniając
Wesołowskiego, że jest równy człowiek, bardzo bezpośredni.
Jest mu bardzo wdzięczny za to, że jeszcze kiedy Wesołowski
pracował w Rzymie, a Groblicki przebywał tam służbowo — to
wówczas poświęcił mu dużo własnego czasu. Razem zwiedzali
wiele miejscowości we Włoszech. W rozmowie telefonicznej Wesołowski nic nie wspomniał, że przyjeżdża do Polski. [...]

Wyciąg w sprawie ks. Wesołowskiego przekazać st. insp.
Dep. I MSW kpt. M. Wysockiemu, a odnośnie biskupów krakowskich do Wydziału IV WUSW w Krakowie.

Notatka spisana ze słów TW ps. „Jolanta" w dniu 17 VIII
87 r.
W dniu 10 VIII br. w godzinach rannych do Czorsztyna — w odwiedziny do rodziców — przyjechał z Tokio ks. Józef Wesołowski — Sekretarz Nuncjatury Watykanu w Tokio.
W Czorsztynie przebywał będzie przypuszczalnie do końca bm.
W dniach 22—24 VIII 87 odwiedzać go mają koledzy ze studiów
w Rzymie — z Kurii Rzymskiej. Ilu ich będzie oraz ich nazwiska ks. Józef nie podał.

W międzyczasie zamierza odwiedzić kard. Macharskiego.
Innych wyjazdów nie przewiduje, ani też nie spodziewa się
innych gości. [...]

Wg oceny TW ks. Wesołowski jest bardzo nerwowy w zachowaniu. TW „Jolanta" z ks. Wesołowskim widział się dwukrot-

nie, ale nie było swobody rozmowy, bo zawsze byli inni księża przebywający w Czorsztynie na urlopach.
Uwagi
Informacje w sprawie ks. Józefa Wesołowskiego przekazać
tow. Wysockiemu - Insp. Dep. I MSW

Notatka spisana ze słów TW ps. „Jolanta" w dniu 8 VII 1988 r.
W miesiącu czerwcu br. w Czorsztynie, u swojego ojca,
przebywał przez okres 3 tygodni ks. Józef Wesołowski [...].
Ponadto odwiedził rodzinę ojca w poznańskim [sic!]. Był również u kardynała Macharskiego. Poza tym nigdzie nie wyjeżdżał, nawet na zaproszenia odpustowe z sąsiednich parafii.
Nie przyjmował gości - nawet swoich kolegów. Odwiedzał jedynie prałata Siudę z Maniów. [...] W drodze powrotnej miał
być w Watykanie, gdzie oczekuje na przeniesienie służbowe -
z powrotem do Watykanu. Tak przypuszcza - po trzech latach
pobytu w Tokio. Uważa, że o tym co z nim będzie dalej - dowie się w Watykanie.
Żadnych innych spraw nie poruszał. Nawet nie dzielił się
wrażeniami z rozmowy z kardynałem Macharskim. Wydawał się
bardzo skryty, małomówny.
Uwagi
Wyciąg z doniesienia przekazać tow. Wysockiemu - insp.
Dep. I MSW.

SB zdecydowała się na rozwiązanie współpracy z „Jolantą" w 1988
roku. Jako powód podano zaawansowany wiek duchownego (73. rok
życia) oraz zły stan zdrowia i trudności w poruszaniu się, spowodowane paraliżem. Trudno ocenić, w jakim stopniu przekazywane przez niego informacje o księdzu Wesołowskim okazały się przydatne dla bezpieki. Faktem jest natomiast, że dzięki nim wiedziała ona o niemal każdym
kroku watykańskiego dyplomaty podczas jego pobytów w Polsce.

Ksiądz Antoni Siuda był proboszczem w Maniowach przez 40 lat,
w czasach dla parafii przełomowych. W związku z budową zapory na
Dunajcu powstało Jezioro Czorsztyńskie i Maniowy zostały zalane.
W nowej wiosce, zlokalizowanej nad zalewem, trzeba było zbudować
nie tylko nowe domy, ale również kościół. Ksiądz Siuda, przy ogromnym zaangażowaniu całej parafii, wzniósł w latach 1979–1989 nie tylko główny kościół parafialny pw. św. Mikołaja, ale także dwie kaplice,
w Mizernej i Czorsztynie, oraz ogromnych rozmiarów plebanię, z któ-

rej dzięki pomysłowości obecnego proboszcza, księdza Tadeusza Dybła, korzystają liczne grupy rekolekcyjne i wycieczki szkolne. Za swoje zasługi w zakresie budownictwa sakralnego ksiądz Siuda został mianowany prałatem. Gdy zmarł w 1992 roku, na jego pogrzeb przyszły tłumy ludzi. Nad trumną przeczytano osobiste posłanie Jana Pawła II.

Z kolei ksiądz Józef Wesołowski w 2000 roku otrzymał z rąk Ojca Świętego sakrę biskupią. W tym samym roku został nuncjuszem apostolskim w Boliwii, a dwa lata później – we wspomnianych krajach Azji Środkowej.

Agent w otoczeniu
księdza Józefa Tischnera

Wśród duchownych, którym Służba Bezpieczeństwa poświęcała szczególnie dużo uwagi, był ksiądz profesor Józef Tischner, wybitny duszpasterz, publicysta i filozof, bardzo ceniony przez kardynała Karola Wojtyłę, a później papieża Jana Pawła II.

Przyszły autor *Etyki solidarności* urodził się 12 marca 1931 roku w Starym Sączu, wychował się jednak w Łopusznej koło Nowego Targu, gdzie jego ojciec, Józef, był kierownikiem szkoły, a matka, Weronika – z góralskiego rodu Chowańców – nauczycielką. Po zdaniu matury w 1949 przez rok studiował prawo na UJ, a następnie wstąpił do Wyższego Seminarium Duchownego. Po święceniach kapłańskich, które otrzymał w 1955 roku, kontynuował studia filozoficzne w Akademii Teologii Katolickiej w Warszawie, a następnie na Wydziale Filozoficzno-Historycznym UJ. W latach sześćdziesiątych został wykładowcą filozofii na Papieskim Wydziale Teologicznym w Krakowie. W 1963 roku doktoryzował się, a dziewięć lat później habilitował (habilitację zatwierdzono jednak dopiero w 1974). W 1968 roku po raz pierwszy wyjechał za granicę, na stypendium na uniwersytecie w Louvain w Belgii.

Pomimo intensywnej pracy naukowej i duszpasterskiej ksiądz Tischner często przyjeżdżał do Łopusznej, którą darzył ogromnym sentymentem. W 1975 roku na jednej z polan w okolicach wsi wybudował drewnianą bacówkę, w której mógł odpoczywać i w spokoju pisać. Bardzo lubił odprawiać msze w starym drewnianym kościółku pw. Przenajświętszej Trójcy. Przy okazji tych wizyt często spotykał się z ówczesnym proboszczem Łopusznej księdzem Wacławem Cedrą, którego znał jeszcze z czasów seminaryjnych. Nie zdawał sobie jednak sprawy, że duchowny, z którym pozostawał z początku w przyjaznych, a następnie poprawnych stosunkach, może być tajnym współpracownikiem bezpieki i że jednym z zadań mu powierzonych jest inwigilowanie jego osoby.

W krakowskim oddziale IPN przechowywane są dokumenty wielu tajnych współpracowników SB działających na terenie dawnego województwa nowosądeckiego. Wśród tych dokumentów prawie w komplecie zachowały się akta TW o pseudonimie „Andrzej", czyli właśnie księdza Wacława Cedry.

Ksiądz Cedro urodził się 9 lutego 1934 roku w Daleszycach w diecezji kieleckiej. W 1952 roku wstąpił do seminarium duchownego, nie w Kielcach jednak, lecz w Krakowie. Święcenia kapłańskie przyjął w 1957 roku z rąk arcybiskupa Eugeniusza Baziaka. Według relacji jednego z kolegów rocznikowych, ksiądz Cedro był uważany za protegowanego arcybiskupa. Z tego powodu bardzo szybko otrzymał samodzielną placówkę. W 1964 roku został mianowany wikarym w Łopusznej, a rok później – zaledwie w ósmym roku kapłaństwa – tamtejszym proboszczem. Funkcję tę sprawował równo 25 lat. Zdaniem wspomnianego kolegi, ksiądz Cedro był człowiekiem zdolnym i inteligentnym, ale ze względu na to, że pochodził z innej diecezji, był bardzo wyizolowany w środowisku księży. Miał do nich zresztą na ogół krytyczny stosunek i, mówiąc oględnie, chodził zawsze własnymi ścieżkami. Być może to spowodowało – lub przynajmniej ułatwiło – jego decyzję o podjęciu współpracy z SB.

W teczce personalnej TW o pseudonimie „Andrzej" zachowało się oświadczenie, własnoręcznie napisane i podpisane przez księdza Cedrę, datowane 28 listopada 1966 roku (jako miejsce jego sporządzenia podano Zakopane), w którym duchowny zobowiązał się do zachowania w tajemnicy rozmów prowadzonych z funkcjonariuszem SB. Sama współpraca została sformalizowana 13 grudnia tegoż roku, a rozwiązana... 14 grudnia 1989. Zakres i wartość tak długiej współpracy najlepiej oddaje ostatni dokument ze wspomnianej teczki, sporządzony na parę miesięcy przed rozwiązaniem Wydziału IV:

```
Nowy Sącz, dnia 31 III 1989 r.
Charakterystyka i kierunki wykorzystania TW ps. „Andrzej"
nr ewed. NS-168
    TW ps. „Andrzej", lat 55, duchowny świecki, proboszcz pa-
rafii, pozyskany do współpracy w 1966 r.
```

Wykorzystywany zgodnie z przyjętymi kierunkami. Przekazywane przez niego informacje są wartościowe pod względem operacyjnym i były wykorzystane w bieżącej pracy Wydz. IV. Dotyczyły wydarzeń dekanalnych, komentarzy w środowisku kleru, zawierały charakterystyki księży - w tym również biskupów. TW udostępniał do wglądu lub wypożyczenia otrzymywane dokumenty wewnątrzkościelne.

Współpraca z w/w układała się dobrze i nie wnosi on żadnych uwag odnośnie dalszych kontaktów z SB. Postawa polityczna i moralna TW nie budzi żadnych zastrzeżeń. Cieszy się bardzo dobrą opinią u ks. kard. Macharskiego, jest ogólnie szanowany w środowisku. Typ gawędziarza, pogodnego usposobienia, gościnny i sympatyczny w kontaktach, towarzyski, lubi się napić.

Pełni funkcję notariusza dekanalnego, twierdzi, że nie ma aspiracji awansowania w hierarchii kościelnej, stanowisko proboszcza daje mu pełną satysfakcję. W pracy duszpasterskiej jest indywidualistą, nie zawsze podporządkowuje się zaleceniom zwierzchników w tym zakresie. Wśród wiernych pracuje sprawdzonymi przez siebie metodami, rzadko uczestniczy w kongregacjach, twierdząc, że niczego takie narady nie dają. Utrzymuje bliskie kontakty z kurialistą ks. J. Tischnerem co wykorzystywane jest w toku współpracy.

TW „Andrzej" jest wynagradzany upominkami rzeczowymi, które przyjmuje chętnie, udzielana jest też mu pomoc w jego osobistych problemach. Z uwagi na zakres i kierunki wykorzystywania go nie zachodzi potrzeba specjalnego szkolenia go, zasady konspiracji zna i przestrzega ich.

Kierunki wykorzystania TW nie ulegają zmianie. Spotkania odbywają się przeciętnie raz w miesiącu, terminy uzgadniane są każdorazowo w trakcie spotkań. TW zna mój numer telefonu służbowego i w przypadku takich potrzeb korzysta z niego.

W spotkaniach kontrolnych uczestniczy Z-ca Wydziału. Informacje uzyskiwane przez TW potwierdzają inne źródła /TW „Jolanta", „Paradis", „Jurek"/.

Opracował kpt. Z. Zwoliński

Warto zwrócić uwagę, że w powyższej notatce ksiądz Tischner został nazwany kurialistą, chociaż nigdy nie był urzędnikiem kurii. Błąd ten pojawia się też w innych doniesieniach.

W teczce pracy „Andrzeja" zachowało się 116 notatek służbowych, sporządzonych w latach 1967–1982; niestety, nie zachował się tom następny, który zawierał notatki z lat 1983–1989. Jednym z najciekawszych dokumentów jest spis zadań wyznaczonych TW w ramach operacji „Lato '79", obejmującej pierwszą pielgrzymkę papieża Jana Pawła II do ojczyzny. Tajni współpracownicy mieli bowiem być nie tylko źródłami informacji, ale też otrzymywali do wykonania konkretne zadania. Większość zadań była wspólna dla różnych agentów, niektóre jednak układano indywidualnie dla danego współpracownika. Proboszczowi z Łopusznej zlecono m.in.:

1. Ustalenie ilości osób deklarujących swój udział w uroczystościach związanych z przyjazdem Jana Pawła II przy uwzględnieniu rozbicia na udział w Nowym Targu, Krakowie, Częstochowie, Warszawie, Gnieźnie.
2. Propagowanie rezygnacji z bezpośredniego udziału w uroczystościach na rzecz oglądania programu w telewizji. [...]
4. Wskazywanie na trudności związane z bezpośrednim udziałem w uroczystościach np. konieczność pieszego dotarcia do miejsc uroczystości, kilkugodzinne wyczekiwanie, tłok, możliwości kradzieży, potrzeba zabezpieczenia swojego miejsca zamieszkania. [...]
7. Zwrócić uwagę na osoby przygotowujące transparenty, hasła itp. celem zapobieżenia prowokacji czy wystąpień antypaństwowych. [...]
10. Rozpoznać zamierzenia ludności słowackiej co do jej udziału w uroczystościach, w kontaktach z rodzinami zamieszkałymi na Słowacji i Węgrzech.
11. Rozpoznać inicjatywy w zakładach pracy i w szkołach – co do udziału w uroczystościach. [...]
13. Rozpoznać stopień realizacji zaleceń Macharskiego i władz państwowych.
14. Ustalenie osób /szczególnie obcych, obcokrajowców/, które czynić będą próby zbierania informacji na temat stosunku państwo-kościół, sytuacji w kraju etc. Izolacja tych osób w otoczeniu.

Głównym zadaniem TW „Andrzeja" – w ciągu przeszło dwudziestu lat współpracy z SB – było zbieranie wszelkich informacji o księżach, szczególnie z dekanatu nowotarskiego i niedzickiego. Przez jego raporty przewijają się nazwiska prawie wszystkich duchownych archidiecezji krakowskiej, także zakonników, którzy w tych latach pracowali na terenie Podhala i Spiszu. Najwięcej informacji dotyczy duszpasterzy Ruchu Światło-Życie, czyli tzw. oaz, w tym jego twórcy księdza Franciszka Blachnickiego (o czym będzie mowa w kolejnym rozdziale), księdza Jana Głoda, proboszcza w pobliskim Waksmundzie, oraz dwóch ówczesnych wikarych w Nowym Targu, księży Franciszka Chowańca i Antoniego Sołtysika. Jest też wiele informacji o księdzu Adolfie Chojnackim (zob. rozdział *„Szerszeń"* i *„Adwokat"*... w części II). Od 1980 roku TW „Andrzej" w swoich doniesieniach informował również o działaczach Solidarności i wspierających ich duszpasterzach.

Wiele danych zawartych w donosach SB mogła później wykorzystywać w pracy operacyjnej. Tak było np. z informacją o związku pewnego księdza z nauczycielką, której SB użyła przeciwko temu duchownemu. „Andrzej" informował też o konfliktach w poszczególnych parafiach, np. w Ostrowsku czy Poroninie. Dla SB była to dobra podstawa do podjęcia działań antykościelnych. Oto charakterystyczna notatka z 1969 roku:

Zaktywizować pracę operacyjną w parafii Ostrowsko w celu podtrzymania konfliktów, zmierzających do ośmieszenia ks. X [nazwisko usunięte przez autora opracowania] jako osoby duchownej, przez co w pewnym stopniu zostanie osłabiony tamtejszy fanatyzm religijny. W tym też celu nawiązać kontakt z osobami kierującymi działalnością przeciwko ks. X.

Szczególnie dużo miejsca duchowny poświęcał sprawom polsko-słowackim. Dekanat niedzicki poza samą Łopuszną obejmował bowiem tę część Spiszu, która w 1920 roku została włączona do Polski. Na tym terenie – głównie w parafiach Krempachy oraz Nowa Biała – dochodziło do napięć między przedstawicielami obu narodowości. TW „Andrzej" szczegółowo informował o apogeum tych konfliktów, m.in. o burdach, do jakich doszło podczas procesji Bożego Ciała w 1968 roku. Smutnym efektem tych burd był interdykt nałożony na prowokatorów przez kardynała Wojtyłę, a następnie okupacja kościoła w Krempachach. Problemy narodowościowe były wykorzystywane przez bezpiekę do rozbijania Kościoła katolickiego, a niektóre konflikty były wręcz inspirowane lub podsycane przez SB.

Jak już powiedziano na wstępie, jednym z najważniejszych bohaterów donosów składanych przez TW o pseudonimie „Andrzej" był ksiądz

Józef Tischner. Świetnie zapowiadający się duszpasterz i uczony, a jednocześnie ksiądz o wyraźnie antykomunistycznych poglądach musiał zainteresować SB, a zwerbowanie proboszcza jego rodzinnej parafii ułatwiło zdobywanie informacji na jego temat. Z przedrukowanych tu kilkunastu fragmentów doniesień wyłączono informacje o życiu prywatnym rodziny Tischnerów oraz opinie agenta, nieraz bardzo złośliwe i krzywdzące, na temat inwigilowanych osób. Warto zaznaczyć, że donosy księdza Cedry nie zostały napisane przez niego samego, lecz były spisywane z jego słów przez funkcjonariusza prowadzącego. Pod raportami notowano zadania dla TW, przebieg ich wykonania oraz przedsięwzięcia, które SB winna podjąć w związku z uzyskanymi informacjami.

Pierwsza notatka pochodzi z lata 1968 roku, kiedy to ksiądz Tischner przebywał w Łopusznej, oczekując na wyjazd do Austrii, a następnie do Belgii (w kolejnych donosach mylnie podano, że do Francji; ksiądz Tischner podczas pobytu na stypendium w Louvain był we Francji, ale tylko z krótką wycieczką):

Notatka służbowa spisana ze słów TW ps. „Andrzej" na spotkaniu w dniu 22 sierpnia 1968, przyjął por. Z. Majka w mieszkaniu TW.

TW wspólnie z ks. Tischnerem, który chwilowo przebywa na urlopie u swych rodziców, „przeżywał" pierwszy dzień po wkroczeniu wojsk Układu Warszawskiego do CSRS. W dniu tym od godzin rannych kilkanaście osób zgromadziło się w miejscowej szkole, gdzie oglądało transmisję telewizyjną z zajść w CSRS. Ks. Tischner w czasie rozmowy z TW negatywnie ocenił decyzję 5-ciu państw Układu Warszawskiego jako zbyt drastyczną a wcale nie tak bardzo potrzebną, gdyż tego rodzaju pociągnięcia można było zastąpić dalszymi dwustronnymi ustępstwami.

Notatka służbowa spisana ze słów TW ps. „Andrzej" na spotkaniu w dniu 21 stycznia 1969, przyjął por. Z. Majka

Wywodzący się rodem z Łopusznej ks. Tiszner [sic!], ostatnio pracujący w Kurii krakowskiej, aktualnie przebywa we Francji, koło Paryża, gdzie na tamtejszym uniwersytecie, przez okres jednego roku będzie pogłębiać swą wiedzę. Na miesięczne utrzymanie otrzymuje stypendium w wysokości 5 tys. franków, przy czym [za] wyżywienie płaci 1200 franków.

Do TW pisał, że pomimo dość dużego stypendium, musi oszczędzać nawet na znaczkach, aby można było sobie pozwolić na zwiedzenie zabytków i inne wydatki. Ojciec ks. Tisznera, będący kierownikiem szkoły w Łopusznej, w rozmowie z TW podkreśla zdolności swego syna i uznanie jakim cieszy się w Kurii Krakowskiej, czego wyrazem jest wysłanie go do Francji.

Przedsięwzięcia:

Celem sprawdzenia prawdomówności TW ps. „Andrzej", TW ps. „Zbigniew" przeprowadzi z nim rozmowę [...] i rozpyta go na temat ks. Tisznera i jego rodziny zamieszkującej w parafii TW. ps. „Andrzej". Dla porównania uzyskanych materiałów opracować notatkę do teczki personalnej TW ps. „Andrzej".

Notatka służbowa spisana ze słów TW ps. „Andrzej", Nowy Targ 13 maja 1969, przyjął por. Z. Majka

Zgodnie z zadaniem TW rozmawiał z ojcem ks. Tisznera, który obecnie przebywa we Francji, gdzie wykonuje pracę naukową. Do swych rodziców pisze, że miesięcznie otrzymuje 4-5 tysięcy franków, lecz to wystarcza na skromne opłacenie wyżywienia, prasę itp., tak, że nawet na znaczkach musi oszczędzać.

W jednym z listów do swych rodziców pisze /TW czytał/, że spotkał się z siostrą zakonną swą przyjaciółką z lat młodych. Aktualnie wybiera się ona do Australii, jest poważnie chora, najprawdopodobniej na raka. Spotkanie to było dla ks. Tisznera przykrym przeżyciem, oboje żegnając się popłakali wiedząc, że jest to ich ostatnie widzenie się.

Charakteryzując ks. Tisznera TW stwierdził, że jest to człowiek o nieprzeciętnych zdolnościach, posiada ogromną wiedzę teoretyczną z zakresu teologii, filozofii i z czasem będzie on sławnym naukowcem. Jest to ksiądz realnie patrzący na dzisiejsze czasy, dostrzega, że nauki teologiczne muszą być dostosowane do nowych warunków cywilizacji, gdyż w przeciwnym wypadku religia katolicka jako taka nie będzie się mogła utrzymać. [...]

Jak TW zdołał się zorientować, ks. Tiszner po roku pobytu za granicą powróci do Krakowa, gdzie będzie kontynuował pracę.

Notatka służbowa spisana ze słów TW ps. „Andrzej" na spotkaniu w dniu 21 października 1969, przyjął por. Z. Majka w plebanii TW.

Z Austrii i Francji powrócił ks. Tischner, który następnie przez kilka dni przebywał u swojego ojca i przy okazji odwiedził TW. Ksiądz ten wyraził się, że dużo skorzystał z poby-

tu, zwłaszcza w Paryżu, gdyż poznał życie tamtejszych księży
i wiernych, poszerzył swe wiadomości studiując różnego rodzaju rękopisy itp. Finansowo nic nie zaoszczędził, gdyż stypendium ledwie wystarczało na życie i codzienne wydatki.

W 1970 roku ojciec księdza Tischnera przeszedł na emeryturę i rodzice wyprowadzili się z Łopusznej do Starego Sącza. Dopiero od połowy lat siedemdziesiątych duchowny zaczął znów częściej bywać w rodzinnej wsi. Poniższe doniesienie zawiera kolejną nieścisłą informację:
bacówka księdza Tischnera nie została zakupiona od jednego z mieszkańców Łopusznej. Był to nowy domek, sfinansowany przez księdza i
wybudowany przez jego przyjaciół.

Notatka służbowa spisana ze słów TW ps. „Andrzej" na spotkaniu w dniu 11 lutego 1977, przyjął por. M. Kozielec w lokalu gastronomicznym w Nowym Sączu.
　　Na terenie parafii Łopuszna /Polana Szumalowa/ wykładowca WSD w Krakowie ks. Tischner posiada domek wypoczynkowy. Obiekt ten został przerobiony z bacówki zakupionej od
mieszkańca Łopusznej. W 1977 r. ks. Tischner przebywał we
wspomnianym obiekcie dwukrotnie. W czasie jego bytności na
terenie Łopusznej, odwiedzają go różni nieznani na tym terenie ludzie.
　　Przedsięwzięcia:
　　Przeprowadzić bliższe ustalenia o działalności ks. Tischnera na terenie Łopusznej.
　　Poinformować Wydz. IV w Krakowie o posiadanym przez ks.
Tischnera obiekcie w m. Łopuszna.

Większość donosów TW „Andrzeja" jest mieszaniną prawdziwych
informacji, fałszywych interpretacji i plotek krążących w środowisku
księży. Charakterystyczny pod tym względem jest poniższy donos, w którym znalazła odbicie m.in. plotka o... żydowskim pochodzeniu księdza
Tischnera:

Notatka służbowa spisana ze słów TW ps. „Andrzej" na spotkaniu w dniu 24 listopada 1978, przyjął por. M. Kozielec
w mieszkaniu prywatnym w Nowym Sączu.
　　Wg opinii TW kandydatem prymasa na arcybiskupa krakowskiego byłby obecny sufragan kielecki Materski. Wśród księży
wiele mówiło się i nadal się mówi o Macharskim. [...] Wymie-

niane często było nazwisko Tischnera, kandydaturę tę kwituje się jednak krótko „Tischnera należałoby najpierw ochrzcić niż czynić biskupem". Jest to prawdopodobnie aluzja do jego pochodzenia, a także manifestacyjnie świeckiego trybu życia. Kurialiści mają mu za złe m.in. to, iż przychodzi na zajęcia z klerykami nie tylko że w stroju cywilnym, ale nawet i bez koloratki. Opinie takie pochodzą m.in. od ks. X [nazwisko usunięte przez autora opracowania].

Zadania

– Nawiązanie kontaktu z ks. Tischnerem i ks. X celem rozpoznania za ich pośrednictwem sytuacji w kurii i przypuszczalnych zmian w kurii.

Notatka służbowa spisana ze słów TW ps. „Andrzej" na spotkaniu w dniu 7 czerwca 1980, przyjął ppor. Z. Zwoliński w mieszkaniu TW.

W dniu 1 czerwca br. przy okazji odpustu w par. Łopuszna odbyła się uroczystość 25-lecia kapłaństwa ks. dr hab. Józefa Tischnera z Krakowa. Ks. Tischner utrzymuje z miejscowym proboszczem ks. W. Cedro bliskie kontakty, a żywi przede wszystkim sentyment do samej Łopusznej, gdzie jego ojciec przez szereg lat pełnił obowiązki kierownika szkoły. W czasie jednego z pobytów w Łopusznej zwierzył się do ks. W. Cedro, że zamierza zorganizować wspomniany jubileusz dla grona swoich najbliższych znajomych i przyjaciół. Wtedy ks. Cedro wystąpił z propozycją, żeby uroczystość tę zorganizować u niego, że i tak będzie miał u siebie małą uroczystość odpustową, połączoną z przyjęciem dla miejscowych księży sąsiadów. Z propozycji tej ks. Tischner skorzystał skwapliwie i oświadczył, że spodziewa się ok. 50 gości. Ks. Cedro zaskoczony był tak dużą liczbą, lecz z propozycji zorganizowania dla nich przyjęcia nie wypadało się wycofać.

W efekcie w dniu tym gościł u siebie ok. 100 osób, w tym nieliczną grupę księży dekanalnych. Wśród gości ks. Tischnera znajdowała się znaczna grupa jego współpracowników – redaktorów czasopisma „Znak" i „Tygodnika Powszechnego", oraz 15-osobowa grupa Włochów – redaktorów tamt. wydawnictw religijnych, w tym jeden duchowny. [...]

Wierni z Łopusznej ufundowali jubilatowi puchową pościel, co księża spiscy skomentowali, że będzie miał się czym przykryć w bacówce. /Posiada on taką w Gorcach/.

Zadania

– Inwigilować w dalszym ciągu komentarze dot. ostatniej uroczystości jubileuszowej w Łopusznej.

Notatka służbowa spisana ze słów TW ps. „Andrzej" na spotkaniu w dniu 14 lipca 1981, przyjął ppor. Z. Zwoliński w mieszkaniu TW.

Kanclerz Kurii Krakowskiej rozprowadzał pogłoski, że kard. Macharski zostanie mianowany prymasem, a jego miejsce zajmie ks. Tischner. Pogłosek tych księża nie traktowali poważnie, gdyż ks. Tischner znany jest w diecezji, w tym również wśród kurialistów jako osoba duchowna posiadająca zbyt wiele cech świeckich, które znane są również i Papieżowi. Nawet sam Tischner dementował te pogłoski, argumentując, że gdyby papież miał takie zamiary, to nie zlecałby mu czuwania nad sprawą reaktywowania Wydz. Teologicznego przy UJ.

Notatka służbowa spisana ze słów TW ps. „Andrzej" na spotkaniu w dniu 29 września 1981, przyjął ppor. Z. Zwoliński w mieszkaniu TW.

Ks. Tischner uczestnik I tury Zjazdu „Solidarności" stwierdził, że delegaci wyżywali się przede wszystkim w głosowaniu, a czyniono to nawet przy błahych decyzjach. Stwierdził on, że w zjeździe uczestniczyli przeważnie ludzie, u których występuje wyraźnie brak wyrobienia politycznego i zapał, który może okazać się niebezpieczny. Po powrocie z Gdańska ks. Tischner odwiedził ks. Cedro w Łopusznej, gdzie w trakcie wygłoszonego kazania nadmienił m.in. że był uczestnikiem Zjazdu i podzielił się wyniesionymi stamtąd wrażeniami. Księża z dekanatu spiskiego zaskoczeni byli propozycją uczestników Zjazdu, aby wystąpienie ks. Tischnera przyjąć za dokument zjazdowy. Przez księży spiskich uważany jest on za teoretyka „Solidarności". TW „Andrzej" nie jest zorientowany, czy ks. Tischner bierze udział w drugiej turze obrad.

Zadania
– W kontaktach z Ks. Cedro uzyskać opinię ks. Tischnera w sprawach dot. Zjazdu „S".

Notatka służbowa spisana ze słów TW ps. „Andrzej" na spotkaniu w dniu 24 sierpnia 1982, przyjął ppor. Z. Zwoliński w mieszkaniu TW.

Ks. Tischner bardzo często zwłaszcza w trakcie urlopów przebywa w bacówce w Gorcach koło Łopusznej. Msze odprawia zwykle w niedziele w Łopusznej. Jego kazania to zwykle niezbyt zrozumiałe dla miejscowych wiernych filozoficzne wywody. Księża spiscy oraz inni, którzy go znają, uważają go za

człowieka o wygórowanych ambicjach. Za czasów kard. Wojtyły był on przez niego forowany, gdyż Wojtyła lubił się ob-
stawiać naukowcami, a do takich właśnie ks. Tischner się
zaliczał. [...]

Przedsięwzięcia:

Przekazane przez TW informacje zostaną wykorzystane
w bieżącej pracy operacyjnej, w sprawie Tischnera sporządzony zostanie wyciąg do Wydz. IV w Krakowie.

Jeszcze w 1981 roku ksiądz Tischner zaangażował się w akcję spro-
wadzania z Austrii maszyn rolniczych dla Podhala. Pierwszy taki transport wjechał do Polski na Wielkanoc 1983 roku. Temat ten również pojawił się w rozmowach funkcjonariusza SB z TW „Andrzejem".

Notatka służbowa spisana ze słów TW ps. „Andrzej" na spotkaniu w dniu 28 marca 1983, przyjął mł. chor. Piotr Wójcik
w mieszkaniu TW.

Słyszałem o jakichś darach z Austrii w postaci maszyn rolniczych jakie mają przyjść do naszego kraju, lecz
nie znam żadnych bliższych szczegółów na ten temat. Z tego, co wiem, to problemem tym zajmuje się między innymi
ks. Tischner, a w ogóle to sprawą tą kieruje ktoś z okolic Zakopanego. Wspólnie z ks. Tischnerem sprawą tą zajmuje się ob. Smarduch z Łopusznej, który w przeszłości wchodził w skład zarządu Solidarności Wiejskiej. W ogóle pomiędzy Smarduchami a ks. Tischnerem jest wielka nić przyjaźni.
[...]

Przedsięwzięcia:

Zadaniować TW na rozwinięcie aktualnych tematów dot. NZPS
[Nowotarskich Zakładów Przemysłu Skórzanego], wizyty Papieża, ks. Tischnera, udziału jego w organizowaniu całego przedsięwzięcia.

Zadania:

Poprzez ks. Tischnera ustalić szczegóły związane z otrzy-
mywaniem i podzieleniem maszyn rolniczych otrzymywanych
z Austrii. W rozmowie szczególnie uwzględnić rolę poszczególnych osób biorących.

Notatka służbowa spisana ze słów TW ps. „Andrzej" na spotkaniu w dniu 27 września 1983, przyjął mł. chor. Piotr Wójcik w mieszkaniu TW.

W czasie ostatniego spotkania z ks. Tischnerem poruszyli-
śmy temat ostatniej wizyty papieża w kraju a szczególnie je-

go drugie spotkanie z Jaruzelskim. Ks. Tischner stwierdził, że w czasie jego pobytu w Watykanie i spotkaniu z Papieżem, ten poruszył ten temat. Jak powiedział ks. Tischner papież miał się wyrazić, że nie spodziewał się, że Jaruzelski jest tak inteligentny. Słowo to bardzo dużo znaczy, a wypowiedziane ustami papieża jest niemal pochlebstwem i wyrazem uznania.

O ile się nie mylę, to ks. Tischner przebywa aktualnie w Austrii, jednym z powodów, w jakim tam przebywa, jest przygotowanie przez niego do przekazania dalszej ilości maszyn rolniczych przez tamtejszych rolników. Nie znam jednak bliższych szczegółów tych przygotowań.

Wnioski i Przedsięwzięcia

- Potwierdza się informacja o przygotowaniach ks. Tischnera do zorganizowania następnej, drugiej dostawy maszyn rolniczych z Austrii dla naszych rolników. Celem ustalenia bliższych danych w tym zakresie należy w tym kierunku zadaniować źródła operacyjne po klerze jak i kompleksie gosp. żywnościowej.

Informacja spisana ze słów TW ps. „Andrzej" na spotkaniu w dniu 10 stycznia 1984, przyjął mł. chor. Piotr Wójcik w mieszkaniu TW.

W dniu 1 stycznia 1984 r., tj. w Nowy Rok przebywał w Łopusznej ks. Tischner. O godzinie 11.00 odprawił mszę kościelną, sumę, na której wygłosił kazanie. Kazanie to nie było przygotowane przez Tischnera, o czym świadczyła treść kazania, ks. Tischner mówił, jak to się mówi, „o wszystkim i o niczym". [...]

Ks. Tischner był w towarzystwie czterech osób narodowości włoskiej, w tym jedna młoda kobieta znająca język polski. Osoby te jak powiedział ks. Tischner są przedstawicielami jakiejś włoskiej organizacji o nazwie zbliżonej do „walka o wyzwolenie i pokój", dokładną nazwę tej organizacji słyszałem, ale nie zapamiętałem. Osoby te żywo interesowały się frekwencją na mszy, wyposażeniem kościoła, tamtejszy proboszcz ks. Cedro oprowadzał ich po kościele, plebanii. Po wyjeździe z Łopusznej wraz ks. Tischnerem osoby te pojechały do Krakowa na spotkanie z tamtejszymi władzami kościelnymi, nie jestem jednak w stanie powiedzieć bliżej z kim.

Zadania:

poprzez bliskie kontakty z ks. Tischnerem i Cedro ustalić nazwę NN włoskiej grupy, cel jej pobytu, zadania, marszrutę.

Goście, którzy odwiedzili księdza Tischnera i tak bardzo zaniepokoili SB, byli członkami włoskiego ruchu Comunione e Liberazione (Wspólnota i Wyzwolenie), jednego z głównych ruchów odnowy w Kościele. Utrzymywali oni w tych latach intensywne kontakty z autorem *Etyki solidarności*. Jak widać z kolejnego doniesienia, relacje księdza Tischnera z proboszczem z Łopusznej zaczęły się w tym czasie psuć:

Informacja spisana ze słów TW ps. „Andrzej" na spotkaniu w dniu 3 marca 1984, przyjął ml. chor. Piotr Wójcik w mieszkaniu TW.

Faktem jest, że w ubiegłym miesiącu przez okres tygodnia przebywał w Łopusznej ks. Tischner, lecz nie jest prawdą, że mieszkał on u tamtejszego proboszcza ks. Wacława Cedro, a mieszkał w swojej bacówce pod Turbaczem. Z tego, co wiem, to ks. Cedro unika bliższych kontaktów towarzyskich z ks. Tischnerem, gdyż za ks. Tischnerem „wleką" się stale jego liczni znajomi, prawie nigdy nie jest on sam.

Kilkakrotnie już kiedy ks. Tischner przebywał u ks. Cedry na plebanii, zwalali się ww. znajomi i ks. Cedro musiał ich gościć, karmić itp. Zrażony więc tym unika tego typu kontaktów i pod tym względem izoluje się od ks. Tischnera. Jak już wspomniałem ks. Tischner w czasie pobytu w bacówce odwiedzany jest przez licznych znajomych, są to ludzie przeważnie młodzi, wyglądający na studentów. Spotkania te są umówione, gdyż nie było jeszcze, aby ktoś przyjechał do ks. Tischnera pod jego nieobecność.

Informacja spisana ze słów TW ps. „Andrzej" na spotkaniu w dniu 25 maja 1984, przyjął ml. chor. Piotr Wójcik w mieszkaniu TW.

Kilka dni temu przyjechała do naszego kraju druga tura darów dla naszych rolników od rolników austriackich. Dary te przeznaczone zostały dla gminy Tatrzańskiej, tj. dla rolników Zakopanego i okolic. Razem z tymi darami przyjechała 60-osobowa delegacja organizatorów przekazywania tych darów w postaci maszyn i urządzeń rolniczych. W czasie pobytu w naszym kraju odwiedzili oni Łopuszną, bacówkę ks. Tischnera i ks. Wacława Cedro w Łopusznej. Ks. Tischner jako jeden z organizatorów tej akcji załatwił dla Łopusznej jeden ciągnik, przewracarkę gnoju oraz pełne wyposażenie dla tamtejszego koła gospodyń wiejskich. [...] Łączna wartość przekazanych rzeczy wynosi, choć trudno to oszacować dokładnie, około pół miliona złotych.

Treść doniesień „Andrzeja" pozwalała SB poznać nastroje panujące wśród duchownych, a także śledzić działalność księdza Tischnera na terenie Podhala. Za przekazywane informacje duchowny nie otrzymywał wynagrodzenia w gotówce. Przyjmował natomiast różnego rodzaju upominki, nieraz o dużej, jak na tamte czasy, wartości. Na liście tych upominków znaleźć można niemal wszystko, począwszy od 2,5 kilograma kiełbasy, poprzez butelki koniaku i paczki kawy, a na sportowej wiatrówce z tysiącem naboi kończąc. Jak różnorodne były to prezenty, świadczy poniższe zestawienie:

Rodzaj gratyfikacji	Cena w złotych	Data
Konsumpcja	275, 80	29 X 68
Opłata za hotel	115	30 XI 68
Prezent imieninowy	1000	29 IX 77
Koniak	900	4 VIII 80
Koniak „Napoleon"	1350	7 IX 85
Kawa	400	25 V 84
Koniak „Maxi"	2800	27 VIII 86
Aparat do golenia z wymienialnymi ostrzami, pędzel do golenia	3910	20 II 87
Butelka „Dżin"	1900	25 IX 87
Zestaw kazań „Homilie"	2500	22 II 88
Słownik polsko-francuski	5000	19 VII 88

Ksiądz Tischner prawdopodobnie nigdy nie dowiedział się o postępowaniu swego młodszego brata w kapłaństwie. Po latach w jednym z wywiadów wyznał, że w codziennej działalności w okresie komunizmu najbardziej przeszkadzała mu niepewność: „nigdy nie było wiadomo, kiedy człowieka śledzą, a kiedy nie". Zapewne nie przypuszczał, że nawet w rodzinnej wsi bezpiece udało się znaleźć kogoś, kto zgodził się przekazywać informacje na jego temat.

W 1990 roku ksiądz Cedro przeniesiony został na nowe probostwo, tym razem do Brzezia, w dekanacie niepołomickim. W międzyczasie został mianowany kanonikiem honorowym archidiecezji krakowskiej. W 2001 roku, w wieku 69 lat, zamieszkał w Domu Księży Emerytów. Na list od autora niniejszej publikacji odpowiedział. Pełna treść odpowiedzi znajduje się w części *Załączniki*.

Bezpieka przeciwko twórcy oaz

Jednym z najbardziej inwigilowanych duchownych działających na terenie metropolii krakowskiej był ksiądz Franciszek Blachnicki, założyciel Ruchu Światło-Życie, czyli tzw. oaz. Informacje na temat jego działalności przekazywali SB m.in. opisani w poprzednich rozdziałach tajni współpracownicy o pseudonimach „Andrzej" i „Jolanta". Złożone przez nich doniesienia to oczywiście tylko niewielki fragment szerokich działań operacyjnych prowadzonych – począwszy od lat pięćdziesiątych – przeciwko temu niezłomnemu kapłanowi, a także współpracującym z nim licznym duchownym i świeckim. Jednak ze względu na toczący się obecnie proces beatyfikacyjny księdza Blachnickiego warto przytoczyć owe materiały, ponieważ obrazują one metody, jakimi SB starała się zwalczać ruch oazowy i poróżnić jego założyciela z innymi duchownymi.

Dla państwa komunistycznego oazy – skupiające młodzież odbywającą formację religijną, czytającą wspólnie Pismo Święte i poznającą polskie tradycje religijne i patriotyczne – były niebezpieczną alternatywą dla oficjalnego modelu wychowania. Natomiast dla młodych ludzi była to propozycja bardzo atrakcyjna: wspólne spędzanie czasu podczas regularnych spotkań i wakacyjnych obozów połączone było z pracą nad doskonaleniem własnego życia wewnętrznego.

Życiorys twórcy oaz, księdza Blachnickiego, był już wielokrotnie opisywany przez historyków, stąd w niniejszym opracowaniu przypomniane zostaną jedynie najważniejsze fakty. Przyszły sługa Boży urodził się 24 marca 1921 roku w Rybniku na Górnym Śląsku. W 1938 roku zdał maturę w Tarnowskich Górach. Walczył w kampanii wrześniowej, a następnie działał w konspiracji. Aresztowany w marcu 1940 roku, został wywieziony do obozu koncentracyjnego Auschwitz (otrzymał numer 1201). Dwukrotnie przez kilka miesięcy był więziony w tzw. bloku śmierci. Następnie przebywał w aresztach śledczych w Katowicach i Zabrzu, gdzie w marcu 1942 roku został za działalność konspiracyjną skazany na śmierć.

Przebywając przez kilka miesięcy w celi śmierci, przeżył głębokie nawrócenie. Po interwencjach rodziny karę śmierci zamieniono mu na 10 lat więzienia. Jako skazaniec pracował w kilku niemieckich obozach koncentracyjnych, w tym w Lengenfeld, z którego w kwietniu 1945 został uwolniony przez Amerykanów. Po powrocie do kraju wstąpił do Śląskiego Wyższego Seminarium Duchownego w Krakowie. Święcenia kapłańskie otrzymał w 1950 roku. Przez pierwsze lata pracował jako wikary w kilku parafiach diecezji katowickiej. W 1954 roku zorganizował po raz pierwszy Oazę Dzieci Bożych, przeznaczoną dla ministrantów. W tym czasie jego diecezja przeżywała ciężkie chwile związane z aresztowaniem, a następnie wygnaniem biskupów przez władze państwowe. Ksiądz Blachnicki zaangażował się w działania na rzecz ich powrotu, czym zwrócił na siebie uwagę Urzędu Bezpieczeństwa Publicznego.

W 1957 roku zainicjował ogólnopolską akcję antyalkoholową – Krucjatę Wstrzemięźliwości. Dla władz komunistycznych była to działalność wywrotowa (sprzedaż alkoholu była źródłem ogromnych zysków budżetu państwa). Zamknęły więc centralę Krucjaty w Katowicach, a w marcu 1961 roku aresztowały księdza Blachnickiego i wytoczyły mu proces. Został skazany na 9 miesięcy za „wydawanie nielegalnych druków i rozpowszechnianie fałszywych wiadomości o prześladowaniach Kościoła". Jak pisze historyk Andrzej Grajewski: „W ostatnim słowie prosił o wyższy wyrok, gdyż – jak powiedział – prześladowanie jest źródłem siły Kościoła. Zwolniony został po kilku miesiącach spędzonych w areszcie śledczym".

W tym samym roku ksiądz Blachnicki rozpoczął studia teologiczne na KUL-u, gdzie cztery lata później się doktoryzował. Równolegle z pracą naukową aktywnie włączył się w przemiany soborowe w polskim Kościele. W 1963 wrócił do idei organizowania rekolekcji oazowych, z których narodził się najpierw Ruch Żywego Kościoła, a następnie – w 1976 roku – Ruch Światło-Życie. Ruch ten rozwinął się we wszystkich polskich diecezjach, stając się jedną z najważniejszych form duszpasterstwa dzieci i młodzieży. Zaowocował też m.in. licznymi powołaniami kapłańskimi. Władze państwowe zemściły się na księdzu Blachnickim, blokując mu zatwierdzenie rozprawy habilitacyjnej. Na znak protestu duchowny zrezygnował z etatu na KUL-u i poświęcił się całkowicie działalności oazowej.

Władze od początku starały się hamować rozwój tego ruchu, który miał formować ludzi duchowo wolnych, odpornych na komunistyczną indoktrynację i żyjących według nauki Kościoła. Już w połowie lat sześćdziesiątych krakowska SB prowadziła dochodzenie w sprawie nielegalnej działalności gospodarczej księdza Blachnickiego (chodziło o wydawanie i kolportowanie publikacji, które nie przechodziły przez cenzurę państwową). Ksiądz był wielokrotnie przesłuchiwany, szykanowano ludzi z nim współpracujących, sprawdzano jego korespondencję, a w lutym 1968 roku przeprowadzono rewizję w jego mieszkaniu w Krościenku.

Od września 1977 – pisze cytowany Andrzej Grajewski – w Wydziale IV KW MO w Krakowie został powołany specjalny zespół do rozpracowania ruchu oazowego i prowadzenia działań dezinformacyjnych. Do jego zadań należała m.in. kwalifikacja członków ruchu oazowego, którzy zostali wytypowani do agenturalnego werbunku. [...] Ważnym elementem prowokacji skierowanej przeciwko ks. Blachnickiemu było powołanie pod kuratelą SB, a zwłaszcza zespołów zajmujących się dezinformacją, biuletynu „Samoobrona Wiary", który był adresowany głównie do duchowieństwa i osób związanych z ruchem oazowym. Pod pretekstem występowania w obronie Kościoła w biuletynie tym denuncjowano ks. Blachnickiego jako schizmatyka, utrzymującego podejrzane kontakty z zielonoświątkowcami i świadkami Jehowy. Oficerowie SB redagujący ten biuletyn często wykorzystywali w nim prawdziwe opinie, pochodzące z kręgów kościelnych niechętnych księdzu Blachnickiemu.

Istotnie, w działania przeciwko temu bardzo zaangażowanemu kapłanowi dali się wciągnąć również niektórzy duchowni – jedni z braku zrozumienia dla tego, co robił, inni z zazdrości, a jeszcze inni z inspiracji SB. Poniższe doniesienia pochodzące od duchownych będących tajnymi współpracownikami i dotyczące dekanatu spiskiego archidiecezji krakowskiej pokazują, jakie informacje zbierali esbecy na temat księdza Blachnickiego. Opierając się na niektórych z tych informacji, SB podejmowała konkretne działania dezinformacyjne i dezintegrujące (działania „D"). Szczególnie interesowała ją postawa innych księży –

czy chętnie, czy też niechętnie współpracują z księdzem Blachnickim, co o nim mówią, jak się wobec niego zachowują.

Notatka służbowa spisana ze słów TW ps. „Andrzej" na spotkaniu w dniu 2 sierpnia 1972, przyjął por. A. Turotszy w mieszkaniu prywatnym.

[...] Jeżeli chodzi o placówkę oo. reformatów w Dursztynie, to ostatnio pozostał tam tylko o. Napierała. [...] pertraktował z o. Napierałą ks. Franciszek Blachnicki z Krościenka, chcąc pomieszczenia w domu zakonnym wynająć dla „oaz". W tym roku jednak nie przyjechali.

Przedsięwzięcia:

Informacje odnośnie organizowania „oaz" w Dursztynie przez ks. Fr. Blachnickiego wykorzystać w ramach prowadzonej sprawy obiektowej „Oaza", podejmując przeciwdziałania.

Notatka służbowa spisana ze słów TW ps. „Andrzej" na spotkaniu w dniu 10 sierpnia 1973, przyjął por. A. Turotszy w mieszkaniu prywatnym.

W parafiach dekanatu niedzickiego w działalności tej [tj. oazowej] zaangażowani są ks. Głód Jan z Waksmunda oraz ks. Siuda Antoni z Maniów. Jeżeli chodzi o ks. Głoda, to ten aktywnie organizuje u siebie w parafii obozy, kolonie. Utrzymuje kontakt z ks. Franciszkiem Blachnickim. Ks. Siuda Antoni utrzymuje kontakt z ośrodkiem w Krościenku. Był okres, że przysyłał tam na szkolenie lektorów, uczniów starszych klas. Ponadto w obrzędach wprowadza nową liturgię.

Działalność prowadzona przez ks. Blachnickiego w ostatnim czasie bardzo popierana jest przez Kard. Wojtyłę. W dyskusjach prowadzonych przez księży mówi się o tym, że Kardynał w tego rodzaju działalności widzi możliwość przyciągania młodzieży, zaangażowania do działalności. Księża młodzi widzą w tym dla nich szansę wykazania się, możliwość awansu itd. Księża starsi nie popierają tego rodzaju działalności. Komentuje się, że przeciwny temu jest również ks. Groblicki Julian, który wiele razy dał temu wyraz w swych wypowiedziach.

Przedsięwzięcia:

Informacje dot. „oaz" wykorzystać w ramach prowadzonej sprawy obiektowej „Oaza".

Zadania:

Zorientować się odnośnie organizowania „oaz" przez Fr. Blachnickiego.

Notatka służbowa spisana ze słów TW ps. „Andrzej" na spotkaniu w dniu 28 IX 1976, przyjął ppor. M. Kozielec w mieszkaniu TW.

Przykładem, iż wszelkie innowacje napotykają różne trudności, są oazy ks. Blachnickiego oraz jego tendencja do przyspieszania zmian soborowych. Mimo iż program ks. Blachnickiego zyskał wielu sympatyków nawet wśród starszych hierarchów Kościoła Katolickiego, to jednak przy wcielaniu go w życie - Blachnicki ma wiele problemów. Ten sposób ożywienia życia religijnego wśród młodzieży skrytykował np. ks. Kozieł, który zgorszony był tym, że oazowicze uczyli się i znali sporo pieśni nie zawsze religijnych, a gdy intonował „Pod Twoją Obronę", to musiał całą pieśń sam prześpiewać. Ks. Kozieł miał również uwagi do strony moralnej oazowiczów.

Nie jest to jedyny przykład niezadowolenia z działalności ks. Blachnickiego. Również proboszcz z Krościenka, ks. Krzan powiedział kiedyś Blachnickiemu, aby nie wprowadzał oazowiczów na nabożeństwa przeznaczone dla miejscowych parafian, bowiem ludzie się skarżą, iż czują się jak na tureckim kazaniu. Niesnaski między tymi księżmi trwają od dłuższego czasu, być może są powodowane zazdrością ze wzrostu popularności i pozycji kolegów, albo też wynikają z przyzwyczajeń panujących w tym środowisku /wieczne malkontenctwo/.

Notatka służbowa spisana ze słów TW ps. „Andrzej" na spotkaniu w dniu 14 maja 1977, przyjął ppor. M. Kozielec w lokalu gastronomicznym w Nowym Sączu.

W parafii Nowa Biała - Dursztyn ks. Blachnicki remontuje dom zakupiony od Śmiałkowskich. W domu tym na razie przebywa jedna osoba, po remoncie przypuszczalnie zorganizowana zostanie baza oazowa. Bardzo niezadowolony z prób osiedlenia się Blachnickiego w tej parafii jest ks. Kozioł [właśc. Kozieł]. Miał on w gronie księży bardzo niepochlebnie wyrażać się o Blachnickim. Sam Blachnicki ze względu na propagowaną przez siebie formę odprawiania nabożeństw /duża dominacja języka polskiego, brak odpowiedników w języku słowackim/ nie ma w tym środowisku większych szans zyskania popularności. Z jednej strony może dojść do konfliktu w parafii na tle narodowościowym, zaś z drugiej strony nie można wykluczyć, iż odprawiać będzie on mszę w j. słowackim i wtedy stanie się niewątpliwie ważną dla mniejszości słowackiej postacią. Ks. Kozioł obawia się zarówno jednej, jak i drugiej możliwości.

Zadania:

Rozeznać zamiary ks. Blachnickiego oraz zamiary ks. Kozioła.

Przedsięwzięcia:

Przeprowadzić ustalenia o zamiarach ks. Blachnickiego na terenie Dursztyna.

Notatka służbowa spisana ze słów TW ps. „Andrzej" na spotkaniu w dniu 24 czerwca 1977, przyjął ppor. M. Kozielec w mieszkaniu prywatnym w Nowym Sączu.

[...] Ks. Siuda przekazując te informacje apelował również, aby wszyscy proboszczowie posiadający odpowiednie warunki dla organizowania działalności oazowej zgłaszali to do kurii. Księża nie wypowiadali się na temat oaz. Ich stosunek do tych spraw jest raczej obojętny. W przeszłości przeciwko oazom występował jedynie o. Żak z Dursztyna, inni nie podejmowali w tym zakresie żadnej działalności.

Na terenie Dursztyna prowadzone są jakieś prace przez ks. Blachnickiego. Blachnicki nie przebywał tam ostatnio. W tym roku w ośrodku w Dursztynie nie będzie prawdopodobnie grup oazowych.

Przedsięwzięcia:

Przeprowadzenie rozmowy operacyjnej z ks. Żakiem /sprawa oaz oraz stosunku do ks. Blachnickiego/.

Jak wynika z zachowanych dokumentów, „Andrzej" nie tylko zbierał i przekazywał informacje o swoim współbracie w kapłaństwie, ale również podejmował się wykonywania konkretnych zadań; np. z notatki sporządzonej przez funkcjonariusza SB 1 października 1977 roku wynika, że otrzymał polecenie nawiązania „bliższego kontaktu z ks. Tischnerem, celem pogłębienia informacji o zamiarach Blachnickiego". W połowie stycznia następnego roku miał już do przekazania konkretne wiadomości o relacjach między duchownymi, którymi interesowała się bezpieka:

Notatka służbowa spisana ze słów TW ps. „Andrzej" na spotkaniu w dniu 14 stycznia 1978, przyjął ppor. M. Kozielec w mieszkaniu prywatnym w Nowym Sączu.

Ks. Tischner przebywa na terenie Łopusznej tylko w okresie ferii, sporadycznie przyjeżdża w niedziele.

Jego kontakt z ks. Blachnickim wynika nie z chęci zaangażowania się na rzecz ruchu oazowego, ale zainteresowań ruchem od strony naukowej. Ks. Tischner przebywał na sympozjum zorganizowanym przez Blachnickiego — całość nie zachwyciła go, pomimo uprzedniego przygotowania, nie zabrał głosu. Blachnicki zabiega o względy Tischnera. Dla podbudowania autorytetu oaz — stara się skupić wokół ruchu ludzi wpływowych, księży zatrudnionych w kuriach, seminariach. Wszyscy pozostali skupieni wokół Blachnickiego przeznaczeni są do wykonywania prostych czynności technicznych — nie mają wpływu na rozwój ruchu. Stosunki Blachnickiego z osobami wpływowymi układają się nienajlepiej.

Zadania

Nawiązanie bliższego kontaktu z ks. Tischnerem, celem pogłębienia informacji o zamiarach Blachnickiego.

Z rozmów z TW wynikały nie tylko kolejne wyznaczane mu zadania, ale również kroki, które mieli przedsięwziąć sami funkcjonariusze SB:

Notatka służbowa spisana ze słów TW ps. „Andrzej", Nowy Sącz 13 marca 1978, przyjął ppor. M. Kozielec.

W czasie pobytu Tischnera w Łopusznej często odwiedzają go osoby świeckie. Jakiś czas z ks. Tischnerem utrzymywał również kontakt ks. Blachnicki — nie jest on jednak partnerem dla Tischnera, stąd ta znajomość urwała się. Blachnicki próbował wciągnąć Tischnera w orbitę spraw oazowych, zdobycie takiego autorytetu podniosłoby prestiż oaz, a także poszerzyłoby zakres działalności Blachnickiego.

Przedsięwzięcia

Wykorzystanie uzyskanych informacji w bieżącej pracy operacyjnej m.in. w przeprowadzeniu działań „D" [...] w odniesieniu do ks. Blachnickiego.

TW „Andrzej" miał też angażować się w działania dezintegrujące na obszarze dekanatu spiskiego, a w szczególności we wspomnianej parafii w Nowej Białej. Jak można wnioskować z tego, co zapisano w następnych raportach, działania te z początku nie przynosiły spodziewanych rezultatów: mimo urabiania księdzu Blachnickiemu negatywnej opinii księża pracujący na tym terenie nie przeszkadzali mu w organizowaniu rekolekcji dla dzieci i młodzieży.

Notatka służbowa spisana ze słów TW ps. „Andrzej", Nowy Sącz 3 maja 1978, przyjął ppor. M. Kozielec.

W Dursztynie ks. Blachnicki zamierza zorganizować silny ośrodek oazowy. Zwiększy tam obsadę, przybyły dwie kobie-

ty i mężczyzna. Osoby te nie nawiązują bliższych kontaktów
z ks. Żakiem - miejscowym rektorem. Nikt bliżej nie wie co
dzieje się wewnątrz. Ks. Kozioł, proboszcz z Nowej Białej,
nie jest zachwycony pobytem Blachnickiego na terenie swojej
parafii. Z jego wypowiedzi wynika, że obawia się konfliktów
zarówno z władzami jak i z parafianami. Wśród księży głośno
się mówi, że jak ktoś chce mieć kłopoty to powinien zaprzy-
jaźnić się z ks. Blachnickim. Ks. Kozioł nie interesował się
oazami dokąd organizowane były tylko na terenie Dursztyna,
a z czynionych przez Blachnickiego starań wynika, że zamierza on w bieżącym roku zorganizować oazy w sąsiednich wsiach
Nowej Białej i Krempachach. [...]

Przedsięwzięcia

Przeprowadzenie rozmowy operacyjnej z ks. Koziołem /w ramach prowadzonego dialogu/ pod kątem rozeznania jego stanowiska względem oaz i ks. Blachnickiego, a także przekazanie
pewnych negatywnych opinii o ruchu oazowym.

Notatka służbowa spisana ze słów TW ps. „Andrzej", Nowy Sącz
6 maja 1978, przyjął ppor. M. Kozielec.

Ks. Kozioł z Nowej Białej w dalszym ciągu nie zajmuje
zdecydowanego stanowiska względem oaz - zachowuje się obojętnie. Nie wierzy on, aby mogło nastąpić jakieś zagrożenie
jego pozycji ze strony Blachnickiego. Ks. Kozioł uważa, że
ma w tej sytuacji oparcie w kurii za uregulowanie konfliktu
w Nowej Białej. W tej sytuacji nie może mu nic zagrozić.

Blachnicki nie zwracał się do Kozioła z żadnymi propo-
zycjami bądź żadnymi żądaniami. Nie powiadomił go również
o rozbudowywaniu swojej bazy w Dursztynie. Należy stąd przypuszczać, iż wszystko co w tym kierunku robi, to czyni to
bez zgody i aprobaty ks. Kozioła.

Pewnej pomocy udziela ks. Blachnickiemu ks. Żak z Dursztyna. Pomoc ta ogranicza się do pośredniczenia w przyjmo-
waniu paczek, osób przybywających do Wichrówki itp. Ks. Żak
nie bierze czynnego udziału w działalności oazowej.

Zadania

- Rozpowszechnianie niekorzystnych opinii o ks. Blachnickim wśród księży dekanatu spiskiego. W informacjach tych
wskazać na jego konfliktowość, próbę podporządkowania sobie proboszczów na terenie, na którym prowadzi działalność
oazową.

- Zbieranie informacji o zamiarach ks. Blachnickiego na
terenie.

Notatka służbowa spisana ze słów TW ps. „Andrzej", Nowy Sącz 8 czerwca 1978, przyjął ppor. M. Kozielec.

Ks. Kozioł z Nowej Białej nie określił w sposób zdecydowany swojego stanowiska wobec oaz i ks. Blachnickiego, spowodowane jest to m.in. tym, że Blachnicki do tej pory nie ingerował w sposób otwarty w sprawy parafialne nadto udzielał pewnej pomocy w pracy duszpasterskiej w okresie nasilonego ruchu turystycznego. W tej sytuacji należy przypuszczać, że byłby skłonny zgodzić się na pozostawienie Krempach Blachnickiemu, gdyby miał pewność, iż nie przysporzy mu to większych kłopotów. [...]

Blachnicki nie czynił starań o rozszerzenie swojej działalności na terenie dekanatu, bazy oazowe lokalizuje w dalszym ciągu na Spiszu w miejscowościach: Łapsze Niżne, Łapsze Wyżne i Trybsz.

Przedsięwzięcia:

Włączenie Nowej Białej do prowadzenia działań specjalnych poprzez sporządzanie dokumentu /listu/ do wybranych mieszkańców informujących [sic!] o zamiarach ks. F. Blachnickiego.

Notatka służbowa spisana ze słów TW ps. „Andrzej" na spotkaniu w dniu 3 sierpnia 1978, przyjął por. M. Kozielec w pom. prywatnym.

Obecnie oazy przebywają na terenie dekanatu w następujących miejscowościach: Trybsz, Łapsze Niżne, Łapsze Wyżne, Łapszanka, Dursztyn i prawdopodobnie w Kacwinie. Baza oazowa nie uległa zwiększeniu, zwiększyła się jednak ilość uczestników.

Oazy na terenie dekanatu w większości należą do Blachnickiego. Księża - na terenie których zorganizowano oazy - w większości do tej formy odnoszą się obojętnie, brak jest zarówno zdecydowanych popleczników, jak i przeciwników.

Zadania

Rozpowszechniać wśród księży dekanatu negatywne opinie o Blachnickim ze szczególnym uwzględnieniem momentów mogących świadczyć o występowaniu tendencji do rozbicia jedności Kościoła w Polsce.

Przedsięwzięcia:

Przeprowadzenie rozmowy operacyjnej z o. Żakiem pod kątem sondażu jego opinii o Blachnickim oraz stosunku do oaz.

Działalność SB wymierzona w księdza Blachnickiego z upływem lat przybierała na sile. Po wyborze kardynała Karola Wojtyły na papieża bezpieka starała się wysondować, jaką opinię na temat księdza ma nowy metropolita krakowski oraz inni biskupi ordynariusze. 5 lipca 1979 roku TW „Andrzej" otrzymał kolejne zadanie: „Ustalenie za pośrednictwem ks. Dowsilasa stosunku kard. Macharskiego do oaz i osoby ks. Blachnickiego". Nie wiadomo, czy się z niego wywiązał. Trzy tygodnie później w jego doniesieniu znalazła się tylko informacja o tym, gdzie w dekanacie spiskim zorganizowano tego lata rekolekcje oazowe, oraz krótki komentarz:

> Na uwagę zasługuje to iż są to obecnie ośrodki mniej liczne, ale bardziej prężne. W stosunku do ks. Blachnickiego — to jego reputacja wśród księży Podhala nie jest dobra, a nawet gorsza niż była.

Bardzo ciekawy jest też ostatni zapis znaleziony w zachowanej teczce z donosami TW „Andrzeja":

> Notatka służbowa spisana ze słów TW ps. „Andrzej" na spotkaniu w dniu 8 stycznia 1980, przyjął ppor. Z. Zwoliński w mieszkaniu TW.
>
> W grudniu bliżej nieznani młodzi ludzie /kobieta i mężczyzna/ podający się za współpracowników ks. Blachnickiego z Krościenka, rozprowadzali wśród księży dekanatu spiskiego materiały oazowe z jego polecenia. Byli oni m.in. u księży: J. Kozieła z Nowej Białej, W. Janczego z Dębna, oraz prawdopodobnie u wikarego M. Spólnika z Maniów. Dokumenty te również otrzymał ks. St. Wach ze Szczawnicy, który natychmiast skontaktował się w tej sprawie z ks. Blachnickim, ten kategorycznie zaprzeczył aby rozpowszechnianie wspomnianych materiałów odbywało się za jego wiedzą czy też z jego inicjatywy. Księża dekanalni twierdzą, że fakt ten należy przypisać władzom /nie wymienia się jakim/, które w ten sposób chciałyby zaszkodzić ks. Blachnickiemu. Księża uważają również, że tekst listu, w którym zawarta jest prośba „o pomoc dla Apostołów Ewangelizacji Ukrainy", nie jest dziełem księdza z uwagi na występujące w nim nieścisłości rzeczowe.

Oprócz TW „Andrzeja" doniesienia dotyczące działalności popularnego duszpasterza zaczął też składać TW o pseudonimie „Jolanta" (opisany w rozdziale *Przypadek „Jolanty"*...). Podczas spotkania w dniu 15 stycznia 1979 roku prowadzący go funkcjonariusz SB nakazał mu nawiązać kontakt z księdzem Blachnickim i wysondować jego zamiary

„na najbliższy okres oazowy". „Chodzi też o stopniowe zawieranie z nim przyjaźni" – dodał. Duchowni, którzy wcześniej już ze sobą współpracowali, rzeczywiście się zaprzyjaźnili, o czym świadczy chociażby poniższe doniesienie (zgodnie z przyjętym w SB zwyczajem TW składający cy relację jest tu opisywany w trzeciej osobie):

Notatka spisana ze słów TW ps. „Jolanta" /przyjęta 10 IX 1979 r. przez ppłk St. Polaka/.

TW rozmawiał z ks. Blachnickim. Blachnicki zwierzył się, że w miesiącu sierpniu 1980 r. planuje zorganizować w Krościenku europejskie spotkanie działaczy oazowych. Zdaniem Blachnickiego będzie to okazja do wymiany pewnych poglądów po olimpiadzie moskiewskiej, szerzej tego tematu nie rozwijał. W tej chwili zwrócił się do proboszcza w Maniowych z prośbą o przygotowanie kwater dla gości przyjeżdżających z zagranicy. Będzie też chciał korzystać z kościoła w Maniowych. Proboszcz z Maniów nie chce wiązać się z Blachnickim i nie dał mu odpowiedzi. Ks. Blachnicki zwierzył się też TW, że ordynariusz Ablewicz nie jest przychylnie do niego ustosunkowany o to, że poświęcił kamień pod budowę kościoła podczas pobytu papieża w Nowym Targu. Blachnicki stwierdził, że on nie powiedział jeszcze kiedy i gdzie ten kościół stanie.

W dniu 6 IX br. do USA na okres 2-ch miesięcy wyjechał proboszcz z Maniów ks. Siuda Antoni. Ks. Blachnicki przygotował dla Siudy filmy o regionie Podhala, ale nie zdążył mu ich przygotować [sic!]. Blachnicki zamierza te filmy wysłać do ks. Siudy członkami Związku Podhalan z N. Targu, którzy udają się do Chicago na obchody 50-lecia tamtejszego Związku Podhalan.

Inwigilację księdza Blachnickiego w kraju przerwał jego wyjazd do Rzymu w dniu 9 grudnia 1981 roku. Władze skorzystały z okazji i uniemożliwiły mu powrót do ojczyzny. Ksiądz Blachnicki osiadł w Niemczech, organizując w polskim ośrodku Marianum w Carlsbergu Międzynarodowe Centrum Ewangelizacji – z myślą przede wszystkim o krajach Europy Środkowo-Wschodniej. W otoczeniu niestrudzonego kapłana zaroiło się od konfidentów – nie tylko polskich służb, ale również pracujących dla enerdowskiej tajnej policji Stasi. Jednocześnie władze w Polsce wszczęły śledztwo z zamiarem postawienia księdzu Blachnickiemu zarzutów działania na szkodę interesów PRL. W lutym 1983 roku rozesłano za nim list gończy.

W Carlsbergu pojawiło się m.in. dwoje konfidentów Departamentu I, „Yon" i „Panna", czyli małżeństwo Andrzej i Jolanta Gontarczykowie z Łodzi, specjalnie w tym celu przerzuceni z Polski do Niemiec. Ksiądz Blachnicki zmarł nagle 27 lutego 1987 roku, w niewyjaśnionych dotąd okolicznościach (istnieje podejrzenie, że został otruty), tuż po burzliwej rozmowie z Gontarczykami. Nawiasem mówiąc, Jolanta Gontarczyk po 1989 roku zrobiła karierę jako działaczka Sojuszu Lewicy Demokratycznej; za rządów ministra Ryszarda Kalisza w Ministerstwie Spraw Wewnętrznych i Administracji zajmowała się zwalczaniem korupcji...

Nastrój panujący po śmierci księdza Blachnickiego opisany został w krótkiej notatce sporządzonej po spotkaniu funkcjonariusza SB z TW „Jolantą" w dniu 14 marca 1987 roku:

```
TW rozmawiał ostatnio z Seweryn Dorotą, pracownicą ośrodka oazo-
wego w Krościenku. Zwierzyła się ona, że jedzie do Szwecji, a stam-
tąd będzie jechać do RFN do bazy, gdzie przebywał Blachnicki.
Śmierć Blachnickiego spowodowała ogólne przygnębienie w ośrod-
kach oazowych. Jest wyczekiwanie co dalej z ruchem, a szczegól-
nie z ośrodkiem w RFN. Prawdopodobnie może przejąć ten ośrodek
bliżej nieznany ksiądz ze Śląska, który aktualnie tam przebywa.
    Przedsięwzięcia
    W sprawie Doroty Seweryn – po jej powrocie z zagranicy
przeprowadzić rozmowę w związku z samowolną zmianą kierunku
jazdy. Cel – operacyjny.
```

Powyższe doniesienia to, powtórzmy, tylko niewielki wycinek intensywnych działań podejmowanych przez SB przeciwko księdzu Blachnickiemu. Działania te prowadzono na terenie wielu diecezji, angażując do tego celu licznych konfidentów z różnych środowisk. Świadczy o tym np. dokumentacja sprawy obiektowej „Wierni", prowadzonej przez SB przeciwko krakowskim duszpasterstwom akademickim. Pomimo wielu przeszkód i zmasowanych działań SB Ruch Światło-Życie ogromnie się rozwinął, głównie dzięki poparciu kardynała Karola Wojtyły oraz wielu światłych biskupów i kapłanów. Dziś trudno byłoby wyobrazić sobie polski Kościół bez oaz. Ich założyciel – sługa Boży ksiądz Franciszek Blachnicki – jest od 1995 roku kandydatem na ołtarze.

Inwigilacja księdza Antoniego Sołtysika

Działania operacyjne przeciwko księdzu Franciszkowi Blachnickiemu to najbardziej spektakularny przykład poczynań SB wymierzonych w duchownych pracujących wśród dzieci i młodzieży. Władze komunistyczne bardzo obawiały się takich kapłanów i starały się przeciwstawiać ich rosnącemu wpływowi na młode pokolenia. Dostrzegały zwłaszcza, jak ogromną rolę w tej dziedzinie odgrywał kardynał Karol Wojtyła, wspierający rozwój oaz i wszelkich innych nowych form pracy z młodzieżą. Nic dziwnego, że SB nie tylko bacznie śledziła jego poczynania, ale również starała się zbierać informacje o jego najbliższych współpracownikach. Jednym z nich był ksiądz prałat Antoni Sołtysik, pionier duszpasterstwa młodzieży w archidiecezji krakowskiej, obecnie proboszcz parafii pw. św. Mikołaja w Krakowie.

Ksiądz Sołtysik urodził się w 1935 roku w Stryszawie koło Suchej Beskidzkiej. Do seminarium wstąpił w 1953 roku, w trudnym dla Kościoła – i całego społeczeństwa – okresie „nocy stalinowskiej". Pięć lat później przyjął święcenia kapłańskie. Już w pierwszej parafii, do której został wysłany, w Mszanie Dolnej, dał się poznać jako doskonały katecheta i duszpasterz młodzieży. Opieka nad młodzieżą, szczególnie pracującą, stała się jego pasją życiową i głównym rysem jego kapłaństwa. Przez następne lata pracował jako wikary w parafiach w Bielsku-Białej Leszczynach i – od 1963 roku – w Nowym Targu. Właśnie w tej ostatniej parafii jego aktywność w pracy z młodzieżą zwróciła po raz pierwszy uwagę SB.

Wiadomo o tym z doniesień opisanego już w poprzednich rozdziałach TW o pseudonimie „Andrzej". Młodego nowotarskiego wikarego zaczęto opisywać wówczas jako figuranta – czyli osobę inwigilowaną – o pseudonimie „S.A.". W czerwcu 1968 roku ksiądz Cedro otrzymał polecenie zaprzyjaźnienia się z nim i dostarczenia SB informacji o jego charakterze i poglądach społecznych. Rozważano bowiem – mówiąc żargonem SB – opracowanie księdza Sołtysika jako kandydata na tajnego współpracownika.

Plany te spaliły na panewce, gdyż ksiądz został w 1969 roku przeniesiony do parafii w Kętach, a dwa lata później do wspomnianej parafii pw. św. Mikołaja w Krakowie. Jednocześnie został mianowany diecezjalnym duszpasterzem młodzieży. Wraz z księżmi Franciszkiem Chowańcem, Władysławem Gilem i Stanisławem Olszówką włączył się aktywnie w ruch oazowy. Był moderatorem wielu letnich i zimowych rekolekcji. Przyciągał do siebie młodzież z całego Krakowa. W 1973 roku zainicjował powstanie nowej formy duszpasterskiej dla młodzieży, która przyjęła nazwę Grup Apostolskich. Były one oparte na podobnych zasadach co oazy, kładły jednak większy nacisk na troskę o młodzież robotniczą, a ponadto mocniej akcentowały sprawy patriotyczne i społeczne. W 1975 roku ksiądz Sołtysik został mianowany proboszczem w Krakowie Bieżanowie. W 1981 – także jako proboszcz – powrócił do parafii pw. św. Mikołaja. Od Jana Pawła II, który bardzo cenił jego działalność, otrzymał godność prałata.

Aktywność księdza Sołtysika musiała wywołać reakcję Wydziału IV SB w Krakowie. Zaczęto szukać w jego otoczeniu księży, od których można by uzyskać informacje na jego temat. Według odnalezionych do tej pory dokumentów, udało się do tego namówić trzech duchownych. O jednym z nich była już mowa w części II niniejszego opracowania, w rozdziale poświęconym inwigilacji zakonu jezuitów. Chodzi o działającego w tym zakonie TW o pseudonimie „Kazek" (zob. rozdział *Przeciw zakonowi jezuitów*). Jako prefekt bazyliki pw. Najświętszego Serca Pana Jezusa, znajdującej się na terenie parafii pw. św. Mikołaja, miał on z księdzem Sołtysikiem stosunkowo częste kontakty. O tych właśnie kontaktach informował SB.

Kolejnym duchownym, który – wśród wielu innych doniesień – przekazywał także informacje dotyczące księdza Sołtysika, był TW o pseudonimach „Parys" i „Topaz", czyli, jak wynika z dokumentów przechowywanych w archiwach IPN, ksiądz Konstanty Krzywanek. Zachowały się dwa grube tomy jego doniesień z lat 1963–1989, liczące łącznie aż 500 stron.

Ksiądz Krzywanek urodził się w 1911 roku w Żywcu. Święcenia kapłańskie otrzymał w 1934 roku w Krakowie. Po II wojnie światowej pracował w Kurii Metropolitalnej i seminarium; w 1949 roku został wikarym parafii pw. św. Mikołaja. W latach pięćdziesiątych włączył się w ruch „księży patriotów", do końca życia nie kryjąc swoich związków z władzą komunistyczną. W 1955 roku został kapelanem kaplicy na cmentarzu Rakowickim. Z racji pracy na głównym cmentarzu krakowskim miał kontakty z księżmi ze wszystkich parafii.

Był osobą bardzo rzutką, szybko nawiązującą kontakty. Jego liczne doniesienia są kopalnią wiedzy o Kościele krakowskim z tego okresu. Duchowny wypełniał też wiele zadań stawianych mu przez SB, zajmując się m.in. inwigilacją Kurii Metropolitalnej i parafii mariackiej. Najwięcej przekazywanych informacji dotyczyło kardynała Karola Wojtyły, biskupa Juliana Groblickiego oraz księży Ferdynanda Machaya, Jana Kościółka, Stanisława Małysiaka i Juliana Janusza (obecnego arcybiskupa i nuncjusza papieskiego), a także jego stryja, noszącego takie samo imię i nazwisko, dziekana w Monachium. TW „Parys" napisał też m.in. ciekawe charakterystyki księdza Stanisława Smoleńskiego, swego młodszego kolegi seminaryjnego, który w 1970 roku został biskupem sufraganem, oraz księdza Władysława Bukowińskiego – dziś sługi Bożego – który pracował na terenie Kazachstanu (przez dziewięć lat był więźniem sowieckich łagrów, a następnie został zesłany do Karagandy), a w latach 1963–1973 trzykrotnie odwiedził Kraków. Fragmenty tej drugiej charakterystyki przekazane zostały Departamentowi I MSW i tą drogą być może trafiły w ręce władz sowieckich.

Przede wszystkim jednak TW „Parys" penetrował parafię pw. św. Mikołaja, starając się zwerbować do ruchu „księży patriotów" i współpracy z SB jej ówczesnego proboszcza, księdza Stanisława Grodeckiego. Ksiądz Grodecki był więźniem obozu hitlerowskiego w Dachau i kapelanem armii generała Andersa, a zarazem bratem oficera walczącego na Westerplatte. Z tego powodu był rozpracowywany przez bezpiekę w ramach sprawy o kryptonimie „Wujek". Ksiądz Grodecki nie uległ namowom. Podporządkował się też decyzji kardynała Wojtyły i zrezygnował z przynależności do ZBoWiD-u, choć prywatnie miał inne zdanie w tej sprawie. Co ciekawe, to właśnie u niego ksiądz Bukowiński, jego kolega z seminarium, pozostawił jeden z egzemplarzy maszynopisu swoich słynnych *Wspomnień z Kazachstanu*, które ukazały się drukiem w drugim obiegu pod koniec lat siedemdziesiątych.

Na wyraźne polecenie SB ksiądz Krzywanek zbierał też informacje o pracy księdza Sołtysika w parafii i w kurii oraz o jego działalności duszpasterskiej wśród młodzieży. Wyciągi z tych doniesień, zgodnie z obowiązującymi zasadami, otrzymywał porucznik Tadeusz Cholewa, „opiekun" duszpasterza. W charakterystyce sporządzonej przez księdza Krzywanka można przeczytać m.in.:

Ks. Sołtysik więcej czasu poświęca na sprawy kurialne niż w parafii. Jest duszpasterzem młodzieży i z tej racji dosyć często jeździ gdzieś samochodem /własnym/. Duszpasterstwo takie prowadzi również przy parafii, ma do tego oddzielny pokój na poddaszu wikarówki. Jest to człowiek oszczędny, bardzo układny i uśmiechnięty, lubi gromadzić książki związane z jego pracą – nawet bierze je czasami od ludzi. Za pracę w kurii został kanonikiem. Koleguje się z ks. Pasierbkiem i młodszymi księżmi i chyba oni go popierają.

TW „Parys" opisywał także wszystkich wikarych pracujących w parafii pw. św. Mikołaja. Dla SB były to ważne informacje, bo do parafii tej kierowano dojrzałych księży, którzy po zakończonym tutaj wikariacie zostawali na ogół proboszczami w innych parafiach. Jako TW „Topaz" – bo pod takim nowym pseudonimem występował od połowy lat siedemdziesiątych – ksiądz Krzywanek „zabezpieczał" z kolei odwiedziny Jana Pawła II na cmentarzu Rakowickim podczas pielgrzymki w 1979 roku. Z racji swoich funkcji kapelańskich stał tuż przy Papieżu, będąc przed jego wizytą i po jej zakończeniu w stałym kontakcie z esbekami, od których otrzymywał szczegółowe polecenia. Na emeryturę przeszedł w 1986 roku, zmarł pięć lat później.

Z dokumentów wynika, że informacje o księdzu Sołtysiku przekazywał też bezpiece jeden z jego wikarych, ksiądz Jan Strona, który w aktach SB został zarejestrowany jako TW o pseudonimach „Wiesław" i „Zygmunt". Wyświęcony w 1975 roku, już jako młody ksiądz pracujący w parafiach w Makowie Podhalańskim i Jordanowie został oceniony przez bezpiekę jako duchowny krytycznie wyrażający się o swoich przełożonych. Werbujący go młodszy chorąży Adam Jabłoński z Wydziału IV w Bielsku-Białej tak opisywał przebieg pozyskania go do współpracy w stosownym kwestionariuszu:

> W dniu 14 VII 1980 w kawiarni „Pod Platanem" przeprowadziłem rozmowę werbunkową z wytypowanym kandydatem, w wyniku której:
>
> 1. Potwierdziłem cel pozyskania do współpracy /podać krótko rezultat/:
>
> Kand. „Zygmunt" wyraził zgodę na współpracę ze Służbą Bezpieczeństwa. Przygotowany był do tego stopniowo w toku procesu opracowania.
>
> 2. Uzyskałem w czasie rozmowy następujące informacje:
>
> Negatywny stosunek ks. Fr. Dźwigońskiego do kard. Macharskiego,
>
> – krótkie charakterystyki ks. Kapci i ks. Fidyka,
>
> – zmiany pers. księży w dekanacie,
>
> Inne dane opisane w informacji ze spotkania.
>
> 3. Forma zaangażowania do współpracy /zobowiązanie, pseudonim/ – TW „Zygmunt" własnoręcznie zapisał zobowiązanie do współpracy.
>
> [...]
>
> 5. Krótko opisać omówione z tajnym współpracownikiem warunki współpracy: Początkowo pomoc w przyspieszeniu wydania paszportu do Anglii, prezenty, upominki aż do wynagrodzenia pieniężnego za pokwitowaniem.
>
> 6. Wymienić L. K., na którym będą odbywały się spotkania: od listopada – grudnia 1980 LK „Tabu".

Zwerbowany duchowny został w 1982 roku przeniesiony z Jordanowa do parafii pw. św. Mikołaja w Krakowie, aby – według zamierzeń władz kościelnych – pomagać księdzu Sołtysikowi w pracy z młodzieżą. Trudno dziś powiedzieć, jak ważne były przekazywane przez niego informacje, gdyż jego teczka pracy została zniszczona 10 stycznia 1990 roku; zachowały się jedynie wyciągi z niektórych doniesień. Poniżej dla przykładu te, które pochodzą z operacji „Zorza", prowadzonej przez SB w związku z drugą pielgrzymką Jana Pawła II do Polski, w 1983 roku:

> Wyciąg z doniesienia tw. ps. „Zygmunt" z dnia 11.05.1983 r., pozostającego na kontakcie chor. A. Jabłońskiego.
>
> Proboszcz parafii św. Mikołaja ks. Antoni Sołtysik w dniu 10.05.br. odleciał samolotem do Rzymu. Stamtąd uda się do

RFN, gdzie odwiedzi osoby duchowne i świeckie organizujące pomoc charytatywną dla par. św. Mikołaja. Swój wyjazd do KK [krajów kapitalistycznych] ks. Sołtysik utrzymywał z niewiadomych powodów w tajemnicy. Jego wikarzy nic o wyjeździe nie wiedzieli; poinformował ich o tym wczoraj organista parafialny. [...] Wikarzy przy kolacji medytowali czy ich proboszcz spotka się z papieżem, a jeśli tak to jakie sprawy będą przedmiotem ich rozmowy? Ponadto zastanawiano się dlaczego ks. Sołtysik udaje się do Rzymu na miesiąc przed przyjazdem papieża do Krakowa? W efekcie doszli do wniosku, że ks. Sołtysik to „zaufany człowiek papieża", od którego papież ma informacje z pierwszej ręki.

W innym wyciągu – z doniesienia złożonego przez „Zygmunta" 27 maja 1983 roku – czytamy:

Dnia 19.05.1983 r. proboszcz parafii św. Mikołaja ks. Antoni Sołtysik przyjęty został na kolacji u papieża. Obecny był także ks. St. Dziwisz. Ks. Sołtysik zwrócił się z prośbą do Jana Pawła II o odprawienie specjalnej mszy dla młodzieży na Błoniach w Krakowie. Na tę propozycję ks. Sołtysika zareagował ks. Dziwisz stwierdzając, że jest to niemożliwe, gdyż papież jest bardzo zmęczony.

Sam papież milczał na ten temat. Swoją decyzję ks. Dziwisz motywował też tym, że papież odmówił ostatnio spotkania z naukowcami na Sycylii. Ks. Sołtysik poinformował lakonicznie swoich wikarych, że ojciec święty jest zatroskany przyszłością wiernych i Polski. Wg ks. Sołtysika w czasie kolacji papież powiedział o Polsce „boję się o ten kraj i naród". Wszystkim księżom par. św. Mikołaja papież sprezentował książki o Roku Świętym.

Żadnych innych informacji na temat spotkania z papieżem i pobytu w KK ks. Sołtysik nie przekazywał swoim wikarym mimo, że był indagowany przez nich w tych sprawach.

Warto zwrócić uwagę, że w okresie stanu wojennego księża zachowywali daleko idącą ostrożność wobec osób świeckich, ale w swoim gronie czuli się swobodnie, dzieląc się nawzajem poufnymi sprawami. Z powyższych doniesień wynika jednak, że nawet wobec wikarych z własnej parafii proboszcz od Świętego Mikołaja był dość powściągliwy i dyskretny.

Inwigilacja księdza Sołtysika to, można powiedzieć, przypadek typowy; w ten sposób SB zbierała od różnych informatorów dane dotyczące interesujących ją kapłanów. Nie zawsze umiemy stwierdzić, czy i w jaki sposób informacje te zostały wykorzystane przez SB. Ale samo ich przekazywanie było już działaniem nagannym. Trzeba podkreślić, że w połowie 1989 roku ksiądz Jan Strona wykorzystał przenosiny poza Kraków oraz zwycięstwo Solidarności w wyborach czerwcowych do zerwania współpracy z dogorywającą Służbą Bezpieczeństwa. Obecnie pracuje poza archidiecezją jako kapelan szpitala. Na list od autora niniejszej publikacji odpowiedział. Pełna treść odpowiedzi znajduje się w części *Załączniki*.

Ksiądz Antoni Sołtysik z duszpasterstwem młodzieży związany jest do dnia dzisiejszego, choć nie pełni już w Kurii Metropolitalnej żadnych funkcji. W latach dziewięćdziesiątych przyczynił się walnie do wskrzeszenia Katolickiego Stowarzyszenia Młodzieży; na mocy decyzji Episkopatu Polski jest jego asystentem ogólnopolskim. Jako proboszcz i duszpasterz młodzieży jest osobą powszechnie szanowaną, a wielu jego wychowanków wybrało drogę powołania kapłańskiego. On sam żyje skromnie, nie dbając o siebie, ale o dzieła, którym się poświęcił.

Grób Stanisława Pyjasa

Wśród wielu moralnych problemów, jakie pojawiają się podczas badań nad zachowanymi archiwami SB dotyczącymi duchowieństwa, jest też problem donosów składanych przez niektórych – podkreślmy: nielicznych – księży na ludzi świeckich, w tym także na swoich parafian. Niektóre z tych spraw są szczególnie trudne, ponieważ wiążą się z bolesnymi wydarzeniami z najnowszej historii Polski.

Jednym z najgłośniejszych mordów politycznych w Polsce w czasach komunistycznych było, dotąd nie w pełni wyjaśnione, zabójstwo Stanisława Pyjasa, studenta Uniwersytetu Jagiellońskiego w Krakowie. Na ten temat napisano już bardzo wiele, powstał nawet film fabularny. Niniejszy rozdział pokazuje niewielki, ale bardzo ciekawy fragment działań SB podjętych już po dokonaniu zabójstwa przeciwko rodzinie i przyjaciołom zamordowanego studenta.

Stanisław Pyjas urodził się 4 sierpnia 1953 roku w Gilowicach na Żywiecczyźnie. Studiował polonistykę na UJ. W 1976 roku, po brutalnym stłumieniu demonstracji robotniczych w Radomiu i Ursusie, włączył się do pracy opozycyjnej. Współpracował z powstałym wówczas Komitetem Obrony Robotników, za co był represjonowany przez SB (jego przyjaciele dostawali anonimy zawierające m.in. sugestie, że jest współpracownikiem bezpieki). 7 maja 1977 roku jego ciało znaleziono w bramie kamienicy przy ulicy Szewskiej 7 w Krakowie. Na twarzy widniały ślady pobicia, władze sugerowały jednak nieszczęśliwy wypadek, a wynik sekcji zwłok przeprowadzonej przez eksperta sądowego, profesora Zdzisława Marka, kierownika Zakładu Medycyny Sądowej Akademii Medycznej, umożliwił podtrzymanie tej wersji. Dla przyjaciół Pyjasa nie było jednak wątpliwości, że w jego śmierć była zaangażowana SB.

W uczczenie pamięci zamordowanego i wyjaśnienie całej sprawy bardzo mocno zaangażował się kardynał Karol Wojtyła. Za jego zgodą 15 maja w kościele Dominikanów odprawiona została msza święta w intencji Pyjasa. Po nabożeństwie pod bramę przy ulicy Szewskiej wyruszył „czarny marsz", którego organizatorzy wezwali studentów do bojkotu odbywających się w tym czasie juwenaliów. Powstał Studencki Komitet Solidarności, w skład którego weszli m.in. Bogusław Sonik i Bronisław Wildstein, a także Lesław Maleszka, jak się okazało po latach – tajny współpracownik SB o kilku pseudonimach: „Ketman", „Return", „Tomek" i „Zbyszek" (w niniejszym opracowaniu „Zbyszek" II).

Pogrzeb zamordowanego studenta odbył się w rodzinnych Gilowicach. Na grobie ustawiono symboliczny pomnik. W następnych latach przyjeżdżali tutaj działacze opozycji, aby pomodlić się i zapalić znicze. Z pewnością zdawali sobie sprawę, że są obserwowani przez SB. Nie wiedzieli jednak, że sam grób, a także rodzina zmarłego są przedmiotem rozmów funkcjonariuszy bezpieki z miejscowym proboszczem, księdzem Mieczysławem Łukaszczykiem. Rozmów, które z czasem przerodziły się w stałą współpracę.

Ksiądz Łukaszczyk urodził się w 1939 roku w Ostrowsku na Podhalu. Po zdaniu matury w liceum w Nowym Targu wstąpił do Wyższego Seminarium Duchownego w Krakowie, gdzie studiował na jednym roku z przyszłymi hierarchami kościelnymi: Stanisławem Dziwiszem, Tadeuszem Rakoczym (pochodzącym zresztą z Gilowic) i Janem Zającem. Wraz z nimi w 1963 roku przyjął święcenia kapłańskie. Do parafii w Gilowicach przybył dwanaście lat później. W 1977 roku został mianowany jej proboszczem.

W tym samym roku – właśnie ze względu na obecność grobu Stanisława Pyjasa na miejscowym cmentarzu – funkcjonariusz SB nawiązał kontakt z księdzem Łukaszczykiem, a także zaczął zbierać na jego temat informacje, które mogłyby być przydatne podczas ewentualnego werbunku. Z początku duchownego traktowano jako kontakt operacyjny (KO). Dzięki tzw. luźnym pogawędkom uzyskano jednak wiele cennych informacji, o czym świadczy poniższy dokument (zgodnie z zasadami przyjętymi przez SB, duchowny jest w nim opisywany jako osoba inna niż KO):

Informacja z kolejnej rozmowy z ks. „Ł" przeprowadzonej w dniu 15 X 1977 r.

Kontakt operacyjny ks. „Ł" charakteryzując rodzinę Pyjasów zam. w Gilowicach stwierdził, że z rodziny tej tylko babka zmarłego Stanisława Pyjasa uczęszcza systematycznie do kościoła. Od pogrzebu nie widział w kościele ojca i matki zmarłego. Z tego powodu rodzina Pyjasa pozostaje poza zainteresowaniami proboszcza tej parafii ks. Łukaszczyka.

Proboszcz parafii skarżył się do KO, że Pyjasowie nie zdobyli się nawet na zamówienie i opłacenie mszy św. za duszę zmarłego, w miesiąc po jego śmierci /taki zwyczaj jest przyjęty w tej parafii/. Z posiadanego rozpoznania parafii KO stwierdza, że ks. Łukaszczyka nie odwiedzały delegacje lub pojedyncze osoby z terenu Krakowa w sprawie zmarłego Stanisława Pyjasa.

Wskazywał tylko, że rodzina Pyjasa bez uzgodnienia z proboszczem /nie musiała mieć zezwolenia, bo grobowiec jest rodzinny/ położyła płytę marmurową na tym grobowcu, z następującym tekstem:

Ś. P.
Stanisław Pyjas
student V-go roku
filologii polskiej zmarł śmiercią
tragiczną dnia 7 V 1977 r. w Krakowie
przeżywszy lat 24

„żyje nie widząc gwiazd,
mówię, nie rozumie słów,
czekam nie licząc dni,
aż ktoś przebije mur."

Na grobie Pyjasa rodzina składa systematycznie kwiaty.

Zapytany rozmówca, czy zna stanowisko kardynała Karola Wojtyły, wyrażone po zakończeniu śledztwa i ukazaniu się komunikatu odpowiedział, że nic na ten temat nie wie. Komunikat czytał i uważał, że sprawa jest zakończona. [...]

Opracował kpt. Stanisław Kałat

Postawa proboszcza zachęciła SB do przekształcenia kontaktów operacyjnych w regularną tajną współpracę. Wiarygodność księdza sprawdzono, posługując się innym duchownym, TW o pseudonimie „Góral", który specjalnie w tym celu udał się na plebanię w Gilowicach. Z jego relacji wynika, że ksiądz Łukaszczyk w sprawie pochówku Pyjasa postępował ostrożnie, ale w zgodzie z kościelnymi procedurami.

TW ps. „Góral" informuje, że rozmawiał z proboszczem parafii Gilowice ks. Łukaszczykiem. Ks. Łukaszczyk powiedział, że Stanisław Pyjas został zamordowany, gdyż w okolicy szyi widoczna była pręga, od uderzenia karate oraz na skroni była dziura. Zamordowany był członkiem KOR-u oraz członkiem duszpasterstwa Akademickiego. Ks. Łukaszczyk jeździł do Kurii z zapytaniem, czy ma Pyjasa pochować po katolicku. Zezwolenie takie otrzymał, ponadto otrzymał potwierdzenie od duszpasterza akademickiego z Krakowa, że Pyjas był katolikiem i członkiem duszpasterstwa Akademickiego w Krakowie.

Po blisko rocznych – i ocenianych jako owocne – kontaktach z proboszczem w Gilowicach funkcjonariusz SB kapitan Stanisław Kałat zdecydował się w dniu 29 lipca 1978 roku przedłożyć swoim przełożonym bogato udokumentowany wniosek o opracowanie go jako kandydata na TW. Oto wybrane fragmenty:

I. Uzasadnienie wytypowania i opracowania kandydata
Parafia, której proboszczem jest ks. Mieczysław Łukaszczyk, należy do prężnego dekanatu Żywiec I w diecezji krakowskiej. W dekanacie tym aktualnie istnieje 8 przypadków zagrożenia nielegalnym budownictwem sakralnym. Posiadany stan agentury nie w pełni zabezpiecza potrzeby operacyjne.
Planuje się pozyskanie kandydata do spraw obiektowych krypt. „Wawel" i „Grzyby", prowadzonych przez Sekcję I-szą Wydz. IV-tego.

II. Krótka charakterystyka kandydata
[...] Z posiadanych materiałów wynika, że w każdej parafii starał się sumiennie wykonywać obowiązki duszpasterskie, przejawiał nawet wzmożoną aktywność, nie ukrywał w swoim środowisku, że bardzo zależy mu na otrzymaniu probostwa. W publicznych wystąpieniach w pełni popierał politykę kościoła katolickiego w Polsce. [...]
W rozmowach prowadzonych przez dyrektora Wydziału ds. Wyznań U.W. [Urzędu Wojewódzkiego] czy przez funkcjonariusza Służby Bezpieczeństwa zachowywał umiar i powściągliwość w wypowiedziach. Nigdy jednak nie odmawiał zgody na prowa-

dzenie tego typu rozmów. Posiada samochód Fiata 125 P, jest zapalonym turystą, urlopy spędza poza granicami kraju.

III. Plan opracowania kandydata na TW.
- Dokonać analizy posiadanych materiałów na ks. Mieczysława Łukaszczyka i wykonać charakterystykę jego osoby.
- Uzupełnić brakujące dane o kandydacie, jego najbliższej rodzinie.
- Wykorzystać tajnych współpracowników ps. „Spokojny" i „Zając", pozostających na kontakcie tow. Mrowca do ustalenia posiadanej pozycji, autorytetu kandydata w środowisku księży dekanalnych i wśród kurialistów.
- Kontynuować rozmowy z kandydatem, celem których jest przygotowanie sytuacji upewniającej, że kandydat wyrazi zgodę na propozycję współpracy ze Służbą Bezpieczeństwa.

Ustalono, że ze względu na pasje turystyczne księdza Łukaszczyka najlepszą drogą do pozyskania go jako TW będzie sposób „na paszport". W tym celu 4 kwietnia 1979 roku przeprowadzono następną rozmowę z – nieświadomym jeszcze zamiarów SB – kandydatem. Warto zwrócić uwagę, że także i przy tej okazji starano się uzyskać informacje o rodzinie i przyjaciołach śp. Stanisława Pyjasa.

Notatka służbowa
Dot.: rozmowy przeprowadzonej z kandydatem na TW - ks. Ł. M. nr rej. BB-2953
W dniu 3 IV 1979 r. wspólnie z kpt. Kałatem udałem się do m. Gilowice w celu przeprowadzenia rozmowy operacyjnej z ks. Ł. M. kandydatem na TW.
Pretekstem do rozmowy posłużył fakt [tak w oryginale] wpłynięcia wniosku o wydanie paszportu na wyjazd do Izraela. [...]
Odnośnie sprawy Pyjasa, rozmówca stwierdził, że w ostatnim czasie nie stwierdził, aby jacyś obcy ludzie kręcili się wokół grobowca Stanisława Pyjasa lub ktokolwiek organizował jakieś uroczystości z okazji jego śmierci. Jedynie babka zmarłego Pyjasa w każdym roku zamawia u ks. Ł. M. msze św. za zmarłego z okazji rocznicy śmierci. Jest to właściwie jedyna osoba z rodziny Pyjasów, która systematycznie uczęszcza do kościoła.
Ks. Ł. M. jeszcze w tym roku wybiera się na Węgry, a pod koniec roku do Włoch. Ponieważ wie, że otrzymanie paszportu

w dużej mierze zależy od nas usilnie prosił o umożliwienie
mu wym. wyjazdów. My ze swej strony zapewnialiśmy rozmówcę,
że będzie to zależało od samego księdza, w zależności od jego stosunku do nas. Rozmówca ze swojej strony zapewniał, że
zawsze jesteśmy mile widziani u niego i nie widzi żadnej bariery, która miałaby nas dzielić.

Opracował ppor. Z. Pogan.

Funkcjonariusz SB, który sporządził powyższy raport, pojawił się
ponownie na plebanii w Gilowicach 15 czerwca. Miesiąc wcześniej
spotkał się z księdzem Łukaszczykiem przy okazji oddawania przez niego paszportu po powrocie z Izraela. „Ksiądz z wycieczki jest ogromnie
zadowolony – zanotował wówczas – i jest zobowiązany za umożliwienie wyjazdu oraz szybkie załatwienie sprawy". Esbek uznał, że nadszedł
właściwy moment, by przeprowadzić formalny werbunek. W raporcie
przesłanym naczelnikowi Wydziału IV SB w Bielsku-Białej tak opisał
przebieg rozmowy pozyskaniowej:

Rozmowę przeprowadziłem w pomieszczeniach probostwa, gdzie
kandydat mieszka. Na wstępie rozmowy dyskutowaliśmy na temat
wizyty papieża w Polsce, jego odczuć i wrażeń po tej wizycie.
Następnie rozmowa przeszła na temat sytuacji w parafii Łęka-
wica oraz zbliżającego się terminu przenoszenia księży.

Następnie omawiając dotychczasowe kontakty zapytałem ks.
Ł. M., czy w przyszłości możemy się spotykać i wzajemnie sobie
pomagać. Odpowiedział, że nie widzi żadnych przeszkód. On ze
swej strony zapewnił, że zawsze mogę przyjechać i pytać o interesujące mnie problemy. Jeżeli tylko będzie coś wiedział
na pewno mi powie i wyrazi obiektywną opinię w tej sprawie.

W dalszej części rozmowy przekazałem rozmówcy informację, aby nasze spotkania utrzymywać w tajemnicy, o tych
spotkaniach powinniśmy wiedzieć tylko on i ja. Odpowiedział,
że na pewno dostosuje się do tego. Ja ze swej strony zapewniłem, że też dotrzymam słowa. W czasie pozyskania nie brałem zobowiązania o współpracy, mając na uwadze to, że ustne
zobowiązanie jest wystarczające, pisemne natomiast mogłoby
zrazić do Służby Bezpieczeństwa. Uzgodniono, że jeżeli zaj-
dzie nagła potrzeba kontaktów, spotkanie wywoła się telefonicznie.

Jako zadanie dla TW przekazałem sprawę przenoszenia księży w dekanacie Żywiec I oraz komentarzy na ten temat.

Nowo zwerbowany TW otrzymał pseudonim „Turysta". W rubryce „Ocena pozyskania" funkcjonariusz SB zanotował:

Fakt pozyskania do współpracy [TW] ps. „Turysta" uważam za celowy i korzystny dla SB.

Po dalszym związaniu go z SB można będzie go wykorzystywać do spraw związanych z budownictwem sakralnym. Jako proboszcz parafii jest bliskim kolegą ks. Fidelus Władysław, który jako wicedziekan dekanatu Żywiec I występuje wrogo przeciwko ustrojowi i władzom PRL. TW będzie można wykorzystywać do zebrania materiałów na ks. Fidelusa Władysława.

Do raportu dołączony został też plan wykorzystania TW „Turysty" do działań operacyjnych podejmowanych przez bezpiekę:

W okresie 1979 roku TW ps. „Turysta" planuję wykorzystać w następujących kierunkach:

1. Przekazywanie na bieżąco informacji na temat działalności księży dekanatu Żywiec I, ich charakterystyki, stosunku do przełożonych, do władz administracji państwowej itp.

2. Przekazywać dokumenty i listy otrzymywane z Krakowskiej Kurii.

3. Przekazywać informacje na temat rodziny Pyjasów i ewentualnych ich związków z nielegalną organizacją KOR-u.

4. Informować o przebiegach i wypowiedziach biskupów krakowskich [sic!] na odbywanych konferencjach dekanalnych i rejonowych.

5. Przekazywać informacje na temat wypowiedzi i komentarzy księży w związku z sytuacją społeczno-polityczną oraz sytuacją rynkową.

W 1981 roku nowym oficerem prowadzącym „Turystę" został starszy inspektor Wydziału IV w Bielsku-Białej kapitan Jerzy Pytel, który w swoim raporcie zaznaczył, że TW nie odmówił kontynuowania współpracy. W sumie od czerwca 1979 do stycznia 1984 roku odbyły się 22 spotkania. Pod koniec tego okresu ksiądz Łukaszczyk został przeniesiony na stanowisko proboszcza parafii pw. św. Katarzyny w Nowym Targu. Tym samym przestał być użyteczny jako informator w sprawach dotyczących dekanatu Żywiec I oraz rodziny i grobu śp. Stanisława Pyjasa.

Jak wynika z zachowanych raportów, w nowym miejscu doszło jedynie do dwóch spotkań księdza Łukaszczyka z przedstawicielami bezpieki. Po nich – jak podkreślają esbeckie dokumenty: z winy jednego z funkcjonariuszy Rejonowego Urzędu Spraw Wewnętrznych w Nowym Targu – nastąpiła prawie dwuletnia przerwa. Co więcej, z księdzem Łukaszczykiem przeprowadzono we wrześniu 1985 i w kwietniu 1986 roku rozmowy o charakterze profilaktyczno-ostrzegawczym. Powodem były patriotyczne kazania wygłoszone w czasie mszy świętych za ojczyznę przez księży spoza parafii (zob. rozdział *Wyrzucony z trzech województw...* w części II niniejszego opracowania).

W 1986 roku SB starała się na nowo zaangażować duchownego do współpracy, co udało się tylko częściowo. Z zachowanych analiz, których autorem jest porucznik Marek Sucharski, wynika, że ksiądz Łukaszczyk starał się zachowywać dystans wobec funkcjonariuszy SB, odmawiał wykonywania zadań, natomiast nie zdecydował się na jednoznaczne zaprzestanie kontaktów. Porucznik Sucharski tak oceniał swoje źródło:

Osobowość TW, jego poglądy, a głównie antyradzieckie nastawienie, są czynnikami, które powodują, iż pewna tematyka musi być wyłączona z dialogu, gdyż nie ma płaszczyzny do dyskusji.

TW zastrzega się, że pod względem światopoglądu i celów działalności pracownik SB i on są po przeciwnych stronach i nie ma możliwości kompromisu. Jest to jakby pośrednie uniezależnienie się TW od związania się z SB.

W rozmowie TW jest swobodny, kontaktowy, rozwija poruszany temat bez konieczności zadawania dodatkowych pytań. Silnie związany ze społecznością góralską z racji pochodzenia. Dąży do kultywowania tradycji i obrzędów góralskich. [...]

Uwzględniając przedstawione powyżej uwarunkowania źródła tego nie można traktować jako sensu stricte tajnego współpracownika. Nie mogą mu być zlecane zadania do realizacji, bo ich nie przyjmie, a może [to] wywołać u niego ogólną niechęć do kontaktów z SB.

Dlatego też spotkania z TW odbywać się będą raz na 2 miesiące /w uzasadnionych wypadkach częściej/ i oparte będą na dialogu na różne tematy, m.in. dot.:
- problemów duszpasterskich kleru w grupach stanowo-zawodowych tak w par. św. Katarzyny, jak i w innych parafiach dekanatu nowotarskiego,

- problemów młodzieży, zjawisk patologii społecznej i konieczności współdziałania na tej płaszczyźnie między Kościołem a władzami państwowymi,
- wydarzeń w życiu społeczno-politycznym kraju i sytuacji międzynarodowej.

Prowadzenie dialogu z TW ps. „Turysta" będzie miało na celu
stopniowe wiązanie go z SB, systematyczne przyzwyczajanie do
poruszania różnej tematyki, także kościelnej. Granice naszych
zainteresowań i zakres poruszanych problemów uzależniony będzie od stopnia akceptacji mojej osoby i wiązania z TW [sic!].

Wiele spotkań odbytych w Nowym Targu jest udokumentowanych.
Kontakty te zostały przerwane dopiero w 1989 roku. Za przekazywane
informacje, które nie były zbyt obfite, księdzu Łukaszczykowi głównie
stwarzano ułatwienia paszportowe, a czasami otrzymywał drobne upominki, o czym świadczy zachowane zestawienie:

Wynagrodzenie	Zwrot kosztów [związanych z wykonaniem polecenia]	Kto i kiedy wypłacił
Koniak wartości 1500 zł.		22 V 84 chor. P. Wójcik
Koniak wartości 4500 zł.		12 III 87 por. Sucharski
Brendy + album 6500 zł.	Prezent imieninowy	19 I 88 kpt. Sucharski
Pióro „Pelikan" 15.500 zł.	Prezent okolicznościowy	19 X 88 kpt. Sucharski
0,5 kg kawy 9000 zł.	Prezent imieninowy	29 XII 88

Zachowały się też raporty dotyczące wręczania upominków. Dla
przykładu podajemy jeden z nich, podpisany przez wspomnianego kapitana Sucharskiego:

Melduję, że w czasie spotkania w dniu 19 X br. wręczyłem
TW ps. „Turysta" prezent okolicznościowy w postaci pióra marki „Pelikan" wartości 15 500 zł, z okazji jubileuszu 25-le-
cia kapłaństwa.

TW przyjął go z zadowoleniem, aczkolwiek grzecznie zaznaczył, że niepotrzebnie się wydatkowałem. Był zaskoczony, gdyż nie spodziewał się, że będę pamiętał o tej rocznicy. Powyższy prezent i przyjęcie go przez TW stanowi kolejny element wiązania go ze Służbą Bezpieczeństwa.

Wreszcie zachował się też standardowy wykaz osób, które miały na bieżąco wgląd w akta TW. Byli to oficerowie prowadzący i kontrolujący współpracę, w tym funkcjonariusz Głównego Inspektoratu Ministra (MSW):

L.p.	Stopień, nazwisko i imię	Stanowisko służbowe i nazwa jednostki	Data	Cel zapoznania
1.	Ppłk Ćwik	St. Insp. Wydz. Insp. KWMO	1 III 79	Kontrola
2.	Ppor. Z. Pogan	Insp. Wydz. IV KWMO	19 VI 79	Prowadzący
3.	Ppor. Mroczyński Leszek	Inspektor Wydz. VII Dep. IV MSW	16 II 82	Kontrola
4.	Mjr mgr Stanisław Kałat	Naczelnik Wydziału IV KWMO w Bielsku--Białej	10 III 83	Kontrola
5.	Ppłk Stanisław Polak	N-k Wydz. IV-go	9 XII 83	Kontrola
6.	Chor. Piotr Wójcik	Insp. RUSW Nowy Targ	24 I 84	Prowadzący
7.	Por. Marek Sucharski	St. Insp. Wydz. IV WUSW N. Sącz	28 IV 1986	Prowadzący
8.	Ppłk Polak Stanisław	N-k Wydz. IV-go	24 VII 87	Kontrola
9.	Ppłk Waldemar Pełka	Wydz. IV Dep. IV MSW	7 IX 87	Kontrola GIM

Ksiądz Mieczysław Łukaszczyk był w latach następnych doceniany zarówno przez parafian, którzy uważali go za dobrego gospodarza, jak i przez władze archidiecezji krakowskiej, które podniosły go do godności prałata. Powierzono mu także funkcję dziekana dekanatu nowotarskiego. Został też wybrany kapelanem Związku Podhalan. Na list od autora niniejszej publikacji odpowiedział. Pełna treść odpowiedzi znajduje się w części *Załączniki*.

W styczniu 2007 roku ksiądz Łukaszczyk zrezygnował z pełnionych funkcji. Kuria Metropolitalna przyjęła jego rezygnację.

Od 1983 roku proboszczem w Gilowicach jest ksiądz Wacław Kozicki, duszpasterz młodzieży, znany ze swego patriotycznego zaangażowania. W latach osiemdziesiątych był z tego powodu inwigilowany przez SB, zachowując zawsze nieugiętą postawę. Jest bardzo życzliwie nastawiony do wszystkich osób odwiedzających grób śp. Stanisława Pyjasa.

IV
OPARLI SIĘ WERBUNKOWI

Przyszli biskupi

Werbunek konkretnej osoby na tajnego współpracownika poprzedzony był długimi przygotowaniami. Funkcjonariusze Służby Bezpieczeństwa prowadzili obserwację takiej osoby, zbierali o niej informacje – szukając m.in. kompromitujących materiałów – a następnie opracowywali plan pozyskania. Zanim złożono danej osobie propozycję współpracy, w ewidencji SB rejestrowano ją jako kandydata na TW. Odbywało się to, naturalnie, bez jej wiedzy i zgody: można było być kandydatem na TW nawet przez wiele lat, niczego się nie domyślając. Zdarzało się jednak i tak, że funkcjonariusze SB nawiązywali kontakt z kandydatem na TW i jeszcze przed formalnym werbunkiem uzyskiwali od niego pewne informacje.

Planując werbunek wśród księży, SB interesowała się przede wszystkim osobami, które uznawała za najbardziej wpływowe, w tym zwłaszcza wybijającymi się duszpasterzami, pracownikami kurii i uczelni katolickich. Nic dziwnego, że wśród duchownych traktowanych przez bezpiekę jako kandydaci na TW znaleźli się także przyszli biskupi. W archiwach IPN zachowała się dokumentacja dotycząca m.in. sześciu księży z archidiecezji krakowskiej, którzy obecnie pełnią posługę biskupią, a którzy w przeszłości byli rozpracowywani jako kandydaci na TW i oparli się werbunkowi. Chodzi tu o kardynałów Franciszka Macharskiego i Andrzeja Deskura oraz biskupów Tadeusza Rakoczego, Wacława Świerzawskiego, Jana Szkodonia i Kazimierza Nycza. Sprawa pierwszego z nich omówiona została już w części III, a sprawy dwóch kolejnych zostaną opisane w następnym rozdziale, omawiającym próby werbunku wśród duchownych przebywających w Watykanie.

Wobec księdza Wacława Świerzawskiego, późniejszego ordynariusza sandomierskiego, SB prowadziła aż dwie sprawy: jedna miała na celu pozyskanie go jako tajnego współpracownika, druga – ewidencyjno-obserwacyjna – wymierzona była przeciwko niemu.

Przyszły figurant obu spraw urodził się 14 maja 1927 roku w Złoczowie, na terenie archidiecezji lwowskiej. Mimo pożogi wojennej zdał w 1944 roku na tajnych kompletach maturę, a następnie wstąpił do Wyższego Seminarium Duchownego we Lwowie. Dwa lata później wraz z innymi lwowskimi klerykami trafił do Kalwarii Zebrzydowskiej. W 1949 roku otrzymał święcenia kapłańskie z rąk arcybiskupa Eugeniusza Baziaka. Jako wikary pracował w parafiach w Nysie, dokąd przesiedlono jego rodziców, oraz w Cieszanowie koło Lubaczowa, na skrawku archidiecezji lwowskiej, który pozostał w granicach Polski. W czasie studiów prawniczych w Warszawie od 1952 roku był kapelanem sióstr dominikanek w Zielonce. Wezwany w 1957 roku przez arcybiskupa Baziaka do Krakowa, objął posługę duszpasterza akademickiego przy kolegiacie pw. św. Anny.

Skierowanie księdza Świerzawskiego na tak ważną placówkę sprawiło, że zainteresowała się nim SB. Oficer operacyjny Adam Błażejczyk sporządził 27 listopada 1957 roku plan werbunku, nadając kandydatowi pseudonim „Kapelan". Chciano w ten sposób pozyskać w najbliższym otoczeniu arcybiskupa cenne źródło informacji. Rozpracowanie było bardzo szerokie. Przeglądano korespondencję kandydata, inwigilowano jego znajomych, a nawet penetrowano środowiska w Nysie i Zielonce, szukając wszędzie materiałów kompromitujących. Akcja ta zakończyła się jednak niepowodzeniem.

W tym czasie ksiądz Świerzawski prowadził intensywną działalność duszpasterską wśród studentów, organizując konferencje, dni skupienia, pielgrzymki i wycieczki rekreacyjne. Utrzymywał też rozległe kontakty ze światem profesorskim, w tym m.in. ze znanym fizykiem profesorem Henrykiem Niewodniczańskim. Chcąc zniechęcić młodego księdza do dalszej działalności, w dniu 23 października 1958 roku funkcjonariusze SB przeprowadzili z nim rozmowę ostrzegawczą. W raporcie służbowym zapisano:

Udzielono mu ostrzeżenia o jego działalności niezgodnej z prawem, z tym, że ostrzeżenie otrzyma jeszcze na piśmie on, jak i arcybiskup. Na co odpowiedział ks. Świerzawski, że

nie przestanie organizować tych zebrań, gdyż mu to nakazuje
ewangelia i musiałby przestać być księdzem, żeby nie nauczać.

Efektem nieugiętej postawy duszpasterza było zakończenie opracowania, które zawsze poprzedzało werbunek, i rozpoczęcie sprawy pod kryptonimem „Czarny", tym razem skierowanej przeciwko księdzu Świerzawskiemu. 12 marca 1959 roku Jan Bill, kierownik Grupy IV Wydziału III SB, napisał do swoich przełożonych:

Wnoszę o założenie sprawy ewidencyjno-obserwacyjnej na ks.
Świerzawskiego Wacława jako na wrogiego i wpływowego księdza działającego w środowisku studenckim i zarejestrowanie
w Departamencie X /Wydziale X/.

Do inwigilacji użyto wielu tajnych współpracowników, w tym TW o pseudonimach „X", „K", „Hamlet", „Doktor", „Dyrektor", „Włodek", „Parys", „Torano" oraz „Brodecki". Przy ich pomocy rozpracowywano kontakty duszpasterskie i prywatne duchownego. Jeden z TW dostarczył dokładny plan mieszkania księdza Świerzawskiego przy ulicy św. Marka 10. Opracowano także główne zadania:

A/ Skompromitowanie ks. Świerzawskiego w jego środowisku.
B/ Systematyczne izolowanie aktywu klerykalnego od figuranta, pozbawienie go wpływu na młodzież.

Próby kompromitacji duszpasterza miały polegać na wywoływaniu konfliktów między nim a pozostałymi księżmi pracującymi w parafii pw. św. Anny, fingowaniu spraw obyczajowych oraz wysyłaniu anonimów do arcybiskupa Baziaka i Episkopatu Polski. W zawierających fałszywe zarzuty anonimach miała być mowa o konfliktach w parafii oraz o tym, że ksiądz Świerzawski krytykuje działania duszpasterskie kardynała Stefana Wyszyńskiego.

Przez cały ten okres prowadzono intensywną obserwację figuranta – w niektóre dni od godziny 6.00 do 23.00 – a także utrzymujących z nim kontakt młodych ludzi, w tym zwłaszcza studentek (personalia tych ostatnich sprawdzano nawet w miejscach ich stałego zamieszkania). W 1961 roku inwigilowano uczestników majowej pielgrzymki na Jasną Górę, a także studentów, którzy otrzymywali od swego duszpasterza bezpłatne bony żywnościowe do stołówki sióstr felicjanek przy ulicy Smoleńsk. Stałej obserwacji poddano również zabudowania parafii pw. św. Anny.

W 1963 roku ksiądz Świerzawski został skierowany na studia na Akademię Teologii Katolickiej. Równocześnie władze kościelne poleciły mu zamieszkać przy parafii pw. św. Anny na Krakowskim Przedmieściu w Warszawie. Z tego względu 19 stycznia 1964 roku zakończono akcję w Krakowie, a dalsze działania podjęła SB w Warszawie i Lublinie. Również i tam spotkały się one z nieugiętą postawą przyszłego biskupa.

Ksiądz Świerzawski kontynuował w latach następnych pracę duszpasterską i naukową, specjalizując się w liturgice. W 1968 roku obronił doktorat w benedyktyńskim Instytucie Liturgicznym Świętego Anzelma w Rzymie, w 1975 habilitował się na Papieskim Wydziale Teologicznym w Krakowie. Z tą ostatnią uczelnią – od 1981 roku noszącą miano Papieskiej Akademii Teologicznej – związany był przez wiele lat jako jej profesor, a od 1988 roku także rektor. Równolegle był też rektorem kościoła pw. św. Marka w Krakowie, gdzie nadal prowadził duszpasterstwo akademickie. W 1992 roku został biskupem ordynariuszem diecezji sandomierskiej. Posługę tę pełnił do 2002 roku. Jest założycielem Instytutu Teologicznego im. Błogosławionego Wincentego Kadłubka w Sandomierzu oraz Zgromadzenia Sióstr Jadwigi Królowej, zwanych popularnie jadwiżankami wawelskimi. Po złożeniu urzędu zamieszkał w ich klasztorze w Zawichoście.

Inny przebieg miała sprawa księdza Jana Szkodonia. Przyszły biskup urodził się w Chyżnem na Orawie i uczęszczał do liceum z językiem słowackim w Jabłonce. W 1964 roku wstąpił do Wyższego Seminarium Duchownego w Krakowie. Święcenia kapłańskie otrzymał w 1970. Po dwóch latach pracy w Makowie Podhalańskim został wysłany na KUL, na studia uwieńczone doktoratem. Od 1979 roku pełnił posługę ojca duchownego w krakowskim seminarium.

SB zainteresowała się nim podczas studiów w Lublinie. Zachowana dokumentacja jest szczątkowa, ale wiadomo, że ksiądz Szkodoń był przez kilka lat opracowywany jako kandydat na TW. Pewne poszlaki wskazują, że w grach operacyjnych prowadzonych wokół jego osoby starano się wykorzystać jego pochodzenie. Próby pozyskania go do współpracy skończyły się jednak całkowitym fiaskiem. Przyszły biskup stanowczo odmawiał nieoficjalnych spotkań, ograniczając się jedynie do kontaktów służbowych podczas odbioru i zwracania paszportu. Ostatecznie po objęciu wspomnianej posługi ojca duchownego został wyrejestrowany jako kandydat na TW. W dokumencie sporządzonym 30 listopada 1984 roku tak pisał o tym podpułkownik Józef Kowalski, kierownik Inspektoratu I SB WUSW w Krakowie, czyli delegatury Departamentu I znajdującej się przy każdej komendzie wojewódzkiej:

Były prowadzone rozmowy z ks. Szkodoniem, został nawet zarejestrowany jako kandydat. Jednakże z uwagi na to, że w związku z objętym przez niego stanowiskiem zdecydowanie ograniczył zakres kontaktów oraz treść dialogu, zrezygnowano z dalszego opracowania i wyrejestrowano go w tut. Wydziale „C".

Pomimo przerwania akcji SB nadal skrupulatnie dokumentowała doniesienia składane na księdza Szkodonia przez tajnych współpracowników. Dla przykładu warto podać doniesienie TW o pseudonimie „Strażak", proboszcza z Podhala (o którym będzie mowa w rozdziale *Księża pracujący w parafiach* w części VII).

Informacja spisana ze słów TW ps. Strażak w dniu 4 VIII 1988 r.
[...] Następna sprawa jaka została poruszona, to opinia księży co do nowego wyboru dwóch młodych biskupów, tj. Szkodonia i Nycza. Ich zdaniem to jest wielkie zaskoczenie, a przede wszystkim wśród starszych księży i z dużym stażem. Nikt nie przypuszczał, że oni zostaną wybrani. Obecny bp Szkodoń będąc u TW powiedział, że ich też ta sprawa bardzo zaskoczyła. Powiedział, że w którymś tam dniu zostali wezwani do kard. Macharskiego do Krakowa, wcześniej mieli opracować jakieś pismo dla Macharskiego. I myśleli, że to w tej sprawie, notabene w tym dniu nie mogłem zastać ks. Nycza, gdyż nie powiedział gdzie idzie. [...] Po przybyciu do Macharskiego skierowano nas do oddzielnego pokoju, gdzie ku [naszemu] zdziwieniu siedział kard. J. Glemp. Poprosił nas, abyśmy usiedli, później wręczył nam Bulle biskupie, czym byliśmy zaskoczeni. Powiedział: „No to teraz zabierać się do pracy".

Ksiądz Jan Szkodoń został konsekrowany na biskupa 4 czerwca 1988 roku i objął funkcję sufragana krakowskiego, którą pełni do dnia dzisiejszego. W lutym 2006 roku kardynał Stanisław Dziwisz powołał go na stanowisko przewodniczącego Komisji „Pamięć i Troska".

O wiele obszerniejsza dokumentacja – w postaci mikrofilmów znajdujących się w archiwum krakowskiego IPN – zachowała się w sprawie nieudanego pozyskania księdza Kazimierza Nycza. Obecny ordynariusz koszalińsko-kołobrzeski urodził się 1 lutego 1950 roku w Starej Wsi koło Bielska. Po zdaniu matury w liceum w Bielsku w 1967 roku wstąpił do Wyższego Seminarium Duchownego w Krakowie. W 1973 otrzymał święcenia kapłańskie i został skierowany jako wikary do parafii pw. św. Elżbiety w Jaworznie-Szczakowej, której proboszczem był ksiądz prałat Bolesław Sarna. Zaledwie po roku pracy w tym miejscu młody ksiądz zainteresował SB jako ewentualny kandydat do współpracy. Oczekiwano, że będzie on donosił na swego proboszcza oraz drugiego wikarego, który rozpoczął tworzenie nowej parafii w jednej z dzielnic Jaworzna. W uzasadnieniu opracowania kandydata napisano:

Kler parafialny Szczakowa, a przede wszystkim dziekan Bolesław Sarna, spowodował zagrożenie budownictwem kościelnym w dzielnicy Długoszyn, domagając się od władz zezwolenia na budowę kaplicy w tym rejonie. W związku z tym mieszkańcy Długoszyna inspirowani przez ks. dziekana oraz wikariusza obsługującego starą kaplicę w Długoszynie, ks. Józefa Nędzę odnoszą się do władz agresywnie.

W związku z tym koniecznym jest poddanie aktywnemu rozpracowaniu w/w i nakłonienie do współpracy dobranego kandydata, który obsługuje parafię Szczakowa wspólnie z ks. dziekanem Sarną.

Jednym z pierwszych kroków było opracowanie charakterystyki kandydata na TW. Oto jej fragmenty:

Z ustaleń wynika, że w/w obowiązki katechetyczne wykonuje gorliwie i wszczepia młodzieży ideologię idealistyczną. Nie stwierdzono by uprawiał świecki styl życia i nie ujawniono jego kontaktów z kobietami. Osobowość jego cechuje się tym, że nie używa napojów alkoholowych, nie pali, nie posiada własnego środka lokomocji, a korzysta tylko z państwowej i miejskiej komunikacji autobusowej. [...]

W rozmowach z aktywem kościelnym podkreślał potrzebę aktywizacji wszystkich parafian na rzecz pogłębiania wiary katolickiej i występowania w obronie Kościoła zagrożonego ateizmem.

Do zbierania bliższych informacji wykorzystano TW o pseudonimie „Witold", duchownego z dekanatu jaworznickiego. Inwigilowano także rodzinę późniejszego biskupa, którą określano jako całkowicie związaną z Kościołem. W celu nawiązania dialogu operacyjnego zamierzano wykorzystać włamanie do kościoła w Szczakowej, kandydat jednak unikał kontaktów z funkcjonariuszami SB. Rok później przerwano próby werbunku z powodu, jak zapisano, „braku możliwości", samego zaś kandydata określono jako „zwolennika linii kardynała Wojtyły".

Jednak w 1978 roku, gdy ksiądz Nycz został skierowany na KUL na studia doktoranckie, wznowiono działania zmierzające do jego werbunku. Funkcjonariusz Wydziału IV SB w Krakowie podporucznik Marek Janusz przygotował odpowiedni wniosek, w którym zapisano m.in.:

2. Uzasadnienie wytypowania kandydata na TW.

Kandydat na TW jest księdzem z diecezji krakowskiej. Obecnie podnosi swoje kwalifikacje z katechetyki w Instytucie Pastoralnym na KUL-u. Po ukończeniu studiów ma duże szanse na podjęcie pracy w papieskim Wydziale Teologicznym. Jego opracowanie pozwoliłoby na dopływ informacji z tegoż środowiska i studiujących tam księży.

3. Sposób opracowania.

Kandydat będzie opracowywany przez źródła agenturalne oraz istniejące środki techniczne. Równocześnie prowadzone będą rozmowy zmierzające do stopniowego jego pozyskania. Wymieniony będzie pozyskiwany na drodze stopniowego wiązania go ze Służbą Bezpieczeństwa. W dokumentach operacyjnych będzie występował pod kryptonimem „Katecheta".

Znów więc rozpoczęła się inwigilacja kandydata, a wraz z nim także innych księży z archidiecezji krakowskiej studiujących na KUL-u. W zbieraniu informacji pomagał SB m.in. TW o pseudonimie „Słowak", osoba związana później z seminarium duchownym i Papieskim Wydziałem Teologicznym w Krakowie, której tożsamości nie sposób ustalić jednoznacznie. Wznowiono także inwigilację rodziny duchownego oraz księży wywodzących się ze Starej Wsi, w tym księdza Mieczysława Danielczyka i księdza Kazimierza Mynarskiego. Badano również prywatne zainteresowania kandydata, a nawet relacje pomiędzy PWT a KUL-em, wiedziano bowiem o pewnych napięciach pomiędzy kadrami profesorskimi obu uczelni.

Podjęto także trzy rozmowy operacyjne: raz, gdy ksiądz Nycz wyjeżdżał w 1980 roku na kurs językowy do RFN, drugi raz – po jego powrocie – w domu rodzinnym w Starej Wsi, trzeci raz – w Krakowie. Rozmowy te nic nie dały. W 1986 roku ksiądz Nycz, wówczas już pracownik Wydziału Katechetycznego Kurii Metropolitalnej w Krakowie, stanowczo oświadczył, że nie życzy sobie dalszego nachodzenia go. Funkcjonariusz SB tak opisał to zdarzenie:

Podczas próby nawiązania kontaktu z kandydatem, która miała miejsce w dniu 10 I 1986 r., kandydat zdecydowanie odmówił spotkania twierdząc, że tematy dot. spraw kościelnych należy omawiać z kardynałem Macharskim, a prywatnie nie będzie rozmawiał z przedstawicielami milicji. Jeżeli uważam, że popełnił przestępstwo, to prosi o oficjalne śledztwo.

W związku z powyższym składam wniosek o wyrejestrowanie wymienionego z kandydata na TW i przekazuję materiały do archiwum. [...] Proponuję przechowywanie materiałów w archiwum przez okres 10 lat.

W 1987 roku ksiądz Kazimierz Nycz został wicerektorem seminarium duchownego w Krakowie. 4 czerwca 1988, tak jak ksiądz Jan Szkodoń, został konsekrowany na biskupa i objął funkcję sufragana krakowskiego. W 2005 roku został mianowany ordynariuszem koszalińsko-kołobrzeskim. Jako jeden z nielicznych biskupów powołał w swojej diecezji komisję historyczną do zbadania inwigilacji Kościoła przez SB.

Polacy w Watykanie

Jednym z najważniejszych zadań peerelowskiej bezpieki zwalczającej Kościół katolicki było werbowanie informatorów w środowisku polskim w Watykanie. Działania te nasiliły się szczególnie po wyborze kardynała Karola Wojtyły na Stolicę Piotrową. Bezpieka pracowała nie tylko na potrzeby komunistycznych władz Polski, lecz także dla Kremla. Papież zza żelaznej kurtyny od początku postrzegany był w Moskwie jako groźny przeciwnik. Stąd starania, by zdobyć o nim jak najwięcej informacji potrzebnych później zarówno do działań operacyjnych w łonie Kościoła, jak i do przedsięwzięć o innym charakterze, do których zaliczyć należy przede wszystkim zamach na Ojca Świętego w maju 1981 roku.

W zdobywaniu tych informacji kluczową rolę odgrywał Departament I MSW, a zwłaszcza jego Wydział III, który swoimi działaniami obejmował m.in. Włochy i Watykan. Jego oficerowie rezydujący w Rzymie już za pontyfikatu Jana XXIII i Pawła VI prowadzili działania wywiadowcze wśród duchownych przybyłych z Polski i pracujących w dykasteriach watykańskich lub studiujących na uczelniach papieskich. Po roku 1978 liczba księży polskich w Rzymie znacznie się zwiększyła, a ponadto dostęp do Papieża mieli też liczni duchowni i świeccy przyjaciele Jana Pawła II przyjeżdżający z kraju. Z oczywistych powodów dużą grupę wśród nich stanowili księża z archidiecezji krakowskiej. Nic zatem dziwnego, że funkcjonariusze peerelowskiej – a zapewne i sowieckiej – bezpieki traktowali osoby z Krakowa jako „drogę do Watykanu".

W niniejszym rozdziale omówionych zostanie kilka nieudanych werbunków w środowisku polskim w Watykanie. W ostatnim wypadku, ze względu na poruszane sprawy obyczajowe, personalia opisywanych osób będą utajnione.

Pierwsza sprawa nie jest właściwie typową próbą werbunku, lecz rozpracowaniem, które – w planach funkcjonariuszy SB – z czasem miało przynieść „efekty informacyjne". Przez kilkanaście lat bezpieka gromadziła materiały dotyczące bliskiego przyjaciela kardynała Wojtyły, a następnie papieża Jana Pawła II, księdza Andrzeja Marii Deskura (późniejszego kardynała). Przyszły przewodniczący Papieskiej Rady do spraw Środków Przekazu Społecznego urodził się w 1924 roku w Sancygniowie (diecezja kielecka), w rodzinie arystokratycznej pochodzenia francuskiego (pierwotne nazwisko: de Descours), przybyłej do Polski w XVII wieku. Po ukończeniu prawa na Uniwersytecie Jagiellońskim wstąpił w 1945 roku do Wyższego Seminarium Duchownego w Krakowie. Zaprzyjaźnił się tam m.in. ze swoim kolegą kursowym, również późniejszym kardynałem, Franciszkiem Macharskim. Studia teologiczne kończył w Rzymie, święcenia kapłańskie przyjął w 1950 roku we Francji i odtąd pracował na różnych stanowiskach w urzędach watykańskich. Był współpracownikiem pięciu papieży, począwszy od Piusa XII. Był też ekspertem w czasie obrad II Soboru Watykańskiego. W 1974 roku otrzymał sakrę biskupią.

W sierpniu 1962 roku Departament I objął go rozpracowaniem o kryptonimie „Irvat". Są przesłanki, że starano się też pozyskać go jako kontakt informacyjny. Jedną z osób rozpracowujących księdza Deskura podczas jego wakacyjnych wizyt w kraju był TW „Karol", czyli Julian Polan-Haraschin (opisany w rozdziale *Donosy na kardynała Franciszka Macharskiego* w części III niniejszego opracowania). Kontakty ułatwiała nie tylko przyjaźń duchownego z księdzem Macharskim, ale też fakt, że ojciec Haraschina był dyrektorem szkoły podstawowej, w której rodzeństwo Deskurów, pobierające naukę w domu, zdawało egzaminy.

Zdecydowana większość dokumentów tej sprawy została zniszczona. Wiadomo jedynie, że próby pozyskania księdza Deskura jako informatora – jeśli w ogóle zostały podjęte – skończyły się fiaskiem. W grudniu 1980 roku porucznik Andrzej Wroński, inspektor Wydziału III Departamentu I MSW, był zmuszony napisać:

W ciągu 18 lat prowadzenia sprawy nie uzyskano żadnych efektów operacyjnych i informacyjnych. Ze względu na podeszły wiek w/wym oraz jego nieuleczalną chorobę postanowiono zaniechać dalszego prowadzenia sprawy a zawarte w nim [sic!] materiały zniszczyć.

Biskup Andrzej Deskur krótko przed wyborem kardynała Wojtyły na urząd papieski doznał paraliżu; od tej pory porusza się na wózku inwalidzkim. W 1980 roku został przez Jana Pawła II mianowany arcybiskupem, a pięć lat później kardynałem. Obecnie przebywa na emeryturze.

Kolejna – tym razem lepiej udokumentowana – próba werbunku dotyczy księdza Tadeusza Rakoczego, obecnego ordynariusza bielsko-żywieckiego. Jak wspomniano w poprzedniej części, pochodzi on z Gilowic na Żywiecczyźnie. Urodził się w 1938 roku. Po zdaniu matury przez rok pracował, a następnie wstąpił do Wyższego Seminarium Duchownego w Krakowie, gdzie studiował na jednym roku m.in. z obecnym metropolitą krakowskim kardynałem Stanisławem Dziwiszem. Po przyjęciu w 1963 roku święceń kapłańskich pracował jako wikary w Wadowicach, a od 1967 roku jako prefekt kleryków w Wyższym Seminarium Duchownym. W tym czasie dwukrotnie starał się o zgodę na wyjazd do Rzymu, ale władze państwowe za każdym razem odmawiały mu paszportu. Dopiero w 1970 roku mógł wyjechać na studia w Papieskim Instytucie Biblijnym. W 1979 roku współorganizował Sekcję Polską Sekretariatu Stanu Stolicy Apostolskiej, a następnie został jej pracownikiem.

Według zachowanych dokumentów funkcjonariusze SB po raz pierwszy skontaktowali się z księdzem Rakoczym w 1961 roku; chodziło o udział w obozie dla kleryków, który jakoby miał być nielegalny. Podobna sytuacja powtórzyła się sześć lat później, kiedy ksiądz Rakoczy uczestniczył w obozie kleryckim jako prefekt, odprawiając nabożeństwa w prywatnym domu w Małym Cichym koło Zakopanego. W tym czasie w jego otoczeniu pojawił się tajny współpracownik o pseudonimie „Lach".

Po przyjeździe do Rzymu przyszły biskup znalazł się w centrum zainteresowania Departamentu I. Nadano mu wówczas – jako figurantowi sprawy obserwacyjnej – pseudonim „Karpo". Według rezydentów peerelowskiej bezpieki używających pseudonimów „Ravel" i „Potenzy", ksiądz Rakoczy był przedstawicielem polskiego lobby w Watykanie i zaufanym człowiekiem kardynała Macharskiego, dla którego załatwiał przeróżne sprawy. Z kolei rezydent „Konrado" wyciągnął od dwóch innych polskich księży pracujących w Watykanie informację, że figurant jest potencjalnym kandydatem na biskupa. Wszyscy trzej rezydenci opisywali też skrupulatnie ujemne cechy figuranta, co miało być przydatne w dalszych akcjach operacyjnych. Natomiast rezydent „Tibor" próbował nawiązać z księdzem Rakoczym kontakt, licząc, że przerodzi się on we współpracę. Przyszły biskup jednak zdecydowanie odmówił.

Mimo to w 1986 roku Wydział III Departamentu I MSW zdecydował się na założenie duchownemu segregatora materiałów wstępnych (SMW), który prowadzono przez trzy lata. Tuż przed rozwiązaniem SB akta tej sprawy sfilmowano (stało się to 6 lutego 1990 roku), a oryginały zniszczono. Zachował się wykaz funkcjonariuszy Departamentu I MSW, którzy się nią zajmowali:

l.p.	Nazwisko i imię	Stanowisko	Wy-dział	Okres od-do	Skąd wynika znajomość
1.	Spyra Eugeniusz	Naczelnik	III	17 II 86- VIII 87	Nadzór
2.	Kasprzak Wiesław	Z-ca Nacz.	III	17 II 86-IX 88	Nadzór
3.	Chodkiewicz Andrzej	Inspektor	III	17 II 86	Prowadzący
4.	Wroński Andrzej	St. Inspektor	III	I 87-VII 88	Prowadzący
5.	Makowski Aleksander	Naczelnik	XI	7 IV 88	Przed wyjazdem
6.	Deus [?] Tadeusz	Inspektor	III	VII 88- IV 89	Prowadzący
7.	Chojnowski Marian	St. Inspektor	III	17 II 86- IV 87	Nadzór
8.	Frey Jan	Insp.	III	8 VI 88	Przed wyjazdem
9.	Dubiel Maciej	Naczelnik	II	IX 88-IV 89	Nadzór

W aktach znajduje się też m.in. informacja o pobycie księdza Rakoczego w Polsce w lipcu 1988 roku, kiedy to duchowny przebywał w ośrodku rekolekcyjno-wypoczynkowym „Księżówka" w Zakopanem. W tym czasie spotykał się z wieloma duchownymi. Wśród nich był także ksiądz, który w archiwach esbeckich figuruje jako TW o pseudonimie „Witold". Był on, jak wynika z opisu, kolegą rocznikowym księdza Rakoczego, nie da się jednak jednoznacznie ustalić jego tożsamości. Pozyskany do współpracy w 1973 roku, zrywał ją dwukrotnie, wykorzystując m.in. swe przenosiny. W kwietniu 1986 roku SB po raz trzeci nawiązała z nim kontakt i od 1987 roku prowadzony był przez RUSW w Żywcu. Przypadek jego trudno ocenić, gdyż zachowany materiał jest bardzo skąpy. W każdym razie złączony przyjaźnią z przyszłym biskupem TW „Witold" odmawiał składania na niego doniesień.

Do tego celu starano się więc użyć TW „Jolantę", opisanego w części III niniejszego opracowania. Ze względu na różnice wieku i wykształcenia nie udało mu się jednak nawiązać bliższych kontaktów z księdzem Rakoczym. Uzyskano jedynie ogólne informacje o stanie jego zdrowia, w tym o zabiegach chirurgicznych, którym się poddawał.

Jak widać, mimo wysiłków aparatu bezpieczeństwa sprawa i tym razem zakończyła się fiaskiem. W 1992 roku ksiądz Tadeusz Rakoczy został biskupem nowo utworzonej diecezji bielsko-żywieckiej. Posługę tę pełni do dzisiaj.

Ostatni przypadek nieudanego werbunku dotyczy kandydata na TW o pseudonimie „Aniene". Duchowny, który ten pseudonim otrzymał, przez kilka lat pracował w archidiecezji krakowskiej. Jako zdolny i pracowity duszpasterz o zainteresowaniach naukowych, otrzymał propozycję wyjazdu na studia do Rzymu. W czasie studiów podjął pracę w jednej z instytucji watykańskich. Od razu stał się obiektem zainteresowania Departamentu I MSW, a zwłaszcza rezydentów o pseudonimach „Pietro", „Calmo" i „Garda". Założyli mu oni segregator materiałów wstępnych, w którym gromadzono materiały zebrane w dotychczasowych miejscach pracy duchownego.

Stwierdzono, że od pewnego czasu jest on związany z M., rozwódką mającą trójkę dzieci, i że często zaprasza ją wraz z jej najmłodszą córką za granicę. Kiedy M. po raz kolejny wystąpiła o paszport, funkcjonariusze SB skorzystali z okazji i przeprowadzili z nią rozmowę. Kobieta od razu wyjawiła swój związek z duchownym. Dla esbeków był to idealny wręcz pretekst do szantażu. Nawiasem mówiąc, wcześniej przez ośrodek zdrowia sprawdzono grupę krwi księdza, stwierdzając, że nie jest on ojcem żadnego z dzieci M.

Kiedy „Aniene" po raz kolejny pojawił się w Polsce, esbecy zaprosili go na rozmowę do restauracji hotelu „Grand" w Warszawie. Duchowny,

ku zaskoczeniu rozmówców, zjawił się na niej wraz z... M. i jej siedmio-
letnią córką. W ten sposób dał do zrozumienia, że żaden szantaż wobec niego nie jest możliwy. W trakcie dyskusji kategorycznie odmówił
współpracy. Stwierdził, że robi to z trzech powodów. Po pierwsze, wewnętrzne przekonania nie pozwalają mu donosić na kolegów. Po drugie, składał trzy przysięgi o zachowaniu tajemnicy służbowej, których
nie może złamać. Po trzecie, nie ma czasu na inną działalność. Major
J. Serafin z Wydziału III Departamentu I MSW próbował go przekonywać za pomocą argumentów „patriotycznych", że współpraca miałaby
na celu osłabienie wpływów lobby niemieckiego w Kurii Rzymskiej, ale
to nic nie dało.

Wkrótce „Aniene" został skompromitowany w polskim środowisku
w Rzymie, w czym, jak można przypuszczać, pomogli zawiedzeni funkcjonariusze Departamentu I. Duchowny wyjechał do pracy duszpasterskiej poza Włochy. Mimo zagmatwanego życia osobistego z próby, jakiej
został poddany przez bezpiekę, wyszedł zwycięsko.

Profesorowie i kurialiści

Papieski Wydział Teologiczny (od 1981 roku – Papieska Akademia Teologiczna) i Kuria Metropolitalna w Krakowie były przez lata instytucjami ściśle ze sobą powiązanymi, dlatego sprawy ich dotyczące omówione zostaną w jednym rozdziale. Oryginały wielu akt zostały zniszczone, ale – tak jak w wypadku spraw opisanych w dwóch poprzednich rozdziałach – zachowały się mikrofilmy niektórych z nich. Najlepiej udokumentowanym przypadkiem odmowy współpracy z SB jest sprawa kandydata na TW o pseudonimie „Judym", czyli księdza profesora Jana Macieja Dyducha, wieloletniego kanclerza kurii, a obecnie rektora PAT-u.

Duchowny ten urodził się w 1940 roku w Kukowie (parafia Krzeszów) koło Suchej Beskidzkiej. Wstąpił do Wyższego Seminarium Duchownego w Krakowie i studiował na jednym roku m.in. z obecnym metropolitą krakowskim, kardynałem Stanisławem Dziwiszem. (Nawiasem mówiąc, drogę powołania kapłańskiego wybrał również jego brat Tadeusz). Święcenia kapłańskie otrzymał w 1963 roku, a następnie jako wikary pracował w parafiach w Trzebini Sierszy, Jaworznie Niedzieliskach, Nowej Hucie Bieńczycach oraz w parafii pw. św. Szczepana w Krakowie. W 1975 roku został notariuszem w Kurii Metropolitalnej, a w roku 1981 jej kanclerzem. Równocześnie kontynuował pracę naukową, zdobywając kolejne stopnie naukowe z zakresu prawa kanonicznego. Nic więc dziwnego, że znalazł się w centrum zainteresowania Wydziału IV SB w Krakowie.

Po wstępnym rozpoznaniu, w lutym 1978 roku starszy inspektor Kazimierz Aleksanderek zdecydował się na werbunek, w związku z czym we wniosku o zgodę na opracowanie księdza Dyducha jako kandydata na TW napisał m.in.:

2. Uzasadnienie wytypowania kandydata na TW.

Ks. Jan Dyduch jest zatrudniony w Kurii Krakowskiej na stanowisku notariusza. Pozostaje w dobrych stosunkach z kapelanem kardynała, ks. Dziwiszem. Aktualnie kontynuuje studia doktoranckie, co pozwoli mu zapewne awansować w hierarchii kościelnej.

3. Sposób opracowania – Poprzez osobowe źródła informacji dążyć do rozpoznania stopnia ideowego związania z Kościołem, a ponadto rozpoznania jego osobowości, cech charakterologicznych, skłonności, nawyków. Niezależnie od prowadzonego opracowania zamierzam prowadzić rozmowy operacyjne.

Zgodnie z wnioskiem sięgnięto po źródła osobowe w postaci tajnych współpracowników. Najcenniejsze doniesienia dotyczące osoby księdza Dyducha złożyli TW „Rafał", duchowny z Krakowa, TW „Franek", kolega rocznikowy kandydata (w niniejszym opracowaniu – „Franek" II), oraz wspomniany w rozdziale *Przyszli biskupi* TW „Słowak", którego określono jako duchowego z archidiecezji krakowskiej, planującego studia doktoranckie na jednej z uczelni katolickich. Warto dla przykładu zacytować fragment charakterystyki księdza Dyducha sporządzonej przez SB na podstawie relacji TW „Rafała":

Nie jest tajemnicą, że utrzymuje bardzo zażyły kontakt z ks. Dziwiszem i jest w stosunku do niego bardzo układny. Ponadto Dyduch jako notariusz ma do czynienia z różnego rodzaju korespondencją [...]. Inna sprawa, że Dyduch jest realistą. W wypowiedziach swoich daje wyraz znajomości zagadnień, nie robi z siebie człowieka z wielkimi aspiracjami. Jest pilny i pracowity. Życie prywatne nie jest bliżej znane, ma swoje hermetyczne środowisko.

Relacje między notariuszem a kapelanem ówczesnego metropolity krakowskiego opisywał także – najczęściej w krzywym zwierciadle – „Franek" II, wyrządzając w ten sposób dużą krzywdę swoim dwóm kolegom rocznikowym. Z jeszcze innych źródeł esbecy zdobyli informacje o studiach doktoranckich księdza Dyducha na Akademii Teologii Katolickiej. Z tego też względu planowali wykorzystać operacyjnie częste podróże duchownego do Warszawy, np. nawiązując z nim niby przypadkowe kontakty w pociągu. Działania te jednak nic nie dały.

Próby pozyskania zdolnego księdza jako TW trwały długo, bo aż dziewięć lat, i zarówno dla kapitana Aleksanderka, awansowanego w tym czasie na stanowisko zastępcy naczelnika Wydziału IV SB WUSW w Krakowie, jak i wspomagającego go podporucznika Henryka Gębki zakończyły się porażką. W styczniu 1987 roku pierwszy ze wspomnianych funkcjonariuszy musiał zatwierdzić następujący raport o księdzu Dyduchu:

```
Kandydat w kontaktach z funkcjonariuszami dał wyraz swo-
jej niechęci do kontynuowania, motywując to brakiem zain-
teresowania sprawami politycznymi i absolutnemu poświęce-
niu się Kościołowi [sic!]. Potwierdziły to informacje uzyska-
ne z opracowania.
    W związku z powyższym proponuję teczkę personalną kandy-
data złożyć na okres 10 lat w archiwum tut. Wydziału C.
```

Ksiądz Jan Maciej Dyduch jest obecnie profesorem zwyczajnym prawa kanonicznego. Funkcję kanclerza kurii pełnił do 2004 roku, kiedy to został wybrany na stanowisko rektora Papieskiej Akademii Teologicznej w Krakowie.

Kolejnym pracownikiem Kurii Metropolitalnej bezskutecznie opracowywanym przez SB jako kandydat na TW o pseudonimie „Rajdowiec" był ksiądz Andrzej Sapeta. Urodził się w 1937 roku w Radziechowach na Żywiecczyźnie jako syn legionisty i wieloletniego działacza PSL-u, wiernego tej partii do momentu zawłaszczenia jej przez polityków prokomunistycznych. Poprzez małżeństwo swojej siostry był spowinowacony z rodziną późniejszego biskupa Tadeusza Pieronka pochodzącego z tej samej wioski. W 1956 roku wstąpił do Wyższego Seminarium Duchownego w Krakowie. Po święceniach kapłańskich w 1962 roku pracował jako wikary w kilku parafiach, m.in. w nowohuckich Bieńczycach. W 1972 został mianowany duszpasterzem akademickim przy kolegiacie pw. św. Anny w Krakowie, a trzy lata później wizytatorem Wydziału Katechetycznego Kurii Metropolitalnej. Jednocześnie kontynuował studia na KUL-u. Jego pasją była motoryzacja, wiele podróżował. Miał też poważny wypadek samochodowy, w wyniku którego poniósł uszczerbek na zdrowiu. W 1979 roku zamieszkał na plebanii w Krakowie Mydlnikach.

Do pierwszego zetknięcia księdza Sapety z funkcjonariuszami SB doszło w 1960 roku, kiedy podczas wycieczki z grupą alumnów został zatrzymany w pobliżu granicy polsko-czechosłowackiej. Zarzucano mu wówczas, że nielegalnie przekroczył granicę. Pomimo zastraszania, odmówił współpracy. Jednakże pod koniec lat siedemdziesiątych jego rosnąca pozycja w kurii – a zwłaszcza bliskie kontakty z księżmi Tadeuszem Pieronkiem, Stanisławem Dziwiszem i Bronisławem Fidelusem – znów zwróciła uwagę bezpieki. 5 stycznia 1979 roku podporucznik Józef Dyśko z Wydziału IV SB KW MO w Krakowie sporządził wniosek o opracowanie duchownego jako kandydata na tajnego współpracownika, w którym czytamy m.in.:

2. Uzasadnienie wytypowania kandydata na TW.
    Od 1975 r. jest pracownikiem Kurii Metropolitalnej – wizytator Wydziału Katechetycznego. Pełni również funkcję sędziego Sądu Metropolitalnego. Ma bezpośrednie dotarcie do osób pozostających w zainteresowaniu operacyjnym SB. Posiada rozeznanie w kwestii działalności Wydz. Katechetycznego oraz całej Kurii. Wykorzystanie jego wiedzy w tym zakresie jest pożądane.

3. Sposób opracowania – Po zebraniu i udokumentowaniu materiałów dot. jego osoby m.in. stopień ideowego związania z Kościołem, sposób bycia, nałogi, przyzwyczajenia itp. oraz wyjaśnieniu kontaktów z kobietami, podjąć dialog operacyjny, którego celem będzie nawiązanie bezpośredniego kontaktu i tym samym szukanie najdogodniejszej płaszczyzny pozyskania.

Mimo wielu działań esbekom nie udało się zdobyć żadnych materiałów kompromitujących księdza Sapetę. On sam natomiast stanowczo odmawiał jakichkolwiek rozmów nieoficjalnych. Świadczy o tym raport z 1986 roku, w którym wnioskowano o wyrejestrowanie duchownego jako kandydata na TW:

Opracowanie kandydata prowadzone było blisko przez 9 lat, wyniki rozmów, zgromadzone materiały operacyjne, dają podstawy do tego, aby sądzić, iż pozyskanie A. S. jako tajnego współpracownika jest niemożliwe. Negatywny stosunek do kontaktów ze Służbą Bezpieczeństwa A. S. wyraził słowami, cyt.: „ani

dziś, ani jutro ... ani w tym, ani w przyszłym miesiącu nie
mam dla pana czasu. Jeśli ma pan jakąś sprawę to proszę iść
do kardynała albo wysłać wezwanie, inaczej nie będę z panem
rozmawiał" - koniec cytatu. Biorąc powyższe pod uwagę wnioskuję o wyrejestrowanie kandydata i złożenie materiałów do
archiwum.

Zdecydowana reakcja księdza Andrzeja Sapety sprawiła, że bezpieka dała mu spokój. Duchowny jest nadal pracownikiem Kurii Metropolitalnej: od 1993 roku pełni funkcję dyrektora Archiwum Kurii.

W latach osiemdziesiątych wielu duchownych było opracowywa-
nych przez SB jako kandydaci na TW. Trudno omawiać wszystkie przypadki, zwłaszcza że są one do siebie bardzo podobne. Dla przykładu
warto opisać historię jednego z księży zasiadających w tym czasie w Radzie Kapłańskiej, gremium doradzającym metropolicie w sprawach dotyczących duchowieństwa.

Chodzi o księdza Lucjana Bielasa, pochodzącego z Jaworzna. Duchowny ten urodził się w 1952 roku, a święcenia kapłańskie otrzymał
w roku 1977. Jako wikary pracował m.in. w parafiach pw. św. Mikołaja w Chrzanowie i pw. bł. Jadwigi Królowej w Krakowie. Jego wybór do
Rady Kapłańskiej tak został opisany funkcjonariuszowi SB przez tajnego współpracownika o pseudonimie „Senior":

W dniu 19 IX 1980 r. odwiedziłem proboszcza parafii pw. św. Mikołaja w Chrzanowie ks. Zbigniewa Mońko. W czasie rozmowy
dowiedziałem się, że w dniu 18 IX br. w parafii chrzanow-
skiej odbyły się wybory do rady Kapłańskiej z dekanatu chrzanowskiego, jaworznickiego i trzebińskiego. Wybory te miały
charakter tajny i polegały na wybraniu dwóch księży - proboszcza i wikarego ze wspomnianych trzech dekanatów, jako
przedstawicieli reprezentujących duchownych z tego okręgu.
Wybory te nie wywołały większego zainteresowania wśród księży, czego dowodem była mała frekwencja. W wyniku głosowania do Rady Kapłańskiej wybrano proboszcza parafii Libiąż
ks. Stanisława Pielę i wikarego parafii Chrzanów ks. Lucjana
Bielasa. Księża niechętnie podeszli do sprawy wyborów i unikali wysuwania swoich kandydatur, gdyż zdają sobie sprawę,
że wybór wiąże się z dodatkowymi obowiązkami, a przy okazji
można się narazić zwierzchnikom występując w sprawach dot.
kapłanów, gdzie i tak głos decydujący ma kardynał. [...]

Zadania:

1/ Scharakteryzować osobowość ks. Lucjana Bielasa z parafii pw. św. Mikołaja w Chrzanowie, uwzględniając jego stosunek do władzy kurialnej i obecnej rzeczywistości.

2/ W rozmowach z ks. Mońko sondować jego plany i zamiary w kwestii budowy nowego kościoła na os. Północ w Chrzanowie.

Przedsięwzięcia:

Fakty wyboru ks. Pieli i ks. Bielasa do R.K. odnotować w TEOK i Wydz. „C".

Jak widać z powyższej notatki, wybór księdza Bielasa do wspomnianego gremium zainteresował SB. Postanowiono zebrać na jego temat więcej informacji. Trzy lata później zdecydowano się przystąpić do opracowywania duchownego jako kandydata na TW o pseudonimie „Chudy". Oto fragment wniosku przygotowanego 11 listopada 1983 roku przez młodszego chorążego S. Czekaja:

2. Uzasadnienie wytypowania kandydata na TW.

Konieczność operacyjnego rozpoznania wszystkich zagadnień związanych z działalnością Rady Kapłańskiej, Kurii Metropolitalnej oraz parafii Bł. Kr. Jadwigi. Kandydat posiada operacyjne możliwości rozpoznania ww. zagadnień.

3. Sposób opracowania – Rozpoznanie będzie przebiegało w kierunku zebrania maksymalnej ilości danych o kandydacie i jego rodzinie w celu wypracowania płaszczyzny do prowadzenia dialogu z możliwością przekształcenia w trwałą współpracę, zgodnie z załączonym planem.

Zarówno uzasadnienie, jak i sposób opracowania sformułowane zostały dość ogólnikowo. Po przygotowaniu wniosku sporządzono jednak dokładną charakterystykę księdza Bielasa. Zdobyto także informacje o nim z okresu nauki w liceum w Jaworznie oraz informacje o najbliższych przyjaciołach z czasów seminaryjnych. Wreszcie, dysponując już pewną wiedzą, przeprowadzono z nim dwie rozmowy sondażowe, pytając m.in., co sądzi o działalności księży opozycjonistów – Kazimierza Jancarza i Adolfa Chojnackiego. Ksiądz Bielas odmówił jednak odpowiedzi na pytania dotyczące innych księży, nie chciał też rozmawiać na temat działalności Rady Kapłańskiej. Funkcjonariusze SB podjęli jeszcze jedną próbę rozmowy, gdy duchowny starał się o paszport na wyjazd do Austrii. Również i ona nie przyniosła rezultatu. Z tego powodu w 1988 roku dalszych działań zaniechano.

Ksiądz Lucjan Bielas obronił pracę doktorską i obecnie jest pracownikiem naukowym PAT-u.

Duszpasterze

W archiwach IPN dotyczących archidiecezji krakowskiej zachowała się też dokumentacja wielu nieudanych prób werbunku podjętych przez Służbę Bezpieczeństwa wśród tzw. kleru dołowego, czyli księży pracujących w parafiach. Jest to zarazem świadectwo odwagi owych duchownych, którzy oparli się niejednokrotnie perfidnym metodom, jakie wobec nich zastosowano. W niniejszym rozdziale omówionych zostanie kilkanaście przykładów, ułożonych w kolejności chronologicznej, poczynając od 1956 roku.

Pierwszy przypadek dotyczy księdza Leona Kapturkiewicza. Duchowny ten urodził się w 1914 roku w Nowym Targu, w rodzinie inteligenckiej. W 1934 wstąpił do Wyższego Seminarium Duchownego w Łucku na Wołyniu, pięć lat później przyjął święcenia kapłańskie. Pracował jako wikary w parafiach w Chyrowie, Ostrogu i Włodzimierzu Wołyńskim. W 1944 roku, ze względu na działania wojenne i ludobójstwo dokonywane na Polakach przez UPA, powrócił na Podhale. Od 1945 roku pracował jako katecheta w Wieliczce. Od początku był wrogo nastawiony do nowej władzy, a ze względu na przejścia wojenne był też zdecydowanie antysowiecki. W 1955 roku został objęty przez UB inwigilacją. Funkcjonariusze bezpieki przystąpili też do opracowywania go jako kandydata na informatora, chcąc wykorzystać go w działaniach operacyjnych przeciwko księdzu dziekanowi Józefowi Śliwie i księdzu katechecie Józefowi Jędrysikowi z Wieliczki. Ksiądz Kapturkiewicz, chociaż był członkiem prorządowego Zrzeszenia Katolików „Caritas", odmówił współpracy. W 1962 roku zamieszkał jako rezydent w parafii w Krakowie Prokocimiu. Zmarł w 1983 roku.

W tym samym czasie próbowano zwerbować księdza kanonika Zdzisława Krzystyniaka. Urodził się on w 1919 roku w Nowym Sączu, jednak całe swoje życie związał z Krakowem. Był synem przemysłowca, właściciela fabryki cukierków „Kryształ", zamordowanego w czasie wojny przez Niemców. Święcenia kapłańskie przyjął w 1945 roku, następnie pracował jako katecheta w kilku szkołach. SB zainteresowała się nim ze względu na jego znajomość od czasów seminaryjnych z Karolem Wojtyłą. Zamierzając go użyć do rozpoznania środowiska ówczesnego sufragana krakowskiego w ramach sprawy o kryptonimie „Grupa-5", zarejestrowano księdza Krzystyniaka jako kandydata na TW o pseudonimie „Cichy". W latach 1960–1965 esbecy spotkali się z nim sześciokrotnie. Rozmowy miały jednak charakter ogólnikowy, a duchowny nigdy nie dał się zwerbować. W 1970 roku ksiądz Krzystyniak zamieszkał w swoim rodzinnym domu przy ulicy Kościelnej na terenie parafii pw. św. Szczepana w Krakowie. Pełnił różne funkcje, m.in. archidiecezjalnego duszpasterza do spraw – cytat – „dobroci w stosunku do ludzi i zwierząt" oraz kapelana klubu sportowego Cracovia. Zmarł w 2001 roku.

Bywało, że wystarczyła jedna stanowcza odmowa, aby funkcjonariusze SB zaprzestali działań werbunkowych. Tak było np. w wypadku księdza Władysława Fidelusa. Urodzony w Zembrzycach w 1941 roku, święcenia kapłańskie przyjął w 1965 (pochodzący z tej samej miejscowości ksiądz Bronisław Fidelus, późniejszy kanclerz kurii, jest jego dalekim krewnym). Pracował jako wikary w Trzebini-Wodnej Krystynowie, a następnie, od 1968 roku, w parafii pw. Narodzenia Najświętszej Marii Panny w Żywcu. Wkrótce po tym, jak objął tę drugą placówkę, zjawił się u niego funkcjonariusz SB, który próbował zwerbować go jako tajnego współpracownika. Napotkał jednak zdecydowany opór duchownego:

> Podczas rozmowy z kandydatem ten uprzejmie wykazał się stanowczością i fanatyzmem religijnym, podporządkowaniem się przełożonym. Dał do zrozumienia, że prowadzenie z nim rozmów ma na celu wyciągnięcie od niego informacji na temat innych księży i spraw Kościoła, a on się do tego nie nadaje, dając tym samym do zrozumienia, że odżegnuje się od wszelkiego kontaktu z SB.

Warto dodać, że za przejaw „fanatyzmu religijnego" funkcjonariusze SB uznawali wszelką argumentację *stricte* religijną (powoływanie się na wiarę w Boga itd.). Po takiej odmowie ksiądz Władysław Fidelus z kandydata na TW stał się osobą bacznie obserwowaną przez bezpiekę (zob. rozdział *Grób Stanisława Pyjasa* w części III niniejszego opracowania). W 1976 roku został proboszczem wspomnianej parafii w Żywcu. W następnych latach pełnił ważne funkcje wicedziekana i dziekana dekanatu Żywiec I, a po utworzeniu w 1992 roku diecezji bielsko-żywieckiej także dyrektora Wydziału Duszpasterstwa Ogólnego Kurii Biskupiej w Bielsku-Białej. Za swoje zasługi został obdarzony godnością prałata, a następnie infułata.

Rówieśnikiem i kolegą rocznikowym księdza Władysława Fidelusa był ksiądz Kazimierz Lenart, pochodzący z Trzemeśni. Po święceniach kapłańskich w 1965 roku został skierowany do Rajczy na Żywiecczyźnie. Tutaj w 1968 roku SB podjęła próbę zwerbowania go, jako pretekst wykorzystując spowodowany przez duchownego wypadek motocyklowy. Zarejestrowano go wówczas jako kandydata na TW o pseudonimie „LK" (odwrócone inicjały). Jednak pomimo zgromadzenia materiału, który mógł być użyty do szantażu, ani w Rajczy, ani w następnych parafiach SB nie udało się nakłonić księdza Lenarta do współpracy. Duchowny zmarł w 2005 roku.

Z odmową spotkały się też podobne wysiłki SB wobec księdza Wojciecha Kłusaka, będącego z kolei kolegą rocznikowym kardynała Stanisława Dziwisza. W 1969 roku, jako wikary w Pietrzykowicach, był werbowany na tajnego współpracownika, jednak stanowczo uchylał się od kontaktów. W następnych latach został proboszczem w Pobiedniku Wielkim, a później w Korzkwi. Obecnie przebywa na emeryturze. Zachowana dokumentacja jego sprawy jest bardzo skromna.

Ocalały natomiast obszerne akta księdza Antoniego Kani, którego SB próbowała zwerbować jako TW. Kandydatowi nadano pseudonim „Kondor". Jest to przypadek bardzo interesujący, pokazujący rozległość działań podejmowanych przez SB przeciwko jednemu tylko duchownemu. Ksiądz Kania urodził się w 1951 roku w Łodygowicach na Żywiecczyźnie. W 1969 roku wstąpił do Wyższego Seminarium Duchownego w Krakowie. Już wtedy w jego dokumentach jeden z funkcjonariuszy SB zanotował:

Przeprowadzono dwie rozmowy operacyjne, obydwie przed wstąpieniem do WSD, ukierunkowane na pozyskanie go do współpracy
bądź doprowadzenie do rezygnacji ze studiów teologicznych.
Rozmowy te nie przyniosły pożądanych rezultatów.

Ksiądz Kania przyjął święcenia kapłańskie w 1975 roku. Jego pierwszą placówką był Bieżanów, bardzo stara parafia, wchłonięta przez roz-
budowujące się osiedla krakowskie. W tym czasie jej proboszczem był
ksiądz Antoni Sołtysik (zob. rozdział *Inwigilacja księdza Antoniego Sołtysika* w części III niniejszego opracowania). Zarówno ze względu na
osobę proboszcza, jak i na prywatne kontakty młodego wikarego z niektórymi pracownikami Kurii Metropolitalnej, zwrócił on uwagę SB.
26 kwietnia 1978 roku inspektor Andrzej Szwaja sporządził wniosek
o opracowanie księdza Kani jako kandydata na tajnego współpracownika, podkreślając m.in., że „z uwagi na młody wiek i wykazywane zdolności [duchowny] posiada perspektywy awansu w przyszłości". W rubryce „Sposób opracowania" inspektor Szwaja napisał:

W ramach opracowania wykorzystane zostaną informacje o kandydacie pochodzące od osobowych źródeł, z inwigilacji korespondencji, ustaleń, wywiadów itp. Wykonane przedsięwzięcia
prowadzić będą do uzyskania nowych materiałów oraz uzupeł-
nienia już posiadanych, przy czym szczególny nacisk położo-
ny zostanie na ujawnienie materiałów kompromitujących i ich
udokumentowanie. Przewidywane jest podjęcie dialogu.

Zdobycie materiałów kompromitujących miało się odbyć za pośrednictwem duchownych, których już wcześniej zwerbowano do współpracy z SB. Byli wśród nich także koledzy księdza Kani z seminarium,
m.in. trzej TW o pseudonimach „Janowski", „Kmita" i „Góral". Dla nich
inspektor Szwaja opracował szczegółowe wytyczne.

W związku z pozostającym w operacyjnym zainteresowaniu ks.
Antonim Kanią — wikariuszem parafii Bieżanów, uwzględniając
operacyjne możliwości TW, proszę o zebranie danych charakterystycznych:
    — osobowość, cechy charakteru, zdolności, siła woli,
usposobienie
    — zainteresowania, nałogi, skłonności do życia świeckie-
go. Kontakty z osobami świeckimi, a zwłaszcza kobietami

- ocena postawy i stosunku do władz świeckich i do istniejącej rzeczywistości
- stosunek do hierarchii i jej zarządzeń, opinie o wymienionym w kurii i środowisku kleru krakowskiego
- perspektywy i możliwości awansu
- układ stosunków między wymienionym a proboszczem i wikariuszami parafii Bieżanów.

Jak wynika z zachowanej dokumentacji, żadnych materiałów tą drogą nie uzyskano. Jedynie TW „Kmita" opisał wakacje kandydata, spędzone na Mazurach. Szukano więc innych tzw. dojść. Sięgnięto w tym celu po pochodzący z 1974 roku wyciąg z informacji TW o pseudonimie „Witek", kleryka informatora, który donosząc na swoich kolegów, scharakteryzował też Antoniego Kanię, mówiąc o nim m.in., że jest zdolny i grywa na perkusji, oraz podając nazwiska kolegów z nim zaprzyjaźnionych. Ustalono także, że kandydat nie figuruje w Wydziale Ruchu Drogowego KW MO w Krakowie w kartotece osób ukaranych za naruszenie przepisów drogowych.

Szukając jakiejś informacji, która mogłaby stanowić pretekst do szantażu, sprawdzono rodzinę kandydata i środowisko, z którego pochodził. Inspektor Szwaja osobiście zjawił się w Łodygowicach, a następnie sporządził poniższą notatkę:

W dniu 19 VI 1978 wspólnie z tow. Szczęśniakiem udałem się do Łodygowic celem zebrania informacji na temat ks. Antoniego Kani oraz jego rodziny zamieszkałej w tej miejscowości. Tow. Szczęśniak przekazał mi źródło operacyjne jakim jest KO „Bronka" celem jego dalszego wykorzystania.

KO „Bronka" aktualnie nie ma na interesujący nas temat szczegółowych informacji, ale posiada perspektywiczne możliwości ich zdobycia.

Wobec powyższego przekazałem jej do wykonania następujące zadania:
- zebranie informacji o poszczególnych członkach rodziny /dane osobowe, miejsce zatrudnienia, opinie/
- uzyskanie opinii o ks. Kani i jego charakterystyki
- bieżąca obserwacja ks. Kani podczas pobytu u rodziny na urlopie, jego zachowania się, utrzymywanych tam kontaktów i uzyskanie ewentualnych materiałów kompromitujących.

Zebrane informacje KO „Bronka" przekaże mi po następnym skontaktowaniu się w formie pisemnej w omówiony sposób.

Kontakt operacyjny „Bronka" to, jak wynika z innych dokumentów, kobieta, która w swojej wiosce starała się wiedzieć wszystko o wszystkich. Nie była TW, natomiast chętnie dzieliła się posiadaną wiedzą ze wspomnianym towarzyszem Szczęśniakiem. Nie wiadomo, czy wykonała powyższe zadania. Warto jednak w tym miejscu podkreślić, że dzięki takim kontaktom operacyjnym bezpieka zdobywała nieraz bardzo ważne informacje, niekiedy cenniejsze od tych, które przekazywali jej tajni współpracownicy.

SB próbowała też penetrować środowisko w Bieżanowie. Od TW o pseudonimie „Rafał", duchownego odwiedzającego sporadycznie tamtejszą plebanię, uzyskano pewne ogólne informacje o mieszkających w niej duszpasterzach. W notatce z 26 sierpnia 1978 roku czytamy:

```
W parafii Bieżanów jest czterech księży. Ks. Antoni Sołtysik
- proboszcz, i trzech wikariuszy, ks. ks. Antoni Kania, Je-
rzy Grajny i Józef Jakubiec. Ks. Antoni Kania jest najmłodszy
z księży. Niedawno wraz z proboszczem obchodził imieniny. Mi-
mo że był solenizantem, robił wiele, pomagał przy nakrywaniu
stołu. [...] Ma miłą powierzchowność, wysoki /180 cm/, brunet.
Wszyscy księża mieszkają w plebanii, Sołtysik i Kania na dole,
a Grajny i Jakubiec na górze, wejście do plebanii jest jedno.
```

Sporządzono plan zabudowań plebanii. Bezskutecznie natomiast poszukiwano informatorów w jej sąsiedztwie. Tak więc próba infiltracji środowiska bieżanowskiego przyniosła raczej mizerne rezultaty.

Mimo tych niepowodzeń zdecydowano się nawiązać bezpośredni dialog z kandydatem. 24 lipca 1978 roku funkcjonariusz SB przygotował plan rozmowy:

```
W trakcie rozmowy poruszone zostaną następujące tematy:
    1. Zaangażowanie w pracy duszpasterskiej - problemy sta-
łości miejsca.
    2. Stosunki panujące w parafii - współpraca z probosz-
czem i wikarymi.
    3. Praca w okresie wakacji - pogląd kandydata na temat oaz.
    4. Plany urlopowe kandydata /kiedy i gdzie wybiera się
na urlop/.
    W zależności od przebiegu rozmowy i wykazanej przez kandy-
data postawy zmierzał będę w kierunku podtrzymywania dalszych
kontaktów, umawiając się ewentualnie na następne spotkania.
```

Ksiądz Kania odmawiał jednak rozmów z bezpieką. W 1979 roku przeniesiony został do jednego z rejonów duszpasterskich w Bieńczycach w Nowej Hucie i zamieszkał w bloku na osiedlu Strusia. SB znów próbowała to wykorzystać, szukając informatorów zarówno na piętrze, na którym mieszkał duchowny, jak i wśród pozostałych sąsiadów. Z wielkim trudem znaleziono jednego, przypadkowego informatora, którego przepytano m.in. w sprawie odgłosów dochodzących z mieszkania duchownego. Jednak żadnych kompromitujących informacji nie uzyskano.

Próby werbunku kontynuowano do 1987 roku. Bezskutecznie, gdyż kandydat konsekwentnie odmawiał rozmów. W końcu chorąży Bogdan Szufa, który w prowadzeniu sprawy zastąpił porucznika Szwaję, był zmuszony napisać, że do pozyskania nie doszło:

```
Podczas kolejnych prób spotkania z kandydatem odmówił zde-
cydowanie, tłumacząc to tym, iż ze względu na wiele zajęć
przedpołudniowych i popołudniowych nie ma czasu. Ponadto
stwierdził, że w najbliższym czasie zajęć mu przybędzie
i prosi o nie dzwonienie i nie przychodzenie, gdyż nie bę-
dzie miał czasu. Wypowiedź ta była w stylu ironicznym, suge-
rując jego lekceważący i negatywny stosunek do SB.
    W związku z tym wnioskuję o wyrejestrowanie kandydata
i przekazanie materiałów do archiwum.
```

Ksiądz Antoni Kania jest od 1991 roku proboszczem w Krzęcinie koło Suchej Beskidzkiej. Otrzymał godność kanonika.

W drugiej połowie lat siedemdziesiątych SB podjęła też działania zmierzające do zwerbowania innego duchownego, księdza Franciszka Juchasa. Duchowny ten urodził się w 1941 roku we wsi Stare Bystre na Podhalu; jego rodzonym bratem jest ksiądz Tadeusz Juchas, kustosz sanktuarium maryjnego w Ludźmierzu koło Nowego Targu. Po święceniach kapłańskich w 1965 roku ksiądz Franciszek Juchas pracował jako wikary w Jawiszowicach, Międzybrodziu oraz w Krakowie – najpierw w Czyżynach, a później w parafii pw. św. Mikołaja. Gdy był na tej przedostatniej placówce, SB zainteresowała się nim jako kandydatem na TW. Podobnie jak w innych opisanych tu sytuacjach przygotowano wniosek uzasadniający werbunek. Nosi on datę 24 marca 1977 roku. W uzasadnieniu tej kandydatury starszy sierżant sztabowy Edward Kajdy z Wydziału IV SB WUSW w Krakowie napisał:

Ks. Juchas Franciszek jest z rocznika, z którego aktualnie w dużym stopniu powołuje się na stanowiska w różnych ogniwach kurialnych. Ponadto księża z tego rocznika utrzymują bliskie kontakty z kurialistami i są faworyzowani [...]. W/w zaliczyć należy do księży pozytywnych, dotychczas z jego strony nie zanotowano negatywnych wystąpień.

W ramach opracowywania kandydata funkcjonariusz SB planował przede wszystkim rozpoznawcze rozmowy z samym zainteresowanym. Pisał też:

W celu ustalenia jego kontaktów zostanie okresowo założona inwigilacja korespondencji. Przez inne jednostki TW pozostające na kontakcie tut. Wydziału zostanie ustalona jego aktualna pozycja i możliwości operacyjne.

Pomimo inwigilacji, naruszania prywatności korespondencji i wykorzystywania spraw paszportowych trwające kilka lat próby werbunku zakończyły się fiaskiem wobec zdecydowanej postawy duchownego. Dalszych prób zaniechano ostatecznie w 1982 roku, kiedy to ksiądz Franciszek Juchas został proboszczem w Międzybrodziu Żywieckim. W 1988 roku władze kościelne powierzyły mu funkcję proboszcza w Wiśniowej, a w 1997 – w Poroninie. Funkcję tę pełni do dnia dzisiejszego.

Mniej więcej w tym samym czasie SB bezskutecznie próbowała zwerbować także księdza Antoniego Zuziaka. Urodzony w 1949 roku w Lipowej na Żywiecczyźnie, wstąpił do Wyższego Seminarium Duchownego w Krakowie w 1967 roku i sześć lat później przyjął święcenia kapłańskie (księdzem jest również jego młodszy brat Władysław). Jako wikary pracował w Bestwinie, Balinie i Krakowie Prokocimiu. Próby zwerbowania go podejmowano od 1978 roku (jako kandydata na TW opracowywali go porucznik R. Kornecki i porucznik T. Rak). Nie przyniosły one oczekiwanego przez SB efektu. Opracowania zaniechano w 1984 roku, kiedy to duchowny przeszedł do Jaworzna, a następnie do Bielska-Białej. Od 1995 roku jest proboszczem w Rabie Wyżnej.

Ciekawy jest przypadek księdza prałata Wojciecha Jakubca seniora. Pochodzący z Łodygowic duchowny urodził się w 1908 roku. Święcenia kapłańskie przyjął w roku 1932, a w 1948 został proboszczem w Klikuszowej i pełnił tę funkcję przez kilkadziesiąt lat. Na początku lat osiemdziesiątych, mimo swego podeszłego wieku, stał się obiektem zainteresowania esbeków, którzy szukali źródeł informacji o tworzącej się na Podhalu Solidarności Wiejskiej. Mówi o tym wniosek sporządzony 21 kwietnia 1981 roku w Wydziale IV SB w Nowym Sączu przez funkcjonariusza Zbigniewa Zwolińskiego:

2. Uzasadnienie wytypowania kandydata na TW.
Istnieje potrzeba wzmocnienia siatki agenturalnej w dekanacie nowotarskim. Wymieniony posiada możliwości informowania nas o działalności „Solidarności Wiejskiej" w tym rejonie, ma również naturalne dotarcie do środowiska księży nowotarskich. Demonstruje lojalną postawę wobec władz świeckich.

3. Sposób opracowania - Poprzez bezpośrednie kontakty przyzwyczajać go do rozmów na tematy interesujące SB. Jako pretekst kontaktów wykorzystywane będą osobiste rocznice kandydata oraz święta przez niego obchodzone.

Pretekstem do rozmów stał się też spór o budowę kościoła w Morawczynie, wiosce należącej do parafii w Klikuszowej. Na budowę tę i na utworzenie osobnej parafii nie zgadzał się ani proboszcz, ani Kuria Metropolitalna. Mimo to mieszkańcy wioski wznieśli świątynię. Rozmowy funkcjonariusza SB z księdzem proboszczem toczyły się w kordialnej atmosferze: duchowny przeszedł ze swoim gościem na „ty", ten ostatni z kolei wydał 1000 złotych na prezent imieninowy w postaci butelki koniaku. Dla esbeka efekty były jednak rozczarowujące: zamiast aktualnych doniesień musiał godzinami wysłuchiwać wspomnień księdza Jakubca z czasów wojny. Po roku duchowny został wyrejestrowany z ewidencji kandydatów na TW. W 1984 zrezygnował z probostwa, lecz pozostał w Klikuszowej jako rezydent. Zmarł cztery lata później w wieku 90 lat.

Na początku lat osiemdziesiątych SB postanowiła zwerbować też księdza Stanisława Marchewkę. Urodzony w 1942 roku w Chrzanowie, święcenia kapłańskie przyjął w Krakowie w 1966. Pracował jako wikary w kilku miejscowościach (m.in. w Zakopanem i Krakowie), a w 1980 roku został proboszczem parafii w Chrzanowie Rospontowej. Właśnie w tym czasie bezpieka zaczęła się nim interesować jako kandydatem na TW, który mógłby być użyty do rozpracowywania księży w dekanacie chrzanowskim.

Duchownemu nadano pseudonim „MS" (odwrócone inicjały). Werbunek jednak się nie powiódł: ksiądz Marchewka nie tylko stanowczo odmawiał rozmów, ale i wielokrotnie dawał wyraz swym patriotycznym poglądom. Po siedmiu latach ostatecznie zrezygnowano z prób pozyskania go, a w charakterystyce napisano:

Kandydat od początku swego kapłaństwa wykazywał negatywny stosunek do władz państwowych i SB, szczególnie nasiliło się to od 1980 r., tj. od czasu powstania NSZZ „Solidarność". Postawie prosolidarnościowej dawał nieraz wyraz w swych publicznych wystąpieniach. W kościele instalował emblematy tego związku, orła w koronie, hasła o treści polityczne. Na plebanii cyklicznie organizował spotkania z byłymi aktywistami tego związku, gdzie przedstawiał w odpowiedni sposób aktualną sytuację społeczno-polityczną kraju, sprawę ks. J. Popiełuszki, gloryfikował rolę opozycji antysocjalistycznej. Po przeniesieniu go w 1985 r. na nową placówkę [do Libiąża] w dalszym ciągu manifestował swój negatywny stosunek do władz państwowych i ustroju PRL. [...]
Nadmieniam ponadto, że przeprowadzone z nim rozmowy ostrzegawcze przez Naczelnika Miasta i Gminy w Chrzanowie nie przyniosły żadnego rezultatu i należy się liczyć, że w dalszym ciągu wypowiedzi i działalność jego będą jątrzące.
Insp. Gr. IV SB w Chrzanowie, por. Wł. Lipa.

W czasie opracowywania „niepokornego" duchownego SB korzystała m.in. z informacji pochodzących od dwóch innych duchownych, tajnych współpracowników o pseudonimach „Marian" i „Edek". Ten ostatni złożył nawet raport, że proboszcz z Libiąża w czasie uroczystości patriotycznych w pieśni *Boże, coś Polskę* śpiewa nie: „Ojczyznę wolną pobłogosław, Panie...", ale: „Ojczyznę wolną racz nam wrócić, Panie". W wolnej Polsce ksiądz Stanisław Marchewka nadal pełni funkcję proboszcza parafii pw. Przemienienia Pańskiego w Libiążu.

I wreszcie ostatni przykład: sprawa pracującego w archidiecezji krakowskiej ojca Jerzego Wołyńskiego, benedyktyna z Tyńca. Urodzony w 1939 roku w Bydgoszczy, do zakonu benedyktynów wstąpił w 1960 roku. Przez 10 lat był bratem zakonnym, studia teologiczne odbył dopiero w latach 1970–1976. Po święceniach kapłańskich w 1976 roku został wikarym w prowadzonej przez benedyktynów parafii tynieckiej.

Od 1979 roku był opracowywany przez SB jako kandydat na tajnego współpracownika o pseudonimie „Zalewski". Sprawdzano jego korespondencję, zbierano informacje o rodzinie mieszkającej w Bydgoszczy, a charakterystykę duchownego napisał jego współbrat, ojciec Dominik Michałowski, jak wynika z dokumentacji, bardzo aktywny TW o pseudonimie „Włodek". Równocześnie SB starała się zaskarbić sobie wdzięczność ojca Wołyńskiego: kiedy wystąpił o paszport, obiecano mu, że otrzyma go poza kolejnością. Zakonnik jednak odmówił i czekał jak każdy zwykły obywatel. Nie godził się też na jakiekolwiek spotkania z funkcjonariuszami SB. W dniu 2 lutego 1987 roku odstąpiono od prób werbunku, a w raporcie końcowym napisano:

W trakcie opracowywania kandydata TW ps. „Zalewski" uzyskano negatywną charakterystykę, z której wynika, iż mamy do czynienia z zakonnikiem nie posiadającym predyspozycji do współpracy ze Służbą Bezpieczeństwa. Również przeprowadzone z nim rozmowy dały wynik negatywny a kandydat nie życzył sobie nieoficjalnych spotkań z pracownikiem SB.

W związku z powyższym wnioskuję o eliminację w/w jako kandydata na TW i złożenie powyższych materiałów do archiwum na okres 5 lat.

Jak dowodzą powyższe przykłady, SB odstępowała od prób werbunku przede wszystkim wtedy, gdy natrafiała na zdecydowany opór ze strony konkretnego duszpasterza. Stanowcza odmowa kontaktów sprawiała, że funkcjonariusze SB wcześniej czy później wycofywali się z opracowywania jego osoby jako kandydata na TW. Bywało nawet, że zdobyte przez SB materiały kompromitujące okazywały się za słabe wobec zdecydowanego sprzeciwu zainteresowanego.

Klerycy

Opisane w poprzednich rozdziałach działania werbunkowe podejmowane były przez Służbę Bezpieczeństwa również w stosunku do kleryków. Starano się złamać opór przyszłych kapłanów na jak najwcześniejszym etapie ich drogi. Każdemu klerykowi zakładano teczkę, w której gromadzono informacje na jego temat. Na podstawie tych informacji decydowano, czy i w jaki sposób przystąpić do werbunku.

Pierwszym przykładem nieudanego werbunku w seminarium jest sprawa księdza Tadeusza Leśniaka, urodzonego w 1935 roku w Kozach koło Bielska-Białej. Po wstąpieniu do krakowskiego seminarium utrzymywał on kontakt listowny z kolegami i koleżankami ze swojej rodzinnej miejscowości. Będąc na IV roku, napisał do jednej z koleżanek i poprosił, aby przysłała mu swoje zdjęcie. List od niej wraz z owym zdjęciem został przechwycony przez bezpiekę, która z założenia sprawdzała całą korespondencję przychodzącą do seminarium. Postanowiono go wykorzystać do werbunku za pomocą szantażu.

W kwietniu 1956 roku, w trakcie ferii wielkanocnych, chorąży Kuczyński specjalnie udał się do Kóz i grożąc klerykowi skompromitowaniem go przed rektorem, zmusił do napisania następującego zobowiązania:

Ja Tadeusz Leśniak zobowiązuję się do zachowania w ścisłej tajemnicy faktu udzielenia informacji organom B. P. o wiadomych mi wrogich aktach ze strony mego otoczenia. Zostałem uprzedzony, że w razie ujawnienia tegoż wobec osób trzecich zostanę pociągnięty do odpowiedzialności sądowej. Informacje moje dla zakonspirowania będą podpisywane pseudonimem „Jan Drut".

W zamian za podpisanie owego dokumentu ubek oddał klerykowi zdjęcie. Z akt wynika, że funkcjonariusz został za to skarcony przez przełożonych, bo w ten sposób pozbył się dowodu rzeczowego. Skarcono go również za to, że w czasie rozmowy pozyskaniowej nie odebrał od nowego agenta doniesienia na kolegów i przełożonych. W czasie następnego spotkania kleryk odmówił współpracy, co funkcjonariusz musiał odnotować w raporcie:

> W czasie werbunku widać było chęć i zapał do współpracy z organami B.P., jednak na pierwszym spotkaniu po werbunku w/w nie chciał ani słowa powiedzieć o interesujących nas zagadnieniach, oświadczając równocześnie, że nie będzie z nami współpracował, ponieważ nie jest to zgodne z jego sumieniem.

Wobec takiej postawy w listopadzie tegoż roku kleryk został wyrejestrowany z sieci agenturalnej. Niestety, po wielu latach opierania się naciskom SB duchowny w końcu zgodził się na współpracę i to dość daleko posuniętą (zob. rozdział *Kryptonim „Kurier" – inwigilacja księdza Kazimierza Jancarza* w części II niniejszego opracowania).

Zakrojoną na wielką skalę akcję werbunkową wśród kleryków krakowska bezpieka podjęła w czasie wakacji w 1961 roku. Zakończyła się ona jednak fiaskiem. Współpracy odmówili wówczas m.in. klerycy: Tadeusz Rakoczy, Franciszek Niewiedział (miał wypadek motocyklowy, co SB starała się przeciwko niemu wykorzystać), Aleksander Zemła, Grzegorz Cekiera i Tomasz Chmura.

W sposób najbardziej zdecydowany latem 1961 roku odmówił współpracy kleryk Kazimierz Puchała, ściągając na siebie gniew esbeków, którzy odnotowali w raporcie:

> Kazimierz Puchała, alumn IV roku WSD. Z wymienionym przeprowadził rozmowę pracownik SB pow. Kraków. Alumn ten w czasie rozmowy zachowywał się wręcz arogancko, pytając pracownika czy ma zamiar wstąpić do seminarium, że o te sprawy go pyta. Na współpracę nie pójdzie i dalsze rozmowy zostały zaniechane.
>
> W wypadku uzyskania na niego materiałów kompromitujących, zostaną one wykorzystane.

W tym samym roku podjęto też działania zmierzające do pozyskania Stanisława Zychowicza, wówczas kleryka z V roku, a obecnie pracownika kurii biskupiej w Sosnowcu. Przyszły kapłan był w seminarium przez dłuższy czas opracowywany jako kandydat na TW o pseudonimie „Kier". Wniosek w tej sprawie wraz z planem działań przygotował oficer operacyjny Zbigniew Fećko z Wydziału IV SB w Krakowie. W zdobyciu informacji mieli mu pomagać dwaj TW o pseudonimach „Tosiek" i „Ziutek", będący także klerykami. TW „Tosiek" przez cały rok mieszkał z Zychowiczem w jednym pokoju, jednak niczego interesującego na jego temat nie przekazał. Z kolei TW „Ziutek" ustawicznie donosił na Zychowicza, informując również o klerykach Stanisławie Murzynie i Stanisławie Zapotocznym, z którymi kandydat się przyjaźnił. Swoich mocodawców informował także o tym, że inwigilowany kleryk na polecenie przełożonych seminaryjnych często wychodzi na miasto, aby kupować książki i przynosić prasę z redakcji „Tygodnika Powszechnego". Próbowano tę okoliczność wykorzystać do nawiązania kontaktu, nigdy się to jednak nie udało. Nic nie dała także kontrola korespondencji i inwigilacja zewnętrzna. W aktach zachowały się nawet zdjęcia, które funkcjonariusz SB robił z ukrycia klerykowi na ulicy.

Ksiądz Zychowicz został wyświęcony w 1962 roku. Jeszcze w jego pierwszej parafii, w Ruszczy, inwigilowano go i próbowano zdobyć materiały kompromitujące. Nadano mu wtedy pseudonim „Słowik". Cała akcja zakończyła się fiaskiem i werbunku ostatecznie zaniechano z chwilą przeniesienia kandydata na wikariat w Jaworznie.

Zachowały się też dokumenty dotyczące kleryka Jana Kopytki, obecnego proboszcza w sanktuarium maryjnym w Paczółtowicach i dziekana krzeszowickiego, którego na początku lat siedemdziesiątych – jako studenta IV roku – wytypowano na kandydata na TW o pseudonimie „Pedagog". W dniu 5 stycznia 1971 roku jeden z funkcjonariuszy SB udał się specjalnie do jego rodzinnego domu w Kluszkowcach, wiedząc, że zastanie tam kleryka przebywającego u rodziców z okazji bożonarodzeniowej przerwy świątecznej. Gdy tylko esbek wszedł do mieszkania z zamiarem przedstawienia mu propozycji ewentualnej współpracy, kleryk od razu zawołał swego brata i w jego obecności kategorycznie odmówił dalszej rozmowy. Funkcjonariusz zmuszony był więc zapisać:

Stwierdziłem, że dalsze zajmowanie się kandydatem nie przyniesie rezultatu w formie pozyskania. W rozmowie z nim przeprowadzonej ustosunkował się negatywnie do wszelkich kontaktów z naszą służbą. W związku z powyższym należy wyeliminować wym. jako kandydata na TW, a dalsze zainteresowanie prowadzić w ramach teczki ewidencji operacyjnej [TEOK].

V
POZORNA WSPÓŁPRACA

W dyskusjach na temat akt przechowywanych w IPN często powraca pytanie, czy Służba Bezpieczeństwa mogła zakładać fałszywe teczki tajnych współpracowników – to znaczy takie, które zawierałyby wyłącznie specjalnie spreparowane dokumenty. Odpowiedź brzmi: nie, do tej pory takiego przypadku nie stwierdzono. Zdarzało się natomiast, że funkcjonariusze bezpieki przeprowadzali rejestrację „na wyrost": odnotowywali kogoś jako tajnego współpracownika mimo braku ustnego czy pisemnego zobowiązania z jego strony. Takie rejestracje łatwo jednak zweryfikować, jeżeli dana osoba konsekwentnie odmawiała kontaktów i składania doniesień. Bywały też przypadki inne: gdy dana osoba pod wpływem presji godziła się początkowo na spotkania z funkcjonariuszami SB, a następnie uchylała się od współpracy i nie przekazywała żadnych informacji. Oba rodzaje przypadków omówione zostaną w niniejszej części.

Wśród setek tomów akt i dziesiątków mikrofilmów przebadanych na potrzeby niniejszego opracowania natrafiono na kilka takich przypadków, w których duchowny, mimo iż został zarejestrowany, żadnej współpracy nie podjął. Pierwszy z nich dotyczy księdza Jana Pochopienia, oskarżonego i skazanego w tzw. procesie kurii krakowskiej w 1953 roku.

Ksiądz Pochopień urodził się 2 grudnia 1912 roku w miejscowości Las na Żywiecczyźnie. Ukończył Wyższe Seminarium Duchowne w Krakowie i otrzymał święcenia kapłańskie w 1936 roku. Pracował jako wikariusz i katecheta w wielu parafiach na terenie archidiecezji, chociaż z powodu słabego zdrowia musiał często przebywać na urlopie. W styczniu 1950 roku został notariuszem Kurii Metropolitalnej w Krakowie. W tym czasie utrzymywał częste kontakty z kolegą seminaryjnym księdzem Józefem Lelitą, któremu przekazywał rozmaite poufne informacje, wiedząc, że zostaną one przesłane na Zachód przedstawicielowi emigracyjnej Rady Politycznej.

Właśnie z powodu tych kontaktów aresztowano go w listopadzie 1952 roku jako jednego z pierwszych pracowników kurii. Dwa miesiące później w głośnym procesie pokazowym otrzymał wyrok ośmiu lat więzienia. Karę tę odbywał m.in. w dawnym klasztorze karmelitańskim w Nowym Wiśniczu, przekształconym jeszcze przez zaborców austriackich na ciężkie więzienie. Maltretowany i poniżany, w listopadzie 1953 roku trafił do szpitala więziennego na Montelupich w Krakowie. Licząc na przedterminowe zwolnienie, zgodził się na współpracę z bezpieką. Podpisał zobowiązanie, przyjmując pseudonim „Jot"; jego werbunek zatwierdził 24 marca 1954 roku funkcjonariusz Adam Błażejczyk.

Zwolnienie nie nastąpiło jednak od razu. Ksiądz Pochopień opuścił więzienie dopiero w maju 1955 roku i to tylko w ramach rocznej przerwy w odbywaniu kary. Do pracy w kurii nie wrócił; zamieszkał jako rezydent na Wawelu. Tutaj zgłosił się do niego funkcjonariusz UB, przypominając o podpisanym zobowiązaniu. Duchowny jednak stanowczo odmówił jakiejkolwiek współpracy. Wielokrotnie nagabywany, zastraszany i wzywany na przesłuchania, nie ugiął się i nigdy nie złożył żadnego doniesienia. W końcu bezpieka zdecydowała o skreśleniu „Jota" z listy swoich informatorów. Mszcząc się na duchownym za nieprzejednaną postawę, władze państwowe odmówiły mu w 1956 roku zatwierdzenia nominacji na wikarego w parafii pw. św. Mikołaja w Krakowie. W grudniu tegoż roku, na fali tzw. odwilży, zawieszono mu jednak dalsze odbywanie kary.

Ksiądz Jan Pochopień pracował początkowo jako katecheta licealny, a od 1964 roku – jako sędzia w Sądzie Metropolitalnym, przez cały czas borykając się z problemami zdrowotnymi. Ze względu na przyjaźń z biskupem Julianem Groblickim często pełnił posługę jego kapelana podczas wizytacji parafialnych. Zmarł 24 lipca 1986, w roku jubileuszu pięćdziesięciolecia swojego trudnego – ale wiernego – kapłaństwa.

Drugi przypadek pozornej współpracy odnaleziony w esbeckich archiwach dotyczy księdza Adama Małeckiego, urodzonego w 1932 roku w Krakowie i tu także – w 1955 – wyświęconego. Jako wikary pracował w wielu parafiach, m.in. w Zakopanem, Krakowie (w parafii pw. Najświętszego Salwatora), Wieliczce oraz Jordanowie, gdzie od podstaw tworzył nową parafię w Bystrej Podhalańskiej. Od 1964 roku był opracowywany przez esbeków jako kandydat na TW, na podstawie m.in. doniesień kilku duchownych, tajnych współpracowników o pseudonimach „Tosiek", „Spokojny", „Brzoza", „Lucjan" i „Luis". Jak wynika z opisów, trzej ostatni byli jego kolegami seminaryjnymi.

Duchownego próbowano wplątać w sprawę obyczajową z jedną z jego uczennic mieszkającą w Rabce. W tym celu otwierano jego prywatną korespondencję i preparowano szkalujące go anonimy. W zaleceniach oficera operacyjnego, porucznika Henryka Korzeniowskiego, z 13 kwietnia 1964 roku znajduje się następujący fragment:

```
Po ustaleniu, że nie zachodzi stosunek pokrewieństwa między
kandydatem a E., opracować list anonimowy w imieniu jej ko-
leżanek, donoszący MO o deprawowaniu przez ks. Małeckiego
owej E. Anonim przedłożony zostanie do akceptacji Kier. Wy-
działu IV w terminie do 10 V 64 r.
```

Z kolei porucznik Stefan Tyrpa dwa miesiące później instruował zastępcę komendanta powiatowego MO do spraw bezpieczeństwa w Nowym Targu:

```
W związku z realizowaną przez Wydz. IV KWMO kombinacją ope-
racyjną, w załączeniu przesyłam list anonimowy, z którym
proszę postąpić anonimowo: Na pierwszej stronie listu od-
cisnąć pieczęć wpływową posterunku MO w Rabce - daty wpływu
i podpisu nie wypełniać.
    Mając na uwadze konspirację realizowanych przedsięwzięć,
zachodzi konieczność wykonywania powyższych czynności w ta-
ki sposób, by nie ujawniać treści listu funkcjonariuszom MO.
W wypadku napotkania trudności w tym względzie, sprawę omó-
wić z Komendantem Powiatowym MO. Przy zwrocie do Wydz. IV,
zwrócić uwagę by nie został przeszyty.
```

Chociaż cała ta kombinacja zakończyła się fiaskiem, ksiądz Małecki został przez SB zarejestrowany jako kandydat na TW, otrzymując pseudonimy „M.A.", a następnie „Mały". Gdy w lipcu 1964 roku wyjechał na urlop do Rzeszowa, oficer prowadzący jego sprawę, wspomniany porucznik Korzeniowski, pojechał za nim, aby szukać okazji do kontaktu. Według relacji funkcjonariusza, udało mu się wówczas uzyskać od duchownego zgodę na współpracę. Oficer SB nadał mu też następny pseudonim – „Marek" (jak widać, za każdym razem w pierwszych literach pseudonimu ukryte były odwrócone inicjały kandydata). Duchowny nie został jednak zarejestrowany jako TW, bo odmówił złożenia doniesienia. Po powrocie do Krakowa ksiądz Małecki zdecydowanie odmówił dalszych spotkań, informując jednocześnie o całej sprawie biskupa Jana Pietraszkę. SB uznała więc, że werbunek się nie powiódł, i w 1966 roku wyrejestrowała duchownego z listy kandydatów.

Pewne poszlaki wskazują, że bezpieka raz jeszcze próbowała zwerbować go w 1982 roku. Był on wówczas rezydentem parafii pw. św. Mikołaja w Krakowie; jak już wspomniano w jednym z wcześniejszych rozdziałów, SB poszukiwała źródeł informacji o proboszczu tej parafii księdzu Antonim Sołtysiku. Ksiądz Adam Małecki i tym razem odmówił. Zmarł w 1992 roku, w wieku zaledwie 60 lat.

Dramatyczny przebieg miała próba pozyskania do współpracy przyszłego księdza Jana Spyrki, dokonana w ramach operacji „Fala". Operacja ta polegała na werbunku tych uczniów szkół średnich, którzy po zdaniu matury mieli zamiar wstąpić do seminarium duchownego. W sierpniu 1968 roku, tuż po złożeniu dokumentów w Wyższym Seminarium Duchownym w Krakowie, Jan Spyrka został wezwany przez SB na poufną rozmowę pod pretekstem, że jest prowadzone śledztwo przeciwko jego kolegom z liceum w Suchej Beskidzkiej, którzy mieli jakoby potajemnie wyprodukować dwa karabinki strzeleckie. Była to typowa „legenda", czyli wydarzenia zmyślone na potrzeby nawiązania dialogu operacyjnego. Rozmowa odbyła się nie na posterunku milicyjnym, ale w lokalu gastronomicznym. Młody maturzysta uwierzył w kłamstwo i bojąc się współodpowiedzialności, zgodził się na współpracę, przyjmując pseudonim „Jolanta" (w niniejszej publikacji określony zostanie jako „Jolanta" II). Otrzymał wówczas zadanie rozpracowywania kleryków I roku. Funkcjonariusz jako zwrot kosztów własnych wypłacił mu 200 złotych.

Jan Spyrka po rekolekcjach odbytych przed rozpoczęciem studiów nie mógł, jak sam mówił, spać spokojnie i dlatego też wyjawił wszystko swoim przełożonym, a następnie zerwał współpracę, odsyłając esbekowi otrzymaną sumę pieniędzy. SB nie dała jednak za wygraną. Rok później, w sierpniu 1969, jej funkcjonariusze specjalnie przyjechali pod kościół w Zawoi, aby namówić kleryka do wznowienia współpracy. Tym razem Jan Spyrka stanowczo odmówił i został wyrejestrowany z sieci agenturalnej. Wyświęcony w 1974 roku, pracował jako wikary w kilku parafiach, m.in. w Skawinie i Niepołomicach. W 1979 roku, w czasie przygotowań do pierwszej pielgrzymki Jana Pawła II do ojczyzny, SB w Skawinie zarejestrowała go ponownie jako TW, tym razem pod pseudonimem „Wacek". Był to jednak werbunek pozorny. Nie ma żadnych dowodów wskazujących, że duchowny zgodził się wtedy na współpracę.

Nie był to wszakże koniec jego kłopotów z SB. 23 grudnia 1982 roku, w przeddzień Wigilii, ksiądz Spyrka miał w Oświęcimiu wypadek samochodowy. Chociaż nie był jego sprawcą, kilkanaście dni później, podczas przesłuchania, w którym – zgodnie z instrukcją MSW – uczestniczył funkcjonariusz Wydziału IV SB, próbowano szantażem skłonić duchownego do współpracy. Pomimo strachu i silnego stresu ksiądz Spyrka po raz kolejny odmówił, twierdząc, że nie mógłby donosić na kolegów.

Ostatnią próbę werbunku podjęto we wrześniu 1987 roku, kiedy duchowny wyjeżdżał na pobyt stały do Kanady. I tym razem propozycja została stanowczo odrzucona. W 1988 roku dokumenty odesłano ostatecznie do archiwum. Ksiądz Spyrka do dnia dzisiejszego przebywa za granicą.

Kolejny przypadek również dotyczy duchownego, który choć został zarejestrowany jako tajny współpracownik przez Wydział IV SB w Krakowie, współpracy nie podjął – sami funkcjonariusze musieli w końcu uznać jego werbunek za nietrafiony. Chodzi o księdza Mieczysława Niepsuja. Dokładne wyjaśnienie tej sprawy było możliwe dzięki odnalezieniu mikrofilmu ze zniszczonych akt Departamentu I.

Ksiądz Niepsuj urodził się w 1944 roku w Trzemeśni. Po zdaniu matury w liceum w Myślenicach w 1962 roku wstąpił do Wyższego Seminarium Duchownego w Krakowie. Święcenia kapłańskie przyjął w 1968 roku, a następnie pracował jako wikary w Poroninie. Od 1972 roku pełnił obowiązki prefekta w seminarium w Krakowie, kontynuując studia na Papieskim Wydziale Teologicznym. W 1975 roku został kapelanem sióstr sercanek w Krakowie. Wyjeżdżał w tym czasie do Austrii, Izraela oraz do Stanów Zjednoczonych, gdzie mieszkała jego kuzynka. W 1980 roku skorzystał z propozycji kardynała Macharskiego i wyjechał na studia do Rzymu. Pięć lat później został dyrektorem Domu Polskiego.

SB zainteresowała się nim – jako kandydatem na TW – w 1976 roku. Przy okazji jego starań o paszport odbyto z nim trzy rozmowy sondażowe. Na ich podstawie, a także na podstawie doniesień tajnych współpracowników bezpieka oceniła duchownego jako osobę pracowitą, mającą predyspozycje naukowe, lojalną wobec przełożonych, będącą potencjalnym kandydatem do objęcia wysokich stanowisk kościelnych. Ponieważ kontakty z duchownym uznano za budzące nadzieję na współpracę, zarejestrowano go jako TW o pseudonimie „Turysta" (dla łatwiejszej orientacji w niniejszym opracowaniu będzie on określany jako „Turysta" II). W 1980 roku w teczce personalnej księdza Niepsuja – opisywanego tu inicjałami MN – zanotowano:

```
W czerwcu 1980 r. - w trakcie 5-tej rozmowy tow. M. Janusza
z MN - figurant wyraził zgodę na stały kontakt z pracowni-
kiem SB z zachowaniem zasad konspiracji. Warunkiem tej umowy
było zastrzeżenie, iż kontakt z MN utrzymywał będzie werbow-
nik. Rozmowa werbunkowa była przeprowadzona w Wydziale Pasz-
portów przed wyjazdem figuranta na studia do Rzymu. Pisemne-
go zobowiązania nie pobrano. „Turysta" zgodził się wywoły-
wać spotkania podczas pobytu w kraju /tel. 76-77/. Ostatnia
rozmowa z w/wym przeprowadzona została we wrześniu 1980 r.
Zdaniem naszej jednostki „Turysta" jest jeszcze źródłem sła-
bo związanym z naszą Służbą. Współpracę traktuje jako swo-
bodną, przyjacielską dyskusję na różne tematy, w tym i doty-
czące Kościoła. Ogółem przeprowadzono z nim 9 spotkań, w tym
tylko jedno po rozmowie werbunkowej.
```

Nawiasem mówiąc, wspomniany w niniejszej notatce porucznik Janusz z Wydziału IV SB podczas spotkania przedstawił się księdzu operacyjnym nazwiskiem „Marek Zawadzki".

Jak wynika z powyższej notatki, SB od początku nie była pewna lojalności pozyskanego współpracownika. Istotnie, po wyjeździe do Rzymu duchowny nie nawiązał kontaktu z funkcjonariuszami Departamentu I, który w konsekwencji ocenił jego werbunek jako nieudany. Oficer o pseudonimie „Disa" z rezydentury w Rzymie otrzymał polecenie, aby podjąć stosowne działania. Przystąpiono do rozpracowywania księdza

Niepsuja w ramach segregatora materiałów wstępnych (SMW), założonego w 1982 roku. Zajmowali się tym następujący funkcjonariusze Wydziału III Departamentu I MSW:

L.p.	Nazwisko i imię	Stanowisko	Wydział	Okres od-do	Skąd wynika znajomość
1.	Kryńczak Janusz	Mł. Insp.	III	4 IX 82- 19 VIII 88	Prowadzący
2.	Kasprzak Wiesław	Kier. Zesp.	III	4 IX 82- 19 VIII 88	Nadzór
3.	Spyra Eugeniusz	Z-ca Nacz.	III	4 IX 82- 19 VIII 88	Nadzór
4.	Kwiatkowski Stefan	Naczelnik	III	5 IX 85- 12 XII 85	Nadzór
5.	Caliński Artur	Mł. Insp.	III	14 VIII 87- 17 VIII 88	Prowadzący

W 1985 roku zdecydowano się podjąć kolejne działania werbunkowe. Porucznik Janusz dwukrotnie odwiedził rodzinę księdza Niepsuja w Trzemeśni. Z kolei major Wiesław Kasprzak z Wydziału III Departamentu I MSW proponował w raporcie następujący przebieg ponownej rozmowy werbunkowej:

Oficer odniósł wrażenie, że pobyt w Rzymie wpłynął wyraźnie na zachowanie i styl bycia figuranta - wykazuje pewną nieufność i rezerwę. [...]

Wobec braku dostatecznie pełnego rozeznania osobowości figuranta, jego stosunku do SB, szczególnie po „aferze Popiełuszki", poglądów i ocen sytuacji w kraju oraz stosunków państwo - Kościół, pierwszy etap rozmowy musi mieć charakter dialogu, sondażu i unikania spraw kontrowersyjnych. Będę się starał stworzyć możliwie dogodną atmosferę dla „wewnętrznego otwarcia się" figuranta i wybadania jego gotowości do utrzymywania dialogu z przedstawicielem służby informacyjnej. Na bazie dotychczasowych kontaktów figuranta z SB podkreślę naszą gotowość do udzielania pomocy w różnych sprawach życiowych „Turysty", paszportowych dla niego, rodziny, zaproszeń, ew. ułatwień konsularnych itp. [...] Ze względu na

aktualną pozycję figuranta byłoby cenne utrzymanie z nim stałego kontaktu z pozycji Centrali. W rozmowie będę występował jako mjr Korzec z Warszawy. [...] Przebieg rozmowy nagram
na magnetofon.

Rozmowa odbyła się 23 czerwca 1985 roku. Ksiądz Niepsuj starał
się mówić niewiele, poruszając ogólnie znane sprawy. Funkcjonariusz
zapisał m.in.:

W luźnej rozmowie poinformował o opinii kard. Macharskiego nt. niewłaściwego stosunku władz politycznych wobec jego
osoby na tle sprawy ks. Zaleskiego oraz o groźnej, w wymiarze lokalnym, sytuacji na tle budowy kościoła w jego parafii /inf. wykorzystane przez Kraków/. Twierdził, że studia
na Angelicum nie pozwalały mu na interesowanie się innymi sprawami w Rzymie stąd jest niedostatecznie zorientowany w sytuacji. Dwukrotnie był na kolacji u papieża, sprawę
załatwiał Dziwisz. Papież wyświęcał go w 1968 r. i bezbłęd-
nie rozpoznał go, po imieniu, w czasie audiencji generalnej.

W 1986 roku, po następnej rozmowie, stwierdzono, że „Turysta" II
nie rokuje żadnych nadziei na tajną współpracę. Jego sprawę zamknięto 20 lipca 1988 roku. W notatce końcowej raz jeszcze opisano przebieg
wydarzeń:

Kontakt operacyjny z w/w nawiązał w 1976 r. w Wydziale Paszportów WUSW w Krakowie tow. Skraba z Wydz. IV. W trakcie
3 rozmów sondażowych przeprowadzonych w 1976 r. „Turysta"
zachowywał się swobodnie, jego wypowiedzi były konkretne,
nie wykraczające poza zakres zadawanych mu pytań. Wychodził
z założenia, że kontakty z prac. SB sprzyjają normalizacji
stosunków między państwem a Kościołem.
    W 1980 r. kontakt z w/wym podjął tow. Janusz z Wydz. IV
WUSW w Krakowie. Tow. Janusz przeprowadził z „Turystą"
5 spotkań. Podczas ostatniego spotkania figurant wyraził
zgodę na utrzymywanie kontaktów z prac. SB.
    Od 1980 r. do 1985 r. nie podjęto kontaktu z figurantem.
W 1985 r. rozmowę z w/w przeprowadził tow. Kasprzak w obecności tow. Janusza. W trakcie rozmowy figurant w obojętny
sposób zareagował na propozycje udzielenia mu pomocy w załatwianiu różnego rodzaju spraw administracyjnych.

Zapisał sobie nr tel. 21-40-60 i nazwisko Korzec /tow. Kasprzak/. Stwierdził, że w trakcie następnego przyjazdu może się spotkać, ale tylko w Wydz. Paszportów. Wobec całkowitego braku postępu w sprawie proponuję złożyć ją do archiwum Dep. I MSW.

Ksiądz Mieczysław Niepsuj, który obecnie nadal przebywa w Rzymie, odpowiedział na list od autora niniejszej publikacji; jego odpowiedź znajduje się w części *Załączniki*.

O ile w wypadku księdza Niepsuja zachował się stosunkowo obszerny materiał pozwalający odpowiednio zinterpretować i ocenić jego postawę, o tyle w odniesieniu do kolejnego duchownego – księdza Jana Wala – nie dysponujemy na razie żadnym osobnym dokumentem, lecz jedynie krótką wzmianką w „Informacji dot. współdziałania z Wydziałem IV SB WUSW Kraków w zakresie aktywizacji pracy operacyjnej na odcinku watykańskim", sporządzonej przez kierownika Inspektoratu I SB WUSW w Krakowie podpułkownika Józefa Kowalskiego 30 listopada 1984 roku. Wzmianka ta brzmi następująco:

Jeżeli chodzi o zabezpieczenie odcinka zagranicznej pomocy charytatywnej, to zajmuje się tym ks. dr. Wal Jan, który jako szef duszpasterstwa charytatywnego jest koordynatorem tej akcji i w związku z tym wyjeżdża także za granicę. Wydział IV pozostaje z nim w kontakcie i wykorzystuje go do zabezpieczenia tego odcinka.

Warto rozważyć ten przypadek, gdyż ostatnie zdanie mogłoby sugerować, że ksiądz Wal – który w tym czasie był dyrektorem diecezjalnego oddziału Komisji Charytatywnej Episkopatu Polski – mógł być jednocześnie tajnym współpracownikiem lub kontaktem operacyjnym SB. Do tego typu wzmianek w dokumentach bezpieki należy jednak podchodzić bardzo ostrożnie. W tym wypadku nie mamy bowiem żadnego innego śladu potwierdzającego współpracę. Prawdopodobnie mamy tu do czynienia z przykładem „myślenia życzeniowego" esbeków: kontakty, które nie miały charakteru poufnego, zostały tak przedstawione, żeby powstało wrażenie, iż dany „odcinek" jest odpowiednio „zabezpieczony". W obszernym liście do autora publikacji ksiądz profesor Wal – wieloletni wykładowca Wydziału Teologicznego PAT-u, specjalizujący się w teologii pastoralnej – udzielił wyjaśnień, które wszechstronnie naświetlają całą sprawę. List ten znajduje się w części *Załączniki*.

Kolejnym przykładem pozornej współpracy jest sprawa księdza Romana Sławeńskiego, obecnego proboszcza parafii pw. św. Mikołaja w Chrzanowie. Urodzony w 1957 roku w Nowej Hucie Czyżynach, święcenia kapłańskie przyjął w 1983. Rok później jako młody wikary w Wilkowicach, prowadząc samochód w bardzo ciężkich warunkach atmosferycznych, miał kolizję z radiowozem milicyjnym. Sprawą zainteresowali się od razu funkcjonariusze Wydziału IV SB w Bielsku--Białej. Nachodząc i nagabując duchownego, zarejestrowali go jako TW o pseudonimie „Monika". Była to jednak rejestracja pozorna, bo duchowny odmawiał stanowczo współpracy. W końcu funkcjonariusz prowadzący zmuszony był podjąć decyzję o wyrejestrowaniu:

Z TW „Monika" trzykrotnie podejmowano próby nawiązania kontaktu telefonicznego. Jednakże w ostatniej rozmowie telefonicznej kategorycznie odmówił możliwości spotkań z pracownikami SB. W związku z powyższym proponuję materiały złożyć w tut. archiwum.

Autor publikacji rozmawiał z księdzem Sławeńskim, który potwierdził przebieg zdarzeń, w tym także odmowę współpracy.

W połowie lat osiemdziesiątych SB podjęła też próbę zwerbowania księdza Józefa Gwiazdonia, obecnego proboszcza we Frydrychowicach i dziekana dekanatu Wadowice Północ. Po rozmowie pozyskaniowej starszy chorąży Stefan Pindel zarejestrował go jako TW o pseudonimie „Astra". W raporcie napisał m.in., że uzyskał od duchownego informacje o konferencji dekanalnej w dekanacie andrychowskim w listopadzie 1984 roku, a także o tym, że ksiądz Andrzej Zwoliński (opisany w rozdziale *Wyrzucony z trzech województw...* w części II niniejszego opracowania) „miał być na rozmowach w Kurii w Krakowie i miał osobistą rozmowę ostrzegawczą z kardynałem Macharskim". Z dalszego przebiegu wydarzeń wynika jednak, że i w tym wypadku werbunek okazał się nieskuteczny. Ksiądz Gwiazdoń po nominacji proboszczowskiej unikał spotkań z funkcjonariuszem i po dwóch latach został wyrejestrowany z sieci agenturalnej.

Ciekawy jest przykład księdza Bolesława Wawaka, obecnego proboszcza w Jordanowie. Urodzony w 1940 roku w Czańcu, wstąpił najpierw do zakonu braci szkolnych, gdzie przebywał przez kilka lat, a następnie do Wyższego Seminarium Duchownego w Krakowie. Święcenia kapłańskie przyjął w 1971 roku. Pracował jako wikary w kilku parafiach. W 1981 roku został proboszczem w Zagórzu koło Chrzanowa. SB starała się go zwerbować, aby zdobyć informacje o księżach z dekanatu chrzanowskiego. W 1986 roku po rozmowie na plebanii porucznik Włodzimierz Lipa zarejestrował go jako TW o pseudonimie „Marek". Duchowny jednak żadnego zobowiązania nie złożył. Co więcej, w najbliższą niedzielę ogłosił w czasie mszy świętej, że miał wizytę esbeka i że ten namawiał go do współpracy. Wkrótce nieprzejednanego księdza wyrejestrowano z sieci, a funkcjonariusz zapisał w raporcie:

TW „Marek" do współpracy został pozyskany na zasadzie dobrowolności w czerwcu ubr. Jednakże w kilka dni po pozyskaniu ogłosił publicznie z ambony o odwiedzającym go funkcjonariuszu UB i późniejsze próby nawiązania kontaktu nie przyniosły pozytywnego rezultatu a wręcz przeciwnie groził, że ogłosi o nachodzeniu go przez UB.

Następny przykład zasługuje na uwagę głównie ze względu na datę rejestracji. Chodzi o akta TW o pseudonimie „Marian" (w niniejszej publikacji „Marian" II). Wynika z nich, że pseudonim ten nadano księdzu Józefowi Stramkowi z zakonu kanoników regularnych, w latach osiemdziesiątych proboszczowi parafii pw. Bożego Ciała w Krakowie, a obecnie – sanktuarium Matki Bożej w Gietrzwałdzie na Warmii. Ksiądz Stramek przyjaźnił się z księdzem Kazimierzem Jancarzem i wraz z nim odprawiał msze święte za ojczyznę. SB zarejestrowała go jako kandydata na TW w 1987 roku, a jako TW – uwaga! – 12 czerwca 1989, a więc już po zwycięstwie Solidarności w wyborach do sejmu kontraktowego. Tej ostatniej rejestracji dokonał funkcjonariusz Marian Rokicki, młodziutki adept bezpieki, będący w stopniu zaledwie starszego szeregowca. Analiza teczki personalnej duchownego wykazuje niezbicie, że rejestracja ta nie była efektem jego zgody, ale nadgorliwości funkcjonariusza.

Autor publikacji kilkakrotnie rozmawiał z księdzem Stramkiem, który potwierdził przebieg zdarzeń.

Opisane wyżej przypadki dotyczą księży pracujących na terenie archidiecezji krakowskiej. Prócz tego podczas kwerendy w aktach bezpieki z okresu przygotowań do drugiej pielgrzymki papieża Jana Pawła II do Polski odnaleziono materiały dotyczące księdza Wojciecha Ziemby, obecnego metropolity warmińskiego. Jest to przypadek bardzo interesujący, dlatego zdecydowano się opisać go w tym opracowaniu: duchowny ten odmówił bowiem współpracy, a jednak został przez SB zarejestrowany jako TW.

Ksiądz Ziemba urodził się w 1941 roku w Wambierzowie koło Mielca, w diecezji tarnowskiej. W 1960 roku wstąpił do warmińskiego Wyższego Seminarium Duchownego „Hosianum" w Olsztynie. Święcenia kapłańskie przyjął w roku 1967. Przez pierwsze lata kapłaństwa pracował jako wikariusz w parafiach w Kętrzynie i Olsztynie. W latach 1970–1974 studiował biblistykę na KUL-u; jego studia uwieńczone zostały doktoratem. Następnie został powołany na stanowisko wykładowcy nauk biblijnych w „Hosianum". W 1978 roku rozpoczął starania o wyjazd na dalsze studia w Papieskim Instytucie Biblijnym w Rzymie. Wtedy zainteresowała się nim SB.

Funkcjonariusze olsztyńskiej bezpieki pisali w raportach, że ksiądz Ziemba jest wykładowcą znanym i szanowanym w środowisku seminaryjnym, więc jego ewentualne pozyskanie pomogłoby w rozpracowywaniu tego środowiska. Starając się o paszport, przyszły arcybiskup musiał odbyć dwie rozmowy w Wydziale Paszportowym KW MO w Olsztynie. Nie wiedział jednak, że rozmawiający z nim urzędnik paszportowy to wysoki rangą oficer bezpieki, podpułkownik T. Osmulski, który na co dzień pracował w Wydziale III Departamentu I MSW. Oficer, który przedstawił się księdzu Ziembie nazwiskiem operacyjnym „Olszański", starał się namówić go do stałych kontaktów. Używał przy tym rozmaitych argumentów, wskazując m.in. na potrzebę współpracy w zwalczaniu... lobby niemieckiego w Watykanie.

Ksiądz Ziemba odmówił kontaktów. Mimo to już po pierwszej rozmowie, w dniu 14 marca 1979 roku, został zarejestrowany przez SB jako TW o pseudonimie „Wojtek", a przez wywiad jako kontakt operacyjny o pseudonimie „Cappis" (w skrócie „C"; dla Departamentu I była to taka sama kategoria współpracy jak TW dla pozostałych pionów). W czasie drugiej rozmowy, 4 kwietnia tegoż roku, duchowny podtrzymał swoje stanowisko, przedstawiając – jak to określili esbecy – swoje *„credo"*. Po wyjeździe księdza Ziemby do Rzymu rezydent wywiadu starał się nawiązać z nim kontakt i namówić go na spotkanie. Duchowny jednak nadal stanowczo odmawiał i oznajmił, że o wszystkim powiadomi władze kościelne. Wobec takiego obrotu sprawy bezpieka musiała wreszcie przyznać się do porażki, pisząc w raporcie z 4 czerwca 1981 roku:

```
Po wyjeździe za granicę nasz pracownik, w oparciu o przeka-
zany mu /a uzgodniony przedtem z „C"/ system, nawiązał z nim
kontakt telefoniczny, usiłując namówić na spotkanie.
    „C" kategorycznie odmówił kontaktu, uznając go za bezce-
lowy i groził ujawnieniem prób nawiązywania z nim kontaktów
przez nas względem przełożonych.
    W związku z powyższym, nie ma celowości zajmowania się
osobą „C" pod kątem pozyskania go do współpracy /przynaj-
mniej na obecnym etapie/. Sprawy kierujemy do archiwum.
```

Po powrocie z Rzymu ksiądz Wojciech Ziemba został mianowany wicerektorem, a następnie rektorem „Hosianum". W 1982 roku został biskupem pomocniczym diecezji warmińskiej, w 1992 – biskupem ordynariuszem nowo utworzonej diecezji w Ełku, a w 2000 – arcybiskupem metropolitą w Białymstoku. 30 maja 2006 roku papież Benedykt XVI powierzył mu – jako metropolicie – diecezję warmińską.

Instytut Pamięci Narodowej nadał mu status pokrzywdzonego. Jego odpowiedź na list od autora niniejszej publikacji znajduje się w części *Załączniki*.

VI
ZERWALI WSPÓŁPRACĘ

Zwycięstwo „Kosa" i „Szarotki"

Niektórym osobom, które zgodziły się na współpracę z bezpieką, udawało się zerwać te więzy. Takie pozytywne przykłady odnajdujemy m.in. w aktach informatora o pseudonimie „Kos", czyli księdza infułata Stanisława Czartoryskiego, oraz informatora o pseudonimie „Szarotka" i TW o pseudonimie „X-58", czyli księdza Jana Wolnego seniora, proboszcza i dziekana z Chrzanowa. Chociaż duchowni ci pochodzili z różnych sfer społecznych, połączyła ich wspólna posługa kapłańska w archidiecezji krakowskiej, a także – o czym dowiadujemy się dzisiaj dzięki dokumentom przechowywanym w IPN – podobne dramatyczne doświadczenia.

Przyjrzyjmy się pierwszej postaci. Ksiądz Stanisław Czartoryski urodził się w 1902 roku w Pełkiniach koło Jarosławia, w rodzinie książęcej o bogatych tradycjach patriotycznych. Był jednym z jedenaściorga dzieci księcia Witolda Czartoryskiego i Jadwigi z Dzieduszyckich. W dzieciństwie otrzymał bardzo staranne wychowanie, przepojone miłością do Boga i ojczyzny. Aż dwóch jego krewnych zostało wyniesionych na ołtarze. Pierwszym był jego rodzony brat Jan, żołnierz ochotnik, kawaler Krzyża Walecznych z 1920 roku, który po przywdzianiu habitu dominikańskiego przyjął imię Michał. W czasie Powstania Warszawskiego był kapelanem żołnierzy Armii Krajowej; zginął we wrześniu 1944 roku na Powiślu, pozostając aż do końca z ciężko rannymi powstańcami. Drugim był kuzyn, August Czartoryski, salezjanin. Spośród rodzeństwa Stanisława powołanie do służby Bożej wybrał też starszy brat Jerzy, późniejszy wieloletni proboszcz w Białce Tatrzańskiej, oraz jedna z sióstr, która została zakonnicą.

Stanisław Czartoryski, podobnie jak jego brat Jan, wziął udział jako ochotnik w wojnie z bolszewikami w 1920 roku (służył w stopniu kaprala w 205. Pułku Artylerii) i został odznaczony Krzyżem Walecznych. Po zakończeniu zmagań wojennych wybrał jednak drogę powołania kapłańskiego. Idąc w ślady drugiego brata, wstąpił do Wyższego Seminarium Duchownego w Krakowie. Wyświęcony w 1925 roku, został od razu skierowany na dalsze studia do Rzymu, uzyskując tam tytuł doktora teologii. Po powrocie w 1929 roku do Polski pracował jako wikary w Niegowici. W roku 1930 został prefektem, a w 1931 wicerektorem Wyższego Seminarium Duchownego w Krakowie. Z chwilą wybuchu II wojny światowej metropolita krakowski wysłał go do Makowa Podhalańskiego, gdzie ksiądz Czartoryski objął funkcję administratora, a następnie proboszcza tamtejszej parafii. Zasłynął tam wielką gorliwością duszpasterską. W tym czasie był też kapelanem Armii Krajowej i organizatorem pomocy charytatywnej. W 1946 roku został członkiem Kapituły Krakowskiej i kierownikiem Niższego Seminarium Duchownego w Krakowie. Przez cały czas cieszył się wielkim zaufaniem kardynała Adama Stefana Sapiehy, z którym notabene był blisko skoligacony.

W archiwach krakowskiego oddziału IPN zachowały się dwie teczki dotyczące księdza Stanisława Czartoryskiego. Pierwsza z nich, teczka personalna, zawiera 137 różnego rodzaju dokumentów, w tym przede wszystkim kopie listów do niego skierowanych. Listy te były otwierane na poczcie przez funkcjonariuszy ze specjalnej komórki Urzędu Bezpieczeństwa, ich treść przepisywano na maszynie, a oryginały wkładano z powrotem do kopert i doręczano adresatowi. Z kolei przychodzące pocztówki były fotografowane, ponieważ uważano, że znaczki pocztowe lub ilustracje mogą zawierać jakieś tajemne kody. Kontrola korespondencji była ukrywana przed społeczeństwem, dlatego też na każdej z kopii listów odbita jest pieczątka: „W żadnym wypadku nie wolno wobec osób trzecich ujawniać pochodzenia tej informacji".

Ze wszystkich dokumentów znajdujących się w teczce personalnej najważniejsze są jednak dwa zobowiązania napisane odręcznie przez księdza Czartoryskiego. Pierwsze jest oznaczone datą, na drugim daty brak, jednak najprawdopodobniej oba pochodzą z września 1952 roku:

```
Zobowiązanie
    Ja ks. Czartoryski Stanisław zobowiązuję się trzymać
w ścisłej tajemnicy to o czym rozmawiałem z funkcjonariu-
szami UBP w dniu 11 IX 52 r. W przeciwnym razie pociągnię-
```

ty będę do surowej odpowiedzialności sądowej, o czym jestem z góry uprzedzony.
11 IX 1952
Stanisław Czartoryski

Ja ks. Stanisław Czartoryski jako kapłan katolicki świadomy Polak zobowiązuję się do współpracy z organami bezpieczeństwa publicznego w udzielaniu informacji o wiadomych mi wrogich elementach działających szkodliwie dla obecnego rządu i Polski Ludowej. Z obowiązków swoich będę starał się wywiązywać należycie.

Dla lepszego zachowania tajemnicy o fakcie mej współpracy udzielane informacje będą podpisywane pseudonimem „Kos".

Równocześnie zobowiązuję się zachować w ścisłej tajemnicy treść rozmowy, złożonych zeznań i fakt podpisania niniejszego zobowiązania.

Zostałem uprzedzony, że za ujawnienie czegokolwiek najbliższym członkom rodziny lub spowiednikowi pociągnięty zostanę do odpowiedzialności za zdradę tajemnicy.

Trudno uwierzyć, że ten wspaniały kapłan i patriota zgodził się na współpracę z UB. Rodzi się zatem pytanie, co było powodem tak tragicznej decyzji. Odpowiedź jest krótka i bolesna: szantaż. Czytamy o tym we wniosku poprzedzającym werbunek, sporządzonym 21 sierpnia 1952 roku przez starszego referenta Sekcji V Wydziału V Adama Błażejczyka. Oto jego fragment:

III. Podstawa werbunku.
Kandydat werbowany będzie na kompr. mat., które posiadamy w sprawie, a to:

a/ Udzielenie pożyczki w kwocie 40 000 zł. harcerzowi z kasy „Caritas" oraz wpłynięcie na buchaltera celem sfingowania daty wstecznej o dwa lata.

b/ Udzielenie pomocy materialnej członkowi NSZ [Narodowych Sił Zbrojnych] i ChOW [zapewne chodzi o Narodową Organizację Wojskową] Tomankowi Bolesławowi, którego wypytywał się o kontakty organizacyjne oraz przyrzeczenie dalszej pomocy w uzyskaniu pracy i umieszczeniu w domu akademickim.

c/ [...]

Szantaż oparto na trzech elementach. Dwa pierwsze miały charakter polityczny: chodziło o wsparcie udzielone przez duchownego oso-

bom z podziemia niepodległościowego, co dla polskich patriotów było moralnym obowiązkiem, ale dla władz komunistycznych zbrodnią,
niekiedy karaną śmiercią. Z kolei trzeci element to sprawa obyczajo-
wa. W publikacji została ona świadomie opuszczona, gdyż, jak wynika
z analizy akt, była całkowicie spreparowana przez funkcjonariuszy UB
na potrzeby werbunku. Prócz szantażu zastosowano też ogromną presję psychiczną. Trzeba pamiętać, że w tym okresie władze komunistyczne gromadziły materiały do planowanego „procesu kurii krakowskiej".
Próba przymuszenia do współpracy księdza Czartoryskiego miała również związek z tą sprawą. W cytowanym wyżej wniosku tak uzasadnio-
no pozyskanie duchownego:

> Werbunek wymienionego kandydata posłużyłby nam do rozpraco-
> wania kurii, gdyż jako kanonik ma on dostęp do wszystkich
> spraw. Poza tym, jako referent Referatu Duszpasterskiego zna
> wszystkie metody jakimi kuria zamierza posługiwać się w pra-
> cy duszpasterskiej na obecnym etapie.

Dramat księdza Czartoryskiego trwał cztery lata. Raz lub dwa razy
w miesiącu w rozmównicy Niższego Seminarium Duchownego zjawiał
się funkcjonariusz UB. Aby nie wzbudzić podejrzeń, w ramach tzw. le-
gendy, czyli konspiracyjnego kamuflażu, podawał się za krewnego jednego z wychowanków seminarium. Za każdym razem domagał się od
księdza Czartoryskiego udzielania informacji o krakowskich duchownych, głównie profesorach i kurialistach, oraz o osobach ze środowisk
ziemiańskiego i uniwersyteckiego.

Szantażowany duchowny, jak tylko mógł, uchylał się od podawa-
nia jakichkolwiek informacji, zasłaniając się niepamięcią, złym stanem
zdrowia lub nadmiarem obowiązków. Kategorycznie odmawiał przyjmowania wynagrodzenia i upominków. Wzbraniał się też przed własnoręcznym pisaniem doniesień; jedynie niekiedy podpisywał pseudonimem „Kos" informacje spisane z jego słów przez funkcjonariusza. Czytamy o tym wielokrotnie w różnych raportach:

> Na spotkanie inf. przyszedł w ogóle nie przygotowany. W trak-
> cie rozmowy odpowiada niechętnie, krótkimi zdaniami i nie
> chce żadnego poruszanego zagadnienia rozszerzać. Powyższe
> tłumaczy tym, że nie rozmawia z księżmi prawie w ogóle,

że jest zajęty pracą na swoim odcinku. Na spotkaniu trzeba
z nim bardzo dużo poruszać różnych tematów zanim cokolwiek
powie. Dlatego też doniesienia jego nie przedstawiają żadnej wartości operacyjnej. Informator również stale się tłu-
maczy złymi warunkami zdrowotnymi. W pracy jest niechętny
i chciałby spotykać się b. rzadko.

W związku z tym [...] postanowiłem umówić się z nim na
spotkanie 8 XII 54 godz. 17.00 i ściągnąć go do urzędu celem
przewerbowania, gdyż posiadamy na niego kompr matr.

Trzeba wyjaśnić, że użyte w ostatnim zdaniu słowo „przewerbowanie"
oznacza ponowienie gróźb i szantażu.

Jeżeli pod ich wpływem ksiądz Czartoryski udzielał w końcu informacji o którymś z duchownych, były one bardzo ogólnikowe: nie tylko nie zawierały żadnych elementów kompromitujących, ale – przeciwnie – zawsze przedstawiały daną osobę w pozytywnym świetle.
Ponadto, aby wprowadzić w błąd funkcjonariusza, duchowny świadomie mieszał różne fakty i szczegóły. Najlepiej widać to na przykładzie
informacji dotyczącej młodego wykładowcy seminarium księdza Karola Wojtyły, spisanej przez funkcjonariusza UB 5 listopada 1953 roku:

Karol Wojtyła – prof. Sem. Duch., lat ponad 30, zam. Kraków ul. Kanonicza, uczy filozofii i etyki. Oprócz tego uczy
w szkołach na terenie m. Krakowa.

Na terenie Krakowa przebywa od początku, pochodzi z pod
Krakowa, człowiek mocnej pracy naukowej, siedzi głównie
w książkach. Oprócz tego pomaga przy kościele Mariackim. Żyje dobrze z ks. Różyckim, łączą ich sprawy naukowe z ks. Wi-
chrem z Wydz. Teologii UJ. Społecznie nie udziela się. Wśród
młodzieży i kleru bardzo szanowany.

Wartość księdza Czartoryskiego jako informatora była przez UB
oceniana bardzo nisko. Najlepiej świadczy o tym sporządzona przez
bezpiekę charakterystyka:

Pomimo tego, że posiada szerokie możliwości w rozpracowywaniu poszczególnych księży w Kurii Krakowskiej, u których
cieszy się zaufaniem i autorytetem, przebywając w różnych
towarzystwach, informacji tych nie udziela.

Należy zaznaczyć, że nie jest szczery i prawdomówny, żadnej własnej inicjatywy współpracy nie wykazuje, otrzymane

zadania nie wykonuje należycie, tłumacząc się brakiem czasu lub chorobą, a niejednokrotnie osoby wrogie przedstawia
w świetle pozytywnym, co zostało stwierdzone przez agenturę równoległą.

W przeprowadzonych rozmowach często się denerwuje, o ile
jest zapytany o środowisko w którym przebywa. Za okres
współpracy żadnego wynagrodzenia nie otrzymał z powodu tego, że kategorycznie by odmówił, lub można by było go zrazić do dalszej współpracy, co wywnioskowano podczas rozmowy. Odnośnie dalszej współpracy nasuwają się wnioski, że
przy umiejętnej współpracy i obszernych rozmowach da się
przełamać jego dotychczasowy stosunek, gdyż coraz więcej
zaczyna rozumieć cel i obowiązek informowania nas o wrogim
środowisku, co wpłynęły na niego dodatnio ostatnie procesy księży [*sic!*].

W latach 1952–1956 ksiądz Stanisław Czartoryski, szantażowany
i zastraszany, złożył łącznie 51 doniesień gromadzonych skwapliwie
w teczce pracy. Wykorzystując moment tzw. odwilży, w 1956 roku zerwał współpracę. Jednak po roku bezpieka znów próbowała go zwerbować. Barwny opis tego zdarzenia możemy przeczytać w raporcie starszego oficera operacyjnego Tadeusza Dymka, skierowanym do zastępcy
naczelnika Wydziału III SB w Krakowie:

W dniu 6 III 57 r. o godz. 9.00 udałem się do Małego Seminarium Duchownego celem nawiązania kontaktu z inf. „Kos".
[...] Zaraz przedstawiłem mu się skąd przychodzę, legity-
mując się legitymacją służbową, oraz wyjaśniłem w jakiej
sprawie przychodzę, przypominając mu poprzednią współpracę z organami Bezpieczeństwa. Inf. „Kos" zaczął udawać, że
nie wie o co się rozchodzi. Mówiąc, że miał on sprawę w or-
ganach Bezpieczeństwa, które przeprowadzały u niego rewi-
zje. Pomimo przypomnienia mu o obowiązku utrzymywania kontaktu kolejno z kilkoma pracownikami, nie przyznawał się
do współpracy. Wobec tego wyjąłem przyniesione ze sobą jego zobowiązanie, dając mu je do przeczytania. Po przeczyta-
niu oświadczył, że to jest jego zobowiązanie i przyznaje, że
poprzednio przychodzili do niego pracownicy Bezpieczeństwa,
którym udzielał informacji ogólnych, lecz obecnie uważa,
iż nie ma żadnego celu w utrzymywaniu dalszych nieoficjalnych kontaktów, w związku ze zmianami jakie zaszły w kraju.
Uważa, że jego rola jako kapłana wychowawcy ma wielką mi-

się do spełnienia obecnie przy podnoszeniu moralności wśród społeczeństwa, co w ubiegłym okresie było mu uniemożliwiane i na tym odcinku chce oficjalnie pomagać władzom Polski Ludowej. Pomimo przekonywania go o słuszności pomagania władzom również nieoficjalnie, oświadczył, iż nie neguje ważności istnienia i działalności organów Bezpieczeństwa, lecz on jako kapłan nie widzi w tej działalności swego udziału i stanowczo odmawia nieoficjalnej z nami współpracy.

[...] Zobowiązanie, które dałem mu do przeczytania cały czas trzymał w ręce, w związku z tym poprosiłem o nie chcąc zakończyć rozmowę. Zobowiązania tego nie chciał mi zwrócić mówiąc, że skoro nie będziemy się spotykać, więc ono jest nam niepotrzebne. Nie widząc możliwości odebrania go od niego zaproponowałem mu by zaraz przy mnie spalił, [co] skwapliwie wykonał. Następnie zacząłem od nowa przekonywać go do dalszej współpracy, lecz znowu kategorycznie odmówił. Wobec tego przypomniałem mu, że nadal obowiązuje go zachowanie tajemnicy o dotychczasowej współpracy z organami Bezpieczeństwa. Przypomniałem mu treść napisanego zobowiązania, które jedno spalił, a które jeszcze jedno znajduje się w aktach, więc gdyby ujawnił ten fakt to zostanie pociągnięty do odpowiedzialności i na tym zakończyłem.

Ksiądz Czartoryski został wyrejestrowany w 1957 roku z sieci agenturalnej, stając się z informatora figurantem, czyli osobą rozpracowywaną. Jako figurant otrzymał od SB pseudonim „Kierownik", co było nawiązaniem do wspomnianej już funkcji kierownika Niższego Seminarium Duchownego. Na potrzeby prowadzonych przeciwko niemu działań z jego wcześniejszej teczki personalnej wyciągnięto w 1958 roku część dokumentów i wprowadzono je do sprawy ewidencyjno-obserwacyjnej. Warto dodać, że kombinacje operacyjne SB dotknęły też księdza Jerzego Czartoryskiego z Białki Tatrzańskiej. Pod koniec lat sześćdziesiątych próbowano zwerbować go do współpracy, aby w ten sposób zdobywać informacje o jego bracie i innych kurialistach. Działania te okazały się bezskuteczne.

Z rozmów z krewnymi i przyjaciółmi księdza Stanisława Czartoryskiego autor niniejszej publikacji dowiedział się, że duchowny opowiedział biskupowi Karolowi Wojtyle o szantażu i przymuszeniu go do współpracy. Ordynariusz nadal jednak darzył go zaufaniem, powierząc mu prowadzenie Wydziału Duszpasterskiego Kurii Metropolitalnej oraz funkcję archidiakona, a następnie dziekana Kapituły Krakowskiej. Szczególnie piękną kartę ksiądz infułat zapisał w czasach Solidarności i stanu wojennego, będąc opiekunem represjonowanych i internowanych. W działalności tej wspierał go jego bliski krewny Stanisław Pruszyński, późniejszy współzałożyciel Fundacji im. Brata Alberta i Schroniska dla Niepełnosprawnych w Radwanowicach.

Ksiądz Stanisław Czartoryski zmarł 9 sierpnia 1982 roku w 80. roku życia i 57. roku kapłaństwa. Pochowany został w ukochanym Makowie Podhalańskim. Dziś po raz pierwszy wychodzi na jaw jego tajemnica – bolesna, ale zakończona duchowym zwycięstwem nad złem. Przykład ten pokazuje, że nawet po kilku latach współpracy z bezpieką można ją było definitywnie zerwać.

Świadectwem podobnego zwycięstwa jest też biografia księdza Jana Wolnego. Duchowny ten urodził się 20 czerwca 1887 roku w chłopskiej rodzinie we wsi Radziechowy na Żywiecczyźnie. Święcenia kapłańskie przyjął w 1911 roku. W czasie I wojny światowej został zmobilizowany jako kapelan do armii austriackiej, towarzysząc żołnierzom 113. Pułku Piechoty podczas walk w Rumunii, a potem we Włoszech. Następnie pracował jako wikary w kilku parafiach, a od 1924 roku jako katecheta w Gimnazjum im. St. Staszica w Chrzanowie, pełniąc równocześnie funkcje kapelana Związku Harcerstwa Polskiego oraz prezesa towarzystwa pod nazwą „Ochronka". Ze względu na to, że w tym czasie w archidiecezji wyświęcono innego księdza Jana Wolnego, w spisach duchownych zaczęto dodawać przy jego nazwisku słowo „senior", z czego, nawiasem mówiąc, on sam chętnie sobie pokpiwał.

Z chwilą wybuchu II wojny światowej ksiądz Wolny senior został administratorem parafii w Kętach. Do konspiracji nie należał, ale popierał ruch niepodległościowy. W 1945 roku powrócił na stałe do Chrzanowa, obejmując funkcję administratora parafii pw. św. Mikołaja i wicedziekana dekanatu w Nowej Górze. Właśnie ze względu na wysoką pozycję w dekanacie, wówczas niesłychanie rozległym (w następnych latach podzielono go na trzy mniejsze: w Jaworznie, Trzebini i Chrzanowie), duchowny stał się obiektem zainteresowania Urzędu Bezpieczeństwa. Postanowiono pozyskać go do współpracy i zarejestrowano jako kandydata na agenta informatora. Starszy sierżant Kazimierz Kęska z powiatowego UBP w Chrzanowie tak pisał o nim w swoim raporcie:

W/w jako wicedziekan dekanatu nowogórskiego posiada szerokie możliwości do rozpracowania wrogiego elementu wśród kleru na terenie naszego powiatu, który to kler darzy go swoim zaufaniem. Szczególnie dużym zaufaniem cieszy się u dziekana dekanatu nowogórskiego, ks. Mroczka z Ciężkowic, oraz w kurii biskupiej w Krakowie, jak również cieszy się dużą popularnością i zaufaniem wśród elementów wrogich, wywodzących się z osób cywilnych na terenie Chrzanowa, gdzie przebywając w okresie do 1939 r. na tym terenie sympatyzował on z istniejącymi organizacjami sanacyjnymi, pomimo, iż do tych organizacji nie należał. W związku z tym będzie on miał również możliwości rozpracowania pozostałych w Chrzanowie członków tychże organizacji sanacyjnych.

[...] Zostanie on użyty do rozpracowania kleru, jak księdza dziekana Mroczka, ks. Bajera z Jaworzna i innych reakcyjnych sługusów spośród kleru.

Przez długi czas zbierano różnego rodzaju donosy na duchownego, a także informacje o treści jego kazań. Sama kombinacja sfinalizowana została, tak jak w wypadku księdza Czartoryskiego, w okresie przygotowań do tzw. procesu kurii krakowskiej. W wigilię Bożego Narodzenia 1952 roku – a więc w momencie kiedy w więzieniach siedziało już kilkunastu kapłanów – szantażując księdza Wolnego sfingowanymi materiałami kompromitującymi oraz grożąc mu aresztowaniem, funkcjonariusze UB skłonili go do napisania własnoręcznie następującego zobowiązania:

Chrzanów, 24 XII 1952 r.
Zobowiązanie
Ja, x. Jan Wolny jako dobry Polak i patriota broniący interesów Polski Ludowej, swej Ojczyzny, zobowiązuję się:
Współpracować z organami Bezpieczeństwa Publicznego celem wykrywania i demaskowania wroga Polski Ludowej.
Jest mi wiadomo, że współpraca ta stanowi tajemnicę służbową i państwową i nie śmie być nikomu zdradzona. Dlatego też dla lepszej konspiracji tej współpracy obieram sobie pseudonim „Szarotka".

Uzyskane przeze mnie informacje dotyczące wrogiej działalności w stosunku do Polski Ludowej zapodawał będę pisemnie i podpisywał je będę wyżej wymienionym pseudonimem.

Niniejszym zostałem pouczony, że w wypadku zdrady tej tajemnicy z mej strony zostanę pociągnięty do odpowiedzialności karnej przed Sądem Wojskowym.

Ks. Jan Wolny

Pomimo podpisania zobowiązania duchowny ustawicznie wymigiwał się od składania doniesień, a także od przyjmowania pieniędzy. Jedynie w grudniu 1953 roku jako podarunek świąteczny przyjął brzytwę do golenia oraz 180 sztuk bułgarskich papierosów, ale jednocześnie odmówił przyjmowania dalszych prezentów. Aby zmusić
go do bardziej efektywnej pracy na rzecz UB, nie dopuszczono go do
ślubowania na proboszcza. Kapłan nie tylko nie uległ kolejnym naciskom, ale wykorzystując – podobnie jak ksiądz Czartoryski – zmiany polityczne w 1956 roku, odmówił kategorycznie dalszej współpracy. Wyrejestrowany został 21 stycznia 1957, a jego akta odesłano do
archiwum.

Nie był to jednak koniec jego kłopotów z bezpieką. Rok później
Służba Bezpieczeństwa uznała, że zbyt szybko zrezygnowano ze współpracownika, pełniącego w Kościele tak ważną funkcję. Za pomocą intryg dokonano więc następnego werbunku, nadając tym razem księdzu
pseudonim „X-58" i numer rejestracyjny 6095. Oficjalnie do rejestru
agentury został wpisany 13 stycznia 1959 roku. Współpraca wyglądała podobnie jak poprzednio: duchowny znów się opierał, spotykając się
z esbekami zaledwie raz lub dwa razy w kwartale i to wyłącznie na plebanii. Jego relacje były bezwartościowe, o czym pisał sam oficer prowadzący:

Na przestrzeni swojej pracy ze Służbą Bezpieczeństwa nic
konkretnego nie dał, a udzielane przez niego informacje miały charakter ogólny.

W 1960 roku ksiądz Jan Wolny ostatecznie zerwał kontakty z bezpieką, a jego akta ponownie powędrowały do archiwum. Co więcej, duchowny tak zdecydowanie wystąpił przeciwko wyrzucaniu lekcji religii ze szkół i usuwaniu krzyży, że naraził się władzom komunistycz-

nym. Zgodnie z zaleceniami kurii sprzeciwiał się też rejestrowaniu w urzędach państwowych punktów katechetycznych tworzonych przy parafiach (chodziło o to, aby nie podawać urzędnikom nazwisk dzieci uczęszczających na katechizację). Te działania księdza Wolnego zostały opisane w notatce służbowej starszego oficera operacyjnego Władysława Chmielowskiego.

W dniu 7 XII 1961 r. przeprowadziłem rozmowę z kier. Wydz. Oświaty PPRN [Prezydium Powiatowej Rady Narodowej] w Chrzanowie, tow. Dłużniak na temat rejestracji punktów katechetycznych. Wspomniana na ten temat oznajmiła mi, że w sprawie rejestracji punktów katechetycznych istniejących w kościołach i kaplicach rozmawiała ze wszystkimi administratorami parafii, lecz żaden nie wyraził zgody na rejestrację w podanych miejscach za wyjątkiem ks. Bzowskiego z parafii Trzebinia i ks. Siedleckiego z parafii Rudawa. Oznajmiła mi, że również w tej sprawie rozmawiała z ks. Wolnym Janem dziekanem dekanatu chrzanowskiego. Wspomniany ks. jako dziekan reprezentował cały dekanat i w rozmowie na ten temat oznajmił, że z chwilą wyprowadzenia nauki religii ze szkół, drogi pomiędzy władzami państwowymi a księżmi rozeszły się całkowicie. Księża natomiast stanowiska swego nie zmienią i bronić go będą poczytując to sobie jako ostatni ochłap wolności konstytucyjnej. Przy tym oznajmił, aby nie zadawała sobie trudu ze ściąganiem księży na rozmowy w tej sprawie, gdyż jest to jej daremny trud, gdyż księża stanowiska swego nie zmienią. [...]
    Przedsięwzięcia
    Ze względu na jego agresywną wypowiedź do kier. Wydz. Oświaty odnośnie rejestracji punktów katechetycznych, przeprowadziłem rozmowę z wymienioną i poinformowałem ją, że ks. Wolny naukę religii prowadzi w budynku plebanii i punktu tego nie zgłasza, sugerując jej, aby wystąpiła z wnioskiem do kolegium o ukaranie go grzywną za nieprzestrzeganie przepisów. Materiał ten wykorzystać do prowadzonej sprawy operacyjnej na wymienionego.

Sporządziwszy powyższą notatkę, funkcjonariusz skierował do przełożonych następujący wniosek:

Rozpatrzywszy materiały dotyczące: ks. Wolny Jan, s. Józefa, ur. 28 VI 1887 r., Radziechowy pow. Żywiec, [...] wnoszę

o założenie sprawy ewidencyjno-obserwacyjnej na ks. Wolny
Jan jako księdza wrogo działającego i zarejestrowanie w Departamencie X /Wydziale X/.

Wniosek rozpatrzony został pozytywnie i od tej pory dziekan chrzanowski stał się obiektem obserwacji operacyjnej, która polegała na zbieraniu wszelkich informacji na jego temat. W działaniu tym SB opierała
się przede wszystkim na doniesieniach tych duchownych, którzy zostali zwerbowani jako TW, a takich na terenie jaworznicko-chrzanowskim
było, niestety, sporo. Byli wśród nich m.in. proboszczowie parafii no-
szący pseudonimy „Orzech", „Władek", „Homer", „Turysta" (w niniejszej publikacji opisywany jako „Turysta" III) oraz „Szczery".

Współpraca każdego z tych duchownych miała inny przebieg. I tak
na przykład, pierwszy z nich, ksiądz Władysław Orzechowski, wyświęcony w 1936 roku, proboszcz w Bobrku koło Oświęcimia, a następnie
w Krzeszowicach, współpracował z SB – zaledwie z kilkuletnią przerwą – od 1958 aż do chwili śmierci w 1984 roku (od połowy lat siedemdziesiątych używał pseudonimu „Sumak"). Przedostatni z wymienionych, ksiądz Józef Gorzelany, wówczas proboszcz w Filipowicach koło Krzeszowic, zerwał współpracę w 1965 roku i został budowniczym
kościoła w Nowej Hucie Bieńczycach, wskutek czego sam stał się celem ataków SB (zob. rozdział Jak „Turysta" stał się „Głazem"). Z kolei
TW „Szczery" to – jak wynika z odnalezionej dotychczas dokumentacji – duchowny, który podpadł władzom kościelnym za popieranie ruchu „księży patriotów" i za rejestrację punktu katechetycznego, a także
za przyjęcie od władz państwowych Złotego Krzyża Zasługi. W notatce esbeka spisanej 14 kwietnia 1962 roku czytamy następującą relację
księdza:

Biskup [...] wezwał mnie na rozmowę, w trakcie której przypo-
mniał on o pewnych prawach kanonicznych, grożąc suspensą.
W rozmowie tej biskup nie otrzymał potwierdzenia, w związku
z czym nie otrzymałem żadnej kary. Jednak po upływie kilku
tygodni ks. Bajera, wikariusza tej parafii mianował administratorem gospodarczym, a mnie administratorem dla spraw liturgicznych. Jest to pierwszy przypadek w diecezji krakowskiej, by w jednej parafii było dwóch administratorów.

Teczka personalna tego duchownego nie zachowała się, dlatego na razie nie można dokonać jego identyfikacji.

Wszystkich wyżej wymienionych TW bezpieka używała do inwigilacji księży z pobliskich parafii, w tym księdza Jana Wolnego. Najbardziej charakterystyczne jest zadanie przekazane na początku lat sześćdziesiątych TW o pseudonimie „Władek", proboszczowi z okolic Chrzanowa (na podstawie zachowanych dokumentów trudno jednoznacznie stwierdzić, o kogo chodzi), który za jego wykonanie zainkasował dwie butelki koniaku i puszkę kawy.

> W miarę możności należy często odwiedzać księży z parafii Chrzanów, a zwłaszcza nawiązać bliższe znajomości z ks. Jaworskim i ks. Wolnym. [...] Należy skorzystać z zaprosin ks. Wolnego i wziąć udział w odpuście, a szczególnie w obiedzie, gdzie zwrócić szczególną uwagę na wypowiedzi biskupa Groblickiego i prowadzoną dyskusję pozostałych księży uczestniczących w tej uroczystości.

Tajnym współpracownikom polecono także inwigilację kongregacji dziekańskich, czyli spotkań wszystkich księży z dekanatu, prowadzonych przez księdza Jana Wolnego. Na przykład TW „Szczery" otrzymał w 1962 roku następujące zadania:

> 1. W rozmowie ze znajomymi księżmi zatrudnionymi w kurii ustalić w których dniach będzie się odbywać konferencja dziekanów i jakie tematy zostaną poruszone.
> 2. Po odbytej kongregacji dekanalnej, która jest zaplanowana w parafii Rudawa, należy o jej przebiegu sporządzić relacje, w trakcie których zwrócić baczną uwagę na treść referatów i dyskusję, operując zaangażowanych personalnie [*sic!*].

Z kolei inni TW rozpracowywali kontakty osobiste księdza Wolnego, jego relacje z wikarymi oraz pracownikami parafialnymi (gospodynią, organistą, kościelnym, a nawet grabarzem), szukając wszędzie punktów zaczepienia. Żadnych jednak interesujących – a tym bardziej kompromitujących – materiałów nie uzyskano. W 1963 roku ostatecznie zaniechano dalszego prowadzenia sprawy ewidencyjno-obserwacyjnej, chociaż SB nękała duchownego do końca życia.

Ksiądz Jan Wolny senior za swoją gorliwą pracę duszpasterską został podniesiony do godności prałata. W 1972 roku przeszedł na emeryturę, zostając rezydentem parafii pw. św. Mikołaja w Chrzanowie. Zmarł 8 października 1974, w 87. roku życia i 63. roku kapłaństwa. Tak jak w wypadku księdza Stanisława Czartoryskiego, dziś, po dziesiątkach lat, ujawniana jest jego tajemnica – tajemnica zmagania się ze Służbą Bezpieczeństwa zakończonego duchowym zwycięstwem.

Drogi do wolności „Kazka" i „Białego"

W latach terroru stalinowskiego więzienia zapełniły się ludźmi, których władze państwowe uznały za wrogów nowego porządku. Wśród nich – o czym była już mowa w części I niniejszego opracowania – dużą grupę stanowili księża. Osadzeni w aresztach lub więzieniach, poddani byli szczególnej presji ze strony aparatu bezpieczeństwa. Starano się nie tylko wymusić na nich zeznania obciążające innych duchownych, ale również skłonić do współpracy z bezpieką. Niektórzy nie byli w stanie tej presji wytrzymać. W niniejszym rozdziale opisane zostaną dwa takie przypadki z terenu archidiecezji krakowskiej. Warto podkreślić, że obaj duchowni byli pracownikami Kurii Metropolitalnej w Krakowie.

Pierwszy z nich, ksiądz Witold (pierwotnie Witołd) Kacz, urodził się 26 stycznia 1920 roku w Krakowie. Tutaj w roku 1938 wstąpił do Wyższego Seminarium Duchownego. Studia teologiczne kończył w konspiracji, a święcenia kapłańskie przyjął w 1943 roku. Był zaprzysiężonym kapelanem Armii Krajowej. Kontakt z żołnierzami AK oraz WiN utrzymywał również po zakończeniu działań wojennych, organizując dla nich kryjówki i pomoc materialną oraz prowadząc akcję na rzecz uwolnienia uwięzionych. W 1949 roku został mianowany referentem w Wydziale Duszpasterskim Kurii Metropolitalnej. Aresztowano go 7 lipca 1950 roku; został skazany na kilkuletnie więzienie i pod koniec maja 1951 roku przewieziony do Rawicza. Ze względu na nieludzkie warunki odbywania kary mocno podupadł na zdrowiu; nabawił się m.in. choroby serca, płuc oraz reumatyzmu. Chcąc ratować życie, zgodził się na tajną współpracę z UB i przyjął pseudonim „Kazek" (w niniejszym opracowaniu będzie on określany jako „Kazek" II). W lipcu 1953 roku został przedterminowo zwolniony.

Po wyjściu z więzienia ksiądz Kacz zerwał jednak współpracę z bezpieką. Do 1956 roku przebywał na urlopie zdrowotnym, a następnie powrócił do pracy w kurii. Mimo iż w następstwie przebytych chorób utracił władzę w nogach i poruszał się na wózku inwalidzkim, pracował bardzo gorliwie. W 1964 roku kardynał Wojtyła mianował go diecezjalnym duszpasterzem chorych; w 1972 został członkiem Komisji Charytatywnej Episkopatu Polski. Z powodu własnych doświadczeń rozumiał doskonale chorych i cierpiących i pełnił posługę duszpasterską wśród nich z wielkim oddaniem. Za swoją heroiczną postawę otrzymał godność kanonika, a następnie prałata. Zmarł 7 lutego 1981 roku w Krakowie.

Bardziej skomplikowana była droga drugiego duchownego, księdza profesora Bolesława Przybyszewskiego, niekwestionowanego autorytetu w dziedzinie badań nad średniowieczem, a zwłaszcza nad zabytkami sztuki sakralnej. Na przełomie lat siedemdziesiątych i osiemdziesiątych wiele mówiło się wśród studentów Papieskiego Wydziału Teologicznego w Krakowie na temat powikłanej przeszłości tego cenionego i lubianego wykładowcy. Profesorowie i przełożeni seminaryjni nie chcieli jednak na ten temat rozmawiać z klerykami, być może dlatego, że nie we wszystkim się orientowali. Dzisiaj, po otwarciu archiwów IPN, warto wyjaśnić wszystkie wątpliwości.

Ksiądz Przybyszewski urodził się 13 września 1908 roku w Skrzeszowicach w powiecie miechowskim (w wielu publikacjach jego rodzinna miejscowość mylona jest z Krzeszowicami). W 1928 roku wstąpił do Wyższego Seminarium Duchownego w Krakowie i pięć lat później przyjął święcenia kapłańskie. Był wikarym w kilku parafiach, m.in. pw. Najświętszego Salwatora na krakowskim Zwierzyńcu. Jednocześnie kontynuował na UJ studia z zakresu historii sztuki. W latach II wojny światowej wykładał historię w konspiracyjnym Seminarium Duchownym mieszczącym się w Pałacu Arcybiskupów (budynek seminaryjny przy ulicy Podzamcze zajęli esesmani). W 1942 roku metropolita krakowski Adam Stefan Sapieha mianował go notariuszem kurialnym, a także kierownikiem archiwów kurialnego i kapitulnego, co pozwoliło księdzu Przybyszewskiemu na nieskrępowane prowadzenie badań historycznych. Uczęszczał także na konspiracyjne wykłady. Zarówno badania, jak i studia na UJ kontynuował po wyzwoleniu; w 1950 roku zrobił doktorat z historii. Był członkiem Komisji Historii Sztuki Polskiej Akademii

Umiejętności w Krakowie. W 1949 roku został mianowany kanclerzem Kurii Metropolitalnej; nominacja ta została przyjęta przez większość księży z zaskoczeniem, ksiądz Przybyszewski uważany był bowiem za typowego mola książkowego oderwanego nieco od rzeczywistości.

Kariera świetnie zapowiadającego się naukowca została przerwana w listopadzie 1952 roku, kiedy to – podobnie jak ksiądz Pochopień i kilku innych pracowników kurii – został aresztowany przez UB pod zarzutem szpiegostwa na rzecz Watykanu i Stanów Zjednoczonych. Była to część operacji władz komunistycznych zmierzającej do rozbicia Kościoła krakowskiego (opisano ją szerzej w rozdziale *Kler „o wrogim zabarwieniu"* w części I niniejszego opracowania). Spodziewając się aresztowania, ksiądz Przybyszewski ukrył się na strychu kościoła pw. św. Wojciecha na Rynku. Była to kryjówka prowizoryczna, bez odpowiednich warunków sanitarnych i ogrzewania. Mimo to duchowny wytrwał w niej przez pewien czas. Niestety wydał go jeden ze współbraci. Do końca życia ksiądz Przybyszewski miał o to żal zarówno do tej osoby, jak i całego ówczesnego środowiska księży kurialnych. (O tym żalu należy pamiętać, bo wyjaśnia on inny fragment jego życiorysu).

W trakcie śledztwa, które trwało od listopada 1952 do lutego 1953 roku, ksiądz Przybyszewski zgodził się na złożenie zeznań, które zostały wykorzystane przeciwko innym pracownikom Kurii Metropolitalnej. W zamian za uwolnienie zobowiązał się też do tajnej współpracy z UB. Warto zwrócić uwagę na sposób, w jaki funkcjonariusz bezpieki opisał ten fakt:

> W czasie przeprowadzonej rozmowy zgodził się on na jak najdalej idącą współpracę z rządem i sam wyraził chęć współpracy z organami B.P. w zamian za odzyskanie wolności. Był on tak dalece załamany, iż stwierdził, że pomimo otrzymanego wyroku nie czuje żadnego żalu do Władzy Ludowej, wiedząc o tym, że jest to wina jego własna, którą musi odcierpieć.

Podpisanie zobowiązania nastąpiło 20 lipca 1953 roku. Jako pseudonim duchowny przyjął nazwisko „S. Krzeszowski", w którym ukryta była nazwa jego rodzinnej miejscowości. W złożonych zeznaniach na polecenie UB scharakteryzował m.in. wielu proboszczów i pracowników kurii. Dla bezpieki były to bardzo cenne informacje, które mogła wykorzystać w dalszych akcjach represyjnych wobec krakowskiego duchowieństwa. Aby zakamuflować przedterminowe zwolnienie księdza Przybyszewskiego, wypuszczono wraz z nim z aresztu także kilku innych księży, w tym księdza Tadeusza Kurowskiego. Po wyjściu na wolność były kanclerz zgłosił się do Kurii Metropolitalnej, jednak ani pracujący tam księża, ani arcybiskup Eugeniusz Baziak (zresztą przebywający wówczas na wygnaniu) nie ufali mu i nie powierzyli mu już dawnych obowiązków.

Krótko po uwolnieniu „S. Krzeszowski" zerwał współpracę z bezpieką. Prowadzący go Ludwik Kuciel, referent Sekcji I Wydziału XI, próbował go przewerbować, czyli skłonić presją do podtrzymania współpracy, ale natrafił na zdecydowany opór duchownego. Ksiądz Przybyszewski wiele ryzykował, nie miał też dostatecznego oparcia we własnym środowisku, które uznawało go za złamanego i miało doń pretensje, że w śledztwie zeznawał przeciwko innym księżom. Mimo to w tak trudnym momencie stać go było na bohaterską odmowę.

W październiku 1953 roku duchowny został mianowany administratorem parafii pw. Świętego Krzyża w Krakowie; w latach 1966–1971 był jej proboszczem. Został też wykładowcą historii sztuki w wielu seminariach diecezjalnych i zakonnych, całkowicie oddając się pracy dydaktycznej i naukowej. Po habilitacji na warszawskiej Akademii Teologii Katolickiej w 1967 roku objął tam stanowisko docenta. Decyzji tej sprzeciwił się jednak kardynał Karol Wojtyła, uważając, że księża krakowscy nie powinni pracować na uczelni, która w 1954 roku wchłonęła Wydział Teologiczny bezprawnie usunięty z Uniwersytetu Jagiellońskiego. Ksiądz Przybyszewski, choć z bólem serca, podporządkował się woli kardynała. W 1968 roku został profesorem nadzwyczajnym Papieskiego Wydziału Teologicznego w Krakowie.

Do ponownych kontaktów księdza z funkcjonariuszami bezpieki doszło w 1964 roku, kiedy to SB została poinformowana przez wydział paszportowy, że ksiądz Przybyszewski stara się o paszport, aby w ramach wycieczki z biurem podróży „Orbis" odwiedzić kraje basenu Morza Śródziemnego. Dla profesora wyjazd ten miał być nie tyle rekreacją, ile okazją do zobaczenia w Grecji i we Włoszech miejsc, o których pisał wcześniej jako historyk. Bezpieka wyczuła, że stwarza to idealną okazję do ponownego zwerbowania złamanego przed laty kapłana. Tak też się stało. W latach 1964–1968 ksiądz Przybyszewski zgodził się na kilkanaście rozmów w swoim mieszkaniu przy kościele pw. Świętego Krzyża, podczas których funkcjonariuszom SB udało się uzyskać od niego wiele ważnych informacji, m.in. na temat kardynała Wojtyły, stosunków panujących w kurii krakowskiej i młodych, zdolnych księży, którzy mogli zrobić karierę w Kościele.

Ten okres kontaktów księdza Przybyszewskiego z SB dokumentuje teczka personalna założona w 1964 roku oraz teczka pracy. W pierwszej z nich znajduje się m.in. standardowy kwestionariusz kandydata na TW, z którego wynika, że SB orientowała się, iż ksiądz Przybyszewski odnosi się z niechęcią do pracowników Kurii Metropolitalnej. Niechęć tę starannie wykorzystano. Kandydat, mając dystans do spraw materialnych, nie dał się niczym przekupić; raz tylko, i to bardzo niechętnie, przyjął upominek w postaci książki. W trakcie następnych spotkań zdecydowanie odmawiał przyjęcia innych prezentów. Odmawiał też wykonywania jakichkolwiek zadań, np. inwigilacji innych osób.

Jeżeli chodzi o esbeków zaangażowanych w sprawę, to oficerem werbującym był kapitan Bogdan Podolski, a kontrolującym – major Bogusław Bogusławski, inspektor, a następnie zastępca naczelnika Wydziału IV SB w Krakowie. Pierwszy z nich w rozmowach z duchownym używał nazwiska operacyjnego „Włodarczyk". On też wymyślił dla księdza nowy pseudonim, „Biały", pochodzący od jasnej karnacji i siwych włosów duchownego (w niniejszej publikacji będzie on opisywany jako „Biały" III). Oto fragmenty części II i III wspomnianego kwestionariusza:

Część II
Uzasadnienie pozyskania do współpracy.

Po przeanalizowaniu informacji w Części I – postanowiłem pozyskać do współpracy wytypowanego kandydata.

1/ Cel pozyskania – W Krakowie istnieje silne środowisko naukowe teologów katolickich, które m.in. wypracowuje nowe, teoretyczne założenia i kierunki pracy duszpasterskiej. Zgrupowane jest ono wokół utworzonego w 1968 r. Papieskiego Wydziału Teologicznego, Polskiego Towarzystwa Teologicznego oraz diecezjalnego seminarium duchownego.

Ponieważ informacje wskazują, że część kadry profesorskiej negatywnie ustosunkowana jest do obecnego ustroju i to rzutuje na jej działalność, konieczne jest rozszerzenie operacyjnego dotarcia i rozpoznania tych środowisk i ich działalności przez źródła agenturalne.

2/Możliwości operacyjne kandydata:

Od wielu lat jest on bezpośrednio związany z określonymi wyżej środowiskami i stąd posiada dobre rozpoznanie poszczególnych osób, ich postaw i działalności, a to pozwoli na dalsze rozszerzanie dotarcia agenturalnego.

W szerszym okresie [sic!] zna on dobrze starszą generację księży diecezji i panujące stosunki /przez 10 lat był notariuszem oraz kanclerzem kurii/, co pozwala na właściwe naświetlenie przez niego niektórych wydarzeń w diecezji.

3/ Motywy pozyskania:

Dotychczasowa postawa i działalność wskazuje na jego lojalność wobec władz państwowych i to jest zasadniczym motywem pozyskania.

Motywem drugim, także w jakimś stopniu istotnym jest jego niechęć do obecnego kierownictwa kurii krakowskiej za niewłaściwą ocenę jego postawy w minionym okresie i wynikające stąd utrudnienia mu pracy naukowej.

[...]

Część III

Rezultat pozyskania.

[...] w latach 1964-1968 w mieszkaniu prywatnym TW [tekst wpisany w stałą rubrykę] przeprowadziłem rozmowę werbunkową z wytypowanym kandydatem, w wyniku której:

1. Potwierdziłem cel pozyskania do współpracy /podać krótko rezultat/ -

„Biały" faktycznie związany jest ściśle z tutejszym środowiskiem naukowym, jest z-cą profesora papieskiego Wydziału Teologicznego i członkiem Rady tego Wydziału, prowadzi wykłady w krakowskim WSD oraz jest docentem ATK w Warszawie.

Przy wyraźnym postawieniu kwestii dalszych spotkań „Biały" jednoznacznie stwierdził, że nie ma żadnych zastrzeżeń tak do faktu ich utrzymywania, jak i poruszanej tematyki.

2. Uzyskałem w czasie rozmowy następujące informacje:

Dotychczas „Biały" przekazał szereg informacji i ocen dot. podanych wyżej spraw, które ujęte zostały w oddzielnych notatkach.

Udostępnił także niektóre interesujące nas materiały, w tym bardzo ważny dla nas dokument dotyczący powstałego Wydziału - „tzw. ratio studiorum", które w pełni potwierdza istnienie Wydziału i daje prawie pełne rozpoznanie jego organizacji i działalności. Osiągnięcie tego inną drogą byłoby niesłychanie trudne lub w chwili obecnej prawie niemożliwe.

3. Forma zaangażowania do współpracy /zobowiązanie, pseudonim/ - Wziąwszy pod uwagę pozycję, cechy osobiste i motywy skłaniające „Białego" do przekazywania nam informacji nie pobierałem i nie zamierzam pobierać pisemnego zobowiązania. Utrzymanie przez niego tajemnicy nie budzi zastrzeżeń z uwagi na wspomniane stosunki z kurią.

[...]

7. Biorąc powyższe pod uwagę proszę o zatwierdzenie w/w jako tajnego współpracownika i zarejestrowanie go w ewidencji.

Podpis oficera operacyjnego - Podolski

8. Po zapoznaniu się z całością materiału /po odbyciu kontrolnego spotkania/ pozyskanie do współpracy zatwierdzam.

Podpis i pieczątka zatwierdzającego - Zastępca Naczelnika Wydziału IV KWMO w Krakowie, mjr B. Bogusławski.

Przez pierwsze cztery lata „Biały" III był klasyfikowany jako pomoc obywatelska (PO), natomiast w 1968 roku został zarejestrowany jako TW. Do 1971 spotkał się z funkcjonariuszem SB jeszcze 12 razy, udzielając, niestety, wielu cennych informacji na temat działalności seminarium duchownego i uczelni katolickich. Tak jak w latach pięćdziesiątych, scharakteryzował też najważniejszych księży w archidiecezji krakowskiej. Ponieważ współpracę oceniano jako owocną, Wydział IV SB w pismach do Departamentu I MSW w Warszawie zawsze popierał wydawanie duchownemu paszportu, m.in. w związku z wyjazdem na spotkanie Papieskiego Komitetu Nauk Historycznych w Bari we Włoszech w 1969 roku.

Jednakże na początku lat siedemdziesiątych współpraca zaczęła się rwać. Po odwołaniu z funkcji proboszcza i całkowitym zaangażowaniu się w pracę naukową ksiądz Przybyszewski zaczął unikać spotkań, a następnie całkowicie ich odmówił. Jako powód podał lęk przed dekonspiracją przed nowym proboszczem parafii pw. Świętego Krzyża. Mimo nagabywania przez SB decyzji tej nie zmienił. Funkcjonariusz prowadzący, wyrejestrowując go w 1978 roku, tak podsumował całą sprawę:

Kontakt z TW ps. „Biały" nawiązano w 1964 r., bazując na jego lojalności wobec władz oraz krytycznym stosunku do Kurii. Po stopniowym pozyskaniu zarejestrowano jako TW w 1968 r. Przekazał szereg istotnych informacji dot. środowiska naukowego i Kurii oraz dokumenty PWT, przyczyniając się tym do znacznego pogłębienia naszego rozpoznania. Spotkania traktował jednak na zasadzie równorzędności i unikał momentów, które jednoznacznie wskazywałyby, iż współpracuje z SB np. spotkań poza swoim mieszkaniem, przyjęcia prezentu.

W 1971 r. po zwolnieniu go ze stanowiska proboszcza i później kiedy stworzono mu nadzieję kierowniczego stanowiska na PWT „Biały" zmienił swój stosunek do spotkań i praktycznie uniemożliwiał je.

Wobec faktu, że w latach 1973 i 1974 dalej odmawiał kontaktu wnoszę o wyeliminowanie TW „Biały" z czynnej sieci TW i złożenie materiałów w Wydz. „C".

Kierownik sekcji W. IV, kpt. B. Podolski.

W 1971 roku ksiądz profesor Bolesław Przybyszewski został przewodniczącym Sekcji Historii Sztuki przy Komisji Episkopatu Polski, a w latach 1973–1977 prezesem Polskiego Towarzystwa Teologicznego. Jako badacz, dokonał wielu odkryć naukowych z zakresu historii sztuki. W 1988 roku przeszedł na emeryturę, ale nie zaniechał swoich badań i pracy pisarskiej. Po zmianach politycznych w 1989 roku zaangażował się w odbudowę Polskiej Akademii Umiejętności. W 1999 roku otrzymał od papieża Jana Pawła II godność infułata. Zmarł 2 listopada 2001 roku w Krakowie, w 93. roku życia i 68. roku kapłaństwa. Pochowany został na cmentarzu Salwatorskim. W telegramie kondolencyjnym Ojciec Święty napisał: „Jego postać pozostaje żywa w mojej pamięci. Był gorliwym kapłanem, wielkim uczonym, miłośnikiem sztuki, znakomitym badaczem i znawcą historii. Spuścizna jego życia i pracy naukowej jest godna najwyższego uznania". I takim też ksiądz Przybyszewski pozostanie w pamięci następnych pokoleń.

Bohaterowie z lat pięćdziesiątych

W dwóch poprzednich rozdziałach opisane zostały przypadki duchownych, którzy w czasach stalinowskich zostali szantażem, groźbami lub przemocą fizyczną przymuszeni do współpracy z Urzędem Bezpieczeństwa, a następnie ją zerwali. Podobnych przykładów z lat pięćdziesiątych jest znacznie więcej. Wszystkie one budzą podziw ze względu na odwagę, jakiej decyzja o zerwaniu wymagała od osób uprzednio złamanych przez UB. W niniejszym rozdziale omówionych zostanie kilka tego rodzaju przypadków, dotyczących księży krakowskich oraz lwowskich zamieszkałych na terenie archidiecezji krakowskiej.

Pierwszy z nich, ksiądz Józef Grzebyk, urodził się 31 marca 1903 roku w Budziwoju koło Rzeszowa. Święcenia kapłańskie otrzymał w 1929 roku w Krakowie. Po wybuchu II wojny światowej, będąc proboszczem w Kościelnikach, został aresztowany i uwięziony na Montelupich. Uwolniony dzięki staraniom parafian, ukrywał się w powiecie limanowskim. W 1947 roku został proboszczem w Krzęcinie, a rok później – w Kokocicach.

Ksiądz Grzebyk został zwerbowany przez UB 29 stycznia 1949 roku; otrzymał pseudonim „Janicki". Werbunku dokonał ówczesny szef Powiatowego Urzędu do spraw Bezpieczeństwa Publicznego (PUBP) w Krakowie, porucznik Aleksander Pasierbiński, grożąc duchownemu procesem z powodu nielegalnego posiadania broni. Pomimo formalnej współpracy duchowny ustawicznie wymigiwał się od składania doniesień i unikał spotkań. Co więcej, jak wynika z dokumentów gromadzonych przez bezpiekę, mimo iż był związany ze ZBoWiD-em i prorządowym Zrzeszeniem Katolików „Caritas", stale wchodził w konflikt z władzami komunistycznymi, np. w 1950 roku odmówił pogrzebu członkowi ZMP, a w 1956 nie bił w dzwony w trakcie odbywającego się w Warszawie pogrzebu Bolesława Bieruta. Z sieci agenturalnej wykreślono go 19 marca 1956, wkrótce po tym ostatnim incydencie. Miesiąc później założono przeciw niemu sprawę ewidencyjno-obserwacyjną, aby doprowadzić do aresztowania. Na szczęście w krótkim czasie nastąpiły w Polsce zmiany polityczne i to uratowało księdza Grzebyka przed więzieniem. W latach sześćdziesiątych zamieszkał na terenie parafii pw. św. Józefa w Krakowie Podgórzu. Zmarł w 1992 roku.

Podobnie wyglądały losy księdza Józefa Dewery, urodzonego w 1911 roku we Frydmanie na Spiszu. Do Wyższego Seminarium Duchownego w Krakowie wstąpił w wieku lat 20 (księdzem został również jeden z jego braci). Po święceniach kapłańskich, które przyjął w 1936 roku, pracował jako wikary w kilku parafiach, a następnie został proboszczem w Waksmundzie koło Nowego Targu.

Z miejscowości tej pochodził słynny dowódca partyzancki Józef Kuraś „Ogień", którego oddział po zakończeniu II wojny światowej przez kilka lat toczył zaciekłą walkę z komunistyczną władzą. W Wielkanoc 1946 roku w kościele parafialnym w sąsiedniej wsi Ostrowsko duchowny udzielił „Ogniowi" ślubu z drugą żoną (pierwszą wraz z maleńkim dzieckiem zamordowali Niemcy). Trzy lata później epizod ten został wykorzystany przez bezpiekę przeciwko księdzu Dewerze. Zarzucano mu, że czynnie wspierał oddział partyzancki, i grożono procesem. Pod wpływem gróźb duchowny podpisał zobowiązanie do współpracy, przyjmując pseudonim „XV". Jego funkcjonariuszami prowadzącymi byli Wincenty Sroka, J. Ślęzak i Stanisław Oleksy.

Informator „XV" okazał się jednak opornym współpracownikiem, odmawiał składania doniesień na innych księży, nie pobierał też żadnego wynagrodzenia. Tak samo postępował po przenosinach w 1951 roku do Chochołowa, gdzie został najpierw administratorem, a później proboszczem. Cztery lata później starszy referent podporucznik J. Głuch pisał w jego charakterystyce:

W okresie swej współpracy nie podał on żadnych konkretnych materiałów, a raczej ogólnikowe, nie mówiące nic konkretnego. [...] W rozpracowaniach żadnych nie był wykorzystywany, a jedynie na poszczególnych figurantów w sprawach przeważnie z bandy „Ognia". Po klerze również był słabo wykorzystywany pomimo, że sam jest księdzem, zresztą widać u niego niechęć wykonywania zadań i w ogóle nie chce podpisywać doniesień.

Podawane przez niego materiały nie przedstawiają wartości operacyjnej, są treści ogólnej, ale polegają na prawdzie, ale nie mają żadnych perspektyw, raczej trzeba wymuszać coś, żeby powiedział, bo sam nie poda nic. Na podstawie jego materiałów nie zrealizowano żadnej sprawy. [...] Dalszych perspektyw inf. „XV" nie posiada, nie można z nim stosować żadnych kombinacji, zadań żadnych nie chce wykonywać i niechętnie w ogóle udziela informacji. Wobec tego do dalszej współpracy się nie nadaje.

Wyrejestrowanie księdza Józefa Dewery z sieci agenturalnej – w której, jak wynika z powyższej notatki, i tak pozostawał tylko formalnie – nastąpiło w listopadzie 1955 roku. Rok później założono przeciwko niemu sprawę ewidencyjno-obserwacyjną, w ramach której zbierano na niego doniesienia. Na razie jednak nie natrafiono na dokumenty tej sprawy.

Następnym duchownym, który znalazł się w podobnej sytuacji, był ksiądz Józef Krysta, urodzony w 1918 roku w Mikuszowicach koło Bielska. Święcenia kapłańskie przyjął w 1942 roku. Przez pierwsze lata pracował jako wikary w Szczyrku, Myślenicach i Rabce. Ze względu na swoją aktywność duszpasterską i odważne kazania popadł w konflikt z władzami komunistycznymi. W 1948 roku funkcjonariusz UB tak charakteryzował jego postawę: „Podejrzany o działalność antypaństwową i trzymanie ludzkości w ciemnocie". Przeciwko księdzu Kryście rozpoczęto działania operacyjne, które kierownik Referatu V PUBP w Myślenicach A. Horwacik opisał następująco (w sposób daleki od reguł polskiej gramatyki):

Zadanie rozpracowania ma na celu ustalić: czy Krysta Józef ma zamiar dalej uczyć dziatwę szkolną religii, wszechstronnego rozpracowania, ujawnienie jego wrogiej działalności polityczno-gospodarczej Polski Demokratyczno-Ludowej celem unieszkodliwienia tegoż księdza.

W 1953 roku niepokorny dotąd ksiądz pod wpływem gróźb i szantażu podpisał zobowiązanie do tajnej współpracy z UB, przyjmując kryptonim „KJ" (odwrócone inicjały). Uchylał się jednak od składania doniesień i w końcu o całej sprawie powiadomił władze kościelne. PUBP musiał więc w kwietniu 1954 roku wyłączyć go z sieci agenturalnej. W uzasadnieniu napisano:

Do współpracy niechętny, materiały podawał nieprawdziwe, dwulicowy, zdekonspirowany przed dziekanem. Wg nowych wytycznych nie odpowiada wymogom dalszej współpracy.

Rok później – tak jak przeciw innym opisanym wcześniej duchownym – założono przeciwko księdzu Kryście sprawę ewidencyjno-operacyjną, w ramach której zbierano na niego doniesienia. W następnych latach duchowny pełnił w Kościele krakowskim różne funkcje, m.in. był sędzią w Sądzie Metropolitalnym. Rezydował przy parafii mariackiej. Zmarł w 2000 roku.

Kolejny duchowny przymuszony do współpracy w latach pięćdziesiątych, ksiądz Stanisław Bizuń, pochodził z archidiecezji lwowskiej. Urodził się w 1907 roku w Podhajcach na Tarnopolszczyźnie. W 1925 roku wstąpił do Wyższego Seminarium Duchownego we Lwowie (część studiów odbył w Innsbrucku w Austrii) i tam pięć lat później otrzymał święcenia. We lwowskim seminarium pełnił funkcję ojca duchownego (zrobił w tym czasie doktorat), a w latach 1939–1945 wicerektora. W 1945 roku, wobec fałszywych oskarżeń ze strony władz sowieckich, musiał z dnia na dzień opuścić Lwów i wyjechał do Krakowa. Szantażowany przez UB, w 1953 roku podpisał zobowiązanie do współpracy i przyjął pseudonim „Stanisław". Współpracy jednak nie podjął i po blisko dwu latach daremnych nacisków, 17 stycznia 1955 roku bezpieka zdecydowała się go wyrejestrować. Podporucznik Jan Bębenek napisał w raporcie:

Inf. „Stanisław" od czasu zwerbowania go nie dał żadnych istotnych materiałów, od współpracy uchyla się i kategorycznie odmówił. Od maja 1953 r. do chwili obecnej pozostaje bez kontaktu ponieważ spotykanie się z nim nie dawało żadnych korzyści operacyjnych.

Ksiądz Stanisław Bizuń nigdy nie powrócił do swego ukochanego Lwowa, do końca życia mieszkając w Domu Księży Profesorów przy ulicy św. Marka. W archidiecezji krakowskiej pełnił różne funkcje, m.in.

cenzora kościelnego oraz wykładowcy katechetyki i pedagogiki na Papieskim Wydziale Teologicznym. Za swoje zasługi został obdarzony godnością prałata, a następnie infułata. W 1975 roku przeszedł na emeryturę. Zmarł w 1991 roku.

Podobnie potoczyły się losy jego współbrata z archidiecezji lwowskiej księdza Romana Dacy. Urodzony w 1905 roku w Kopyczyńcach na Tarnopolszczyźnie, jako ochotnik walczył w wojnie polsko-bolszewickiej, za co odznaczony został Krzyżem Walecznych i orderem Virtuti Militari. Po ukończeniu Szkoły Oficerów Artylerii we Włodzimierzu Wołyńskim zdecydował się wstąpić do lwowskiego Wyższego Seminarium Duchownego. Święcenia kapłańskie przyjął w 1933 roku, a następnie doktoryzował się na Uniwersytecie Jana Kazimierza.

W czasie wojny ściśle współpracował z Armią Krajową. Swoją największą tragedię przeżył w nocy z 29 na 30 września 1943 roku, kiedy to jego plebanię w Nowosielcach otoczył oddział UPA. Duchowny zdążył się schować w skrytce pod podłogą, ale jego matka wpadła w ręce Ukraińców i została okrutnie zamordowana. Po wojnie schronił się w Krakowie. Szantażowany przez UB, podpisał w 1953 roku zobowiązanie do współpracy jako informator o pseudonimie „D", stale się jednak od niej uchylał, odmawiając składania meldunków. W 1955 roku udało mu się zerwać ją całkowicie. Podobnie jak ksiądz Bizuń przez wiele lat mieszkał w Domu Księży Profesorów przy ulicy św. Marka. Otrzymał godność prałata, a jako kombatant – także stopień pułkownika. Zmarł w 1994 roku.

Ostatni z duchownych opisanych w tym rozdziale, ksiądz Nikander Mrożek, nie był księdzem ani krakowskim, ani lwowskim, lecz wyświęcony został w... jednej z diecezji francuskich. Urodził się w 1912 roku w Dąbrowie Górniczej, ale jako małe dziecko wyjechał wraz z rodzicami do Francji, gdzie całkowicie zapomniał języka polskiego. Ukończył seminarium duchowne w Albi i w 1935 roku przyjął święcenia kapłańskie. Szukając swoich korzeni, po święceniach przyjechał do Krakowa, gdzie był lektorem języka francuskiego, a jednocześnie uczył się od nowa języka polskiego. W Krakowie zastała go wojna, co postawiło go w bardzo trudnym położeniu. Utrzymywał się z rozmaitych dorywczych zajęć. W latach 1953–1963 był administratorem parafii w Radziszowie koło Skawiny. Nigdy jednak nie został inkardynowany do archidiecezji krakowskiej. Przez wiele lat nie miał też stałej jurysdykcji, którą ustawicznie musiał odnawiać w Kurii Metropolitalnej. Tę jego ciężką sytuację życiową wykorzystała bezpieka, przymuszając go w latach 1955–1957 do współpracy jako informatora o pseudonimie „Władek" (w niniejszej publikacji – „Władek" II).

Jego doniesienia dotyczyły głównie środowiska związanego z konsulatem francuskim i Instytutem Francuskim w Krakowie, a także w niewielkim stopniu spraw dekanatu skawińskiego. Ksiądz Mrożek zdecydowanie odmówił wyjazdu do Francji i wykonywania tam zadań dla PRL-owskiego wywiadu. Wykorzystując odwilż polityczną, zerwał współpracę w 1957 roku. Obecnie od wielu lat przebywa na emeryturze, mieszkając w mieszkaniu prywatnym na terenie Krakowa. Znany jest ze wspierania działalności charytatywnej. Ksiądz Mrożek, który rozpoczął 95. rok życia, jest jednym z najstarszych kapłanów mieszkających w archidiecezji krakowskiej.

Jak „Turysta" stał się „Głazem"

Był jedną z najbarwniejszych postaci archidiecezji krakowskiej i budzi do dziś kontrowersje, ale wszyscy, nawet jego przeciwnicy, podziwiali go za pomysłowość i skuteczność. Przeszedł do historii jako niestrudzony kapłan i budowniczy pierwszego kościoła w Nowej Hucie. I takim na wiele pokoleń pozostanie w pamięci mieszkańców tej dzielnicy Krakowa.

Ksiądz Józef Gorzelany – bo o nim mowa – urodził się 9 marca 1916 roku w Krakowie. Przez matkę spowinowacony był z Hilarym Mincem, komunistycznym wicepremierem, współtwórcą planu sześcioletniego i kierownikiem komitetu budowy Huty im. Lenina. Z kolei ojciec, jak głosiła plotka, miał się w przeszłości przyjaźnić z samym premierem Józefem Cyrankiewiczem (jest to sprawa bardzo wątpliwa). W każdym razie Józef Gorzelany, syn kolejarza, wstąpił w 1935 roku do Wyższego Seminarium Duchownego w Krakowie i pięć lat później otrzymał święcenia kapłańskie. Pracował jako wikary w Gdowie, Skawinie, Liszkach i Wieliczce. Jego pierwszą samodzielną placówką były Filipowice koło Trzebini należące wówczas do parafii w Nowej Górze. Młody ksiądz przybył tam w 1948 roku i rozpoczął budowę kościoła pw. Wniebowzięcia Najświętszej Marii Panny. Cztery lata później w miejscowości tej erygowano parafię, włączoną wówczas do dekanatu chrzanowskiego, a w 1953 roku odbyła się konsekracja nowej świątyni.

Ksiądz Gorzelany związał się z ruchem „księży patriotów" i wstąpił do kontrolowanego przez władze państwowe Zrzeszenia Katolików „Caritas", a następnie dał się zwerbować UB jako informator o pseudonimie „Turysta" (w niniejszej publikacji, w celu uniknięcia nieporozumień, określany jest jako „Turysta" III). Werbunku dokonał zastępca komendanta MO do spraw bezpieczeństwa w Chrzanowie major Antoni Ćwik. Nie wiemy, jakie były bezpośrednie powody takiej decyzji księdza Gorzelanego; prawdopodobnie zamierzał prowadzić z bezpieką grę, która miała ułatwić mu dokończenie budowy kościoła. Zdają się to potwierdzać zachowane doniesienia dotyczące księży z powiatu chrzanowskiego, które mają bardzo ogólnikowy charakter, a także opinia samego majora Ćwika, który pisał w jednym z raportów, że „jeżeli chodzi o pełną szczerość tw. »Turysty«, to pozostawia wiele do życzenia". Współpracę tę zerwano w połowie lat sześćdziesiątych, kiedy ksiądz Gorzelany został skierowany do pracy na terenie szczególnie trudnym duszpastersko – do Nowej Huty, najmłodszej dzielnicy Krakowa, która programowo miała być „miastem bez Boga".

Władze państwowe podjęły decyzję o budowie kombinatu metalurgicznego i miasta Nowa Huta 17 maja 1947 roku. Latem 1949 roku rozpoczęto budowę pierwszych bloków mieszkalnych, a w kwietniu 1950 zaczęto kopać ziemię pod fundamenty kombinatu. Decyzja, aby w sąsiedztwie „reakcyjnego i klerykalnego" Krakowa stanęło „miasto socjalistyczne" i wielki ośrodek przemysłowy, miała charakter polityczny. Nowa inwestycja powstała na żyznych terenach położonych wokół opactwa Cystersów w Mogile. Od strony kościelnej był to obszar należący do parafii pw. św. Małgorzaty w Raciborowicach (Bieńczyce i Mistrzejowice), pw. św. Bartłomieja w Mogile (Mogiła, Czyżyny, Łęg) i pw. św. Wincentego Diakona w Pleszowie (Pleszów, Grębałów, Lubocza, Krzesławice, Kujawy).

Parafie te miały charakter typowo wiejski i nie były w stanie zaspokoić potrzeb religijnych dziesiątków tysięcy nowych mieszkańców, którzy napłynęli ze wszystkich stron kraju (w 1957 roku było ich już przeszło 90 tysięcy). Wymagało to stworzenia nowych struktur kościelnych i wybudowania nowych świątyń. W 1951 roku powstała parafia w Czyżynach, gdzie stał już kościół wzniesiony w latach trzydziestych. 15 czerwca 1952 roku arcybiskup Eugeniusz Baziak erygował kolejną parafię, w Bieńczycach, powierzając jej prowadzenie księdzu Stanisławowi Kościelnemu. Na terenie parafii znajdowała się wówczas jedynie niewielka kapliczka, przy której odprawiano msze pod gołym niebem. O wybudowaniu większej świątyni na razie można było tylko marzyć; kierownik Referatu do spraw Wyznań Miejskiej Rady Narodowej w Krakowie Leon Król zapowiedział oficjalnie, że „kościoła w Nowej Hucie nie będzie". Zezwolenie na budowę świątyni udało się uzyskać dopiero w lutym 1957 roku na fali tzw. odwilży popaździernikowej. Kościół miał stanąć na terenie osiedla C-1 (dziś Teatralnego). 17 marca 1957 roku, po uroczystej procesji ustawiono w tym miejscu drewniany krzyż. Rozpisano też konkurs architektoniczny na projekt świątyni.

W kwietniu 1960 roku władze państwowe zmieniły swoją decyzję i nakazały usunięcie krzyża. Doprowadziło to do spontanicznego protestu wiernych, który przerodził się w regularne walki uliczne, w brutalny sposób stłumione przez oddziały MO i ORMO. Zatrzymano lub aresztowano blisko 1000 osób, z których 87 skazano na kary pozbawienia wolności od kilku miesięcy do 5 lat. W tym czasie było to jedno z najpoważniejszych wystąpień społecznych przeciwko komunistycznej władzy w obronie wartości religijnych.

Proboszczem parafii bieńczyckiej był wówczas ksiądz Mieczysław Satora, o którym nikt nie wiedział, że od przeszło 10 lat współpracuje z bezpieką pod pseudonimem „Marecki" (będzie o nim mowa w rozdziale *W kurii i wokół kurii* w części VII niniejszego opracowania). Jednak po wydarzeniach pod krzyżem został on odwołany, a zajmowane dotąd przezeń stanowisko wakowało przez kilka lat. Kolejne kościelne nominacje nie były zatwierdzane przez administrację państwową. Zaistniały problem rozwiązał umiejętnie nowy metropolita krakowski arcybiskup Karol Wojtyła, powierzając tę funkcję właśnie księdzu Józefowi Gorzelanemu. Władzom komunistycznym trudno było sprzeciwić się nominacji „księdza patrioty", nawet jeżeli miały obawy co do jego faktycznej lojalności wobec państwa. Nowy proboszcz, który objął parafię 1 marca 1965 roku, nigdy nie zawiódł zaufania ordynariusza. Zerwał w tym czasie współpracę z SB, wystąpił też ze Zrzeszenia Katolików „Caritas", chociaż kontakty z tym środowiskiem utrzymywał jeszcze przez wiele lat, a w 1974 roku przyjął nawet za tę działalność państwowe odznaczenie, Krzyż Kawalerski Orderu Odrodzenia Polski.

Ksiądz Gorzelany prowadził budowę nowej świątyni w latach 1967–1977. Wybrał dla niej nową lokalizację, a przede wszystkim patronkę – Matkę Bożą Królową Polski, co dla mieszkańców Nowej Huty miało wymiar symboliczny. Zainicjował też wiele nowych form duszpasterskich, w tym zwłaszcza słynne nabożeństwa fatimskie, odprawiane od maja do października trzynastego dnia każdego miesiąca. Nowy kościół, nazywany popularnie Arką Pana, został poświęcony 15 maja 1977 roku przez kardynała Karola Wojtyłę. Mimo ulewnego deszczu przed świątynią zebrał się prawie siedemdziesięciotysięczny tłum. Ponieważ sama parafia liczyła już w tym czasie przeszło 30 000 wiernych, metropolita krakowski podzielił ją wkrótce na cztery rejony duszpasterskie, z których w przyszłości narodziły się nowe parafie.

Od samego początku proboszczowania w Nowej Hucie ksiądz Gorzelany był obiektem doniesień składanych przez tajnych współpracowników SB, w tym także przez dwóch wikarych, z których jeden nosił pseudonimy „Luis" i „Jacek" (będzie o nim mowa w rozdziale *Werbunek w seminarium* w części VII niniejszego opracowania), a drugi „Ref". Ten ostatni pseudonim, jak wynika z dokumentów, nadano księdzu Janowi Iglickiemu, który trafił do Bieńczyc w 1963 roku i został zwerbowany przez SB cztery lata później. Składał on doniesienia na proboszcza, ale ze względu na wybujałą wyobraźnię – a może chęć wprowadzania esbeków w błąd – był tak mało wiarygodny, że w 1972 roku SB sama wyrejestrowała go z sieci. W tym samym roku wyjechał do Stanów Zjednoczonych, gdzie prawdopodobnie nadal przebywa. Autor publikacji próbował się z nim skontaktować, ale bez skutku.

Wśród osób informujących SB o poczynaniach księdza Gorzelanego była też jedna z jego parafianek, jak wynika z dokumentów – związana z redakcjami „Znaku" i „Tygodnika Powszechnego" (brak dostatecznych podstaw, by dokonać jednoznacznej identyfikacji tej osoby). Nie została ona zarejestrowana jako TW, lecz jedynie jako kontakt operacyjny (KO) o pseudonimie „Ala". Mimo to udzielała SB dość szczegółowych informacji w okresie przygotowań do pierwszej pielgrzymki Jana Pawła II do Polski. Jej oficer prowadzący podporucznik Marek Połubiński przekazał jej w tym czasie następujące zadania:

1/ Rozpoznać plany i przygotowania parafii Bieńczyce na powitanie JP II. Zwrócić uwagę na zamierzenia merytoryczne i organizacyjno-techniczne, tj. skład komitetu itp.

2/ Relacjonować udział środowiska „Znak", „TP" w przygotowaniu wizyty Jana Pawła II oraz własne plany i zamierzenia, szczególnie na odcinku wydawniczym.

3/ Interesować się na bieżąco cudzoziemcami odwiedzający-
mi redakcję „Znak". Starać się bliżej rozeznać ich plany
i charakter zainteresowań.

Informacje pochodzące od „Ali" dotyczyły przede wszystkim środowiska inteligencji katolickiej, z którym była związana. Tuż przed wizytą
Papieża donosiła na swoich kolegów:

W chwili obecnej nie jest sprecyzowane jaką rolę w związku
z przyjazdem odegra środowisko „TP" i „Znak". Wstępne ustalenia będące między innymi wynikiem spotkania zespołów „TP",
„Znak" z F. Macharskim w dniu 2 III 79 r. przedstawiają się
następująco:
    - planuje się utrzymać wspólne biuro prasowe i tu Kuria
widzi główną rolę dla zespołów redakcyjnych, tj. pełnienie
roli interpretatora wypowiedzi papieża wobec dziennikarzy
z zagranicy. Jest to istotny element całej wizyty. [...]
    Ogólnie wizytę u Macharskiego KO ocenia jako dość sztyw-
ną, pomimo wielu starań i zabiegów zmierzających do tego,
aby te spotkania odbywały się w identyczny sposób jak za
Wojtyły. Czuje się pewną rezerwę. KO użyła określenia, że
jest to „wzajemne obwąchiwanie się".

„Ala" informowała też szczegółowo o tym, co w związku ze zbliżającą się pielgrzymką działo się w parafii Bieńczyce.

Notatka ze spotkania z k.o. ps. „Ala" z dnia 24 IV 1979 r.
    Jeżeli chodzi o program wizyty papieża w Nowej Hucie to
bliżej znana mi jest koncepcja spotkania w kościele w Bieńczycach. Pobyt w tym kościele ma być krótki. Do jego programu chcemy załączyć spotkanie z chorymi jak również poświęcenie kamienia węgielnego pod przyszłą budowę domu dla
nieuleczalnie chorych tzw. „hospicjum". W samym kościele
jest koncepcja, aby uwypuklić akcenty ekumeniczno-misyj-
ne, prawdopodobnie wyrazi się to w odpowiedniej treści ha-
seł i napisów powitalnych /szczegóły są jeszcze dopracowy-
wane/. W zasadzie nie przewiduje się wizyty wewnątrz kościoła. Dla osób oczekujących na przyjazd papieża zamierza
się przypomnieć momenty, między innymi wystąpienie ówczesnego kardynała z uroczystości konsekracji kościoła. Aktualnie parafia powołała ok. 60-osobowy komitet /liczba ot-
warta/, dysponuje również około 2 tys. miejsc dla gości
spoza Krakowa.

Dwa tygodnie później doszło do kolejnej rozmowy.

Notatka ze spotkania z k.o. ps. „Ala"
    W dniu 8 V 79 r. odbyłem w lokalu gastronomicznym spotka-
nie z k.o. ps. „Ala", uzyskałem następujące informacje.
    Z programu szczegółowego wizyty J.P.II w Krakowie wyni-
ka, że Bieńczyce skreślone zostały z programu. [...] Gorzelany jako organizator całej imprezy jest bardzo zawiedzio-
ny faktem skreślenia tego punktu programu, tym bardziej, że
zlecono już wykonanie dużej ilości widokówek ze zdjęciami
obrazu, miały być one rozprowadzane odpłatnie wśród wiernych i zaproszonych gości. Pomimo zmiany programu parafia
jako taka przygotowuje się w dalszym ciągu do przyjęcia gości, oczekuje się bowiem, iż wielu uczestników uroczystości tradycyjnie odwiedzi kościół w Bieńczycach. Aktualnie
parafia dysponuje potwierdzeniem na ok. 2 tys. miejsc noc-
legowych. [...]
    Zauważam ostatnio nasilenie się wizyt dziennikarzy w „TP",
Znak. Jest to moim zdaniem w kontekście sytuacji naturalne. Biorąc pod uwagę kategorię ich zainteresowań można wy-
różnić dwie grupy:
    - dziennikarze znający dość dobrze problemy wyznanio-
we PRL,
    - dziennikarze szukający sensacji nie mający w ogóle wie-
dzy dot. polityki wyznaniowej. [...]
    Aktualnie w środowisku nie ma awizowanych wizyt znanych
ze środowiska Międzynarodowych Organizacji o profilu katolickim. Zapowiedziana jest natomiast w dniach 5-18 VI br.
wizyta grupy kobiet fińskich, które kilka lat temu pracowa-
ły również przy budowie kościoła w Bieńczycach.

„Ala" znalazła się również w wykazie osób, które w ramach operacji „Lato 79" miały w trakcie wizyty papieskiej „zabezpieczać" kościół
w Bieńczycach i podejmować „działania neutralizujące niepożądane
zachowania tłumu". Razem z nią w tym zestawieniu figuruje też trzech
TW, o pseudonimach „Tytus", „Cis" i „Artur" (ten ostatni był członkiem
grupy przygotowującej nabożeństwo ekumeniczne, które ostatecznie
nie doszło do skutku).

Metamorfoza księdza Gorzelanego, a zwłaszcza jego ogromna aktywność w tworzeniu nowej parafii, była dla SB powodem wszczęcia przeciwko niemu sprawy operacyjnego rozpracowania o kryptonimie – jakże

trafnym! – „Głaz", zarejestrowanej 7 lipca 1980 roku w Wydziale „C" krakowskiej KW MO pod numerem ewidencyjnym 23474. Duchownemu postawiono dwa zasadnicze zarzuty: że wykorzystuje nastroje wiernych przeciwko władzy państwowej oraz że działa w porozumieniu z „ugrupowaniami antysocjalistycznymi" i udziela pomocy w organizacji uroczystości patriotycznych. Co do owych ugrupowań, to chodziło przede wszystkim o Chrześcijańską Wspólnotę Ludzi Pracy, założoną w kwietniu 1979 roku, w dziewiętnastą rocznicę obrony krzyża na osiedlu Teatralnym. Jej animatorami byli działacze opozycyjni: plastyk i literat Adam Macedoński, wywodzący się z ruchu oazowego Jan L. Franczyk (obecny redaktor naczelny „Głosu – Tygodnika Nowohuckiego") i usunięty z kombinatu nowohuckiego inżynier Franciszek Grabczyk (którego syn, nawiasem mówiąc, został później księdzem). Wszyscy trzej znajdowali się „w zainteresowaniu" Wydziału III SB, który zwalczał opozycję. Celem ChWLP było krzewienie katolickiej nauki społecznej i wartości patriotycznych wśród robotników; środowisko to wydawało pismo podziemne „Krzyż Nowohucki".

SB zamierzała dokładnie rozpoznać kontakty księdza Gorzelanego i zmusić go, aby zaniechał wspierania opozycjonistów. Chciano także poprzez działania dezinformacyjne wzbudzić nieufność do duchownego i podejrzliwość w stosunku do niego wśród innych księży oraz wiernych z jego parafii. Wreszcie, stawiano sobie za cel skompromitowanie go, a w przyszłości – usunięcie z terenu Nowej Huty.

Aby osiągnąć te cele, podjęto wiele rozmaitych działań: założono podsłuch telefoniczny i kontrolowano korespondencję duchownego; nawiązano dialog operacyjny z księżmi z Bieńczyc, zwłaszcza tymi, którzy nie akceptowali działań proboszcza, i przystąpiono do opracowywania ich jako kandydatów na TW; zbierano informacje o ewentualnych konfliktach w parafii; inspirowano władze administracyjne, aby wywierały nacisk na przełożonych księdza Gorzelanego, zmierzający do odwołania go z funkcji proboszcza; prowadzono rozmowy ostrzegawcze; inwigilowano nabożeństwa fatimskie oraz msze odprawiane przez figuranta w każdą niedzielę o godzinie 11.00; zbierano informacje o jego rodzinie i przyjaciołach, o środowisku związanym z budowanym w Bieńczycach hospicjum, wreszcie – o statusie majątkowym księdza Gorzelanego i jego stosunku do dóbr materialnych. Działania te zatwierdzał osobiście naczelnik Wydziału IV SB podpułkownik Józef Biel, koordynował kierownik Sekcji I A kapitan Tadeusz Cholewa, a prowadzili podporucznik Zbigniew Olszak, porucznik Marek Gamrat, podporucznik (a następnie porucznik) Adam Wypasek oraz Józef Czerwiński (nawiasem mówiąc, dwaj ostatni byli członkami grupy operacyjnej do dezintegrujących zadań specjalnych, czyli tzw. grupy „D").

Przez cały czas trwania działań operacyjnych korzystano z informacji pochodzących od licznych TW, o pseudonimach „Chytry", „Piotr", „Szerszeń", „Sawa", „Znajomy" i „Gross", „Waga", „Kula" i „Staszek". Wśród nich było kilku duchownych. Na przykład „Staszek", prowadzony przez porucznika Marka Gamrata, był skłócony z księdzem Gorzelanym (SB doskonale wiedziała, że jego celem jest objęcie po nim funkcji proboszcza) i przekazywał bezpiece wiadomości, które wykorzystywano m.in. do akcji dezinformacyjnych przeciwko budowniczemu Arki Pana.

Wzmożona aktywność SB wynikała, jak wspomniano, ze zmiany postawy księdza Gorzelanego, coraz wyraźniej przychylnego środowiskom opozycyjnym. W niedzielę 27 kwietnia 1980 roku, w dwudziestą rocznicę obrony krzyża na osiedlu Teatralnym, zorganizowana została przez ChWLP manifestacja patriotyczno-religijna. Po niedzielnej mszy świętej, za zgodą proboszcza, Adam Macedoński przez kościelne mikrofony zachęcił zebranych do udziału w pochodzie. Liczący około 1000 wiernych pochód przeszedł następnie spod Arki Pana do miejsca, w którym ustawiono krzyż. Akcja ta odbiła się głośnym echem w całym Krakowie. Z kolei w sierpniu tegoż roku, gdy trwały strajki na Wybrzeżu, w kościele w Bieńczycach odbyła się głodówka na znak solidarności ze stoczniowcami, prowadzona przez członków KPN i ChWLP. Po tych wydarzeniach prezydent Krakowa, z inspiracji Wydziału IV SB, zwrócił się pisemnie do kardynała Franciszka Macharskiego o odwołanie księdza Gorzelanego ze stanowiska proboszcza, nic jednak nie osiągnął.

Kolejne zaognienie sytuacji przyniósł czas Solidarności oraz stanu wojennego. Ksiądz Gorzelany poparł działania środowiska robotniczego, udzielając mu wszechstronnej pomocy. W sprawę tę zaangażowali się też niektórzy wikarzy, zwłaszcza ksiądz Władysław Palmowski, kapelan nowohuckiej Solidarności. Porucznik Kazimierz Aleksanderek w raporcie z realizacji sprawy operacyjnego rozpracowania „Głaz" następująco podsumował wszystkie zarzuty pod adresem proboszcza:

Podstawą wszczęcia sprawy był fakt, że wymieniony jako proboszcz parafii Bieńczyce wykorzystywał stanowisko do inspirowania nastrojów niezadowolenia wśród wiernych z powodu rzekomych ograniczeń stosowanych przez władze wobec Kościoła i ludzi wierzących.

Nawiązał również współpracę z przedstawicielami ugrupowań antysocjalistycznych, założycielami tzw. „Chrześcijańskiej Wspólnoty Ludzi Pracy", którym udzielał pomocy moralnej i materialnej.

W okresie powstania NSZZ „Solidarność" włączył się w działalność obliczoną na ścisłe powiązania nowo powstałego związku z kościołem w Bieńczycach. Uwidoczniło się to w częstych kontaktach z działaczami „Solidarności", odprawianiu nabożeństw w intencji tego związku, dokonywaniem poświęceń lokali związkowych, sztandarów itp. W wyniku tego na uroczystości do kościoła w Bieńczycach licznie przybywali przedstawiciele ugrupowań opozycyjnych. W okresie organizowania strajków figurant i inni księża z parafii Bieńczyce m.in. Władysław Palmowski, Stanisław Podziorny, Stanisław Olejak przebywali w strajkujących zakładach, odprawiając tam nabożeństwa, równocześnie w kazaniach utwierdzali strajkujących o słuszności ich działań.

Po wprowadzeniu stanu wojennego ks. J. Gorzelany wspólnie z innymi księżmi rozpoczął prowadzenie kampanii przeciwko decyzji władz. Organizował pomoc dla internowanych i ich rodzin. Jednocześnie w dniach 13 i 16 każdego miesiąca w kościele w Bieńczycach organizowano specjalne nabożeństwa w intencji „Solidarności" i „Ojczyzny", które gromadziły wielu działaczy i zwolenników ugrupowań opozycyjnych z terenu całego Krakowa. Bardzo często powyższe nabożeństwa kończyły się demonstracjami politycznymi. Organizatorzy i uczestnicy demonstracji mieli zapewnione poparcie ze strony figuranta w postaci umożliwienia im schronienia się w kościele i w obiektach przykościelnych.

Z przebiegu demonstracji politycznych organizowanych w pobliżu kościoła figurant wielokrotnie przekazywał korespondentom z krajów zachodnich i władzom kościelnym fałszywe relacje, sugerując, iż modlący się ludzie zostali napadnięci przez oddziały MO.

Po jednym ze wspomnianych nabożeństw, w dniu 16 października 1982 roku, na skwerze tuż przy Arce Pana oficer SB, kapitan Andrzej Augustyn, zastrzelił Bogdana Włosika, 19-letniego ucznia technikum. Manifestacyjny pogrzeb niewinnej ofiary odbył się z udziałem 20 000 osób na nowohuckim cmentarzu w Grębałowie.

Z kolei w innym z raportów esbek żalił się, że na zaproszenie proboszcza do Bieńczyc przyjeżdżają inni księża znani z postaw antysocjalistycznych. Chodziło o księdza Kazimierza Jancarza z Mistrzejowic, księdza Wojciecha Stokłosę z bazyliki Mariackiej i ojca Jana Andrzeja Kłoczowskiego, duszpasterza akademickiego z dominikańskiej „Beczki".

W tym czasie SB przeprowadziła z księdzem Gorzelanym kilka długich rozmów ostrzegawczych. Najczęściej dochodziło do nich przed ważnymi uroczystościami, w tym zwłaszcza przed nabożeństwami fatimskimi i mszami zamawianymi co roku przez Solidarność na 31 sierpnia. Rozmowy te prowadzone były na wysokim szczeblu, bo przez samego zastępcę szefa do spraw SB WUSW w Krakowie, pułkownika Józefa Biela. Nie dały one jednak nic, bo proboszcz i tak robił swoje.

Esbecy w ramach akcji dezintegracyjnych podsycali konflikt wokół budowy w sąsiedztwie Arki Pana Hospicjum św. Łazarza (bieńczycki proboszcz był jednym z inicjatorów tego dzieła). Powstał nawet komitet protestacyjny, do którego udało się wciągnąć grupę mieszkańców Bieńczyc. Rozpowszechniano też pogłoski o żydowskim pochodzeniu księdza Gorzelanego i o jego prywatnej działalności gospodarczej. Próbowano również wrobić go w sprawy obyczajowe. W poszukiwaniu informacji na ten temat posunięto się nawet do tego, że w 1984 roku po jego pobycie z przyjaciółmi w jednym z hoteli przetrząsano w pokojach... kosze na śmieci.

W październiku 1985 roku ksiądz Gorzelany złożył rezygnację z funkcji proboszcza. Zamieszkał w prywatnym domu w Cichym Kąciku w pobliżu krakowskich Błoń. Swoje mieszkanie w Nowej Hucie przekazał małym siostrom Jezusa. Przyczynił się walnie do sprowadzenia do Polski Rycerskiego Zakonu św. Łazarza, którego został kapelanem krajowym. W 1995 roku przeżył radość koronacji sprowadzonej przez siebie do Nowej Huty figury Matki Bożej Fatimskiej, a w 1996 – poświęcenia Hospicjum św. Łazarza. Zmarł 7 listopada 2005 roku w 90. roku życia i 65. kapłaństwa. Mszę świętą pogrzebową w Arce Pana prowadził kardynał Stanisław Dziwisz. Niestrudzony kapłan spoczął na cmentarzu Rakowickim, w grobowcu położonym tuż przy kaplicy i zwieńczonym sylwetką nowohuckiego kościoła. Nigdy nie został prałatem, choć tą godnością w latach osiemdziesiątych i dziewięćdziesiątych obdarzono wielu duchownych w archidiecezji. Natomiast Rada Miasta Krakowa uchwaliła, aby jedno z rond nowohuckich nazwać imieniem budowniczego Arki Pana.

Budowniczy kościoła

Przykład zerwania współpracy z SB w latach osiemdziesiątych znajdujemy w materiałach dotyczących duchownego zarejestrowanego jako TW o pseudonimach „Kazek" (w niniejszym opracowaniu – „Kazek" III), a następnie „Tadeusz". Pseudonimy te, jak wynika z zachowanych dokumentów, bezpieka nadała księdzu Kazimierzowi Górnemu, obecnemu biskupowi rzeszowskiemu. Poznanie sprawy jest możliwe dzięki teczce personalnej, która pierwotnie liczyła 130 pozycji na 173 stronach. Oryginał teczki zaginął, ale zachował się mikrofilm, na który skopiowano 95 stron. Nie zachowała się natomiast teczka pracy.

Duchowny urodził się w 1937 roku w Lubniu. Ukończywszy Wyższe Seminarium Duchowne w Krakowie, w 1960 przyjął święcenia kapłańskie. Jako wikary pracował w parafiach w Byczynie, Ujsołach i Białej, a następnie w parafii pw. św. Anny w Krakowie, której proboszczem był wówczas biskup Jan Pietraszko. Drogę powołania kapłańskiego wybrał również brat księdza Kazimierza Górnego Stanisław, który najpierw wstąpił do zakonu franciszkańskiego, a następnie, już po święceniach kapłańskich, przeszedł do archidiecezji krakowskiej.

Ksiądz Górny cieszył się zaufaniem swoich przełożonych, którzy w 1969 roku powierzyli mu funkcję diecezjalnego duszpasterza rodzin. To spowodowało, że znalazł się „w zainteresowaniu" Wydziału IV SB w Krakowie. Postanowiono pozyskać go do współpracy, aby w ten sposób móc rozpracowywać środowisko kurialistów krakowskich, a także wspomnianego biskupa Pietraszkę, który w esbeckich działaniach występował jako figurant o pseudonimie „Prefekt". W dniu 2 grudnia 1969 roku funkcjonariusze SB skierowali do swoich przełożonych wniosek o opracowanie księdza Górnego jako kandydata na TW o pseudonimie „Kazek". Opracowanie to trwało bardzo długo, bo aż 10 lat!

W działaniu tym SB stosowała wszystkie możliwe środki, w tym: doniesienia tajnych współpracowników o pseudonimach „Marecki", „Parys", „Pątnik", „Wacław", „Ryszard", „Jurek" i „702"; sprawdzanie korespondencji; podsłuch telefoniczny; rozpracowywanie środowiska rodzinnego kandydata, zwłaszcza jego rodzeństwa; zbieranie informacji z poprzednich placówek duszpasterskich; szukanie materiałów kompromitujących. Efekt tych działań był – z punktu widzenia SB – mizerny, potwierdzał jedynie dobrą opinię o duchownym. Na przykład SB w Żywcu informowała:

```
Cieszył się on w tej parafii wśród wiernych opinią księdza
postępowego. Chodząc po kolędzie bardzo często nie brał pie-
niędzy od ludzi biednych a były również i takie przypadki,
że wręczał im pewne kwoty pieniężne.
```

W innych raportach donoszono, że kandydat nie jest człowiekiem konfliktowym i jest lubiany wśród duchownych. Najlepiej pokazuje to charakterystyka z 1977 roku, sporządzona po tym, jak ksiądz Górny został mianowany proboszczem – i zarazem dziekanem – w Oświęcimiu.

```
W czasie pobytu w Krakowie ks. Górny niewątpliwie zawsze re-
alizował zadania zgodne z poleceniami ks. bp Smoleńskiego
czy kardynała. Nie odnotowano jednak wrogich wypowiedzi pod
adresem obecnej rzeczywistości tak w wystąpieniach publicz-
nych jak też w rozmowach prywatnych.
    Księża diecezjalni oceniają Górnego pozytywnie, umie zna-
leźć się w określonej sytuacji. W stosunkach międzyludzkich
taktowny, uprzejmy, nie stwierdzono, aby pozostawał z kim-
kolwiek w konflikcie. Prawdopodobnie ta jego osobowość i kon-
sekwencja działania sprawiły, że kardynał podjął decyzję
o przeniesieniu do Oświęcimia, równocześnie mianując go dzie-
kanem tamtejszego dekanatu.
```

Dialog operacyjny z duchownym SB rozpoczęła w momencie, kiedy zaczął on jeździć za granicę. Zachowały się protokoły rozmów, które odbywały się przy okazji pobierania i zdawania paszportu. Protokoły są obszerne i szczegółowe, ale nie ma w nich żadnych informacji, które

SB mogłaby wykorzystać operacyjnie. Ksiądz Górny odpowiadał na pytania ogólnikowo, unikając w rozmowie omawiania spraw dotyczących konkretnych księży. Otwartość i łatwość nawiązywania kontaktu z jego strony wzbudziły jednak u esbeków nadzieję, że być może uda się go pozyskać jako TW. Dlatego też przystąpiono do następnej fazy. Jej przebieg jest udokumentowany w standardowym formularzu:

```
    1. Nazwisko - Górny
    2. Imię - Kazimierz [...]
    26. Walory osobiste i cechy ujemne - Kandydat jest przy-
jemnej powierzchowności, łatwo nawiązuje kontakty, alkoho-
lu nie nadużywa.
    27. Czy kandydat był opracowywany czy rozpracowywany -
nie. [...]
    31. Ocena osobistego zetknięcia się z kandydatem do po-
zyskania - W czasie osobistego zetknięcia się z kandyda-
tem stwierdziłem, że jest to osoba o miłej zewnętrznej po-
wierzchowności, łatwo nawiązuje kontakty z osobami. W cza-
sie dyskusji jest rozmowny, podejmuje każdy temat omawiając
go szerzej lub zbywa zupełnie, w zależności od atrakcyjno-
ści, znajomości zagadnienia itp. Papierosów nie pali, alko-
holu nie nadużywa.
    /stopień, imię i nazwisko funkcjonariusza/ - Aleksanderek.

Część II
Uzasadnienie pozyskania do współpracy.
    Po przeanalizowaniu informacji w Części I - postanowiłem
pozyskać do współpracy wytypowanego kandydata.
    1/ Cel pozyskania - Celem pozyskania kandydata na TW ps.
„Kazek" jest: rozpracowanie kleru świeckiego, rozpoznanie
zamierzeń ośrodka dyspozycyjnego - kurii krakowskiej, uzy-
skanie informacji na temat spotkań księży, zebrań itp.
    2/ Możliwości operacyjne kandydata:
    Kandydat jest dziekanem dekanatu oświęcimskiego, posia-
da w związku z tym możliwości nawiązywania kontaktu [z] in-
teresującymi nas ludźmi. Pracował w Kurii, zna osobiście
i utrzymuje kontakty z kurialistami. W życiu prywatnym jest
ruchliwy, koleżeński, ma dużo przyjaciół. Z racji pełnionych
funkcji bierze udział w zebraniach, zjazdach itp.
    3/ Motywy pozyskania:
    Motywem pozyskania będzie zasada współodpowiedzialności
obywatelskiej. Kandydat podkreśla w czasie rozmów swoją dobrą
wolę w realizacji przedsięwzięć np. na rzecz miasta. Ponadto
```

jest przekonany, że w sprawach budowy kościoła wiele mu pomogłem. Stąd podkreśla często o swym zobowiązaniu wobec mnie.

4/ Sposób pozyskania:

Stopniowe pozyskanie poprzez kolejne rozmowy operacyjne.

Stopień, imię i nazwisko funkcjonariusza - K. Aleksanderek.

5/ Uwagi, podpis i pieczątka zatwierdzającego -

Naczelnik Wydziału IV KWMO w Krakowie, ppłk mgr Józef Biel.

Część III

Rezultat pozyskania.

W dniu 20 XI 79 r. w Oświęcimiu przeprowadziłem rozmowę werbunkową z wytypowanym kandydatem, w wyniku której:

1/ Potwierdziłem cel pozyskania do współpracy /podać krótko rezultat/ -

Kandydat wyraził zgodę na systematyczne kontakty. Podtrzymywał także gotowość spotkania się na terenie Krakowa.

Z przebiegu rozmowy werbunkowej, tak jak i innych, które zrelacjonowane zostały w pozostałych dokumentach, można wnioskować, że zgoda duchownego na odbywanie spotkań z funkcjonariuszem SB wynikała wyłącznie z troski o budowę kościoła i że w kontaktach tych przestrzegał on określonych reguł: nie składał doniesień na innych duchownych czy osoby świeckie; nie ujawniał tajemnic kościelnych; nie przekazywał informacji, które mogłyby skompromitować inne osoby; nie pobierał wynagrodzenia; wreszcie – odmawiał spotkań poza plebanią. Można nawet przypuszczać, że duchowny we własnym mniemaniu był przekonany, iż nie współpracuje z SB, lecz jedynie utrzymuje konieczne kontakty. Jednak sami funkcjonariusze SB traktowali te spotkania jako współpracę.

Ksiądz Kazimierz Górny za swój wysiłek włożony w budowę kościoła otrzymał godność prałata, a następnie został przeniesiony do pracy w kurii krakowskiej. Bezpieka nadała mu w tym czasie nowy pseudonim – „Tadeusz". Jednakże duchowny zaczął konsekwentnie uchylać się od spotkań z funkcjonariuszami SB, uważając, że były one „złem koniecznym" w okresie, kiedy prowadził budowę. W październiku 1984 roku został mianowany biskupem sufraganem archidiecezji krakowskiej. Sakry biskupiej udzielił mu 6 stycznia 1985 roku papież Jan Paweł II. SB zmuszona była w końcu usunąć duchownego z rejestru TW i nadała mu status kontaktu operacyjnego (KO):

Od czasu awansu na stanowisko sufragana diecezji krakowskiej
unika spotkań, każdorazowo w sposób taktowny, ale stanowczo
odmawia bezpośredniego kontaktu, tłumacząc się brakiem czasu. Dotychczas przeprowadzono 4 rozmowy.

Z uwagi na powyższe proponuję rozwiązać współpracę, która od 1983 r. faktycznie nie istnieje, a dalsze kontakty
i opracowania prowadzić w charakterze kontaktu operacyjnego.

Kier. Sekcji II Wydziału IV, kpt J. Dyśko.

Kościół na nowym osiedlu w Oświęcimiu został ukończony i konsekrowany w 1988 roku, otrzymując wezwanie męczennika KL Auschwitz
świętego Maksymiliana Marii Kolbego. Proboszczem tamtejszej parafii, erygowanej w 1983 roku, jest dziś wspomniany brat biskupa, ksiądz
Stanisław Górny. Sam biskup Kazimierz Górny w czasie reorganizacji
granic diecezji polskich w 1992 roku został ordynariuszem nowo utworzonej diecezji rzeszowskiej, w której od podstaw zorganizował m.in.
kurię biskupią i seminarium duchowne. Od wielu lat jest przewodniczącym Rady ds. Rodziny przy Episkopacie Polski.

Na list wysłany do biskupa Kazimierza Górnego przez autora niniejszej publikacji odpowiedział notariusz kurii rzeszowskiej. Odpowiedź
ta znajduje się w części *Załączniki*.

VII
WSPÓŁPRACA

Przypadki „Fermo" i „Dąbrowskiego"

W trakcie gromadzenia materiałów do niniejszego opracowania natrafiono na dokumenty dotyczące kilku duchownych, którzy zostali przez Służbę Bezpieczeństwa zarejestrowani jako jej informatorzy lub współpracownicy, a następnie otrzymali godności biskupie. Przypadki dwóch z nich – arcybiskupa Wojciecha Ziemby oraz biskupa Kazimierza Górnego – opisano już wcześniej, w części V *Pozorna współpraca* i w rozdziale *Budowniczy kościoła* w części VI. Pozostałe dwa zostaną omówione w niniejszym rozdziale. Nie dotyczą one wprawdzie duchownych archidiecezji krakowskiej, niemniej ze względu na wagę spraw – a także to, że jedna z nich jest już znana opinii publicznej – autor zdecydował się włączyć je do swego opracowania. Na akta pierwszego z duchownych natrafiono, poszukując informacji o środowisku polskich księży pracujących w Watykanie, a także przeglądając dokumentację gromadzoną przez komunistyczną bezpiekę w okresie przygotowań do papieskich pielgrzymek do Polski. Na akta drugiego – badając przypadki niektórych księży, którzy studiowali w Śląskim Seminarium Duchownym w Krakowie.

Pierwsza sprawa dotyczy duchownego zarejestrowanego przez Departament I jako kontakt informacyjny (w skrócie KI) o pseudonimie „Fermo". Z zachowanych dokumentów wynika, że pseudonim ten otrzymał ksiądz Juliusz Paetz, późniejszy arcybiskup poznański.

Duchowny ten urodził się w 1935 roku w Poznaniu. Tam ukończył Niższe i Wyższe Seminarium Duchowne i w 1959 roku otrzymał święcenia kapłańskie. Przez rok pracował jako wikary w Ostrowie Wielkopolskim, po czym rozpoczął studia na KUL-u. W 1962 roku, po uzyskaniu licencjatu, wyjechał do Rzymu, aby kontynuować studia na uniwersytecie Gregorianum. Z zachowanych dokumentów wynika, że paszport otrzymał z pewnymi kłopotami, po interwencji posła Konstantego Łubieńskiego. W 1968 roku, po ukończeniu studiów, rozpoczął pracę w watykańskim Sekretariacie Stanu na stanowisku *attaché* w Sekretariacie do spraw Synodu Biskupów. Instytucją tą kierował Polak, biskup Władysław Rubin, rodem ze Lwowa. W 1972 roku ksiądz Paetz otrzymał godność prałata. Został też współpracownikiem delegacji Stolicy Apostolskiej do spraw stałych kontaktów roboczych z władzami PRL. W 1976 roku jako jedyny Polak został mianowany prałatem antykamery papieskiej, stając się bliskim współpracownikiem trzech kolejnych papieży: Pawła VI, Jana Pawła I i Jana Pawła II.

Pierwszy raz z komunistyczną bezpieką zetknął się w latach 1956–1957, kiedy to bezskutecznie starał się o wyjazd do swoich bliskich krewnych w Stanach Zjednoczonych. Oficjalne kontakty, w niczym niewykraczające poza sprawy paszportowe, miał też przy następnych wyjazdach. W centrum zainteresowania Departamentu I znalazł się z chwilą podjęcia pracy w Sekretariacie Stanu. W dniu 22 kwietnia 1968 roku rezydent polskiego wywiadu w Rzymie używający pseudonimu „Cezary" złożył raport, prosząc o zgodę na pozyskanie księdza Paetza jako kontakt informacyjny. Raport poparty został przez jego zwierzchnika, także rezydenta, używającego pseudonimu „Łęcki". Z kolei inny zwierzchnik, Janowski, 7 maja dopisał pod raportem odręcznie:

```
Kandydat o dużych możliwościach. Koncepcja zamierzonej roz-
mowy werbunkowej jest słuszna. Jeśli nie da ona pozytyw-
nych rezultatów, będziemy go nadal opracowywali jako kan-
dydata.
```

Pozyskanie się nie udało. Sporządzono jednak wówczas charakterystykę duchownego, podkreślając jego cechy pozytywne (dobry organizator, erudyta itp.), jednocześnie wskazując szereg cech negatywnych. Rozmowy pozyskaniowe rozpoczęły się na nowo w połowie lat siedemdziesiątych. Duchowny, choć nie zgadzał się na sformalizowanie współpracy, a spotkania traktował jako mające charakter oficjalny, to jednak zaczął przekazywać coraz więcej interesujących informacji. Świadczy o tym poniższy raport, w którym ksiądz Paetz utajniony jest jako „A":

Warszawa, dnia 21 marca 1978 r.
Raport o wykorzystaniu w charakterze K.I.
[...]
IV. Kontakty z SB
Z „A" odbyto w 1967 r. i latach następnych kilkanaście spotkań sondażowo-operacyjnych na terenie Rzymu, celem
określenia werbunku. Do odbycia w/w rozmów wykorzystano starania o uzyskanie paszportu konsularnego, z chwilą podjęcia
przez niego pracy w instytucjach watykańskich. [...]

Do 1977 r. spotkania były kontynuowane sporadycznie zarówno w kraju, jak i za granicą z pozycji oficjalnej. Okazało się, że można w ten sposób bez stawiania kropki nad „i",
uzyskiwać szereg ciekawych informacji od „A", które oceniane były bardzo pozytywnie przez pion „H".

W 1977 r. nastąpiło znaczne zintensyfikowanie kontaktów
z „A", z którym spotykał się początkowo „Vened", a następnie, do chwili obecnej, „Canto". [...]

Jak wynika z przeprowadzonej analizy, „A" dostarczył
w minionym okresie 2 lat /1976-78/ 29 informacji, z których
25 ocenionych zostało przez pion „H" jako wartościowe /co
stanowi ok. 88% przekazanych informacji/, a 4 jako posiadające wartość ograniczoną.

55% informacji przekazanych zostało dla Kierownictwa Par-
tyjno-Rządowego, pozostałe wykorzystano w opracowaniach dla
potrzeb Kierownictwa Resortu.

Jak wynika z przeprowadzonych obliczeń, średni koszt uzyskania jednej informacji w omawianym okresie kształtował się
na poziomie ok. 8400 lirów włoskich. Biorąc pod uwagę wartość
przekazywanych informacji /88% to informacje ocenione jako
wartościowe/ oraz szczebel ich wykorzystania, ocenić należy,
że efektywność wykorzystania źródła jest bardzo wysoka.

Mając na uwadze powyższą ocenę, a także dalszą pozytywną perspektywę w tym zakresie, oraz biorąc pod uwagę względy formalne dalszego prowadzenia sprawy proponuję zarejestrowanie go jako K.I.

Mł. inspektor Wydz. III Dep. I MSW, ppor. Z. Olejarnik.

Trzeba przypomnieć, że Wydział III Departamentu I prowadził działania wywiadowcze m.in. na terenie Włoch i Stolicy Apostolskiej. Natomiast wspomniani w raporcie „Canto" i „Vened" to tzw. rezydenci,
czyli oficerowie Departamentu I działający w Rzymie pod przykrywką innych funkcji, np. w ambasadzie PRL. Ich personalia były tak tajne,

że nie ujawniano ich nawet w wewnętrznych raportach, obawiając się działań kontrwywiadowczych obcych państw.

W jednym z fragmentów cytowanego raportu oficer wywiadu formułuje podejrzenie, że być może ksiądz Paetz przekazuje te informacje z inspiracji Watykanu. Dlaczego w takim razie przesyłano je tak skwapliwie najważniejszym osobom w PRL? Na podstawie zachowanych dokumentów nie można jednoznacznie stwierdzić, co skłoniło księdza Paetza do przekazywania tych informacji. W materiale nie ma żadnej wzmianki o sprawach obyczajowych czy innych sytuacjach kompromitujących, które mogłyby stanowić podstawę do szantażu. Jest jedynie wzmianka o dążeniu duchownego do uzyskania sakry biskupiej. Być może w ten sposób starał się on zaskarbić sobie przychylność polskich władz, aby w przyszłości nie zawetowały jego nominacji.

Tak czy owak, w 1978 roku duchowny został zarejestrowany jako KI o pseudonimie „Fermo" i przez następne dwa lata nadal spotykał się z oficerem wywiadu. Gdy oficer się zmienił (poprzedni prawdopodobnie wrócił do kraju), „Fermo" odmówił dalszej współpracy. Mimo to sprawa nie została zamknięta. Zajmowała się nią bardzo duża grupa funkcjonariuszy. Bezpośrednie kontakty z duchownym za granicą mieli rezydenci „Canto" i „Pietro", natomiast pozostali funkcjonariusze wymienieni w poniższym zestawieniu prowadzili lub nadzorowali w Polsce dokumentację całej sprawy:

L.p.	Nazwisko i imię	Stanowisko	Wydział	Okres od–do	Skąd wynika znajomość
1.	Głowacki Józef	Mł. insp.	III	78–81	Prowadzi
2.	Dubiel Maciej	St. insp.	III	1981	Nadzór
3.	Of. „Canto"	Rezydent	Rzym	78–80	Prowadzi
4.	Nowicki Jan	Naczelnik	III	1979	Nadzór
5.	Porowski Jerzy	Naczelnik	III	1979	Nadzór
6.	Spyra Eugeniusz	Z-ca Naczelnika	III	1980–83	Nadzór

7.	Kwiatkowski Stefan	Naczelnik	III	1980-81	Nadzór
8.	Hertyński Jan	Inspektor	III	1982	Prowadzi
9.	Serafin Jan	St. insp.	III	1980-83	Prowadzi
10.	Of. „Pietro"	Rezydent	Rzym	1982	Prowadzi
11.	Ożga Andrzej	Inspektor	III	1982-83	Prowadzi

W grudniu 1982 roku ksiądz prałat Juliusz Paetz został mianowany biskupem łomżyńskim. 6 stycznia 1983 przyjął sakrę biskupią z rąk Jana Pawła II i powrócił na stałe do kraju. Pion I postanowił więc zamknąć sprawę; odpowiedni dokument sporządził 19 lipca 1983 roku inspektor Wydziału III Departamentu I MSW porucznik Andrzej Ożga. Do dokumentu dołączono następującą notatkę:

```
Warszawa, dnia 20 lipca 1983 r.
Notatka finansowa
     W okresie od marca 1978 r. do kwietnia 1980 r. w sprawie
K.I. krypt. „Fermo" nr rej. 12349 wydatkowano łącznie sumę
722 200 lirów.
```

Załączono też protokół ze zniszczenia części akt, nieprzydatnych operacyjnie, w dniu 19 lipca 1983 roku. Zawiera on 20 pozycji z lat 1979–1980: raporty i notatki operacyjne, notatki służbowe, wyciągi z instrukcji itp. Akta zniszczyła komisja złożona z trzech oficerów. Ponadto dwa i pół roku wcześniej, 8 grudnia 1980 roku, dokonano zniszczenia 32 szyfrogramów z lat 1977–1979. Szyfrogramy te zawierały raporty ze spotkań „Fermo" z oficerem Departamentu I. Zachował się natomiast – i jest dostępny w archiwum IPN w Warszawie – mikrofilm z niektórymi dokumentami dotyczącymi tej sprawy, który sporządzono w marcu 1984 roku i który posłużył do jej opisania w niniejszym rozdziale.

Nie wiadomo, czy po 1983 roku „Fermo" miał nadal kontakt z komunistyczną bezpieką. Wolno jednak przypuszczać, że materiał dotyczący jego współpracy w okresie watykańskim został przekazany, jak wiele innych tego typu, w ręce wywiadu sowieckiego. Być może kiedyś możliwe będzie zaglądnięcie również i do tamtych archiwów.

W 1996 roku ksiądz biskup Paetz został mianowany arcybiskupem metropolitą w rodzinnym Poznaniu. Cieszył się zaufaniem księdza arcybiskupa Józefa Kowalczyka, nuncjusza papieskiego w Polsce, z którym zaprzyjaźnił się jeszcze w czasach rzymskich, a także uznaniem wiernych ze względu na swą otwartość i łatwość w nawiązywaniu kontaktów. Niestety, w 1999 roku do władz kościelnych trafiły pierwsze informacje, że hierarcha molestuje kleryków z poznańskiego seminarium. Dwa lata później czterech poznańskich duchownych wystąpiło pisemnie w tej sprawie do Episkopatu Polski i do Synodu Biskupów. Wewnątrzkościelne układy personalne spowodowały jednak, że problem próbowano wyciszyć, zamiast go rozwiązać.

O całej sprawie powiadomiła Ojca Świętego Jana Pawła II dopiero zaprzyjaźniona z nim osoba świecka z Krakowa. Do Poznania przyjechała komisja watykańska. W lutym 2002 roku problem, rozwiązywany do tej pory w nieumiejętny sposób, przerodził się w skandal i podzielił polski Kościół. Arcybiskup złożył rezygnację z urzędu w Wielki Czwartek tegoż roku, równocześnie zaprzeczając zarzutom. Od tej pory stał się arcybiskupem seniorem i nadal mieszka w Poznaniu. Na wniosek jego następcy, arcybiskupa Stanisława Gądeckiego, prefekt Kongregacji do spraw Biskupów kardynał Giovanni Battista Re podpisał zakaz sprawowania przez arcybiskupa Paetza posługi biskupiej na terenie archidiecezji poznańskiej. Zakaz ten nie obowiązuje poza archidiecezją. W maju 2006 roku hierarcha uczestniczył m.in. w pożegnaniu papieża Benedykta XVI na lotnisku w podkrakowskich Balicach.

Na list od autora niniejszej publikacji ksiądz arcybiskup nie odpowiedział. Co więcej, zobaczywszy na kopercie nazwisko nadawcy, nawet nie otworzył listu, tylko odesłał go w innej kopercie. Fotokopię tej koperty zamieszczono w części *Załączniki*.

Zupełnie inny charakter ma sprawa duchownego zarejestrowanego pod koniec lat siedemdziesiątych jako tajny współpracownik o pseudonimie „Dąbrowski". Chodzi o księdza Wiktora Skworca, ówczesnego sekretarza biskupa katowickiego Herberta Bednorza, a obecnie biskupa ordynariusza diecezji tarnowskiej. Urodzony w 1949 roku w Rudzie Śląskiej, duchowny ten wstąpił do Śląskiego Wyższego Seminarium Duchownego w Krakowie. Święcenia kapłańskie otrzymał w 1973 roku w Katowicach. Następnie był duszpasterzem Polaków w Dreźnie i wikarym w parafii pw. św. św. Piotra i Pawła w Katowicach. W 1975 roku został sekretarzem biskupa ordynariusza i notariuszem kurialnym.

Jak wynika z zachowanych dokumentów, cztery lata później, 22 marca 1979 roku, wracający samochodem z Ustki do Katowic ksiądz Skworc został zatrzymany przez patrol milicyjny, który stwierdził, że w bagażniku przewożona jest tzw. żywność delikatesowa (puszki szynki, polędwicy itp.) w ilości – jak to stwierdzono w raporcie – „większej niż na potrzeby jednego konsumenta". Produkty te pochodziły z Baltony, czyli specjalnego sklepu z towarami zagranicznymi, w którym zakupów dokonywać mogły jedynie osoby pracujące legalnie za granicą (np. marynarze). Towary te pomógł księdzu Skworcowi zakupić jego kolega, duchowny z diecezji katowickiej pracujący na Pomorzu.

Ksiądz Skworc został zatrzymany i przesłuchany. Poinformowano go, że może zostać oskarżony o spekulację. Ponieważ rzecz dotyczyła artykułów żywnościowych, których brakowało na rynku, cała sprawa mogła też zostać przez władze wykorzystana propagandowo. SB od razu uznała tę sytuację za doskonałą okazję do podjęcia próby werbunku. Kilka tygodni później do księdza Skworca zadzwonił kapitan Jerzy Wach z Wydziału IV SB w Katowicach i zaproponował spotkanie w celu omówienia zaistniałego incydentu. Duchowny się zgodził. To otworło drogę do kolejnych kontaktów.

Do rozmowy werbunkowej doszło w październiku tegoż roku. Jej przebieg kapitan Wach opisał w standardowym kwestionariuszu następująco:

W dniu 23 października w pokoju wydzielonym Wydz. Paszportów przeprowadziłem rozmowę werbunkową z wytypowanym kandydatem, w wyniku której: dokonałem pozyskania do współpracy.

1/ Potwierdziłem cel pozyskania do współpracy – Posiadane i zebrane materiały na temat kandydata w pełni potwierdziły celowość opracowania i pozyskania go w charakterze tajnego współpracownika. Z racji zajmowanego stanowiska ma możliwość

przekazywania wielu informacji dotyczących działalności ordynariusza, sufraganów, i innych wpływowych kurialistów.

2/ Uzyskałem w czasie rozmowy następujące informacje -
Z początkiem listopada pojedzie osobiście do Austrii, gdzie
od organizacji „Canizius Werk" odbierze samochód dostawczy
marki „Volkswagen" dla katowickiego seminarium. W dniu 17 XI
po konferencji Episkopatu ma się udać z ordynariuszem do
Włoch do Papieża. Cel wyjazdu nie jest mu znany.

3/ Forma zaangażowania do współpracy /zobowiązania, pseu-
donim/ -
Zobowiązania pisemnego od TW nie pobierałem. Uzgodniono jedynie, że będzie posługiwał się w kontaktach ze mną pseudonimem „Dąbrowski".

4/ Omówiono z tajnym współpracownikiem sposób nagłego nawiązywania kontaktów, który jest następujący:
W razie potrzeby telefonować do TW na numer 511-759 - jeśli
będzie obecny odbiera telefon osobiście - przedstawiam się
jako „Witkowski". TW posiada również mój numer tel. 577-139
na który już niejednokrotnie dzwonił.

5/ Krótko opisać omówione z tajnym współpracownikiem warunki współpracy - Spotkania odbywane będą w zależności od potrzeb i konieczności wyjaśnienia interesujących mnie problemów.

6/ Wymienić LK, w którym będą odbywane spotkania.
W początkowej fazie współpracy miejsca spotkań uzależnione
będą od propozycji i sugestii TW.

7/ Biorąc powyższe pod uwagę proszę o zatwierdzenie w/w jako
tajnego współpracownika i zarejestrowanie go w ewidencji.
/stopień, imię i nazwisko funkcjonariusza/ - kpt. Jerzy
Wach.

8/ Po zapoznaniu się z całością materiału pozyskanie do
współpracy zatwierdzam.
/podpis i pieczątka zatwierdzającego/: [parafka].

Od października 1979 do września 1980 roku TW „Dąbrowski" spotkał się ze swoim oficerem prowadzącym sześć razy. Spotkania odbywa-

ły się nie w urzędach, ale w warunkach konspiracyjnych – w prywatnym samochodzie, często poza miastem. Bezpieka oczekiwała od „Dąbrowskiego" przede wszystkim informacji o działalności biskupa ordynariusza, biskupów sufraganów oraz kurii biskupiej. Na przykład podczas spotkania w dniu 6 grudnia 1979 roku duchowny poinformował funkcjonariusza o naprawie samochodu biskupa ordynariusza w Wiedniu, o wymianie listów między biskupem Bednorzem a pierwszym sekretarzem KW PZPR w Katowicach Zdzisławem Grudniem, o planowanej wizytacji w parafii pw. św. Michała Archanioła w Krzyżowicach koło Żor, o konferencji rejonowej w Tarnowskich Górach, a także o stanie zdrowia biskupa Józefa Kurpasa. Kapitan Wach zapisał w raporcie, że zlecił TW następujące zadania do wykonania:

1/ W rozmowach z ordynariuszem starać się wysondować jaka jest jego ocena korespondencyjnej konfrontacji z władzami odnośnie stosowanego systemu czterobrygadowego w górnictwie i dalsze jego zamiary działań wokół tego problemu.

2/ Na bieżąco informować mnie o planowanych i nieplanowanych wizytacjach kanonicznych Cz. Domina i biskupa H. Bednorza.

3/ W ramach działań „D" w rozmowie z TW w formie „plotki" przekazałem – zapytałem czy słyszał coś o wypowiedziach biskupa Tokarczuka pod adresem H. Bednorza. Po przeczącej odpowiedzi stwierdziłem, że krążą plotki o oficjalnych wypowiedziach Tokarczuka jakoby H. Bednorz zaprzedał się władzom państwowym za co corocznie uzyskuje zwolnienie kleryków od obowiązku pełnienia służby wojskowej.

Odnotował też, co zrobić dalej z uzyskanymi informacjami:

Przedsięwzięcia

– Zwrócić się do GPK [Granicznych Punktów Kontroli] Cieszyn i Zgorzelec o podanie wyników kontroli celno-dewizowej przeprowadzonej w stosunku do TW.

– Poinformować tow. Piotrowskiego z grupy w Bytomiu o pobycie H. Bednorza na konferencji rejonowej w Tarnowskich Górach celem agenturalnego rozpoznania treści poruszanych przez niego problemów.

– Poinformować tow. Łukasińskiego z grupy w Rybniku o wizycie H. Bednorza w dniu 9 XII br. w parafii Krzyżowice celem operacyjnego udokumentowania treści jego wystąpienia.

Uwagi

Spotkanie z TW ps. Dąbrowski odbyłem w moim prywatnym samochodzie. Zasady konspiracji zostały zachowane.

Podczas kolejnych spotkań TW „Dąbrowski" informował m.in. o planach wyjazdowych biskupa Bednorza, o kolejnych wizytacjach parafialnych, przebiegu kolędy w diecezji katowickiej czy odwiedzinach u biskupa gości z Ołomuńca. Po rozmowie w dniu 3 marca 1980 roku funkcjonariusz zanotował kolejne zadania, m.in. jedno dotyczące działacza
opozycji Kazimierza Świtonia:

W związku ze zbliżającymi się wyborami do Sejmu i Rad Narodowych informować mnie na bieżąco o wszelkich negatywnych
tendencyjnych wypowiedziach na ten temat.
    Biorąc pod uwagę fakt, że K. Switoń wykorzystał obiekt
sakralny do kolportażu wrogich ulotek w rozmowie z ordynariuszem sugerować mu aby przez dziekanów wyczulił kler parafialny, należy się kategorycznie odcinać od jego osoby
i zdecydowanie zapobiegać próbom wykorzystania przez niego jakiegokolwiek obiektu sakralnego do kolportażu wrogich
ulotek.

Z kolei w notatce ze spotkania, które odbyło się 25 kwietnia 1980,
znalazła się informacja o powodach wyjazdu biskupa Bednorza do Rzymu (chodziło o księży diecezji katowickiej, którzy zdecydowali się zostać i pracować w RFN) oraz o przygotowaniach do dorocznej pielgrzymki w Piekarach Śląskich (kto został zaproszony, jaki będzie temat
przewodni itp.). Funkcjonariusz SB znów przekazał TW swoje oczeki-
wania, a zarazem sformułował wnioski dotyczące działań, jakie należy podjąć:

Zadania
    1. W czasie pobytu w Rzymie dokładnie rejestrować – za-
pamiętać przebieg prowadzonych przez H. Bednorza rozmów –
szczególnie jakie problemy będzie omawiał, z kim i ich rezultaty i po powrocie złożyć mi szczegółową relację.
    2. Inspirować bpa H. Bednorza, aby w przypadku próby wy-
korzystania przez elementy antysocjalistyczne imprezy piekarskiej do kolportowania ulotek, literatury bezdebitowej,
względnie zamiaru urządzenia analogicznej głodówki przez

K. SWITONIA - zajął zdecydowane stanowisko i nie dopuścił do powstania incydentu.

3. Wysondować jakie ewentualne kwestie natury społeczno-
-politycznej zamierza H. Bednorz poruszać w swoich wystąpieniach w czasie pielgrzymki i równocześnie sugerować, aby takich problemów nie poruszał.

Przedsięwzięcia

1. Sporządzić informację zbiorczą do KW PZPR i Wydz. IV Dep. IV o przygotowaniach kurii katowickiej do pielgrzymki piekarskiej.

2. Opracować informację do Wydziału IV Dep. IV na temat wyjazdu H. Bednorza do Rzymu w celu uregulowania statusu księży z diecezji katowickiej przebywających w RFN, którzy odmówili powrotu do kraju.

3. Informację w części dot. programu pielgrzymki wykorzystać do planu operac[yjnego] zabezpieczenia w sprawie obiektowej kryptonim „Piekary 80”.

4. Poprzez inne wydziałowe źródła informacji kontrolować wszelkie zamierzenia kurii w kwestii ewentualnej zmiany programu i oprawy organizacyjnej pielgrzymki.

Uwagi

Spotkanie odbyłem w swoim prywatnym samochodzie poza terenem Katowic, zgodnie zresztą z życzeniem t.w. Zasady konspiracji zostały zachowane. [...] Następne spotkanie uzgodniono na dzień 20 maja po powrocie z Rzymu.

Za przekazywane informacje TW „Dąbrowski” nie przyjmował wynagrodzenia. Zgodził się jedynie dwukrotnie – w 1979 i 1980 roku (na urodziny) – przyjąć tzw. paczki delikatesowe. W jego teczce pracy brak dokumentów dotyczących okresu od jesiennych strajków w 1980 roku do połowy 1986. Był to okres, kiedy ksiądz Skworc bardzo mocno zaangażował się w pomoc internowanym i ich rodzinom, a także rodzinom górników zamordowanych w kopalni „Wujek”. Aby lepiej ją koordynować, współtworzył Biskupi Komitet Pomocy Więźniom i Internowanym. W diecezji katowickiej pełnił m.in. funkcje kanclerza kurii i wikariusza generalnego, a także piastował urząd ekonoma diecezjalnego. Nawiasem mówiąc, w 1985 roku odszedł na emeryturę biskup Bednorz, a jego następcą został biskup Damian Zimoń.

W zachowanych materiałach z lat 1986–1988 oprócz dotychczasowego pseudonimu „Dąbrowski" pojawia się nowy – „Wiktor". Oficerem prowadzącym TW jest nadal porucznik Paliwoda. Podczas spotkania 25 kwietnia 1986 roku odnotowuje on m.in. informacje o występach artysty Jacka Fedorowicza w sali Centralnego Ośrodka Duszpasterskiego w Katowicach, o szczegółach prywatnej rozmowy duchownego z biskupem Szczepanem Wesołym, duszpasterzem Polaków na emigracji, a także o kilku innych sprawach. Oto końcowy fragment:

– tegoroczna pielgrzymka majowa do Piekar odbędzie się pod hasłem „przez pokutę, pokój i pojednanie". Główną uroczystość będzie odprawiał metropolita kardynał F. Macharski.

Nie przewiduje się większego udziału biskupów z innych diecezji. Spotkanie w sprawie pielgrzymki odbyło się 23.04.86 w kurii katowickiej. Rozmówca był nieobecny na spotkaniu. W trakcie spotkania biskup Zimoń wyznaczył kanclerza W. Skworca i ks. Myszora do prowadzenia rozmów z władzami WUSW w Katowicach na temat przygotowań do pielgrzymki.

– poinformował mnie również, iż 1 maja nabożeństwa w diecezji katowickiej odbywać się będą jak w normalne dni i nie będą kolidować z pochodem 1-majowym.

– 3 maja rozmówca wyjeżdża na 1 dzień do Częstochowy w celu wzięcia udziału w pielgrzymce.

– ks. H. Bolczyk, pomimo że został krajowym duszpasterzem OAZ, będzie nadal mieszkał w Katowicach. Będzie pełnił wszystkie dotychczasowe funkcje.

Wnioski:

– inf. przekazać sekcji analitycznej celem wykorzystania w meldunku dziennym.

Niespełna dwa miesiące później dochodzi do kolejnego spotkania:

Notatka dot. rozmowy z ps t.w. „Dąbrowski"

1986. 06. 17 odbyłem w samochodzie prywatnym t.w. krótką dwudziestominutową rozmowę, podczas której uzyskałem następujące informacje:

– w dniach 27, 28, 29. 06. 1986 biskupi katowiccy wezmą udział w konferencji ogólnopolskiej biskupów w Poznaniu. 29.06.1986 będą uczestniczyć w nabożeństwie poświęconemu 30 rocznicy wydarzeń poznańskich. Nie przewiduje się wystąpień biskupów katowickich.

30.06.1986 w Warszawie odbędzie się spotkanie księdza biskupa Czesława Domina z ministrem ds. wyznań prof. Adamem Łopatką. Celem spotkania będzie omówienie planu przebiegu wizyty biskupa Cz. Domina w Stanach Zjednoczonych. Biskup Domin obawia się tej wizyty, gdyż już Głos Ameryki poinformował o jego przyjeździe. Bp Domin obawia się, aby nie podano w środkach masowego przekazu tego czego on sam nie powiedział. Program wizyty przewiduje odwiedzenie ośrodków charytatywnych, które udzieliły Polsce największej pomocy oraz odprawienie kilku nabożeństw dla polonii.

Następne spotkania odbyły się 2 października oraz 4 i 10 grudnia tegoż roku. Podczas ostatniego z nich funkcjonariusz SB interesował się nastrojami w katowickiej kurii w związku ze zbliżającą się rocznicą masakry w kopalni „Wujek". Uzyskał następujące informacje:

86.12.09 w godzinach dopołudniowych w kurii u biskupa Damiana Zimonia zgłosiła się delegacja górników KWK „Wujek", która prosiła biskupa, aby wziął udział w złożeniu kwiatów pod krzyżem przy KWK „Wujek" 16.12 br. po mszy w kościele św. Krzyża. Delegaci wręczyli biskupowi ulotkę o treści: „Pamięć pomordowanym górnikom KWK »Wujek«".

Biskup przekazał delegacji, że żaden z księży nie będzie składał kwiatów pod krzyżem, że należy dążyć do pojednania, wybaczenia i zapomnienia. Nie należy rozdrapywać ran. Prosił delegatów, aby wpłynęli na tych, którzy mają zamiar zorganizować manifestację pod krzyżem, aby odstąpili od tego zamiaru. Po tej wypowiedzi pożegnał delegatów.

[...] Na temat organizacji mszy w dniu 16.12 br. z proboszczem ks. [nazwisko nieczytelne] dwukrotnie rozmawiał już kanclerz kurii ks. W. Skworc. Celem rozmów było ustalenie metod działalności w celu niedopuszczenia kolportażu ulotek /pilnować tego będą klerycy z W[yższego] Śl[ąskiego] S[eminarium] D[uchownego]/ oraz niedopuszczenie do środków nagłaśniających osób świeckich. W mszy wezmą udział pozostali biskupi.

Bp D. Zimoń wraz z kanclerzem ks. W. Skworcem przeprowadzili rozmowę ostrzegawczą z ks. Czarneckim z Jastrzębia. Ostrzeżono ks. Czarneckiego, że jeżeli jeszcze raz dopuści osoby świeckie do wystąpień w kościele w celu manifestowania poglądów politycznych zostanie usunięty z probostwa.

Biskup stwierdził, że w diecezji katowickiej nie pozwoli na działalność polityczną księży, nie interesuje go to co dzieje się w innych diecezjach.

W notatce z kolejnego spotkania, które odbyło się 31 stycznia 1987 roku, raz jeszcze pojawia się postać działacza opozycji Kazimierza Świtonia:

Notatka służbowa dot. rozmowy z tw. ps. Dąbrowski
    1987.01.31 przeprowadziłem rozmowę z tw. ps. „Dąbrowski".
W trakcie spotkania tw. przekazał następujące informacje.
    - w kościele Mariackim ks. Szczotok prowadzi spotkanie dla ludzi pracy w ramach duszpasterstwa robotniczego. Spotkanie takie ks. Szczotok prowadził już w poprzedniej parafii. Twórcą tych spotkań w całej diecezji był biskup H. Bednorz. [...]
    Jeżeli natomiast chodzi o p. Switonia to był on dwa razy na spotkaniach organizowanych przez ks. Szczotoka. P. Świtoń nie jest organizatorem spotkań a co najwyżej jednym z uczestników i na pewno nie będzie nadawał tonu ani opracowywał programu spotkań.
    W dniach 15.01.br. 21.01.1987 r. kanclerz kurii katowickiej wraz z bp Cz. Dominem przebywał w Rzymie /3 dni/ i Wiedniu /1/.
    W trakcie pobytu w Watykanie byli na audiencji otwartej u papieża. Nie udało im się spotkanie z papieżem bezpośrednie, z pobytu w Watykanie ważniejszym bezpośrednim spotkaniem było spotkanie z ks. Dziwiszem, który przekazał informacje dot. oceny wizyty gen. Jaruzelskiego u papieża przez papieża. Ocenę taką dał papież w trakcie prywatnej rozmowy z ks. Dziwiszem. [...]
    Biskup Zimoń wystąpił o wyznaczenie dodatkowego biskupa wikarego w diecezji katowickiej /4/ motywując iż bp Czesław Domin tylko w 1/4 wykonuje obowiązki bp. wikarego resztę czasu poświęca na prace w Episkopacie w ramach komisji charytatywnej.
    Tak więc w najbliższym czasie zostanie powołany[ch] w diecezji dwóch nowych biskupów. Kandydatami do funkcji zdaniem tw. są rektor seminarium, kanclerz kurii i sekretarz kurii.
    Kierownik Sekcji III Wydziału II-1 WUSW, por. J. Paliwoda

14 lutego 1987 roku TW „Dąbrowski" poinformował oficera prowadzącego o nastrojach panujących wśród górników kopalni „Mysłowice". Na jej terenie doszło w tym czasie trzykrotnie do wypadków spowodowanych przez wybuch metanu. Górnicy oskarżyli dyrekcję o lekceważenie problemu; doszło do starć z milicją:

W dniu wczorajszym górnicy KWK „Mysłowice" złożyli wieniec oraz odprawili modlitwę ku czci zabitych górników w wypadkach 4.02 br. pod obrazem św. Barbary znajdującym się na terenie kopalni. W trakcie wydarzeń zostało zatrzymanych czterech górników pod zarzutem organizowania nielegalnego zgromadzenia na terenie kopalni. Dwóch górników po przesłuchaniu ich przez funkcjonariusza Służby Bezpieczeństwa Adamczyka w budynku MUSW w Mysłowicach udało się do proboszcza parafii ks. Gulby celem złożenia skargi na organa ścigania. Ks. Gulba powiadomił o wydarzeniach w KWK „Mysłowice" kurię w Katowicach. [...] Ks. Gulba prosił, aby kuria złożyła ostry protest u władz administracyjno-politycznych - kuria powinna domagać się zmiany stanowiska wobec pokrzywdzonych górników. [...]

W nabożeństwie „ku czci górników" 16.02 br. w Mysłowicach nie będzie brał udziału żaden biskup. W celu dopilnowania księży mysłowickich pojedzie ks. W. Skworc. Bp. D. Zimoń odprawi nabożeństwo w Mysłowicach w 30 dniu po wypadku w KWK „Mysłowice".

Wnioski - inf. przekazać do Wydz. IV.
Kier. Sek. III Wydz. II
por. J. Paliwoda

Ostatnie udokumentowane spotkanie odbyło się – jak zapisał esbek – 19 maja 1988 roku w mieszkaniu prywatnym TW. Tak jak poprzednie, miało ono charakter poufny.

Współpraca rozwiązana została formalnie po 1 listopada 1989 roku:

Część IV
Postanowienie o okresowym zawieszeniu, przekazaniu lub rozwiązaniu współpracy.
    t.w. ps. „Dąbrowski"

1/ TW „Dąbrowski" z chwilą objęcia stanowiska kanclerza Kurii nie reagował na telefoniczne uzgadnianie terminu spotkania się, tłumacząc się zawsze dużą ilością pracy i zajęć przy ordynariuszu. Obiecywał, że przy okazji się zobaczymy, lecz nigdy słowa nie dotrzymał. Spotkania z nim odbywałem okazjonalnie przy wyjazdach biskupa Bednorza za granicę i załatwieniu dla niego paszportu.

2/ W związku z powyższym postanowiono: rozwiązać współpracę z TW „Dąbrowski".
    /stopień, imię i nazwisko funkcjonariusza/: mjr J. Wach
    22.11.89

Na końcu teczki znajduje się następująca notatka:

```
Ze sprawy nr 43701/I zostały wyłączone i zniszczone pisma
przewodnie, duplikaty oraz dokumenty techniki operacyjnej,
zgodnie z Zarządzeniem nr 049/85 Ministra Spraw Wewnętrznych
z dnia 8 lipca 1985 r.
1990.05.15
```

W grudniu 1997 roku ksiądz Wiktor Skworc został biskupem tarnowskim. Jako ordynariusz cieszy się szacunkiem i sympatią wiernych. W lipcu 2005 roku Ojciec Święty Benedykt XVI mianował go członkiem watykańskiej Kongregacji do spraw Ewangelizacji Narodów. Autor publikacji, po zapoznaniu się z materiałami zgromadzonymi w IPN, w dniu 28 września 2006 roku wysłał do biskupa Skworca list, informując go o całej sprawie i prosząc o opinię na ten temat. Ksiądz biskup na ten list nie odpowiedział. Jednak w październiku tegoż roku w wywiadzie dla „Gościa Niedzielnego", zatytułowanym *Chodziłem po cienkim lodzie*, stwierdził m.in.:

Do rozmów dochodziło m.in. w czasie starań o paszport dla biskupa, co także należało do moich obowiązków. Przy takiej okazji rozmawialiśmy nie tylko o sprawach paszportowych, ale szerzej, na temat bieżących problemów w relacjach Kościół–państwo. [...] Oficer SB starał się wydusić jakąś informację od swego rozmówcy. [...] Interesowało ich, gdzie biskup wyjeżdża, z kim się spotykał itp. Pytali nieraz o sprawy, które i tak były wypisane we wniosku paszportowym.

W tym samym wywiadzie biskup Skworc podkreślił, że kontakty z SB po wprowadzeniu stanu wojennego miały najczęściej charakter interwencji w konkretnych sprawach:

Linia bpa Bednorza, kurii i moja była jasna: duchownych zaangażowanych społecznie trzeba było bronić – może dlatego nie zostali internowani czy aresztowani. Tak starałem się zawsze postępować. W czasie rozmów z SB broniłem stanowiska Kościoła. Jednocześnie stanowczo unikałem rozmów na tematy personalne, do czego druga strona nieraz zmierzała. Oczywiście o wszystkich tych kontaktach bp Bednorz był szczegółowo informowany, gdyż zdawałem mu z nich zawsze obszerną relację. W niektórych przypadkach pisałem notatki.

Na prośbę biskupa Skworca znajdujące się w archiwum IPN materiały na jego temat zostały zbadane i opisane przez dwóch historyków, Andrzeja Grajewskiego i księdza Jerzego Myszora. Skrócona wersja tego opracowania ukazała się w „Gościu Niedzielnym" z 5 listopada 2006 roku pt. *W zwierciadle SB*, a pełna ma zostać zamieszczona w periodyku „Śląskie Studia Teologiczno-Historyczne". W tym samym numerze „Gościa" ukazało się też *Dopowiedzenie* księdza biskupa Skworca, w którym napisał on m.in.:

> Nie zamierzam polemizować z zawartością omówionych materiałów. Oświadczam jedynie, iż nigdy nie wyraziłem zgody na współpracę, a „zaszeregowanie" mnie przez SB jako TW było aktem jednostronnym, dokonanym bez mojej wiedzy.
>
> [...] Patrząc z dzisiejszej perspektywy, przyznaję, że z matni zastawionej na mnie przez SB wychodziłem mało radykalnie. Zabrakło mi wówczas odwagi. Dziś czuję się zobowiązany przeprosić za to. Nie usprawiedliwia mnie fakt mieszania różnych płaszczyzn kontaktów z SB: tych formalnych, wynikających z pełnienia obowiązków służbowych, i tych będących wynikiem szantażu. Wydaje mi się jednak, że mogę wszystkim nadal patrzeć w oczy.

„Delta" - przyjaciel Papieża

Wydana w 2006 roku książka Marka Lasoty *Donos na Wojtyłę* udowodniła, że w otoczeniu arcybiskupa, a następnie kardynała Karola Wojtyły działało wielu bardzo wartościowych – z punktu widzenia SB – tajnych współpracowników. Autor nie ujawnił wprawdzie nazwisk tych osób, niemniej do opinii publicznej już kilka miesięcy wcześniej przedostała się informacja, że jedną z nich był TW o pseudonimie „Delta", znany krakowski duchowny. Kwerenda przeprowadzona w archiwach Wydziału IV SB w Krakowie i Departamentu I MSW – obejmująca także mikrofilmy – potwierdziła, że pod pseudonimem tym zarejestrowany został kapłan, który uważany był za jednego z najbliższych przyjaciół Karola Wojtyły i napisał o nim wiele książek i artykułów: ksiądz prałat Mieczysław Maliński.

Duchowny ten urodził się w 1923 roku w Brzostku koło Jasła, ale całe swoje życie związał z Krakowem. W czasie II wojny światowej został członkiem prowadzonej przez Jana Tyranowskiego grupy „Żywego Różańca", w której poznał Karola Wojtyłę. W ślad za nim wstąpił do seminarium krakowskiego. O ich wzajemnych relacjach tak informował SB po latach TW „Biały" III:

> Zaprzyjaźnili się szybko. Obaj byli zdolni, lubili sport i turystykę, jeździli razem na wycieczki i wakacje. Te wspólne zainteresowania ich łączyły od wielu lat — odwiedzali się i jeździli razem jeszcze długo po święceniach. Mówili sobie po imieniu i chyba nadal mówią tak w rozmowach prywatnych.

Ksiądz Maliński otrzymał święcenia kapłańskie w 1949 roku. Przez następne lata pracował w Rabce: najpierw przez rok jako wikary w parafii pw. św. Marii Magdaleny, a następnie przez 10 lat jako rektor kaplicy pw. św. Teresy. W 1960 został wikarym w parafii pw. św. Szczepana w Krakowie. Rok później wyjechał na studia na Katolickim Uniwersytecie Lubelskim, a w 1963 – na studia do Rzymu. Zarówno o przebiegu jego pracy duszpasterskiej, jak i odbywanych studiach informował SB wspomniany TW „Biały" III, sugerując jednocześnie, że duchowny jest popierany przez metropolitę krakowskiego, a nawet ma szansę na infułę biskupią.

Jak wynika z zachowanych dokumentów, funkcjonariusze bezpieki skontaktowali się z księdzem Malińskim po raz pierwszy w połowie lat pięćdziesiątych. Nadano mu wówczas pseudonim „Mechanik"; była to aluzja do tego, że duchowny przed pójściem na studia ukończył technikum. O podjętej w tym czasie próbie werbunku mówi notatka służbowa SB z 23 lutego 1974 roku:

```
Notatka służbowa
dot. b[yłego] TW. ps. „Mechanik", nr arch. 31050/IV
    Maliński Mieczysław s. Franciszka
    Do współpracy pozyskany w 1955 r. przez Referat Służ-
by Bezpieczeństwa w Nowym Targu na podstawie lojalności pod
ps. „Mechanik"
    - do rozpracowania środowiska kleru na terenie Rabki,
pow. Nowy Targ.
    Wyłączony w 1956 r., z powodu odmowy współpracy.
    W 1963 r. wyjechał na stypendium do Włoch, gdzie przeby-
wa na paszporcie konsularnym /dane z 1966 r./.
```

Jak pamiętamy, w pierwszej połowie lat pięćdziesiątych wielu duchownych zostało zastraszonych i zgodziło się na współpracę, a następnie – wykorzystując przemiany 1956 roku – zerwało ją. Być może tak było również w wypadku księdza Malińskiego.

Kolejna okazja do podjęcia próby werbunku pojawiła się w 1963 roku, kiedy ksiądz wystąpił o paszport na wyjazd do Włoch. Za zgodą swoich przełożonych okazję tę postanowił wykorzystać J. Mazurek, starszy inspektor KW MO w Lublinie, który sprawie założonej przeciwko księdzu Malińskiemu – jako figurantowi – nadał pseudonim „Reformator" (była to aluzja do jego prosoborowych poglądów). Funkcjonariusz przesłał duchownemu, mieszkającemu w konwikcie księżowskim, bilet do kina. Gdy ten z niego skorzystał i przyszedł na projekcję filmu, esbek starał się nawiązać z nim dialog. Duchowny jednak stanowczo odmówił. Nie-

---

zrażony tą odmową, funkcjonariusz we wnioskach ze spotkania przedstawił intrygę, która, jego zdaniem, miała doprowadzić do werbunku:

Notatka służbowa 1963 r. z 27 marca ze spotkania z figurantem sprawy wstępnej „Reformator" ks. Malińskim Mieczysławem.

[...]

Wnioski

1/ zetknięcie się z figurantem odbyło się w sposób konspiracyjny. Wszelkie inne próby narażone były na dekonspiracje /figurant mieszka w konwikcie/ i wszelkie wezwanie jego do państwowych instytucji czy pójście na miejsce wzbudzić mogłoby podejrzenia.

2/ Figurant na spotkaniu zachowywał się spokojnie i swobodnie, nie był arogancki, ale jak wynika z jego stanowiska nie chce w ogóle podejmować z nami jakichkolwiek rozmów. Bez wątpienia forma spotkania dawała do zrozumienia, iż zależy nam na dyskrecji naszego kontaktu, dlatego licząc się z tym, iż podjęcie dyskusji prowadziłoby do współpracy jego z naszą służbą wolał uniknąć w ogóle nawet początkowych rozmów, nie chcąc doprowadzić do sytuacji trudnych.

Pomimo jego negatywnej postawy zauważyłem pewne wahanie. Wydaje mi się, że przypadkowe podejście do niego w odpowiednim momencie może przynieść zmianę jego stanowiska.

Uważam, że takim momentem będzie gdy dowie się o odmowie paszportu. Już uprzednio Wydz. IV, który prowadził sprawę na podstawie posiadanych materiałów operacyjnych zajął stanowisko negatywne, nie zgadzając się na wyjazd za granicę.

W kwietniu względnie w maju wymieniony otrzyma odmowę. Należy liczyć się z tym, że będzie składał odwołanie.

W tym czasie nastąpi przypadkowe spotkanie moje z figurantem. Udam zdziwienie, iż nie otrzymał paszportu i stwierdzę, że wówczas może dałoby się coś zmienić, poprzeć jego starania, ale obecnie gdy takie stanowisko zajęła Warszawa jest już za późno. Tym niemniej zaproponuję mu rozmowę bez żadnych zobowiązań tak ze strony jego jak i mojej. Dalsze wnioski będą przedstawione w zależności od wyników tej rozmowy.

J. Mazurek

Wiadomo z następnych dokumentów, że ksiądz Maliński odwołał się od decyzji i dostał paszport w dniu 18 września 1963 roku. Wtedy też najprawdopodobniej nastąpiło pozyskanie. O werbunku poinformowany został Departament I MSW. Z kolei szef lubelskiej SB, pułkownik

J. Andrzejewski, otrzymał z tegoż Departamentu dwa pisma. W pierwszym, z 17 października 1963 roku, informowano go:

> Zawiadamiam, że sprawą krypt. „Reformator" nr 2945 zainteresowaliśmy Wydział VI Dep. I MSW. Od tej chwili prosimy kierować wszelką korespondencję w tej sprawie do zainteresowanego Wydziału.
> Dalsze dyspozycje w tej sprawie będzie prezydował w/w Wydział Dep. I MSW.
> Naczelnik Wydziału IX Dep. I MSW
> A. Czajer

Drugie, z 25 października, dotyczyło złożenia akt do archiwum:

> Zwracam akta krypt. „Reformator" nr 2945. Sprawę proszę złożyć w waszym archiwum Wydz. „C" z zastrzeżeniem, że bez zgody Sam[odzielnej] Gr[upy] Spec[jalnej] sprawy nie należy absolutnie nikomu udostępniać.
> O każdym wypadku interesowania się tą sprawą przez inne jednostki należy powiadamiać.
> Dokonano odpisów niektórych dokumentów znajdujących się w sprawie - co zostało odnotowane. Odpisy znajdują się w naszym Wydziale.
> p.o. Naczelnika Wydziału VI Dep. I MSW
> mjr Młynarski

Wspomniana tu Samodzielna Grupa Specjalna to ekspozytura Departamentu I na terenie danego województwa.

Dalszy przebieg kontaktów księdza Malińskiego z SB można prześledzić dzięki mikrofilmom dokumentów z Departamentu I MSW. Są to materiały sprawy prowadzonej przez Wydział VI tego pionu, w której ksiądz Maliński występuje jako kontakt informacyjny „Czarnos". Sprawa prowadzona była w latach 1965–1969. W aktach znajdują się następujące dane:

> Pozyskany do współpracy z SB jako Kontakt Informacyjny
> Teren działalności: Włochy, Rzym w latach 1964-1966
> [...]
> Interesujące kontakty:
> Wojtyła Karol, arcybiskup Metropolii Krakowskiej
> Turowicz Jerzy, zam. Kraków, red. nacz. „Tygodnika Powszechnego"

Deskur Andrzej biskup, zam. Rzym, Prefekt Papieskiej Komisji Środków Masowego Przekazu

Mączyński Franciszek, duchowny, rektor Instytutu Polskiego w Rzymie,

Rubin Władysław biskup, Sekretarz Generalny Synodu Biskupów.

Z mikrofilmów dowiadujemy się, że księdza Malińskiego do współpracy wciągnął wspomniany J. Mazurek i że przed wyjazdem duchownego za granicę rozmowy z nim prowadził także kapitan Kubat. Ksiądz zgodził się na współpracę za granicą na zasadzie „równego z równym", co oznacza, że chciał być traktowany w rozmowie jak partner, a nie współpracownik. W dokumentach podkreślono, że bardzo negatywnie wyrażał się o kardynale Stefanie Wyszyńskim.

Te kilka lat współpracy zostało podsumowane w następujący sposób:

Kontakt na terenie Rzymu nawiązał z nim w maju 1964 r. pracownik rezydentury „Henryk". Kontakt z „Czarnosem" nie był systematyczny z uwagi na częsty zły stan zdrowia oraz jego wyjazdy do NRF i Francji w celach naukowych /szukanie materiałów do pracy doktorskiej/. Tym niemniej w czasie dotychczasowej współpracy przekazał szereg ciekawych informacji dotyczących postawy, działalności i kontaktów polskiej delegacji, a szczególnie kard. Wyszyńskiego podczas trwania poszczególnych sesji Soboru Watykańskiego, następnie częściowo o przebiegu i problematyce obrad Soboru oraz fragmentaryczne dane o wpływach niemieckich w Watykanie i działalności Niemców w Rzymie.

Aktualnie „Czarnos" pozostaje na kontakcie pracownika rezydentury „Cezarego". Przed wyjazdem ustalono, że pracownik wywoła go na spotkanie telefonicznie lub podejdzie do niego na ulicy. I po wymianie hasła oraz okazaniu znaku rozpoznawczego nawiąże z nim kontakt.

Hasło: „przekazuję pozdrowienia od Przemysława z Rabki"

Odzew: „Ciekaw jestem jak czuje się Marian"

Znakiem rozpoznawczym jest jego własna portmonetka, którą wręczył osobiście.

Od marca 1966 r. brak kontaktu, gdyż wyjeżdżał do Niemiec i Francji.

W aktach zachowały się też informacje o funkcjonariuszach z rezydentury wywiadu w Rzymie, którzy kontaktowali się z księdzem Malińskim. Byli to major Janowski i podpułkownik Szczechura. Oficerem

----

prowadzącym był podpułkownik Tadeusz Lemieszko. Na końcu pojawia się informacja, że ksiądz Maliński powrócił do kraju, a materiały przekazano do Wydziału IV SB w Krakowie. Sprawę – jako prowadzoną przez Departament I – zamknięto w 1969 roku.

Po powrocie do kraju ksiądz Maliński podjął pracę duszpasterską przy kolegiacie pw. św. Anny w Krakowie. Ponieważ cieszył się coraz większą popularnością jako oryginalny i błyskotliwy kaznodzieja, a zarazem miał dobre kontakty w środowisku kurialnym i naukowym, bezpieka postanowiła na nowo go zwerbować. 23 kwietnia 1971 roku kapitan Bogdan Podolski sporządził wniosek o opracowanie duchownego jako kandydata na tajnego współpracownika, pisząc m.in.:

> 2/ Uzasadnienie wytypowania kandydata na tw. – Posiada dotarcie do szeregu osób i spraw pozostających w aktywnym zainteresowaniu Wydz. IV, a w związku z tym mógłby przekazywać istotne dla nas informacje. Dotyczy to m.in. kard. Karola Wojtyły, niektórych biskupów oraz profesorów – naukowców katolickich. Rozpoznana osobowość wskazuje na możliwość podjęcia przezeń kontaktu z SB.
>
> 3/ Sposób opracowania – Zakładam rozpoznanie kontaktów kandydata i ich charakteru tak w kraju, jak i zagranicą, przy równoczesnym prowadzeniu z nim dialogu operacyjnego, nakierunkowanego na uzyskiwanie informacji i wiązanie go ze Służbą.
>   Przewidziane motywy pozyskania – w zasadzie stopniowego – to lojalność i ewentualnie zainteresowania osobiste kandydata.
>   Nazwisko i podpis prac. operacyjnego – kpt. B. Podolski.

Pozyskanie nastąpiło kilka miesięcy później. 25 października 1971 roku w Wydziale „C" KW MO w Krakowie pod nr 10277 został zarejestrowany TW o pseudonimie „Delta". W jego teczce personalnej znajduje się standardowy formularz tajnego współpracownika, za pomocą którego można prześledzić rozwój wypadków. Poniżej najważniejsze fragmenty owego formularza:

> 1. Nazwisko – Maliński.
> 2. Imię – Mieczysław. [...]
> 25. Zainteresowanie osobiste – zainteresowany życiem kulturalnym – wystawy, przedstawienia teatralne, różne imprezy w tym „Piwnica pod Baranami".

Stale korzysta z posiadanego samochodu, często wyjeżdża w góry /Zakopane/. Nadto zainteresowania naukowe - filozofia i teologia.

26. Walory osobiste i cechy ujemne - wysoka inteligencja, duże wyrobienie towarzyskie, łatwość nawiązywania znajomości, nieco świecki styl życia - ubiór, korzystanie z kawiarń. Nie pali. Zbyt ambitny i otwarty w głoszeniu swoich poglądów.

27. Czy kandydat był opracowywany czy rozpracowywany - W 1960 roku opracowywany jako duszpasterz akademicki.

28. Czy i kiedy współpracował z organami wywiadu lub kontrwywiadu /naszymi lub obcymi/ - 1963-66 sporadycznie kontakt z Wydz. VI Dep. I MSW. [...]

31. Ocena osobistego zetknięcia się z kandydatem do pozyskania - W bieżącym roku z kandydatem zetknąłem się 19 bm. w kawiarni, do której wcześniej został umówiony. Ogólną osobowość ująłem w pkt. 26. Szczegółowa ocena zachowania kandydata i jego pozytywnego stosunku do dalszego kontaktu, a także przydatność do celów operacyjnych ujęta została w notatce z 21 kwietnia br. W sumie uważam, że dobór kandydata z punktu widzenia jego możliwości, przydatności operacyjnej oraz perspektyw stopniowego pozyskania jest trafny.

/stopień, imię i nazwisko funkcjonariusza/ - kpt. B. Podolski.

II Uzasadnienie pozyskania do współpracy.

Po przeanalizowaniu informacji w Części I - postanowiłem pozyskać do współpracy wytypowanego kandydata.

1/ Cel pozyskania - Kandydat jest naukowcem, ściśle związanym ze środowiskiem duchownych - naukowców i profesorów z terenu Krakowa, z wieloma osobami łączą go bezpośrednie kontakty osobiste. W przeszłości był bliskim kolegą kard. Wojtyły. Konieczność pełniejszego, operacyjnego rozpoznania tego środowiska, rzutującego na postawę kleru diecezjalnego w ogóle w pełni uzasadnia potrzebę pozyskania kandydata jako osobowego źródła informacji naszej Służby.

2/ Możliwości operacyjne kandydata -

Wynikają z podanego wyżej faktu, że tkwi on bezpośrednio w interesującym nas środowisku, a więc może informować o postawach i działalności tak poszczególnych osób jak i całości - wzajemnych powiązaniach itp.

Dobre dotarcie posiada również do środowiska katolików świeckich KIK-u i Znaku.

W przyszłości można będzie również brać pod uwagę możliwość wykorzystania różnicy jego poglądów z oficjalnymi poglądami hierarchii kościelnej w Polsce.

3/ Motywy pozyskiwania - Zakładam, że motywem dla którego kandydat wyrazi zgodę na kontakt ze Służbą Bezpieczeństwa będzie lojalność, której dał publiczny wyraz w jednej ze swych publikacji, oraz jego zainteresowania osobiste w sensie ułatwień, np. przy wyjazdach za granicę. W jakimś stopniu kandydat może szukać poparcia w związku z negatywnym stosunkiem niektórych biskupów do aktualnej jego działalności.

4/ Sposób realizacji pozyskania - Przewiduję stopniowe pozyskiwanie głównie poprzez utrzymywanie z kandydatem kontaktu osobistego przy równoczesnym opracowywaniu go przez istniejące źródła osobowe i operacyjne, dla uchwycenia ewentualnych materiałów kompromitujących.
[...]

III Rezultat pozyskania
1/ Potwierdziłem cel pozyskania do współpracy - W dniach 7 czerwca, 17 lipca, 18 października 1971 r. odbyłem z kandydatem „Deltą" trzy spotkania, na które każdorazowo przybywał zgodnie z wcześniejszym ustaleniem - zawsze w stroju świeckim. Na spotkaniach tych przekazywał wiele istotnych informacji o duchownych pozostających w naszym zainteresowaniu, w tym odnośnie kard. Wojtyły. Informacje te były obiektywne - szczegóły w notatkach ze spotkań.

2/ Uzyskałem w czasie rozmowy następujące informacje:
Ujęte w załączonych notatkach ze spotkań.

3/ Forma zaangażowania do współpracy /zobowiązania, pseudonim/
Pobieranie pisemnego zobowiązania uznałem za nie wskazane. Z kandydatem ustalone jest hasło wywoławcze, oraz znak rozpoznawczy - przekazywany przez niego przedmiot osobisty /portmonetka/.
4/ Omówiono z tajnym współpracownikiem sposób nawiązywania kontaktów, który jest następujący: Spotkania wywoływać można: telefoniczne do parafii Anny /do domu 623-25/, przez wrzucenie do samochodu karteczki /w obu przypadkach pod pseudonimem „Przemysław"/, oraz osobiście przez wymianę

hasła „pozdrowienia od Przemysława z Rabki" i okazanie znaku. „Delta" zna telefon domowy pracownika.

5/ Krótko opisać omówione z tajnym współpracownikiem warunki współpracy:
Dotąd nie sprecyzowano.

6/ Wymienić L.K., na którym będą odbywane spotkania -
Proponuję MK „Róża".

7/ Biorąc powyższe pod uwagę proszę o zatwierdzenie w/w jako tajnego współpracownika i zarejestrowanie go w ewidencji.
Podpis oficera operacyjnego - kpt B. Podolski.

8/ Po zapoznaniu się z całością materiału pozyskanie do
współpracy zatwierdzam.
    podpis i pieczątka: Zastępca Naczelnika Wydziału IV KWMO
w Krakowie
25 października 1971 r.

Niewiele wiadomo o tym, co działo się dalej. W teczce ewidencji
operacyjnej na biskupa Jana Pietraszkę zachowała się notatka z rozmowy między „Deltą" i prowadzącym go kapitanem Podolskim. Doszło do
niej we wspomnianym mieszkaniu konspiracyjnym „Róża" w listopadzie
1972 roku. Przedmiotem rozmowy były poglądy biskupa dotyczące relacji Kościoła z władzami państwowymi. Ta sama teczka zawiera dokument, z którego wynika, że „Delta" otrzymał polecenie zaprzyjaźnienia
się z biskupem Pietraszką. Z planów tych nic nie wyszło, gdyż – jak wynika z esbeckiego opisu – biskup nie miał do księdza Malińskiego zaufania.

Jedno z doniesień „Delty" z listopada 1971 roku zachowało się też
w dokumentacji dotyczącej księdza Czesława Skowrona. „Delta" pojawia się też w aktach akcji „Lato 79" jako jeden z najważniejszych agentów „mających dotarcie do Jana Pawła II" podczas jego pierwszej pielgrzymki do Polski (nawiasem mówiąc, ten sam pseudonim nosił ksiądz
z diecezji kieleckiej, również pozyskany do współpracy przez SB).
W tym czasie ksiądz Maliński był już cenionym rekolekcjonistą i autorem kilkunastu książek. Od 1976 roku mieszkał przy krakowskim kościele Sióstr Wizytek jako jego rektor.

Współpraca z bezpieką rozwiązana została po 1 listopada 1989 roku, na co wskazuje użycie na dokumentach pieczątek powstałego wówczas Wydziału Studiów i Analiz WUSW w Krakowie.

Postanowienie o okresowym rozwiązaniu współpracy.
1/ TW ps. „Delta" w związku z zaistniałą sytuacją spo
łeczno-polityczną odmówił dalszej współpracy ze Służbą Bezpieczeństwa.
2/ W związku z powyższym postanowiono rozwiązać współpracę z tw. ps. „Delta", a materiały złożyć w archiwum Wydz. „C".

W tym samym czasie zniszczona została teczka pracy TW, zawierająca jego doniesienia. Sądząc po sfalowanym grzbiecie okładki, która pozostała, doniesień tych było sporo. O ich zniszczeniu informuje poniższa notatka:

Kraków, 5 stycznia 1990
    Notatka służbowa
    Materiały z teczki pracy tw. ps. „Delta" nr rej. 10-277
zostały zniszczone w tut. Wydziale, zgodnie z par. 28 Zarządzenia nr 049/85.

Informacje o kontaktach księdza Mieczysława Malińskiego z bezpieką pojawiły się w mediach w kwietniu 2005 roku. Duchowny od samego początku zaprzeczał, że był tajnym współpracownikiem. W oświadczeniu umieszczonym na swojej stronie internetowej napisał: „Nie byłem współpracownikiem SB ani nie podpisywałem żadnych deklaracji współpracy ze Służbami Bezpieczeństwa. Nie pisałem żadnych donosów ani informacji o kimkolwiek. Nie otrzymywałem wynagrodzeń ani pieniędzy, ani jakichkolwiek gratyfikacji. Moje kontakty miały charakter wyłącznie duszpasterski". W wypowiedziach dla mediów twierdził, że – za wiedzą kardynała Wojtyły – starał się esbeków ewangelizować. W maju 2006 roku zgodził się na wywiad dla „Tygodnika Powszechnego", aby wyjaśnić swoje relacje z SB. Wywiad został przygotowany do druku, ale ksiądz w ostatniej chwili zgodę wycofał, redakcja „Tygodnika Powszechnego" zawiesiła więc z nim współpracę.

Autor publikacji wysłał do księdza Malińskiego list polecony z prośbą o ustosunkowanie się do faktu, że SB zarejestrowała go jako tajnego współpracownika. Przesyłka ta została odebrana, a następnie bez otwierania odesłana na adres nadawcy w większej kopercie. Ten sam list wysłany drogą elektroniczną również pozostał bez odpowiedzi.

Agentura na krakowskim Wydziale Teologicznym

Jednym z represyjnych posunięć władz PRL wobec Kościoła katolickiego w latach pięćdziesiątych było usunięcie z uczelni państwowych wydziałów teologicznych. Wydział taki istniał na Uniwersytecie Jagiellońskim od 1397 roku – jego fundatorką była święta Jadwiga królowa – i pozostawał w jego obrębie również w pierwszych latach po II wojnie światowej. W sierpniu 1954 roku władze komunistyczne zdecydowały jednak o jego likwidacji; zwolnionym profesorom zaproponowano przejście do utworzonej w Warszawie Akademii Teologii Katolickiej. Nie wszyscy przyjęli tę propozycję, ale dla wielu była to jedyna możliwość kontynuowania działalności naukowej.

Archidiecezja krakowska nigdy nie pogodziła się z tą sytuacją; wyrzuceni z uniwersytetu klerycy odbywali przewidziane programem zajęcia w budynkach seminaryjnych. Dzięki staraniom arcybiskupa Karola Wojtyły i za zgodą Stolicy Apostolskiej został utworzony w Krakowie Papieski Wydział Teologiczny. Uczelnia ta nie była uznawana przez państwo, jej pracownicy mieli problemy z zatwierdzaniem stopni naukowych, a studenci klerycy byli powoływani do dwuletniej służby wojskowej w trakcie trwania studiów. 8 grudnia 1981 roku, na kilka dni przed wprowadzeniem stanu wojennego, Ojciec Święty Jan Paweł II przekształcił PWT w Papieską Akademię Teologiczną, z trzema wydziałami: teologicznym, filozoficznym i historii Kościoła. Uczelnia ta istnieje do dnia dzisiejszego i jest kontynuatorką sześćsetletniej tradycji Wydziału Teologicznego.

Wspierane autorytetem papieskim krakowskie środowisko teologiczne było dla władz komunistycznych bardzo groźne, przede wszystkim ze względu na instytucjonalną niezależność, ale również dlatego, że w Krakowie funkcjonowały trzy seminaria diecezjalne (przypomnijmy: krakowskie, częstochowskie i śląskie) oraz kilka zakonnych, w których wykładali profesorowie PWT, a później PAT-u. Służba Bezpieczeństwa starała się pozyskać w tym środowisku tajnych współpracowników, którzy nie tylko zdobywaliby ważne informacje, ale i wpływali na funkcjonowanie seminariów duchownych. W archiwach pozostałych po SB zachowało się kilka udokumentowanych przypadków owej współpracy. Tym razem, inaczej niż w części IV zatytułowanej *Oparli się werbunkowi*, sprawy dotyczące Wydziału Teologicznego i kurii zostaną – ze względu na ilość zgromadzonego materiału – omówione w osobnych rozdziałach.

Jeden z pierwszych udokumentowanych przykładów werbunku dotyczy duchownego, któremu nadano pseudonim „Honorata" i który został pozyskany do współpracy w 1952 roku. W wyniku kwerendy odnaleziono dokument świadczący o wysokiej pozycji tego agenta wśród informatorów działających w seminariach duchownych w latach pięćdziesiątych. Oto jego treść:

Ocena agentury mającej dotarcie do Wydziału Teologicznego UJ w Krakowie oraz Seminariów Duchownych.

1/ Agent „Honorata" jest profesorem Wydz. Teologicznego i posiada największe dotarcie do poszczególnych seminariów na terenie Krakowa, co umożliwia mu pełniona przez siebie funkcja. W/w agent jest chętny w pracy i przez niego można wpłynąć na niektóre zagadnienia dotyczące Wydziału Teologicznego i poszczególnych seminariów.

2/ Inf. „Rysy" jest profesorem Wydz. Teologicznego, lecz w pracy nie jest chętny mimo, że posiada duże możliwości. W dotychczasowej z nim pracy nie uzyskaliśmy żadnych poważniejszych materiałów.

3/ Inf. „Luis" jest alumnem krakowskiego Seminarium Duchownego, kontakt z nim utrzymywany nie jest stały ze względu na brak możliwości spotykania się z informatorem. W pracy jest chętny i związany z organami B.P.

4/ Inf. „K" mimo, że pracuje na parafii w Krakowie posiada dotarcie do wychowanków Seminarium Krakowskiego. W pracy jest chętny i na temat Seminarium uzyskaliśmy od niego pewne informacje.

5/ Agent „Żagielowski" posiada dotarcie tak do Wydziału Teologicznego jak i do Seminariów.

6/ Inf. „Hart" jest alumnem Częstochowskiego Seminarium Duchownego w Krakowie. Ze względu na brak możliwości spotykania się z w/w jest on zawieszony.

7/ Inf. „Bratek" jest zatrudniony w krakowskim Seminarium Duchownym. Możliwości pracy ma ograniczone.

Poprzez w/w agenturę możemy otrzymywać informacje o działalności wychowawców Seminariów Duchownych, a jedynie przez agenta „Honorata" możemy oddziaływać na niektóre pociągnięcia na terenie Seminariów, względnie Wydziału Teologicznego.

Nie wszystkie wspomniane w powyższym dokumencie osoby udało się zidentyfikować. Część z nich, np. informator o pseudonimie „Rysy", ksiądz archidiecezji krakowskiej i profesor, unikała współpracy – co wynika zresztą z cytowanego dokumentu. Inni – tacy jak „Luis" (którego przypadek zostanie omówiony w dalszych partiach książki) czy „Żagielowski" (opisany już w publikacjach prasowych i naukowych, m.in. w *Donosie na Wojtyłę* Marka Lasoty, i zidentyfikowany jako ksiądz doktor Władysław Kulczycki) – współpracowali efektywnie, a nawet aktywnie. W 1955 roku do sieci agenturalnej dołączony został kolejny współpracownik, o pseudonimie „Patriota", profesor seminarium duchownego i pracownik kurii biskupiej w Tarnowie, zwerbowany wskutek szantażu kompromitującymi materiałami.

Na podstawie zachowanych dokumentów można stwierdzić, że jako agent o pseudonimie „Honorata" zarejestrowany został przez bezpiekę ksiądz profesor Władysław Wicher, duchowny bardzo zasłużony dla archidiecezji krakowskiej. Urodzony w 1888 roku w Krzyszkowicach, święcenia kapłańskie otrzymał w 1912 roku. W 1915 obronił w Innsbrucku doktorat z teologii moralnej i cztery lata później został wykładowcą na Wydziale Teologicznym UJ. W 1923 roku habilitował się; był w tym czasie prefektem seminarium krakowskiego, a nawet krótko jego wicerektorem.

Po wybuchu II wojny światowej, w listopadzie 1939 roku został w ramach hitlerowskiej operacji Sonderaktion Krakau wywieziony wraz ze 182 krakowskimi profesorami do obozu koncentracyjnego w Sachsenhausen. Zwolniony po paru miesiącach wskutek interwencji władz kościelnych, prowadził pracę duszpasterską w parafii w Dziekanowicach, zajmując się m.in. kultem tamtejszego obrazu Matki Bożej (dla wizerunku tego wyjednał u Stolicy Apostolskiej tytuł Macierzyństwa Matki Bożej). Jednocześnie kontynuował działalność naukową i dydaktyczną. W latach 1947–1954 pełnił funkcję prezesa Polskiego Towarzystwa Teologicznego. Był jednym z profesorów młodego Karola Wojtyły; w 1948 roku został promotorem jego pracy doktorskiej, a pięć lat później recenzentem jego rozprawy habilitacyjnej (nawiasem mówiąc, była to ostatnia habilitacja na Wydziale Teologicznym UJ przed jego likwidacją). W 1952 roku ksiądz doktor Wojtyła został jego asystentem i rozpoczął wykłady dla kleryków z katolickiej etyki społecznej.

W tym samym roku bezpieka zarejestrowała księdza Wichra jako swojego informatora. Nie zachowała się jego teczka pracy, lecz jedynie pojedyncze doniesienia rozproszone w aktach dotyczących innych spraw lub osób. Za informacje o studentach i profesorach Wydziału Teologicznego duchowny otrzymywał gratyfikacje w najróżniejszej postaci. Czasami – co odnotowali funkcjonariusze bezpieki – sam się o nie upominał. W doniesieniach informował o wewnętrznych sprawach krakowskiego seminarium duchownego, a zwłaszcza o sytuacjach konfliktowych. Oto dla przykładu pismo naczelnika Wydziału III SB w Krakowie majora Jana Gibskiego do naczelnika Wydziału V Departamentu III MSW (do 1962 roku zajmującego się Kościołem) z 10 czerwca 1959 roku:

Z Wyższego Seminarium Duchownego w Krakowie, źródło „Honorata" podaje, że są głosy wśród grona profesorskiego, jak i też księży parafialnych, że arcybiskup Baziak ma pretensje do rektora seminarium ks. K. Kozłowskiego o to, że w nieodpowiedni sposób przygotowuje alumnów do pracy duszpasterskiej pod względem wyrobienia i poczucia obowiązkowości. To było m.in. powodem, że Baziak mianował v-ce rektorem doświadczonego w pracy parafialnej ks. J. Kościółek [tak w oryginale!]. Rektora Baziak nie zamierza jednak usunąć, chociaż niektórzy księża liczą na taką ewentualność i chcieliby zmiany.

Ksiądz Władysław Wicher oprócz tego, że zajmował się pracą naukową i dydaktyczną, pełnił również wiele ważnych funkcji w Kościele krakowskim, m.in. został mianowany członkiem Kapituły Metropolitalnej na Wawelu, a od 1964 roku pełnił funkcję kustosza tejże Kapituły; otrzymał także tytuł prałata. Zmarł w listopadzie 1969 roku.

Jak wynika z zachowanych dokumentów, kolejnym współpracownikiem pozyskanym przez bezpiekę spośród kadry naukowej Wydziału Teologicznego był ksiądz profesor Stanisław Grzybek. Urodzony w 1915 roku w Lipnicy Murowanej, po ukończeniu gimnazjum w Brzesku złożył podanie do Wyższego Seminarium Duchownego w Tarnowie, ale nie został przyjęty. Wstąpił więc do Częstochowskiego Seminarium Duchownego w Krakowie i został wyświęcony dla diecezji częstochowskiej w 1938 roku. W czasie wojny pracował w kilku parafiach, a po jej zakończeniu został mianowany prokuratorem Częstochowskiego Seminarium Duchownego. Równocześnie kontynuował studia, by – w tym samym czasie co Karol Wojtyła – obronić pracę doktorską z zakresu biblistyki. Prowadził też działalność naukową i dydaktyczną jako asystent w katedrze biblistyki oraz lektor języka hebrajskiego i starogreckiego.

Ksiądz Grzybek twierdził, że był pierwszym księdzem w Krakowie, który jeździł własnym samochodem. To zamiłowanie do aut sprowadziło na niego jednak kłopoty. Pierwszy zapisany w dokumentach kontakt z UB miał 5 maja 1950 roku: w tym dniu został złapany przez patrol milicyjny, gdy jechał samochodem bez prawa jazdy. Jednak to nie wykroczenie było powodem zatrzymania go w komendzie MO; bezpieka od dawna podejrzewała, że ksiądz Grzybek współpracuje z podziemiem niepodległościowym. Po sześciogodzinnym przesłuchaniu duchowny przyznał się, że w 1946 roku pomógł nielegalnie wyjechać za granicę poszukiwanemu przez UB Marianowi Gawlikowi. Obawiając się konsekwencji prawnych, zgodził się podczas przesłuchania na współpracę z bezpieką, przybierając pseudonim „Polański". Jednak dwa lata później – podkreślmy: w czasie bardzo dla Kościoła trudnym – zdecydował się poinformować o tym swoich przełożonych, co pozwoliło mu zerwać współpracę. Funkcjonariusz prowadzący zmuszony był napisać:

Kraków, dn. 29 X 52 r.
Raport o wyłączeniu z sieci informatora ks. Grzybek Stanisława ps. „Polański".

   Ja, Skoczeń Aleksander ml. ref. sekcji V Wydz. V-go po rozpatrzeniu sprawy powyższego stwierdziłem, że inf. „Polański" został zwerbowany w 1950 r., zdekonspirował się przed swoimi przełożonymi ze swojej współpracy z organami BP.

W związku z powyższym proponuję inf. ps. „Polański" wyłączyć z sieci agencjonalno-informacyjnej sekcji V Wydz. V.
    Kompr. materiały wyłączyć z teczki personalnej do dalsze-
go prowadzenia sprawy a materiały werbunku przesłać do archiwum tut. Urzędu.

W następnych latach ksiądz Grzybek uzyskał stopień docenta, a następnie tytuł profesora, stając się bardzo znanym i cenionym biblistą (tłumaczył m.in. trzy księgi Starego Testamentu w Biblii Tysiąclecia). Wykładał na PWT w Krakowie, ATK w Warszawie (na obu uczelniach pełnił ponadto funkcje dziekańskie), a przez pewien czas również na KUL-u.
Był wziętym kaznodzieją, chętnie zapraszanym na rekolekcje, prymicje
i inne uroczystości. Wiele osób widziało w nim wymarzonego kandydata
na biskupa. Za swoją pracę naukową i duszpasterską otrzymał od władz
kościelnych godność prałata, a następnie szambelana papieskiego. Natomiast władze państwowe przyznały mu Złoty Krzyż Zasługi, a w 1980 roku
także Krzyż Kawalerski Orderu Odrodzenia Polski. Za przyjęcie tych odznaczeń z rąk komunistów spotkała go zresztą ostra krytyka ze strony innych kapłanów. Z kolei dla SB lojalna postawa duchownego wobec władz
PRL stała się impulsem do zaproponowania mu ponownej współpracy.
    Od końca lat siedemdziesiątych prowadzono z nim „dialog opera-
cyjny", który doprowadził najpierw do zarejestrowania go w 1979 roku
jako kandydata na TW, a następnie do ponownego werbunku. Ksiądz
Grzybek po raz drugi stał się tajnym współpracownikiem SB, tym razem o pseudonimie „Brzeski" (od miejsca, gdzie ukończył szkołę średnią) i numerze rejestracyjnym 61622. O tym, jak do tego doszło, informuje fragment kwestionariusza personalnego:

Część III
Rezultat pozyskania.
    W dniu 30 IX 1981 r. w Krakowie - w mieszkaniu kandyda-
ta przeprowadziłem rozmowę werbunkową z wytypowanym kandydatem, w wyniku której:
Wyraził zgodę na współpracę ze Służbą Bezpieczeństwa MSW.

    1. Potwierdziłem cel pozyskania do współpracy /podać
krótko rezultat/ -
    W czasie rozmowy pozyskaniowej wyraził zgodę i zaakcep-
tował zaproponowany służbowy kontakt z SB. Przyjął do rea-

lizacji zaproponowane zadania wiążące się z aktualną sytuacją społeczno-polityczną kraju oraz najnowszą encykliką papieża. Stwierdziłem, co dał odczuć wyraźnie „Brzeski", że
pomimo zaawansowanego wieku gotów jest pomagać naszej Służbie. Jest to dowód na możliwości pogłębienia jego więzi ze
Służbą Bezpieczeństwa.

2. Uzyskałem w czasie rozmowy następujące informacje:
Przeprowadzono dotychczas 7 spotkań, w czasie których
przekazywał szereg wartościowych informacji m.in. na temat
sytuacji wewnętrznej w ATK i PWT /wybory rektora, przebieg
Rady Wydziału PWT/, ocenił układy personalne w kierownictwie
obydwu uczelni. Na spotkaniu w dniu 30 września br. poinformował o stosunku kleru do wydarzeń w Polsce, ocenił osobę arcybiskupa Glempa, przekazał opinie księży n.t. postaw
i zachowań oraz klimatu współpracy rektora ATK ks. prof. So-
bańskiego z prorektorem H. Jurosem.

3. Forma zaangażowania do współpracy /zobowiązanie, pseu-
donim/ - Oświadczenie ustne TW „Brzeski" o gotowości udzielenia pomocy oraz przyjęcia zadań do realizacji.

4. Omówiono z tajnym współpracownikiem sposób nagłego nawiązywania kontaktu, który jest następujący: Kontakt telefoniczny z TW na telefon prywatny nr 37-34-83 w Krakowie.
Natomiast TW nawiąże kontakt ze mną drogą również telefoniczną na nr 49-76-81 prosząc Antoniego Czaplę.

5. Krótko opisać omówione z tajnym współpracownikiem warunki współpracy: Wyraził opinię, że na razie może spotykać
się ze mną nie częściej niż raz na 2 miesiące. Na miejsce
spotkania określił jego mieszkanie.

6. Wymienić L. K., na którym będą odbywały się spotkania: Do chwili zorganizowania LK, w mieszkaniu prywatnym TW
„Brzeski".

7. Biorąc powyższe pod uwagę proszę o zatwierdzenie w/w
jako tajnego współpracownika i zarejestrowanie go w ewidencji.
Podpis oficera operacyjnego - mjr Jan Wacławski.

8. Po zapoznaniu się z całością materiału /po odbyciu
kontrolnego spotkania/ pozyskanie do współpracy zatwierdzam.

Proszę opracować charakterystykę i kierunkowy plan wykorzystania TW.

Podpis i pieczątka zatwierdzającego – Naczelnik Wydziału I
Departamentu IV MSW.

Warto zwrócić uwagę, iż werbunku duchownego dokonał major
(awansowany później na podpułkownika) Jan Wacławski z Departamentu IV MSW. Z kolei ocenę współpracy sporządził zastępca dyrektora
tego departamentu podpułkownik Adam Pietruszka, który trzy lata później kierował zabójstwem księdza Jerzego Popiełuszki.

W zamian za współpracę duchowny otrzymał po kilku latach paszport na wszystkie kraje z prawem wielokrotnego przekraczania granicy,
który mógł przechowywać w domu, bez potrzeby deponowania w urzędzie paszportowym. W tamtym czasie – w realiach stanu wojennego –
był to ewenement; zgoda na tak wyjątkowe potraktowanie duchownego
była osobiście konsultowana w 1984 roku ze wspomnianym pułkowni-
kiem Pietruszką. TW „Brzeski" otrzymywał również prezenty, najczęściej paczki delikatesowe i alkohole, ale także czekolady, bombonierki,
wyroby Cepelii, komplety pościelowe, lampę, komplet żarówek, sweter,
kamizelkę itp. Jak odnotowali funkcjonariusze SB, przyjmował poda-
runki bardzo chętnie i bez skrupułów.

Jego doniesienia dotyczyły uczelni katolickich, na których pracował, a zwłaszcza PWT, przekształconego – jak wspomniano – w PAT.
Jeszcze jako kandydat na TW udzielił w marcu 1980 roku dokładnej informacji o problemach z wyborem dziekana PWT; ostatecznie został
nim ksiądz profesor Marian Jaworski, a na wicedziekanów – po wielu perturbacjach – wybrano księży profesorów Wacława Świerzawskiego i Józefa Tischnera. Informował także o napięciach i konfliktach
wewnątrz uczelni, a przede wszystkim sporządzał charakterystyki poszczególnych pracowników, które dla SB stanowiły bardzo ważny materiał operacyjny. Oto, przykładowo, charakterystyka księdza Tischnera; końcowy dopisek świadczy o tym, że uzyskane informacje miały tra-
fić do odpowiedniego funkcjonariusza:

Ks. prof. J. Tischner – jest to dobry człowiek, nieraz
w dyskusji nieprzejednany i stosuje „niewyparzony język",
ale można go uspokoić przekonywującymi argumentami. Nie jest

upartym szowinistą. Jest bardzo związany ze środowiskiem „Tygodnika Powszechnego", która to redakcja lansuje go, oni urabiają mu opinię. Chcieliby, aby Tischner został biskupem, by móc nim dyrygować.

Jest filozofem, wszystko dokładnie wyważa. W stosunkach z kolegami na niwie prywatnej dał się poznać jako człowiek o miękkim charakterze, z cechami uległości. Lubi chodzić po górach, stosuje wycieczki piesze. Stosuje swobodę w ubieraniu się np. w strój sportowy. Z kilku jego wypowiedzi wynika, że nie bardzo chciałby awansować. Kilka dni temu zagadnięty o wysokim awansie odpowiedział dosłownie... nie zamieniłbym kierpców i guni na piuskę. Ale ks. Tischner byłby dobrym i właściwym kandydatem do awansu, bo jest człowiekiem dialogu. Z każdym rozmawia po przyjacielsku. Wielu księży lubi go i ceni.

Przedsięwzięcia:

Z charakterystyką osoby ks. Tischnera zapoznać ppłk. Mirowskiego.

Charakterystyka księdza Tischnera jest jedną z najłagodniejszych, inne zawierały wiele krytycznych ocen. TW „Brzeski" charakteryzował też kandydatów na stanowisko rektora ATK oraz duchownych branych pod uwagę przy nominacjach biskupich, w tym także ewentualnych następców prymasa Polski kardynała Stefana Wyszyńskiego. Informował również o swoich kontaktach na zachodzie Europy. Wartość przekazywanych przez niego informacji bezpieka oceniała bardzo wysoko:

TW przekazał szereg wartościowych informacji o sytuacji w PAT, ATK, kurii krakowskiej, które przekazane zostały do wykorzystania w sprawach obiektowych krypt. „Baza" i „Kuźnia" prowadzonych przez Wydział IV WUSW w Krakowie. Wielokrotnie informował o sytuacji w środowiskach intelektualistów katolickich na Zachodzie, głównie z terenu Austrii i RFN, Wielkiej Brytanii oraz księży polskich tam pracujących. Dobrze realizował zadania za granicą, gdzie kierowany był celem zabezpieczenia informacji o przebiegu sympozjów pastoralnych m.in. w Ludwigschafen, uroczystości „Dnia polskiego" w Meinzu /RFN/, wizytacji biskupa Szwagrzyka w Ludwigschafen.

Możliwości „Brzeskiego" wykorzystywane są do ciągłego kontrolowania nastrojów społecznych w aglomeracji krakowskiej, do sporządzania ocen i opinii na temat interesujących nas wydarzeń społeczno-politycznych w kraju, jak również postaw i zachowań przedstawicieli hierarchii i księży znanych z politycznej działalności.

TW podejmował działania ukierunkowane na kształtowanie pożądanej przez nas sytuacji. W toku roboczej współpracy z naszą służbą wykazywał wiele zaangażowania i inicjatyw. Jest jednostką zdyscyplinowaną, spotkania odbywane są regularnie. Dba o konspirację współpracy. Wynagradzany jest okresowo w formie prezentów, które chętnie przyjmuje.

Jak wynika z powyższej charakterystyki, „Brzeski" dostarczał informacji także Departamentowi I, a opis niektórych z jego działań pozwala na przypuszczenie, że był przez bezpiekę traktowany jako „agent wpływu". Cenna dla SB współpraca zakończyła się w maju 1988 roku. Jednak to nie duchowny ją zerwał, ale bezpieka, która ze względu na jego podeszły wiek (73 lata), a także rezygnację z funkcji pełnionych na uczelniach uznała go za współpracownika bez dalszych możliwości operacyjnych.

Ksiądz Stanisław Grzybek w swoim środowisku uchodził za człowieka dobrego i życzliwego. Pomagał w pracy duszpasterskiej w parafii na Woli Justowskiej w Krakowie. Pod koniec życia otrzymał godność infułata. Zmarł w 1998 roku. Ojciec Święty Jan Paweł II napisał w telegramie żałobnym: „Umiał wielkodusznie dzielić się swą wiedzą biblijną z każdym człowiekiem, czy jako duszpasterz w parafii, czy jako profesor uniwersytetu".

Kolejnym duchownym z grona pracowników PWT zarejestrowanym przez SB jako tajny współpracownik był – wspomniany już w rozdziale *Kler „o wrogim zabarwieniu"* w części I – ksiądz Czesław Skowron, wieloletni wykładowca historii Kościoła. Urodzony w 1924 roku w Choczni, uczęszczał do gimnazjum w Wadowicach. Naukę przerwała mu wojna i wysiedlenie wraz z rodziną na roboty do Niemiec. Po zdaniu matury wstąpił do Wyższego Seminarium Duchownego w Krakowie i przyjął święcenia kapłańskie w 1951 roku. Jako archiwista Kurii Metropolitalnej został aresztowany 24 listopada 1952 roku i osadzony w więzieniu na Montelupich w Krakowie. Nie włączono go jednak do tzw. procesu kurii krakowskiej. Mimo wielogodzinnych przesłuchań nie złożył zeznań, które obciążałyby przełożonych. W wywiadzie udzielonym „Tygodnikowi Powszechnemu" w styczniu 2003 roku tak wspominał ten okres:

Ciągle mnie kuszono, proponując, bym się zaangażował w budowę socjalizmu w Polsce, czyli zgodził na współpracę z bezpieką, a kiedy odmawiałem, przesłuchujący stawali się mniej grzeczni. Kapitan Florian Mederer (zmarł niedawno w Izraelu) pluł mi w twarz. Innego razu pytali, co zrobię dla ludowej ojczyzny, jeśli wyjdę z ciupy. Odpowiadam, że na współpracę nie idę, a jeśli wyjdę z ciupy – będę spowiadać całymi dniami, za przykładem św. Jana Vianney, którego wroga Kościołowi Francja odznaczyła medalem zasługi. Ty taki owaki – ryknął ubek – schowaj przykłady na ambonę! Pytano mnie o duchownych, z którymi się spotykałem, więc podawałem nazwiska księży patriotów. Cholera – powiada jeden ubek do drugiego – podaje samych porządnych! [...] W czerwcu przesłuchania złagodniały, więc domyślałem się, że przygotowują moje zwolnienie. W lipcu 1953 odzyskałem wolność.

Po wyjściu z więzienia ksiądz Skowron ukończył historię na KUL-u, obronił doktorat i zaczął wykładać historię Kościoła na PWT. W 1964 roku złożył podanie o paszport na wyjazd do Włoch w celu przeprowadzenia kwerendy w tamtejszych archiwach w związku z procesem beatyfikacyjnym królowej Jadwigi. Funkcjonariusze SB skorzystali z okazji i od lipca 1964 do marca 1965 przeprowadzili z duchownym aż 16 rozmów operacyjnych. Ksiądz Skowron przekazał im wówczas wiele informacji dotyczących życia wydziału i seminarium. Po powrocie do Polski, w 1971 roku znowu przez parę miesięcy spotykał się z oficerem SB, majorem Bogusławem Bogusławskim, zastępcą naczelnika Wydziału IV SB w Krakowie. Jak wynika z dokumentów (zachowały się fragmenty teczki personalnej oraz teczki pracy, z czego część na mikrofilmach), został wówczas zarejestrowany jako TW o pseudonimie „Manuskrypt". W rozmowach przekazywał informacje o polskich księżach pracujących w Rzymie, w tym m.in. o dużych wpływach kardynała Karola Wojtyły w Watykanie. Z oficerem SB spotkał się ponownie podczas kolejnego pobytu w Polsce, w 1973 roku. Prowadzenie duchownego przejął wówczas major Waldemar Chmurzyński. W 1981 roku, z powodu wyjazdu za granicę, TW „Manuskrypt" został wyrejestrowany z sieci agenturalnej SB i przejęty przez kapitana J. Nowickiego z Departamentu I MSW.

Rzymskie pobyty księdza Skowrona były kontrolowane przez bezpiekę dzięki relacjom innych duchownych zarejestrowanych jako tajni współpracownicy. W jego aktach zachowało się doniesienie TW o pseudonimie „Delta", czyli księdza Mieczysława Malińskiego:

Wyciąg z notatki spisanej ze słów TW ps. „Delta" z dnia
22 XI 1971 r.

Długoletni pobyt ks. Skowrona w Rzymie wpłynął na to, że
się stał nieco innym niż poprzednio. Zmiana jest trudna do
określenia - chodzi o to, że jego obecne zachowanie czasem
jest nieco dziwne. Zawsze chodzi w sutannie, co zwłaszcza za
granicą nie jest praktykowane i trochę dziwi. W Rzymie popadł konflikt z rektorem domu - ks. B. Wyszyńskim, ale miał
tam swoje racje - trudno pogodzić się z traktowaniem pracującego dorosłego księdza jako uczniaka.

Ksiądz Czesław Skowron przebywa obecnie na emeryturze. Sprawa jego jest problematyczna; być może duchowny zgodził się na kontakty z SB, aby móc prowadzić prace procesowe i naukowe. Być może
nie zdawał sobie sprawy, że zgoda na rozmowy z SB przy okazji starań
o paszport traktowana była jako zgoda na współpracę. Na list autora
niniejszej publikacji odpowiedział; jego odpowiedź jest zamieszczona
w części *Załączniki*.

W cytowanym wywiadzie wspominał, że był często wzywany do
Urzędu do spraw Wyznań. „Kiedy urzędnik mi groził, odpowiadałem,
że przestałem się bać na Montelupich. Co mi groziło? Najwyżej, że tam
wrócę". I dodawał: „Od księdza wymaga się, by dźwigał swój krzyż
z większym heroizmem niż zwykły śmiertelnik, ale księża też ludzie.
Duchowni bywają tacy jak wszyscy członkowie społeczeństwa: czasami
mocni, czasami słabi".

W latach 1977–1978 bezpiece udało się zwerbować dwóch następnych pracowników PWT. W dokumentach zapisane są ich pseudonimy,
ale ich identyfikacja nie jest na razie możliwa:

TW „Bartek" - profesor PWT i WSD, ukończył studia za granicą, posiada wybitne zdolności naukowe i wysoką pozycję
w środowisku.

TW „Słowak" - ksiądz świecki, profesor WSD, nadal kontynuuje
studia, jednostka z perspektywą awansu w hierarchii kościelnej - do PWT.

Ten ostatni pojawia się zresztą także w dokumentacji esbeckiej dotyczącej przygotowań do pierwszej pielgrzymki Jana Pawła II do Polski:

TW „Słowak" – osoba odpowiedzialna za grupę alumnów, przebieg spotkania z alumnami i kadrą WSD, zadania dla alumnów.

W tym samym czasie SB pozyskała też współpracownika wśród wykładowców Wyższego Śląskiego Seminarium Duchownego w Krakowie. Był to kapłan diecezji katowickiej i pracownik KUL-u, bliski współpracownik biskupa Alfonsa Nossola. Nadano mu pseudonim „Ważny". Bezpieka pisała o nim m.in.:

> Po przyjęciu przez prof. Nossola sakry biskupiej w diecezji opolskiej jego obecność na KUL-u w katedrze dogmatyki stała się bardzo rzadka. W tej chwili TW pełnił obowiązki kierownika tejże katedry. Kontynuując karierę naukową TW skorzystał z oferty władz uczelni by wyjechać na studia do RFN. Swój powrót TW planuje z końcem stycznia 1981 r.

Jak wynika z odnalezionych dotychczas dokumentów, TW „Ważny", który przyjeżdżał do Krakowa co dwa tygodnie, składał doniesienia na środowisko krakowskie, lubelskie i katowickie. Otrzymywał też zadania do wykonania.

W latach osiemdziesiątych Wydziałowi IV SB w Krakowie udało się pozyskać jeszcze jednego duchownego z grona profesorów. Teczka personalna tego duchownego została zarejestrowana przez SB 22 listopada 1979 roku i nosi numer ewidencyjny 22583. Zgromadzono w niej dokumenty dotyczące księdza profesora Mariana Jakubca.

Ksiądz Jakubiec urodził się w 1929 roku w Kozach koło Bielska-Białej. W 1950 roku wstąpił do Wyższego Seminarium Duchownego w Krakowie i pięć lat później przyjął święcenia kapłańskie. Pracował jako wikary w Niegowici i Zakopanem oraz w parafiach pw. św. Mikołaja i Najświętszego Salwatora w Krakowie. W 1975 roku został mianowany przewodniczącym jednego z najważniejszych wydziałów Kurii Metropolitalnej, czyli Wydziału Katechetycznego. Jednocześnie prowadził działalność naukową na PWT, uzyskując tytuł doktora i wykładając katechetykę. Przez studentów postrzegany był jako rzetelny wykładowca. Z kolei w oczach księży uchodził za kandydata na przyszłego biskupa sufragana. W 1988 roku został mianowany proboszczem parafii pw. Wszystkich Świętych w Krakowie. Otrzymał także godność prałata.

W czasach kleryckich ksiądz Jakubiec zaprzyjaźnił się z pracującym w jego rodzinnej parafii księdzem Franciszkiem Macharskim. Przyjaźń ta przetrwała długie lata. Obaj duchowni wiele razy wyjeżdżali wspólnie na wakacje do nadmorskiej Karwi. Prawdopodobnie właśnie ta bliska znajomość z przyszłym kardynałem, a także pełnienie ważnych funkcji w diecezji sprawiły, że księdzem Jakubcem SB zainteresowała się bliżej. W teczce personalnej zachował się wniosek o opracowanie go jako kandydata na tajnego współpracownika, sporządzony 14 listopada 1979 roku przez starszego sierżanta Kazimierza Aleksanderka:

```
2. Uzasadnienie wytypowania kandydata na tw. -
   Ks. dr Marian Jakubiec jest kierownikiem wydziału kate-
chetycznego kurii krakowskiej.
   W ocenie tajnych współpracowników typowany jest na bisku-
pa. Posiada bezpośrednie dotarcie do Kardynała Macharskiego
oraz biskupów pomocniczych. Cieszy się dobrą opinią papie-
ża. Pozyskanie go w charakterze TW pozwoliłoby na uzyskiwa-
nie informacji z ośrodka dyspozycyjnego.


   3. Sposób opracowania -
   Opracowanie będzie prowadzone przez tw. pozostających na
kontakcie prac. tut. Wydziału IV. W jego trakcie zmierzał
będę do rozpoznania jego osobowości, cech charakterologicz-
nych, stopnia ideowego związania z Kościołem itp.
   Poprzez wywiady, ustalenia, środki techniki operacyjnej
zmierzał będę do uzyskiwania ewentualnych materiałów kom-
promitujących. Ponadto zasadniczą rolę w opracowaniu speł-
niał będzie prowadzony z nim dialog operacyjny, zmierzający
do stopniowego zacieśniania kontaktów.
```

Opracowywanie duchownego trwało sześć lat. Nie zdobyto żadnych materiałów kompromitujących, mimo że w tym celu zaangażowano innych tajnych współpracowników ulokowanych w Kurii Metropolitalnej i PAT, a także w środowiskach związanych z tymi instytucjami. Opisany już w jednym z wcześniejszych rozdziałów TW „Karol", czyli Julian Polan-Haraschin, otrzymał w 1980 roku od SB polecenie nawiązania bliższego kontaktu z księdzem Jakubcem oraz sporządzenia jego charakterystyki. Po przeprowadzonym rozpoznaniu Haraschin opisał go jako człowieka inteligentnego, błyskotliwego, mającego doskonałe kontakty z wieloma osobami świeckimi. Zrelacjonował także wspomniane wakacje w Karwi.

W 1983 roku oficerem prowadzącym tę sprawę został kapitan Marek Janusz. Do pozyskania duchownego doszło dwa lata później. Cały proces można prześledzić na podstawie standardowego kwestionariusza, który znajduje się w teczce personalnej. Oto jego fragmenty:

```
Część I - Personalia
   1. Nazwisko - Jakubiec
   2. Imię - Marian [...]
   23. Pobyt za granicą: Włochy 71, 74, 75, 77, 78, 79, Au-
stria 72, Anglia 74, USA 79/80.
   24. Znajomość języków - j. niemiecki, włoski, angielski. [...]
   26 Walory osobiste i cechy ujemne - wysoki, przystojny,
o miłej powierzchowności, łatwo nawiązuje kontakty, ener-
giczny, alkoholu nie nadużywa. [...]
   30. Wyniki sprawdzeń w Biurze /Wydziale/ „C" - TEOK
nr 24633
   31. Ocena osobistego zetknięcia się z kandydatem do po-
zyskania:
   Kandydat jest człowiekiem stanowczym i konkretnym. W roz-
mowie lubi fakty i na ich podstawie podejmuje decyzje szyb-
ko i bez wahania.
   /stopień, imię i nazwisko funkcjonariusza/ - Kazimierz
Aleksanderek

Część II - uzasadnienie pozyskania do współpracy.
   Po przeanalizowaniu informacji w Części I - postanowiłem
pozyskać do współpracy wytypowanego kandydata.

   1. Cel pozyskania -
   Kandydat jest pracownikiem Krakowskiej Kurii. Pełni funk-
cję kierownika Wydziału. Poza tym jest członkiem komisji ka-
techetycznej Episkopatu oraz przewodniczącym podkomisji do
kształcenia katechetów.
   W wyniku pozyskania zakłada się uzyskiwanie informacji
o sytuacji w Kurii Krakowskiej i wśród kurialistów oraz
o stanowisku władz kościelnych na temat katechizacji. Po-
nadto jako wykładowca na PAT-cie może przekazywać informa-
cje z tegoż środowiska.
   [...]
```

----

3. Motywy pozyskania –

Kandydat wykazuje realistyczną i lojalną postawę wobec sytuacji w kraju. W czasie prowadzonych z nim rozmów wykazuje zrozumienie dla przemian zachodzących w naszym kraju. Uważam, że wykorzystując powyższe pozyskanie zostanie dokonane na zasadzie współodpowiedzialności obywatelskiej.

4. Sposób realizacji pozyskania – Z kandydatem przeprowadzono dotychczas osiem rozmów operacyjnych, w wyniku których uzyskano wartościowe informacje oraz następowało stopniowe przyzwyczajanie kandydata do kontaktów z pracownikami SB.

Realizowano proces stopniowego pozyskiwania. Zakończenie tegoż procesu planuje się zrealizować w czasie kolejnej rozmowy.

podpis – kpt. Marek Janusz.

5. Uwagi, podpis i pieczątka zatwierdzającego:

Wytypowanie kandydata słuszne, pozyskanie celowe, do rozmowy przygotować właściwie przygotowane argumenty.

Zastępca Naczelnika Wydziału IV KWMO w Krakowie, por. mgr Kazimierz Aleksanderek

III Rezultat pozyskania

W dniu 18 września 1985 r. w miejscu zamieszkania TW /Kraków/ przeprowadziłem rozmowę werbunkową z wytypowanym kandydatem w wyniku której:

1/ Potwierdziłem cel pozyskania do współpracy /podać krótko rezultat/–

Potwierdzono, iż jako odpowiedzialny pracownik Kurii Metropolitalnej, członek Komisji Episkopatu ma możliwości zbierania w formie dialogu – dyskusji informacji na tematy pozostające w naszym zainteresowaniu, zwłaszcza w odniesieniu do stanowiska władz kościelnych w kwestii katechizacji, o sytuacji na PAT-cie, kontaktach zagranicznych tej uczelni oraz może charakteryzować niektórych księży zajmujących ważniejsze stanowiska w diecezji krakowskiej.

2/ Uzyskałem w czasie rozmowy następujące informacje:
– naboru do krak. WSD i kryteriów wymaganych od kandydatów i alumnów,

- tegorocznych kontaktów zagranicznych /przyjazd wykładowcy z ....../
- stanowiska w kwestii krzyży i katechizacji młodzieży,
- pobytu kand. w Kurii
- inne problemy dotyczące kleru.

3/ Forma zaangażowania do współpracy /zobowiązania, pseu-
donim/
Wyraził ustną zgodę na rozmowy - konsultowanie problemów dot. zadań Kościoła w kwestiach duszpasterskich mających
styczność z sytuacją społeczno-polityczną w kraju.
Postanowiono nadać pseudonim „Magister".

4/ Omówiono z tajnym współpracownikiem sposób nagłego nawiązywania kontaktów, który jest następujący:
Kontakt telefoniczny.

5/ Krótko opisać umówione z tajnym współpracownikiem warunki współpracy:
Wyraził ustną zgodę na okresowe spotkania w miejscu zamieszkania i prowadzenie dialogu - dyskusji na problemy dotyczące Kościoła i Państwa.

6/ Wymienić LK, w którym będą odbywane spotkania:
Tylko w mieszkaniu TW.

7/ Biorąc powyższe pod uwagę proszę o zatwierdzenie w/w
jako tajnego współpracownika i zarejestrowanie go w ewidencji
/stopień, imię i nazwisko funkcjonariusza/ - kpt. Marek
Janusz

8/ Po zapoznaniu się z całością materiału pozyskanie do
współpracy zatwierdzam.
podpis i pieczątka zatwierdzającego: Naczelnik Wydziału
IV KWMO w Krakowie, pplk mgr Zygmunt Majka.

Powyższy kwestionariusz kończy się adnotacją o rozwiązaniu współpracy. Z analizy pieczątek wynika, że rozwiązanie nastąpiło po 1 listopada 1989 roku. W teczce jest też standardowy wykaz osób, które zapo-
znały się z jej treścią:

L.p.	Stopień, na-zwisko i imię	Stanowisko służbowe i nazwa jednostki	Data	Cel zapoznania
1.	ppor. K. Aleksanderek	kier. Sekcji Wydz. IV	22 XI 79	prowadzący
2.	por. M. Janusz	st. chor. Wydz. IV	17 X 83	prowadzący
3.	kpt. M. Gamrat	kier. s. Ia	29 VI 84	
4.	ppłk. Z. Majka	n-k Wydz. IV	19 IX 85	zatwierdzenie
5.	mjr Józef Mraz	st. insp. Wydz. Insp	5 II 87	kontrola
6.	mjr Józef Mraz	st. insp. Wydz. Insp.	23 I 88	Kontrola
7.	kpt. E. Wojciechowski	st. inspektor Wydziału Inspekcji	17 II 1989	Kontrola
8.	kpt. mgr Adam Wypasek	zastępca Naczelnika Wydziału IV KWMO w Krakowie	22 VI 1989	Kontrola

Z kolei w teczce pracy TW „Magistra" nie zachowały się żadne donosy, lecz jedynie lakoniczna notatka służbowa:

```
Kraków, 20 III 1990 r.
Tajne specjalnego znaczenia

Notatka służbowa

Materiały z teczki pracy tw. ps. „Magister" nr. rej. 22-583
zostały zniszczone w tut. Wydziale, zgodnie z par. 28 Zarzą-
dzenia nr. 049/85.
        Podpis: kpt. Marek Janusz
```

Ocalały za to – w aktach esbeckiej operacji „Zorza II" – dokumenty z okresu trzeciej pielgrzymki papieża Jana Pawła II do Polski. Ksiądz Marian Jakubiec był członkiem komitetu organizacyjnego pielgrzymki i uczestniczył w pracach podkomisji odpowiadającej za duszpasterskie przygotowanie tego wydarzenia. Odnotował to kierownik Sekcji II A Wydziału IV kapitan Marek Gamrat w wykazie tajnych współpracowników pozostających „na kontakcie" tejże sekcji. Zaznaczył jednocześnie, że TW „Magister" jako przedstawiciel PAT-u i kurialista „będzie niewątpliwie uczestniczył w uroczystości w Katedrze" i w związku z tym „otrzyma zadania neutralizujące". W zbiorczym wykazie wszystkich tajnych współpracowników Wydziału IV w Krakowie, którymi SB zamierzała się posłużyć w trakcie pielgrzymki, TW „Magister" pojawia się aż trzykrotnie: jako źródło „tkwiące w strukturach organizacyjnych" oraz jako źródło do zabezpieczenia operacji „Wawel" (dotyczącej wspomnianej wizyty w katedrze) i operacji „Rezydencja" (dotyczącej Kurii Metropolitalnej).

W dokumentach operacji „Zorza II" zachowała się także bardzo obszerna relacja spisana ze słów TW „Magistra" 21 kwietnia 1987 roku, omawiająca m.in. przygotowania do pielgrzymki papieskiej oraz prac Wydziału Katechetycznego Kurii Metropolitalnej. Duchowny przekazał SB szczegółowe dane ze sprawozdania dotyczącego stanu katechizacji w diecezji, sporządzonego wyłącznie na użytek władz kościelnych:

Sprawozdanie Wydz. Katechetycznego wykazuje różnicę w katechizacji między rokiem 1972 a obecnym. [...] Wykazano ilość uczących się i nauczycieli. Zaznaczono, iż księża nie angażują się jeśli idzie o katechizację proporcjonalnie do ilości święceń. Np. w ostatnich 5 latach wyświęcono w diecezji krakowskiej 241 księży, a katechizuje 111. Gdzie reszta się podziała? [...] Do katechetów świeckich diecezja krakowska nigdy nie była entuzjastycznie nastawiona. Śląsk tak — bo tam są inne tradycje.

Relacja ta zawiera też informacje na temat wewnętrznych spraw PAT-u, redakcji „Tygodnika Powszechnego" i środowiska polskiego w Rzymie. Wiele z tych rewelacji SB mogła wykorzystać operacyjnie, jak choćby wzmiankę dotyczącą pewnego księdza: „O skłonnościach homoseksualnych X kardynał na pewno, przed jego wyjazdem do Rzymu, nie wiedział". Tym razem wiedzę o owym duchownym (jego nazwisko zostało usunięte przez autora publikacji) SB zdobyła już dużo wcześniej; został on zwerbowany na podstawie szantażu w 1974 roku. Powyższa wzmianka była więc tylko potwierdzeniem informacji zdobytych z innych źródeł.

Z dokumentów dotyczących funduszu operacyjnego wynika, że TW „Magister" nie brał pieniędzy, ale czasami przyjmował drobne upominki. Oto przykładowa notatka:

```
Melduję, że w dniu 30 XII 89 r. wręczyłem tajnemu współpra-
cownikowi występującemu pod pseudonimem „Magister" nr ewid.
22583 nagrodę rzeczową w postaci jednej paczki kawy, równo-
wartości złotych 10 000 /słownie: dziesięć tysięcy/ tytułem
wynagrodzenia za przekazane informacje /przekazane informa-
cje do sprawy nr 22801/
     Notatkę z wręczenia nagrody rzeczowej dołączono do tecz-
ki tw nr 22583
     Kraków, dnia 30 XII 1989 r.
     /podpis funkcj., stanowisko, stopień, imię i nazwisko/ -
st. insp. kpt. Marek Janusz
```

W 2005 roku ksiądz profesor Marian Jakubiec przeszedł na emeryturę. Informację o jego współpracy z SB podał w czerwcu 2006 roku tygodnik „Ozon". W wywiadzie dla tego pisma duchowny zaprzeczył, że był tajnym współpracownikiem. Powiedział wówczas m.in.:

Potem w latach 80. nawiedził mnie dwa razy w domu esbek. Chciał mnie wciągnąć w towarzyską pogawędkę. Powiedziałem mu od razu, że nie mam ochoty z nim rozmawiać. Kardynałowi dałem na piśmie *pro memoriam*, by podczas rozmów z władzami zwrócił uwagę, żeby nie nachodzono księży w domach. Jestem zaskoczony, że w aktach SB są jakieś zapisy na mój temat. Nigdy nie donosiłem, nie opowiadałem o innych kapłanach. Być może ten funkcjonariusz mógł sam sobie coś wyfantazjować, by wykazać się przed władzami. [...] Księża, którzy mieli kontakty z SB, powinni się ujawnić. Ale niejednemu księdzu zdarzyło się, że przy urzędowych kontaktach – na przykład przy występowaniu o materiały budowlane – coś chlapnął. Jeżeli to uważa się za kontakty z SB, to jest to niewłaściwe.

Podobne stanowisko zajął w liście skierowanym do autora niniejszej publikacji. Jego wyjaśnienie jest zamieszczone w części *Załączniki*.

Na zakończenie trzeba zaznaczyć, że SB miała również swoją agenturę w krakowskich seminariach duchownych, które na co dzień współpracowały z Wydziałem Teologicznym. W sprawozdaniach krakowskie-

go Wydziału IV SB za lata 1976 i 1977 oraz w aktach sprawy obiektowej „Wierni" (wymierzonej przeciwko duszpasterstwu akademickiemu
„Beczka") występują m.in. TW „Sławek" i TW „Skrzypek" (późniejszy
pseudonim „X-61"), profesorowie z seminarium duchownego ojców dominikanów, oraz TW „Adamski" z seminarium księży misjonarzy. Ich
personalia oraz przebieg współpracy są w trakcie opracowywania.

W kurii i wokół kurii

W wielu dokumentach Wydziału IV SB w Krakowie pojawia się określenie „ośrodek dyspozycyjny". Odnosi się ono, oczywiście, do Kurii Metropolitalnej, czyli miejsca podejmowania najważniejszych decyzji kościelnych. Miejsce to poddane było wyjątkowo wszechstronnej inwigilacji. W praktyce wobec każdej kurii biskupiej w Polsce SB zakładała sprawę obiektową, w ramach której prowadzono następujące działania: obserwację zewnętrzną, dokonywaną przez wywiadowców (często z zaparkowanych w pobliżu samochodów lub specjalnie wynajętych mieszkań), kontrolę korespondencji, podsłuch telefoniczny oraz podsłuchy ukryte w ścianach lub w instalacjach. Montaż tych ostatnich odbywał się często przy pomocy „usłużnych" firm budowlanych. Na przykład w jednej z kurii biskupich w metropolii krakowskiej na duchownym odpowiedzialnym za prace remontowe – a jednocześnie będącym tajnym współpracownikiem – esbecy wymusili wybór konkretnej firmy budowlanej. Firma ta była niczym innym jak przykrywką dla ekipy funkcjonariuszy SB, którzy po całym budynku kurialnym wraz z przewodami elektrycznymi rozprowadzili także przewody podsłuchowe.

Jednak najwięcej informacji dostarczały nie podsłuch czy inwigilacja, ale tzw. osobowe źródła informacji (OZI). W wypadku Krakowa SB udało się pozyskać wiele takich źródeł, zwłaszcza po wyborze kardynała Karola Wojtyły na urząd papieski. Wprawdzie większość duchownych i świeckich zatrudnionych w krakowskiej kurii lub mających z nią częsty kontakt odmówiła tajnej współpracy z SB, ale niektórzy dali się w nią uwikłać. Odtworzenie sieci agenturalnej jest trudne, bo wiele dokumentów zostało zniszczonych w latach 1989–1990. Tak stało się z aktami sprawy obiektowej o kryptonimie „Baza", dotyczącej całej Kurii

Metropolitalnej w Krakowie, oraz sprawy operacyjnego rozpracowania o kryptonimie „Wrak", dotyczącej działalności kanclerza kurii księdza Bronisława Fidelusa. Część przypadków opisana została w kilkakrotnie tu już wspominanej książce Marka Lasoty *Donos na Wojtyłę* (chodzi zwłaszcza o tajnych współpracowników o kryptonimach „Ares" i „Żagielowski"). W trakcie zbierania materiałów do niniejszej publikacji natrafiono na kolejne dokumenty, które przyniosły nowe informacje. Nadal nie są one kompletne, ale pozwalają ocenić skalę zjawiska.

Jeśli chodzi o agenturę działającą w kurii przed rokiem 1978, w wielu wypadkach nie sposób precyzyjnie zidentyfikować konfidentów, choć opisy zachowane w aktach esbeckich nie są skąpe. Tak jest np. w przypadku informatora, a następnie TW o pseudonimie „Rosa", duchownego będącego pracownikiem kurii od 1949 roku. Był on dla SB ważnym źródłem informacji. Bardzo wysoko oceniano też przydatność TW o pseudonimie „Jurek". Z opisów wynika, że posiadał on wykształcenie prawnicze, miał dostęp do informacji o sprawach personalnych księży, był kanonikiem kapituły, a po wyborze kardynała Wojtyły na papieża został członkiem komitetu przygotowującego jego pierwszą wizytę w Polsce. O kolejnym TW, o pseudonimie „Grunwald", wiadomo tylko, że był świeckim pracownikiem kurii. W raportach z końca lat siedemdziesiątych pojawia się też dwóch innych TW: „Cis", opisany jako „proboszcz parafii, mocno zaangażowany w pracę w Kurii", oraz „Jowisz", „proboszcz parafii o znaczącej pozycji w dekanacie, mający możliwości inwigilowania niektórych wydawnictw kurii, duszpasterz rodzin".

Z kolei w sprawozdaniu z działalności Wydziału IV SB w Krakowie za rok 1976 czytamy:

```
Zrealizowano z wynikiem pozytywnym kombinację operacyjną
w stosunku do kandydata „Atut", uzyskano nowe istotne mate-
riały dot. kandydata „Adiunkt"; przeprowadzono rozmowy son-
dażowe z kandydatami: „Jan", „Wysoki", „Przybysz" - osoby
uplasowane na wpływowych stanowiskach w kurii krakowskiej.
```

O wspomnianych kandydatach na współpracowników wiadomo niewiele; trudno odpowiedzieć na pytanie, czy zostali ostatecznie zwerbowani, czy nie. Niewiele też wiadomo o tajnym współpracowniku, któ-

ry w 1977 roku został ponownie zwerbowany. Akta SB określają go w
następujący sposób:

TW „Śmiałowski" - podjęty z Wydz. „C" [archiwum – dopisek au-
tora] - ksiądz - do kontaktów z księżmi kurialistami i czł.
„Caritas".

Dysponujemy natomiast obszerną dokumentacją dotyczącą TW
o pseudonimie „Brodecki". Pozwala ona stwierdzić, że pseudonim ten
nadano księdzu doktorowi Bolesławowi Sadusiowi z Wydziału Katechetycznego Kurii Metropolitalnej. Duchowny ten urodził się w 1917
roku. Po zdaniu matury w Bielsku wstąpił do Wyższego Seminarium
Duchownego w Krakowie. W trakcie studiów został wysłany do Rzymu;
jednakże latem 1939 roku przebywał w Polsce na wakacjach i po wybuchu wojny do Włoch już nie wrócił. Wyświęcony w 1941 roku, pracował
jako wikary w Makowie Podhalańskim i na krakowskim Prądniku Czer-
wonym. Po obronie doktoratu podjął pracę w Wydziale Katechetycznym, którym kierował ksiądz doktor Józef Rozwadowski, późniejszy biskup łódzki. W 1960 roku ksiądz Saduś objął funkcję jego zastępcy.

Wedle zachowanych dokumentów bezpieka pozyskała go po raz
pierwszy w 1949 roku. Nieznane są jednak okoliczności tego werbunku i nie wiadomo, czy współpraca była owocna. W każdym razie sześć
lat później został wyeliminowany z sieci agenturalnej. Ponowne pozyskanie nastąpiło 9 stycznia 1960 roku – jak to określono w aktach – „na
zasadzie współodpowiedzialności obywatelskiej". Duchownego prowadziło kilku funkcjonariuszy: porucznik Adam Błażejczyk, major Zygmunt Gliński, major Bogusław Bogusławski, major Wiesław Ciupiński,
major Ryszard Kumorek, a od 1977 roku major Waldemar Chmurzyński. Stopnie oficerów prowadzących świadczą o tym, że ksiądz Saduś
był traktowany przez SB jako ważne źródło informacji. Pozostało po
nim kilka tomów doniesień, a także pojedyncze notatki w teczkach księży rozpracowywanych przez SB. W charakterystyce współpracownika
napisano m.in.:

Wykorzystywany początkowo do rozpracowania osób skupionych
wokół środowiska katolików krakowskich, następnie do rozpoznania kleru parafialnego oraz tutejszego ośrodka dyspozycyjnego

Kościoła. Przekazywał cenne, sprawdzone informacje, które w istotny sposób poszerzały naszą wiedzę o inwigilowanych środowiskach. Stopień związania ze Służbą Bezpieczeństwa można określić jako wystarczający, aczkolwiek nie podpisywał zobowiązania i nie pobierał wynagrodzenia. Kontakt z pracownikiem SB starał się traktować jako towarzyski i partnerski, co nie zmienia faktu, iż spełnił rolę dobrego informatora i tajnego współpracownika. Dodatkową okolicznością wiążącą go z SB były skandale obyczajowe związane z jego działalnością duszpasterską i udzielana mu z naszej strony pomoc.

Wspomniane skandale dały szczególnie o sobie znać, gdy ksiądz Saduś w 1971 roku został proboszczem eksponowanej parafii pw. św. Floriana w Krakowie. Rok później z ich powodu, bojąc się sądowych oskarżeń, opuścił Polskę, wyjeżdżając na stałe do Austrii, co spowodowało przerwę we współpracy z bezpieką. Dwa, trzy razy w roku przyjeżdżał jednak do kraju. Po pewnym czasie Służba Bezpieczeństwa odnowiła więc z nim kontakt, nadając mu nowy pseudonim – „Kanon". Ponieważ wiedziano, że ma dobre kontakty z metropolitą wiedeńskim, kardynałem Franzem Koenigiem, oraz z wieloma tamtejszymi duchownymi, zarówno polskimi, jak austriackimi, starano się też wciągnąć go do pracy wywiadowczej. Początkowo odmawiał przejścia „na łączność" Departamentu I, w końcu jednak uległ. Otrzymał kolejny pseudonim – „Ehler". Zachowało się kilka doniesień z tego okresu, m.in. o pobycie kardynała Wojtyły i księdza Stanisława Dziwisza w Austrii. Nawiasem mówiąc, z metropolitą krakowskim stale korespondował.

Trzeba podkreślić, że ksiądz Saduś bał się panicznie kontrwywiadu i policji austriackiej, dlatego z polskimi funkcjonariuszami spotykał się tylko w ojczystym kraju. Pełne pozyskanie go dla Departamentu I nigdy się więc nie udało. Zmarł w 1991 roku.

Obszerna dokumentacja zachowała się też w wypadku tajnego współpracownika noszącego pseudonimy „Kolejarz", „Dyrektor", „Marecki" i „Tukan". Pod tymi pseudonimami kryje się wspomniany już w jednym z wcześniejszych rozdziałów ksiądz Mieczysław Satora. Wiele szczegółów jego współpracy opisanych zostało w książce *Donos na Wojtyłę*, dlatego w niniejszym opracowaniu podane zostaną tylko najważniejsze fakty.

Ksiądz Satora urodził się w 1917 roku w Krakowie, a święcenia kapłańskie przyjął w 1943. Już w roku 1947 został zwerbowany do współpracy przez UB. W 1959 roku otrzymał nominację na proboszcza parafii w Nowej Hucie Bieńczycach. W okresie wystąpień w obronie krzyża z jednej strony spełniał polecenia władz kościelnych, z drugiej – polecenia Służby Bezpieczeństwa, która nim dowolnie sterowała. Po zakończeniu tych wydarzeń został pod presją władz komunistycznych odwołany z funkcji proboszczowskiej, co jeszcze bardziej uwiarygodniło go w oczach przełożonych. Powierzono mu w Kurii Metropolitalnej ważne stanowisko dyrektora Wydziału Gospodarczego. Przez następne lata był całkowicie oddany bezpiece, udostępniając jej dokumenty archidiecezji i poszczególnych parafii. Składał też doniesienia na kardynała Karola Wojtyłę (przez pewien czas nawet mieszkał w tej samej kamienicy przy ulicy Kanoniczej 21) oraz na bardzo wielu świeckich i duchownych. W czasie pielgrzymki papieskiej w 1979 roku był jednym z najważniejszych agentów umieszczonych w bliskim otoczeniu Jana Pawła II. Zmarł w 1980 roku.

Lata osiemdziesiąte to dla SB okres poszukiwania nowych współpracowników w gronie osób zatrudnionych w kurii lub mających z nią częste kontakty. Bardzo ważnych informacji na temat działającej tam agentury dostarczają akta operacji „Zorza II", prowadzonej w okresie trzeciej pielgrzymki Jana Pawła II do Polski, w 1987 roku. Zachował się w nich spis osobowych źródeł informacji, którymi SB zamierzała się posłużyć, m.in. w celu kontrolowania tego, co dzieje się w Kurii Metropolitalnej:

```
III Źródła do zabezpieczenia operacji „Rezydencja"
1. TW ps. „Leszek" - na kontakcie K. Aleksanderka
2. TW ps. „Rybka" - na kontakcie W. Badonia
3. TW ps. „Tomasz" - na kontakcie A. Bielowicza
4. TW ps. „Dymitr" - na kontakcie A. Szwai
5. TW ps. „Magister" - na kontakcie M. Janusza.
```

Istnieje też inny wykaz agentury, sporządzony przez Sekcję II A Wydziału IV SB zajmującą się zarówno kurią, jak i jednostkami jej bezpośrednio podległymi:

```
Wykaz tajnych współpracowników pozostających na kontakcie
sekcji II A, którzy będą brać udział w uroczystościach
z udziałem papieża.
```

1. TW ps. „Orkan" na kontakcie kpt. M. Janusza: odpowiedzialny za dekorację Błoń i trasy przejazdu, będzie uczestniczył w uroczystościach powitania na Błoniach. Otrzymał odpowiednie zadania dot. tonowania, przeciwdziałania ewentualnym wrogim aktom.

2. TW ps. „Jakub" pozostaje na kontakcie kpt. M. Janusza. Nie wchodzi w skład komisji, jako członek Kapituły Metropolitalnej będzie niewątpliwie uczestniczył w uroczystościach w Katedrze. Otrzymał zadania dot. neutralizowania wrogim zamierzeniom [sic!].

3. TW. ps. „Magister" pozostaje na kontakcie kpt. M. Janusza, wchodzi w skład podkomisji duszpasterskiego przygotowania. Jako przedstawiciel PAT i kurialista będzie niewątpliwie uczestniczył w uroczystości w Katedrze. Otrzyma zadania neutralizujące.

4. TW ps. „Zieliński" pozostaje na kontakcie kpt. M. Gamrata wchodzi w skład komisji przygotowania porządkowych. Otrzymał odpowiednie zadania dot. wywierania neutralizującego wpływu na ewentualne wrogie zamierzenia.

5. TW ps. ps. „Gross", „Historyk", „Mikołaj" pozostający na kontakcie kpt. M. Janusza będą uczestniczyć w uroczystościach powitania papieża na Błoniach, otrzymali odpowiednie zadania.

6. TW ps. ps. „Cichy" i „Flora" pozostający na kontakcie kpt. M. Gamrata będą uczestniczyć w uroczystościach powitania papieża na Błoniach ze swoimi parafianami. Otrzymali stosowne zadania dot. przeciwdziałania wszelkim niereligijnym aktom.

Kier. sekcji II A kpt. M. Gamrat

Spośród pseudonimów wymienionych w powyższych zestawieniach dwa – „Rybka" i „Magister" – można przypisać konkretnym osobom: ich sprawy zostały opisane w innych rozdziałach. Niektóre pseudonimy muszą pozostać nierozszyfrowane, ponieważ brak na razie dokumentów pozwalających na niebudzącą wątpliwości identyfikację. Dotyczy to zresztą także innych tajnych współpracowników, których pseudonimy i charakterystyki pojawiają się w materiałach dotyczących pielgrzymki z 1987 roku w związku z kurią krakowską. Chodzi o TW o pseudonimach „Szerszeń" i „Roman". Obaj pełnili w tym czasie funkcje proboszczów (odpowiednio w dekanatach: andrychowskim i wadowickim). Ich teczki personalne zachowały się w stanie szczątkowym, dlatego nie można podać ich nazwisk.

Wśród agentów figurujących w cytowanych spisach postacią szczególnie intrygującą jest TW „Tomasz". Jak wynika z innych dokumentów, chodzi tu o osobę znajdującą się w centrum spraw kurialnych. TW „Tomasz" podjął współpracę z SB prawdopodobnie z powodów materialnych; świadczą o tym liczne wypłaty na jego rzecz z funduszu operacyjnego. Dowodzi tego także następująca notatka funkcjonariusza SB:

W trakcie spotkania TW przekazał wykaz osób zaproszonych na uroczystości przeniesienia relikwii [królowej Jadwigi] do Katedry Wawelskiej w dniu 5 czerwca br., traktowane jako uroczystości wchodzące w cykl poprzedzający przygotowania do wizyty Jana Pawła II w Krakowie – treść zaproszenia wg załączonej kserokopii oryginału.

Tu następuje wykaz 25 osób wraz z ich dokładnymi adresami.

Zadania dla TW
    Aktualne są zadania stałe zlecone TW podczas poprzednich spotkań.
    Uwagi
    Podczas spotkania wręczyłem TW kwotę 3000 zł /trzy tys./ tytułem stałego wynagrodzenia za m-c maj, na co zostało pobrane stosowne pokwitowanie załączone do raportu.
    Przedsięwzięcia
    Wyciąg z informacji operacyjnej zawierający listę zaproszonych przekazany zostanie do Sekcji II.

W czasie papieskiej pielgrzymki z 1987 roku ważną rolę w inwigilacji Kurii Metropolitalnej odegrała też TW o pseudonimie „Janina" (nr rej. Kr-25333). Zachowane dokumenty pozwalają stwierdzić, że pod pseudonimem tym została zarejestrowana osoba świecka, Krystyna Maria Jabłońska, która przed wprowadzeniem stanu wojennego – będąc już tajnym współpracownikiem SB „na kontakcie" Wydziału V KW MO – pracowała przez krótki czas w Zarządzie Regionu Małopolska NSZZ „Solidarność". Otrzymawszy od swoich esbeckich przełożonych polecenie spenetrowania środowiska kurialnego, zaprzyjaźniła się z jedną z sióstr sercanek pracujących w sekretariacie kardynała Franciszka Macharskiego. Oferując swoją pomoc w różnych zajęciach, zdobyła jej zaufanie, a następnie w trakcie licznych spotkań wyciągała od zakonnicy przeróżne informacje na temat metropolity krakowskiego, w tym jego kontaktów i korespondencji. W ten sposób przekazała SB informacje m.in. o stosunku kardynała Macharskiego do prymasa Józefa Glempa, Lecha Wałęsy, księdza Kazimierza Jancarza, a przede wszystkim do podziemnej Solidarności. Te informacje, oceniane jako bardzo wartościowe, były przesyłane do MSW w Warszawie.

Nie ma w tym nic dziwnego, że właśnie osoba i poglądy ordynariusza budziły największe zainteresowanie esbeków. Tak było również wcześniej, gdy Kościołem krakowskim kierował kardynał Wojtyła. SB interesowała się każdym jego ruchem, a także tym, co robią jego najbliżsi współpracownicy. Świadczy o tym np. fragment notatki z 21 czerwca 1968 roku zawierającej doniesienia TW o pseudonimie „Jurek". Dotyczy ona planów urlopowych księdza Stanisława Dziwisza.

> Również nie wiadomo o Dziwiszu. Na pewno spędzi go niedaleko Krakowa. Będzie korzystał z wolnego wtedy, kiedy kardynał wyjedzie. Zresztą stwierdził to publicznie. Dziwisz ukończył licencjat i być może będzie starał się o dalsze studia.

Innym agentem wykorzystywanym do inwigilacji kardynała Wojtyły i jego sekretarza był TW o pseudonimie „Wierny". Współpracował co najmniej od 1962 roku, pobierając z esbeckiego funduszu operacyjnego stałe, wysokie wynagrodzenie. Obecnie nie sposób jednak ustalić jego nazwiska ze stuprocentową pewnością. Miał on bezpośredni dostęp do pokoi metropolity, więc jego raporty były szczegółowe. Na przykład 25 maja 1970 roku donosił:

> W dniu dzisiejszym około godz. 18-tej kardynał Wojtyła w towarzystwie swego kapelana ks. Dziwisza i ks. Stanisława Małysiaka wyjechał do Warszawy.
>
> Tam zatrzymują się na noc i rano w dniu jutrzejszym, tj. 26 bm. odlecą samolotem do Rzymu.
>
> Za nimi wyjechali także – samochodem „warszawa" kanclerz Kurii Kuczkowski i notariusz Józef Krysta. Wymienieni jak nakazuje zwyczaj będą żegnać kardynała i towarzyszące mu osoby po czym wrócą do Krakowa.
>
> Pobyt w Rzymie kardynała przewidziany jest na 1,5 – 2 tygodnia. Dokładny termin powrotu nie został ustalony. Prawdopodobnie będzie zależny od załatwienia spraw.
>
> Wojtyła zabrał ze sobą do Rzymu 1-ną walizkę z szatami kardynalskimi /czerwonymi/ oraz bieliznę osobistą i teczkę

z dokumentami. Tam też włożył jakieś książki. Dziwisz z Małysiakiem zabrali po jednej walizce i neseserze podróżnym. Czy ks. Kuczkowski z Krystą zabrali coś ze sobą „Wierny" nie wie. W kurii nie organizowano żadnego pożegnania. Tylko zakonnice pracujące w kurii odprowadzały kardynała do samochodu i po pożegnaniu wróciły do swoich zajęć.

Przed wyjazdem nie stwierdzono żadnych gorączkowych przygotowań. Wojtyła prowadził normalne urzędowanie, a gdy nadszedł czas odjazdu zszedł do samochodu i pojechał.

Ze szczególną pieczołowitością sprawdzano osobiste relacje księdza Dziwisza z innymi duchownymi, szukając w ten sposób dróg dojścia do kardynała, a następnie papieża. Kontrolowano stosunki panujące między księżmi wyświęconymi razem z nim w 1963 roku, a także studiującymi na wyższych i niższych latach, odnotowując skwapliwie ich szybkie i niekiedy zaskakujące awanse. Ślady tych działań można odnaleźć w dokumentach dotyczących księży Jana Dyducha, Bronisława Fidelusa, Michała Jagosza, Tadeusza Rakoczego i Jana Łasuta. W teczce tego ostatniego, zarejestrowanego – o czym będzie mowa w jednym z następnych rozdziałów – jako TW „Franciszek", znajduje się następujący dokument:

Notatka służbowa
dot. kontaktów ks. ks. Dziwisza Stanisława i Rakoczy Tadeusza na zakopiańskim terenie.

Kolegami ze studiów w krakowskim WSD są:
Ks. prałat, sekretarz JP II Dziwisz Stanisław,
Ks. kanclerz kurii krakowskiej Fidelus Bronisław,
Ks. proboszcz parafii Poronin Łasut Jan.
Łączące ich kontakty znacznie wykraczają poza więzy koleżeńskie i w pewnym zakresie można określić je jako stosunki przyjacielskie. Wspierają się oni zawodowo i każdy w miarę możliwości stara się udzielać drugiemu pomocy.
W lipcu 1986 r. ks. Dziwisz jako gość Episkopatu Polski przebywał na wypoczynku w DW „Księżówka" na terenie Zakopanego. Mimo, że jego pobyt miał charakter wypoczynkowy to ciągle odwiedzali go różni księża pragnąc przez niego coś załatwić w kurii krakowskiej czy episkopacie, bądź przypomnieć mu się, aby wzmocnić swoją pozycję.
W tej sytuacji ks. Dziwisz zrezygnował z pobytu w „Księżówce" i bez podania swego adresu przeniósł się na dalszy wypoczynek do ks. Łasuta w Poroninie.

U niego też przebywał około tygodnia i stąd pojechał do Warszawy, a następnie do Rzymu.

Przez swoje kontakty w Episkopacie ks. Dziwisz wprowadził ks. Łasuta do grona formalnych organizatorów pobytu JP II w Polsce. Stanowiło to podstawę do pisemnego wystąpienia Sekretarza Episkopatu, aby organa paszportowe wydały ks. Łasutowi paszport wielokrotny do KK bez konieczności każdorazowego zwracania się do władz paszportowych.

W sierpniu 1987 r. ks. Dziwisz ponownie przebywał na kilkudniowym wypoczynku w Polsce. Obok krótkiego pobytu u swojej rodziny w Mszanie Dolnej przez trzy dni przebywał w Poroninie i mieszkał u ks. Łasuta.

Na jego prośbę podjął się załatwić, że JP II dokona w Watykanie koronacji i poświęcenia figury palotyńskiej MB Fatimskiej dla budowania przez ks. Drozdka, który jest zaprzyjaźniony z ks. Łasutem, kościoła. I w tym wypadku ks. Dziwisz słowa dotrzymał. JP II w czasie wrześniowej audiencji generalnej dokonał wspomnianego aktu.

Po zakończeniu sierpniowego wypoczynku w Polsce ks. ks. Łasut i Fidelus odwieźli ks. Dziwisza do Rzymu. Podróż odbyli samochodem ks. Łasuta, który wraz z ks. Fidelusem ponieśli całkowity jej koszt.

Wzajemne bliskie kontakty w/w księży są doskonale znane kierownictwu kurii krakowskiej oraz na szczeblu Episkopatu co w poważnym stopniu umacnia przede wszystkim pozycję zawodową ks. Łasuta.

Bezpośrednie dotarcie do w/wymienionych posiada TW „Franciszek". Wg mojej oceny w stosunku do wspomnianych wyżej osób będzie w sposób zdecydowany zajmować postawę pozytywną, która sprowadzać się będzie jedynie do udzielania nam informacji o ich pobycie, zachowaniu, nawiązywanych i posiadanych kontaktach. Nie podejmie się natomiast realizacji jakichkolwiek zadań ekspansywnych w stosunku do któregokolwiek z w/wymienionych.

[...]

Z-ca Szefa Rejonowego Urzędu Spraw Wewnętrznych ds. Służby Bezpieczeństwa w Zakopanym [sic!] woj. nowosądeckie, mjr mgr Andrzej Szczepański.

Niektóre z powyższych faktów opisane zostały również w donosie TW o pseudonimie „Ewa", o którym będzie mowa w rozdziale *Księża pracujący w parafiach*:

W dniu dzisiejszym /5 VIII 1987 r./ na plebanii w Poroninie ma dojść około 16.00 do spotkania ks. Dziwisza, ks. Fidelusa, ks. Łasuta i ks. Drozdka. Jest to spotkanie przed wyjazdem trzech pierwszych księży na pobyt czasowy do Rzymu. Wyjeżdżający na kolegium z WSD [tak w oryginale!] i praktycznie odwożą ks. Dziwisza do Watykanu. Wyjazd z Poronina ma nastąpić rano 6 sierpnia. Wyjeżdżają z Polski przez GPK [Graniczny Punkt Kontrolny] Chyżne. Po odwiezieniu ks. Dziwisza, ks. Łasut wraz z ks. Fidelusem mają się udać na kilkudniowy wypoczynek w Alpy. Cały ich pobyt za granicą ma trwać około jednego tygodnia. Podróżują oni samochodem ks. Łasuta.

Warto wspomnieć, że inwigilacji poddano także rodzinę księdza Dziwisza. W aktach esbeckich zachował się wniosek o opracowanie jako kandydata na TW o pseudonimie „Daniel" jego brata Antoniego Dziwisza. Sporządził go 10 grudnia 1979 roku podporucznik Józef Dyśko. Podobnie jak w wypadku innych kandydatów, przez kilka lat zbierano dane dotyczące sposobu bycia danej osoby, „cech charakteru, ustalenia osób, z którymi kontaktuje się, ustalenia stopnia religijności". Przystępując do werbunku, starano się wykorzystać to, że Antoni Dziwisz w grudniu 1981 roku brał udział w strajku na Akademii Górniczo-Hutniczej, której był pracownikiem. Wysiłki funkcjonariuszy SB spotkały się jednak ze stanowczą odmową. W końcu dokładnie po siedmiu latach starań – 10 grudnia 1986 roku – sprawę zamknięto, odnotowując w aktach, że „proces opracowywania nie potwierdził możliwości operacyjnych kandydata w zakresie interesującym Służbę Bezpieczeństwa".

Opisane tu przypadki to zaledwie fragment obrazu, który wyłania się z dokumentów ocalałych po SB. Dzięki przeprowadzonym kwerendom wiemy, że w Kurii Metropolitalnej w Krakowie oraz w jej otoczeniu istniała sieć agenturalna, która była bardzo efektywna. Wiele poufnych informacji – o których z oczywistych przyczyn nie napisano w niniejszym opracowaniu – wyniesiono na zewnątrz, wyrządzając krzywdę przede wszystkim księżom pracującym w parafiach. Inne pozwalały śledzić poczynania kolejnych ordynariuszy i osób z ich najbliższego otoczenia. W miarę postępów w badaniach archiwalnych obraz ten na pewno jeszcze się skomplikuje.

Zwerbowani dziekani

W kierowaniu diecezją wspierają biskupa dziekani i wicedziekani stojący na czele dekanatów, czyli jednostek administracji kościelnej liczących od kilku do kilkunastu parafii. Spotykają się oni z biskupem kilka razy w roku na kongregacjach dziekańskich, na których omawiane są najważniejsze problemy i zamierzenia. Sami z kolei organizują kongregacje dekanalne, w których uczestniczą wszyscy księża z danego dekanatu. Nic więc dziwnego, że Służbie Bezpieczeństwa w latach siedemdziesiątych i osiemdziesiątych bardzo zależało, aby wśród uczestników owych spotkań umieścić też swoich agentów.

Z kongregacjami dekanalnymi nie było większego problemu, gdyż bezpieka miała w tym czasie w każdym dekanacie jednego lub dwóch tajnych współpracowników. O wiele gorzej było z kongregacjami dziekańskimi, bo to wymagało zwerbowania dziekana lub wicedziekana, a tymi byli na ogół kapłani zaufani i wypróbowani, odporni na esbeckie intrygi. Niestety – jak wynika z zachowanych dokumentów – także i w ich wypadku werbunek kończył się niekiedy sukcesem SB. Tak było w wypadku księdza dziekana Antoniego Siudy z Maniów, który został opisany w rozdziale *Przypadek „Jolanty"*... w części III niniejszego opracowania (jako TW nosił pseudonimy „Szczawnicki" i „Jolanta"), i księdza dziekana Kazimierza Sudera, który zostanie opisany w rozdziale *Tajemnica „Rybki"*... w części VIII (jako TW nosił pseudonim „Orion"). Podobnie potoczyły się losy księdza dziekana Stanisława Szlachty z Kalwarii Zebrzydowskiej, który w dokumentach SB figuruje jako tajny współpracownik używający pseudonimów „Zebrzydowski" i „Pątnik".

Urodzony w 1913 roku w Żywcu, święcenia kapłańskie otrzymał w 1936. Ostatnie lata II wojny światowej przepracował w Brzeszczach koło Oświęcimia; był naocznym świadkiem wyzwolenia obozu KL Auschwitz przez wojska sowieckie. W 1945 roku posłany został do parafii pw. św. Józefa w Kalwarii Zebrzydowskiej, by objąć funkcję proboszcza. Kalwaria to przede wszystkim słynne sanktuarium Matki Bożej, prowadzone przez ojców bernardynów. U stóp klasztoru wyrosło miasto, w którym w 1933 roku arcybiskup Adam Stefan Sapieha erygował parafię. To właśnie tam do końca swoich dni pracował ksiądz Szlachta.

Jego współpraca z SB jest bogato udokumentowana. Z jego teczki pracy, na którą składają się trzy opasłe tomy, pełne fotokopii i odręcznych notatek, liczące łącznie aż 750 stron, można się dowiedzieć, że od 1960 roku traktowany był przez SB jako kontakt poufny, a następnie jako kontakt obywatelski. Jako wicedziekan dekanatu skawińskiego, do którego wówczas należała Kalwaria Zebrzydowska, składał doniesienia dotyczące m.in. wizytacji parafii dekanatu przeprowadzanych przez kardynała Karola Wojtyłę. Na podstawie tych informacji władze komunistyczne podejmowały konkretne działania represyjne. Na przykład, po doniesieniu o wizytacji w parafii w Gaju esbecy wnioskowali o ukaranie organizatorów konnej banderii witającej kardynała, a także o usunięcie z parafii zakonnic ze Zgromadzenia Córek Bożej Miłości. Podobne represje pociągnęła za sobą relacja z wizytacji biskupiej w parafii w Leńczach.

Bezpośrednim powodem podjęcia współpracy z SB przez księdza Szlachtę była chęć uzyskania paszportu na wyjazd do Włoch, a pośrednim – jego wybujała ambicja. Duchowny wraz z paszportem otrzymał polecenie spenetrowania polskiego środowiska w Rzymie. Po powrocie do kraju przekazał bezpiece notatki z rozmów z polskimi księżmi, zaznaczając jednocześnie, że arcybiskup Józef Gawlina, duszpasterz polskiej emigracji, odniósł się do niego nieufnie, a nawet wręcz wrogo. Nic w tym niezwykłego; nagłe pojawienie się w Wiecznym Mieście polskiego duchownego zza żelaznej kurtyny budziło bowiem w tym czasie uzasadnione podejrzenia. Wiedziano dobrze, jaką cenę trzeba niekiedy zapłacić za paszport...

Formalnie tajnym współpracownikiem stał się ksiądz Szlachta w 1961 roku. Przyjął wówczas pseudonim „Zebrzydowski". Prowadzącymi go oficerami byli porucznik Stefan Tyrpa (który wkrótce został kapitanem) oraz kapitan Zbigniew Faryna. Duchowny spotykał się z nimi na plebanii lub w lokalu gastronomicznym, a nawet w samochodzie służbowym funkcjonariuszy. Wiele rozmów było nagrywanych na taśmę magnetofonową. Oczekiwano od księdza Szlachty przede wszystkim doniesień na innych duchownych, począwszy od księży biskupów, rektora seminarium krakowskiego księdza Karola Kozłowskiego i kanclerza Mikołaja Kuczkowskiego, poprzez księży Andrzeja Bajera i Jana Wolnego juniora, a na wikarych z parafii zebrzydowskiej skończywszy. Jego relacje sprawdzane były przez innych duchownych – TW o pseudonimie „Spokojny" z Kurii Metropolitalnej oraz dwóch TW z powiatu wadowickiego, o pseudonimach „Brzoza" i „Las". Esbecy z satysfakcją odnotowywali, że zwerbowany przez nich informator jest wiarygodny.

Wśród doniesień „Zebrzydowskiego" zachowała się m.in. krótka charakterystyka Karola Wojtyły:

Bp Wojtyła jako tymczasowy rządca diecezji różni się w swoim postępowaniu i postawą w stosunku do swoich poprzedników następującymi walorami:

1. „gra w otwarte karty",
2. w trudniejszych sytuacjach radzi się dziekanów,
3. rozmawia ze starszymi proboszczami, którym ma zamiar przydzielić adiutorów,
4. łatwy w nawiązywaniu bezpośredniego kontaktu z księżmi,
5. bez większej trudności zezwala na odprawianie nadzwyczajnych nabożeństw,
6. nie afiszuje się swoją dewocją,
7. ogranicza w zapędach nowatorskich, kiedy za Baziaka zawsze coś nowego wymyślano.

Duchowny był również używany do działań dezintegracyjnych, które polegały na zniesławianiu poszczególnych księży, w tym zwłaszcza księdza biskupa Jana Pietraszki. Aby zdyskredytować tego ostatniego, rozpuszczano plotki szkalujące jego rodziców i całą rodzinę. „Zebrzydowski" zbierał też informacje o konfliktach między księżmi oraz o duchownych, którzy porzucili diecezję. Znaczna część doniesień dotyczyła sytuacji panującej w klasztorze Bernardynów; zawierały one m.in. charakterystyki ważniejszych zakonników. Za przekazywane informacje ksiądz Szlachta otrzymywał liczne upominki rzeczowe, w tym luksusowe alkohole i tzw. paczki delikatesowe.

SB doceniała jego działalność. W 1971 roku, po 10 latach współpracy – kiedy TW nosił już nowy pseudonim, „Pątnik", będący aluzją do jego kontaktów z kalwaryjskim sanktuarium – sporządzono następującą charakterystykę:

```
Podstawowe możliwości TW ps. „Pątnik"
     TW ps. „Pątnik", ksiądz świecki, wicedziekan w powiecie
wadowickim, lat 57, ze Służbą Bezpieczeństwa współpracuje od
maja 1960 r., pozostaje na kontakcie jednego z pracowników,
a od grudnia 1968 r. wykorzystywany jest przez mjr Bogusław-
skiego, Zastępcę Naczelnika Wydziału IV SB.
     Omawiany dobrze jest związany z naszą Służbą. Nie ma da-
nych, aby był zdekonspirowany. Przekazuje interesujące in-
formacje z reguły ustnie, choć są przypadki, że składał je
pisemnie. Podobnie w formie ustnej zlecane są mu zadania.
Otrzymuje wynagrodzenie jedynie w postaci prezentów oraz
upominków okazyjnych.
     Możliwości operacyjne TW ps. „Pątnik" polegają na:
- dotarcie do biskupów i kurialistów,
- szczegółowe dane o przebiegu konferencji dziekańskich,
- konferencjach rejonowych i dekanalnych,
- zdobywanie dokumentów i druków,
- pism przesyłanych do dziekanów,
- opinie o księżach dekanalnych,
- penetrowanie środowiska ojców bernardynów.
```

Z czasem możliwości operacyjne księdza Szlachty jeszcze wzrosły, został bowiem dziekanem nowo utworzonego dekanatu kalwaryjskiego. Od tej pory jego głównym zadaniem było relacjonowanie przebiegu kongregacji dziekańskich, odbywających się głównie w Kurii Metropolitalnej. Ze spotkań, w których uczestniczył, robił obszerne notatki; zachowały się one po dziś dzień, gdyż ich treść esbecy przepisywali później na maszynie, sporządzając wyciągi do teczek dotyczących innych osób i spraw. Niektóre ze spotkań próbował nawet nagrywać na otrzymany od SB magnetofon. Udostępniał też wszystkie dokumenty kurialne, aby esbecy mogli zrobić ich fotokopie. W 1971 roku uczestniczył w pielgrzymce do Rzymu z okazji beatyfikacji ojca Maksymiliana Kolbego. Z wyjazdu tego również sporządził notatki, których fragmenty zostały przekazane naczelnikom Wydziałów I i IV Departamentu IV MSW.

W tym czasie oficerami prowadzącymi „Pątnika" byli kolejno: major Wiesław Ciupiński, kapitan M. Radecki i kapitan Tadeusz Cholewa. W swoich opiniach o TW podkreślali, że uważa się on za fachowca i konsultanta i popisuje się posiadaną wiedzą. Mimo to, zgodnie z procedurami, ustawicznie sprawdzali jego wiarygodność. Mieli też pod kontrolą sprawę obyczajową, w którą duchowny był uwikłany; gdyby zainteresowany chciał w przyszłości zerwać współpracę, mogła im ona posłużyć do szantażu.

Mimo postępującej choroby „Pątnik" do samego końca wykonywał powierzane mu zadania. Szczególna rola przypadła mu w czerwcu 1979 roku, kiedy to na trasie papieskiej pielgrzymki znalazło się kalwaryjskie sanktuarium. TW udostępniał swoim mocodawcom wszystkie zarządzenia kurialne. Informował ich też o składzie komitetu organizacyjnego i zasadach rekrutacji służby porządkowej. Zobowiązał się ponadto do utrwalenia na taśmie wystąpień hierarchów przed wizytą papieża i w czasie jego pielgrzymki. Był najważniejszym źródłem SB „zabezpieczającym" wizytę Jana Pawła II w Kalwarii Zebrzydowskiej. W aktach operacji „Lato 79" znajdują się następujące zapisy:

Zadania dla TW „Pątnik" na kontakcie kpt. T. Cholewy w związku z wizytą papieża w Krakowie.
    I. W zakresie przygotowań Kościoła krakowskiego do wizyty będzie realizował następujące zadania:
    1. Całokształt przygotowań organizatorów do przyjęcia papieża w sanktuarium w Kalwarii Zebrzydowskiej.
    - skład komitetu, podział zadań i kompetencji, osoby świeckie,
    - formy pracy komitetu, terminy i miejsce zebrań,
    - zamierzenia, ustalenia łącznie z władzami świeckimi,
    - harmonogram planowanej imprezy poprzedzających wizytę jak i na okres samej wizyty, ich charakteru i wymowy ideowej [sic!],
    - zamierzenia odnośnie propagandy i agitacji wokół wizyty,
    - zasady rekrutacji służby porządkowej, stosunek ilościowy duchownych i świeckich, sugestie daleko idącej współpracy w zakresie utrzymania porządku podczas pobytu, jak i na trasie przejazdu w dekanacie,
    - zapewnienie sobie utrwalenia na taśmie magnetofonowej wystąpień hierarchów i papieża przed jak i podczas wizyty.

2. Ocena jak kler terenowy i w jakim zakresie realizuje wytyczne kurii, w jakim stopniu partycypuje w przygotowaniach. [...]

4. Na spotkaniach z księżmi i wiernymi TW będzie podnosił pozytywne oceny polityki państwa na odcinku wyznaniowym z podkreśleniem wdzięczności za zaproszenie papieża, wysiłków w zakresie zapewnienia bezpieczeństwa Jana Pawła II.

Powyższe wytyczne dotyczyły ostatniego przyjętego przez księdza Szlachtę zadania. Zmarł po ciężkiej chorobie 6 kwietnia 1980, w 67. roku życia.

Problemy obyczajowe były pretekstem do zwerbowania jeszcze jednego dziekana – księdza Tadeusza Jajki. Urodzony 12 września 1910 roku w Jarosławiu, w diecezji przemyskiej, duchowny ten ukończył Wyższe Seminarium Duchowne w Krakowie i w 1933 roku otrzymał święcenia kapłańskie. Jego kolegami rocznikowymi byli m.in. księża Julian Groblicki, późniejszy biskup sufragan krakowski, i opisany już w jednym z wcześniejszych rozdziałów ksiądz Bolesław Przybyszewski. Ksiądz Jajko pracował jako wikary w Niegowici i Żywcu; w 1940 roku został administratorem parafii żywieckiej. W 1946 skierowano go do Bobrka koło Oświęcimia, a rok później – już jako proboszcza – do Zatoru. Z czasem został też dziekanem dekanatu zatorskiego.

Pierwsze zapiski na jego temat w archiwach bezpieki pochodzą z tego właśnie czasu. Funkcjonariusz w swoim raporcie odnotował nieprzychylny stosunek nowego proboszcza do komunizmu:

Po przejściu na teren Zatora, jako proboszcz tej parafii w dużym stopniu oddziaływał na parafian i przeciwstawiał ich do Polski Ludowej. Oddziaływał poprzez wygłaszanie kazań wrogich przeciwko obecnemu ustrojowi. Nawoływał, aby nie wstępować do Partii. Młodzież odciągał od organizacji ZMP [Związek Młodzieży Polskiej], żeby z tej organizacji występowała, a sam kierował KSMM [Katolickim Stowarzyszeniem Młodzieży Męskiej] i wciągał młodzież z Zatora i sam organizacją tą kierował. Podczas głosowania w 1947 do urny wrzucił czystą kartkę, nie podpisał Apelu Sztokholmskiego. W 1954 r., gdy było zarządzenie, żeby usunąć emblematy religijne oraz została wycofana religia ze szkół, w/w zorganizował ludność w gromadzie Laskowa, aby się udali do kierownika szkoły i domagali się nauki religii.

Jednak z upływem lat poglądy księdza Jajki stały się mniej radykalne. W 1959 roku SB zaczęła ponownie zbierać informacje na jego temat. Zwrócono uwagę na wysoki poziom intelektualny i oczytanie duchownego, a także jego zamiłowanie do sportu. Przede wszystkim jednak bezpieka zainteresowała się nim z racji funkcji, którą pełnił, dawała mu ona bowiem łatwy dostęp do dokumentów kurialnych. W 1961 roku starszy oficer operacyjny podporucznik Szczepan Magiera rozpoczął opracowywanie pod kątem ewentualnego werbunku: zarządził kontrolę korespondencji i inwigilację duchownego oraz przydzielił zadania TW o pseudonimie „M" (proboszczowi z małej parafii pod Oświęcimem).

W wyniku podjętych działań uzyskano informacje o problemach obyczajowych księdza dziekana. W grudniu 1962 roku zaproszono go na poufną rozmowę do hotelu „Orbis" w Katowicach. Duchowny zjawił się na niej – co podkreślono w raporcie – w stroju świeckim, bez koloratki. Wobec przedstawionych mu przez porucznika J. Dąbrowskiego kompromitujących materiałów zgodził się na współpracę. Nadano mu pseudonim „Tadek" (ze względu na kilka identycznych pseudonimów w tej publikacji będzie on określany jako „Tadek" III).

Szantażowany ksiądz początkowo próbował uchylać się od udzielania bardziej szczegółowych informacji. Z czasem jednak stał się mniej ostrożny, a nawet oswoił się z tym, że utrzymuje regularne kontakty z funkcjonariuszami SB. Świadczy o tym charakterystyka sporządzona w 1964 roku przez majora Ferdynanda Odrzywołka:

W początkowym okresie wykazywał na spotkaniach pewne opory przy stawianiu mu pytań dotyczących działalności kurii, czy poszczególnych księży. Często podkreślał, że nie chce abyśmy go uważali za konfidenta, gdyż na takiego się nie nadaje. Trzeba było bardzo umiejętnie prowadzić rozmowę, aby uzyskać potrzebne informacje. W miarę jednak dalszych spotkań, przeprowadzanych z nim rozmów, uzyskanych informacji TW „Tadek" przyzwyczaił się do naszej współpracy i obecnie nie stwierdzamy u niego skrupułów przy udzielaniu takich, czy innych informacji dot. Kurii, czy poszczególnych księży. Na zaplanowane spotkania przyjeżdża punktualnie według planowanego grafiku, przeważnie raz w miesiącu. [...]

Jeżeli zajdą nieprzewidziane okoliczności – pogrzeb, wyjazd do kurii – TW dzwoni na nr 2303 w przeddzień spotkania i powiadamia, że nie będzie mógł doręczyć metryki, a może ją doręczyć dnia... [tak w oryginale]. Oznacza to dzień, w którym mamy odbyć rezerwowane spotkanie. Jest to legenda opracowana wspólnie na wypadek braku możliwości przyjazdu na zaplanowane spotkanie lub wywołanie dodatkowego spotkania. W dotychczasowej pracy fakt taki miał miejsce tylko raz. Wszystkie odbyte spotkania odbyły się na terenie Katowic, gdyż tam są najlepsze możliwości odbywania spotkań bez dekonspiracji.

Spotkania odbywały się regularnie, trwały zwykle około dwóch godzin, a duchowny zjawiał się na nich – co też podkreślano w raportach – bardzo punktualnie. Zwracano mu zawsze koszty podróży, a czasami, z okazji imienin czy jubileuszu święceń kapłańskich, otrzymywał też drobne upominki, np. pióro Waterman. Zwrot kosztów przyjmował bez skrępowania, natomiast upominki – bardzo niechętnie. Był uważany przez esbeków za jednostkę wartościową, zachowującą zasady konspiracji. Jego doniesienia dotyczyły głównie: biskupa Juliana Groblickiego oraz innych kolegów ze studiów (sporządził charakterystyki dwunastu z nich); księży z dekanatu oświęcimskiego i zatorskiego, a zwłaszcza księdza Władysława de Grohsa z Osieka, księdza Teofila Kurowskiego z Oświęcimia (obaj byli jego kolegami rocznikowymi), księdza Franciszka Kapuścińskiego z Przeciszowa i księdza Franciszka Zyzańskiego z Piotrowic; planu i przebiegu wizytacji biskupich w dekanatach oświęcimskim i zatorskim w 1965 roku; przebiegu kongregacji dekanalnych i dziekańskich; planowanych przenosin duchownych; treści pism kurialnych; wykonywania przez księży pracujących w parafiach zaleceń kurii; wreszcie – nastrojów panujących wśród duchownych.

„Tadek" III otrzymywał też konkretne zadania do wykonania. Oto dwa przykłady:

Przy nadarzającej się okazji odwiedzić kolegę ze studiów w seminarium duchownym ks. Kurowskiego. Dowiedzieć się w umiejętnie przeprowadzonej rozmowie o zamiarach kurii, przeniesieniach wikarych itp.

W wypadku otrzymania ważniejszych zarządzeń czy instrukcji z Kurii wywołać dodatkowe spotkanie celem zorientowania się o treści tych zarządzeń.

TW „Tadek" otrzymał ustne zadanie wykorzystać swoje znajomości z okresu studiów w seminarium z bpem Groblickim do nawiązania z nim ściślejszego kontaktu.

Wszystkie otrzymane zarządzenia z kurii do realizacji „w dół" natychmiast przekazywać na dodatkowych spotkaniach - do wiadomości. [...]

W związku z wyborami do Sejmu i rad narodowych, zainteresować się wypowiedziami na ten temat i charakterystyczne, wrogie wypowiedzi przekazywać na następnym spotkaniu.

Owocną dla SB współpracę przerwały kolejne problemy obyczajowe, w które wplątał się ksiądz Jajko. Tym razem skargi parafian trafiły do kurii w Krakowie, która w 1967 roku zawiesiła duchownego na pewien czas w czynnościach duszpasterskich, usunęła z probostwa i dziekaństwa (katalog duchowieństwa za rok 1967 wykazuje na tych stanowiskach wakat) i skierowała na rekolekcje do klasztoru. Po ich zakończeniu ksiądz Jajko opuścił Zator i zamieszkał w Podczerwonem, w parafii Czarny Dunajec, przechodząc w wieku zaledwie 57 lat na wcześniejszą emeryturę. Wobec takiego obrotu sprawy esbecy decyzją z 12 września 1967 roku rozwiązali z nim współpracę, uważając, że jego możliwości operacyjne się wyczerpały. Duchowny zmarł w Podczerwonem 10 stycznia 1993 roku, na kilka miesięcy przed pięćdziesiątą rocznicą swoich święceń kapłańskich.

Mimo opisanych przypadków, należy stwierdzić, że ogromna większość dziekanów i wicedziekanów okazała się ludźmi godnymi zaufania. Utrudniło to na pewno bezpiece pozyskiwanie poufnych informacji z życia Kościoła, a tym samym prowadzenie działań zmierzających do jego rozbicia.

Wyżsi przełożeni zakonni

Na terenie archidiecezji krakowskiej działało – i działa nadal – bardzo wiele zgromadzeń zakonnych. Przyczyn tego stanu rzeczy można wskazać kilka. Po pierwsze, w okresie zaborów w Krakowie – i w całej dawnej Galicji – placówki zakonne męskie i żeńskie nie były tak zacięcie likwidowane jak w zaborze rosyjskim (po przegranych powstaniach) czy w zaborze pruskim. Po drugie, ze względu na obecność Wydziału Teologicznego wiele zakonów tworzyło tutaj własne seminaria duchowne. Po trzecie, mądra polityka metropolitów krakowskich, zwłaszcza kardynałów Adama Stefana Sapiehy i Karola Wojtyły, przyczyniała się do tego, że na terenie archidiecezji krakowskiej obierały sobie siedzibę coraz to nowe zgromadzenia. Z związku z tym, a także z powodu rangi Krakowa w strukturach kościelnych na terenie miasta rezydowali niektórzy wyżsi przełożeni i przełożone zakonów i zgromadzeń męskich i żeńskich.

Środowiska zakonne, ze względu na swoją hermetyczność i wewnętrzną solidarność, były bardziej odporne na działania prowadzone przez komunistyczny aparat bezpieczeństwa. Ten ostatni, aby osiągnąć swoje cele, wykorzystywał więc pewne negatywne zjawiska, np. konflikty wewnętrzne w klasztorach czy urażone lub wybujałe ambicje poszczególnych zakonników, nie mówiąc już o szantażu opartym na kompromitujących materiałach. Szczegółowe badania w tym zakresie prowadzi od kilku lat ksiądz Józef Marecki, profesor Papieskiej Akademii Teologicznej w Krakowie. Systematyczną kwerendą w archiwach IPN zajmują się też m.in. przedstawiciele dominikanów i benedyktynów. W niniejszym opracowaniu problem ten będzie zaledwie zasygnalizowany: przedstawionych zostanie kilka przypadków podjęcia współpracy przez zakonników sprawujących wysokie funkcje w swoich wspólnotach.

Pierwszy przypadek dotyczy ojca Stanisława Nawrockiego, prowincjała zakonu jezuitów. Duchowny ten był w latach pięćdziesiątych represjonowany przez władze komunistyczne. Warto więc wnikliwie przyjrzeć się jego skomplikowanym losom.

Ojciec Stanisław Nawrocki urodził się w 1915 roku w Kurowie koło Nowego Sącza. W 1930 roku wstąpił do nowicjatu ojców jezuitów w Starej Wsi; zdał maturę jako zakonnik, a w 1941 roku w okupowanej Warszawie przyjął święcenia kapłańskie. Po wojnie pracował w Krakowie, opiekując się ruchem sodalicji mariańskich; był też zastępcą promotora krajowego tego ruchu. Równocześnie kontynuował studia na Katolickim Uniwersytecie Lubelskim i Uniwersytecie Warszawskim. W styczniu 1950 roku w Warszawie został aresztowany przez UB pod sfingowanymi zarzutami. Wraz z nim aresztowano innego jezuitę, ojca Tomasza Rostworowskiego, kapelana AK i uczestnika Powstania Warszawskiego, a także trzech świeckich członków Sodalicji Mariańskiej Akademików. We wrześniu 1951 roku, po procesie sądowym, który urągał wszelkim zasadom praworządności, ojciec Nawrocki został skazany na 12 lat więzienia za to, że „usiłował przemocą zmienić ustrój Państwa Polskiego".

Podczas odbywania kary duchowny został pozyskany do współpracy przez funkcjonariuszy Wydziału II Departamentu XI MBP. Do podpisania zobowiązania doszło w więzieniu we Wronkach 17 lipca 1953 roku. Wedle akt, duchownego pozyskano „na zasadzie lojalności"; był to wybieg ze strony wielu więźniów politycznych, którzy w ten sposób próbowali wyrwać się na wolność. Jednak ojciec Nawrocki wyszedł z więzienia dopiero we wrześniu 1955 roku i to tylko dlatego, że uzyskał zgodę na roczną przerwę w odbywaniu kary. W maju następnego roku objęła go amnestia.

Niestety, w przeciwieństwie do wielu innych więźniów nie potrafił na wolności zerwać współpracy z bezpieką. Przez pierwsze lata unikał wprawdzie kontaktu, ale – jak wynika z zachowanych dokumentów – od 1960 roku zaczął spotykać się systematycznie z esbekami, udzielając im wielu informacji. Spotkania odbywały się na ogół w lokalach konspiracyjnych. W sumie w sidłach bezpieki komunistycznej, jako TW o pseudonimie „Jackowski", tkwił przez 30 lat, z kilkuletnią zaledwie przerwą. Za swoje doniesienia otrzymywał różnego rodzaju podarki, np. radio, wieczne pióro, paczki żywnościowe itp. Współpraca z nim była dla SB bardzo cenna. Dowodzi tego jego charakterystyka sporządzona w 1964 roku:

Ostatnio brał udział w sprawie „Oskar". Reprezentuje on linię współpracy z rządem. Krytykuje Wyszyńskiego za jego awanturnictwa. Wręcz wrogo ustosunkowany jest do otoczenia Wyszyńskiego, a przede wszystkim „ósemek" [członkiń Instytutu Prymasowskiego].

Jako członek komisji Episkopatu przekazuje informacje z obrad, podaje sytuację u jezuitów oraz charakteryzuje interesujących nas zakonników. Pewnym jest, że „Jackowski" z faktu współpracy z nami nie zdradził się i postępowaniem swoim stara się nie zdekonspirować. Wydaje się, że wykona każde zadanie, jeżeli nie będzie prowadziło do jego dekonspiracji.

W tym czasie – dokładnie w latach 1960–1967 – ojciec Nawrocki był członkiem Komisji Duszpasterskiej Episkopatu. W roku 1967 został prowincjałem prowincji południowej zakonu, pełnił tę funkcję do 1973. Składane przez niego doniesienia dotyczyły nie tylko spraw wewnątrzzakonnych; omawiano z nim również szersze kwestie, np. relacje między zakonem jezuitów a polskim episkopatem. Interesujące informacje na ten temat przynosi m.in. następujący dokument:

Notatka dot. inicjatywy Urzędu zrealizowanej w związku z uporczywym i tendencyjnym dezinformowaniem Watykanu przez episkopat o rzeczywistej sytuacji Kościoła w naszym kraju.

Hierarchia kościelna w Polsce – jak wiadomo – uporczywie przekazuje Watykanowi zafałszowane lub niekompletne informacje dot. sytuacji Kościoła rzymskokatolickiego w naszym kraju. Fakt ten podkreślają również lojalnie nastawieni przedstawiciele duchowieństwa. W ostatnich tygodniach tę obłudną politykę scharakteryzował szeroko w poufnych z nami rozmowach b. prowincjał zakonu OO. Jezuitów ks. S. Nawrocki. [...] Tego rodzaju taktyka już w przeszłości dała pozytywne rezultaty doprowadzając do rozdźwięków między generałem Zakonu OO. Jezuitów – ks. P. Arrupe a kard. Wyszyńskim – w związku z przekazaną przez polskich jezuitów do Rzymu relacją o sytuacji tego zakonu w Polsce.

Wiele doniesień „Jackowskiego" było daleko idącą krytyką postępowania prymasa Wyszyńskiego oraz innych członków Episkopatu. W latach siedemdziesiątych duchowny wyjeżdżał do Austrii i Włoch, wykonując przy okazji zlecenia bezpieki. Pobierał za to wynagrodzenie w obcej walucie. Informacja na ten temat zachowała się m.in. w raporcie z 16 kwietnia 1974 roku:

```
Wiceminister Spraw Wewnętrznych
Gen. bryg. B. Stachura.
    W związku z planowanym przez TW „Jackowski" wyjazdem w dniu
25 IV br. do Rzymu w czasie którego realizował będzie nasze
zadania omówione podczas spotkania w dniach 10 III i 9 IV br.
proponuję wypłacić na kwotę 100 dol. amerykańskich na pokry-
cie wydatków związanych z pobytem w Rzymie.
    Z-ca Dyrektora Departamentu III MSW
    Płk mgr K. Straszewski
```

Pod spodem jest odręczny dopisek:

```
Kwotę 100 dol. amer. wręczyłem TW „Jackowski" podczas spot-
kania w dn. 18 IV 74 /vide: notatka ze spotkania sporządzo-
na 20 IV/.
```

Podobne raporty dotyczyły wyjazdu w 1975 roku do Wiednia, a także do Rzymu, gdzie ksiądz Nawrocki wyjeżdżał jako członek Rady Międzynarodowej Instytutu Kultu Serca Jezusowego. Oto uzasadnienie wypłaty kolejnych 100 dolarów, w 1978 roku:

```
W pierwszej połowie maja TW „Jackowski" wyjeżdża na zlecenie
Departamentu IV do Rzymu. Podczas pobytu w Rzymie będzie re-
alizował zadania wynikające z planu działań dezintegracyj-
nych wobec Episkopatu i kard. Wyszyńskiego.
    W rozmowach jakie planuje przeprowadzić w Domu Generalnym
Jezuitów oraz w Kongregacji ds. Zakonnych a także ze swoimi
znajomymi w Rzymie będzie się starał przekonać czynniki wa-
tykańskie o potrzebie zwrócenia większej uwagi na sytuację
w Kościele polskim, którą charakteryzuje szereg negatywnych
zjawisk. Potrzebę tę przedstawi na tle konfliktów występują-
cych między prymasem i niektórymi biskupami a zgromadzenia-
mi zakonnymi, a także wskaże na przypadki negatywnych postaw
moralnych biskupów tolerowanych przez prymasa w imię rzeko-
mej jedności Episkopatu. Wyeksponowana zostanie w tym kon-
tekście sprawa Częstochowy.
    Zastępca Dyrektora Departamentu IV MSW, płk mgr Czesław
Wiejak.
```

Działalność księdza Nawrockiego była kontrolowana przez innych tajnych współpracowników działających w zakonie. W Warszawie byli nimi TW o pseudonimach: „Maria", „Głowacki", „Ryszard" i „Szczepan", a w Krakowie – „Anteusz", „Padre" i „Kazek". Ten ostatni dostarczył np. w 1967 roku wykaz zapowiedzianych wizytacji prowincjała we wszystkich placówkach zakonnych.

W latach następnych były prowincjał, mieszkając w domu klasztornym w Krakowie Przegorzałach przy ulicy Zaskale, zajmował się piśmiennictwem i poligrafią. Z sieci agenturalnej SB wyeliminowany został 24 września 1982 roku decyzją Wydziału I Departamentu IV MSW. Jako powód podano „brak możliwości", co w tym wypadku oznaczało zaawansowany wiek i brak dostępu do ważnych informacji. Po wyrejestrowaniu akta TW „Jackowskiego" zostały złożone w Wydziale II (archiwum) Biura „C" MSW pod numerem 7085/I. Ksiądz Stanisław Nawrocki zmarł 10 marca 1986 roku w Krakowie. Pozostawił po sobie wiele artykułów i publikacji książkowych. W styczniu 1991 roku Sąd Najwyższy na podstawie rewizji nadzwyczajnej uchylił wyrok wydany na niego czterdzieści lat wcześniej.

W aktach pozostałych po SB zachowały się też dokumenty innego wysokiego przełożonego zakonnego, księdza Gerarda Brumirskiego, prowincjała ojców pijarów, zarejestrowanego jako TW o pseudonimie „Mikołaj" (w niniejszym opracowaniu – „Mikołaj" II). Duchowny ten urodził się w 1933 roku w Grudziądzu, wyświęcony został w 1958, a funkcję prowincjała objął w 1979. Inaczej niż w wypadku księdza Nawrockiego, SB zainteresowała się nim dopiero wówczas, gdy został prowincjałem – chciano w ten sposób uzyskać wpływ na prężnie działający zakon. Ponieważ bezpiece nie udało się zdobyć żadnych materiałów kompromitujących, liczono, że duchowny zostanie pozyskany „na paszport". Jak wynika z dokumentów, zanim doszło do sformalizowania współpracy, funkcjonariusze SB przeprowadzili z księdzem Brumirskim dziewięć rozmów operacyjnych, podczas których duchowny ujawnił wiele szczegółów z życia prowincji. Najważniejsza rozmowa odbyła się 13 maja 1981 roku w Hotelu Grand w Warszawie, gdzie duchowny nocował na koszt SB. Udzielił wówczas pełnej informacji o przebiegu Konferencji Wyższych Przełożonych Zakonów Męskich, w której brali udział prowincjałowie z całej Polski. Po tej rozmowie, w sierpniu tegoż roku, został zarejestrowany jako TW.

Następne spotkania odbywały się na ogół w mieszkaniach prywatnych. Duchowny przychodził na nie zawsze po cywilnemu. Jego działalność była kontrolowana przez innych TW, o pseudonimach „Brzoza", „Kazik", „Andrzej" (w niniejszej publikacji będzie on określany jako „Andrzej" II) i „Wiktor" („Wiktor" II), z których niektórzy byli pijarami. Nawiasem mówiąc, członkami tego zakonu byli także TW „Konrad", który w 1984 roku brał udział w pracach zarządu prowincji, oraz TW „Franek" („Franek" III), który donosił na kleryka Tadeusza Gadacza, późniejszego prowincjała i profesora PAT-u. Doniesienia samego „Mikołaja" dotyczyły przede wszystkim wewnętrznych spraw prowincji, w tym m.in. działalności księdza Eugeniusza Śpiołka, duszpasterza młodzieży, intensywnie zwalczanego przez bezpiekę. Temu ostatniemu prowincjał na polecenie esbeków zabronił np. śpiewać z młodzieżą pieśni oazowe pod pomnikiem Mickiewicza na Rynku Głównym w Krakowie. „Mikołaj" informował też SB o kontaktach księdza Śpiołka z księdzem Franciszkiem Blachnickim oraz o działalności domu oazowego w Łapszach Niżnych na Spiszu.

O tym, jak ważne i różnorakie informacje przekazywał bezpiece, niech świadczy notatka funkcjonariusza SB z lipca 1981 roku, zawierająca spis tematów, które poruszono w rozmowie z TW:

1. Przebiegu i celu pobytu „GB" [Gerarda Brumirskiego] w Kanadzie.
2. Przebiegu odbytej w Rzymie Kongregacji Generalnej, na której rozpatrywano sprawę złożonej rezygnacji z pełnienia funkcji prowincjała polskiej prowincji zakonu pijarów, przez „GB".
3. Decyzji generalatu w sprawie obsadzenia wolnego wakatu ekonoma generalnego.
4. Szans kandydata na przejście do pracy w generalacie.
5. Centralnego Ośrodka Duszpasterstwa Powołań Polskiej Prowincji Pijarów w Łapszach Niżnych.
6. Przyczyn powstania w klasztorze w Łowiczu konfliktu pomiędzy zakonnikami.
7. Parafii pijarskiej w Bolszewie, woj. gdańskie.
8. Uzyskanych w br. przez prowincję dotacji finansowych z zagranicy.
9. Wyjazdu na misje o. Andrzeja Rybaka.

10. Nowo wyświęconych pijarów i miejsc do których zostali skierowani do podjęcia pracy duszpasterskiej.
11. Atmosfery jaka zapanowała wśród pijarów włoskich w związku z wyborem nowego Prymasa Polski.

Prowincjał przekazał także SB list, który w związku z planowaną rezygnacją rozesłał do wszystkich pijarów w Polsce. Rzeczywiście, złożył rezygnację, ale generał zakonu jej nie przyjął. Również SB namawiała go, aby startował w wyborach na kolejną kadencję.

Kontakty z „Mikołajem" utrzymywali nie oficerowie wojewódzkich Wydziałów IV SB, ale funkcjonariusze Wydziału V Departamentu IV MSW, który to wydział koordynował w skali kraju działania bezpieki przeciwko zakonom. Oficerem prowadzącym duchownego był kapitan Cezary Hryniewicz. Funkcjonariusz płacił za poczęstunki w restauracjach, przekazywał też prezenty, m.in. tzw. paczki delikatesowe, butelki alkoholu (koniak Ararat, winiak Pałacowy itp.), a nawet... zamek do drzwi samochodowych, o który TW sam poprosił esbeka.

W 1982 roku, po odejściu z funkcji prowincjała ksiądz Brumirski został katechetą w Krakowie, a po kilku latach wyjechał do pracy w kurii generalnej zakonu w Rzymie. Dlatego też oficer prowadzący napisał w raporcie:

Wym[ieniony] aktualnie przebywa za granicą – we Włoszech, gdyż od 1986 r. jest asystentem generała zakonu na okres 4 lat. Stopień związania TW ze Służbą Bezpieczeństwa jest niewystarczający, ażeby utrzymywać kontakt za granicą i ew. kontynuować współpracę. Stąd najwłaściwszym jest zawieszenie współpracy.

W ten sposób urwały się kontakty „Mikołaja" z funkcjonariuszami SB. Na list wysłany przez autora niniejszej publikacji odpowiedział; odpowiedź znajduje się w części Załączniki.

Dwa pozostałe przypadki dotyczą opactwa Ojców Cystersów w Mogile. Znaczenie tego ośrodka dla pracy duszpasterskiej prowadzonej na terenie Nowej Huty, a także dla wspierania opozycji solidarnościowej w latach osiemdziesiątych omówione zostanie krótko w rozdziale Przypadek „Skali" w części VIII niniejszego opracowania. Zasłużyli się tu szczególnie ojcowie: Norbert Paciora, duszpasterz oazowy, Paweł Mynarz, duszpasterz nauczycieli, oraz Jacek Stożek, duszpasterz robotników.

Zdając sobie sprawę z roli, jaką opactwo odgrywa w życiu mieszkańców Nowej Huty, SB starała się pozyskać w jego obrębie jak najwartościowszych współpracowników. W kilku wypadkach wysiłki te zakończyły się sukcesem. Jak wynika z zachowanych dokumentów, tak było np. w wypadku jednego z zakonników, któremu nadano pseudonim „Ludwik". Jego jednoznaczna identyfikacja nie jest na razie możliwa. W esbeckim raporcie z 1977 roku napisano o nim:

TW. ps. „Ludwik" - z zakonu OO. Cystersów w Mogile zaangażowany w pracy parafialnej tego zakonu na terenie Nowej Huty. Posiada możliwości szczegółowego informowania o metodach i formach pracy duszpasterstwa akademickiego, które znajduje się w stadium organizowania - na kontakcie RSB [Referatu Służby Bezpieczeństwa] Nowa Huta.

Zachowane dokumenty pozwalają natomiast na identyfikację innego TW zwerbowanego w opactwie, noszącego kolejno pseudonimy „Stanisław" (w niniejszej publikacji „Stanisław" II) i „Wiśniewski". Chodzi o ojca Bogumiła Salwińskiego, opata mogilskiego w latach 1972–1989.

Duchowny ten urodził się w 1931 roku w Krakowie; na chrzcie otrzymał imię Władysław. W 1953 roku przyjął święcenia kapłańskie. W zakonie pełnił różne funkcje, m.in. od 1957 roku był administratorem parafii cysterskiej w Trybszu na Spiszu. Po wybraniu na urząd opata w Mogile znalazł się „w zainteresowaniu" funkcjonariuszy Wydziału IV SB w Krakowie. Jeden z nich, kapitan Stanisław Piskorz, przygotował w 1972 roku wniosek o opracowanie go jako kandydata na TW:

1. Po przeanalizowaniu materiałów operacyjnych postanowiłem opracować kandydata na t.w.
    Ob. Salwiński Władysław, imię zakonne Bogumił, [...] zam. Nowa Huta, Opactwo Cystersów.

2. Uzasadnienie wytypowania kandydata na t.w. - Jaki cel przed w/w kandydatem na TW stawiam:
    Notowane ożywienie działalności kościoła a przede wszystkim ekspansywność na odcinku opanowywania samych osiedli dzielnicy Nowa Huta i związane z tym nielegalne budownictwo sakralne, wskazują potrzebę docierania do kierowniczych ogniw kleru. Wytypowany kandydat z uwagi na funkcje i pozycję wśród hierarchii kościelnej przekazywać ma nam interesujące

informacje jak też można będzie poprzez niego oddziaływać na kształtowanie korzystnej dla nas sytuacji.

3. Sposób opracowania:

Kandydat zostanie opracowany zgodnie z nakreślonym planem, który przewiduje przede wszystkim zebranie odpowiednich kompr-materiałów na w/w jako argumentów przekonywujących go do konieczności współpracy z nami.

Nazwisko i podpis prac. operacyjnego - kpt. S. Piskorz

Funkcjonariusz SB szybko się zorientował, że bez posiadania wspomnianych materiałów nie uda mu się skłonić zakonnika do współpracy. Pierwszą rozmowę z nim opisał następująco:

Kandydat jest na dość wysokim poziomie intelektualnym. Stara się „pozować" na rozmodlonego mnicha. W rozmowie wykazuje swoją wyższość i niechętny stosunek do władz państwowych. Niemniej rozmowę prowadzi taktownie stawiając jasno sprawę, że nie wyraża chęci na jakiekolwiek dialogi ze Służbą Bezp. W tym przypadku jedynie mat. kompr. mogą przekonać go do konieczności współpracy z SB.

Wypełniając następną część kwestionariusza, kapitan Piskorz raz jeszcze powtórzył to zastrzeżenie. Jednocześnie podkreślił, jakie nadzieje można wiązać z kandydatem:

1/ Cel pozyskania - poprzez kandydata planuję zapewnić sobie dopływ informacji o naradach wyższych przełożonych zakonnych, jak też sytuacji w zakonie cysterskim. Niezależnie od tego również jako jeden z celów pozyskania będzie zapewne możliwość naszego oddziaływania na poczynania kierowanego przez kandydata klasztoru, w tym na dziekana Dekanatu O. Stożka Jacka, wywodzącego się z klasztoru cysterskiego.

2/ Możliwości operacyjne kandydata:

Jako jeden z przełożonych zakonu bierze udział we wszystkich naradach wyższych przełożonych zakonów w kraju i za granicą. Z uwagi na jego osobowość i spryt jest doceniany przez kardynałów Wyszyńskiego i Wojtyłę. Zajmuje się „koniunkturalnie" kultem maryjnym co w sposób wydatny zjednało mu sympatię kardynała Wyszyńskiego, świadczą o tym częste wizyty u Prymasa itp.

3/ Motywy pozyskania:

Spośród trzech opatów cysterskich na terenie kraju, z uwagi na pewne układy kandydat posiada realne możliwości pozostania opatem prezesem w Polsce. Z tej uwagi jego możliwości operacyjne wzrosną. Określona sytuacja kościoła w Nowej Hucie, w tym stałe tendencje do nielegalnego budownictwa sakralnego powodują stałe potrzeby rozbudowy osobowych źródeł informacji i szczególnie tego formatu co kandydat.

4/ Sposób pozyskania:

Kandydata zamierzam pozyskać drogą rozmów operacyjnych, wykorzystując posiadane na niego mat. kompr. o charakterze moralnym. Z opracowania tego wynika, że jedynie ten sposób pozyskania go rokuje pomyślne dla nas efekty. Świadczy o tym również rozmowa z dnia 22 IX 72 skłaniająca do takich stwierdzeń.

Po zatwierdzeniu powyższego wniosku przystąpiono do werbunku. Jego przebieg opisano w części trzeciej cytowanego kwestionariusza:

W dniu 27 XI 1972 r. w Nowej Hucie przeprowadziłem rozmowę werbunkową z wytypowanym kandydatem, w wyniku której:

1. Potwierdziłem cel pozyskania do współpracy /podać krótko rezultat/ –

Wymieniony pod presją mat. kompr. zgodził się na współpracę z naszą służbą za cenę nieujawniania znanych nam o nim faktów. W czasie rozmowy z nim potwierdzono, że istotnie można będzie poprzez w/w utrudniać działalność niektórych interesujących nas osób, a w szczególności zajmującego się nielegalnym budownictwem sakralnym dziekana dekanatu nowohuckiego o. dr Jacka Stożka, który podlega mu jako zakonnik.

2. Uzyskałem w czasie rozmowy następujące informacje:

Dane dotyczące sprawy nielegalnego budownictwa dzwonnicy w klasztorze cysterskim, dane dotyczące pobytu w/w w USA i jego uwagi, dane dotyczące opata Huberta Kostrońskiego w Szczyrzycu oraz uwagi dotyczące mających się odbyć wyborów opata prezesa Cystersów w Polsce.

3. Forma zaangażowania do współpracy /zobowiązanie, pseudonim/ – od w/w pobrane zobowiązania o zachowaniu w tajemnicy treści rozmów jakie z nim będą prowadzone, co jest jed-

noznacznie przez niego zrozumiałe jako współpraca z Służbą
Bezpieczeństwa.
[...]

7. Biorąc powyższe pod uwagę proszę o zatwierdzenie w/w ja-
ko tajnego współpracownika i zarejestrowanie go w ewidencji.
Podpis oficera operacyjnego – Kier. Grupy II Wydz. IV KWMO
Kraków kpt. Piskorz

8. Po zapoznaniu się z całością materiału pozyskanie do
współpracy zatwierdzam
Podpis i pieczątka zatwierdzającego – Z-ca Komendanta Wojewódzkiego MO Ds. Służby Bezpieczeństwa w Krakowie
Płk mgr Henryk Wojciechowski

Zwerbowany drogą szantażu opat współpracował z SB przez 17 lat,
przekazując informacje nie tylko o podległych mu zakonnikach – w tym
o ojcu Niwardzie Karszni i ojcu Jacku Stożku – ale też księżach diecezjalnych, głównie z terenu Nowej Huty. Informował ponadto o wydarzeniach w zakonie cystersów zarówno w kraju, jak i za granicą. W 1979
roku w związku z planowanymi odwiedzinami Jana Pawła II w mogil-
skim sanktuarium otrzymał od SB następujące zadania:

1. Szczegółowe rozpoznanie zakresu i charakteru uroczystości w klasztorze oo. Cystersów w Mogile, jak również zabiegów organizacyjnych podejmowanych przez kierownictwo
   zakonu.
2. Zakres osób zajmujących się bezpośrednim przygotowaniem
   do wizyty papieża w Mogile, podział kompetencji, merytoryczne ustalenie tegoż zespołu /wytyczne kardynała Macharskiego z Kurii/, inicjatyw księży i wiernych. [...]
8. Dystansowanie się od osób związanych z opozycją /m.in.
   grupa inż. Grabczyka/, które dążyć mogą do politycznego
   wykorzystania uroczystości. Przeciwdziałać takim próbom.

4 maja 1979 roku, po złożeniu SB przez TW szczegółowego sprawozdania z kwietniowego pobytu w Rzymie i spotkania z biskupem Rubi-
nem, duchownemu przekazano kolejne wytyczne:

1. Uzgodnić z TW, że przeprowadzi rozmowę z kurialistami
   w celu ustalenia ostatecznej decyzji w sprawie przyjazdu
   do Nowej Huty papieża.

2. Z uwagi, że termin przyjazdu papieża zbliża się zadaniem
TW jest niedopuszczenie do zbytniej rozbudowy programu
pobytu papieża na terenie Nowej Huty.

3. Ponowiono prośbę wobec TW, by natychmiast informował
o wszelkich nowościach związanych z wizytą papieża oraz
by nie dopuścił ażeby wizyta ta wykorzystana została do
innych pozareligijnych celów, w tym usiłowań przekazywania petycji itp.

Nie wiemy, jak opat wywiązał się z powierzonych mu zadań. Faktem jest, że był wykorzystywany przez SB także podczas pielgrzymek
papieskich w 1983 i 1987 roku. Musiał też zdawać relacje ze swoich
wyjazdów zagranicznych. W raporcie Departamentu I z 1984 roku zapisano:

[...] na terenie Europy Zachodniej istnieje organizacja kościelna pod wezwaniem „Św. Benedykt - patron Europy", na
czele której stoi generał zakonu OO. Cystersów O. Sognard
Kleinert - narodowości niemieckiej. W skład tej organizacji wchodzą zakony o regule benedyktyńskiej jak: benedyk-
tyni, cystersi, kameduli i kilka zakonów żeńskich. Jest to
organizacja o wyraźnie antykomunistycznych i antyradziec-
kich tendencjach. Odbywa ona tzw. kongresy, co roku w innym kraju Europy. W kongresach tych z Polski biorą udział
m.in. opat Cystersów o. Salwiński Bogumił, podprzeor klasztoru Cystersów o. Ślęzak Wincenty oraz cysters o. Morawiec
Tomasz. Wśród nich jest dwóch TW wykorzystywanych aktywnie
przez Wydział IV SB.

Jak udało się ustalić, drugim ze wspomnianych TW był ojciec Wincenty Franciszek Ślęzak, były więzień KL Auschwitz, zwerbowany do
współpracy w latach sześćdziesiątych (jego oficerem prowadzącym był
również kapitan Piskorz). Nosił on pseudonim „Marian". Zakonnik ten
zmarł w 1993 roku. Nawiasem mówiąc, poza wymienionymi w zakonie
cystersów działało przez lata kilka innych cennych źródeł informacji,
w tym TW „Dobrowolski", zwerbowany w 1977 roku.

Opat Bogumił Salwiński za przekazywane informacje domagał się
od SB pomocy w różnych sprawach. W jednym z raportów funkcjonariusz prowadzący zapisał:

TW w rozmowie ponawiał prośbę dot. umożliwienia mu zaku-
pu działki o co zwracał się pisemnie w czasie poprzedniego spotkania. Prosił, o ile sprawa ta nie byłaby możliwą do
załatwienia, to by udzielić mu odpowiedzi i wówczas będzie
się odwoływał.

Zakup działki – dodajmy: w Zabierzowie pod Krakowem – został mu
ułatwiony. Opat wybudował na niej na własną rękę luksusową rezyden-
cję, która, nawiasem mówiąc, przyniosła współbraciom więcej strapień
niż pożytku. Nie wiemy dokładnie, kiedy współpraca została rozwiązana. Ojciec Salwiński zmarł w 1991 roku.

Ponadto ze sprawozdań krakowskiego Wydziału IV SB za lata 1976
i 1977 wiadomo o kilku jeszcze przełożonych zakonnych współpracujących z bezpieką. Wśród nich są:

TW „Zenon" – członek kierownictwa domu oo. Redemptorystów.

TW „Polański" [II] – ks. zakonny – osoba o wysokiej pozycji
w hierarchii zakonnej, doktorant, współpracuje z ośrodkami
naukowymi – do zakonu kanoników regularnych.

Ich personalia są w trakcie ustalania.

Księża pracujący w parafiach

Dla Służby Bezpieczeństwa ważnymi informatorami byli nie tylko duchowni pozyskani z kręgów kurialnych czy profesorskich, ale także spośród zwykłych księży pracujących w parafiach. Dzięki nim można było zbierać informacje np. o problemach obyczajowych innych duchownych, o księżach sprzyjających ruchowi oazowemu lub sympatyzujących z opozycją, o nastrojach panujących wśród duchowieństwa itp. Starano się w każdym dekanacie mieć przynajmniej jednego takiego tajnego współpracownika. Jeżeli pozyskano dwóch lub trzech, którzy nic o sobie nawzajem nie wiedzieli, można było sprawdzać wiarygodność ich doniesień. Rolę tajnych współpracowników umieszczonych w strukturach dekanalnych i parafialnych ilustrują poniższe przykłady; kilka innych opisano już we wcześniejszych rozdziałach.

Pierwszy z nich dotyczy duchownego zarejestrowanego przez SB jako TW o pseudonimie „Rudolf". Wedle zachowanych dokumentów chodzi o księdza Tadeusza Zalarskiego. Urodzony w 1922 roku w Chrzanowie, święcenia kapłańskie przyjął w Krakowie w 1951. Przez pierwsze lata pracował jako wikary w kilku parafiach. Od 1966 roku był administratorem parafii w Łękawicy koło Wadowic, a od 1972 – parafii w Krzyszkowicach koło Myślenic. W następnych latach był także proboszczem w Borku Szlacheckim.

Zachowało się zobowiązanie do współpracy z SB, które podpisał w 1970 roku. Z funkcjonariuszem prowadzącym spotykał się średnio dziesięć razy w roku. Jego doniesienia uważane były za bardzo wartościowe, o czym świadczy poniższa charakterystyka:

TW ps. „Rudolf" był ceniony jako jednostka sprawdzona, jednak ze względu na częste nieporozumienia z wiernymi utracił zaufanie Kurii, co w konsekwencji ograniczało jego możliwości operacyjne. Od 1972 r. był wykorzystywany do rozpoznania działalności kleru myślenickiego. Przekazywał wartościowe i wiarygodne informacje dotyczące przebiegu kościelnych konferencji rejonowych, dekanalnych, a także o zaleceniach i wytycznych Kurii Metropolitalnej, o stopniu ich realizacji i zaangażowaniu poszczególnych księży. TW ps. „Rudolf" w czasie współpracy był systematycznie wynagradzany przede wszystkim prezentami, gdyż odmawiał przyjmowania pieniędzy.

Ze względu na pogarszający się stan zdrowia duchownego wyrejestrowano go z sieci agenturalnej w 1986 roku. Dwa lata później został kapelanem u sióstr służebniczek w Łętowni. Zmarł w 1991 roku.

Drugi przykład dotyczy TW o pseudonimie „Ludwik" (w niniejszej publikacji będzie on określany jako „Ludwik" II). Istniejące dokumenty pozwalają stwierdzić, że pod tym pseudonimem SB zarejestrowała księdza Adama Gacka. Urodził się on w 1931 roku w Hałcnowie koło Bielska-Białej. Święcenia kapłańskie przyjął w 1956 roku; był kolegą rocznikowym m.in. księdza Adolfa Chojnackiego. Jako wikary pracował w kilku parafiach, m.in. w parafii pw. św. Mikołaja w Krakowie. W 1968 roku został wikarym w krakowskiej parafii pw. św. Katarzyny, równocześnie pełniąc obowiązki duszpasterskie przy kaplicy pw. św. Bartłomieja na Ludwinowie. Kaplica ta znajdowała się po drugiej stronie Wisły, na terenach, na których zaczęło w tym czasie powstawać spore blokowisko nazwane później osiedlem Podwawelskim. Na polecenie przełożonych ksiądz Gacek przystąpił do tworzenia nowej parafii i budowy kościoła. Parafia erygowana została w roku 1983, a kościół pw. Matki Bożej Fatimskiej wzniesiono w latach 1985–1993.

SB rozpoczęła pozyskiwanie księdza Gacka do współpracy w 1970 roku. Jak w wielu tego typu sytuacjach, pretekstem do nawiązania kontaktu była rozmowa w sprawie uzyskania paszportu. Działania werbunkowe trwały trzy lata. Ich przebieg opisany został w odpowiednim kwestionariuszu:

1. Nazwisko Gacek
2. Imię Adam [...]
23. Pobyt za granicą – 1969 – Włochy, 1970 – Francja, 1973 – Węgry. [...]

25. Zainteresowania osobiste – Przejawia zainteresowanie literaturą historyczną, pasjonuje się zdobywaniem i gromadzeniem dzieł literackich.

26. Walory osobiste i cechy ujemne – Uprzejmy, gościnny, delikatny w obcowaniu, wykazuje dużą wrażliwość estetyczną, m.in. przejawiającą się w urządzeniu biblioteki, mieszkania, ubioru itp. [...]

31. Ocena osobistego zetknięcia się z kandydatem do pozyskania:

Pierwsze zetknięcie się z kandydatem nastąpiło w Biurze Paszportów KWMO w Krakowie, gdzie zaproponowałem mu krótką rozmowę. Ze względu na konspirację takiej rozmowy uzgodniono spotkanie na dzień 23 VI 1970 r. w jego prywatnym mieszkaniu. W wyznaczonym dniu oczekiwał na mnie, chętnie podejmował w dyskusji poszczególne tematy, o których mowa w notatce służbowej. Reasumując uwagi zawarte we wspomnianej notatce stwierdzam, że nawiązany z kandydatem dialog operacyjny dał pozytywne efekty. W związku z czym należy przypuszczać, że będzie on pozyskany do współpracy – po kilku kolejnych rozmowach – w terminie do końca bieżącego roku.

Stopień, imię i nazwisko funkcjonariusza – podpis nieczytelny

Część II
Uzasadnienie pozyskania do współpracy.

1/ Cel pozyskania – Inwigilacja działalności kurialistów krakowskich, inwigilacja działalności niektórych jednostek kleru, znanego nam ze swych wrogich postaw. Wykorzystując możliwości kandydata – po jego pozyskaniu – zmierzać się będzie do dobrego pogłębienia jego pozycji – wśród interesujących Wydział księży.

2/ Operacyjne możliwości kandydata – Od szeregu lat przebywa na terenie Krakowa, ponadto przez okres jednego roku pełnił funkcję bibliotekarza kurialnego. Aktualnie pełni funkcję wikariusza parafii św. Katarzyny z obowiązkiem rezydowania na Ludwinowie. Poprzez księży, z którymi kończył naukę w WSD, posiada dotarcie pośrednie, bądź bezpośrednie do interesujących nas osób.

3/ Motywy pozyskiwania – pozytywny stosunek kandydata do obecnej rzeczywistości, chętnie godzi się na utrzymanie kontaktu ze Służbą Bezpieczeństwa.

4/ Sposób realizacji pozyskania — Pozyskanie nastąpi w wyniku kontynuowania dialogu operacyjnego z kandydatem. Podczas jednej z kolejnych rozmów będę zmierzał do uzyskania od kandydata zobowiązania o zachowaniu w tajemnicy treści i faktu prowadzonych z nim rozmów.

podpis — Cholewa

Uwagi, podpis i pieczątka zatwierdzającego:
Naczelnik Wydziału IV KWMO w Krakowie

Część III
Rezultat pozyskania.

W dniu 6 XII 1973 r. w mieszkaniu kandydata przeprowadziłem rozmowę werbunkową z wytypowanym kandydatem w wyniku której:

1/ Potwierdziłem cel pozyskania do współpracy — W toku prowadzonego dialogu operacyjnego przeprowadzono z kandydatem 17 rozmów operacyjnych, w tym 9 w 1973 r., których celem było stopniowe pozyskiwanie w/w do współpracy. Zakładany cel osiągnięto, kandydat chętnie spotykał się z nami, sam przejawia inicjatywę, przekazuje informacje, realizuje zadania.

2/ Uzyskałem w trakcie rozmowy następujące informacje:
Oceny normalizacji między państwem a Kościołem, budownictwa sakralnego i postawy kard. Wojtyły na tym odcinku, wyborów do rad narodowych. W toku kontaktów operacyjnych z kandydatem otrzymano informacje dot. kleru diecezjalnego, zaleceń kurii, synodu diecezjalnego. „Ludwik" przekazywał także do wglądu dokumenty otrzymane z Kurii.

3/ Forma zaangażowania do współpracy /zobowiązania, pseudonim/
Zobowiązania na piśmie nie pobierano, kandydat obrał pseudonim „Ludwik", którym posługuje się w kontaktach z nami.

4/ Omówiono z tajnym współpracownikiem sposób nagłego nawiązywania kontaktów, który jest następujący:
Telefoniczne wywołanie spotkań w zależności nagłej potrzeby: obustronne, wymieniony przedstawia się jako „Ludwik", prosząc p. Tadeusza. Niezależnie terminy spotkania ustalane każdorazowo na spotkaniu.

5/ Krótko opisać omówione z tajnym współpracownikiem warunki współpracy – Przekazywanie SB informacji dot. kleru diecezjalnego i kurii oraz dokumentów do wglądu. W zamian doraźna pomoc w postaci możliwości wyjazdu za granicę, przychylność w jego planach dot. budowy kościoła i erygowania parafii w przyszłości.

6/ Wymienić L.K., w którym będą odbywały się spotkania – L.K. krypt. „Cela".

7/ Biorąc powyższe pod uwagę proszę o zatwierdzenie w/w jako tajnego współpracownika i zarejestrowanie go w ewidencji.

Stopień, imię i nazwisko funkcjonariusza – T. Cholewa

8/ Po zapoznaniu się z całością materiału /po odbyciu kontrolnego spotkania/ pozyskanie do współpracy zatwierdzam.

podpis i pieczątka: Naczelnik Wydziału IV KWMO w Krakowie

Doniesienia „Ludwika" II zachowały się w aktach niektórych księży inwigilowanych przez SB, m.in. księdza Kazimierza Górnego. Jego pseudonim pojawia się też w bardzo ciekawym dokumencie z 1979 roku, który dotyczy rejestrowania przez TW w dniu 6 czerwca przebiegu uroczystości związanych z wizytą Jana Pawła II na Wawelu:

A/ **Na** własnym sprzęcie: **Na** kontakcie:

TW ps. „Konrad"   Mjr. W. Chmurzyńskiego
TW ps. „Kazek"   Kpt. J. Porębski
TW ps. „Stanisław" [II]   Szer. J. Gondka
TW ps. „Ludwik" [II]   Kpt. T. Cholewa
TW ps. „Śmiałowski"   Por. Br. Fąfara

B/ **Na** sprzęcie dostarczonym przez Wydział IV:

TW ps. „Karol Zych"   Kpt. J. Porębski
TW ps. „Franek"   Ppor. J. Cieślik
TW ps. „Sylwester"   Ppor. M. Soczówka

C/ Bez sprzętu

TW ps. „Tosiek"   Kpt. J. Inwała
TW ps. „Franek" [II]   Por. M. Gamrata

Współpracę z „Ludwikiem" II rozwiązano w listopadzie 1989 roku:

Postanowienie o okresowym zawieszeniu, przekazaniu lub rozwiązaniu współpracy.

TW „Ludwik" nr ewidencyjny 12821

1/ Powód rozwiązania współpracy: TW kategorycznie odmawia dalszej współpracy. Powyższe motywuje aktualną sytuacją
społeczno-polityczną w kraju.

2/ W związku z powyższym postanowiono materiały złożyć
w archiwum tut. WUSW.

Proszę o akceptację

Naczelnik Wydziału Studiów i Analiz WUSW w Krakowie

/stopień, imię i nazwisko funkcjonariusza/: kpt. Dybiński.

Kolejnym pojawiającym się w aktach SB tajnym współpracownikiem zwerbowanym spośród duchownych pracujących w parafiach
jest TW o pseudonimie „Franciszek". Z dokumentów wynika, że chodzi
o księdza Jana Łasuta. Urodzony w 1940 roku w Żywcu, święcenia kapłańskie otrzymał w 1964 w Krakowie. W tym samym roku został mianowany wikarym w Mszanie Górnej. W roku 1968 przeniesiono go do
parafii w Czarnym Dunajcu, gdzie został rektorem kaplicy w Podczerwonem. W 1978 mianowano go wikarym ekonomem, a w 1982 – proboszczem parafii Poronin.

Pierwszą próbę zwerbowania go do współpracy SB podjęła zaraz
po przyjściu duchownego do Podczerwonego. Próba ta zakończyła się
niepowodzeniem. Za drugim razem funkcjonariusze SB posłużyli się
więc szantażem. Wykorzystali to, że ksiądz, prowadzący budowę kościoła, nabył w dobrej wierze stal, która okazała się kradziona. Esbecy – podpułkownik Stanisław Polak, szef SB w Nowym Sączu, i podporucznik Zbigniew Kozielec – do tego stopnia nastraszyli duchownego
konsekwencjami karnymi, że w 1976 roku zgodził się na systematyczne
kontakty i przekazywanie informacji. Postawił jednak dwa warunki: po
pierwsze, że nie będzie pytany o sprawy osobiste księży, a po drugie, że
nie będzie zmuszany do złamania tajemnicy spowiedzi. Duchowny odmówił też przyjęcia wynagrodzenia, a także jakiegokolwiek upominku.
Podpisał jednak następujące zobowiązanie:

Podczerwone, 3 III 76

Zobowiązuję się do zachowania w tajemnicy faktu utrzymywania kontaktu i rozmów z funkcjonariuszami SB.

Ks. Jan Łasut

Analizując sprawę i porównując ją z innymi tego typu sytuacjami, trzeba podkreślić, że zasadniczym błędem duchownego było nie to, że uległ szantażowi i zgodził się na rozmowę, ale to, że nie poinformował o tym swoich przełożonych, w szczególności kardynała Karola Wojtyły. Zważywszy, że chodziło o budowę kościoła, sprawa ta ze strony kościelnej skończyłaby się co najwyżej na przeniesieniu księdza do innej parafii, ze strony zaś prawa świeckiego – na karze finansowej. Natomiast niepowiadomienie władz kościelnych o zaistniałej sytuacji – do czego był zobowiązany każdy kapłan – doprowadziło do fatalnego rozwoju wypadków.

Pozyskany duchowny początkowo opierał się i wymigiwał od współpracy, stopniowo jednak dał się w nią wciągnąć i zaczął udzielać coraz więcej informacji. W latach 1976–1988 odbył 63 tajne spotkania z esbekami. Jego oficerami prowadzącymi byli podporucznicy Marian Kozielec i Zbigniew Zwoliński, a od lipca 1983 roku kapitan Andrzej Szczepański, szef SB w Zakopanem. Możliwości operacyjne tajnego współpracownika oceniano bardzo wysoko, pisząc w 1979 roku:

Dotychczas TW „Franciszek" realizował zadania dotyczące: inwigilacji wystąpień i zachowania kleru świeckiego, informował o problemach występujących na odcinku pracy duszpasterskiej, komentarzy wśród kleru dekanalnego w sprawie normalizacji stosunków między Państwem a Kościołem, problemów budownictwa sakralnego, charakteryzował występujące w dekanacie konflikty wśród kleru. [...] Dodatkowo wykorzystany zostanie do informowania nas o problemach:

– budownictwa sakralnego na terenie dekanatu Zakopane,
– sytuacji konfliktowych pomiędzy klerem świeckim a zakonnym,
– konfliktowości ks. W. Curzydły z księżmi parafialnymi i dekanalnymi,
– rozwoju ruchu oazowego na terenie dekanatu i zamierzeniach ks. F. Blachnickiego, jego kontaktach na terenie Zakopanego, zarówno wśród kleru jak i osób świeckich,
– kontrola działalności kandydata na TW „ŁL".

Wspomniany w powyższej notatce ksiądz Władysław Curzydło to ówczesny dziekan dekanatu zakopiańskiego i proboszcz głównej parafii w Zakopanem, a zarazem obiekt rozmaitych esbeckich intryg.

W teczce personalnej TW o pseudonimie „Franciszek" zachowały się ciekawe dokumenty, w tym m.in.: notatka dotycząca księży Stanisława Dziwisza i Tadeusza Rakoczego, ich kolegów seminaryjnych i bliskich przyjaciół spędzających wakacje na Podhalu; doniesienie w sprawie konfliktu w parafii w Białym Dunajcu między starym a nowym proboszczem; doniesienia dotyczące innych spraw personalnych w dekanacie.

W zamian za lojalną współpracę TW korzystał z daleko idących udogodnień w sprawach paszportowych. Świadczy o tym chociażby pismo kapitana Szczepańskiego do kierownictwa SB w Nowym Sączu z 23 listopada 1988 roku:

> Zwracam się do Towarzysza szefa z uprzejmą prośbą o wyraże-
> nie zgody i spowodowanie, aby Naczelnik Wydziału Paszpor-
> tów WUSW Nowy Sącz w dniu 24 XI br. wystawił i wydał pasz-
> port czasowy na wyjazd do RFN ob. X [nazwisko usunięte przez
> autora publikacji].
>
> W tej sprawie zwrócił się do mnie proboszcz parafii Po-
> ronin ks. Jan Łasut, który pozostaje na mojej łączności ja-
> ko TW ps. „Franciszek" nr rejestracyjny NS-8944.
>
> W/w proboszczowi jego przyjaciel - kanclerz kurii kra-
> kowskiej ks. Bronisław Fidelus załatwił do odbioru na te-
> renie RFN samochód osobowo-dostawczy m-ki Volvo. Termin od-
> bioru tego samochodu opiewa na pierwsze dni grudnia br.
> Ks. Jan Łasut nie jest w stanie sam przyprowadzić samocho-
> du do PRL.
>
> Udzielenie mu pomocy przy załatwianiu tej sprawy w jesz-
> cze większym zakresie pozwoli na związanie go z naszym apa-
> ratem i pokazanie ks. J. Łasutowi, iż nadal szereg spraw
> jest od nas uzależnionych.
>
> Mając na uwadze dobro Służby, zwracam się do Towarzysza
> szefa o pozytywne rozpatrzenie mego raportu.

Działalność księdza Łasuta była sprawdzana dzięki informacjom pochodzącym od dwóch innych TW, o pseudonimach „Szczery" (w niniejszej publikacji „Szczery" II) i „Ewa". Pierwszy z nich donosił, że ksiądz S. żalił się swoim przełożonym na postępowanie proboszcza z Poronina, ale został przez nich zrugany i pouczony, aby tą sprawą dalej się nie interesował. Drugi z kolei latem 1989 roku złożył następujące doniesienie:

Wyciąg z informacji spisanej ze słów TW ps. „Ewa" przez mjr
A. Szczepańskiego na spotkaniu w dniu 18 VII 1989 r.
    Ks. Łasut ma kontakty z osobami dobrze sytuowanymi w Rzymie i Watykanie. [...] Znajomi włoscy ks. Łasuta zaprosili go
na polowanie do Kenii na Safari. Na polowaniu tym ks. Łasut
przebywał przez dwa tygodnie na przełomie czerwca i lipca
br. O tym jego wyjeździe wiedzą mieszkańcy Poronina, którzy
uważają, że za zbierane od nich pieniądze na cele kościelne ks. Łasut urządza sobie zagraniczne wycieczki kosztujące
kilka tysięcy dolarów. W związku z tym wielu parafian, którzy należeli do grona zaufanych ks. Łasuta odsunęło się od
niego [...].

W szczególny sposób SB kontrolowała kontakty duchownego z amerykańskim konsulatem. Jednocześnie dbała, aby nie został on zdekonspirowany. Świadczy o tym wpis w teczce pracy TW o pseudonimie „Jolanta", czyli opisanego już w jednym z wcześniejszych rozdziałów księdza prałata Antoniego Siudy:

Nowy Sącz, dnia 23 II 1987 r.
Notatka spisana ze słów TW „Jolanta".
    Z wyjaśnień TW „Jolanta" wynika, że ob. X [nazwisko usunięte przez autora publikacji] utrzymuje bliskie kontakty z proboszczem parafii Poronin - ks. Łasutem - razem wiele razy
przebywali w Konsulacie. [...] TW otrzymał zadanie przeprowadzenia rozmowy z ks. Łasutem na temat X, a głównie jego znajomości i kontaktów.
    Uwagi:
    Wydział IV operacyjnego dotarcia do ob. X nie posiada. Pośrednie dotarcie poprzez swoje źródła może mieć tow.
Szczepański - Z-ca Szefa RUSW ds. SB w Zakopanem - ale
wszelkie działania podejmowane przez niego w odniesieniu do
ks. Łasuta muszą być uzgadniane z Wydziałem IV, bowiem grozi dekonspiracja naszego źródła.

Współpraca z SB została rozwiązana w 1989 roku. W 1997 roku ksiądz Jan Łasut przeszedł na emeryturę. Na list od autora niniejszej publikacji odpowiedział; odpowiedź ta znajduje się w części *Załączniki*. Skomentował też informacje zawarte w dotyczących go doniesieniach na łamach

„Tygodnika Podhalańskiego" z 4 stycznia 2007 roku (w artykule Jurka Jureckiego *Esbek*) oraz „Newsweeka" z 14 stycznia 2007 roku (artykuł Marka Kęskrawca *Rozpracować Dziwisza*).

Kolejnym duchownym, również pracującym na Podhalu, którego udało się pozyskać nowosądeckiej SB, był TW o pseudonimach „Andrzej" (w niniejszej publikacji – „Andrzej" III) i „Paradis". Z zachowanych dokumentów wynika, że pod tymi pseudonimami zarejestrowany został ksiądz Mieczysław Zoń. Urodzony w 1929 roku w podhalańskiej wiosce Dębno, w 1950 roku – wraz ze swoim szkolnym kolegą Józefem Tischnerem – rozpoczął naukę w Wyższym Seminarium Duchownym w Krakowie. W trakcie studiów wstąpił do opactwa benedyktyńskiego w Tyńcu, przyjąwszy zakonne imię Andrzej. Tam też w 1960 roku otrzymał święcenia kapłańskie. Przez trzy lata studiował biblistykę na KUL-u; był jednym z redaktorów Biblii Tysiąclecia. Po przejściu z zakonu z powrotem do archidiecezji krakowskiej pełnił funkcje wikarego w Krakowie i Oświęcimiu. W 1972 roku został administratorem parafii w Kacwinie na Spiszu. Jego wielkim zamiłowaniem była hodowla owiec.

Według dostępnych obecnie źródeł, został pozyskany przez SB do współpracy 5 marca 1983 roku. Przez funkcjonariusza prowadzącego został scharakteryzowany następująco:

Przekazywane przez niego informacje dotyczyły wydarzeń dekanalnych, komentarzy w środowisku kleru w związku z rozwojem sytuacji społeczno-politycznej, komentował treści otrzymywanych dokumentów, charakteryzował innych duchownych, w tym także przełożonych i biskupów. Informacje te były wykorzystywane w bieżącej pracy operacyjnej Wydziału. Źródło było kontrolowane przez TW „Jolanta", „Andrzej", „Jurek". Dotychczas nie stwierdzono, aby ujawnił on wobec osób trzecich fakt współpracy z SB. [...] Związany z SB, z tytułu współpracy jest okresowo wynagradzany w formie upominków, które przyjmuje bez skrupułów i tę formę satysfakcjonowania go należy kontynuować.

Wśród wspomnianych upominków były m.in. butelki koniaku, brandy i whisky, kawa, tytoń, fajka, a także komplet czeskiej bielizny. Współpraca rozwiązana została wraz z likwidacją Wydziału IV SB w Nowym Sączu, czyli w listopadzie 1989 roku. Ksiądz Mieczysław Zoń w 1992 roku został mianowany proboszczem w Rogoźniku, w dekanacie nowotarskim. W 2005 roku przeszedł na emeryturę. Jego odpowiedź na list wysłany przez autora niniejszej publikacji znajduje się w części *Załączniki*.

Następnych dwóch TW bezpieka zwerbowała wśród pracujących w Zakopanem palotynów. Zostali oni zarejestrowani pod pseudonimami „Rektor" i „Ewa". W wypadku „Rektora" nie sposób podać nazwiska ze stuprocentową pewnością; jako TW „Ewa", jak wynika z dokumentów, zarejestrowany został ksiądz Mirosław Drozdek. Obaj zakonnicy pracowali przy zbudowanej w latach pięćdziesiątych kaplicy na Krzeptówkach. W 1976 roku powstał tu ośrodek duszpasterski, a w latach osiemdziesiątych przystąpiono do budowy kościoła pw. Matki Bożej Fatimskiej. Konsekrował go w 1997 roku sam Jan Paweł II. Ojciec Święty poświęcił również korony dla figury Matki Bożej umieszczonej w głównym ołtarzu.

Pierwszy z duchownych był jednym z przełożonych rodzącej się placówki duszpasterskiej. Nie wiadomo, kiedy został pozyskany do współpracy, ale z dwóch zachowanych raportów wynika, że w 1980 roku, odchodząc z Zakopanego, przekazał SB wiele krytycznych informacji o księdzu Drozdku, z którym miał konflikt. Opisał m.in. sprawy finansowe, w tym zbiórki zagraniczne, sugerując nieuczciwość materialną swego współbrata i niektórych członków władz zgromadzenia. Z istniejących dokumentów wynika też, że po przejściu do klasztoru w Warszawie nadal utrzymywał kontakty z SB, starając się równocześnie o wyjazd do pracy duszpasterskiej w Europie Zachodniej.

Zarejestrowany przez SB jako TW o pseudonimie „Ewa" ksiądz Mirosław Drozdek urodził się w 1944 roku w Zakrzewie, w diecezji częstochowskiej. W 1962 wstąpił do zgromadzenia palotynów. W czasie studiów odbył przymusową dwuletnią służbę wojskową. Święcenia kapłańskie otrzymał w 1970 roku. Pracował jako wikary i katecheta w Gdańsku i Poznaniu. W sierpniu 1978 roku trafił do Zakopanego. W tym czasie bezpieka posiadała już informacje o problemach obyczajowych duchownego.

W połowie lat osiemdziesiątych szef zakopiańskiej SB, wspomniany tu wcześniej kapitan Andrzej Szczepański, w odpowiednim kwestionariuszu zapisał m.in.:

```
1. Nazwisko - Drozdek
2. Imię - Mirosław [...]
21. Rodzina za granicą - nie posiada [...]
```

23. Pobyt za granicą - Szwajcaria 1975, 76, 77, 79, 80, 81, 81, 81, 82, 82, 83, 84, 85, 85.

Włochy - 1978, 79, 85, 85, USA - 1984. [...]

25. Zainteresowania osobiste - samochody, podróże.

26. Walory osobiste i cechy ujemne - sympatyczna powierzchowność, łatwość w nawiązywaniu kontaktów, z uwagi na schorzenie gardła - bez nałogów, inteligentny, łatwo formułuje myśli, elokwentny jako zawodowy kaznodzieja. [...]

31. Ocena osobistego zetknięcia się z kandydatem do pozyskania - nie ma oporów w kontaktach z SB, ale przede wszystkim chce rozmawiać na interesujące go tematy, a przy tym załatwiać swoje sprawy. Na tematy związane z funkcjonowaniem kościoła odmawia, ale z pewnymi oporami udziela informacji w tym zakresie. Opory te ustępują w miarę narastania z nim rozmów.

Opracowując księdza Drozdka jako kandydata na TW, posłużono się wiadomościami uzyskanymi m.in. od wspomnianego w tym rozdziale TW „Franciszka". Po rozmowie z samym zainteresowanym, starającym się o paszport na kolejny wyjazd do Szwajcarii, kapitan Szczepański zapisał:

Uwagi z rozmowy

Ks. Drozdek jest w rozmowie bezpośredni i konkretny. Nie ma najmniejszych oporów w prowadzeniu rozmów z pracownikiem SB na dowolne tematy, gdyż upatruje w nich dla siebie korzyści przy szybkim i niekłopotliwym załatwianiu spraw paszportowych związanych z jego częstymi wyjazdami do KK.

Przedsięwzięcia

- Kontynuować nawiązany z ks. Drozdkiem dialog, który zakończyć przyzwyczajeniem go do systematycznych rozmów na tematy związane z jego zamiarami osobistymi, duszpasterskimi i planami jakie przełożeni duchowni podejmują w stosunku do niego i innych księży oraz na styku z władzami administracyjnymi.

- Podjąć stosowne czynności operacyjno-techniczne w stosunku do w/w celem sformalizowania jego kontaktów z SB.

- Zebrać szersze informacje na temat ob. X [nazwisko usunięte przez autora publikacji] i jego związków z ks. Drozdkiem.

3 września 1985 roku kapitan Szczepański wystosował do szefa SB w Nowym Sączu wniosek o zgodę na zarejestrowanie księdza Drozdka

jako TW o pseudonimie „Ewa". W uzasadnieniu podkreślił pozytywną postawę duchownego podczas dotychczasowych spotkań:

W czasie rozmów na tematy interesujące nas operacyjnie w/w daje dokładne i wyczerpujące odpowiedzi, przedstawiając przy tym w sposób faktyczny odczucia swoich konfratrów do kleru świeckiego. W kolejnych rozmowach stwierdzono, że nie ma on prawie żadnych oporów w udzielaniu nam interesujących informacji i omawiane tematy przedstawia wnikliwie bez szukania kamuflaży. Jednocześnie jest on na tyle jednostką sugestywną, że przedstawione mu koncepcje rozwiązania jakiegoś zagadnienia gotowy jest wykonać zgodnie z zasugerowaną mu linią postępowania.

Obecnie jest na tyle związany w udzielaniu nam informacji, że stawiane mu zadania oraz przekazywane informacje przyjmuje i udziela, traktując to jako rzecz naturalną, do której już się przyzwyczaił.

W notatce ze spotkania w dniu 29 sierpnia 1985 roku, gdy duchowny był jeszcze kandydatem na TW, opisane zostały m.in. napięcia między zakonnikami, a archidiecezją:

Obecnie wśród polskich Pallotynów, a przede wszystkim wśród zakopiańskich panuje duży niesmak w związku z realizacjami na terenie Zakopanego budów obiektów sakralnych prowadzonymi przez kler świecki. Podkreśla się przy tym, że jeszcze nie było nawet w planie powstania parafii tatrzańskiej, gdy Pallotyni już występowali o takie zezwolenie, a obecnie parafia tatrzańska ma już w znacznej mierze zaawansowaną budowę, gdy Pallotyni nadal za tym chodzą. Za taki stan rzeczy Pallotyni między sobą obwiniają kurię krakowską, która we wszystkich sprawach daje pierwszeństwo lub wręcz foruje parafie prowadzone przez księży świeckich.

Wszystkie te odczucia pokrywają się w całej rozciągłości z odczuciami jakie ma w tym zakresie proboszcz zakopiańskiej parafii XX. Pallotynów ks. Drozdek. Uważa on przy tym, że aby parafia, którą polecono mu kierować miała funkcjonować prawidłowo kwestia kościoła dla nich powinna być rozwiązana pozytywnie. W tej sprawie z początkiem nadchodzącego tygodnia /2-7.09./ udaje się do kardynała Macharskiego na audiencję, aby przypomnieć mu wcześniejsze zobowiązania w tym zakresie.

Od momentu zarejestrowania do końca 1989 roku TW „Ewa" odbył kilkadziesiąt spotkań z funkcjonariuszem (jak wynika z zachowanego wykazu, między wrześniem 1987 a wrześniem 1989 było ich 28). Przekazywał podczas nich informacje dotyczące m.in. księży Stanisława Dziwisza, Bronisława Fidelusa i Jana Łasuta. Za współpracę zakopiańska SB rewanżowała się mu m.in. w następujący sposób:

Zakopane, dnia 1 VIII 1988 r.
Tajne specjalnego znaczenia
Z-ca Szefa WUSW ds. Służby Bezpieczeństwa w Nowym Sączu.

Zwracam się do Towarzysza Szefa z uprzejmą prośbą o wyrażenie zgody na przyspieszenie paszportowe w postaci wklejenia przedłużacza wizowego do paszportu ks. Drozdka Mirosława /EANS-44115/ oraz wydania nowego paszportu ob. X [nazwisko usunięte przez autora publikacji].

O interwencję w powyższej sprawie zwrócił się do mnie ks. Drozdek Mirosław, który pozostaje na moim kontakcie jako TW nr rej. NS-13157.

W czasie współpracy okazał się on jednostką szczerą i związaną na tyle z naszą służbą, że przekazywał i przekazuje mi dokumenty, do których posiada dostęp. Są one oceniane pozytywnie przez nasz Wydział IV. W czasie pobytu L. Wałęsy na naszym terenie prowadzi on jego zabezpieczenie operacyjne.

W zamian za to jest tylko symbolicznie wynagradzany okresowo prezentami.

Biorąc powyższe pod uwagę zwracam się do Towarzysza Pułkownika z prośbą o pozytywne załatwienie mego, niniejszego raportu.

Zastępca Szefa RUSW ds. Służby Bezpieczeństwa, mjr mgr Andrzej Szczepański.

Informacja o zarejestrowaniu księdza Mirosława Drozdka przez SB jako tajnego współpracownika pojawiła się po raz pierwszy w lutym 2006 roku w artykule zamieszczonym na łamach „Tygodnika Podhalańskiego". Duchowny zaprzeczył wówczas, jakoby kiedykolwiek współpracował z bezpieką. Złożył też pozew do sądu przeciwko „Tygodnikowi". W czerwcu pomiędzy stronami doszło do zawarcia ugody. W listopadzie 2006 roku ukazała się publikacja poświęcona historii zakopiańskiej Solidarności, w której Maciej Korkuć i Jarosław Szarek, historycy z krakowskiego oddziału IPN, potwierdzili, że w archiwach SB znajdują się dokumenty TW o pseudonimie „Ewa" i że pod pseudonimem tym zarejestrowany został kustosz sanktuarium na Krzeptówkach.

Na list od autora niniejszej publikacji ksiądz Drozdek odpowiedział; jego odpowiedź znajduje się w części *Załączniki*.

We wspomnianych archiwach zachowała się też obfita dokumentacja dotycząca innego duchownego zwerbowanego do współpracy jako TW o pseudonimie „Strażak". Dokumenty te pozwalają zidentyfikować tę osobę jako księdza Franciszka Niewiedziała, proboszcza z Podczerwonego.

Duchowny ten urodził się w 1939 roku w Jaworznie-Szczakowej. Po maturze wstąpił do Wyższego Seminarium Duchownego w Krakowie. W 1964 roku otrzymał święcenia kapłańskie. Jako wikary pracował kolejno w parafiach w Morawicy, Komorowicach, Krzeszowicach oraz Wieliczce. Jego pierwszą samodzielną placówką było wspomniane Podczerwone, gdzie skierowano go w 1978 roku. W 1982 został proboszczem tworzącej się tam parafii. Prowadził budowę kościoła, nie stroniąc jednocześnie od prac społecznych; dał się poznać m.in. jako aktywny działacz Ochotniczej Straży Pożarnej, znany na całym Podhalu z tego, że brał osobiście udział w wielu akcjach ratowniczych.

Z zachowanych dokumentów wynika, że informacje na temat księdza Niewiedziała bezpieka zbierała od dawna, ale dopiero pod koniec 1986 roku pion IV SB w Nowym Targu zdecydował się na pozyskanie go jako TW. Oto najważniejsze fragmenty standardowego kwestionariusza werbunkowego:

```
31. Ocena osobistego zetknięcia się z kandydatem do pozyska-
nia - Na podstawie dotychczasowych kontaktów utrzymywanych
z kandydatem stwierdzić należy, że jest to osoba o dużej in-
teligencji, do naszych organów odnosi się z szacunkiem. Spra-
wy, które są w naszym zainteresowaniu omawia bez jakichkol-
wiek zastrzeżeń. Sam poddał propozycję, aby częściej go od-
wiedzać, podając numer telefonu. Z ostatnio przeprowadzonej
rozmowy można wywnioskować, że jego postawa do naszych orga-
nów jest pozytywna. Wyraża chęć dalszych kontaktów.

Część II
    [...]

3/ Motywy pozyskania - Kandydat jest dosyć dobrze ustosun-
kowany do organów SB i też do władz polityczno-administracyj-
nych, dlatego wykorzystany będzie element dobrowolności.
    4/ Sposób pozyskania - Pozyskanie kandydata będzie mia-
ło charakter stopniowego włączenia go w pracę naszych or-
ganów. Na spotkaniu w dniu ustalonym sprecyzowane zostaną
```

kontakty oraz ich charakter. Określona zostanie ich systematyczność, cel i kwestia pobrania ewentualnego zobowiązania pisemnego.
[...]

Część III
Rezultat pozyskania.

W dniu 10 [?] III 1987 r. w Podczerwone przeprowadziłem rozmowę werbunkową z wytypowanym kandydatem, w wyniku której:
1/ Potwierdziłem cel pozyskania do współpracy /podać krótko rezultat/ –
Wymieniony kandydat wyraził chęć utrzymywania kontaktów z SB. Powiedział, że przed przyjazdem do niego należy poinformować go telefonicznie, gdyż przygotuje się odpowiednio do wizyty.

2/ Uzyskałem w czasie rozmowy następujące informacje:
Dotyczące powieszenia krzyży w Szkole Podst. w Podczerwonym [tak w oryginale], że była to inicjatywa nauczycieli, którzy sami przyszli do niego z prośbą o poświęcenie krzyży. Poruszył sprawę pożaru w „Scon-Product" i to, że nie musiały się spalić papiery. Powiedział, że wspólnie z ks. Andrzejem organizuje we wrześniu br. pielgrzymkę do Włoch. W czasie rozmowy przekazał relację z pobytu w Bułgarii wraz z kard. Macharskim i proboszczem parafii pw. św. Katarzyny w N. Targu ks. Łukaszczykiem.

3/ Forma zaangażowania do współpracy /zobowiązanie, pseudonim/ – Kandydat wyraził zgodę na dalsze kontakty oraz przekazywanie informacji interesujących nasze organy. W trakcie współpracy będzie posługiwać się pseudonimem „Strażak". [...]

5/ Krótko opisać omówione z tajnym współpracownikiem warunki współpracy: Zobowiązał się do przekazywania informacji ustnych. Za przekazywane informacje będzie wynagradzany w formie prezentów rzeczowych.

Z teczki personalnej wynika, że funkcjonariuszem prowadzącym TW „Strażaka" był plutonowy Stanisław Ciężkowski, a nadzorującym – szef SB w Nowym Targu porucznik Ryszard Ścierański. Z kolei w teczce pracy znajduje się dokumentacja dotycząca 21 spotkań odbytych z TW w latach 1987–1989. Ze spotkań tych sporządzano notatki służbowe, które – zgodnie z przyjętą procedurą – oprócz informacji uzyskanych od TW zawierały także uwagi i spostrzeżenia dotyczące jego osoby oraz opis zadań przekazywanych mu do wykonania. Oto charakterystyczne przykłady:

Informacja spisana ze słów TW ps. Strażak na spotkaniu 28 lipca 1987 r.

W miejscowości Podczerwone przebywa grupa oazowiczów w ilości 45 osób z Krakowa. Zakwaterowani są przy parafii obok kościoła, tam stołują się. Oazę prowadzi wikariusz z parafii NSPJ w Nowym Targu, ks. Krzysztof Kopeć. TW stwierdził, że zabronił im proboszcz stawiania jakichkolwiek krzyży w obrębie parafii, kazał im zrobić jeden krzyż o dużych rozmiarach, który co roku będą wykopywać, wpisywać się na nim i stawiać go w miejscu przeznaczonym na ten cel. [...]

Uwagi:

Spotkanie przebiegło w miłej atmosferze. TW zaprosił mnie do pokoju mówiąc, że tam będzie lepiej i nikt nam nie będzie przeszkadzał. Poczęstował mnie obiadem. Pochwalił się, że ostatnio zakupił nowy samochód m-ki Volvo, zakupił go za 7 600 dolarów w firmie POLMO w Warszawie. [...]

Omówienie informacji:

Informacje przekazane przez TW polegają na prawdzie, przekazywał je bez zastanowienia i raczej obiektywnie. Czuł się swobodnie, nie był za bardzo wypytywany, gdyż było to trzecie spotkanie. Sądzić należy, że TW dalej współpracując będzie przekazywał ciekawsze informacje operacyjnie nam przydatne. TW sam zaproponował zorganizowanie jakiegoś spotkania przy ognisku w m-cu Sierpień br.

Zadania:

Zadania nie zostały przydzielone ze zrozumiałych względów, natomiast poproszono go o załatwienie mi Schematyzmu diecezji krakowskiej, na co wyraził zgodę, następnie wyszczególnienie osób duchownych, które zostaną przeniesione w m-cu Sierpień br. oraz sporządzenie listy uczestników pielgrzymki do Włoch i dostarczenie w jak najbliższym czasie.

Informacja spisana ze słów TW ps. Strażak na spotkaniu 28 sierpnia 1987 r.

Dnia 28 VIII 1987 r. o godz. 9.00 w parafii pw. NSPJ w Nowym Targu odbyła się konferencja, która dotyczyła wyboru nowego wicedziekana dekanatu nowotarskiego. Konferencja miała być konferencją kongregacyjną, lecz nie doszło do jej skutku z przyczyn obiektywnych [sic!]. Zostały przeprowadzone wybory na nowego wicedziekana dekanatu nowotarskiego. Z dwóch kandydatur jakie padły, a to ks. Juhas [właśc. Juchas] Tadeusz z parafii Ludźmierz i ks. Marian Kuczaj, proboszcz parafii Czarny Dunajec, więcej otrzymał ks. Juhas [...].

TW organizuje w m-cu Listopad br. pielgrzymkę do Włoch. Sporządzona lista uczestników wynosi 53 osoby. Udział w tej pielgrzymce weźmie 3 księży, tj. ks. Kos Władysław z parafii Chochołów 195 oraz ks. Bogdanik Tadeusz z parafii Miętustwo. [...]

Numer imprezy - PBP - 49031001/87.

TW poinformował mnie, że jeżeli chodzi o paszporty, to najlepiej załatwia to ks. Łasut z parafii Poronin. Ludzie mówią, że jeżeli ktoś chce załatwić paszport w pilnym trybie, to tylko przez niego. W rachubę wchodzą i nawet „datki" w formie dolarów USA. Załatwienie przez niego paszportu nie trwa dłużej niż kilka dni.

Omówienie informacji:

Informacja wiarygodna, potwierdzona, szczegółowa, nadaje się do dalszego wykorzystania służbowego.

Przedsięwzięcia:

- sporządzić wyciągi z informacji do poszczególnych zagadnień i przekazać do poszczególnych pionów.

- sporządzić wyciągi dotyczące wyboru dziekana celem poinformowania Wydziału IV.

- informację dot. pielgrzymki przekazać tow. J. Neupauer z Pionu II SB.

Uwagi:

TW na spotkanie przybył zaraz po odbytej konferencji w Nowym Targu, tak, że informacje były na gorąco przekazywane odnośnie wyboru v-ce dziekana. Jeżeli się tyczy [tak w oryginale!] powyższej pielgrzymki, to zapytałem go, czy można działać w kierunku osób wymienionych przez niego co do ewentualnego zastrzeżenia paszportów. TW wyraził na to zgodę. Prosił mnie, abym poza szefem tego nikomu nie pokazywał i tylko z nim uzgadniał te sprawy. TW przekazał mi listę uczestników powyższej pielgrzymki, znacząc osoby, które ewentualnie mogą pozostać we Włoszech. [...]

- Informacja polega na prawdzie, nadaje się do wykorzystania służbowego w bardzo delikatny sposób.

- do powyższej informacji dołączam wykaz uczestników pielgrzymki, tj. 53 osoby. Lista powyższa do zwrotu !!

- całość tej sprawy winna być realizowana w porozumieniu z Z-cą szefa RUSW ds. SB w Nowym Targu por. R. Ścierańskim.

Następnie TW podał nazwiska wszystkich nowych księży, którzy w sierpniu 1987 roku zostali przeniesieni do dekanatu nowotarskiego.

Wspomnianej pielgrzymce do Rzymu poświęcone zostały dwa następne spotkania z esbekiem. Oto jeden z raportów:

Wyciąg z informacji od TW ps. „Strażak" z dnia 28 VIII 87.

Głównym celem tego spotkania była sprawa uczestnictwa osób podejrzanych o pozostanie we Włoszech w związku z organizowaną pielgrzymką przez parafie Chochołów i Podczerwone w m-cu Listopad br. Jak wynika z operacyjnego rozpoznania 6-ciu uczestników tej imprezy ma zamiar pozostać poza granicami kraju. Przedstawione osoby TW zostały skomentowane wg niego jako osoby mogące pozostać poza granicami kraju, obawia się tych osób, dochodzą do niego słuchy o pozostaniu ich we Włoszech. W związku z tym kierownictwo tej pielgrzymki w osobie proboszczy parafii Chochołów i Podczerwone mają w sposób bardzo ostry przeprowadzić rozmowy z osobami mającymi zamiar pozostać poza granicami kraju. Sprawa ta zostanie im przedstawiona w sposób jednoznaczny, prawdopodobnie zostanie przedstawiona im propozycja wycofania się z tej imprezy. O powyższym fakcie TW poinformuje osobiście w dniu 16 X 1987 r.

Uwagi:

Osoby, które mają zamiar pozostać we Włoszech sprawdzono poprzez inne źródła informacji, co potwierdziło przypuszczenie TW.

Stosowną informację w tej sprawie sporządzi insp. Pionu III tut. SB, ppor. Bogdan Polak.

TW „Strażak" informował też swoich mocodawców o wielu innych sprawach, m.in. o konfliktach w parafiach podhalańskich oraz związanych z nimi decyzjach kardynała Franciszka Macharskiego:

Informacja spisana ze słów TW ps. „Strażak" dnia 31 VIII 1987 r.

Następnie omawiana była sprawa konfliktu jaki obecnie istnieje w parafii Chochołów, a to wierni z Chochołowa domagają się przyłączenia do parafii Chochołów Doliny Chochołowskiej. W związku z tym przesłali oni petycję do kard. Fr. Macharskiego. Na razie kard. nie chce słyszeć o tym, powiedział, że w tej sprawie wydał już pismo 2 lata temu i nie będzie go teraz zmieniać. Ponadto proboszcz parafii Chochołów też nie wyraża zgody na to przyłączenie, gdyż jak twierdzi nie ma tam komu za bardzo odprawiać mszy św., tylko spora-

dycznie w okresie wakacyjnym, trudny dojazd przeważnie zimą
jest kolejnym utrudnieniem. Rada Parafialna twardo stoi przy
swoim i powiedziała, że i tak doprowadzą do tego połączenia,
gdyż Dolina ta jest ich, tzn. należy do Chochołowa.

Informacja spisana ze słów TW ps. „Strażak" dnia 15 XII 1988 r.
    Jeżeli chodzi o wyjazd księży do Rzymu w kwietniu 1989
z okazji 25-ciolecia kapłaństwa to na ten wyjazd /autoka-
rem i 2-tygodniowy/ nie wyraził zgody kardynał F. Macharski.
Przyczyn im nie podał.
    Każda parafia otrzymała od Kurii polecenie zorganizowa-
nia zbiórek pieniężnych na ofiary kataklizmu z ZSRR [chodzi
o trzęsienie ziemi w Armenii]. Jest to polecenie kard. Macharskiego. Ponadto otrzymali polecenie, aby w okresie Spisu Powszechnego nie ujawniano nadmiernej ilości pokoi mieszkalnych, tylko ograniczyć się do minimum.

Informacja spisana ze słów TW ps. „Strażak" dnia 16 II 1989 r.
    W dniu 9 II 1989 r. przy parafii pw. NSPJ w Nowym Tar-
gu odbyła się konferencja dekanalna z udziałem kard. Fr. Macharskiego. Tematyka tej konferencji była w całości poświęcona sprawom finansowym. W głównej mierze chodziło o dofinan-
sowanie uczelni katolickich: KUL, PAT. Pensje jakie otrzymują
wykładowcy są niewspółmiernie niskie w stosunku do obecnych
cen, np. 36 tys. pensja wykładowcy. Wszyscy proboszczowie zostali zobligowani do zbiórek pieniężnych na ten cel. Kard.
Macharski prosił wszystkich zebranych o podporządkowanie się
bezwzględnie Kurii z uwagi na duże rozluźnienie.

Informacja spisana ze słów TW ps. „Strażak" dnia 10 III 1989 r.
    Jeżeli chodzi o konflikt na tle narodowościowym w para-
fii Nowa Biała, to należy stwierdzić, że jest to problem poważny. Kardynał Macharski wyraził zgodę na odprawianie liturgii w języku słowackim, lecz z tego powodu będą większe
trudności a to w związku z tym, że nie ma i nie będzie miał
kto odprawiać nabożeństw w języku słowackim. Proboszcz z Nowej Białej musi niestety odejść, natomiast proboszcz z Krempach powiedział, że składa rezygnację z funkcji proboszcza,
gdyż nie pozwoli sobie na takie ceregiele, za długo on tam
pracował i włożył sił, aby ktoś mu rozkazywał i na stare lata nie będzie się uczył języka słowackiego. Dojdzie do tego, że w końcu nie będzie miał kto odprawiać w języku polskim. Sytuacja będzie trudna, gdyż nikt nie chce iść na ten

teren, nie ma też księdza, który by władał biegle językiem słowackim. Kard. Macharski jest w chwili obecnej w kłopotliwej sytuacji, bo nikt tam nie chce iść. Zdaniem księży sytuacja w obydwu parafiach jest niedobra, gdyż może się odbić na innych parafiach, gdzie przebywa większość Słowaków, powiadają, że jest to czysty nacjonalizm.

Za przekazywane informacje TW otrzymywał okolicznościowe upominki, których wykaz znajduje się w poniższym zestawieniu:

Wynagrodzenia	Zwrot kosztów [związanych z wykonaniem polecenia]	Kto i kiedy wypłacił
Prezent w formie koniaku „Napoleon" – 2700 zł	Podczas rozmowy pozyskaniowej /raport o i z wręczenia/	19 III 1987 Plut. Ciężkowski St.
Prezent w formie młynka do kawy – 1500 zł	Prezent imieninowy	14 kwietnia 1987 r. Plut. St. Ciężkowski
Prezent m-ki „Vison" 3000 zł	Koniak marki „Vison"	20 VII 1987 r. Plut. St. Ciężkowski
Prezent w formie koniaku m-ki „Vison" – 4000 zł	Prezent imieninowy	5 V 1988 Plut. St. Ciężkowski
Prezent w formie koniaku m-ki „Vallon"	Prezent m-ki „Vallon"	14 XIII 1988 Plut. St. Ciężkowski

Już w relacji z tzw. rozmowy pozyskaniowej, przeprowadzonej 19 marca 1987, funkcjonariusz SB zwrócił uwagę, że TW przyjął upominek bez skrępowania:

Należy zaznaczyć, że podczas tej rozmowy wręczono TW prezent w postaci koniaku m-ki „Napoleon", prezent ten został przyjęty bez jakichkolwiek oporów z jego strony, ponadto wystąpił on z prośbą załatwienia mu, jeżeli będzie można młynka do kawy, gdyż nie może nigdzie dostać. Prośbę tę przyjęto, będzie ona realizowana podczas jego imienin w miesiącu kwiecień 1987 r.

TW zwracał się do SB również z innymi prośbami. Na ogół dotyczyły one spraw paszportowych. Prośby te były zazwyczaj spełniane. Oto cztery notatki sporządzone przez esbeka w różnych raportach. Wskazują one na systematyczne i całkowite uzależnianie się TW od bezpieki. Duchowny zaczął ją traktować jak dobrą wróżkę spełniającą życzenia.

[Z dnia 28 VIII 1987 r.:]

Prosił mnie również, abym mu dostarczył wniosek skrócony na ponowne pobranie paszportu, gdyż w październiku wyjeżdża Orbisem na wycieczkę do Hiszpanii i Portugalii, a z kolei po powrocie udaje się na pielgrzymkę do Włoch, tak że niedużo mu zostanie czasu na załatwienie powyższych formalności paszportowych. Prosił mnie również o załatwienie tej sprawy.

[Z dnia 7 V 1988 r.:]

Podczas tego spotkania TW prosił mnie o udostępnienie jego gospodyni dokumentów paszportowych na wyjazd do Bułgarii w m-cu czerwiec 1988 r. Powyższą prośbę zrealizowałem, udostępniając poza kolejnością wejście jej do sekcji paszportowej.

[Z dnia 16 II 1989 r.:]

Zaznaczam, że TW wywołał sam spotkanie, mając przy tym interes prywatny tzn. złożenie wniosku paszportowego w tutejszej sekcji paszportowej. Ja z mojej strony pomogłem mu złożyć wniosek poza kolejnością.

[Z dnia 6 V 1988 r.:]

Ponadto TW prosił mnie o załatwienie sprawy związanej z przeprowadzeniem badania technicznego swojego samochodu m-ki Fiat 126 p i pobrania talonów na benzynę, powyższą prośbę zrealizowałem w tym samym dniu.

Współpraca duchownego z SB zakończyła się w połowie 1989 roku. Duchowny w tym samym roku został przeniesiony z probostwa w Podczerwonem do Zagórza koło Chrzanowa. W 2004 roku zrezygnował z prowadzenia parafii, powracając jako rezydent do Podczerwonego. Zmarł tam rok później.

Powyższe przykłady są – jak już podkreślano – jedynie ilustracją pewnego szerszego problemu. Wskazują one przede wszystkim na metody, jakimi posługiwała się SB wobec księży parafialnych, a także dają wyobrażenie o tym, czego od nich oczekiwała. Większość księży potrafiła oprzeć się pokusom związanym z propozycją współpracy. Niestety, nie wszystkim się to udało.

Werbunek w seminarium

Jak wspomniano już w rozdziale *Klerycy* w części IV, wiele działań Służby Bezpieczeństwa zmierzało do pozyskania tajnych współpracowników wśród młodych ludzi przygotowujących się do kapłaństwa. Było to ważne z wielu powodów. Po pierwsze, zwerbowani klerycy dostarczali wiadomości z bardzo hermetycznego środowiska, jakim było każde seminarium duchowne. Po drugie, można się było posłużyć nimi do przeprowadzania różnego rodzaju akcji dezinformacyjnych, zmierzających do skompromitowania w oczach władz kościelnych poszczególnych profesorów lub studentów teologii, niewygodnych z punktu widzenia władz komunistycznych. Po trzecie, kandydat do kapłaństwa pozyskany przed wstąpieniem do seminarium lub w trakcie trwania studiów sprawdzał się też jako agent po święceniach kapłańskich. Działania SB w tej dziedzinie można prześledzić na podstawie wielu przypadków opisanych w aktach przechowywanych w IPN. Ze względu na ograniczoną objętość publikacji wybrano kilka najbardziej charakterystycznych spraw.

Pierwsza w kolejności chronologicznej dotyczy TW o pseudonimach „Luis" i „Jacek". Jak wynika z dokumentów, bezpieka zarejestrowała pod tymi pseudonimami kleryka, a następnie księdza Adama Srokę. Współpraca ta trwała wyjątkowo długo, bo aż 37 lat.

Ksiądz Sroka urodził się w 1931 roku w Krakowie Prokocimiu. W 1948 roku powołany został do pracy w oddziałach Służby Polsce, otrzymując odznaczenia za wzorowe sprawowanie. W 1951 roku, po zdaniu matury, wstąpił do Wyższego Seminarium Duchownego w Krakowie. Jako kleryk II roku podpisał w 1952 zobowiązanie do współpracy z bezpieką. Przyczyną były najprawdopodobniej kompromitujące materiały, którymi posłużyli się funkcjonariusze UB. Duchownemu nadano wówczas pseudonim „Luis". W archiwum IPN zachowały się dwa tomy meldunków opartych na jego doniesieniach z lat 1952–1966 oraz teczka personalna.

Współpraca w trakcie trwania studiów miewała różne fazy. Być może „Luis" próbował się z niej wyplątać, być może istniały jakieś obiektywne przeszkody. Faktem jest jednak, że szczegółowo opisywał życie seminaryjne, udzielał też informacji o kadrze profesorskiej oraz o opiniach w sprawie usunięcia w 1954 roku z UJ Wydziału Teologicznego. Ponadto przekazywał informacje o swoich kolegach, w tym o Stanisławie Nowaku, późniejszym metropolicie częstochowskim, i Janie Nowaku, późniejszym proboszczu w Sułkowicach. Przed przyjęciem niższych święceń próbował wycofać się ze współpracy, powołując się na kodeks kanoniczny. Przyniosło to pewien skutek; na jakiś czas został nawet wyeliminowany z sieci agenturalnej.

Święcenia kapłańskie otrzymał w 1957 roku. Przez pierwsze lata pracował jako wikary w Marcyporębie i Lachowicach. Niestety, wznowił wówczas stałą współpracę z SB. Z funkcjonariuszami spotykał się bądź u siebie w wikarówce, bądź na wycieczkach motocyklowych w lesie, bądź w lokalach gastronomicznych. Spotkania odbywały się także w lokalu konspiracyjnym o kryptonimie „Beskid" w Wadowicach. Aby spotkać się z esbekiem, dzwonił do niego na numer telefonu w wadowickiej komendzie MO, przedstawiając się: „Tu mówi Adam, chcę z tobą napić się kawy. Jeżeli możesz, to wyjdź na chwilę – czekam w kawiarni".

W tym czasie oprócz składania doniesień na księży z dekanatów – najpierw skawińskiego, a następnie suskiego – „Luis" był używany do zbierania informacji potrzebnych do spraw operacyjnych wymierzonych w następujących księży proboszczów: Walentego Przebindę z Paszkówki, Władysława Bożka z Krzeszowa, Henryka Znamirowskiego ze Stryszawy i Jana Wolnego juniora z Marcyporęby. Część doniesień dotyczyła także księdza Władysława Kuczaja, późniejszego proboszcza i budowniczego kościoła w Nawojowej Górze. Pasją „Luisa" było myślistwo. Dlatego też w ramach wynagrodzenia SB wystarała mu się o pozwolenie na broń myśliwską oraz o przyjęcie do koła łowieckiego.

W 1963 roku ksiądz Sroka został przeniesiony do parafii w Nowej Hucie Bieńczycach. Odtąd spotkania „Luisa" z esbekami odbywały się w krakowskich restauracjach „Żywiec" lub „Warszawianka", w kawiarni „Jama Michalika", a także w mieszkaniu konspiracyjnym o kryptonimie „Wenus". Na długi czas przejął go wówczas „na kontakt" kapitan Stanisław Piskorz. Składane doniesienia dotyczyły głównie księdza proboszcza Józefa Gorzelanego oraz nowohuckich wikarych: księży Stanisława Gałuszki, Eugeniusza Sukiennika i Stefana Wyszogrodzkiego. „Luis" otrzymywał też do wykonania różne zadania; dostarczył np. SB odbitki kroju czcionek (próbki pisma) z parafialnej maszyny do pisania i wzory parafialnych pieczątek. W latach następnych TW zmienił pseudonim na „Jacek" (numer rejestracyjny 6842). Jego doniesienia zachowały się w aktach pielgrzymek papieskich z lat 1979, 1983 i 1987. Inne doniesienia z tych lat zostały zniszczone tuż po likwidacji Wydziału IV SB, a dokładnie w dniu 19 grudnia 1989 roku.

W 1970 roku ksiądz Sroka został wikarym parafii pw. św. Krzyża w Krakowie z poleceniem tworzenia nowej parafii na Białym Prądniku i budowy kościoła pw. Najświętszej Marii Panny Matki Kościoła. Z zadania tego wywiązał się bardzo skutecznie. W 1983 roku został proboszczem nowo utworzonej parafii, a w 1988 zakończono budowę nowoczesnej świątyni. Duchowny został też wyróżniony za pracę duszpasterską wśród wojskowych: otrzymał godność kapelana honorowego Wojska Polskiego w stopniu majora. W 2006 roku przeszedł na emeryturę. Na list autora publikacji odpowiedział; jego odpowiedź została zamieszczona w części *Załączniki*.

Kolejna sprawa dotyczy księdza Antoniego Duszyka. Duchowny ten urodził się w 1937 roku w Dąbrowie Narodowej koło Jaworzna (obecnie diecezja sosnowiecka). W 1957 roku wstąpił do Wyższego Seminarium Duchownego w Krakowie, rozpoczynając studia m.in. wraz z późniejszym metropolitą krakowskim kardynałem Stanisławem Dziwiszem, z którym przyjaźnił się przez następne lata. Z zachowanych dokumentów wynika, że w 1961 roku został pozyskany do współpracy z SB i przyjął pseudonim „Tosiek"; jego funkcjonariuszem prowadzącym był Zbigniew Fećko z Wydziału III, a następnie IV KW MO w Krakowie. W 1962 otrzymał nowy pseudonim – „Harry". Rok później przyjął święcenia kapłańskie.

Ze względu na pracę duszpasterską w kolejnych parafiach archidiecezji krakowskiej TW został w 1964 roku przekazany „na kontakt" kapitanowi Józefowi Bobkowi, zastępcy komendanta powiatowego RSB w Myślenicach, a w 1965 – porucznikowi J. Dąbrowskiemu z RSB w Oświęcimiu. Ponieważ jednak ustawicznie uchylał się od współpracy, w 1966 roku wyeliminowano go z sieci agenturalnej. Był to w relacjach Kościoła katolickiego i komunistycznego państwa rok bardzo gorący; zorganizowane przez Kościół obchody milenium chrztu Polski spotkały się z oporem i przeciwdziałaniem władz. Nic zatem dziwnego, że po paru miesiącach bezpieka postanowiła jeszcze raz spróbować odnowić kontakty. Duchowny został „przewerbowany" i ponownie „podjęty na kontakt" przez porucznika Tadeusza Kamisińskiego z Krakowa. Otrzymał następny pseudonim, „Reno", co było aluzją do jego pasji motoryzacyjnej. Do końca lat sześćdziesiątych był prowadzony przez siedmiu kolejnych funkcjonariuszy.

W okresie trwania współpracy „Reno" spowodował wypadek samochodowy, ale dzięki interwencji SB wyrok kolegium był niski. Za składane doniesienia otrzymywał drobne kwoty i to raczej rzadko. Spotkania z funkcjonariuszami odbywały się w samochodzie lub w lokalu kontaktowym o kryptonimie „Bajka". Jego doniesienia dotyczyły księży z kolejnych dekanatów, w których pracował. Jako wikary w Białym Kościele informował głównie o swoim proboszczu, księdzu Kazimierzu Gałońskim, rodem z archidiecezji lwowskiej, i dziekanie, księdzu Władysławie Mięsie, a także innych kapłanach z dekanatu bolechowickiego. Przekazywał też informacje o biskupie Janie Pietraszce i księdzu Kazimierzu Górnym, późniejszym sufraganie krakowskim, a także o losach niektórych kolegów z seminaryjnego rocznika. Otrzymywał również zadania do wykonania; oto jedno z nich, z 1967 roku:

```
Zadania
    W kontaktach z ks. Górnym starać się zdobywać jak naj-
więcej informacji o znanych mu sprawach omawianych w Kurii
tak jeżeli chodzi o opinie o poszczególnych księżach jak
i o stosunku kurii i biskupów do poszczególnych księży.
Starać się skorzystać z zaproszenia do wzięcia udziału we
wspólnym urlopie jaki proponowany jest wam przez ks. Górne-
go K. i w ewentualnym wyjeździe wraz z nim i biskupem Pie-
traszką nad morze.
    Przedsięwzięcia
    Doniesienie dot. K. Górnego przekazać do Wydz. IV-tego
celem wykorzystania i uzgodnienia dalszych przedsięwzięć
```

w tej sprawie i odpowiedniego pokierowania TW w celu usytu-
owania się w tym środowisku.

W 1968 roku, odpowiadając na apel kardynała Karola Wojtyły, duchowny zgłosił się do pracy w rozległej diecezji gorzowskiej, cierpiącej
na brak odpowiedniej liczby kapłanów. Po przyjeździe na nowe miejsce
napisał odręczny list do swojego oficera prowadzącego Mariana Świąt-
ka, nie podpisując go jednak własnym nazwiskiem:

Drogi Przyjacielu!
    Po kilkudniowym oczekiwaniu osiadłem wreszcie na mieliź-
nie w miejscowości Łubowo na trasie Czaplinek-Szczecinek /pow.
Szczecinek/. Skąd też dedykuję serdeczne pozdrowienia i za-
praszam.
    „Renata"

Na kartce zachował się odręczny dopisek funkcjonariusza:

Powyższe pochodzi od TW „Reno", otrzymałem dnia 20 IX 68 r.

List został potraktowany jako zaproszenie do dalszej współpracy.
Oficer prowadzący z Krakowa osobiście pojechał do wskazanej miejscowości, aby swego TW przekazać tamtejszej bezpiece. Tutaj ślad w krakowskich aktach się urywa.

W następnych latach ksiądz Duszyk pracował w nowo powstałej diecezji koszalińsko-kołobrzeskiej, a po zmianie granic polskich diecezji
w 1992 roku – w diecezji pelplińskiej. W 1972 roku został proboszczem
w Choczewie (obecnie powiat Wejherowo). Jego posługa duszpasterska była i jest oceniana bardzo pozytywnie. W 1987 roku zbudował kościół w pobliskiej miejscowości Sasino. Angażował się też bardzo mocno
w działania charytatywne. Za swoją gorliwość duszpasterską został mianowany kanonikiem honorowym kapituły kolegiackiej w Kołobrzegu.

Ksiądz kardynał Stanisław Dziwisz w rozmowie z autorem publikacji przekazał informację, że ksiądz Duszyk, jako jego kolega seminaryjny, poinformował go o współpracy z SB i wyznał, że jego zaangażowanie we wspomnianą działalność charytatywną było świadomą ekspiacją
za popełnione przed laty błędy. Uznać to należy za bardzo pozytywny
element tej skomplikowanej sprawy. Jego odpowiedź na list od autora
niniejszej publikacji znajduje się w części *Załączniki*.

W tym samym roku co „Tośka", czyli w 1961, SB zwerbowała w seminarium krakowskim jeszcze jednego – nawiasem mówiąc, od dawna upatrzonego – kleryka, tym razem z II roku. Pochodził on z Żarek koło Chrzanowa, a więc z tej samej miejscowości co organizator i pierwszy biskup rozłamowego Polskiego Narodowego Kościoła Katolickiego w Stanach Zjednoczonych ksiądz Franciszek Hodur. Co więcej, był on jego dalekim krewnym. Esbecy starali się to wykorzystać i namówić go do przejścia do polskokatolickiego seminarium duchownego. Kleryk uległ manipulacjom i opuścił krakowskie seminarium, co wywołało ogromną konsternację przełożonych. Nie wstąpił wprawdzie do innego Kościoła, zgodził się natomiast na współpracę z SB (nie nadano mu jednak żadnego pseudonimu). W podjęciu tej decyzji pomogła mu z pewnością podsunięta przez esbeków młoda kobieta, o której pisano w raportach, że jest osobą „o odpowiedniej prezencji zewnętrznej".

Współpraca eks-kleryka polegała m.in. na podtrzymywaniu kontaktów z dawnymi kolegami i na przemycaniu do seminarium zdjęć pornograficznych. Co więcej, namówił on czterech kleryków do spotkań ze wspomnianą kobietą. Spotkania te odbywały się przy lampce wina w restauracjach i były fotografowane ukrytym aparatem. Wykonane w ten sposób zdjęcia służyły do szantażowania kleryków. Była to wyjątkowo perfidna akcja trwająca przez dłuższy czas.

Mniej więcej w tym samym czasie SB próbowała pozyskać do współpracy następnego kleryka, Ignacego Górkę urodzonego w 1939 roku w Lipnicy Małej na Orawie. W 1962 roku SB w Nowym Targu zaczęła rozpracowywać go jako kandydata na TW. W czasie wakacji letnich przeprowadzono z nim rozmowę werbunkową. Jak dowiadujemy się z dokumentów, kleryk podpisał zobowiązanie, że zachowa w tajemnicy rozmowę i jej treść, ale do oficjalnej rejestracji nie doszło.

W 1964 roku ksiądz Górka przyjął święcenia kapłańskie. Funkcjonariusze SB znów nawiązali z nim dialog operacyjny. W charakterystyce jego osoby podporucznik Bronisław Motyka zapisał:

W rozmowie grzeczny, szczery, informacji ze środowiska kleru udziela, wypowiada się płynnie i w rozmowie łatwy. Nie stwierdziłem negatywnego nastawienia do SB, na temat Kurii i biskupów wypowiada się krytycznie.

W akcji werbunkowej wykorzystano wiadomości zdobyte w trakcie pobytu kandydata w seminarium. Zebrano też informacje na jego temat zarówno w rodzinnej Lipnicy, jak i w Kasince Małej oraz Dobczycach, gdzie był wikarym. Przebieg werbunku został szczegółowo opisany w kwestionariuszu TW. Jako przynętę wykorzystano starania duchownego o paszport na wyjazd do rodziny w Stanach Zjednoczonych:

2/ Możliwości operacyjne kandydata:
Posiada wśród wikariuszy kilku kolegów z czasu uczęszczania do WSD, których często odwiedza, wyjeżdżając motocyklem. Posiada więc naturalne możliwości do uzyskiwania informacji ze środowiska kleru.

3/ Motywy pozyskania:
Kandydat starał się o paszport na wyjazd do USA i został załatwiony pozytywnie, okazał z tego powodu zadowolenie.
Do Kurii, biskupów i swojego proboszcza jest ustosunkowany krytycznie. Reprezentuje typ księdza nowoczesnego, jest tolerancyjny, sprawy wyznaniowe traktuje filozoficznie.
Przy odbiorze paszportu umówił się na spotkanie w dn. 10-15 VII 68 r.

4/ Sposób pozyskania:
Po przybyciu na spotkanie rozpytać kandydata o sprawę przygotowań do peregrynacji w jego parafii i sąsiednich [chodzi o peregrynację kopii obrazu Matki Boskiej Częstochowskiej]. Jeżeli przekaże informacje bez oporu, zwrócić się z propozycją podtrzymania kontaktów i omówić związane z tym sprawy konspiracji i nawiązania łączności w pilnych sprawach. [...]

Część III
Rezultat pozyskania.

W dniu 17 VII 1968 r. w Myślenicach przeprowadziłem rozmowę werbunkową z wytypowanym kandydatem, w wyniku której:

1. Potwierdziłem cel pozyskania do współpracy /podać krótko rezultat/ -
W zakończeniu rozmowy kandydat wyraził zgodę na podtrzymanie kontaktów i zgodził się udzielać informacji na interesujące nas tematy ze środowiska kleru. Nie stawiałem sprawy, że proponuję mu współpracę, lecz że chodzi o pomoc w ro-

zeznaniu kleru i problemów wyznaniowych. Zrobił to chętnie
i nie pytał o jakiego rodzaju informacje chodzi.

2. Uzyskałem w czasie rozmowy następujące informacje:
- przygotowania do peregrynacji w Dobczycach i Wiśniowej,
- charakterystyki księży Opyrchała, Małysy, Janczego, Wójciaka.

3. Forma zaangażowania do współpracy /zobowiązanie, pseu-
donim/ - zobowiązanie ustne do udzielania pomocy i zachowania tajemnicy utrzymywania kontaktów i treści rozmów z prac.
SB. Zobowiązania pisemnego pobierać nie planowałem.

4. Omówiono z tajnym współpracownikiem sposób nagłego nawiązywania kontaktu, który jest następujący:
Posiada mój adres biurowy - prześle widokówkę w kopercie, podając, że przyjedzie w danym dniu, to samo ja na wypadek potrzeby z mojej strony.

5. Krótko opisać omówione z tajnym współpracownikiem warunki współpracy:
Nie omawiałem. Planuję nagradzać prezentami przy nada-
rzających się okazjach jak urodziny, imieniny itp.

6. Wymienić L. K., na którym będą odbywały się spotkania:
„LK" nie posiadam.

7. Biorąc powyższe pod uwagę proszę o zatwierdzenie w/w
jako tajnego współpracownika i zarejestrowanie go w ewidencji.
Podpis oficera operacyjnego - Motyka.

8. Po zapoznaniu się z całością materiału /po odbyciu
kontrolnego spotkania/ pozyskanie do współpracy zatwierdzam
Podpis i pieczątka zatwierdzającego - Z-ca Komendanta Powiatowego Milicji Obywatelskiej ds. Bezpieczeństwa w Myślenicach.

Duchownemu nadano pseudonim „Jurek" (numer ewidencyjny
7276/68; w niniejszej publikacji będzie określany jako „Jurek" II).
W 1968 roku ksiądz Górka został przeniesiony do parafii w Zakopanem. Kontakt z nim przejął wówczas porucznik Andrzej Szczepański,
a jego akta kontrolował major Stanisław Papiernik z Inspektoratu Kie-

rownictwa SB w Krakowie. W 1970 roku tajnemu współpracownikowi nadano nowy pseudonim: „Adam". Cztery lata później ksiądz Górka został wikarym w Nowej Hucie Bieńczycach. W 1978 roku wyjechał na stałe do Stanów Zjednoczonych. Autorowi publikacji nie udało się z nim skontaktować.

Na koniec warto wspomnieć o jeszcze jednym przypadku odnalezionym w archiwach SB. Werbunku kleryków dokonywano bowiem nie tylko podczas wakacji, o czym była już mowa w rozdziale *Klerycy* w części IV, ale również w trakcie odbywania przez nich służby wojskowej. Wykorzystywano w ten sposób to, że świeżo przyjęci do seminarium alumni byli wyrywani ze swego środowiska i poddawani silnej presji ideologicznej i psychicznej. Niektórzy tej presji nie wytrzymywali – rezygnowali z kapłaństwa albo godzili się na współpracę. Podczas kwerendy prowadzonej na użytek niniejszego opracowania natrafiono m.in. na akta TW „Jesiona", w latach sześćdziesiątych kleryka Śląskiego Seminarium Duchownego w Krakowie. Do jego zwerbowania doszło w 1962 roku w jednostce wojskowej nr 2258. Został pozyskany do współpracy przez kapitana Gustawa Kołacza. Po odbyciu dwuletniej służby wojskowej powrócił do seminarium duchownego i po ukończeniu studiów przyjął święcenia kapłańskie. Jednocześnie jako tajny współpracownik został przekazany przez zarząd Wojskowej Służby Wewnętrznej Warszawskiego Okręgu Wojskowego do dyspozycji Wydziału IV SB w Katowicach. Jego dalsze losy wymagają odrębnych badań.

Warto zaznaczyć, że na przełomie lat sześćdziesiątych i siedemdziesiątych utworzono specjalne jednostki wojskowe dla alumnów-żołnierzy w Brzegu Opolskim, Bartoszycach i Szczecinie. Jednostki te podlegały bezpośrednio Głównemu Zarządowi Politycznemu LWP. Przebadanie werbunku w tych jednostkach będzie możliwe dopiero po pełnym otwarciu akt wojskowych z tych lat, w tym też akt Wojskowych Służb Informacyjnych.

Zabłąkany „Adam"

Aby lepiej uzmysłowić czytelnikom dramat osób uwikłanych we współpracę z bezpieką, na zakończenie tej części osobno omówiony zostanie jeszcze jeden przypadek. Chodzi o tajnego współpracownika o pseudonimie „Adam" (w niniejszej publikacji będzie on określany jako „Adam" II). Z zachowanych dokumentów Wydziału IV SB w Krakowie wynika, że pod pseudonimem tym został zarejestrowany ksiądz Adam Świerczek i że pozostawał on w sieci agenturalnej przez prawie 30 lat.

Ksiądz Świerczek urodził się w 1925 roku w Godziszce koło Bielska-Białej, w rodzinie wielodzietnej; był najstarszy spośród 13 dzieci. W czasie wojny przeżył z rodziną dramat wypędzenia i przymusowych robót, gdyż rodzice nie zgodzili się podpisać folkslisty. Ze względu na to, że wcześnie stracił ojca, musiał pomagać matce i młodszemu rodzeństwu. W 1948 roku wstąpił do Wyższego Seminarium Duchownego w Krakowie i pięć lat później otrzymał święcenia kapłańskie. Pracował jako wikary w kilku parafiach, m.in. w Porąbce i Międzybrodziu. Niestety, już wówczas wpadł w nałóg alkoholowy – spowodowany prawdopodobnie stresami wojennymi – który dręczył go do końca życia. Przypadłość ta stała się powodem konfliktów z władzami kościelnymi, a to z kolei sprawiło, że duchownym zainteresowała się Służba Bezpieczeństwa.

W archiwum IPN zachowały się dwie teczki pracy TW „Adama" II. Są to jego doniesienia składane w latach 1961–1979. Nie zachowała się teczka personalna, ale z teczek pracy wynika, że współpracę z SB duchowny podjął na początku 1961 roku, będąc wikarym parafii w Chrzanowie. Zgodnie z procedurami został najpierw kandydatem na TW. Już wówczas jednak w rozmowach z funkcjonariuszem bezpieki przekazywał informacje dotyczące proboszcza, księdza Jana Wolnego, oraz kolegów wikarych i innych księży z dekanatu nowogórskiego. Przyjmował też od SB polecenia do wykonania. Oficer prowadzący raportował, że duchownemu powierzył następujące zadania:

> 1. Ze względów tych, że ks. Karol Świętek darzy kandydata dużym zaufaniem należy z nim nawiązać bliższe kontakty towarzyskie i przeprowadzić z nim kilka rozmów o charakterze towarzyskim, w trakcie których dowiedzieć się o istniejącym współżyciu z księżmi pracującymi w parafii w Chrzanowie i współpracy między wikariuszami.
> 2. Z uwagi, że ks. Wolny lubi grać w karty, sytuację tę należy wykorzystać do zawarcia z nim bliższej przyjaźni przez odwiedzanie go przy zaproponowaniu mu gry w karty.

Kilka tygodni później oficer operacyjny Władysław Chmielowski napisał:

> Informacja
> Z kandydatem na TW odbyto drugie kolejne spotkanie, na umówione spotkanie, które odbyło się w Krakowie w kawiarni, stawił się w umówionym czasie. Na spotkanie to kandydat przybył w ubraniu cywilnym. W rozmowie czuł się swobodny i z chęcią informował o poszczególnych księżach. W rozmowie jest towarzyski lecz bardzo ostrożny pod względem konspiracji, do której przykłada bardzo dużo wagi. Wypowiadał się, że pochodzi z rodziny robotniczej, popiera system socjalistyczny, i w sprawach nas interesujących udzieli nam pewnej pomocy, o ile zostanie zachowana konspiracja z naszej strony, uzasadniając, że jest młodym księdzem, obawia się by w przyszłości fakt współpracy nie zaważył na jego karierze.

Jak wynika z dokumentów, sformalizowanie współpracy przez zarejestrowanie kandydata jako tajnego współpracownika nastąpiło po przenosinach księdza Świerczka do parafii w Brzeszczach, czyli w połowie 1961 roku. W rozmowach przekazywał informacje dotyczące swojego proboszcza, księdza Zygmunta Boratyńskiego, oraz wikarego, księdza Leona Krejczy, a także księży z dekanatu oświęcimskiego. Przyjmował też drobne upominki, np. alkohol i papierosy. Po pierwszych kilku miesiącach SB przeprowadziła kontrolę przebiegu współpracy, która wypadła pozytywnie. Oto fragment raportu sporządzonego wówczas przez majora Ferdynanda Odrzywołka:

```
Oświęcim, dnia 26 I 1962 r.
Raport ze spotkania kontrolnego z TW ps. „Adam", który jest
na kontakcie st. ofic. oper. ppor. Magiery Szczepana
    TW „Adam" - jak wynika z kontrolnego spotkania - jest
jednym z najbardziej oddanych współpracowników. Nie sta-
ra się żadnych tematów ukrywać. Jest księdzem, który bar-
dzo trzeźwo ocenia sytuację, nie fanatyk, jakkolwiek w roz-
mowie podkreślił, że jest wierzący, przy tym jednak figlar-
nie przymrużył oko. [...]
    W związku z powyższym otrzymał zadanie, opisać szczegó-
łowo działalność księdza Krejczy, jego wystąpienia w czasie
kazań. Polecono mu również podać i ustalić księży, którzy są
zaufanymi kurii na terenie dekanatu oświęcimskiego. Ponad-
to wszystkie ważniejsze instrukcje i zalecenia kurii poda-
wać nam do wiadomości na spotkaniach.
```

W tym czasie nie żył już ksiądz Boratyński (zmarł 26 grudnia 1961), a rządy w parafii objął ksiądz Krejcza. Z kolei ksiądz Świerczek popadł po raz pierwszy w kłopoty, ponieważ na lekcji religii uderzył jednego z uczniów, co wywołało skandal i groziło rozprawą sądową. Sprawę wyciszyła sama SB, wykorzystując to, że ojciec ucznia był członkiem PZPR. Wkrótce jednak duchowny wywołał kolejny skandal, tym razem obyczajowy. W rezultacie porzucił kapłaństwo i wyjechał z Brzeszcz. W październiku 1962 roku tak zwierzał się esbekowi, który wszystko skrzętnie zanotował:

```
W dalszej rozmowie TW „Adam" oświadczył, że jego decyzja
jest nieodwołalna i zrywa ze stanem kapłańskim. Prosił jed-
nak, aby pomóc mu w uzyskaniu pracy w Zakładach Chemicznych
w Oświęcimiu. Chce również wyprowadzić się od swojego bra-
ta z Bielska, gdzie obecnie mieszka, gdyż brat posiada małe
mieszkanie, a ostatnio urodziło się mu dziecko. Powiedziałem
mu, że sprawę jego pracy załatwiłem przez KP PZPR z Działem
kadr ZChO i tam może zgłosić się do szefa Działu Kard tow.
Chruściela. [...]
    Był bardzo zadowolony. Powiedział, że nigdy nam tego nie
zapomni, że tak interesujemy się jego sprawą i udzielamy mu
pomocy. Nie wie, czy może się nam w przyszłości czymś zre-
wanżować. W każdym razie w pracy będą z niego zadowoleni.
```

Postara się o to, by nie zawieść naszego zaufania. Zamierza zapisać się na wieczorowe studia, aby zdobyć jakieś cywilne wyższe wykształcenie, gdyż Wydział Teologiczny UJ mało w życiu świeckim może się przydać. [...]

Uwagi

Wybiera się jednak do biskupa Wojtyły, aby oddać książkę kapłańską, więc poleciłem mu opisać przebieg rozmowy z biskupem Wojtyłą, jeżeli do takiej dojdzie.

Z duchownym, który popadł w tarapaty, spotkał się jednak nie biskup Wojtyła, lecz biskup Julian Groblicki. Zgodnie z poleceniem, „Adam" II zrelacjonował całe spotkanie, a esbek znów spisał jego relację.

W ubiegłym tygodniu był na rozmowie u biskupa Groblickiego, który prosił go przez innych księży, aby przyjechał do kurii. [...]
Groblicki zaczął apelować do uczuć, aby nie zdradzał Kościoła a oni jako kuria nie zapomną mu tego nigdy. Chciał dać pieniądze, aby pojechał gdzieś do sanatorium i odpoczął, jednak gdy jego apele nic nie pomogły przybliżyć się do „Adama", chwycił go za ramiona przyciągnął do siebie błagając, aby tego nie robił. Otrzymał od „Adama" stanowczą odpowiedź, że jest to decyzja nieodwołalna, gdyż on nie chce być u proboszczów i ich gospodyń popychadłem. Biskupa Groblickiego zdziwiło zachowanie „Adama", który nie wykazywał w stosunku do niego żadnej niechęci, jak to robią inni księża. Groblicki przez cały czas rozmowy był bardzo troskliwy, starał się występować w roli ojca, któremu zależy na powrocie do stanu duchownego „Adama".

Odbyła się również druga rozmowa z biskupem Groblickim, ale i tym razem „Adam" II nie zmienił swojej decyzji. Cały czas pracował w Zakładach Chemicznych w Oświęcimiu na posadzie załatwionej przez SB. Wciąż też spotykał się z funkcjonariuszami, rewanżując się im donosami na kierowników i brygadzistów. Informował o kradzieżach, drobnych kombinacjach itp. W końcu doszło do spotkania z biskupem Wojtyłą. Rozmowa ta – jak sam zaznaczył w doniesieniu – trwała przeszło godzinę i spowodowała, że zrezygnował z przejścia do stanu świeckiego. Porzucił też myśl o wyjeździe do pracy na zaporze w Solinie w Bieszczadach lub do któregoś z PGR-ów na zachodzie Polski.

Ostatecznie do kapłaństwa powrócił w 1964 roku. Musiał odbyć rekolekcje w opactwie Benedyktynów w Tyńcu i zdać ponownie egzaminy z wybranych przedmiotów teologicznych. Pracował w kilku parafiach, m.in. w Białym Kościele i Łapanowie. Nigdzie jednak nie zagrzał dłużej miejsca. Przez cały czas spotykał się za to z esbekami, składając doniesienia na swoich proboszczów oraz współbraci kapłanów z poszczególnych dekanatów. Jako wikary w Białym Kościele dostarczył SB materiały kompromitujące proboszcza, księdza K. Po zjeździe księży ze swojego rocznika sporządził charakterystyki wszystkich kolegów seminaryjnych. Przekazał też charakterystykę księdza Franciszka Macharskiego, ówczesnego ojca duchownego w seminarium. Jego oficerem prowadzącym był w tym czasie porucznik Jan Szklarczyk, z którym „Adam" II spotykał się systematycznie w jego bocheńskim mieszkaniu. Esbek skrupulatnie odnotowywał, że TW jest niechlujnie ubrany i nieogolony oraz nadużywa alkoholu.

W 1970 roku księdza Świerczka przeniesiono do Biskupic. Tutaj po raz kolejny postanowił porzucić kapłaństwo, myśląc o wybudowaniu własnego domu. Tym razem od tej decyzji odwodzili go... sami esbecy, bojąc się, że utracą tak cennego agenta. TW „Adam" II przekazywał bowiem wiele ważnych informacji. W zachowanych doniesieniach pojawiają się m.in. księża: Stanisław Mżyk z Raciborska, Tadeusz Dąbrowski z Biskupic, Józef Gąsiorowski z Łazan, Władysław Gil z Wieliczki, a także zakonnicy – michalici z Pawlikowic i franciszkanie reformaci z Wieliczki. Informacje dotyczące zakonników były wykorzystywane do działań operacyjnych w obu zgromadzeniach. Duchowny przekazywał też na bieżąco informacje o postępach w budowie świątyni prowadzonej w Biskupicach. Z założenia opisywał również wszystkie spotkania dekanalne, a nawet imieniny księży i odpusty. Dostarczył materiały kompromitujące księży F. i S., co SB próbowała wykorzystać do ich werbunku. Kazano mu też nawiązać kontakt z księdzem Ludwikiem Franzblauem z Zielonek, który zamierzał porzucić kapłaństwo, SB liczyła bowiem, że i jego uda się zwerbować. Na szczęście, w tym wypadku werbunek się nie powiódł.

W tym czasie duchowny popadał w coraz większe kłopoty. Nowy oficer prowadzący, kapitan Marian Świątek, w 1972 roku zanotował:

TW dużo mówił na temat osobistych kłopotów [...]. Zamierza równocześnie czynić starania o wyjazd do NRF, gdyż ma taką szansę i gdy nie otrzyma samodzielnej placówki uda się do kardynała o umożliwienie mu wyjazdu do NRF.

W omówieniu zadania zleciłem mu, by pod nieobecność proboszcza przeglądał całą korespondencję i odnotowywał ważniejsze dane dot. dekanatu.

Trudno przytaczać tutaj wszystkie zachowane doniesienia. W większości są one podobne do już zacytowanych, zmieniają się jedynie nazwiska księży, których dotyczą. W 1976 roku ksiądz Adam Świerczek dostał od kościelnych przełożonych kolejną szansę: trafił do parafii w Sułkowicach, gdzie był najpierw wikarym, z obowiązkiem budowy kościoła w Jasienicy, a następnie rezydentem. Ostatnie zachowane doniesienie pochodzi z 1979 roku. Pozostałe doniesienia – z ostatnich dziesięciu lat współpracy – zostały zniszczone przez pracowników myślenickiej SB na przełomie 1989 i 1990 roku.

W Sułkowicach otoczył księdza Świerczka troskliwą opieką tamtejszy proboszcz ksiądz Jan Nowak, wieloletni dziekan, a zarazem kapłan wielkiej dobroci i roztropności. Pomagał mu on po bratersku w jego zmaganiu się z samym sobą oraz w odnalezieniu się w kapłaństwie. Może losy TW „Adama" II potoczyłyby się inaczej, gdyby w czasie poprzednich kryzysów w jego otoczeniu znalazł się inny tak życzliwy mu współbrat? W każdym razie w tej właśnie parafii, wśród ludzi przyjaznych i bardzo religijnych, duchowny powrócił w pełni do posługi kapłańskiej, zaangażował się w pracę duszpasterską, a także społeczną, zyskując w ten sposób sympatię parafian. Za tę pracę w 1999 roku, z okazji trzydziestolecia uzyskania przez Sułkowice praw miejskich, otrzymał od władz samorządowych medal i dyplom. W tym samym roku przeniósł się do Domu Księży Emerytów. Zmarł 2 maja 2006 roku. Zgodnie z jego ostatnią wolą został pochowany na cmentarzu w Sułkowicach; jego pogrzeb prowadził biskup Albin Małysiak.

VIII
PROBLEMY

Oporna współpraca

W niniejszym opracowaniu omówiono dotychczas m.in. przypadki duchownych, którzy zostali zarejestrowani przez aparat bezpieczeństwa jako tajni współpracownicy, lecz współpracy nie podjęli, oraz takich, którzy ją z różnych powodów i w różnym zakresie podjęli, a następnie zerwali. W niniejszym rozdziale opisana zostanie jeszcze jedna kategoria, obejmująca duchownych, którzy zostali zarejestrowani jako TW, podjęli współpracę i jej nie zerwali, ale jednocześnie starali się nie składać doniesień, które mogłyby szkodzić innym osobom, i – z perspektywy bezpieki (na co wskazują wytworzone przez nią dokumenty) – byli współpracownikami opornymi i mało przydatnymi.

Duchownych należących do tej kategorii można podzielić na dwie grupy. Pierwsza obejmuje przypadki, w których współpraca była mało owocna dla SB, ale trwała długo; inaczej mówiąc: bezpieka, mimo niezadowalających rezultatów, nie decydowała się przez wiele lat na wyrejestrowanie danego TW. W drugiej grupie znaleźli się ci duchowni, których zarejestrowana współpraca trwała nie dłużej niż dwa lata. W wypadku dwóch duchownych, zarejestrowanych jako TW o pseudonimach „Michał" oraz „Janek", nazwiska nie zostaną podane ze względu na duże wątpliwości co do oceny ich współpracy.

Do pierwszej grupy małowartościowych TW należy zaliczyć księdza występującego w dokumentach SB pod pseudonimem „Adam" (w niniejszej publikacji – „Adam" III). Ustalono, że chodzi o księdza Czesława Adamaszka, proboszcza z Rybarzowic koło Bielska-Białej. Jego pozyskanie do współpracy nastąpiło kilka miesięcy po pierwszej wizycie papieża Jana Pawła II w Polsce. W kwestionariuszu TW funkcjonariusz SB opisał je w następujący sposób:

Część III

Rezultat pozyskania.

W dniu 30 I 1980 r. w plebanii parafialnej przeprowadziłem rozmowę werbunkową z wytypowanym kandydatem, w wyniku której:

Kandydat wyraził zgodę na udzielanie informacji SB.

1. Potwierdziłem cel pozyskania do współpracy /podać
krótko rezultat/ -

Kandydat wyraził zgodę na zasadzie dobrowolności. Podczas
dotychczasowych spotkań przekazał informacje mające wartość
operacyjną - charakteryzował środowisko, w którym pracuje,
przedstawił zamierzenia Kurii odnośnie organizacji pobytu papieża na terenie archidiecezji krakowskiej, przedstawił udział
swojej parafii w uroczystościach z udziałem papieża, charakteryzował księży będących w naszym operacyjnym zainteresowaniu, poinformował o potrzebach budownictwa sakralnego w dekanacie Biała, przedstawił atmosferę wśród parafian i księży w okresie poprzedzającym wizytę Jana Pawła II w Polsce.

Jak wynika z powyższej notatki, pretekstem do pozyskania duchownego była jego otwartość w rozmowach z przedstawicielem SB na temat
papieskiej pielgrzymki. Informacje przekazywane przez „Adama" III
były jednak bardzo ogólne i na niewiele się esbekom przydawały. Współpraca ustała z chwilą upadku komunizmu. W styczniu 1990 roku kapitan K. Ziółkowski w charakterystyce końcowej napisał:

Łącznie odbyto 26 spotkań. Odbywały się one w miejscu zamieszkania w godzinach dopołudniowych. Informacje od niego uzyskiwane nie stanowiły większej wartości operacyjnej
z uwagi na ograniczone jego możliwości. W większości były to
komentarze ze środowiska księży i parafian w związku z aktualną sytuacją w kraju.

W latach następnych duchowny został prałatem. W swojej rodzinnej miejscowości przyczynił się do budowy kościoła i cmentarza. Obecnie już nie żyje.

Pod koniec lat siedemdziesiątych „w zainteresowaniu" SB znalazł
się też inny kapłan – ksiądz Zdzisław Dobrzański. Urodzony w 1939
roku, święcenia kapłańskie przyjął w roku 1962. Od 1978 roku pełnił
funkcję proboszcza w Białym Dunajcu. We wrześniu 1982 roku podporucznik Zbigniew Zwoliński przygotował następujący raport:

Nowy Targ, dnia 10 IX 1982 r.
Naczelnik Wydziału IVKWMO w Nowym Sączu
Raport
Zwracam się do Obywatela Naczelnika z prośbą o wyrażenie
zgody na pozyskanie w charakterze tajnego współpracownika SB
ks. Dobrzański Zdzisław [...].
Uzasadnienie:
Ks. Dobrzański Zdzisław opracowywany jest jako kandydat
na TW od stycznia 1981 r., rozpracowanie rozpoczęte przez
ppor. Zbigniewa Zwolińskiego. Osobiście dialog operacyjny
z ks. Zdzisławem Dobrzańskim podjąłem w lutym br. Przez ten
okres czasu z kandydatem przeprowadziłem pięć rozmów operacyjnych w czasie których kandydat przekazał mi luźne lecz
rzeczowe informacje, nawiązały się między nami stosunki towarzyskie. W czasie ostatniego spotkania ks. Zdzisław Dobrzański zwrócił się do mnie z gorącą prośbą o pomoc w szybkim uzyskaniu paszportu na wyjazd do Włoch, oferując za to
swoją wdzięczność. Mając na uwadze fakt, że w chwili obecnej
istnieje potrzeba zdobycia operacyjnego dotarcia do księży dekanatu zakopiańskiego należy wykorzystać dotychczasowe
opracowanie ks. Zdzisława Dobrzańskiego, załatwić przyspieszenie załatwienia paszportu na wyjazd do Włoch i w czasie
wręczania paszportu pozyskać ks. Zdzisława Dobrzańskiego
w charakterze tajnego współpracownika SB.

Jak wynika z opisu, było to typowe pozyskanie „na paszport". Sam
werbunek nastąpił 14 września 1982 roku na plebanii. Nowemu współpracownikowi nadano pseudonim „Jan", a następnie „Jan I", a prowadzącymi go oficerami byli młodszy chorąży Piotr Wójcik oraz kapitan
Zbigniew Zwoliński. Zachowała się większość notatek z ich spotkań,
w tym także informacje o prośbach składanych przez duchownego, dotyczących nie tylko paszportu, ale też np. możliwości wykupu pistoletu gazowego zatrzymanego na granicy. Współpraca została rozwiązana
po zwycięstwie Solidarności, czyli w 1989 roku. Z materiałów zachowanych w teczce pracy TW o pseudonimie „Jan" wynika, że była ona
luźna i z punktu widzenia SB mało owocna – informacje są ogólnikowe
i nie mogły wyrządzić krzywdy innym osobom. Duchowny na list autora niniejszej publikacji nie odpowiedział, ale w rozmowie z nim stwierdził, że jego spotkania z esbekami nie były współpracą i że starał się
ich unikać.

Inny był przebieg werbunku duchownego należącego do zgromadzenia księży michalitów, który jako TW otrzymał pseudonim „Wielicki". Jak wynika z zachowanych dokumentów, chodzi o księdza Józefa Podrazę, rektora kościoła w Dobranowicach koło Wieliczki. W sporządzonym 16 maja 1980 roku wniosku o opracowanie go jako kandydata na TW podporucznik Jan Wajda zwracał uwagę:

W środowisku XX Michalitów nie posiadamy osobowych źródeł informacji, a na terenie woj. krakowskiego mieści się nowicjat XX Michalitów w Pawlikowicach oraz Dom Studiów w Krakowie. Figurant jest osobą posiadającą możliwości dotarcia do interesujących nas obiektów. Mieszka samotnie, zdradza skłonności do życia świeckiego, jest lojalnie ustosunkowany do władz państwowych.

Kilka miesięcy później, po zebraniu informacji i rozmowach z samym duchownym, funkcjonariusz mógł napisać:

Kandydat, z którym prowadzony jest dialog, pozytywnie ustosunkowuje się do pracownika SB, jak również realnie ustosunkowuje się do przemian społeczno-politycznych w kraju. Ze środowiskiem Zgromadzenia XX. Michalitów utrzymuje luźny kontakt i w chwili obecnej zmierza do wystąpienia ze Zgromadzenia, a przejścia w poczet księży świeckich. [...] W okresie 9-ciu miesięcy przeprowadzono z nim 8 rozmów, doprowadzając do systematycznych spotkań oraz w sposób dostateczny angażując do współpracy.

Werbunek nastąpił 19 lutego 1981 roku w miejscu zamieszkania duchownego. Jako dodatkowy argument wykorzystano konflikt z przełożonymi zakonnymi oraz to, że duchowny należał do prorządowego Zrzeszenia Katolików „Caritas". Funkcjonariusz obiecał też ewentualną pomoc w załatwianiu formalności paszportowych.

Po wprowadzeniu stanu wojennego, 20 grudnia 1981 roku prowadzenie TW „Wielickiego" przejęła podporucznik Barbara Brożek-Nowak (później Nowak-Szydłowska). Jej kontakty z duchownym były – zgodnie z procedurą – nadzorowane przez wyższych funkcjonariuszy Wydziału IV w Krakowie. Dla zobrazowania metod pracy SB warto zacytować jeden z zachowanych dokumentów, pokazujący, jak taki nadzór wyglądał.

Kraków, 23 października 1988 r.

Notatka służbowa ze spotkania kontrolnego

W dniu wczorajszym odbyłem spotkanie kontrolne z tw.
ps. „Wielicki" na kontakcie Barbary Nowak-Szydłowskiej.
Spotkanie odbyło się w miejscu zamieszkania tw., zachowując pełne zasady konspiracji. W początkowej fazie spotkania
rozmawiano na tematy luźne – osobiste i towarzyskie, po czym
pracownik przeszedł do tematyki, egzekwując informacje co do
których [TW] był zadaniowany na poprzednim spotkaniu.
    Należy podkreślić, że tw. odpowiadał na wszelkie posta-
wione mu pytania i problemy. Wychodził z własną inicjatywą
przekazywania informacji i dyskusji nad aktualną problema-
tyką społeczno-polityczną. Widać było pewne skrępowanie tw.
obecnością osoby trzeciej, dlatego też starałem się jak najmniej wtrącać do przebiegu spotkania, tym bardziej, iż stosunki między tw. a pracownikiem i dobra atmosfera nie wyma-
gały tego.
    Po spotkaniu nie wnoszę żadnych uwag do pracy z tw.
    Zastępca Naczelnika Wydziału IV, kpt Jan Soja

Mimo pozytywnej opinii kapitana SB z dokumentów wynika, że
współpraca była raczej mało wartościowa. Ustała z chwilą upadku komunizmu. Duchowny odpowiedział na list autora niniejszej publikacji
(jego odpowiedź została zamieszczona w części *Załączniki*) oraz kilkakrotnie z nim rozmawiał. Jego przypadek jest precedensowy: w 2006
roku sam złożył rezygnację z pełnionej funkcji rektora.

Ostatnim przypadkiem w pierwszej grupie duchownych jest TW
o pseudonimie „Janek", jak wynika z dokumentów – proboszcz z dekanatu kęckiego, w obecnej diecezji bielsko-żywieckiej. Po otrzymaniu
nominacji proboszczowskiej duchowny ten aktywnie działał społecznie, pomagając m.in. w gazyfikacji wsi. Jego zaangażowanie zwróciło
uwagę SB. Według zachowanych akt został pozyskany do współpracy
18 marca 1986 roku. Z funkcjonariuszem prowadzącym, starszym sier-
żantem T. Słowikiem, spotkał się 15 razy w ciągu trzech lat, przyjmując
go u siebie na plebanii. Relacjonował wydarzenia w dekanacie, nie poruszając jednak spraw dotyczących poszczególnych księży. Nie pobierał też żadnego wynagrodzenia i nie przyjmował upominków. Funkcjonariusz zapisał w raporcie:

W dniu 14 XII 1989 r. udałem się na spotkanie z TW ps. „Janek" BB-11153, w trakcie którego w czasie rozmowy dot. naszych dalszych kontaktów wymieniony stanowczo oznajmił, iż biorąc pod uwagę obecną sytuację polityczną w kraju odmawia dalszych kontaktów z SB i nie widzi potrzeb dalszych kontaktów z SB.

Biorąc pod uwagę postanowienie TW podziękowałem mu za współpracę i proponuję rozwiązać współpracę z TW ps. „Janek".

Drugą grupę, o której była mowa na początku rozdziału, otwiera przypadek duchownego zarejestrowanego jako TW o pseudonimie „Ryś". Z zachowanych dokumentów wynika, że chodzi o księdza Stanisława Pardyla, proboszcza parafii Ząb koło Zakopanego. Został on zarejestrowany w czerwcu 1987 roku; werbunek był efektem stałych i zażyłych kontaktów z funkcjonariuszem SB chorążym Stanisławem Krawcem. Do ich nawiązania przyczyniło się z pewnością to, że zarówno poprzedni proboszcz tej parafii, jak i proboszcz z rodzinnej parafii duchownego należeli do ruchu „księży patriotów". Jak napisał funkcjonariusz, w rozmowie werbunkowej nowo pozyskany TW

ustnie zobowiązał się do zachowania w tajemnicy faktu kontaktów i współpracy z pracownikiem SB. Zobowiązania nie pobierano, gdyż mogłoby to spowodować odmienny stosunek do organów SB, a co za tym idzie do współpracy.

Podczas spotkań duchowny starał się nie przekazywać żadnych istotnych informacji. Przyjmował jednak prezenty, najczęściej koniak, ale też np. maszynkę do golenia czy dodatkowe talony na benzynę. Wyjątkowym wynagrodzeniem była srebrna moneta o nominale 10 000 złotych, wyemitowana w 1987 roku. Zachowało się odręczne pokwitowanie jej odbioru, które SB traktowała jako potwierdzenie współpracy.

Rozmowy z TW o pseudonimie „Ryś" były nagrywane, o czym świadczy zabawna uwaga zapisana przez chorążego M. Lankosza w jednym z jego raportów:

Uwaga!
Całą powyższą rozmowę zamierzałem utrwalić na taśmie magnetofonowej przy wykorzystaniu „minifonu" RS-1490. Nagrywacz ten podczas korzystania po ok. 30 minutach wydawał dźwięki mechaniczne /piszczał/, dlatego wyszedłem do toale-

ty gdzie go wyłączyłem. Odnoszę wrażenie, że pisk ten usły-
szał mój rozmówca lecz nie potrafił go zlokalizować. Również
nie poruszył tego tematu.

Współpraca ustała wraz z upadkiem komunizmu. Duchowny zrezygnował z funkcji proboszcza, przechodząc na emeryturę. Rozmawiał
też dwukrotnie z autorem niniejszej publikacji, udzielając wyjaśnień
i twierdząc, że wobec perfidnych działań SB okazał się zbyt ufny i otwarty. Zapewniał, że nikomu nie wyrządził krzywdy, co znajduje potwierdzenie w aktach.

Niewiele pożytku przyniosła SB także współpraca z innym duchownym prowadzącym budowę kościoła na nowym osiedlu w pewnym mieście. Bezpieka zarejestrowała go jako TW o pseudonimie „Michał" w marcu 1987 roku. Pretekstem do kontaktów była, oczywiście,
budowa, treść rozmów też ograniczała się w zasadzie do tego tematu.
Świątynia została ukończona, a duchowny – sterany trudami budowy –
zmarł w dość młodym wieku.

Bardziej skomplikowany jest przypadek innego duchownego, który
w esbeckich aktach występuje najpierw jako kandydat na TW o pseudonimie „Zdrojewski", a następnie jako TW o pseudonimie „Roman"
(w niniejszej publikacji „Roman" II). Jak wynika z akt, chodzi o księdza
Tadeusza Porzyckiego, proboszcza w Polance Wielkiej koło Oświęcimia
i kolegę rocznikowego kardynała Stanisława Dziwisza. SB próbowała go zwerbować po raz pierwszy w 1971 roku, angażując w tym celu
dwóch TW, o pseudonimach „Janek" (w niniejszej publikacji „Janek" II)
i „Józef", których zadaniem było dostarczenie materiałów kompromitujących. Pretekstem miała być sprawa sądowa wytoczona księdzu z po-
wództwa cywilnego. Wobec umorzenia sprawy starszy inspektor SB
w Nowym Targu porucznik A. Turotszy odstąpił jednak od werbunku.

Do pomysłu wrócono kilkanaście lat później, wykorzystując konflikt, jaki powstał w związku z przeniesieniem duchownego na inne probostwo. Konflikt ten był na bieżąco monitorowany przez TW o pseudonimie „Tobiasz", który składał obszerne raporty z wizyt parafian w Kurii
Metropolitalnej. Część z nich, domagając się powrotu dotychczasowego
proboszcza, zdecydowała się na okupację kurii. W końcu władze archidiecezji krakowskiej ustąpiły i proboszcz wrócił na poprzednią placówkę (pracuje tam zresztą do dziś). Przez prawie dwa lata SB prowadziła

w tej parafii sprawę operacyjnego rozpoznania o kryptonimie „Epilog", wykorzystując konflikt do własnych, antykościelnych celów. 2 lutego 1988 roku proboszcz zgodził się na współpracę z SB, przyjmując pseudonim „Roman". Współpraca ta była jednak źle oceniana przez bezpiekę, a w końcowej charakterystyce starszy sierżant A. Oleksy napisał:

> W okresie współpracy odbyło się 16 spotkań z czego 13 zakończyło się uzyskaniem informacji, spisanych z jego słów, TW nie pisał informacji własnoręcznie. Przekazywane przez niego informacje były ogólne, mało istotne i szczątkowe. W ostatnim okresie dotyczyły tylko sprawy konfliktu wokół klasztoru Karmelitanek bosych w Oświęcimiu, unikając informacji zakulisowych i dot. działalności kleru miejscowego i diecezjalnego. W okresie współpracy TW nie był wynagradzany w żadnej formie.

Ksiądz Porzycki odpowiedział na list od autora niniejszej publikacji; jego odpowiedź znajduje się w części *Załączniki*.

Także w 1988 roku zarejestrowany został inny duchowny, TW o pseudonimie „Tadek" II (wspomniany już w rozdziale *Wyrzucony z trzech województw... w części II*). Jak wynika z zachowanych dokumentów, chodzi o księdza Tadeusza Kubowicza. Urodzony w 1943 roku, święcenia kapłańskie przyjął w 1968. W 1983 roku został proboszczem nowo utworzonej parafii w Sieniawie – wydzielonej z parafii w Rabie Wyżnej. Cztery lata później rozpoczął budowę kościoła. Właśnie wtedy, jesienią 1982, zainteresowała się nim SB. Z informacji wpisanych wówczas do wniosku o zezwolenie na opracowanie go jako kandydata na TW wynika, że nie było to pierwsze podejście bezpieki do tego duchownego i że już raz odmówił on współpracy:

> Ks. Tadeusz Kubowicz w roku 1969 był opracowywany przez insp. Mieczysław Mrowca z b. Kom[endy] Pow[iatowej] Sł[użby] Bezp[ieczeństwa] w Żywcu w charakterze KTW. Opracowanie jego trwało do roku 1971 i zakończyło się negatywnie. W toku opracowania kilkakrotnie przeprowadzone były rozmowy operacyjne, lecz rozmowy te były ogólnikowe i mało efektywne. W dniu 19 V 1971 r. insp. Mrowiec przeprowadził ostateczną rozmowę z ks. Kubowiczem, który oświadczył, iż uważa za bez-

celowe spotykanie się z pracownikiem Służby Bezpieczeństwa.
Wobec powyższego pracownik SB odstąpił od pozyskania a materiały dot. KTW złożył do archiwum. [...]

   Sporządził: insp. oper. grupy IV SB RUSW Rabka chor. Stanisław Krawiec

Tym razem werbunek się udał. Pretekstem było zatrzymanie duchownemu prawa jazdy. We wniosku funkcjonariusz tak opisał przebieg planowanej rozmowy werbunkowej:

tok rozmowy skieruję na możliwość otrzymania przez niego
prawa jazdy, ale jedynie pod warunkiem bliższych kontaktów
z funkcjonariuszem SB. W wypadku gdy rozmowa przyjmie nie-
korzystny obrót lub KTW zdecydowanie odmówi kontaktów będę sugerował, iż SB jest w posiadaniu określonych informacji dot. sposobu życia, co może go skompromitować w środowisku wiernych, a także skierujemy materiały dot. zatrzymania
prawa jazdy do KKA [Kolegium Karno-Administracyjnego], gdzie
musi się liczyć z dolegliwościami finansowymi, utratą prawa
jazdy na okres 2 lat oraz opinią w środowisku. Rozmowę naszą
powinien potraktować jako lojalne ostrzeżenie.

W zamian za oddanie zatrzymanego prawa jazdy duchowny zgodził się na współpracę. Starał się jednak przekazywać mało istotne informacje z życia dekanatu, bez ujawniania spraw mogących skompromitować innych księży. Często zasłaniał się niewiedzą, twierdząc, że z księżmi, o których go pytano, nie utrzymuje kontaktów. Na przykład pytany w tydzień po wyborach 4 czerwca 1989 roku o ich przebieg odpowiadał ogólnikowo.

Księża nie otrzymali konkretnych wytycznych i zaleceń Kurii Krakowskiej odnośnie wyborów i ogłaszania kandydatów
Komitetu Obywatelskiego „S". Sprawy te są w gestii każdego
z proboszczy poszczególnych parafii i do niego należy decyzja czy będzie on ogłaszał z ambony listy kandydatów czy
też nie. TW stwierdził, iż w rozmowach z księżmi z dekanatu rabczańskiego wywnioskował, że wzięli oni wszyscy udział
w wyborach do Senatu i Sejmu w dniu 4 VI 1989 r. Trzeba
również stwierdzić, że księża swoim postępowaniem chcieli zaakcentować postawę „lojalnych" obywateli i potwierdzić czynny udział jako osób duchownych w życiu kraju. Część

księży udziałem w wyborach ukazała swój przekór władzom
społ. politycznym [tak w oryginale]. W drugiej turze wyborów
z tego co TW jest zorientowany żaden z księży nie weźmie
udziału.

Ta niezbyt intensywna współpraca trwała niewiele ponad rok. Duchowny ukończył budowę kościoła i jest nadal proboszczem w swojej parafii. Na list od autora niniejszej publikacji nie odpowiedział.

Tajemnica „Rybki", „Jaworskiego", „Szarzyńskiego" i „Oriona"

W aktach pozostałych po Służbie Bezpieczeństwa opisanych zostało wiele sytuacji i spraw, które trudno do końca zrozumieć, zinterpretować i ocenić. Niejednoznaczność zachowanego materiału, skonfrontowana z wiedzą o danej osobie pochodzącą z innych źródeł, rodzi wiele pytań. Jak na przykład wyjaśnić to, że kapłan bez skazy, bohater walk partyzanckich podczas II wojny światowej, kapelan żołnierzy Armii Krajowej i Solidarności – a zarazem duchowny w ciągu wielu lat inwigilowany i nękany przez SB – został nagle zarejestrowany jako jej tajny współpracownik? Zanim spróbujemy odpowiedzieć na to pytanie, przyjrzyjmy się pokrótce losom owego duchownego.

Ksiądz Stanisław Małysiak – bo o nim mowa – urodził się w 1925 roku w Ślemieniu koło Żywca, w pracowitej i religijnej rodzinie chłopskiej. Wybuch wojny przeszkodził mu w rozpoczęciu nauki w gimnazjum; w 1940 roku został wysiedlony przez okupantów w Lubelskie, gdzie pracował jako robotnik. Tam też w 1942 wstąpił do konspiracji, zostając żołnierzem 9. Pułku Piechoty Armii Krajowej. Brał udział w wielu akcjach bojowych, m.in. w obronie pacyfikowanych wsi Zamojszczyzny i w bitwie partyzanckiej w Puszczy Solskiej. Wykazywał się wielką odwagą, za co otrzymał Krzyż Walecznych, a w latach powojennych także Krzyż Armii Krajowej. Jego oddział został podstępnie rozbrojony przez wojska sowieckie, gdy w sierpniu 1944 roku szedł na pomoc walczącej Warszawie.

Po zakończeniu walk Stanisław Małysiak kontynuował naukę w Zamościu. Zagrożony aresztowaniem przez UB, przeniósł się do Krakowa, gdzie zdał maturę i w 1947 roku wstąpił do Wyższego Seminarium

Duchownego. Święcenia kapłańskie przyjął w 1952 roku. Był wikarym w Niegowici, Kobierzynie, a od 1963 roku w parafii mariackiej w Krakowie, bardzo angażując się w pracę duszpasterską z młodzieżą, a zwłaszcza z ministrantami. Doceniając to zaangażowanie, arcybiskup Karol Wojtyła powierzył mu w 1965 roku stanowisko referenta w Wydziale Duszpasterskim Kurii Metropolitalnej, z zachowaniem dotychczasowych obowiązków w parafii mariackiej.

Ta nominacja zwróciła uwagę Służby Bezpieczeństwa, która jeszcze w tym samym roku rozpoczęła działania w celu pozyskania zdolnego kapłana. W jednym z raportów z tego okresu czytamy:

Do Naczelnika Wydz. IV-tego w KWMO SB w miejscu
Raport o zezwolenie na opracowanie kandydata do pozyskania w charakterze tajnego współpracownika.

Jedną z najaktywniejszych komórek Kurii Metropolitalnej w Krakowie jest referat duszpasterski. Ks. Małysiak Stanisław w sierpniu 1965 r. został przeniesiony do pracy w tym referacie jako pomocnik ks. Czartoryskiego i ks. Obtułowicza, a zarazem do kierowania pracą kancelarii. Z tego powodu ks. Małysiak posiada częsty kontakt z kierownictwem kurii i ma wgląd w wiele spraw natury organizacyjno-duszpasterskiej. Jest ponadto jednym z organizatorów pracy duszpasterskiej wśród młodzieży na terenie Krakowa. Cieszy się dużym zaufaniem u arcybiskupa Karola Wojtyły, ma perspektywę objęcia wyższego stanowiska kościelnego.

Wstępne rozpoznanie pozwala przypuszczać, że posiada on bardzo szerokie możliwości operacyjne, zarówno w stosunku do figurantów krypt. „Kierownik" i „Kanonik" jak również całego obiektu jakim jest kuria.

Kpt. Henryk Kudła

Należy wyjaśnić, że kryptonim „Kierownik" SB nadała sprawie prowadzonej przeciwko księdzu Stanisławowi Czartoryskiemu, a „Kanonik" – przeciwko księdzu Czesławowi Obtułowiczowi, a więc dwóm najbardziej inwigilowanym pracownikom Kurii Metropolitalnej.

Uzyskawszy zgodę przełożonych, kapitan Kudła rozpoczął rutynowe opracowywanie kandydata od zebrania informacji na temat jego środowiska rodzinnego. W grudniu 1965 roku jeden z funkcjonariuszy pisał do zastępcy komendanta powiatowego MO do spraw SB w Żywcu:

Ponieważ interesują nas jego aktualne stosunki z rodziną, prosimy o ustalenie:

1. Czy obecnie ks. Małysiak często przyjeżdża na teren Ślemienia i kontaktuje się z rodziną.
2. Charakter jego kontaktów np. odwiedziny, załatwianie jakichś spraw rodzinnych, majątkowych itp.
3. Czy udziela pomocy rodzinie - jak często, w jakiej formie, efekty tej pomocy.
4. Jego stosunek do swojej drugiej matki i młodszego rodzeństwa.
5. Kto z członków rodziny odwiedza go na terenie Krakowa, jak często itp.

O ile nie utrzymywał żadnych kontaktów w obecnym okresie, prosimy ustalić od strony rodziny, co jest powodem takiego stanu.

Do rozpoznania księdza Małysiaka użyto też znacznej grupy współpracowników zwerbowanych spośród duchowieństwa oraz osób świeckich pracujących w instytucjach kościelnych. Znaleźli się wśród nich TW o pseudonimach: „Marecki" (później „Tukan"), „Brodecki", „Jurek", „Rosa" oraz „Grunwald" – wszyscy zatrudnieni w Kurii Metropolitalnej (trzej pierwsi na wysokich stanowiskach) – a także „Parys" (później „Topaz"), „Adaś", „Biały" III, „Włodek", „Satyr", „Wierny", „Gajowy", „Zefir", „Tuz", „Ministrant" i „Pedagog". Dzięki uzyskiwanym od nich informacjom SB dysponowała dość szczegółową wiedzą o codziennych zajęciach inwigilowanego, jego przyzwyczajeniach, poglądach politycznych (TW „Jurek" określił je jako „bezpłciowe"), sposobie spędzania wolnego czasu i kontaktach osobistych. Nie były to jednak informacje, które można byłoby wykorzystać przeciwko niemu (np. „Biały" III opisał jedynie przygotowania do koronacji obrazu Matki Bożej Częstochowskiej w bazylice Mariackiej w 1966 roku), przeciwnie, TW częstokroć podkreślali pozytywne cechy inwigilowanego księdza. Jeden z nich pisał:

Nie ma szans na większy awans, ale dał się poznać jako dobry organizator. Pracuje dla idei, nie dba o sprawy materialne, doskonale realizuje się w duszpasterstwie młodzieży. Został zauważony przez ks. Czartoryskiego.

Nie udało się też zdobyć żadnych kompromitujących materiałów, choć SB próbowała wrobić księdza Małysiaka – podobnie zresztą jak jego przyjaciela księdza Jana Kościółka – w zmyślony romans z gospodynią R. W tym celu otwierano prywatną korespondencję księdza, szukając najdrobniejszych nawet śladów, a także zamówiono pełną jego obserwację przez kilka dni od 6.00 do 21.00, aby w ten sposób rozpoznać jego kontakty. Odnotowywano wszystko, nawet to, czy spóźnia się na mszę świętą i jak długo spowiada. Działania te nie przyniosły jednak oczekiwanych rezultatów.

Informacji poszukiwano również u kolegów rocznikowych księdza Małysiaka. Pierwszy z nich, pracujący w parafii w Jaworznie i zarejestrowany jako TW o pseudonimie „Mucharski", zbył funkcjonariuszy SB ogólnikami. Nawiasem mówiąc, był on przez nich oceniany jako niezbyt cenny informator, który „pracuje raczej niechętnie" (wszystko wskazuje na to, że wykorzystując przenosiny do kolejnej parafii, zerwał współpracę). Bardziej szczegółowe zadania postawiono więc przed drugim duchownym z tego rocznika, TW o pseudonimie „Frank". Czy się z nich wywiązał, nie wiadomo. W każdym razie Wydział IV pisał w tej sprawie do krakowskiej Komendy Powiatowej MO:

Wymieniony [czyli ks. Małysiak] otrzymał święcenia kapłańskie w 1952 r. razem z TW ps. „Frank", który jest wykorzystywany przez Waszą jednostkę.

Ponieważ interesują nas pewne szczegóły z życia i działalności ks. Małysiaka w seminarium, proszę na spotkaniach z „Frankiem" uzyskać następujące informacje:

1. Jak traktowany był ks. Małysiak przez kierownictwo seminarium /rektora, wykładowców, ojca duchownego/, czy był ich pupilem, lub przeciwnie, tolerancyjność jego wykroczeń [sic!], nadzwyczajna pomoc itp.

2. Ujawnione przez niego zdolności: naukowe, kaznodziejskie, organizacyjne – interesujące przykłady.

3. Stopień fanatyzmu: tradycyjny, z przekonania, wpływ środowiska itp.

4. Zachowanie wobec kolegów zwłaszcza młodszych: służenie radami, pomoc w nauczaniu, więź z kolegami, formy traktowania itp.

5. Postępy w nauce, zachowania w czasie kolokwiów i egzaminów, stopień przyswajania wiadomości z różnych dziedzin np. liturgia, przedmioty humanistyczne itp.

6. Inne uwagi charakteryzujące sylwetkę ks. Małysiaka w okresie pobytu w seminarium.

Wskazane jest ponadto ustalenie aktualnych stosunków TW „Frank" z ks. Małysiakiem w celu opracowania odpowiednich zadań i przekazania mu do realizacji.

Jest to bardzo ciekawy dokument pokazujący, jak wnikliwie analizowano nawet najdrobniejsze fakty z życia figuranta. Cała operacja, trwająca aż siedem lat, zakończyła się jednak fiaskiem; 18 grudnia 1972 roku jej dokumentacja została ostatecznie przekazana do archiwum.

Jednak po dziewięciu latach sprawę wznowiono. Pozycja księdza Małysiaka bardzo w tym czasie wzrosła. Od 1973 roku był on już sekretarzem Wydziału Duszpasterskiego. Otrzymał godność prałata, a wielu duchownych widziało w nim następcę księdza infułata Czartoryskiego. Poza tym był to gorący czas Solidarności i bezpieka za wszelką cenę starała się zebrać informacje o powiązaniach duchownych z opozycją. O księdzu Małysiaku wiedziano zaś, że ze względu na swoją przeszłość cieszy się uznaniem w środowiskach niepodległościowych. 18 września 1981 roku porucznik Henryk Romanowski sporządził kolejny wniosek o opracowanie księdza Małysiaka jako kandydata na TW, pisząc w nim m.in.:

Ze względu na rodzaj wykonywanej pracy utrzymuje bezpośrednie kontakty z większością kurialistów i ma możliwości dotarcia do hierarchów. Jako sekretarz wiodącego Wydziału Kurii orientuje się w bieżącej problematyce jej pracy oraz w zamiarach perspektywicznych i długofalowych. Nadzoruje druk i kolportaż wydawnictw Kurii. Ma perspektywę dalszego awansu w hierarchii kościelnej.

Trzy miesiące później wprowadzono stan wojenny. 19 lutego 1982 roku ksiądz Stanisław Małysiak został przez kardynała Franciszka Macharskiego mianowany opiekunem Arcybiskupiego Komitetu Pomocy Uwięzionym i Internowanym. Komitet ten skupiał prawników, lekarzy i ludzi różnych specjalności, którzy osobom represjonowanym świadczyli fachową pomoc prawną i medyczną, pomagali znaleźć zatrudnienie wyrzuconym z pracy działaczom Solidarności, organizowali kolonie dla ich dzieci, przyjmowali dary z zagranicy i rozwozili żywność, leki, odzież i środki higieny osobistej do ośrodków internowania i więzień. Ksiądz Małysiak, podobnie jak kilku innych kapłanów, również odwiedzał te miejsca, spowiadając, odprawiając msze, a także potajemnie przewożąc korespondencję od przyjaciół i bliskich.

Podobne komitety – które powstały również w innych diecezjach – były dla władz komunistycznych wielkim zagrożeniem: w ponurym czasie stanu wojennego niosły tłamszonemu społeczeństwu iskierkę nadziei. Nic dziwnego, że starano się ograniczyć ich działalność, nie cofając się nawet przed użyciem siły. Do najbardziej brutalnej akcji doszło 3 maja 1983 roku w Warszawie, kiedy to funkcjonariusze SB i ZOMO napadli na Prymasowski Komitet Pomocy, mieszczący się w klasztorze Sióstr Franciszkanek Służebnic Krzyża przy ulicy Piwnej. Pobito wówczas wiele osób, w tym pięć bardzo ciężko. Kilka dni później, 14 maja, funkcjonariusze zakatowali na śmierć Grzegorza Przemyka, syna Barbary Sadowskiej, jednej z wolontariuszek tego Komitetu.

Ksiądz Małysiak udzielał w tym czasie działaczom podziemnej opozycji wielorakiej pomocy. Uczestniczył też jako celebrans w mszach w intencji ojczyzny i w wielu innych ważnych nabożeństwach (m.in. 20 października 1982 roku na pogrzebie Bogdana Włosika, zamordowanego w Nowej Hucie przez SB). W tym miejscu dochodzimy do postawionego na wstępie pytania: jak to możliwe, że ten gorliwy kapłan, tak mocno zaangażowany w pomoc represjonowanym, został w połowie lat osiemdziesiątych – po 20 latach wysiłków SB! – zarejestrowany jako tajny współpracownik o pseudonimie „Rybka"?

Najpierw przyjrzyjmy się dokumentom. Zachowały się dwie teczki opatrzone wspomnianym pseudonimem i numerem rejestracyjnym 25066. Pierwszą z nich, personalną, założono 24 września 1981 roku. Oprócz cytowanego wyżej wniosku o opracowanie kandydata na TW w teczce znajduje się także standardowy kwestionariusz:

```
     1. Nazwisko - Małysiak
     2. Imię - Stanisław [...]
     7. Rysopis: wzrost 170 cm, oczy piwne, włosy ciemne /bru-
net/, brak cech szczególnych. [...]
     24. Znajomość języków - j. łaciński, francuski.
     25. Zainteresowania osobiste - turystyka
     26. Walory osobiste i cechy ujemne - bystry, inteligent-
ny, łatwo nawiązuje kontakty, obyty, towarzyski, kultural-
ny, pali papierosy, alkoholu nie nadużywa [...].
```

31. Ocena osobistego zetknięcia się z kandydatem do pozyskania – towarzyski, chętnie podejmuje dyskusję. Pozytywnie ustosunkowany do aktualnej rzeczywistości.

/Stopień, imię i nazwisko funkcjonariusza/ – por. Ryszard Orzechowski

Część II – uzasadnienie pozyskania do współpracy.
Po przeanalizowaniu informacji w Części I – postanowiłem pozyskać do współpracy wytypowanego kandydata.

1/ Cel pozyskania – Kandydat jest kurialistą – celem pozyskania jest uzyskanie wyprzedzających informacji na temat sytuacji w obiekcie.
Cieszy się dużym zaufaniem u kard. Macharskiego. Posiada aktualne możliwości dotarcia do osób pozostających w operacyjnym zainteresowaniu.

2/ Operacyjne możliwości kandydata – jako kurialista, w tym. kier. wydz. Duszpasterstwa Ogólnego, Przewodniczący Arcybiskupiego Komitetu Pomocy – posiada naturalne możliwości przekazywania wiadomości dotyczących działalności kurii, osób tam zatrudnionych, w tym głównego figuranta krypt. „Korda" [prawdopodobnie chodzi o kardynała Macharskiego].

3/ Motywy pozyskiwania – Stopniowe pozyskiwanie na zasadzie współodpowiedzialności obywatelskiej, poprzez kontakty, dialog z przejściem na uzyskiwanie informacji przedstawiających wartość operacyjną.

4/ Sposób realizacji pozyskania – udokumentowanie faktu związania kandydata przez uzyskiwanie informacji o znaczeniu operacyjnym.
/stopień, imię i nazwisko funkcjonariusza/ – por. Józef Dyśko

5/ Uwagi, podpis i pieczątka zatwierdzającego:
Zastępca Naczelnika Wydziału IV KWMO w Krakowie, por. mgr Kazimierz Aleksanderek
data – 12 lutego 85 r.

III Rezultat pozyskania

W dniu 8 lutego 1985 r. w budynku DUSW Śródmieście przeprowadziłem rozmowę werbunkową z wytypowanym kandydatem w wyniku której:

1/ Potwierdziłem cel pozyskania do współpracy - realizując założenia stopniowego wiązania kand. ze Służbą Bezpieczeństwa. Wynikiem tego jest zgoda kand. na stałe kontakty oraz przekazywanie swego stanowiska, ocen osób z którymi się styka, o problemowych zagadnieniach będących w zainteresowaniu Służby Bezpieczeństwa.

2/ Uzyskałem w czasie rozmowy następujące informacje:
dot. - działalności Arcybiskupiego Komitetu Pomocy,
- oceny bp. Górnego i ks. Kościółka
- aktualnej sytuacji społeczno-politycznej.

3/ Forma zaangażowania do współpracy /zobowiązania, pseudonim/ Ustna dobrowolna zgoda. W okresie współpracy będzie pod pseudonimem „Rybka".

4/ Omówiono z tajnym współpracownikiem sposób nagłego nawiązywania kontaktów, który jest następujący:
Telefonicznie.

[...]
7/ Biorąc powyższe pod uwagę proszę o zatwierdzenie w/w jako tajnego współpracownika i zarejestrowanie go w ewidencji.
/stopień, imię i nazwisko funkcjonariusza/ - por. Józef Dyśko

8/ Po zapoznaniu się z całością materiału pozyskanie do współpracy zatwierdzam.
/podpis i pieczątka zatwierdzającego/: Zastępca Naczelnika Wydziału IV KWMO w Krakowie, por. mgr Kazimierz Aleksanderek.

Współpraca została rozwiązana po 1 listopada 1989 roku. Informuje o tym czwarta, ostatnia część kwestionariusza:

1/ Powód rozwiązania współpracy: W związku z zaistniałą sytuacją społeczno-polityczną tw. ps. „Rybka" odmówił dalszej współpracy ze Służbą Bezpieczeństwa.

2/ W związku z powyższym postanowiono rozwiązać współpracę z tw. ps. „Rybka", a materiały złożyć w archiwum Wydz. „C".

/stopień, imię i nazwisko funkcjonariusza/: ppor. Wiesław Badoń.
Proszę o akceptację: pieczątka Naczelnik Wydziału Studiów i Analiz WUSW w Krakowie.

Teczka personalna „Rybki" zawiera jeszcze jeden dokument. To wykaz osób, które zapoznawały się z przebiegiem sprawy. Warto zwrócić uwagę na adnotację o kontroli przeprowadzonej przez Główny Inspektorat Ministra (MSW) w lutym 1989 roku.

L.p.	Stopień, nazwisko i imię	Stanowisko służbowe i nazwa jednostki	Data	Cel zapoznania
1.	por. J. Dyśko	Kierownik sekcji Wydz. IV	brak daty	Prowadzący
2.	kpt. K. Aleksanderek	Zastępca Naczelnika Wydz. IV KWMO w Krakowie	10 II 1985	zatwierdzenie
3.	kpt. Józef Mraz	St. Insp.	9 IX 1985	kontrola
4.	por. Marek Dybiński	Kierownik sekcji II Wydz. IV	brak daty	kontrola
5.	kpt. E. Wojciechowski	St. Inspektor Wydziału Inspekcji	21 lutego 1989	kontrola GIM

Z kolei w teczce pracy TW o pseudonimie „Rybka" zachowała się jedynie lakoniczna notatka:

```
Kraków, 5 stycznia 1990
Notatka służbowa
Materiały z teczki pracy TW. ps. „Rybka" nr rej. 25066 zo-
stały zniszczone w tut. Wydziale, zgodnie z par. 28 Zarzą-
dzenia nr 049/85.
```

Oprócz tych – jak widać, bardzo skąpych – dokumentów dysponujemy jeszcze materiałami z esbeckiej operacji „Zorza II" dotyczącej trzeciej pielgrzymki papieża Jana Pawła II do Polski, w 1987 roku. W wykazie tajnych współpracowników Wydziału IV w Krakowie, których funkcjonariusze SB zamierzali wykorzystać do „zabezpieczenia" pielgrzymki, TW „Rybka" pojawia się trzykrotnie: najpierw w zestawieniu „źródeł tkwiących w strukturach organizacyjnych", a następnie w zestawieniach współpracowników użytych do przeprowadzenia operacji „Wawel" i „Rezydencja" (chodzi o budynek Kurii Metropolitalnej). Du-

chowny miał pozostawać „na kontakcie" podporucznika Wiesława Ba-
donia. Faktem jest, że ksiądz Stanisław Małysiak był w komitecie organizacyjnym trzeciej pielgrzymki Ojca Świętego członkiem podkomisji
przygotowania duszpasterskiego. Czy w tym czasie przekazywał SB jakieś informacje – a jeśli tak, to jakie – nie sposób stwierdzić. W każdym
razie bezpieka umieściła go w swoim wykazie źródeł.

Jak wspomniano, SB nie posiadała kompromitujących materiałów,
których mogłaby użyć w stosunku do księdza Małysiaka. Jedyną wska-
zówką mogącą pomóc w rozwiązaniu zagadki jego werbunku pozostaje więc użyty w cytowanym kwestionariuszu termin „zasada współodpowiedzialności obywatelskiej". Pod tym sformułowaniem, należącym
do esbeckiej nowomowy, kryją się konkretne działania: chodziło o to,
aby w wyniku częstych i systematycznych rozmów wyrobić u figuranta przekonanie, że współpraca z SB ma służyć... poprawieniu kontaktów między władzami państwowymi a Kościołem (w tym wypadku –
między władzami lokalnymi a Kurią Metropolitalną w Krakowie). Przypomnijmy, że funkcjonariusz SB przeprowadził rozmowę werbunkową
z kandydatem na TW w lutym 1985 roku, niespełna pół roku po zabójstwie księdza Jerzego Popiełuszki, w okresie stagnacji działań podziemnej Solidarności. Mało kto w tym czasie przypuszczał, że komunizm
upadnie tak szybko; wręcz przeciwnie, uważano, że ekipa Jaruzelskiego
i Kiszczaka, mając oparcie w Moskwie, jeszcze przez długi czas utrzy-
ma się przy władzy.

Autor publikacji zebrał wiele relacji księży, których w tym czasie
próbowano werbować. W jednej z nich – podanej przez duchownego
pracującego wówczas w Nowej Hucie, pragnącego dzisiaj zachować
anonimowość – jest zawarty następujący opis:

> W czasie rozmowy ubek przekonywał mnie, że ekstrema jest po jednej
> i po drugiej stronie. Ich ekstremą miał być Piotrowski i jego ekipa, o któ-
> rej wyrażał się jak najgorzej. Po drugiej zaś stronie Jancarz, Chojna-
> cki czy ojciec Stożek. Wyrażał się o nich też jak najgorzej, pokazując
> ich jako warchołów i politykierów. O Kazku Jancarzu mówił wprost, że
> to prowokator i agent obcego wywiadu. Mówił, że trzeba się dogadać,
> bo ekstrema ani po jednej, ani pod drugiej stronie nie może zwyciężyć.
> Przekonywał mnie, że jest to też zdanie wielu biskupów i kurialistów,
> więc powinniśmy się wzajemnie porozumieć i to dla dobra wszystkich
> księży z Huty, którym te rozróby nie są do niczego potrzebne. [...] Prze-

konywał mnie także, że niczego nie muszę podpisywać, a o całej sprawie będziemy wiedzieli tylko my dwaj, bo on nie zamelduje o tym swoim przełożonym.

Autor tej relacji nie dał się zwerbować. Można jednak przypuszczać, że podobna argumentacja – odwołująca się do „współodpowiedzialności obywatelskiej" i sugerująca, że w ten sposób uniknie się dalszych ofiar – mogła przekonać niektórych duchownych, w tym także księdza Małysiaka. Nie wiadomo jednak, jak było naprawdę; sam zainteresowany, mający dziś już 81 lat, na list od autora publikacji nie odpowiedział.

Ksiądz Stanisław Małysiak po roku 1989 był nadal pracownikiem Kurii Metropolitalnej, a ze względu na swoją przeszłość partyzancką brał udział w życiu środowisk kombatanckich i niepodległościowych, uczestnicząc w licznych uroczystościach organizowanych przez Solidarność i żołnierzy Armii Krajowej. Za swoje zasługi otrzymał godność infułata, a od miasta Krakowa medal „Cracoviae Merenti".

Podobnie trudny do zrozumienia jest przypadek wybitnego biblisty ojca Augustyna Jankowskiego, benedyktyna. Także i tu dysponujemy materiałem bardzo skąpym i niejednoznacznym. Niewątpliwie został przez SB zarejestrowany jako tajny współpracownik o pseudonimie „Jaworski". Ale na pytania, jak do tego doszło, czy była to współpraca świadoma i, co najważniejsze, szkodliwa, nie sposób odpowiedzieć.

Bogdan Jankowski urodził się w 1916 roku w miejscowości Złatoust w Rosji. Po zakończeniu wojny polsko-bolszewickiej jego rodzina osiadła w Warszawie. Tam przyszły uczony studiował filologię klasyczną, a następnie wstąpił do seminarium. Święcenia kapłańskie przyjął w 1943 roku. Po kilku latach pracy duszpasterskiej wyjechał na studia do Instytutu Biblijnego w Rzymie. Po powrocie został prefektem w macierzystym seminarium. W 1956 roku wstąpił do opactwa benedyktyńskiego w Tyńcu, przyjmując imię zakonne Augustyn. W opactwie pełnił różne funkcje, m.in. w latach 1985–1993 był opatem.

Jako jeden z najwybitniejszych biblistów polskich przeszedł wszystkie stopnie awansu naukowego. Odegrał kluczową rolę w tłumaczeniu i przygotowaniu Biblii Tysiąclecia. Był współautorem tłumaczeń niektórych Listów św. Pawła i Apokalipsy św. Jana. Od 1963 roku wykładał na Papieskim Wydziale Teologicznym, a następnie na Papieskiej Akademii

Teologicznej w Krakowie. Cenił go ogromnie Jan Paweł II, który w latach 1978–1989 powierzył mu funkcję członka Papieskiej Komisji Biblijnej.

Właśnie ze względu na jego kontakty watykańskie zainteresowała się nim Służba Bezpieczeństwa. Według zachowanych dokumentów do rozmowy werbunkowej doszło w maju 1983 roku, a więc przed zbliżającą się drugą pielgrzymką papieża Jana Pawła II do Polski. SB poszukiwała w tym czasie nowego tajnego współpracownika, który pomógłby w rozpracowywaniu benedyktyńskiego opactwa. Wprawdzie, jak wspomniano wcześniej, miała w Tyńcu jednego TW, o pseudonimie „Włodek", czyli ojca Dominika Michałowskiego, ale był on już w podeszłym wieku. Nawiasem mówiąc, wieloletnia współpraca tego ostatniego zaowocowała 18 tomami (!) akt, zawierających bardzo szczegółowe relacje o tym, co działo się w klasztorze i w ogóle w całym Kościele krakowskim.

W wypadku ojca Augustyna Jankowskiego zachowała się teczka personalna ze standardowym kwestionariuszem. Oto fragment opisujący przebieg werbunku i zarejestrowanie:

```
Część III
Rezultat pozyskania.
    W dniu 2 V 1983 r. w mieszkaniu prywatnym TW przeprowa-
dziłem rozmowę werbunkową z wytypowanym kandydatem, w wyni-
ku której:
    Wyraził zgodę na współpracę z organami SB.

    1. Potwierdziłem cel pozyskania do współpracy /podać
krótko rezultat/ -
    W trakcie prowadzonych rozmów operacyjnych w ramach dia-
logu jaki trwał przez okres trzech lat zorientowałem się, że
ma możliwości oddziaływania na stosunki w opactwie i dzia-
łalność poszczególnych zakonników.

    2. Uzyskałem w czasie rozmowy następujące informacje:
    Opinie i komentarze dotyczące sytuacji w kraju, wizy-
ty papieża JP II do Polski, oraz informacji dotyczących po-
szczególnych osób w klasztorze.

    3. Forma zaangażowania do współpracy /zobowiązanie, pseu-
donim/ - kandydat będzie występował pod pseudonimem „Jawor-
ski". Zobowiązanie o współpracy przyjęte zostało w formie
deklaracji ustnej.
```

4. Omówiono z tajnym współpracownikiem sposób nagłego nawiązywania kontaktu, który jest następujący:

W razie pilnej potrzeby TW będzie dzwonił na nr tel. 10-64-36 prosząc Janusza. Odwrotnie ja będę dzwonił do klasztoru.

5. Krótko opisać omówione z tajnym współpracownikiem warunki współpracy:

Uzgodniono wstępnie, iż spotkania odbywać się będą w mieszkaniu TW.

6. Wymienić L.K., na którym będą odbywały się spotkania: [brak wpisu].

7. Biorąc powyższe pod uwagę proszę o zatwierdzenie w/w jako tajnego współpracownika i zarejestrowanie go w ewidencji.
Podpis oficera operacyjnego – por. J. Cieślik

8. Po zapoznaniu się z całością materiału /po odbycia kontrolnego spotkania/ pozyskanie do współpracy zatwierdzam.
Podpis i pieczątka zatwierdzającego – Naczelnik Wydziału IV KWMO w Krakowie, ppłk. Zygmunt Majka.

Warto dodać, że ojciec Jankowski nie posiadał żadnego własnego „mieszkania prywatnego"; w ten sposób funkcjonariusz SB zapisał, że doszło do spotkania na terenie klasztoru. W kwestionariuszu nie odnotowano rozwiązania współpracy, zapisano jedynie enigmatycznie, że „TW Jaworski utracił możliwości realizowania zadań operacyjnych, do jakich został pozyskany".

Zawartość teczki pracy TW „Jaworskiego" została – podobnie jak w wypadku TW „Rybki" – zniszczona w styczniu 1990 roku, w ramach akcji zacierania śladów działalności Wydziału IV SB w Krakowie:

Kraków, dnia 19 stycznia 1990
Tajne – specjalnego znaczenia
Notatka służbowa
Materiały z teczki pracy tw. ps. „Jaworski" nr rej. 27229 zostały zniszczone w tut. Wydziale, zgodnie z par. 28 Zarządzenia nr 049/85.

Zachowały się natomiast zapisy w aktach operacji „Zorza II": pseudonim „Jaworski" pojawia się aż w trzech różnych wykazach TW, których zamierzano wykorzystać do zabezpieczenia operacji „Wawel". Z kolei w innym dokumencie, pod datą 19 grudnia 1989 roku, zanotowano, że TW „Jaworski", numer ewidencyjny 27229, otrzymał od funkcjonariusza SB butelkę koniaku.

Ojciec Augustyn Jankowski pozostanie w pamięci wielu osób jako duchowy opiekun i naukowy autorytet, autor dziesiątek książek i setek artykułów naukowych. W 1996 roku otrzymał doktorat *honoris causa* PAT-u. Zmarł 6 listopada 2005 roku. Na podstawie przywołanych dokumentów trudno wyrokować o charakterze jego kontaktów z SB. Jak wspominają niektórzy z jego współbraci, ojciec Jankowski lekkomyślnie zgodził się, gdy funkcjonariusz zaproponował mu przywożenie paszportu do klasztoru (w związku z obowiązkami watykańskimi duchowny często wyjeżdżał). Czy rzeczywiście podjął wówczas współpracę, pozostanie na razie tajemnicą. Sprawa ta wymaga dalszych poszukiwań w archiwach.

Nieoczywisty jest też przypadek innego duchownego, figurującego w aktach bezpieki jako TW o pseudonimie „Szarzyński". W krakowskim oddziale IPN zachowały się dwie teczki – personalna i pracy – opatrzone tym pseudonimem oraz numerem rejestracyjnym 17885. Materiały w nich zawarte wskazują, że jako „Szarzyński" zarejestrowany został ksiądz Tadeusz Szarek.

Duchowny ten urodził się w 1940 roku w Lednicy Górnej, a święcenia kapłańskie otrzymał w 1964 w Krakowie. Pełnił funkcję wikarego, a następnie proboszcza w kilku parafiach. Na placówkach tych dał się poznać jako energiczny duszpasterz młodzieży; przyczynił się też znacząco do rozwoju ruchu oazowego na terenie archidiecezji krakowskiej. Był m.in. dekanalnym referentem ds. młodzieży w Nowej Hucie.

W teczce personalnej „Szarzyńskiego" znajduje się standardowy wniosek o opracowanie duchownego jako kandydata na TW, sporządzony 27 stycznia 1977 roku. W uzasadnieniu jego kandydatury funkcjonariusz SB Roman Waśkowicz napisał:

> Wymieniony jest wikariuszem parafii Bieńczyce, dekanat Kraków VI. Wytypowanie go na kandydata podyktowane jest koniecznością posiadania osobowego źródła na terenie w/w parafii. Ponadto wym. znany jest z dużej inicjatywy organizatorskiej [...] oraz cieszy się zaufaniem ks. Gorzelanego – proboszcza parafii.

Na końcu wniosku jest adnotacja zatwierdzającego go naczelnika Wydziału IV SB w Krakowie podpułkownika Józefa Biela: „Proszę mieć na uwadze istniejące już warunki kontynuowania dialogu operacyjnego z wymienionym". Zapis ten świadczy o tym, że SB od pewnego czasu prowadziła już rozmowy z duchownym.

W tej samej teczce znajduje się też kwestionariusz osobowy księdza Szarka. Druga i trzecia część kwestionariusza zostały wypełnione w 1982 roku, kiedy duchowny był już proboszczem w Podłężu koło Niepołomic, a SB zdecydowała się przystąpić do werbunku. O przygotowaniach i przebiegu rozmowy pozyskaniowej mówi następujący fragment:

2/Możliwości operacyjne kandydata:
Obecnie pełni funkcje proboszcza parafii. Z tej racji uczestniczy w konferencjach dekanalnych co stanowi naturalną okazję do uzyskiwania informacji nas interesujących. A także możliwość kontaktu z księżmi z innych parafii.
Ma wiele kolegów – księży, z którymi utrzymuje kontakty towarzyskie co pozwala na rozpoznanie opinii i poglądów kleru na bieżące wydarzenia.

3/ Motywy pozyskania:
Kandydat przejawia lojalną postawę w stosunku do władz, MO i chętnie kontynuuje rozpoczęty z nim dialog operacyjny. Przez to pozyskanie do współpracy będzie oparte o zasadę współodpowiedzialności obywatelskiej.

4/ Sposób pozyskania:
W trakcie kolejnej prowadzonej już rozmowy operacyjnej zaproponuję mu dalsze regularniejsze spotkania. Pouczę o zachowaniu w tajemnicy tych naszych kontaktów.
Stopień, imię i nazwisko funkcjonariusza – ppor. Tadeusz Rak

5/ Uwagi, podpis i pieczątka zatwierdzającego – Opracowanie i pozyskanie uzasadnione potrzebami operacyjnymi.
Z. Majka

Część III
Rezultat pozyskania

W dniu 18 VI 1982 r. w mieszkaniu kandydata w Podłężu przeprowadziłem rozmowę werbunkową z wytypowanym kandydatem, w wyniku której:
Kandydat wyraził chęć na dalszy kontakt ze mną.

1/ Potwierdziłem cel pozyskania do współpracy (podać krótko rezultat) –

Założony cel pozyskania (założenia w części II) został częściowo osiągnięty, gdyż uzyskałem w trakcie rozmowy pozyskaniowej informacje o znaczeniu operacyjnym.

2/ Uzyskałem w czasie rozmowy następujące informacje:

1) Ogólna ocena nastrojów i oczekiwań związanych ze stanem wojennym a odnoszących się do księży z dekanatu niepołomickiego.

2) Opinia o proboszczu z Bieńczyc ks. Józefie Gorzelanym.

3) Opinia o ks. Władysławie Palmowskim – wikariuszu z Bieńczyc.

3. Forma zaangażowania do współpracy (zobowiązanie, pseudonim) – Ustne zobowiązanie się do utrzymywania dalszych kontaktów ze mną nagrałem na taśmę magnetofonową.

4/ Omówiono z tajnym współpracownikiem sposób nagłego nawiązywania kontaktu, który jest następujący:
Nie uzgodniono. Sprawy te uzgodnione zostaną na kolejnych spotkaniach.

5. Krótko opisać omówione z tajnym współpracownikiem warunki współpracy: Uzgodniono, że będę go odwiedzał na zasadach dotychczasowych.

Z części czwartej kwestionariusza wynika, że współpraca została rozwiązana po 1 listopada 1989 roku. Jako powód wpisano – często pojawiającą się w dokumentach z tego czasu – formułkę: „W związku z nową sytuacją społeczno-polityczną TW zdecydowanie odmawia wszelkich kontaktów z SB". Ponadto na końcu teczki znajduje się standardowy wykaz funkcjonariuszy SB, którzy zapoznali się ze znajdującymi się w niej materiałami; jest w nim tylko jeden wpis.

Z kolei w teczce pracy „Szarzyńskiego" znajduje się jedynie notatka służbowa informująca o zniszczeniu materiałów, które się w niej znajdowały:

Kraków, dnia 10 stycznia 1990
Tajne – specjalnego znaczenia

Notatka służbowa
Materiały z teczki pracy tw. ps. „Szarzyński" nr rej. 17885 zostały zniszczone w tut. Wydziale, zgodnie z par. 28 Zarządzenia nr 049/85.

Wyk. w 1 egz.
Egz. 1 – t. pr.

Nie mamy więc żadnych wiadomości na temat przebiegu współpracy. Nie wiemy, jak często odbywały się spotkania i czy duchowny przekazywał jakiekolwiek informacje. „Szarzyński" pojawia się jednak w aktach operacji „Zorza II" w spisie tajnych współpracowników użytych – podczas trzeciej pielgrzymki Ojca Świętego Jana Pawła II do ojczyzny w 1987 roku – „do zabezpieczenia operacji »Wawel«". W spisie tym podano, że pozostaje „na kontakcie T. Raka", a więc tego samego funkcjonariusza SB, który dokonał werbunku.

Ksiądz Tadeusz Szarek w 2005 roku zrezygnował z probostwa i przeszedł na wcześniejszą emeryturę. Dwukrotnie rozmawiał telefonicznie z autorem publikacji, a w odpowiedzi na jego list przesłał kopie pism wysłanych uprzednio do księdza kardynała Stanisława Dziwisza. Pisma te zostały zamieszczone w części *Załączniki*.

Nieco inna, choć równie trudna do zrozumienia i opisania, jest sprawa TW o pseudonimie „Orion". Dotyczy ona zasłużonego kapłana, słynącego z uczciwości, pokory i pobożności. Ksiądz infułat Kazimierz Suder – bo o nim mowa – urodził się w 1922 roku w Krakowie. W czasie okupacji wstąpił do seminarium, gdzie poznał m.in. Karola Wojtyłę, z którym przyjaźnił się do końca jego życia. Święcenia kapłańskie przyjął w 1947 roku. Pracował jako wikary w Łapanowie, Żywcu, Chrzanowie oraz – najdłużej – w parafii pw. św. Anny w Krakowie. W tym ostatnim miejscu opiekował się m.in. zespołem pomocy medycznej dla osób represjonowanych i ich rodzin, który powstał w grudniu 1981 roku, po wprowadzeniu stanu wojennego, z inicjatywy biskupa Jana Pietraszki i profesora Zbigniewa Chłapa. Ksiądz Suder przyjmował na nocleg osoby przyjeżdżające z darami z zagranicy, a same dary pozwolił składować w swojej piwnicy. W jego mieszkaniu działała prowizoryczna „recepcja" dla zgłaszających się pacjentów. Ksiądz Suder wykazywał się ogromną ofiarnością i życzliwością, z pogodą ducha przyjmując tłumy ludzi przewijające się przez budynek przy kościele pw. św. Anny. W 1984 roku został mianowany proboszczem rodzinnej parafii Karola Wojtyły w Wadowicach, a następnie dziekanem tamtejszego dekanatu. Żył zawsze bardzo skromnie, koncentrując się na pracy duszpasterskiej i służbie innym.

Biorąc pod uwagę te fakty, trudno pojąć, dlaczego w marcu 1985 roku duchowny ten zgodził się na stałe kontakty ze Służbą Bezpieczeń-

stwa. Być może również wobec niego użyto argumentów o „współodpowiedzialności obywatelskiej", a być może chodziło tylko o paszport
(w jednym z pierwszych doniesień znalazło się podziękowanie za wydanie paszportu na wyjazd do RFN). Faktem jest, że podczas pierwszego spotkania ksiądz Suder zgodził się napisać własnoręcznie następujący tekst:

```
Oświadczenie
    Oświadczam, że zachowam w tajemnicy treść rozmowy prowa-
dzonej z pracownikiem SB
    Wadowice 27 III 1985 r.
    Ks. K. Suder
```

Warto jednak dodać, że propozycję podpisania tego typu oświadczenia
składano rutynowo prawie każdemu, z kim przeprowadzano rozmowę
operacyjną. Jedni godzili się na to, inni nie. Była to próba łamania wewnętrznych oporów danej osoby przed stałymi kontaktami z funkcjonariuszami SB.

Pozyskany współpracownik otrzymał pseudonim „Orion". Z akt, które zachowały się niemal w całości, wynika, że jego funkcjonariuszami
prowadzącymi byli: kapitan J. Kowalówka, porucznik E. Krzemiński,
podporucznik P. Nidecki oraz starszy sierżant A. Gołda. Doniesienia duchownego zawierały bardzo liczne informacje o życiu parafii i dekanatu, w tym o pielgrzymkach autokarowych do Rzymu i pieszych na Jasną Górę, a także o zmianach personalnych w poszczególnych parafiach.
Znalazły się tam również informacje o Klubie Inteligencji Katolickiej
oraz o budowie nowego kościoła pw. św. Piotra i jego budowniczym
księdzu Michale Piosku (te ostatnie przekazano do akt wspomnianego
duchownego). Za doniesienia ksiądz Suder nie pobierał wynagrodzenia, przyjmował jedynie od esbeków wiązanki kwiatów z okazji imienin, a raz także paczkę kawy.

Być może proboszcz z Wadowic nie miał świadomości, że przekazuje informacje cenne z punktu widzenia SB. Jako człowiek z natury życzliwie nastawiony do innych ludzi, mógł po prostu zgodzić się
na spotkania, które uważał za nieszkodliwe i niezobowiązujące. Trzeba
wyraźnie zaznaczyć, że jego doniesienia nie zawierały informacji kompromitujących innych duchownych czy osoby świeckie. W niektórych

wypadkach nie wychodziły one poza wiadomości podawane w ogłoszeniach parafialnych. Niemniej współpracę z „Orionem" SB oceniała jako wartościową, o czym świadczy poniższa charakterystyka z września 1988 roku:

Wymieniony pozyskany został w celu rozpoznania środowiska kleru diecezjalnego w dekanacie wadowickim. Z racji pełnionych funkcji dziekana dekanatu wadowickiego ma on pełne predyspozycje w tym kierunku.

TW jest obecnie na kontakcie czwartego pracownika. Odbyto z nim 36 spotkań. Przekazywane informacje przedstawiają wartość operacyjną. TW jest jednostką bardzo skrytą, przestrzega z całą surowością zasad konspiracji. Jest grzeczny w kontaktach z pracownikiem, nie unika spotkań, które muszą być jednak inspirowane przez pracownika. W dotychczasowej współpracy był trzykrotnie nagradzany nagrodami rzeczowymi w postaci wiązanki kwiatów.

Ksiądz Kazimierz Suder został wyrejestrowany przez SB z listy jej współpracowników jesienią 1989 roku. Jako duszpasterz był bardzo lubiany przez wiernych i doceniany przez władze kościelne. Został podniesiony do godności prałata, a następnie infułata. Od 1998 roku przebywa na emeryturze. Żyje nadal bardzo skromnie, skrupulatnie spełniając swoje obowiązki duszpasterskie. Na list autora niniejszej publikacji odpowiedział; odpowiedź ta znajduje się w części *Załączniki*.

„Gazda" i „Waga", czyli dwaj księża Bielańscy

Aby lepiej uzmysłowić czytelnikowi problemy, przed jakimi staje badacz studiujący archiwa IPN, w niniejszym rozdziale omówione zostaną porównawczo losy dwóch duchownych, których Służba Bezpieczeństwa próbowała zwerbować do współpracy. Obaj noszą to samo nazwisko, choć nie ma między nimi żadnego pokrewieństwa. Obaj urodzili
się w 1939 roku i obaj jednocześnie wstąpili do Wyższego Seminarium
Duchownego w Krakowie, gdzie przez sześć lat studiowali na jednym
roku, m.in. razem z trzema przyszłymi hierarchami: kardynałem Stanisławem Dziwiszem oraz biskupami Tadeuszem Rakoczym i Janem
Zającem. Obaj w 1963 roku przyjęli świecenia kapłańskie, a w latach
następnych obaj za rzetelną pracę duszpasterską otrzymali wysokie
godności kościelne (jeden jest prałatem, drugi infułatem). Obaj w stanie wojennym byli tzw. proboszczami rejonowymi w parafii pw. Matki
Bożej Królowej Polski w Nowej Hucie Bieńczycach. Obaj też, jak wspomniano, ze względu na funkcje sprawowane w strukturach archidiecezji krakowskiej byli werbowani przez SB do współpracy. Tutaj jednak podobieństwo się kończy, bo w tej sprawie każdy z nich wybrał inną drogę postępowania.

Pierwszy z nich, Jan Bielański, urodził się w Odrowążu na Podhalu.
Po święceniach kapłańskich pracował jako wikary w Stryszawie, Zakopanem, parafii pw. św. Floriana w Krakowie, a od 1976 roku – w parafii pw. św. Antoniego w Krakowie Bronowicach Małych. Ta ostatnia parafia powstała w podkrakowskiej wsi znanej z *Wesela* Stanisława Wy-
spiańskiego, wchłoniętej przez gwałtownie rozwijające się miasto. Na
jej terenie wybudowano osiedla bloków wielorodzinnych; dla dobra

mieszkańców jednego z tych osiedli ksiądz Jan Bielański zorganizował w 1977 roku, w budynku dawnej piekarni przy ulicy Bronowickiej 78, punkt katechetyczny i kaplicę, a następnie zamieszkał tam na stałe.

Dla ówczesnych władz państwowych były to oczywiście działania nielegalne. Co więcej, do władz dotarła informacja, że z parafii w Bronowicach Małych wydzielona ma zostać nie jedna, ale aż dwie nowe parafie. Wydział IV SB postanowił więc temu przeciwdziałać. W tym celu podjęto próbę zwerbowania księdza Bielańskiego do współpracy, aby w ten sposób pozyskać cenne źródło informacji i możliwość wpływu na rozwój sytuacji na tamtym terenie. Zadanie to powierzono podporucznikowi Romanowi Waśkowiczowi, który 19 kwietnia 1978 roku przygotował wniosek o opracowanie duchownego jako kandydata na TW.

Ze względu na góralskie pochodzenie księdza funkcjonariusz nadał mu pseudonim „Gazda". W rubryce „Uzasadnienie wytypowania kandydata na TW" napisał:

Konieczność posiadania źródła informacji na terenie osiedla Bronowice Północ i Widok w zakresie budownictwa sakralnego oraz ogólnego rozpoznania działalności kleru parafialnego na tym terenie. Rozpoznanie zamierzeń kurialnych co do utworzenia nowej parafii na Widoku.

Natomiast w kwestionariuszu osobowym odnotował m.in.:

23. Pobyt za granicą – 1976 Włochy. [...]
25. Zainteresowania osobiste – turystyka.
26. Walory osobiste i cechy ujemne – bardzo rozmowny, miły, nienaganny sposób bycia, bezpośredni w nawiązywaniu kontaktów.
27. Czy kandydat był opracowywany czy rozpracowywany – nie. [...]
31. Ocena osobistego zetknięcia się z kandydatem do pozyskania – miły, wesoły, sympatyczny, spostrzegawczy – oceny te z krótkiej rozmowy paszportowej w 1976 r.

Jak z tego wynika, dla funkcjonariusza SB wystarczającą zachętą do podjęcia próby werbunku był... kulturalny sposób bycia duchownego. W aktach werbunkowych zaznaczono też, że ksiądz Bielański w głoszonych kazaniach z zasady nie przejawiał „wrogich akcentów", z wyjątkiem kazania wygłoszonego w lipcu 1965 roku w Stryszawie, kiedy to wobec usuwania krzyży ze szkół powiedział: „Jak władze zdarły znak Krzyża Świętego ze ścian, to z serc nam go nie wydrą".

Zestawiając dokumenty, które się zachowały, można się dowiedzieć, jak liczne i różnorodne były działania SB zmierzające do zwerbowania księdza Jana Bielańskiego. Zbierano informacje o jego działalności duszpasterskiej, sporządzono charakterystykę jego osoby (sprawdzając m.in. stosunek do rzeczy materialnych), założono na miesiąc podsłuch w telefonie parafialnym, sprawdzano korespondencję parafialną i prywatną, przeprowadzono też wywiad środowiskowy w miejscu urodzenia oraz pełne rozpoznanie rodziny Bielańskich w Odrowążu (zadanie takie otrzymał Wydział IV SB w Nowym Sączu i posterunek MO w Czarnym Dunajcu). W celu zdobycia kompromitujących materiałów sprawdzano kontakty księdza z innymi duchownymi oraz osobami świeckimi, szukano źródeł informacji wśród okolicznych mieszkańców oraz rodziców dzieci przychodzących na katechizację, zbierano też informacje o rodzinie, od której nabyto dom zaadaptowany na kaplicę. Podporucznik Adam Wypasek, członek grupy „D", otrzymał zadanie prowadzenia działań dezinformacyjnych, zmierzających do wywołania konfliktu między wiernymi a kandydatem. Przeprowadzono rozmowę na jego temat z TW o pseudonimie „Kula", duchownym z terenu dekanatu, zaplanowano też rozmowę sondażową z samym księdzem Bielańskim.

Pomimo tak wielu działań nie osiągnięto zamierzonego celu: ksiądz Jan nie zgodził się na rozmowy, nie zdobyto też żadnych obciążających go informacji. Również posterunek MO w Czarnym Dunajcu, choć przygotował rzetelną charakterystykę poszczególnych członków rodziny Bielańskich, nie dostarczył żadnych punktów zaczepienia.

W 1980 roku władze kościelne przeniosły księdza Jana Bielańskiego do parafii w Nowej Hucie Bieńczycach. Został tam jednym z czterech proboszczów rejonowych, z zadaniem tworzenia nowej parafii i budowy najpierw tymczasowej kaplicy i punktu katechetycznego, a następnie dużego i nowoczesnego kościoła na osiedlu Dywizjonu 303. W tym właśnie okresie SB podjęła decydującą próbę werbunku. Doszło do niej 18 grudnia 1981 roku, a więc w pierwszych dniach stanu wojennego, dzień po rozbiciu strajku Solidarności w Hucie im. Lenina. W strajku tym brało udział wielu parafian z Bieńczyc. Ksiądz Jan Bielański został wezwany do Komendy Dzielnicowej MO na osiedlu Zgody w Nowej Hucie. Podporucznik Wypasek, od kilku lat „opiekun" duchownego, tak zrelacjonował to wydarzenie przełożonym:

Rozmowę przeprowadzono w KDMO N. Huta. W/wym. zgłosił się punktualnie [...].

Na moje pytanie dlaczego nie powiedział funkcj. MO adresów pozostałych księży z parafii długo się zastanawiał siedząc z dłońmi złożonymi i opartymi o czoło. Po chwili wyjaśnił, że faktycznie nie zna adresów, natomiast te które zna nie może wyjaśnić, gdyż nie wie czy księża ci życzyliby sobie tego. Na moje słowa, że obecnie jest stan wojenny i każdy obywatel powinien udzielać wszechstronnej pomocy organom WP i MO ponownie złożył ręce, mówiąc: „trudno, wola boska".

Po przedstawieniu mu oświadczenia o lojalności natychmiast odparł, że nie może podpisać tego. Poprosił mnie o kartkę i złożył inne oświadczenie. Wyjaśnił, że nie odpowiadają mu wszystkie sformułowania, gdyż jest bezpośrednio podporządkowany biskupom. Gdyby podpisał to oświadczenie, wydałby na siebie zaocznie wyrok śmierci, gdyż gdyby biskupi np. polecili mu czynić inaczej musiałby im właśnie podporządkować się w pierwszej kolejności /oświadczenie w/wym. w załączeniu/.

Gdy mu powiedziałem o ewentualnych konsekwencjach, gdyby nie przestrzegał obowiązującego porządku ponownie odparł, że zawsze będzie przestrzegał. Ale gdyby otrzymał polecenie od swoich zwierzchników nie zgodne będzie musiał wykonać.

Podczas rozmowy dało się zauważyć u w/wym. zdenerwowanie, które ukrywał poprzez złożenie dłoni i zasłanianie sobie twarzy. Prawdopodobnie wiedział o treści oświadczenia i był poinstruowany przez kogoś jak ma postępować. Oświadczenie, które pisał, pisał bez zastanowienia się nad treścią.

Oświadczenie

Ja niżej podpisany oświadczam, że w obecnym stanie wojennym i zresztą zawsze nie będę szkodził swojej umiłowanej Ojczyźnie, Bogu, Kościołowi i ewangelii i będę postępował zgodnie z własnym sumieniem ukształtowanym na prawie Bożym miłości Boga i bliźniego.

Ks. Jan Bielański

Niezłomna postawa księdza Jana spowodowała, że SB na pewien czas odstąpiła od werbunku. Po kilku latach podjęła kolejną próbę. Duchowny jednak, choć budował w tym czasie kościół i mógł liczyć się z rozmaitymi szykanami, nadal zdecydowanie odmawiał jakichkolwiek rozmów. Za każdym razem, zgodnie z zarządzeniem władz kościelnych, domagał się oficjalnego wezwania. W końcowej analizie opracowania kandydata o pseudonimie „Gazda", sporządzonej 20 stycznia 1987 roku, zniechęcony Adam Wypasek – wówczas już kapitan oraz p.o. kierownika Sekcji IV Wydziału IV – napisał:

Z kand. przeprowadzono dwie rozmowy oraz podjęto kilka prób nawiązania dialogu. W obu rozmowach ustosunkował się negatywnie do pracownika. W trakcie drugiej rozmowy oświadczył, iż nie ma czasu a o ile jest potrzeba przeprowadzenia z nim rozmowy to prosi o wezwanie, a wówczas będzie zmuszony się stawić.

W tej sytuacji proponuję zaniechać opracowania kand., a materiały włączyć do teczki EOK, która jest obecnie w DUSW Nowa Huta lub złożyć w tut. Wydz. „C" na okres 10 lat.

Mimo odmowy współpracy ksiądz Bielański spokojnie kontynuował budowę świątyni, która poświęcona w 1994 roku, otrzymała wezwanie Świętego Brata Alberta. Znajdująca się przy niej tymczasowa kaplica przekazana została Fundacji im. Brata Alberta z Radwanowic na potrzeby Warsztatów Terapii Zajęciowej i Świetlicy Terapeutycznej dla osób niepełnosprawnych intelektualnie. W 2005 roku ksiądz Jan Bielański przeszedł na emeryturę i zamieszkał przy parafii jako rezydent. Rok później za swoją ofiarną działalność charytatywną otrzymał od osób niepełnosprawnych Medal św. Brata Alberta.

Inaczej potoczyły się losy księdza Janusza Bielańskiego. Urodzony w Różance koło Lubaczowa, szkołę średnią i seminarium duchowne ukończył w Krakowie. Po święceniach kapłańskich pracował jako wikary w Paszkówce, w Oświęcimiu, w parafii pw. św. Mikołaja w Krakowie, a od 1974 roku jako proboszcz parafii w Mydlnikach pod Krakowem. W 1977 roku został mianowany proboszczem rejonu Bieńczyce II w Nowej Hucie, a w 1983 proboszczem parafii katedralnej na Wawelu i członkiem Kapituły Metropolitalnej. W poszczególnych parafiach dał się poznać jako gorliwy duszpasterz, bardzo lubiany przez ludzi świeckich i współbraci kapłanów. Cieszył się też zaufaniem kardynała Franciszka Macharskiego, z którym często wyjeżdżał na wizytacje biskupie i różnego rodzaju uroczystości kościelne. W tym czasie był inwigilowany przez SB, o czym świadczą doniesienia składane na niego przez dwóch TW, o pseudonimach „Topaz" i „Kazek".

W aktach pozostałych po krakowskiej bezpiece ksiądz Janusz Bielański figuruje jako tajny współpracownik o pseudonimie „Waga". Nie zachowała się zawartość jego teczki pracy, ale odnaleziona została teczka personalna (z numerem rejestracyjnym 23470, nadanym 3 maja 1980 roku) oraz wiele innych informacji porozrzucanych w różnych dokumentach. Materiał ten wymaga więc skrupulatnej analizy.

W teczce personalnej znajduje się m.in. następujące zestawienie:

L.p.	Stopień, nazwisko i imię	Stanowisko służbowe i nazwa jednostki	Data	Cel zapoznania
1.	Ppor. K. Aleksanderek	Kierownik sekcji Wydz. IV	3 V 1980	Prowadzący
2.	Por. J. Dyśko	kierownik sekcji Wydz. IV	2 V 1982	Prowadzący
3.	Ppłk mgr Zygmunt Majka	naczelnik Wydz. IV KWMO w Krakowie	1 XII 1982	Akceptacja
4.	Kpt. L. Gładych	insp[ektor]	21 VIII 1984	Kontrola
5.	Kpt. K. Aleksanderek	naczelnik Wydz. IV KWMO w Krakowie	14 IX 1988	Kontrola
6.	Por. Marek Dybiński	kierownik sekcji II Wydz. IV	8 IX 1987 r.	Prowadzący
7.	Kpt. E. Wojciechowski	st. inspektor	21 II 1989	Kontrola GIM

Z zestawienia dowiadujemy się, że oficerami prowadzącymi „Wagę" byli funkcjonariusze: Kazimierz Aleksanderek, Józef Dyśko oraz Marek Dybiński, a werbunek został, zgodnie z procedurami, zatwierdzony przez naczelnika Wydziału IV. Ponadto teczka była trzykrotnie kontrolowana, m.in. przez funkcjonariusza Głównego Inspektoratu Ministra (MSW).

W przeciwieństwie do innych tego typu teczek teczka personalna TW „Wagi" nie zawiera wypełnionego wniosku o opracowanie danej osoby jako kandydata na tajnego współpracownika. Zawiera natomiast standardowy kwestionariusz osobowy. Oto jego najważniejsze fragmenty:

1. Nazwisko Bielański
2. Imię Janusz [...]
23. Pobyt za granicą – 1977 – Egipt, Włochy, Hiszpania 1978 – Włochy. [...]
26. Walory osobiste i cechy ujemne – miła prezencja, łatwość w nawiązywaniu kontaktów, łatwość w formułowaniu spostrzeżeń, elokwentny. [...]
30. Wyniki sprawdzeń w Biurze /Wydziale/ „C" – TEOK 16988 Wydz. IV Kraków
31. Ocena osobistego zetknięcia się z kandydatem do pozyskania:
Kandydat jest osobą o miłej powierzchowności i prezencji. W rozmowie taktowny, sprawia wrażenie człowieka opanowanego, o dużej odporności psychicznej.
Stopień, imię i nazwisko funkcjonariusza – ppor. Kazimierz Aleksanderek

Część II
Uzasadnienie pozyskania do współpracy.

1/ Cel pozyskania:
Kandydat jest proboszczem w parafii Bieńczyce Rejon II. Celem pozyskania jest uzyskanie wyprzedzających informacji na temat sytuacji w obiekcie.
Cieszy się dużym zaufaniem u kard. Macharskiego. Posiada aktualne możliwości dotarcia do osób pozostających w operacyjnym zainteresowaniu.

2/ Operacyjne możliwości kandydata
Posiada naturalne możliwości do przekazywania informacji na temat sytuacji w kościele w Bieńczycach. Może udzielać informacji na temat osób zatrudnionych w parafii i ich postaw, informacji na temat konferencji rejonowych, dekanalnych itp.

Z racji szerokich kontaktów z kurialistami oraz funkcji jakie pełni może przekazywać informacje na temat sytuacji w kurii oraz osób tam zatrudnionych.

3/ Motywy pozyskiwania – Stopniowe pozyskiwanie na zasadzie współodpowiedzialności obywatelskiej, poprzez kontakty, dialog z przejściem na uzyskiwanie informacji przedstawiających wartość operacyjną.
[...]

Część III
Rezultat pozyskania.

W dniu 25 XI 1982 w kancelarii parafialnej przeprowadziłem rozmowę werbunkową z wytypowanym kandydatem w wyniku której:

1/ Potwierdziłem cel pozyskania do współpracy – realizując założenia stopniowego wiązania kand. ze Służbą Bezpieczeństwa.
Rezultatem tego jest zgoda kand. na stałe kontakty oraz przekazywanie swego stanowiska, ocen osób z którymi się styka, o problemowych zagadnieniach będących w zainteresowaniu Służby Bezpieczeństwa.

2/ Uzyskałem w trakcie rozmowy następujące informacje: dot. – komentarzy na temat możliwości zawieszenia stanu wojennego,
– stanu zdrowia ks. Gorzelanego,
– komentarzy na temat aktualnej sytuacji w kraju.

3/ Forma zaangażowania do współpracy /zobowiązania, pseudonim/
Ustalona, dobrowolna zgoda.
Będzie w okresie współpracy występował pod pseudonimem „Waga".

4/ Omówiono z tajnym współpracownikiem sposób nawiązywania kontaktów, który jest następujący:
Telefonicznie. W początkowym okresie współpracy spotkania odbywać będę w kancelarii, w późniejszym okresie w mieszkaniu tw.
[...]
7/ Biorąc powyższe pod uwagę proszę o zatwierdzenie w/w jako tajnego współpracownika i zarejestrowanie go w ewidencji.
Stopień, imię i nazwisko funkcjonariusza – por. Józef Dyśko

8/ Po zapoznaniu się z całością materiału /po odbyciu
kontrolnego spotkania/ pozyskanie do współpracy zatwierdzam.

podpis i pieczątka: Naczelnik Wydziału IV KWMO w Krakowie ppłk. mgr Zygmunt Majka.

Potwierdzeniem dokonania werbunku są materiały sprawy operacyjnego rozpracowania o kryptonimie „Głaz", prowadzonej przeciwko księdzu Józefowi Gorzelanemu w latach 1979–1985 (zob. rozdział
Jak „Turysta" stał się „Głazem" w części VI). W zachowanym mikrofil-
mie sporządzonym z tych materiałów można odnaleźć wykaz tajnych
współpracowników z Bieńczyc. W wykazie tym jest wymieniony TW
„Waga".

Jak wspomniano, w teczce pracy „Wagi" nie zachowały się żadne doniesienia. Jednak w wyniku kwerendy w materiałach operacji „Zorza",
związanej z „zabezpieczeniem" drugiej pielgrzymki papieża Jana Pawła II do Polski, udało się odnaleźć dwie kopie związanych z tym wydarzeniem doniesień dotyczących spraw organizacyjnych.

Wyciąg z doniesienia tw. ps. „Waga" z dnia 10 lutego 1983 r.,
pozostającego na kontakcie por. Józef Dyśko.

Zapowiedziany przez środki masowego przekazu przyjazd Jana Pawła II do Polski został przyjęty z dużym zadowoleniem.
Nie ulega wątpliwości, że papież w trakcie pobytu w Polsce
odwiedzi Kraków. Myślę, że tak jak to zostało zapowiedzia-
ne, w pierwszych dniach marca będzie wiadomo jak długo będzie trwała wizyta i jakie miasta odwiedzi papież. Na temat przygotowań ze strony Kościoła do wizyty papieża wypowiedział się niedawno kardynał Fr. Macharski. Stwierdził, że
w tym roku należy ograniczyć wystrój obiektów kościelnych
w związku [z] przyjazdem papieża. Dekoracje mają być bardziej
skromne niż podczas poprzedniej wizyty. Kardynał miał tu na
uwadze sprawy finansowe. Chodzi o to, aby zbyt wiele pieniędzy nie wydawać na dekoracje, a może je przeznaczyć na jakieś inne cele.

Z kolei w wyciągu z doniesienia złożonego 27 maja 1983 roku znalazły się następujące informacje:

Jeżeli chodzi o zakończenie Synodu prowincjalnego na Wawelu, to weźmie w nim udział ok. 1000 osób, w tym po 100 osób z innych diecezji. Osoby udające się na zakończenie Synodu będą musiały posiadać karty wstępu wystawione na nazwisko. Bez karty wstępu nikt nie będzie wpuszczony do Katedry. Przewiduje się również, że na czas trwania zakończenia Synodu wierni nie będą wpuszczani na dziedziniec.

Z kolei w aktach operacji „Zorza II", w spisie tajnych współpracowników mających „zabezpieczyć" przebieg trzeciej pielgrzymki papieskiej do ojczyzny, pseudonim „Waga" pojawia się dwukrotnie: raz w wykazie „źródeł tkwiących w strukturach organizacyjnych" i raz w wykazie „źródeł do zabezpieczenia operacji »Wawel«" (papież miał bowiem 10 czerwca odprawić mszę w katedrze wawelskiej). W spisie zaznaczono, że TW „Waga" pozostaje „na kontakcie" funkcjonariusza Marka Dybińskiego.

Fragmentaryczne zapiski z kontaktów SB z księdzem Januszem Bielańskim jako proboszczem wawelskim znajdują się w raportach dziennych naczelnika Wydziału IV wysyłanych do kierownictwa SB. Szczegółowo opisano w nich jedynie konflikt księdza Bielańskiego z księdzem Chojnackim w związku z niewpuszczeniem do katedry delegacji głodujących z Bieżanowa (zob. rozdział *„Szerszeń" i „Adwokat"*... w części II niniejszego opracowania).

Z kolei w dokumentacji funduszu „O", czyli funduszu operacyjnego, zachowały się adnotacje o wypłatach dokonywanych przez funkcjonariusza SB na zakup upominków dla TW „Wagi". Nie wiemy, jakiego rodzaju były to upominki, ale znamy ich wartość. Jest ona, jak na ówczesne czasy, dość wysoka. Wszystkie zostały wręczone w pierwszym roku po werbunku, czyli między listopadem 1982 a końcem 1983 roku.

IV kwartał 82 r.
Por. Józef Dyśko – upominek dla TW „Waga" – 1500 zł.

II kwartał 83 r.
Por. Józef Dyśko – upominek dla TW „Waga" – 1800 zł.

IV kwartał 83 r.
Por. Józef Dyśko – upominek dla TW „Waga" – 1700 zł.

Najciekawszy jest opis ostatniej wypłaty z funduszu „O" dokonanej w grudniu 1989 roku. Ówczesny oficer prowadzący „Wagę" porucznik Marek Dybiński zapisał, że przeznaczył pobraną kwotę na zakup albumów i kwiatów, które wręczył TW jako podziękowanie za przekazywane informacje. Raport podajemy w całości, aby czytelnik zorientował się, jak skomplikowana była procedura dokonywania wypłat ze wspomnianego funduszu. Skrót „Wydz. S i A" oznacza Wydział Studiów i Analiz SB, który powstał w wyniku reorganizacji resortu spraw wewnętrznych – m.in. na bazie Wydziału IV – z dniem 1 listopada 1989 roku:

Wydział Studiów i Analiz - IV Kwartał 1989 - Fundusz „O".
Tajne spec. znaczenia

Raport
Melduję, że w dniu 7 grudnia 1989 wręczyłem tajnemu współpracownikowi występującemu pod pseudonimem „Waga", nr ewid. 23470, nagrodę rzeczową w postaci wydawnictw albumowych i kwiatów, równowartości 20 000 zł tytułem wynagrodzenia za przekazywane informacje /przekazane informacje do spr. nr 2337/.

Notatkę z wręczenia nagrody rzeczowej dołączono do teczki t.w. nr 23470.
Kraków, dnia 8 grudnia 1989 r.
/podpis, funkcja, stanowisko, stopień, imię i nazwisko/
- Kier. Sekc. II Wydz. St. i An., kpt. M. Dybiński
Sprawdzono pod względem merytorycznym oraz formalnym i rachunkowym dnia 8 XII 1989 r.
Podpis przełożonego - p.o. N-ka, Wydz. S i A, mjr mgr Jan Krawczyk.

Zatwierdzam na sumę 20 000 zł słownie: dwudziestu tysięcy do wypłaty z poz. 1 funduszu „O", dnia 8 XII 1989 r.
Podpis dysponenta funduszu p.o. N-ka Wydz. S i A, mjr mgr Jan Krawczyk.

Kwotę zł 20 000 /słownie: dwadzieścia tysięcy/ otrzymałem dnia 8 XII 1989
Podpis funkcjonariusza odbierającego gotówkę - podpis nieczytelny

Zaksięgowano dnia 8 XII 89
Raport kasowy nr 4.
St. 2, poz. 383

Zachowała się także informacja o rozwiązaniu współpracy. Z analizy pieczątek łatwo wywnioskować, że nastąpiło to po 1 listopada 1989 roku, a więc w czasie, gdy działał już rząd premiera Tadeusza Mazowieckiego:

```
Część IV
Postanowienie o okresowym zawieszeniu, przekazaniu lub roz-
wiązaniu współpracy.

1/ Powód zawieszenia, przekazania lub rozwiązania współpracy:
TW kategorycznie odmawia dalszej współpracy. Motywacje to
zaistniała w kraju sytuacja społeczno-polityczna.
2/ W związku z powyższym postanowiono materiały dotyczące TW
złożyć w tut. Wydziale „C".
Proszę o akceptację - Naczelnik Wydziału Studiów i Analiz
WUSW w Krakowie.
    Stopień, imię i nazwisko funkcjonariusza: kpt. M. Dybiński
```

Czy przedstawione dokumenty obciążają wspomnianego kapłana, czytelnik sam musi ocenić. On sam w licznych wypowiedziach zaprzeczał współpracy z SB. Wspominał, że miewał rozmowy z esbekami, ale w okresie, gdy był proboszczem parafii w Mydlnikach i budował tam świątynię (a więc w latach 1974–1977). W wywiadzie udzielonym „Życiu Warszawy", opublikowanym 31 maja 2006 roku, tak tłumaczył swoją postawę:

Zależało mi, by władze nie wstrzymały mi pozwolenia na budowę. O tych rozmowach mówiłem jednak kardynałowi Karolowi Wojtyle. Także esbekom mówiłem, że o wszystkim informuję władze kościelne. [...] W czasie tych rozmów pokazywałem im siłę Kościoła, dzięki czemu nabierali oni szacunku dla naszych postaw. Wielu z nich udzielałem później ślubów. Taki np. pan Duśko [chodzi zapewne o porucznika Dyśkę – przyp. autora], ważna postać w SB, gdy się spotykaliśmy na ulicy, chwalił mnie i dziękował, że potrafiłem tak godnie się zachować. Także inni funkcjonariusze podchodzili do mnie na ulicy i traktowali z sympatią i zrozumieniem.

Dotychczas nie odnaleziono żadnych dokumentów SB z okresu pracy księdza Bielańskiego w parafii w Mydlnikach. Te, które się zachowały, powstały w latach, kiedy był proboszczem w Bieńczycach i na Wawelu. To właśnie wtedy SB zarejestrowała go jako TW o pseudonimie „Waga", a jego oficerem prowadzącym był wówczas wspomniany Józef Dyśko. Odpowiedź księdza Bielańskiego na list w tej sprawie wysłany przez autora niniejszego opracowania zamieszczona została w części *Załączniki*.

W 2000 roku ksiądz Janusz Bielański otrzymał godność infułata. Jest jednym z bardziej znanych i cenionych duchownych w Krakowie. Za współpracę z organizacjami kombatanckimi otrzymał wiele odznaczeń, m.in. Złoty Krzyż Zasługi i Złoty Medal „Opiekuna Miejsc Pamięci Narodowej". Podobnie jak ksiądz Jan Bielański, znany jest z działalności charytatywnej i wspierania organizacji pozarządowych. Na początku stycznia 2007 roku został odwołany z funkcji proboszcza katedry na Wawelu.

Sprawy obyczajowe

Jednym z podstawowych celów, jakie stawiał sobie Wydział IV SB, było zdobywanie kompromitujących materiałów, za pomocą których można byłoby szantażować poszczególnych duchownych i w ten sposób zmuszać ich do podjęcia zobowiązania do tajnej współpracy. Materiały te uzyskiwano nie tylko poprzez inwigilację, podsłuchy czy donosy, ale także poprzez prowokacje i różnego rodzaju wyreżyserowane sytuacje. W tych ostatnich działaniach posługiwano się zarówno etatowymi funkcjonariuszami, jak i podstawionymi osobami, specjalnie w tym celu zwerbowanymi. Za przykład niech posłuży historia młodej dziewczyny z M., która, aby nie ujawnić jej danych, zostanie w tej publikacji nazwana Natalią.

Natalia była urodziwą i energiczną kobietą, przyciągającą uwagę mężczyzn. Jednak pracowników SB zainteresowała nie tyle jej uroda, ile to, że od pewnego czasu była związana w sposób intymny z księdzem B., jednym z wikarych tamtejszej parafii, mającym za sobą zaledwie kilka lat kapłaństwa. Obie strony z oczywistych względów starały się ukrywać swój związek, jednak po pewnym czasie wieść o nim rozeszła się wśród mieszkańców M. Ksiądz B. po licznych osobistych perturbacjach ostatecznie porzucił kapłaństwo. Nie zawarł jednak cywilnego związku z Natalią, ale z całkiem inną osobą, z którą, jak się okazało, też był od pewnego czasu związany. Dla młodej dziewczyny był to ogromny szok i bolesny zawód miłosny. I właśnie ten zawód miłosny SB postanowiła wykorzystać do werbunku.

W styczniu 1969 roku funkcjonariusz SB po raz pierwszy zaprosił Natalię do restauracji w Wadowicach. Grając na jej uczuciach, zaproponował jej współpracę w zdobywaniu poufnych informacji o innych duchownych. SB dysponowała już w tym czasie szczegółową charakterystyką dziewczyny i funkcjonariusz wiedział, że interesowała się ona nie tylko księdzem B. We wniosku o opracowanie jej jako kandydatki na TW napisał wprost:

```
Posiada szerokie znajomości wśród kleru a z niektórymi z nich
łączą ją stosunki intymne, zatem w wypadku pozyskania może
dać nieocenione usługi. [...] Sądzić należy, że kompromitacji
się nie boi, zatem należy pójść na prośbę o współpracę, li-
cząc na jej ewentualny zawód miłosny w stosunku do ks. B.,
co w rozmowie wypunktować podając fakty jego romansów z in-
nymi dziewczętami.
```

Z kolei w kwestionariuszu personalnym, w rubryce „Zainteresowania osobiste", zanotował:

```
Lubi towarzystwo młodych księży, wokół których stale też się
kręci. Dużo czyta literatury, nawet znajdującej się na in-
deksie kościelnym.
```

Przełożony, zatwierdzając wniosek, tak podsumował te spostrzeżenia:

```
wniosek o opracowanie uważam za słuszny, opracowany rozpo-
rządza bogatym talentem w nawiązywaniu znajomości z klerem,
ma pewnego rodzaju obsesję na tym odcinku. Nadto jest osobą
b. inteligentną, sprytną co więcej dyskretną, co kwalifikuje
ją w doborze kryteriów TW w pracy Sł. Bezpieczeństwa [sic!].
```

Jak z tego wynika, SB była bardzo dobrze przygotowana do werbunku. Nic też dziwnego, że sam werbunek przebiegł bardzo sprawnie. Dziewczyna postawiła dwa warunki: po pierwsze, zastrzegła, że musi być zachowana pełna dyskrecja; po drugie, zażyczyła sobie, aby w tej nowej roli – tu cytat – „się nie nudziła". Przyjęła także propozycje finansowe – miała otrzymywać za pokwitowaniem wynagrodzenie w kwocie 400 lub 500 złotych. Miał to być tzw. zwrot kosztów własnych, czyli kosztów biletów na przejazdy, a także zakupów sukienek i kosmetyków. Sama też wymyśliła sobie pseudonim – „Nunek"; z kolei esbek, nie chcąc wyjawiać dziewczynie prawdziwego imienia i nazwiska, przedstawił się jako Andrzej. Ustalono, że w razie konieczności „wywołania spotkania" Natalia, która w drodze do pracy codziennie przechodziła obok komendy MO w M., skinie głową dyżurnemu, co będzie oznaczać, że spotkanie ma się odbyć tego samego dnia po południu. Esbek z satysfakcją zauważył, że kandydatka „zna prawie wszystkich księży z powiatu suskiego po imieniu i nazwisku". Następnie wręczył pierwszą wypłatę oraz skrupulatnie odnotował, że za konsumpcję w lokalu gastronomicznym zapłacił 47 złotych i 60 groszy.

Nowo zwerbowana agentka była spalona na plebanii w M., gdyż tamtejszy proboszcz, znając jej dotychczasowe zachowanie, po prostu ją przeganiał. Dlatego też SB zaproponowała jej wyjazdy do miejscowości B. w powiecie suskim. W tamtejszej parafii pracował bowiem ksiądz L., który od dawna miał życiowe problemy, a jego sposób bycia był, mówiąc najdelikatniej, niekonwencjonalny. Z tych powodów esbecy wytypowali go na kandydata na TW, jednak aby przystąpić do werbunku, potrzebowali jeszcze kompromitujących materiałów. Zadanie ich zdobycia powierzono właśnie Natalii.

TW „Nunek" jeździła do B. przez cały rok 1969, przeciętnie raz w miesiącu. Za każdym razem pod błahymi pretekstami odwiedzała plebanię. Z księdzem L., który przeżywał ogromny kryzys powołania kapłańskiego, bardzo szybko nawiązała intymny kontakt. Szybko też stała się powierniczką jego wątpliwości i tajemnic. Zwierzał się on jej ze swych problemów, a nawet z tego, że w poprzedniej parafii związał się z inną kobietą i że zamierza porzucić kapłaństwo. Z każdego spotkania dziewczyna pisała odręczne raporty, dzięki którym esbecy wiedzieli wszystko o sytuacji duchownego.

Natalia bardzo gorliwie spełniała swoje obowiązki. Zbierała, najczęściej od koleżanek, przeróżne plotki na temat księży, sama też prowokowała niby przypadkowe spotkania z duchownymi. Interesowała się wszystkim, co związane było z posługą duszpasterską i prywatnym życiem księży z M. i okolicznych parafii. Zbierała też informacje o księżach odwiedzających M. Jej raporty były sprawdzane przez funkcjonariuszy SB pod względem wiarygodności. Informacje, które uznano za prawdziwe i cenne, rozsyłano następnie do poszczególnych TEOK-ów. W ten sposób zdobywano ważny materiał operacyjny.

Po roku ta harmonijna współpraca zaczęła się psuć. Natalia poznała chłopaka, z którym zamierzała zawrzeć związek małżeński, i oświadczyła, że chce się wycofać. Jednak nawet wtedy esbecy namawiali ją, aby idąc do spowiedzi przedślubnej, nawiązała kontakt z następnym duchownym. W jednym z raportów zawierających zadania dla TW „Nunek" czytamy:

Wykorzystując zamiar zamążpójścia iść do spowiedzi do księdza S. i może w ten sposób uda się nawiązać z nim kontakt. Utrzymywać kontakty z innymi znajomymi księżmi oraz niezależnie od chwilowych niepowodzeń mieć na uwadze nawiązanie kontaktu z innymi osobami, o jakich mowa w poprzednich zadaniach.

Przyszły mąż Natalii okazał się jednak bardzo zazdrosny i wymusił na niej zerwanie kontaktów z „Andrzejem", o którym nie wiedział, że jest funkcjonariuszem SB, lecz podejrzewał go o romans z narzeczoną. Z zazdrości kontrolował jej torebkę i inne rzeczy osobiste, co w praktyce uniemożliwiało prowadzenie jakiejkolwiek dalszej działalności. Po zawarciu związku małżeńskiego Natalia urodziła dziecko, co też odnotowano w aktach SB. Rok później esbecy postanowili raz jeszcze spróbować ją zwerbować. Do miejscowości, gdzie mieszkała wraz z mężem, wysłano nawet funkcjonariusza, aby przeprowadził wywiad środowiskowy. W wyniku tego wywiadu stwierdzono, że była agentka spodziewa się kolejnego dziecka, co uznano w końcu za ostateczną przeszkodę do współpracy. W 1972 roku TW „Nunek" została wyrejestrowana z sieci agenturalnej. Jej dalsze losy są znane, ale z wiadomych względów pominięte w niniejszej publikacji.

Ksiądz L. nie porzucił kapłaństwa. Nie ma dokumentów, które wskazywałyby, iż dał się zwerbować do współpracy, choć wiadomo, że funkcjonariusze SB kontaktowali się z nim jeszcze przez wiele lat. Niestety, w następnych latach wplątywał się w kolejne historie, coraz bardziej komplikując sobie życie. W rezultacie był przerzucany z parafii do parafii i nigdy nie został proboszczem. Co do księdza B., los jego potoczył się tragicznie: był zdolnym, świetnie zapowiadającym się duchownym – wielu ludzi żałowało, że porzucił kapłaństwo – a ostatnie lata życia spędził w przytułku. Warto jednak zaznaczyć, że i jemu, po zrzuceniu sutanny, esbecy proponowali współpracę. Zdecydowanie jednak odmówił, zachowując lojalność wobec swego dawnego środowiska.

Jak widać z opisanych przykładów, nawet posiadana przez SB wiedza o sprawach obyczajowych, w które zaplątał się dany duchowny, nie zawsze była wystarczającym argumentem, aby skłonić go do współpracy. (Przypomnijmy tutaj sprawę księdza, któremu bezpieka nadała pseudonim „Aniene", opisaną w rozdziale *Polacy w Watykanie* w części IV niniejszego opracowania). Niemniej był to argument mocny, zwłaszcza jeżeli funkcjonariusze bezpieki dysponowali szczegółowymi informacjami na temat prowadzenia się danego duchownego.

Tak było w wypadku księdza Y, wikarego jednej z eksponowanych krakowskich parafii, który został namierzony przez milicyjną obyczajówkę ze względu na stałe kontakty z pewnym środowiskiem z tzw. półświatka. Podobne kontakty miał zresztą także drugi wikary z tejże parafii, ksiądz Q, starszy o rok od księdza Y kolega z czasów seminaryjnych. Obaj wikarzy, wraz z pewnym świeckim pracownikiem naukowym, stali się w owym półświatku osobami do tego stopnia znanymi i aktywnymi, że sprawę od milicji przejęła SB. Zresztą bezpieka sama od pewnego czasu penetrowała już to środowisko, pozyskując w nim kilku cennych TW. Ci ostatni, ze względu na szantaż obyczajowy, współpracowali bardzo wiernie, dostarczając materiałów kompromitujących inne osoby. Nawiasem mówiąc, z półświatkiem tym związani byli także dwaj eks-klerycy, usunięci z krakowskiego i częstochowskiego Wyższego Seminarium Duchownego z powodów obyczajowych.

Na pierwszych stronach zachowanych akt księża Y i Q występują jako figuranci określani mianem „duet Mat i Pat". Po zebraniu kompromitujących informacji na temat księdza Q („Pat") bezpieka wciągnęła go w 1975 roku do współpracy jako TW o pseudonimie „Adiutant". Był on zarejestrowany do 1988 roku, ale wiele wskazuje na to, że współpracę zerwał o wiele wcześniej. Zachowały się o nim jedynie szczątkowe informacje w dokumentach dotyczących inwigilacji Kurii Metropolitalnej, w której pracowali jego dwaj koledzy rocznikowi. Duchowny ów obecnie już nie żyje.

Z kolei księdza Y (określanego jako „Mat") SB szantażem nakłoniła do współpracy w 1974 roku. Został zarejestrowany jako TW o pseudonimie „Junak". Duchowny zgodził się na kolejne rozmowy, następnie jednak zerwał współpracę i pomimo wielu nagabywań ze strony funkcjonariuszy Wydziału IV już jej nie podjął. Co więcej, w trakcie jednego ze spotkań wyprosił funkcjonariusza SB z mieszkania.

Pomimo związków ze wspomnianym półświatkiem, w latach osiemdziesiątych ksiądz Y wyjechał do Rzymu, gdzie szybko awansował, uzyskując kolejne godności kościelne. Pracował m.in. przy procesach beatyfikacyjnych i kanonizacyjnych, zajmował się też polskimi pielgrzymami. W tym czasie zgłosili się do niego funkcjonariusze z Departamentu I. Założono mu też segregator materiałów wstępnych (SMW) o kryptonimie „Junak", w ramach którego kontrolowano jego kontakty zarówno w Rzymie, jak w kraju. Zrobiono wiele charakterystyk jego najbliższych znajomych, wśród których znaleźli się także inni tajni współpracownicy, pozyskani ze względu na swoje postawy moralne.

Szczególnie skwapliwie kontrolowano prywatne mieszkanie księdza w Krakowie, znajdujące się w jednym z bloków mieszkalnych. W miejscu tym dochodziło do spotkań ludzi z owego półświatka. Powstała ogromna dokumentacja, która zachowała się na mikrofilmach i która sama w sobie jest porażająca. Mimo to Departament I do 1988 roku nie zdołał namówić „Junaka" do wznowienia współpracy. Można jednak przypuszczać, że tego typu dokumentacja nie pozostała tylko w rękach polskich, lecz w jakimś zakresie została przekazana sowieckiemu KGB, a być może także innym „zaprzyjaźnionym" wywiadom.

Na list wysłany przez autora niniejszej publikacji do księdza Y, informujący o fakcie zarejestrowania go jako TW, duchowny odpowiedział dwukrotnie. W pierwszym liście, datowanym 23 sierpnia 2006 roku, napisał m.in.:

> Niniejszym potwierdzam odbiór listu z 28.7.br w dniu 21 sierpnia, z którego treścią kategorycznie się nie zgadzam. [...] Wyjaśnienia w poruszonej w liście sprawie przesłałem Arcypasterzowi, z którym w jedności i w duchu posłuszeństwa podlegli Jego jurysdykcji kapłani wypełniają powierzone im zadania w braterskiej miłości dla budowania jedności Kościoła Lokalnego i Powszechnego.

Do wspomnianych wyjaśnień autor niniejszej publikacji nie miał, niestety, dostępu.

Także z powodu spraw obyczajowych SB próbowała zwerbować do współpracy innego kolegę księdza Y z czasów seminaryjnych, który w połowie lat siedemdziesiątych także został wikarym dużej krakowskiej parafii. Mając aspiracje naukowe, duchowny ten kontynuował studia. Równocześnie przez cały czas utrzymywał kontakty ze wspomnianym półświatkiem, posługując się w nich fałszywym imieniem „Rafał". SB postanowiła pozyskać go do współpracy w 1976 roku; został zarejestrowany jako kandydat na TW pod pseudonimem „Rektor". Jednak pomimo zebrania licznych kompromitujących materiałów na jego temat szantaż się nie powiódł. Kilka lat później duchowny został administratorem, a następnie proboszczem jednej z krakowskich parafii. Naciskom SB ksiądz opierał się skutecznie aż do 1989 roku. W końcu działań zaniechano:

> Z kandydatem przeprowadzono 10 rozmów operacyjnych. Odbyły się one w miejscu zamieszkania lub pomieszczeniach MO. Okolicznościami sprzyjającymi ich nawiązaniu były najczęściej starania kandydata o uzyskanie paszportu. Tę przyczynę rozmów akceptował, unikał natomiast innych okoliczności, a starał się akcentować okoliczność, gdy mimo jego oporów do rozmowy dochodziło. Podczas jednej z nich stwierdził, że nie będzie figurował w naszych rejestrach jako współpracownik. W tej sytuacji podejmowanie dalszych prób dialogu jest bezzasadne. Kandydat dalej będzie unikał i torpedował wysiłki zmierzające do pozyskania. W związku z powyższym proponuję materiały dot. kandydata złożyć w Wydziale „C" w archiwum na okres 10 lat.
> 15 II 1989 r.

Przez całe lata wspomniany duchowny pełnił funkcję proboszcza w tej samej parafii. Po wywołaniu skandalu obyczajowego został wysłany na kilkumiesięczny urlop i w 2006 roku skierowany do pracy w innej parafii, także jako proboszcz.

Co do obyczajowych problemów księży, należy pamiętać, że dotyczyły one bardzo wąskiej grupy duchownych. Służba Bezpieczeństwa, jak wspomniano na wstępie, starała się nie tylko gromadzić informacje na ich temat, ale niekiedy sama inspirowała pewne działania. Najbardziej bulwersujące jest to, że niektórzy z księży uwikłanych w podobne historie, zamiast dążyć do naprawy swojego postępowania, brnęli dalej w zło, stopniowo coraz bardziej komplikując swoją sytuację. Nie dla wszystkich skończyło się to tak tragicznie jak dla księdza B. Niektórzy, tak jak ksiądz Y, zrobili w Kościele kariery. Również i w tym wypadku warto posłużyć się słowem „tajemnica". Tajemnica ich sumień – a także sumień tych, którzy wiedząc o złu, nie starali się mu przeciwdziałać – pozostaje bowiem dla nas zakryta.

Przypadek „Skali"

Na osobne omówienie zasługuje sprawa ojca Niwarda Karszni, cystersa, proboszcza parafii pw. Matki Bożej Częstochowskiej w Nowej Hucie, zarejestrowanego przez Służbę Bezpieczeństwa jako TW o pseudonimie „Skala". Na początek kilka słów o tym duchownym, a także o działaniach bezpieki przeciwko zakonowi cystersów.

Stanisław Karsznia urodził się 4 maja 1933 roku w Czarnolesie (diecezja radomska). W 1950 roku wstąpił do opactwa cystersów w Nowej Hucie Mogile, przybierając imię zakonne Niward. Po odbyciu nowicjatu i studiach teologicznych w 1956 roku otrzymał święcenia kapłańskie, a następnie przez ponad 20 lat pracował jako wikary i katecheta w prowadzonej przez cystersów parafii pw. św. Bartłomieja w Nowej Hucie. W latach 1960–1965 odbył studia na Katolickim Uniwersytecie Lubelskim, uzyskując doktorat z socjologii. Wtedy też po raz pierwszy zetknął się z SB, która zarzuciła mu nielegalne wydanie śpiewnika religijnego.

W 1977 roku kościelni przełożeni powierzyli ojcu Niwardowi trudne zadanie stworzenia od podstaw ośrodka duszpasterskiego, wydzielonego z parafii pw. św. Bartłomieja i wstępnie zlokalizowanego w okolicach placu Centralnego w Nowej Hucie. Do nowych obowiązków duchowny przystąpił z ogromnym zapałem. Dzięki jego poświęceniu i pracowitości, przy wielkim zaangażowaniu parafian, sporządzono plany i zaczęto przebijać się przez biurokratyczną procedurę uzyskania pozwolenia na budowę. Aby otrzymać to pozwolenie, cystersi użyli pewnego fortelu. Otóż we wniosku napisali, że nowy kościół będzie wotum za... uratowanie zabytków Krakowa przez Armię Czerwoną w 1945 roku.

Jednocześnie, nie czekając na decyzję władz, cystersi zaczęli odprawiać polowe nabożeństwa przy krzyżu stojącym na osiedlu Szklane Domy, czyli mniej więcej w połowie drogi między placem Centralnym a Hutą im. Lenina. W sprawozdaniu za rok 1978 Wydział IV SB odnotowywał:

Skutkiem działań inspiracyjnego kleru [*sic!*] było zanotowanych w 1978 r. 6 przypadków podjęcia nielegalnych budów obiektów sakralnych /w 1977 r. - 10/, mianowicie: [...]
— w Nowej Hucie: na osiedlu Szklane Domy obudowano i zadaszono stojący od 1932 r. krzyż, czyniąc z niego obiekt sakralny z regularnymi nabożeństwami w porze letniej [...].

Po wielu perturbacjach cystersom udało się uzyskać zgodę na prowadzenie budowy w tym właśnie miejscu. W 1982 roku rozpoczęto legalne prace budowlane, a rok później kardynał Franciszek Macharski erygował nową parafię, mianując ojca Karsznię jej pierwszym proboszczem. Parafia ta włączona została do dekanatu Kraków VI – Krzyża Świętego, czyli dekanatu nowohuckiego. Liczyła wówczas 15 tysięcy wiernych i obejmowała teren kilku osiedli nowohuckich; po włączeniu następnych w 1989 roku liczba wiernych wzrosła do 26 tysięcy. Przy parafii działały liczne wspólnoty i duszpasterstwa, wśród nich Duszpasterstwo Akademickie i Duszpasterstwo Hutników.

Solą w oku władz komunistycznych było szczególnie to ostatnie, powstałe w 1983 roku. Jego świeckim animatorem był Zbigniew Ferczyk, a duchowym opiekunem ojciec doktor Jacek Stożek, cysters, mianowany przez kardynała Macharskiego pierwszym w Nowej Hucie duszpasterzem ludzi pracy. Duchowny ten, urodzony w 1930 roku w Kasince Małej, w 1948 wstąpił do opactwa cysterskiego, a w 1953 otrzymał święcenia kapłańskie. W latach 1971–1987 pełnił funkcję administratora parafii pw. św. Bartłomieja, a w latach 1988–2000 opata mogilskiego oraz opata prezesa Polskiej Kongregacji Cystersów. Cieszył się ogromnym zaufaniem kardynałów Wojtyły i Macharskiego; był jednym z niewielu zakonników, którym w archidiecezji powierzono urząd dziekana (był dziekanem nowohuckim w latach 1971–1983). Jako patriota i nieprzejednany przeciwnik systemu komunistycznego wspierał, jak mógł, podziemną Solidarność i wspomniane Duszpasterstwo Hutników. Spotykały go za to rozmaite szykany, np. władze państwowe uporczywie odmawiały zatwierdzenia go jako proboszcza. Starały się też wywierać na niego nacisk przez pozyskanego w opactwie wpływowego TW o pseudonimach „Stanisław" i „Wiśniewski" (była o nim mowa w rozdziale *Wyżsi przełożeni zakonni* w części VII niniejszego opracowania).

Duszpasterstwo Hutników, którym opiekował się ojciec Stożek, zrzeszało robotników z HiL i innych nowohuckich zakładów pracy. Było ono półjawną formą działania zdelegalizowanej Solidarności. Jego aktywność przejawiała się głównie w trzech sferach: samopomocowej (wsparcie represjonowanych i bezrobotnych działaczy związkowych), charytatywnej (kolonie dla dzieci i młodzieży, paczki żywnościowe itp.) oraz ściśle duszpasterskiej. W ramach tej ostatniej organizowano m.in. msze święte za ojczyznę, odprawiane każdego szesnastego dnia miesiąca na pamiątkę wyboru Jana Pawła II, doroczne pielgrzymki do grobu błogosławionego Rafała Kalinowskiego w Czernej z okazji rocznicy wybuchu powstania styczniowego (niedziela około 22 stycznia) oraz zainicjowane przez księży Jerzego Popiełuszkę i Kazimierza Jancarza pielgrzymki ludzi pracy na Jasną Górę (trzecia niedziela września).

Działalność Duszpasterstwa Hutników była ustawicznie atakowana przez władze komunistyczne. Ataki te osiągnęły swoje apogeum 1 maja 1985 roku. W tym dniu w kościele na osiedlu Szklane Domy o godzinie 14.30 (po zakończeniu pierwszej zmiany w kombinacie nowohuckim, który pracował w ruchu ciągłym) odprawione zostało nabożeństwo, które koncelebrowali ojcowie Jacek Stożek i Jan Andrzej Kłoczowski, dominikanin. Po nabożeństwie uformował się niezależny pochód pierwszomajowy, który następnie został brutalnie rozbity przez ZOMO. Aresztowano wówczas przywódców nowohuckiej Solidarności, Edwarda Nowaka i Stanisława Handzlika, a wielu robotników pobito. W ramach represji usunięto też z Polski dwóch konsulów amerykańskich, którzy wzięli udział w owych uroczystościach.

Jak wynika z zachowanych dokumentów, z powodu działalności ojca Stożka i Duszpasterstwa Hutników krakowska SB próbowała w obrębie zakonu cystersów, a zwłaszcza parafii na osiedlu Szklane Domy, prowadzić tzw. kombinacje operacyjne, polegające m.in. na intrygach i prowokacjach. Jednym z elementów tych kombinacji była próba pozyskania do współpracy proboszcza owej parafii, który tonowałby wspomnianą działalność. W teczce personalnej TW o pseudonimie „Skala" znajduje się następujący kwestionariusz wypełniony 10 grudnia 1985 roku:

Wniosek o opracowanie kandydata na tajnego współpracownika

1. Po przeanalizowaniu materiałów operacyjnych postanowiłem opracować kandydata na t.w.
Ob. Karsznia Stanisław, imię zakonne Niward, [...] zam. Nowa Huta, os. Szklane Domy.
2. Uzasadnienie wytypowania kandydata na t.w. - Jaki cel przed w/w kandydatem na TW stawiam:
- 1/ Rozpoznanie oraz dokumentowanie działalności Duszpasterstwa Hutników, skupiających b. działaczy „Solidarności" przy parafii Szklane Domy
- 2/ Neutralizowanie działalności ugrupowań DA [Duszpasterstwa Akademickiego], KIK, Oazy prowadzonych przez podległych mu wikariuszy.
3. Sposób opracowania:
Kandydat jest rozpoznany przez nas w ramach TEOK, dlatego opracowanie ograniczy się do potwierdzenia i udokumentowania posiadanych mat. zgodnie z załączonym planem opracowania.
Nazwisko i podpis prac. operacyjnego - kpt. M. Tatarczuch.
4. Uwagi i podpis zatwierdzającego - Proszę przedłożyć plan rozpracowania.
Zastępca Naczelnika Wydziału IV WUSW w Krakowie, kpt. mgr Kazimierz Aleksanderek.

Kolejnym dokumentem znajdującym się we wspomnianej teczce jest kwestionariusz osobowy TW „Skali" wypełniony przez kapitana Stanisława Piskorza, „opiekuna" opactwa cysterskiego. Wynika z niego, że pod tym pseudonimem został zarejestrowany ojciec Niward Karsznia (nr rej. 31960). Kwestionariusz wart jest zacytowania prawie w całości, gdyż dobrze obrazuje zamiary SB względem proboszcza na osiedlu Szklane Domy, a także pierwsze działania podjęte przez bezpiekę w celu pozyskania go do współpracy. Jedynie cytaty z części I, noszącej nazwę „Personalia", ograniczono do kilku najważniejszych informacji:

23. Pobyt za granicą – Szwecja 1984, Włochy – 1985
24. Znajomość języków obcych – łacina
25. Zainteresowania osobiste – krucjata wstrzemięźliwości.
26. Walory osobiste i cechy ujemne – asceta.
27. Czy kandydat był opracowywany czy rozpracowywany – nie. [...]
31. Ocena osobistego zetknięcia się z kandydatem do pozyskania – Z kandydatem na przestrzeni lat 1981–1985 szereg razy prowadzono rozmowy operacyjne, które przerodziły się w systematyczny dialog.

/stopień, imię i nazwisko funkcjonariusza/ – kpt. St. Piskorz

Część II
Uzasadnienie pozyskania do współpracy.

Po przeanalizowaniu informacji w Części I – postanowiłem pozyskać do współpracy wytypowanego kandydata.

1/ Cel pozyskania – wymieniony pozyskany został do współpracy celem zabezpieczenia dopływu informacji o działalności zakonu o.o. cystersów pozostającego w szerszym zainteresowaniu w ramach sprawy krypt. „Wspólnota".

2/ Możliwości operacyjne kandydata:

Kandydat z uwagi na wykształcenie specjalistyczne posiada możliwości awansu w zakonie. Z uwagi na prowadzenie budowy kościoła posiada bieżące kontakty z kierownictwem opactwa. Jako proboszcz nowo tworzonej parafii ma kontakt z Kurią Metropolitalną w Krakowie.

3/ Motywy pozyskania:

Jako administrator parafii Szklane Domy posiada wgląd w działalność duszpasterstwa hutników prowadzonego przez o. Jacka Stożka. Jego lojalny stosunek na obecnym etapie do władz państwowych, uwarunkowany obawą trudności przy budowie kościoła, wykorzystany zostanie do tonowania Duszpasterstwa Hutników, skupiającego b. ekstremę „Solidarności".

4/ Sposób pozyskania:

Zaproponuję stały poufny kontakt celem udzielenia informacji o działalności o. Jacka Stożka w przedmiocie organizowania okolicznościowych uroczystości z udziałem b. działaczy „Solidarności".

Stopień, imię i nazwisko funkcjonariusza – kpt. Piskorz

5/ Uwagi, podpis i pieczątka zatwierdzającego – Propozycję pozyskania akceptuję.

Zastępca Naczelnika Wydziału IV WUSW w Krakowie, kpt. mgr Kazimierz Aleksanderek

Część III

Rezultat pozyskania.

W dniu 19 XII 1985 r. w Nowej Hucie przeprowadziłem rozmowę werbunkową z wytypowanym kandydatem, w wyniku której:

1. Potwierdziłem cel pozyskania do współpracy /podać krótko rezultat/ –

Wymieniony nie wnosi zastrzeżeń do spotkań okresowych z pracownikami Służby Bezpieczeństwa i przekazywania informacji dot. wydarzeń w parafii, głównie jeśli chodzi o zamierzenia b. ekstremy „Solidarności" działającej w Duszpasterstwie Hutników.

2. Uzyskałem w czasie rozmowy następujące informacje:

Naświetlił powstanie tej grupy, udział w tym dziekana Jacka Stożka oraz fakt iż kard. F. Macharski mianował Stożka „duszpasterzem pracy" diecezji krakowskiej, sankcjonując jakoby dotychczasową jego działalność w tym temacie.

3. Forma zaangażowania do współpracy /zobowiązanie, pseudonim/ – Nie pobierano żadnych oświadczeń pisemnych od w/w poza ustnym zobowiązaniem. Ustalono dla w/w pseudonim „Skala".

4. Omówiono z tajnym współpracownikiem sposób nagłego nawiązywania kontaktu, który jest następujący: Uzgodniono z w/w obustronną łączność telefoniczną.

5. Krótko opisać omówione z tajnym współpracownikiem warunki współpracy: Przed każdym szesnastym dniem miesiąca w czasie spotkania TW informuje o zamierzeniach Duszpasterstwa Hutników. Włącza się celem tonowania ich działalności.

6. Wymienić L. K., na którym będą odbywały się spotkania: Do pewnego okresu czasu spotkania z TW odbywać się będą w miejscu jego pracy.

7. Biorąc powyższe pod uwagę proszę o zatwierdzenie w/w jako tajnego współpracownika i zarejestrowanie go w ewidencji.

Podpis oficera operacyjnego – kpt. St. Piskorz.

8. Po zapoznaniu się z całością materiału /po odbyciu kontrolnego spotkania/ pozyskanie do współpracy zatwierdzam

Podpis i pieczątka zatwierdzającego – Zastępca Naczelnika Wydziału IV WUSW w Krakowie, kpt. mgr Kazimierz Aleksanderek

W teczce są też dwa dokumenty pisane odręcznie. Odnoszą się one do wydarzeń, do których doszło podczas strajku zorganizowanego na przełomie kwietnia i maja 1988 roku w kombinacie nowohuckim. Ojciec Karsznia przez posłańca przekazał na Wydział Zgniatacza HiL szaty oraz sprzęty liturgiczne, aby umożliwić autorowi niniejszej publikacji odprawienie tam mszy świętej. Strajk został brutalnie spacyfikowany przez ZOMO nad ranem 5 maja. Aresztowani działacze Solidarności zostali wywiezieni do komendy MO przy ulicy Mogilskiej w Krakowie. Podczas akcji zdemolowano ołtarz, szaty i sprzęty liturgiczne porozrzucano, a komunikanty (na szczęście niekonsekrowane) rozsypano. Wszystko to zostało następnie pozbierane, starannie wyczyszczone przez funkcjonariuszy SB, którzy chcieli ukryć profanację, i zwrócone właścicielowi, czyli parafii na osiedlu Szklane Domy. Wspomniane dokumenty potwierdzają akt zwrotu:

Oświadczenie

W dniu 3 maja 1988 r. ok. g. 10 otrzymałem list od Tadeusza Zalewskiego [*sic!*] z prośbą o wypożyczenie szat liturgicznych i mszału, - będącego przypadkiem w HiL-u gdzie pragnie odprawić msze św.

Poleciłem zgodnie z listem wydać kościelnemu Panu Ludwikowi Patykowi, zgodnie z prośbą ks. Zalewskiego. Co ten zgodnie z prośbą uczynił. Kto odebrał od Pana Patyka szaty liturgiczne, nie wiem, ani też kto je zawiózł do HiL.

W dniu 6 maja 1988 r. godz. 12.15 zwrócono w komplecie powyższe szaty, które po oglądnięciu nie są zniszczone, ani pobrudzone.

o. Niward Karsznia, prob.

6 V 1988 r.

Pokwitowanie

W dniu 6 maja 1988 roku w Dzielnicowym Urzędzie Spraw Wewnętrznych N. Huta otrzymałem jako zwrot znalezionych w HiL następujących przedmiotów, które niniejszym kwituję:

1. Mszał Rzymski, z pieczątką parafii M.B. Częst.
2. lekcjonarz mszalny t. 2.
3. ornat barwy czerw. - gotycki
4. alba
5. stuła - do ornatu
6. humerał i ręczniczek
7. komunikanty w kopercie
8. flaszeczka po winie mszalnym
9. torba plastykowa - zielona.

Odbiór kwituję własnoręcznym podpisem - o. Niward Karsznia

Oprócz teczki personalnej zawierającej powyższe dokumenty zachowała się też teczka pracy TW o pseudonimie „Skala". Znajduje się w niej tylko jeden raport, sporządzony w dwóch wersjach – odręcznie oraz na maszynie. Jest to notatka służbowa majora Piskorza ze spotkania odbytego z TW, podczas którego omawiano sytuację w Duszpasterstwie Hutników po majowym strajku w HiL. Jak zwykle w tego typu raportach, esbek opisuje osobę, z którą rozmawia, jako różną od TW:

Kraków. Dnia 16 czerwca 88 r.
Tajne specjalnego znaczenia

Wyciąg z informacji tw. ps. „Skala", pozostającego na kontakcie mjr St. Piskorza z dnia 7 czerwca 1988 r.

W dniu 6 czerwca 1988 r. ok. godz. 16.00 kanclerz Kurii ks. Fidelus przekazał informacje telefonicznie, że Wydział ds. Wyznań zgłasza pretensję pod adresem parafii Szklane Domy, jakoby w dniu 6 czerwca odbywały się tam wybory do „Solidarności". Ks. Fidelus przeczytał o. Karszni tekst ogłoszeń jakie zdaniem Wydziału Wyznań pojawiły się na mieście i w Kombinacie HiL związane z wyborami. O. Karsznia wyjaśnił Fidelusowi zgodnie z informacją jaką na ten czas posiadał, że działanie duszpasterstwa hutników nie ma nic wspólnego z jakimiś wyborami, a jest rozliczeniem się z akcji udzielania zapomóg tym, którzy strajkowali i nie otrzymywali pensji. Tu TW wyjaśnia, że w czasie strajku zgłaszały się do parafii osoby przynosząc znaczne kwoty uzbieranych pieniędzy na strajkujących hutników, prawie zawsze ob. Ferczykowi. Większość datków przyjmowali osobiście działacze duszpasterstwa hutników, którzy dodatkowo zrobili z pudła tekturowego prowizoryczną skarbonkę, do której indywidualne osoby zgłaszające dawały datki na strajkujących. Wiadomo jest TW, że w ten sposób zebrali ok. siedem milionów złotych.
Pieniądze te wypłacono tym osobom, które utraciły wynagrodzenie w czasie strajku, każdemu średnio za ten okres. W tym celu do parafii Szklane Domy co dzień przychodził przedstawiciel Kurii Metropolitalnej i członkowie duszpasterstwa hutników w jego obecności wypłacali pieniądze. Zdaniem TW w ten sposób kuria chciała się wykazać. W ostatnim okresie proboszcz parafii Szklane Domy zwrócił uwagę Ferczykowi, że w parafii tworzy się bałagan, ponieważ co dzień ustawia się kolejka oczekujących po pieniądze oraz sugero-

wał mu, czy z danego Wydziału nie może przybyć jedna upoważniona osoba i pobrać pieniądze dla pozostałych.

Ferczyk w dniu 5 czerwca poinformował o. Karsznię, że w dniu 6 czerwca do parafii przychodzić będą właśnie pojedyncze osoby celem pobrania pieniędzy. Po rozmowie o. Karszni z ks. Fidelusem, Karsznia wszedł do sali biblioteki, zobaczył pudło tekturowe, które służyło jako urna, przy którym pełniąc dyżur siedział ob. Ferczyk. Wcześniej widział w godzinach rannych, gdzie do Sali tej w różnych odstępach czasu wchodziło kilkanaście osób, a następna grupa była po godz. 14.00. W sumie w tym dniu mogło przejść przez salę nie więcej niż 30 osób. O. Karsznia poinformował Ferczyka o tym, co dowiedział się od ks. Fidelusa, polecając Ferczykowi natychmiast przerwać tę działalność, mówiąc mu wprost, że nie życzy sobie żadnych akcji wyborczych w budynku parafii. Ferczyk tłumaczył się, że on otrzymał polecenie odgórne coś takiego robić i że nie są to żadne wybory, lecz działanie związane z pomocą finansową strajkującym. Niemniej ok. godz. 16.00 usunął tę zaimprowizowaną urnę i od tej pory nikt więcej nie przychodził do tego pomieszczenia. TW był przekonany, że nastąpiło jakieś nieporozumienie i Kuria została wprowadzona w błąd przez Wydział Wyznań.

W teczce znajduje się też poniższa notatka służbowa:

Kraków, dnia 16 stycznia 1990
Tajne – specjalnego znaczenia
Notatka służbowa
Materiały z teczki pracy tw. ps. „Skala" nr rej. 31960 zostały zniszczone w tut. Wydziale, zgodnie z par. 28 Zarządzenia nr 049/85.

Ponadto w obu teczkach – zarówno personalnej, jak pracy – znajduje się wykaz funkcjonariuszy SB, którzy zapoznawali się z przechowywanymi w nich materiałami. W obu wypadkach jest on identyczny.

Po zapoznaniu się z powyższymi dokumentami autor niniejszego opracowania zwrócił się do ojca Niwarda Karszni z prośbą o ustosunkowanie się do ich zawartości. 16 czerwca 2006 roku adresat przesłał odpowiedź, która, podobnie jak inne listy ojca Karszni w tej sprawie, znajduje się w części *Załączniki*. Oto najważniejsze fragmenty:

Od czasów lubelskich aż do r. 1983 przypada w moim życiu okres dziewiczy odnośnie kontaktów z MO czy z kimkolwiek z UB. Nawet wtedy, gdyż chodziłem pod krzyż i były awantury o światło, zaprowadzane przy Krzyżu, z Urzędem Dzielnicowym, mnie nie wzywano w tej sprawie. Byłem z nimi na stopie wojennej. Odmawiano mi wydania paszportu do Ziemi Świętej. Skąd ten pseudonim „Skala", skąd to w ogóle się wzięło?

Kontakty z UB zaczęły się w okresie budowy kościoła po roku 1984. W żadnym wypadku tajny współpracownik. Funkcjonariusz w randze majora oddelegowany do prześladowania duchownych, co jakiś czas przychodził do kancelarii parafialnej, zawsze z pretensjami i napomnieniami. Szantażował, sprawdzał faktury, gdy pojawiało się coś nowego na budowie. Wyrażał pretensje do tego czy tamtego, że się organizuje Solidarność na Szklanych Domach. Udawał się na ul. Westerplatte w Krakowie, by zablokować sprzedaż materiałów żelaznych na Szklane Domy. Blachę na pokrycie części klasztoru kupiłem wcześniej, drugą część zamówiłem, zapewniano mnie, że otrzymam. Po tym zablokowaniu, wyraźnie powiedziano: Ksiądz nie dostanie blachy, bo pracuje dla Solidarności. Z konieczności pokryłem eternitem. Funkcjonariusz wciąż szantażował, że budowa zostanie wstrzymana za wspieranie Solidarności. Być może, że ten oszust dał taką fałszywą podkładkę na mnie. Nie wiem, skąd to kłamstwo się wzięło, należałoby sprawdzić.

[...] Bardzo dużo wycierpiałem z powodu akcji ze strony UB, również w okresie budowy kościoła, ale nigdy nie dałem się złamać. Dzięki odwadze, jaką Pan Bóg mi dawał, zawsze byłem na nie wobec poczynań UB.

[...] Solidarność zawsze popierałem w każdym okresie, w książkach i homiliach i stwarzałem w tych trudnych czasach dla niej jak najlepszą oazę, by czuła się w tych zagrożeniach wolna i miała jak najlepsze oparcie duchowe.

o. Niward Karsznia Cist., 16 czerwca 2006 r.

Między materiałami SB a wyjaśnieniami ojca Niwarda istnieje pewien dysonans. Zachowana dokumentacja jest bardzo szczupła i nie ułatwia formułowania wniosków. Zastanawiające jest, że mimo iż wszystkie dokumenty z teczki pracy zniszczono, jeden raport ocalał. Opierając się na wyjaśnieniach duchownego, można stwierdzić, że nawet jeśli jako proboszcz parafii – w trosce o budowę kościoła – zgodził się pod przymusem spotykać systematycznie z funkcjonariuszem SB (co zaowocowało sporządzeniem raportu werbunkowego), to jednak później starał się unikać tych kontaktów, nie składał donosów i – co bardzo ważne – nie przyjmował żadnych gratyfikacji. Nie był też świadom, że nadano mu pseudonim. Jednocześnie wspierał podziemną Solidarność i nie pozwalał, aby działalność Duszpasterstwa Hutników została zahamowana. Czy można zatem w jego wypadku mówić o faktycznej współpracy ze Służbą Bezpieczeństwa?

Parafia na osiedlu Szklane Domy pozostawała przez całe lata osiemdziesiąte ostoją Solidarności. Ojciec Niward Karsznia, obchodzący niedawno jubileusz 50-lecia święceń kapłańskich, nadal jest jej proboszczem. Równocześnie pełni funkcję diecezjalnego duszpasterza ludzi pracy i kapelana Solidarności. Cieszy się powszechnym szacunkiem. Nowoczesny kościół na osiedlu Szklane Domy wraz z okalającym go kompleksem klasztornym został ukończony i konsekrowany w 1995 roku, a sama parafia rozwija się bardzo prężnie. W latach dziewięćdziesiątych powstało na jej terenie Męskie Liceum Ogólnokształcące i Kolegium św. Bernarda, a także świetlica i warsztaty terapii zajęciowej dla osób niepełnosprawnych intelektualnie. Nadal działa Duszpasterstwo Hutników, a w parafii odbywają się uroczystości patriotyczne, w tym też wszystkie ważniejsze uroczystości związane z Solidarnością.

POSŁOWIE

Już po złożeniu w wydawnictwie niniejszej książki pojawiła się w polskim Kościele sprawa nominacji, a następnie rezygnacji nowego arcybiskupa warszawskiego, który pośrednio miał być następcą sługi Bożego kardynała Stefana Wyszyńskiego. Muszę z goryczą napisać, że od półtora roku spełniałem niewdzięczną rolę Kasandry, starając się przestrzec władze kościelne właśnie przed tego typu sytuacjami. Wielokrotnie też alarmowałem, że zwłaszcza mikrofilmy dokumentów pozostałych po Departamencie I MSW, których kopie z pewnością znajdują się w siedzibie KGB w Moskwie, to prawdziwe miny, wymagające jak najszybszego rozbrojenia. Niestety mój głos nie został wzięty pod uwagę. A przecież wspomnianej sytuacji można byłoby uniknąć, gdyby już rok temu we wszystkich diecezjach powstały komisje historyczne, a „Memoriał Episkopatu Polski w sprawie współpracy niektórych duchownych z organami bezpieczeństwa w Polsce w latach 1944–1989", podpisany na Jasnej Górze w ubiegłym roku, w dniu święta Matki Bożej Częstochowskiej, faktycznie został wprowadzony w życie.

Chcę jednak wierzyć, że wydarzenia z katedry warszawskiej – które już teraz weszły do historii nie tylko polskiej, ale i powszechnej – będą „błogosławioną winą". Mam nadzieję, że spowodują one, iż Kościół polski z odwagą i pokorą zmierzy się ze swoją przeszłością z czasów panowania systemu komunistycznego. A przeszłość ta jest dla niego chwalebna i zwycięska: jego członkowie nie tylko oparli się narzuconej dyktaturze, ale i przyczynili się do jej upadku. Dotyczy to zwłaszcza polskich kapłanów, którzy w przeważającej większości (przekraczającej 80–90%), w tak trudnym okresie dziejów – podobnie jak w czasach zaborów i okupacji – okazali się gorliwymi i wiernymi sługami nie tylko Kościoła, ale i zabiegającej o niepodległość Ojczyzny. Trzeba też ustawicznie pamiętać, że impuls, który poszedł z Polski, wsparty nauczaniem Jana Pawła II, przyczynił się do przemian społeczno-politycznych w całej Europie Środkowo-Wschodniej.

Co zaś do dokumentacji zgromadzonej w Instytucie Pamięci Narodowej, to nie musi ona wcale być traktowana jako „koń trojański" w Kościele. Jej wnikliwe i krytyczne badanie, konfrontowanie z innymi źródłami (w tym też z relacjami świadków), sprawi, że nie będzie się w niej widzieć ani „prawdy objawionej", ani zbioru „świstków papieru". Aby oczyścić sprawę raz na zawsze, warto przy badaniu i ujawnianiu tej dokumentacji zastosować zasadę św. Grzegorza I Wielkiego, papieża i doktora Kościoła: „Nawet jeżeli prawda może powodować zgorszenie, lepiej dopuścić do zgorszenia, niż wyrzec się prawdy". Zasada powyższa, sformułowana w VI wieku, jest aktualna również – a może przede wszystkim – w wieku XXI. W społeczeństwie polskim, wychowywanym od wieków według zasad chrześcijańskich i zawsze życzliwie nastawionym do osób duchownych, owym zgorszeniem nie będą błędy popełnione przez te osoby. Staną się nim natomiast działania, które – w imię źle rozumianej tzw. solidarności zawodowej – prowadzić będą do traktowania wiernych domagających się od Kościoła przejrzystości nie jako jego przyjaciół, ale jako wrogów.

W tym duchu w dniu 11 stycznia 2007 roku wysłałem do przewodniczącego Konferencji Episkopatu Polski księdza arcybiskupa Józefa Michalika list, w którym poinformowałem go o sześciu najtrudniejszych sprawach, na które natrafiłem przy badaniu akt dawnej SB. Sprawy te dotyczą ważnych osób w Kościele polskim. Trzy z nich – odnoszące się do duchownych zarejestrowanych przez bezpiekę jako tajni współpracownicy o pseudonimach „Dąbrowski" i „Kazek" oraz jako kontakt informacyjny „Fermo" – zostały opisane w niniejszej publikacji. Trzy inne, o których uzyskałem na razie informacje szczątkowe, wymagają zbadania przez ogólnopolską komisję historyczną. Wśród nich jest sprawa TW o pseudonimie „Filozof", który w 1983 roku w ramach operacji „Zorza" został przekazany przez Wydział IV SB w Częstochowie Wydziałowi IV SB w Krakowie. Z kolei komisji historycznej metropolii warszawskiej przekazałem informacje o dwóch warszawskich duszpasterzach zarejestrowanych jako TW o pseudonimach „Recenzent" i „Wallenrod". Natomiast 1 lutego 2007 roku wysłałem list do arcybiskupa Józefa Kowalczyka, nuncjusza papieskiego w Polsce, informując go o odnalezionych kilka dni wcześniej mikrofilmach akt TW o pseudonimie „Henryk", jednego z duchownych pełniących dziś odpowiedzialną funkcję w Kościele powszechnym. List o podobnej treści wysłałem też do samego zainteresowanego. Ponieważ ze względów czasowych nie mogłem otrzymać jeszcze odpowiedzi, w cytowanych poniżej dokumentach opuszczam dane pozwalające na jego identyfikację.

Duchowny ten podpisał odręczne zobowiązanie do współpracy z komunistycznymi służbami specjalnymi:

```
[...] 18 VIII 77
Tajne specj. znaczenia
Deklaracja
    Deklaruję się o zachowaniu tajemnicy treści poruszanych tematów: spraw aktualnie prowadzonych i na przyszłość
i udzielenie pomocy gdyby taka zaistniała w okresie poby-
tu za granicą.
    Ks. [...]
```

Z kolei w raporcie z pozyskania TW o pseudonimie „Henryk" oficer prowadzący zapisał:

```
Na temat naszego aparatu i władz partyjno-rządowych wyrażał
się pozytywnie, uznał, że praca nasza jest bardzo odpowie-
dzialna i ciężka. Dbamy bowiem o ład, porządek i bezpieczeń-
stwo a o charakterze naszej pracy wie tyle co z gazet ksią-
żek i filmu. Uważa, że nam powinni nieść pomoc obywatele po-
dobnie jak to jest w innych krajach przyjęte.
    Wobec tak pojętych przez rozmówcę spraw przedstawiłem mu
w zarysach ogólnych działalność służb wywiadowczych za gra-
nicą, indagacje obywateli polskich przez różne wywiady a na-
stępnie zaproponowałem pisemną deklarację o udzieleniu po-
mocy i informowaniu nas o wszelkich przejawach działalności
na szkodę państwa, łamanie praw i wrogie wypowiadanie się
o ustroju PRL. Pomoc ta będzie miała zakres działania na te-
renie kraju i za granicą. Rozmówca wyraził zgodę na propo-
zycję i złożył na piśmie deklarację.
    W sprawie udzielania informacji zastrzegł sobie, że nie
będzie udzielał ani przekazywał żadnych informacji i spraw
dotyczących spowiedzi. Ze swojej strony prosi o zachowanie
dyskrecji, ba zdaje sobie sprawę z następstw.
    Następnie omówiono wstępnie sposób porozumiewania się
i nawiązywania kontaktu, który będzie stosowany drogą kore-
spondencyjną. Przed każdym przyjazdem do kraju, przyśle za-
```

wiadomienie o terminie i miejscu spotkania. Za granicą na spotkania wyraża zgodę, w wypadku, gdybym ja nie mógł przyjechać to może być ktoś w zastępstwie powołujący się na moje nazwisko. Pozostała część rozmowy miała charakter ogólny bez wartości operacyjnych.

Uwaga:
Rozmówca na spotkanie przybył po telefonicznym umówieniu. Bez oporów podejmował temat w dyskusji, chętnie udzielał informacji, był bezpośredni, pewny siebie ale nie zarozumiały. Elokwentny. Reprezentuje lojalny stosunek do naszego aparatu. Z wypowiedzi jego wynika, że jest dyskretny, posiada umiejętności i łatwość w nawiązywaniu kontaktów, ale jest w tym bardzo ostrożny. W czasie spotkania na poczęstunek wydałem 100 zł. Następne spotkanie dnia 8 IX 1977 r. godz. 10.00.

Wnioski:
- TW jest jednostką perspektywiczną, po ukończeniu Uniwersytetu [...] ma objąć katedrę teologii fundamentalnej w WSD w [...].
- Cenne jest to, że wyraża zgodę na współpracę w kraju i za granicą, przyjmuje propozycję utrzymania kontaktów z pracownikiem we Włoszech.
- Jest jednostką nie sprawdzoną.

Przedsięwzięcia:
- w okresie sierpnia i września TW sprawdzany przez TW Rubin, który pozostaje z nim kontaktach koleżeńskich,
- po konsultacji z kierownictwem służbowym, opracować kierunek wykorzystania TW i wstępnego przygotowania do współpracy z zagranicą,
- w okresie do końca września odbyć z TW trzy spotkania, przeprowadzić szkolenie i omówić zasady konspiracji.

Wiele innych spraw jest dopiero w trakcie badania. Tuż przed oddaniem książki do druku dotarłem np. do akt dotyczących parafii archidiecezji krakowskiej wchodzących w skład dawnego województwa katowickiego (obecnie śląskiego). Wśród nich natrafiłem na dokumenty dotyczące dwóch tajnych współpracowników z terenu powiatu chrzanowskiego o pseudonimach „Marian" i „Pawełko". Pierwszy z nich, wspomniany zresztą w książce, złożył m.in. szereg doniesień na księdza Adolfa Chojnackiego.

Dalszych badań wymaga też agentura w Kurii Metropolitalnej w Krakowie. Tuż przed zakończeniem kwerendy natrafiłem np. na doniesienie tajnego współpracownika o pseudonimie „Młody", który – jak wynika z treści doniesienia – działał w najbliższym otoczeniu kardynała Karola Wojtyły. Doniesienie pochodzi z 1971 roku i zawiera relację z poufnej rozmowy metropolity krakowskiego z księdzem Czesławem Skowronem. Jestem przekonany, że w toku dalszych badań personalia owego TW zostaną zidentyfikowane. Podobnie stanie się zapewne z innymi tajnymi współpracownikami SB – o pseudonimach „Jurek", „Orkan", „Przybysz" i „Tomasz", a także „Bartek", „Jowisz", „Słowak" i „Szerszeń" – którzy pojawiają się często w dokumentach, ale których stuprocentowa identyfikacja nie jest na razie możliwa.

Wiele cennych wskazówek – dotyczących innych tajnych współpracowników – przynosi dokument sporządzony przez Inspektorat I SB WUSW w Krakowie 30 września 1984 roku: „Informacja dot. współdziałania z Wydziałem IV SB WUSW Kraków w zakresie aktywizacji pracy operacyjnej na odcinku watykańskim". Zawiera on m.in. listę 13 osób (w większości pracowników Papieskiej Akademii Teologicznej) wyjeżdżających za granicę we wspomnianym roku. Wśród nich, jak stwierdza bezpieka, jest 4 tajnych współpracowników, a także 2 kandydatów na tajnych współpracowników oraz 2 osoby, z którymi podjęto dialog operacyjny. Dla dobra uczelni należałoby sprawę tę dokładnie wyjaśnić.

W tym, a także innych dokumentach znajdują się też informacje dotyczące tajnych współpracowników rekrutujących się nie tylko spośród duchowieństwa, ale również spośród osób świeckich zaangażowanych w działalność kościelną (m.in. dwóch TW o pseudonimach „Seneka" i „Skaut").

Szereg trudnych spraw odsłonią też na pewno badania prowadzone w archiwach dotyczących poszczególnych zakonów i zgromadzeń. W trakcie swojej kwerendy natrafiłem np. na informacje na temat zakonnika zarejestrowanego jako TW o pseudonimie „Amant", który został zwerbowany przy wyjeździe za granicę, a następnie współpracę zerwał. Warte opisania są m.in. udane i nieudane werbunki wśród księży salezjanów, redemptorystów oraz misjonarzy. Przede wszystkim jednak trzeba koniecznie opisać dzieje zakonników represjonowanych za swoją działalność duszpasterską i patriotyczną, w tym zasygnalizowane w niniejszej publikacji sprawy dominikanina Jana Andrzeja Kłoczowskiego, cystersów Norberta Paciory i Pawła Mynarza oraz pijarów Eugeniusza Śpiołka i Kazimierza Wójciaka.

Do najciekawszych zagadnień, z którymi się zetknąłem, zaliczyłbym też przypadek TW o pseudonimie „Maro", mojego kolegi seminaryjnego, który sam się do mnie zgłosił, a który samodzielnie chce się zmierzyć ze swoją przeszłością. Jego postawa budzi wielki szacunek i jest wyraźnym znakiem, że wspomniany „Memoriał" może przynieść dobre owoce. Do takich pozytywnych spraw zaliczyłbym także postawę mojej koleżanki z czasów szkolnych, która pracując w Służbie Bezpieczeństwa, ostrzegała w latach osiemdziesiątych mnie i inne osoby przed działaniami inwigilacyjnymi, a w latach dziewięćdziesiątych zgodziła się złożyć w tej sprawie zeznania przed prokuraturą krakowską. Oba te przypadki, jak i wiele innych, opisane zostaną w nowej książce, zapowiedzianej w przedmowie.

Z całą pokorą i świadomością swojej ułomności przedstawiam niniejszą publikację pod osąd czytelników, wierząc, że będzie to ocena merytoryczna. Z góry dziękuję za wszelkie uwagi i opinie. Szczególnie zależy mi na tym, aby z publikacją tą zapoznali się ludzie młodzi, zarówno świeccy, jak – zwłaszcza – klerycy i księża. Mam bowiem nadzieję, że owa skromna praca badawcza pozwoli im lepiej zrozumieć moralne wybory, jakich musiało ustawicznie dokonywać poprzednie pokolenie, żyjące w systemie totalitarnym. A także pozwoli im na określenie własnych postaw życiowych, gdy w innej rzeczywistości – również niełatwej i skomplikowanej – będą musieli wybierać między odwagą a konformizmem, między ewangeliczną służbą a karierowiczostwem i materializmem, między solidarnością a egoizmem, a przede wszystkim między trudną prawdą a łatwym przemilczeniem i jeszcze łatwiejszym kłamstwem.

Radwanowice, 2 lutego 2007 r.,
w święto Ofiarowania Pańskiego

ZAŁĄCZNIKI

A

Odpowiedzi na listy wysłane przez księdza Tadeusza Isakowicza-Zaleskiego do duchownych zarejestrowanych przez bezpiekę jako tajni współpracownicy

Przygotowując niniejszą publikację, między 28 lipca a 10 października 2006 roku wysłałem 39 listów do tych duchownych, którzy w zbadanych przeze mnie aktach bezpieki figurowali jako jej tajni współpracownicy. W ten sposób starałem się uczynić zadość zaleceniu księdza kardynała Stanisława Dziwisza, wyrażonemu w rozmowie ze mną 22 czerwca 2006 roku, aby sami zainteresowani mieli możliwość wypowiedzenia się na ten temat. Listy te były pisane według jednego schematu:

Przewielebny Księże!

Wykonując zalecenie J. Emin. Ks. Kard. Stanisława Dziwisza, informuję, że w czasie kwerendy prowadzonej w Instytucie Pamięci Narodowej na potrzeby pracy badawczej pt. „Działalność antykościelna Wydziału IV Służby Bezpieczeństwa w Krakowie w latach 1980–89", natrafiłem na dokumenty, w tym też mikrofilmy, wskazujące niezbicie na to, że w latach........ był Ksiądz zarejestrowany przez SB jako tajny współpracownik o pseudonimie......... – numer ewidencyjny ....
    Ww. praca badawcza ma być obiektywnym spojrzeniem na skomplikowane, choć nieodległe, dzieje, a każdy przypadek będzie potraktowany osobno, z podaniem okoliczności i uwarunkowań. Poza tym, w pracy mam zamiar zamieścić wyjaśnienia samych zainteresowanych. Niniejszym zachęcam więc Księdza do przesłania na mój adres do........ br. własnego wyjaśnienia, napisanego w dowolnej formie. Ważna jest tutaj szczerość, bo po raporcie „Więzi" w sprawie ks. Czajkowskiego nikt już nie wierzy, że akta IPN są sfałszowane.

Lepiej też będzie, aby sprawę tę opisał duchowny, znający te czasy, niż mieliby to zrobić młodzi historycy czy dziennikarze, którym już wkrótce nowa ustawa lustracyjna nie tylko szeroko otworzy drzwi do archiwum IPN, ale i pozwoli na publikację akt wszystkich tajnych współpracowników.

Z braterskim pozdrowieniem. Szczęść Boże!

Do wiadomości:
a. J. Emin. Ks. Kard. Stanisław Dziwisz

Nie na wszystkie listy otrzymałem odpowiedź. Spośród tych, które nadeszły, w Załączniku A znalazły się tylko te, których autorzy są opisani w publikacji z imienia i nazwiska.

Ks. Tadeusz Isakowicz-Zaleski

Kraków 18.VII. 200 6r.

Wielebny Księże Tadeuszu!

Pragnę Cię poinformować, że odpowiedź na skierowane do mnie w Twoim liście pytania przekazałem na piśmie Księdzu Kardynałowi Stanisławowi Dziwiszowi – Metropolicie Krakowskiemu.

Z Kapłańskim pozdrowieniem

Janusz Bielański

List od księdza Janusza Bielańskiego

[List odręczny, pismo trudno czytelne]

Zwardoń 2000-10-05

Wielebny Ksiądz
Tadeusz Fołdski

Przyznaję iż nie jestem zaskoczony, że
w dokumentach byłej SB znajdują się
informacje na mój temat. Byłem
chlebem zł. Caritas i już choćby z tego
powodu musiałem być przedmiotem jej
zainteresowania. Kilkakrotnie też
przy różnych okazjach (wyjazdy zagraniczne
in wizytacje kościelne) pracownicy SB
rozmawiali ze mną. Nie składałem
jednak żadnych informacji, metodantow
i tak dobry jednak w niejakich ustosunko-
wań się do „dokumentów", obdziwh
Ksiądz pisze, musiałbym również
wspomnieć.
Opisywanie na „tematych czasów" bez
wiedzy o jakie konkretne okoliczności
chodzi uważam za pozbawione sensu.

Z kapłańskim pozdrowieniem

[podpis nieczytelny]

List od księdza Alfreda Brody

Ks. Tadeusz Zaleski
Radwanowice 1
32-064 Rudawa

Odpowiedź na list Księdza, datowany 10 października, stempel pocztowy: „Krzeszowice 11.10.06", otrzymany dnia 24 10. o godz. 18.00. Z tego **wynika, że nie mogłem odpowiedzieć do 20. 10 – jak W. Ksiądz żądał w liście.**

I nie wiem, czy tą odpowiedzią nie wykraczam przeciw posłuszeństwu wobec J. Em. Księdza Metropolity Krakowskiego Kardynała Stanisława Dziwisza, który podobno wstrzymał uprawnienia do tych badań.

„...to z powodu Ciebie ciągle nas mordują, mają nas za owce na rzeź przeznaczone..." (Ps. 44).

„Na tym świecie źli wygrywają. Zło zwycięża. Komunistyczny system odebrał szanse uczciwym ludziom" (Wypowiedź pokrzywdzonego z listy Wildsteina).

Pod przysięgą wobec Krzyża Pana Jezusa składam to

OŚWIADCZENIE.

1. Pod koniec lipca 2006 r. byłem na urlopie u rodziny.
   - Pewnego wieczoru słyszę: „Wujek jest na liście Wildsteina".
   - Odpowiadam: „Nie dziwię się, przecież miałem nawet wyrok."
   - Nie – słyszę – wujek jest na liście jako tajny współpracownik.

Serce stanęło. Nieprzespana noc. Oburzenie. Rozgoryczenie. Przecież, jak mi mówili, należałem do „sfanatyzowanego elementu kleru". I oto – pomyślałem – „zemsta z poza grobu komunizmu." Ile lat jeszcze będą w ten sposób ironicznie się śmiać? Dostałem od nich wyrok miesięcznego więzienia, a oto teczka z moim nazwiskiem w IPN? A w tej teczce, jak pisze Ksiądz: „dokumenty, wskazujące **niezbicie na to**" że byłem współpracownikiem. To już jest ferowanie wyroku, osądzenie mnie, uznanie za winnego.

2. Dziwne. To chyba jest jednak zemsta. Za co?
   - Może za te rekolekcje do młodzieży, gdzie mówiłem o sposobach wyrywania klerykom w wojsku powołania a nawet wiary. Z tej racji był wzywany rektor kościoła i nasz ks. Prowincjał do Wydziału Wyznań.
   - A może to za Łowicz? Pewnego dnia znaleziono w skarbonce kartkę z prośbą, aby na ambonie powiedzieć, czy katolikom wolno należeć do PZPR. Bojąc się prowokacji. Kupiłem w księgarni Statut PZPZ i w niedzielę odczytałem odpowiednie fragmenty, wskazujące na to, że ta ideologia jest sprzeczna z naszą wiarą.
   - A może za okres prowincjalstwa w czasie stanu wojennego? Wzywanie do „Białego Domku" przy ul. Lubicz na godz. 8.00 i czekanie w nerwach do południa, żeby usłyszeć: „Jesteście odpowiedzialni za postępowanie wszystkich waszych zakonników w Polsce".

List od księdza Gerarda Brumirskiego

-2-

- W rozmowach z prowincjałami innych zakonów wiedziałem, że do nich przychodzą jacyś panowie na rozmowy... że każdy ma jakiegoś urzędowego „opiekuna". Zresztą w moim wypadku trwało to bardzo krótko, bo **skończyło się na Wielkanoc 1982** r. kiedy przestałem być przełożonym. Od tego czasu nikt mnie już nie odwiedzał. Zresztą myślałem (aż dotąd) że to byli wysłannicy Urzędy Wyznań. Teraz się okazuje, że to była, jak Ksiądz pisze, Służba Bezpieczeństwa. Zło, które miało uśmiech na ustach.

A tymczasem, mimo twierdzeń W. Księdza:
Nigdy! Nigdy nie podpisywałem jakiegoś dokumentu dla tych ludzi.
Nigdy nie podpisywałem jakichkolwiek zobowiązań czy współpracy.
Nigdy! Nigdy nie pisałem jakiegoś „donosu", „dokumentu", „sprawozdania" czy nie wiem czego!
Nigdy, nie brałem żadnych pieniędzy! (Zresztą nawet nie proponowali).
I nie wiem, na jakiej podstawie Ksiądz twierdzi w swoim liście, że istnieją dokumenty wskazujące _niezbicie_ na moją współpracę. Pisze Ksiądz, że jestem zarejestrowany, ale to ktoś musiał mnie sam zarejestrować bez mojej wiedzy ani świadomości! Księdza praca nigdy nie będzie „obiektywnym spojrzeniem" – jak Ksiądz pisze do mnie – jeżeli będzie wierzył w to, co pisze dalej: _nikt już nie wierzy, że akta IPN są sfałszowane_". A ja nie wierzę i twierdzę, ze to musi być fałszywe. To samo wypowiedział Ksiądz Kardynał Prymas Józef Glemp na Jasnej Górze 16 sierpnia 2006 r., że jesteśmy zasypywani kilometrami teczek pełnych kłamstw.

Przypominam sobie, że kiedyś ten mój „opiekun" (chyba nazywał się Koprowski) zaprosił mnie do restauracji, bo miał jakiś „interes" do mnie. Okazało się – jak mówił – że kończy służbę i wybiera się „na placówkę dyplomatyczną do Rzymu, bo nie chce się tanio sprzedać i powiększyć emeryturę" – dlatego prosił, czy nie mogę mu udzielić jakieś adresy znajomych Polaków w Rzymie. To był pierwszy sygnał, którym się zdradził. Oczywiście żadnego adresy nie otrzymał.

Kiedy ten pan odszedł (zawsze jeszcze byłem przekonany, że to Urząd Wyznań) „zaopiekował" się mną inny, który nie przedstawił się nazwiskiem, a tylko imieniem „Czarek". Ten za każdym razem, starał się mnie przekonywać o słuszności ogłoszenia stanu wojennego i nawet dziwiłem się, że on jest tak bardzo ugruntowany w swoim mniemaniu, bo ciągle wracał do tego samego tematu. Zresztą to nie było często. Pisze mi W. Ksiądz, że miałem nawet wyznaczony pseudonim „Mikołaj". Może to dlatego, że był to okres darów z Zachodu i również on otrzymywał od nas dla swoich małych dzieci dary. Nikomu nie odmawialiśmy pomocy. **To nie oni dawali, ale oni brali!**
Zresztą w czasie swojej pracy parafialnej obserwowałem, jak to do Księży Proboszczów przychodzili też jacyś urzędnicy. A wtedy dostawali to swojej teczki wałówkę, butelkę a do ręki kopertę i odchodzili. Ale ci urzędnicy musieli potem napisać protokół ze swoich wizyt. I chyba nie pisali o kiełbasie, wódce i kopercie, tylko musieli coś wymyślić – stąd produkcja fałszywek. (24. 10. 2006 r. w gazecie „Super-Express", chyba na stronie 2 przeczytałem rozmowę dziennikarza z byłym agentem „nowszych czasów", który wprost mówił o istniejącej „fabryce fałszywek", nawet że była za granicą.)

-3-

Proszę, niech W. Ksiądz bardziej wierzy ofiarom niż oprawcom. Oni ciągle jeszcze triumfują poprzez swoją „twórczość". I takie chyba są „dokumenty" o których w liście, że są dowodem mojej współpracy. **Nie ma takich!**

Oświadczam jeszcze raz, że
- **nie podpisywałem żadnej współpracy,**
- **nie wysyłałem ani nie doręczałem żadnych donosów czy czegoś podobnego,**
- **nie brałem żadnych pieniędzy – zresztą nawet nie proponowali.**

Ale tak czy owak w jakiejś mierze zło wygrało, chociażby pozbawiając mnie dobrego imienia i spokoju. Starczy pluć a zawsze coś przylgnie – przynajmniej podejrzenia i wątpliwości. Widzę jednak w Księdza liście, że Ksiądz nie ma żadnych wątpliwości – ale ponieważ mamy miłować nawet nieprzyjaciół, a co dopiero księży – więc wybaczam.

Z kapłańskim pozdrowieniem i życzeniami imieninowymi

Ks. Gerard Brumirski

Kraków, dnia 25 października 2006 r.

Do wiadomości:
1. Jego Emin. Metropolita Krakowski Ksiądz Kard. Stanisław Dziwisz
2. Wielebny Ks. Prowincjał Zakonu

Przewielebny Księże Kanoniku !

1. Wiadomość, że byłem agentem SB, jest dla mnie oszałamiającą
   rewelacją. Nikt mi bowiem na ten temat do tej pory nic nie
   powiedział, a ja sam nie miałem żadnych podstaw nawet przypuszczać,
   że coś takiego może mnie dotyczyć.

2. Ze Służbą Bezpieczeństwa miałem do czynienia tyle, co i inni
   księża. W latach 1964 do 1990 byłem proboszczem w Łopusznej
   i tam na plebanii składał mi wizyty funkcjonariusz SB z Nowego
   Targu. Pierwszym, który mnie odwiedził, był niejaki Zygmunt
   Majka. W następnych latach byli inni, których nazwisk nie pamiętam.
   W rozmowach z nimi tak się zachowywałem, że gdyby je nagrali
   i opublikowali in extenso, nie miałbym się czego wstydzić.
   Z rozmów z innymi proboszczami dowiadywałem się, że ich też
   podobnie nawiedzano. W stanie wojennym te odwiedziny ustały.

3. Podczas tych rozmów, nigdy żaden funkcjonariusz SB nie namawiał
   mnie, bym został agentem. Nigdy też nie proszono mnie, bym kogoś
   szpiegował. Nie szantażowano mnie. Nie mieliby zresztą czym.
   Dzięki Bogu, przez całe moje życie kapłańskie tak przeszedłem,
   że nie było takiego zachowania, by wyjawione publicznie,
   zawstydzało by mnie, czy było podstawą do kary. Również ani
   złotówki wynagrodzenia od nikogo nie otrzymałem.

4. Skoro w aktach SB figuruję jako agent, muszą tam być jakieś
   "moje donosy". Chciałbym się z nimi zapoznać. Uważam, że
   obowiązkiem Ks.Kanonika jest mi to ułatwić. Czekam na odpowiedź,
   gdzie i kiedy będę mógł to zobaczyć.
   Ja nawet najmniejszego karteluszka nikomu z jakimś donosem
   nie wręczyłem, ani nie pamiętam takiej rozmowy, któraby miała
   posmak donosicielstwa. Może zapoznanie się z tym materiałem,
   coś mi rozjaśni, dlaczego mnie wciągnięto bez mojej wiedzy
   i zgody na listę agentów.

5. To co napisałem - napisałem zgodnie z prawdą i sumieniem.
   Mogę to potwierdzić najuroczystszą przysięgą, jeśliby zaszła
   taka potrzeba. Na proces oczyszczający, jaki przeprowadziła
   Zyta Gilowska, nie stać mnie. To kosztuje, a ja nie mam
   pieniędzy.

Z wyrazami szacunku

Maków Podhalański 16.VIII.2006.   Ks. Wacław Cedro

List od księdza Wacława Cedry

Sanktuarium Matki Bożej Fatimskiej Krzeptówki 14 34-500 Zakopane POLAND
www.smbf.pl   e-mail: kustosz@smbf.pl   tel. +48 18 20 66 420   fax +48 18 20 13 265

Ks. Tadeusz Isakowicz – Zaleski

Odnosząc się do pisma Księdza z dnia 28.07.2006r., a będącego, jak Ksiądz podaje, wykonaniem zalecenia J. Em. Ks. Kard. Stanisława Dziwisza, uznając to stwierdzenie za prawdziwe, zadość czyniąc zaleceniu Księdza Kardynała, poniżej udzielam odpowiedzi.

1/ Nie mogę przekazać „własnego wyjaśnienia" na temat „dokumentów wskazujących niezbicie, na to że w latach 1985 – 89 byłem zarejestrowany przez SB jako tajny współpracownik o pseudonimie „Ewa" – numer ewidencyjny NS – 13 – 157", ponieważ do żadnych dokumentów na ten temat nie miałem wglądu, (poza publikacjami w lokalnej gazecie, czego nie traktuję w kategoriach wiarygodnych).

2/ Stwierdzam w zgodzie z własnym sumieniem, że nigdy w świadomy sposób nie działałem z zamiarem szkodzenia jakiejkolwiek osobie, w tym nie donosiłem i nie współpracowałem z SB.

3/ Do dnia dzisiejszego nie zgłosiła się do mnie żadna osoba (w tym liczne osoby posiadające status pokrzywdzonego ze struktur lokalnej „Solidarności", która czułaby się pokrzywdzona przez moje działania.

Ks. Mirosław Drozdek S.A.C.
/Ks. Mirosław Drozdek SAC/

Do wiadomości:
1/ J. Em. Ks. Kard. Stanisław Dziwisz
2/ Ks. Tadeusz Isakowicz - Zaleski

Zakopane, 1 września 2006 r.

List od księdza Mirosława Drozdka

Choczewo
6.09.06

Wielebny
Księże Tadeuszu.

Przepraszam, że dopiero teraz
odpisuję. Te sprawy o których
ksiądz wspomina omówiłem
osobiście z J.E. Ks. Kardynałem
Stanisławem Dziwiszem.
Poinformowałem również
Ordynariusza Diecezji Pelplińskiej.

Serdecznie pozdrawiam.

Szczęść Boże!

Ks. A. Duszyk

List od księdza Antoniego Duszyka

Wielebny Ksiądz
Tadeusz Zaleski
Radwanowice 1
32-064 Rudawa

Wielebny Księże,
Pax Xti!

W odpowiedzi na otrzymane dzisiaj pismo Wielebnego Księdza z dnia 28 września br. załączam kopię listu skierowanego do mojego przełożona, ojca Prowincjała Krzysztofa Dyrka SI. Myślę, że będzie to wystarczająca odpowiedź, zwłaszcza że zapowiedziany jest długi artykuł profesora Ryszrda Terleckiego na ten temat.

Z wyrazami szacunku

Kraków, 2 października 2006

ks. Stefan Filipowicz, SI

List od księdza Stefana Filipowicza wraz z załącznikiem

Wielebny Ojciec Prowincjał
Krzysztof Dyrek, SI
Kraków, Mały Rynek 8

Wielebny Ojcze,
Pax Xti!

Dzisiaj otrzymałem list od ks. Tadeusza Zaleskiego informujący mnie, że w archiwach IPN-u natrafił na dokumenty, wskazujące że od 1964 roku zostałem zarejestrowany jako tajny współpracownik UB i oczekuje ode mnie pisemnego ustosunkowania się do tej sprawy.

W tej materii przekazałem Wielebnemu Ojcu w dniu 2 lutego br. szerokie wyjaśnienie dotyczące pomówienia mnie o współpracę ze służbami bezpieczeństwa, z którego jasno wynika, że nigdy nie byłem w jakikolwiek sposób współpracownikiem UB czy SB.

Równocześnie na wniosek dyrektora IPN w Krakowie, profesora Ryszarda Terleckiego, zgodziłem się na upublicznienie mojego stanowiska w artykule *Machinacje bezpieki – Santità, non Le ho mai tradito – Ojcze Święty, nigdy Cię nie zdradziłem – odpowiedział jezuita*.

Artykuł ten, zapowiedziany już w numerze 5/2006 półrocznika „Horyzonty wychowania", ukaże się w numerze 6/2006 pod koniec br.

Z przykrością stwierdzam, że pomawianie mnie kiedykolwiek, że byłem donosicielem UB odbieram jako bardzo krzywdzące i niesprawiedliwe.

Z wyrazami należnego szacunku

Kraków, 2 X 2006

ks. Stefan Filipowicz, SI

Do wiadomości:
Eminencja, Ks. Kardynał Stanisław Dziwisz
Ks. Tadeusz Zaleski

KURIA DIECEZJALNA
W RZESZOWIE
ul. Zamkowa 4, 35-032 RZESZÓW
tel. (0-17) 852 44 19, fax (0-17) 852 17 83, e-mail: kuria@rzeszow.opoka.org.pl

26 sierpnia 2006 r.

L.dz. 1394/06

Wielebny
Ks. Tadeusz ZALESKI
RADWANOWICE 1
32 – 064 Rudawa

Wielebny Księże

W związku z pismem z dnia 14 sierpnia 2006 r. skierowanym do naszego Biskupa Rzeszowskiego, obawiam się, że przekracza Ksiądz swoje kompetencje. Proszę zajmować się swoją osobą.

Z należnym szacunkiem

Notariusz Kurii

Odpowiedź na list wysłany do biskupa Kazimierza Górnego

Ks Marian Jakubiec
ul. Kanonicza 11/3
31-02 Kraków

Przew.
Ks. Kan. Tadeusz Zaleski
Radwanowice 1
32-064 Rudawa

Czcigodny Księże Kanoniku!

Odpowiadając na list Księdza Kanonika z dnia 28 VII 2006, wyjaśniam, że jestem całkowicie zaskoczony o moim zarejestrowaniu jako tajnym współpracowniku Służby Bezpieczeństwa. Nie wiem po co miałbym to robić. Gdy w czerwcu bież. r. leżałem w szpitalu doniesiono mi, że czasopismo „Ozon" opublikowało treść mojej teczki z IPN, ale wciąż nie wiem, co ten nachodzący mnie esbek na mój temat tam nasmarował. Zresztą na ten temat napisałem list do ks. biskupa Jana Szkodonia jako przewodniczącego Komisji Pamięć i Troska (Odpis tego listu zamieszczam obok). Napisałem też list do redakcji czasopisma „Ozon". (Odpis tego listu również zamieszczam do tego, co teraz piszę.) Zapomniałem tylko dodać, że ten esbek był u mnie jeszcze raz urzędowo po tym, jak zgłosiłem na Milicji włamanie do mojego samochodu. Oczywiście wyraziłem zdziwienie, że to on, a nie milicjant przyszedł do mnie w tej sprawie. O nic go nie prosiłem, a on mi też nic nie obiecywał. W głowie mi się nie mieści, jak mogłem być jakimś współpracownikiem, nic na ten temat nie wiedząc.

Cum osculo fraterno

Kraków, 3 VIII 2006

a.)J. Em Ks. Kardynał Stanisław DziwiszJ.
b.) E. Ks. Bp Jan Szkodoń

Listy od księdza Mariana Jakubca wraz z załącznikami

Ks. Marian Jakubiec

Jego Ekscelencja
Ks. Biskup Jan Szkodoń.

Zwracam się do Księdza Biskupa jako przewodniczącego Komisji Pamięć i Troska w
sprawie mojego zapisu w teczce IPN. Gdy otrzymałem 2 czerwca telefon z redakcji
czasopisma *Ozon* z zapytaniem, dlaczego krytykowałem księży wobec esbeków, byłem tym
całkowicie zaszokowany. Długo nie mogłem się pozbierać i odgadąć, skąd się tam wziął tam
taki zapis. Przecież nie miałem najmniejszego powodu, aby jakiegokolwiek księdza
krytykować, a zwłaszcza przed esbekami.
Przypomniałem sobie, że pewnego dnia zjawił się u mnie w mieszkaniu przy ul.
Warszawskiej jakiś młody człowiek, który wydawał mi się dziwnie znajomy z kursów
katechetycznych. Kursy te były wówczas otwarte (to nie było Kolegium Katechetyczne), na
które przychodził, kto chciał. Pojawiali się efemerycznie różni słuchacze, i do takich należał
też mój *gość,* o którym myślałem, ze chce omówić problemy z pisaniem jakiegoś dyplomu,
tym bardziej że dużo wiedział o mnie z wykładów. A gdy oświadczył, że jest pracownikiem
SB i zaczął krytykować księży, m. in. śp. ks. Jancarza, nasza rozmowa została przeze mnie
zerwana. Po jakimś czasie znów przyszedł, przynosząc jakieś gliniane filiżanki i kawę.
Kazałem mu to natychmiast zabrać i iść z powrotem. Gdy nie chciał tego uczynić, filiżanki i
kawę na jego oczach wrzuciłem do kosza. Nie mogłem nawet przypuszczać, że wymyślił dla
mnie jakiś pseudonim i pisał jakieś dyrdymały, wkładając je w moje usta. Na drugi dzień
sporządziłem Ks. Kardynałowi notatkę *pro memoria,* że nachodzą mnie esbecy. Prosiłem w
niej też, aby na rozmowach w czasie Komisji Wspólnej Episkopatu i Rządu poruszyć sprawę
nękania pracowników Kurii przez SB.
A swoją drogą mam żal do redakcji *Ozonu* za upublicznienie tej sprawy bez porozumienia ze
mną. Mam też żal do niektórych prominentnych księży, którzy już mi dali odczuć bojkot
towarzyski z tego powodu. Powinni się najpierw ze sprawą porządnie zapoznać. Większość
tych przemądrzałych kapłanów ani trochę nie przeżyła tych udręk, które mi władze
komunistyczne zafundowały tylko z tego powodu, że byłem bezwzględnie posłuszny Władzy
kościelnej. Mam nadzieję, że przynajmniej część z tego znajduje się w mojej teczce kurialnej.

Z wyrazami należnego szacunku. Oddany w Chrystusie

Ks. Marian Jakubiec.

Kraków, 22 VI 2006

Odpis

Ks. Marian Jakubiec
ul. Kanonicza 11/3
31-002 Kraków
Tel. 012 430 20 81

Redakcja Tyg. *Ozon*
Warszawa

W dniu 2 czerwca br. Pani redaktor (nazwiska nie pamiętam) zadzwoniła do mnie z
zapytaniem, dlaczego krytykowałem księży, bo to jest odnotowane w mojej teczce z IPN.
Przyznam, że byłem zaszokowany tą wiadomością. Po co miałbym kogokolwiek
krytykować? Skąd się wziął taki zapis w mojej teczce IPN-u?
Potem przypomniałem sobie, że był u mnie w mieszkaniu jakiś esbek i pytał mi się, czy
jego poglądy słuszne. Oczywiście zaprzeczyłem. Pani Redaktor pouczyła mnie, że nie
powinienem z nim w ogóle rozmawiać. Daremnie jej tłumaczyłem, że nie wiedziałem, kim
on był. Widziałem go przecież parę razy na moich otwartych kursach katechetycznych.
Sądziłem, że szukał porady w pisaniu dyplomu czy czegoś podobnego. A gdy przyznał się,
że jest esbekiem rozmowę przerwałem. Po jakimś czasie znów się u mnie zjawił i przyniósł
jakieś filiżanki, proponując napicie się kawy. Na moje usilne żądanie, by sobie to zabrał i
zostawił mnie samego dalej stał, jak wryty. Wtedy na jego oczach wrzuciłem jego *dar* do
kosza. Na drugi dzień po powrocie do Kurii wręczyłem Ks. Kardynałowi notatkę *pro
memoria* , że esbecy nie dają mi spokoju. Zasugerowałem nawet prośbę o poruszenie tej
sprawy w czasie obrad Komisji Wspólnej Episkopatu i Rządu.
Przepraszam, że dopiero dziś wracam do telefonicznej rozmowy z Waszą Redakcja, ale
ponad dwa tygodnie przebywałem w szpitalu. Nie wiedziałem, że Wasz telefon miał
charakter lustracyjny w stosunku do mojej osoby. O krzywdach wyrządzanych mi przez
władze komunistyczne, o których Wasza Redakcja ma blade pojęcie (Tak!), mógłbym
pisać bardzo długo. Ale nie o to chodzi. Chcę tylko zaznaczyć, że Wasza Redakcja
wyrządziła mi większą przykrość niż ten sietniakowaty esbek. On to napisał, by się wykazać
swoją aktywnością i zabrać za to pieniądze, a *Ozon* żeby mnie zgnoić i podnieść prestiż
czasopisma. Kto was do tego upoważnił? Gdzie jest zasada *et altera pars audiatur* ?
Ponadto elementarna prawda katechizmowa mówi, że nie tylko oszczerstwo, ale nawet
obmowa jest grzechem. Nie żądam od was odpowiedzi na moje słowa. Chce tylko, byście
wiedzieli, jak wielką sprawiliście mi przykrość, a przecież tak bardzo Was lubiłem i
propagowałem Wasze czasopismo.

, Z poważaniem

Kraków, 27 VI 2006

Ks. Marian Jakubiec
ul. Kanonicza 11/3

Przew.
Ks. Kan. Tadeusz   Zaleski
Radwanowice 1
32 – 064 Rudawa

Czcigodny Księże Kanoniku!

W rozmowie prywatnej obiecał mi ks. Kanonik przysłać materiały, które na mój temat mają
być umieszczone w książce, jaką ks. Kanonik przygotowuje na podstawie dokumentów
zawartych w teczkach IPN-u. Jak dotąd, ich nie otrzymałem, ale tego już nie oczekuję.
Dziś piszę ten list po to, abym mógł się dowiedzieć, do jakiej grupy współpracowników z SB
ks. Kanonik zamierza mnie zaliczyć w swojej czteroczęściowej książce, o której
przeczytałem w Dzienniku z dnia 29.08. 2006 w artykule-wywiadzie „Ks. Zaleski: Będzie
szok" W pierwszej części ks. Kanonik chce umieścić księży represjonowanych przez SB.
A ja w jakiej części mam się znaleźć? Wśród współpracowników SB ? Samo słowo "tajny
współpracownik" jest dla mnie zniewagą i policzkiem.
Czy ja nie należałem do osób represjonowanych przez SB?
Oto kilka przykładów:
1.   Już po święceniach kapłańskich odrzucono moją nominację na wikarego kolejno w
trzech parafiach. Poniewierałem się jako rezydent w różnych parafiach.
2.   Po październiku gomułkowskim byłem jednym z pierwszych, którym odmówiono
prawa do nauki religii w szkole (Zakopane).
3.   Po przeniesieniu mnie do Krakowa w r. 1962 eksmitowano mnie na bruk z plebanii
św. Mikołaja. Meble i cały mój skromny dobytek wywieziono do Zakopanego i umieszczono
w starej rozlewni piwa na Krupówkach, która była bez drzwi i bez okien. Nie zostało nic po
kradzieży i zniszczeniu. A mnie włóczono po sądach i kolegiach za bezprawne wtargnięcie do
mieszkania i za pobyt w Krakowie bez zameldowania. Plebanie zdaniem Urzędu ds. Spraw
Wyznań już też podlegały Urzędowi Kwaterunkowemu Nie byłem zameldowany, bo nie
miałem mieszkania. Przez dwa lata sypiałem w kancelarii parafialnej.
4.   W parafii Najśw. Salwatora w Krakowie obłożono mnie karą za to, że katecheci i ja
nie mieliśmy świadectwa lekarskiego. Na próżno tłumaczyłem, że nie jestem proboszczem (r.
1967) i nie ja odpowiadam za organizację katechezy w parafii. Ponadto tłumaczyłem, że
katechizacja nie podlega przepisom prawa administracyjnego. Nie zapłaciłem i doszło do
egzekucji komorniczej .

2

5. W książce Marka Lassoty „Donos na Wojtyłę" można znaleźć m.in. moje nazwisko wśród księży, których SB poddała szczególnej inwigilacji.
6. W końcu zakłada mi się bez mojej wiedzy teczkę i kryptonim rzekomego tajnego współpracownika SB. Jakim prawem ? Kto mnie o to pytał? Wyszczególnia się dość często tych, którzy odmówili współpracy z SB, ale mnie nie dano szansy odmówienia, tylko po enkawudowsku za moimi plecami dokonano tego bandyckiego zapisu.
7. Poza tym nie można mówić o jakimś tajemniczym działaniu, bo jak tylko się zorientowałem, kto mnie nachodzi, natychmiast powiadomiłem o tym Ks. Kardynała Macharskiego. Przedłożyłem mu notatkę *pro memoria* z prośbą o poruszenie na Komisji Wspólnej Episkopatu i Rządu, by esbecy przestali nachodzić pracowników Kurii.
8. A dlaczego specjalnie mnie nękali wyjaśnił mi to w prywatnej rozmowie ze mną Ks. Kanonik, czego przez takt i skromność nie będę opisywał.
9. Oczywiście nie będę nikogo przepraszał, bo przecież nie byłem donosicielem, bo i po co?
10. Trudno mi dyskutować na temat rzekomych spotkań z esbekiem. Na początku myślałem, że to jeden z moich słuchaczy ogólnodostępnych kursów katechetycznych, a gdy powiedział mi kim jest, rozmowy się urwały. Gdy próbował mi ofiarować jakieś kubki na kawę, to przy nim mojej siostrze kazałem je wrzucić to do kosza.
11. Za jakiś czas musiałem zgłosić na Milicji włamanie do mojego samochodu. Ku mojemu zdziwieniu znajomy esbek przyszedł uzupełniać szczegóły tego włamania. Musiałem z nim rozmawiać. O nic go nie prosiłem ani o ni nic nie obiecywał. Czy to też zostało odnotowane jako współpraca?
12. Gdy wprowadzałem się na probostwo przy ul. Kanoniczej, tenże esbek wynosił kafle z plebanii po rozbiórce pieca. Musiałem go zapytać, jakim prawem to czyni. Wyjaśnił mi, że kupił go od mojego poprzednika, zmarłego ks. Proboszcza. Czy to spotkanie też odnotował jako współpracę? A jego obecność na publicznej obronie kilku doktoratów?
13. Teraz zapisy esbeka są nienaruszalne. Mają charakter prokuratora i sędziego. Można na ich podstawie ogłosić moją śmierć cywilną. Nie dotyczą mnie prawa człowieka, m.in. prawo do dobrego imienia i ludzkiej godności.
14. Bohaterami są ci, którzy odmówili współpracy z SB, a nie ci, których się o to nie pytano, ale bez ich wiedzy poza ich plecami zakładano teczki i wymyślano im kryptonimy.

Dlatego podzielam stanowisko ks. abp Zycińskiego, że współpracownikiem SB jest tylko ten, kto świadomie podpisał tekst o współpracy

Z wyrazami szacunku.

Kraków, 1 IX 2006

Ks. Marian Jakubiec

Do wiadomości:
J. Em. Ks.Kard. Stanisław Dziwisz
J. Eks. Ks. bp Jan Szkodoń

Rabka Zdrój, dnia 27.09.2006 r.

Ks. Tadeusz Zaleski

W nawiązaniu do przesłanego mi listu z dnia 20 września br. dotyczącego mojej osoby, informuję, że wyjaśnienia sprawy której list dotyczył, przesłałem J. E. ks. kard. Stanisławowi Dziwiszowi.

Z braterskim pozdrowieniem

Ks. Kapci
pwb.

List od księdza Józefa Kapci

Drogi Księże Tadeuszu !

Zaskoczyłeś mnie stwierdzeniem , że mam brudny zapis w IPN-nie, żebym się tym zainteresował. Widocznie, nieprzyjazny człowiek tego dokonał, nasiał kąkolu, ziarna nieprawości. Nie moja to sprawa interesować się kąkolem posianym za plecami przez złych ludzi, wrogich Kościołowi, takie wybielanie godzi w godność chrześcijańską i kapłańską.

Do współpracy z UB byłem namawiany w roku 1960. Mieli na mnie haka w postaci nielegalnie rozprowadzonych śpiewników kościelnych bez cenzury państwowej. Ileż było wezwań, dochodzeń, namawiań, obiecanek ,jeśli się zgodzę na współpracę, to wspaniała perspektywa. Wzywali mnie wielokrotnie w Krakowie i w Lublinie gdy byłem na KULu, Jeśli się nie zgodzę, poniosę poważne konsekwencje. Pan Bóg mi dał odwagę i powiedziałem. – stanowczo nie. O każdym moim spotkaniu wiedzą wszystko moi przełożeni. Po tym mozolnym przekonywaniu do współpracy i moim stanowczym nie już nigdy mnie do współpracy nie namawiali..

Byłem wciąż na froncie ciągłego zmagania się : budowa Kościoła, klasztoru, kapelan Solidarności mianowany po O.Jacku przez Ks.Kardynała. . organizowanie Duszpasterstwa hutników, Msze św. na kombinacie, w kaplicy za ojczyznę, kontrole na budowie, sprawdzanie faktur, czy nie kupiono czegoś na lewo. i wciąż nowe nawiedzania na Szklanych Domach dezaprobata, i napomnienia i ciągłe nękania za solidarność, za kapelaństwo za organizowanie nabożeństw przy Krzyżu zanim było pozwolenie na budowę , wezwania do Wydziału Wyznań, chodzenie ciągłe po zezwolenia do Architektury., bo wisi kolegium Taki był żywot Na Szklanych Domach.. Cieszyła jednak dobra robota i rozwój wolności i Solidarności, budowanie na prawdzie.. Nikogo tu nie zdradzano, nie mówiono po nazwiskach, nigdy źle o drugich. Solidarność miała oparcie i solidną opiekę i czuła się wolna.

Jedyną z ostatnich kłopotliwych spraw dotyczących równie Ciebie, była sprawa szat liturgicznych, które wypożyczyłeś od nas do Kombinatu w czasie ostatniego strajku.

Władze były poirytowane za nagłośnienie, że szaty liturgiczne były rozrzucone , naczynia liturgiczne sprofanowane. UB dochodziło, Wydział Wyznań pytał, jak do tego doszło . Zostałem wezwany na Milicje po odbiór szat i naczyń liturgicznych. Wszystko było wyprasowane, zapakowane. Spisywali protokół w jakim stanie przekazują i że od nich odebrałem w należytym porządku Protokół musiałem podpisać, To co podpisałem było zgodne z prawdą . Winę za rozgłośnie obarczyli Ciebie.. Na koniec im powiedziałem Władza Ludowa traci całkowicie autorytet, przegrywają robotnicy . Tu nikt nie wygrywa, wszyscy przegrywają. W tedy funkcjonariusz wylał całą gorycz na mnie. Po tym spotkaniu wyszedłem przygnębiony i pomyślałem jacy oni biedni. Być może, że oni wtedy na mnie się zemścili. i mnie obsmarowali Na to już nie miałem wpływu. Te sprawy mnie nie obchodzą. To co mi powiedziałeś, jeszcze

Listy od ojca Niwarda Karszni

bardziej się przekonałem , że lustracja nie może być prowadzona na dziko, bez krytycyzmu, bo ludziom można łatwo wyrządzić krzywdę. Jak można .ogłaszać, ze ktoś współpracował z UB, jeśli się nie ma podpisanego dokumentu zgody na współpracę. Trzeba dochodzić do prawdy fachowo, krytycznie i ostrożnie. Nieprzyjazny człowiek miał płacone za sianie kąkolu, niekiedy ze złości dokładał fałszywą opinię. Ty wtedy stajesz się narzędziem takiej lustracji, za którą stoi cała mafia, która również chce szkodzić Kościołowi, jak UB. Wszystko dokonuje się w pozorach prawdy. Tymczasem to wszystko mija się z prawdą. Dziękuj Bogu, żeś się wycofał z takiej lustracji Ucałuj ręce Ks. Kardynała za to, że Cię uchronił od nieszczęścia.. W oparciu o prawdę na nowo powstań i pod prąd rozwijaj swoje wielkie możliwości służenia Bogu i ludziom. Serdecznie Cię pozdrawiam i życzę radości i błogosławieństwa Bożego.

Do listu dołączam Ci z IPN u ksero ,które mi dostarczył dla ciekawości z okazji kwerendy naukowej dr Jan Franczyk.

O. Niward Karsznia, prob.

Tadziu nadal jesteś moim przyjacielem i modlę się za Ciebie

O. Niward Karsznia

prob. 1 czerwiec 2006

Drogi Księże Tadziu !

To, co piszesz mi, nie jest zgodne ze stanem faktycznym. Od czasów lubelskich aż do r. 1983 przypada w moim życiu okres dziewiczy odnośnie kontaktów z MO czy z kimkolwiek z UB. Nawet wtedy, gdy chodziłem pod krzyż i były awantury o światło, zaprowadzone przy Krzyżu, z Urzędem Dzielnicowym, mnie nie wzywano w tej sprawie.. Byłem z nimi na stopie wojennej. Odmawiano mi wydanie paszportu do Ziemi Świętej.. Skąd ten pseudonim "Skala ,, skąd to w ogóle się wzięło?
Kontakty z UB zaczęły się w okresie budowy kościoła po roku 1984. W żadnym wypadku tajny współpracownik. Funkcjonariusz w randze majora oddelegowany do prześladowania duchownych, co jakiś czas przychodził do kancelarii parafialnej, zawsze z pretensjami i napomnieniami. Szantażował, sprawdzał faktury, gdy pojawiło się coś nowego na budowie. Wyrażał pretensje do tego czy tamtego, że się organizuje Solidarność na Szklanych Domach, nabożeństwa za Ojczyznę. Solidarność była im solą w oku..
Przyzwyczaiłem się do tych pretensji, potem lekceważyłem go i unikałem. Zemścił się na mnie. Objechał Budostale i zastrzegł sobie, że bez jego wiedzy nie wolno sprzedawać materiałów budowlanych na kościół na Szklanych Domach. Udał się na ul. Westerplatte w Krakowie, by zablokować sprzedaż materiałów żelaznych na Szklane Domy. Blachę na pokrycie części klasztoru kupiłem wcześniej, drugą część zamówiłem, zapewniano mnie, że otrzymam. Po tym zablokowaniu, wyraźnie mi powiedziano: Ksiądz nie dostanie blachy, bo pracuje dla Solidarności. Z konieczności pokryłem eternitem. Funkcjonariusz wciąż szantażował, że budowa zostanie wstrzymana, za wspieranie Solidarności. Być może, że ten oszust dał taką fałszywą podkładkę na mnie. Nie wiem, skąd to kłamstwo się wzięło. należałoby sprawdzić. Obecnie nie mam czasu, bo koniec roku szkolnego, potem mam wakacje. Dopiero może w sierpniu będzie więcej czasu.
Po tych insynuacjach , posądzeniach o tajnym współpracowniku SB. Po nawiedzeniu TFN, w dniu 14 czerwca ok. godz. 16. Mężczyzna wymierzył prosto w oczy kamerą , a młoda dziewczyna z mikrofonem pyta ? Solidarność Nowej Huty twierdzi, ze ksiądz na nich donosił. Co ksiądz na to.? Byłem tak zdenerwowany, że nie mogłem zdania sklecić. Po tej przygnębiającej wizycie, doszedłem do siebie, zastanawiałem się kto tu kłamie ?
Napisałem list do ks. Kardynała Dziwisza, i wszystko opisałem w tym liście . Napisałem, że czuje się głęboko dotknięty tymi posądzeniami, zaskakującym najściem i czuje się także mocno skrzywdzonym.. Bardzo dużo wycierpiałem z powodu akcji ze strony UB, również w okresie budowy kościoła ,solidarności ale nigdy nie dałem się złamać. Dzięki odwadze, jaką Pan Bóg mi dawał, zawsze byłem na nie wobec poczynań UB. Po wystąpieniu Ks Kardynała, w Boże Ciało i Twoim, wahałem się, czy wysłać ten list. Trzy godziny przed

otrzymaniem twego listu, wysłałem jednak   list. sprawozdawczy do Ks. Kardynała..

Księże Tadeuszu pozostajemy nadal w stosunkach przyjacielskich i może się uda dociec , skąd się wziął ten krzywdzący zarzut, tajny współpracownik przypisywany mi nie wiadomo dlaczego i skąd się wziął w IPNie Warto dla samej ciekawości prześledzić. Uważam, że na podstawie opinii UB, typowych oszustów, nie wolno osądzać i szantażować kapłanów, chyba, ze dowiedziono, że ksiądz podpisał taką współpracę, a jeszcze do tego brał pieniądze. Poza plecami można księdzu największe świństwa przypisać, jeśli chce się go zniszczyć .A przecież tym ludziom na tym zależało i nie tylko Ubowcom. Posądzenia przypadły w dniach obchodów mojego 50 lecia kapłaństwa. Widocznie Bóg mnie chciał w ten sposób doświadczyć. Ofiaruje to Bogu.

Solidarność zawsze popierałem w każdym okresie, w książkach i homiliach i stwarzałem w tych trudnych czasach dla niej jak najlepszą oazę, by czuła się w tych zagrożeniach wolna i miała jak najlepsze oparcie duchowe . I nadal ją popieram , choć ludzie wykazują kruchość i podcinają gałąź na której sami siedzą..

Serdecznie Cię pozdrawiam i życzę przyjemnych wakacji.

o. Niward Karsznia OCist

16 VI. 2006 r.

1

Ks. Tadeusz Zaleski
Prezes Fundacji im. Św. Brata Alberta
Radwanowice nr. 1 32-964

Wyajaśnieinia i oświadczenia O. Niwarda Stanisława Karszni

W związku z listem Ks. Tadeusza Zalewskiego, otrzymanym dyskretnie przez posłańca w czerwcu 2006. Wyjaśniam i oświadczam co następuje.

Po roku 1960 nikt mi nie proponował współpracy i nigdy takiej nie było. . We wspomnianym roku 1960 przeżywałem ogromną presje skłaniającą mnie do współpracy. Wtedy Panowie z UB, których nazwisk nie znam stawiali przede mną dylemat. Poniosę sankcje karną za kolportowanie nielegalnych broszur (śpiewniczków kościelenych dla dzieci wydrukowanych bez zezwolenia} albo przyjmę korzystną ofertę współpracy. Próbę zniewolenia opisałem w książce „Spór o człowieka." Str. 66 – 73.Kraków 2000 r. Powtarzałem ubowcom , że nie zgodzę się na współpracę bo to jest wbrew mojemu sumieniu i chcę ponieść konsekwencje . Nastąpiła awantura, gdy powiedziałem , zgodnie z resztą z prawdą, że, o każdej naszej rozmowie wiedzą moi przełożeni. Podczas awantury poczułem się mocny duchem i powiedziałem im.: „Trzymacie mnie tu godzinami w hotelu w Lublinie, a ja w tym czasie mam zajęcia i muszę wyjaśnić dyrektorowi konwiktu KULu - dlaczego jestem nieobecny. Mówili: kto księdza trzyma i krzyczeli, że jestem zacofany, że nie znam życia... Zapytałem, czy mogę wyjść. Proszę bardzo. Wyszedłem i czułem jakby ktoś mi kamień zdjął z serca.. Pognałem na KUL. I miałem spokój przez 25 lat.

Dopiero 1985, po dwóch latach zamieszkania na Szklanych Domach, gdy rozkręciła się budowa kościoła i klasztoru.. Funkcjonariusz Stanisław Piskosz w randze majora pojawił się na budowie i prosił o rozmowę, ponieważ, jak mówił, ma wiele spraw do wyjaśnienia. Jak się okazało zbierał wiadomości o mnie i mnie śledził. Wyśledził nawet komu dałem Pismo św. a komu kawę przy zakupie materiałów budowlanych Twierdził, że to przekupstwo, ja przeczyłem. Cokolwiek pojawiło się na placu budowy z maszyn budowlanych ,np. : betoniarka, silos na cement, wysięgnik, cokolwiek nowego, wypytywał gdzie kupiłem i czy mam fakturę. Blokował nawet kupno materiałów budowlanych ,m.in. blachy na pokrycie dachu .

Moi uczniowie Nowej Huty , którzy wyjechali do Szwecji postarali się od pastora ewangelickiego zaproszenie dla mnie do Szwecji, bym przeprowadził zbiórkę na budowę kościoła. Odmówiono mi paszportu. W ostatniej chwili mój opiekun Piskosz przybył na budowę by mi powiedzieć, że dostanę paszport, pod warunkiem, że w Szwecji nie będę udzielał wywiadu.. Żona pastora pracowała w telewizji i zaproponowała wywiad . Przeprosiłem i wyjaśniłem dlaczego nie mogę udzielić wywiadu.

Omawiany funkcjonariusz nie interesował się ani Duszpasterstwem Hutników, działalnością Solidarności. organizacją dzieci wysyłanych na kolonię przez Solidarność. Budowaniem żywej Parafii. Nabożeństwami za Ojczyznę .To go nie interesowało a nawet przerastało. Jedynie penetrował sprawy budowlane i żył boleśnie , jak wpadnę, jeśli coś na budowę , kupię na fuchę. Były to lata 1985-1988. Przychodził mnie nękać, szantażować, upominać,, moralizować, straszyć, Nic sobie z tego nie robiłem. Po prostu przyzwyczaiłem się do tego moralizowania, szantażowania, Był to okres, gdy na ulicy prawie codziennie

2

wrzało, pusto było w sklepach, system komunistyczny się walił. Ks. Popieuszko zamordowany. Ubek był spłoszony i to było widać. chciał się wykazać, że coś robi, że za darmo pieniędzy nie bierze, orderów, stopni oficerskich. , już w tym czasie bał się oskarżać i przyznawać do nikczemnych czynów. O wiele wygodniej i korzystniej dla niego było napisać o księdzu, że jest tajnym współpracownikiem SB. Jestem do tej motywacji wewnętrznie przekonany, dlaczego to zrobił.

Kończąc swoje wyjaśnienia, składam oświadczenie wobec Boga i Kościoła, że prawda o mnie jest we mnie, a nie w zeznaniach ubeka, służącemu całe prawie życie ideologii zbudowanej na kłamstwie. Zawsze jestem gotów do konfrontacji. z wyżej wspomnianym ubekiem, który kłamliwie mnie zakwalifikował do swoich współpracowników i tym samym oczernił.

Protestuje przeciwko nikczemnej opinii jaką mi wystawił ubowiec Stanisław Piskosz .Wszystkie kontakty z nim były mi narzucone, jak cała władza komunistyczna. Wszystkie wspomniane kontakty odbywały się w baraku na budowie kościoła. Nigdy mi nie przyszło do głowy, żeby te kontakty były potraktowane jako współpraca i że z tych nikczemnych oskarżeń będę musiał się tłumaczyć. Osobiście w IPN nie byłem i nie czytałem tych oskarżeń. Opieram się jedynie na doniesieniach na piśmie przez ks. Tadeusza Zaleskiego

Kraków 1 sierpnia 2006 r.

o. Niward Karsznia

Za zgodność.O. Niward Stanisław Karsznia

Ks. Tadzia, serdecznie pozdrawiam

Otrz. Prof. Ryszard Terlecki
IPN w Krakowie
Kraków Reformacka 3

Ks. Tadeusz Zaleski
Prezes Fundacji im św. Brata Alberta
Radwanowice nr 1   32-934

Odpowiedź na następny list jaki otrzymałem od Ks. Tadzia Zaleskiego

Tadziu, zmuszasz mnie, żebym uznał siebie za byłego ,tajnego współpracownika UB., jak to zrobił funkcjonariusz Stanisław Piskosz, pod wymyślonym przez niego hasłem.
Tych kilka narzuconych rozmów, jakie miałem z funkcjonariuszem na stopie wojennym nie mają żadnych cech współpracy. Zgoda na rozmowę nie oznacza tym samym zgody na współpracę. To są dwie różne sprawy. Dla mnie zgoda na współpracę byłaby niezgodna z moim sumienie i na to nigdy bym się nie zgodził. Postąpił bym tak samo, jak w roku 1960 w Lublinie. Przecież teraz, głupka z siebie bym nie robił. Jak ty sobie wyobrażasz, że można swój charakter tak sobie zmieniać jak chorągiewkę. Czy ja w moim stylu życia mam coś z tego ?
To co było między mną a ubowcem trudno było nazwać rozmową. To były monologi, stek wynurzeń, zgorzkniałych wyrzutów, pretensji. Nie było natomiast żadnych wycieczek osobowych, donosów, niczego, co by godziło w miłość Boga i bliźniego. Wynurzał się biedny, grzeszny człowiek.
Gdybym miał uznać się za tajnego współpracownika, to tak samo postąpił bym wbrew swojemu sumieniu. A tego nie mogę zrobić. Dlatego jeszcze raz ci oświadczam, że prawda o mnie jest we mnie. Drugie oświadczenie, nigdy nie byłem tajnym współpracownikiem UB.

Kraków-Szklane domy 7 5 sierpnia 2006 r.   Z wyrazami szacunku
                                                    O.Niward Karsznia O.Cist

Otrz. Ks. Kardynał Stanisław Dziwisz
      Prof. Ryszard terlecki

I

Ks. Tadeusz Zaleski

Radwanowice 1.
32-O64 Rudawa

Odpowiedź na materiały zawarte w teczce „Spór o „Skale „ przysłane
przez Ks. Tadzia Zaleskiego

Meteriały zawarte w teczce a dotyczące pracy Solidarności Na Szklanych Domach są zmyślonymi bajeczkami spisanymi z fantazji. St. Piskorza. Trudno uwierzyć, że, aż tak słabo się orientował w tym , co się działo Na Szklanych Domach. O. Jacek już wtedy, nie był dziekanem, ani duszpasterzem ludzi pracy. Rektorerm kleryków w Mogile. Wcześniej tak, przez dwa lata, ale przychodził Na Szklane Domy gościnnie z wykładami nauki społecznej dla związkowców i na niektóre Solidarnościowe nabożeństwa. Do   pracy duszpasterskiej na Szklanych Domach w ogóle się nie wtrącał. Mieszkał zawsze w Mogile. Przychodził przez dwa lata pomagać, jako wikary w duszpasterstwie na Szklanych Domach Czasem przychodził na zaproszenie. Kuria w sprawach Solidarności nigdy do mnie   nie dzwoniła, nie było żadnych rozmów z Ks,. Fidelusem, może jedynie w sprawie odbioru szat liturgicznych. Ale o tym, z nikim się nie dzieliłem. Z Panem Ferczykiem bardzo dobrze nam się wtedy współpracowało. Był to jeden front współpracy a nie intrygi jak sugerują materiały.. Poza Panem Piskorzem z nikim z UB nie rozmawiałem , jak sugerują materiały..

Przypominam Tobie w wielkim skrócie, że w stanie wojennym praca KRH Solidarności Nowej Huty przeniosła się na Szklane Domy. Wąskie grono współpracowników w zaufaniu wypełniało istotne zadania związkowe, aż do upadku komunizmu. Wykonywało ono swoje powinności związkowe w sposób. dyskretny i przy ścisłej współpracy z Ojcem Proboszczem Niwardem Karsznią. Duszpasterzem Ludzi Pracy. U mnie   przechowywano kasę związkową w walucie krajowej i obcej, tajne protokoły, dokumenty. Wszystko ze mną uzgadniano. Trzeba było integrować prace katechetyczną, żeby nie ponosiła uszczerbku z misją solidarnościową. Jedno drugiemu służyło choć było bardzo ciasno. Sprawy finansowe prowadził skrupulatnie Pan Tadeusz Janik z os. Stalowego. Ludzie pracujący w zespole codziennie pobierali ode mnie i po pracy przynosili do mnie swoje tajemnicze teczki. Bali się wynosić na zewnątrz, że mogą być przyłapani. Ale nikt w bibliotece nie wystawiał urny. i nigdy nie było rozmów na temat pieniędzy, telefonów z Kurii a tym bardziej rozmów na temat ulotek co do   wyborów. Kto by się tam ulotkami zajmował. Pieniądze były przekazywane dyskretnie łącznie z listą wpłat i wypłat. Wypłaty były tez przekazywane Ks Kazimierzowi Jancarzowi na teren Mistrzejowic według listy poszkodowanych, jakie otrzymywaliśmy... Te sprawy pierwszy raz ogólnie wyjawiam, nie wiem, czy powinienem.. Najgorsze jest to, że bracia z Solidarności tracą pamięć i dziedzictwo wartości duchowych., jak to czasem dają temu wyraz..
Przy większym zespole ludzi nie omawiano w ogóle spraw poufnych, ani kontaktów jakie się odbywały. Baliśmy się wtyczek i dlatego byliśmy ostrożni..
Byłem głównym ogniwem kontaktowym w środowisku Solidarności.
Pomagałem w rozwijaniu dzieł charytatywnych, które wciąż narastały, tak samo w organizowaniu imprez oświatowych,   mikołajowych, opłatkowych z udziałem Klubu Inteligencji Katolickiej i Ks. Kardynała. Franciszka. Macharskiego.. Przybywały różne delegacje, zwłaszcza młodzieżowe, studentów z zewnątrz i szukały za pośrednictwem O. Proboszcza autentycznego kontaktu z ludźmi solidarności.

2

Uwagi dotyczące nabożeństwa i pochodu majowego jakiego dotknąłeś, a rozbitego na ul. Struga . Nabożeństwo udało się i było oparte na liturgii Słowa Bożego na temat miłości według listu św, Pawła prowadzonego przez młodzieńca. z naszej wspólnoty Odnowy w Duchu Świętym. Dla mnie to był dzień ciężki. Po wyjściu pochodu i jego rozbiciu grupa ludzi ok. 40 usadowiła się w sali i ogłosiła strajk głodowy. Wyczuwałem „ wtyczki" i i usłyszałem odzywki na mój protest. Kategorycznie wyprosiłem. Nie posłuchali. Wyszli dopiero na gorącą prośbę z ludźmi wychodzącymi z nabożeństwa majowego .Do późnego wieczoru ZOMO obstawiało plac budowy i kaplice i zachowywało się bardzo agresywnie. Nie było można wyjść na zewnątrz na plac budowy, bo okropnie wyzywali.
Najogólniej mogę powiedzieć, że dzięki dyskrecji ludzi pracujących na poziomie nie było żadnych wpadek, donosów, intryg, jak to sugerują materiały, czuliśmy się zgrani i bezpieczni. Tyle ludzi zgłaszało się do pracy bezinteresownej.

Z pobudek patriotycznych do dziś jestem z sercem dla Solidarności. Daje temu wyraz w publikacjach i służę przy każdej uroczystości modlitwą, ofiara Mszy świętej i Słowem Bożym. Rok temu współorganizowałem 25 lecie Solidarności w Małopolsce.

Stwierdzam to co najważniejsze: Stanisław Piskosz nawet nie starał się mnie pozyskać do współpracy, ani drogą szantażu, ani droga dialogu, ani żadną inną drogą. Jeśli tak pisze to kłamie !!!! Być może , że spisał bajeczki, które mu donosili, i wiedział to, co wszyscy wiedzieli.

Pozdrawiam Ciebie i życzę błogosławieństwa Bożego w pracy z niepełnosprawnymi.

O. Niward

Kraków 24 sierpień 2006 r   O. Niward Karsznia prob.

P.S.

Jak widzisz Ks. Tadziu . Takie były czasy. UB ratowało się ucieczkach i z tych teczek żył a życie szło swoją drogą. Kościoł i wtedy pięknie rozwijał i Solidarność kwitła. Wyższa siła to dokonała. Bogu dzięki za to. Tobie radzę. Daj pełną wiarę Ewangelii a teczkami się nie przejmuję. Demon zawsze wyczuwa słabe strony człowieka i od tej strony chce go niszczyć. Znam to na sobie wiem jak można dać się rozbroić w Bogu tylko ochrona, gdy wzrastamy w miłości a nie w sędzeniu.

2 Bogiem O. Niward

I

Ks. Jan Łasut
Dworcowa 37
34-300 ŻYWIEC
tel. 0 - 603 163 060
e-mail: j.lasut@bielsko.opoka.org.pl

Jego Eminencja
Ks Kardynał Stanisław Dziwisz
w Krakowie

W dniu 1.09.2006 otrzymałem od ks. Tadeusza Zalewskiego polecony list, w którym informuje mnie, że w aktach SB natrafił na dokumenty wskazujące, że w latach 1973,-89 byłem zarejestrowany jako tajny współpracownik SB o pseudonimie „Franciszek" Autor listu stwierdza, ze dokumenty, które odlazł wskazują niezbicie na ten fakt.

Stwierdza też , że dzisiaj już nikt nie wierzy , że akta IPN są sfałszowane. Rozumiem wiec , że prawda jest zawarta w dokumentach SB

Zachęca mnie autor listu do przesłania wyjaśnienia do 15.o9. 2006.

Wyjaśniam nie autorowi listu, który zakłada z góry „prawdę" zawartą w dokumentach SB, ale Księdzu Kardynałowi:

Rok 1973 to był rok kiedy zacząłem budowę kościoła w Podczerwonem. Miała to być najpierw rozbudowa kaplicy już istniejącej , budowa nielegalna , bez pozwolenia.. Pamiętam ,że po wylaniu ławic zjawili się 'panowie z Nowego Sącza- nie z wydziału architektury- którzy nakazali wstrzymanie budowy, mówiąc , że w najbliższym czasie otrzyma Podczerwone pozwolenie na nową budowę. Takie pozwolenie otrzymaliśmy i zabrałem się do budowy. Pamięatm też ze zobowiązano mnie abym o rozmowie nikomu nie mówił . Pamięatm , że powiedziałem o tym Bpowi Janowi Pietraszce bo On był od spraw budownictwa.

Zadnych meldunków, donosów nie składałem będąc w Podczerwonem. Nie otrzymywałem też zadnych gratyfikacji.

Myślę , że wtedy po tej rozmowie zarejestrowano mnie , ale bez mojej zgody i wiedzy.

A potem od 1978roku był Poronin i budowy kaplic- kościołów w Gliczarowie Górnym , Stasikówce, i Białym Dunajcu Górnym. Była też budowa plebanii w Poroninie.W tym czasie nachodzili na rozmowy „smutni panowie" z Nowego Sącza , ale żadnych meldunków nie

List od księdza Jana Łasuta

2

składałem , żadnych gratyfikacji nie otrzymywałem , nie donosiłem na nikogo .Nie wiem czy ci panowie spisywali jakieś notatki , bo żadnych nie podpisywałem .

Z tego, co się orientuję z rozmów z księżmi, każdy z nas wtedy miał „opiekuna', który wpadał na tzw. Rozmowę, ale starałem się takiego pana jak najszybciej spławić, prowadząc rozmowę w kancelarii, nigdy niczym nie częstując, kończąc szybko rozmowę tłumacząc się pilnymi zajęciami.

O takich rozmowach , o takim nachodzeniu poinformowałem ks. Kardynała Karola Wojtyłę . Nie wiem kto mnie zarejestrował jako współpracownika , może ten który mnie nachodzil , a może kolega szkolny który w tym czasie był wysokim urzędnikiem SB w Nowym Sączu . Jest to dla mnie niewiadoma i nie chcę jej odkrywać . To były trudne czasy , a to co dziejae się dzisiaj to „ trupi chichot esbecji zza grobu używającej wielkich i pięknych słów ; oczyszczenie, lustracja itd.

Do całości prawdy muszę dodać że oddając czy odbierając paszport często proszono mnie na rozmowę do szefa czytaj UB-eka sekcji paszportowej. Też te rozmowy nie pzrynosiły żadnych rewelacji .Rozmowę sprowazałem do turystyki.

Nie miałem do dnia dzisiejszego świadomości, że jestem zarejestrowanyjako tajny współpracownik SB i że posiadam pseudonim.

Eminencjo!

Według mnie,stojąc przed Bogiem i własnym sumieniem , stwierdzam mam czyste sumienie, nie przyniosłem szkody Kościołowi ani drugiemu człowiekowi , nie pisałem donosów ani żadnych meldunków, nie otrzymałem żadnych gratyfikacji . Co więcej byłem zaangażowany w działalność Solidarności , w comiesięczne Msze za Ojczyznę , i przechowywanie pewnych archiwów Solidarności z Gdańska .pomoc materialną działaczom Solidarności. Może o tym zaświadczyć red. Adam Liberak z Zakopanego.

Kiedy otrzymałem list od ks. Zaleskiego w tonie bardzo pewnym i nie podlegającym dyskusji , to pomyślałem : po co szarpałem sobie nerwy i zdrowie przypłacając je dwoma zawałami budując , remontując ; czy po to by po latach zostało zszargane moje imię i ktoś zarzucił mi , że współpracowałem z reżimem którego serdecznie nie znosiłem i z którym walczyłem tak jak to było możliwe, tym bardziej , że widziałem zło jakie przynosiło wśród mieszkańców Poronina istniejące muzeum twórcy tego systemu.

Jest mi niezmiernie przykro , ze moja osoba jest w takie brudy zamieszana.

Nie wiem jak zakończyć, bo czuję się opluty i zbrukany –
proszę przyjąć wyrazy należnej czci i szacunku.

Ks Jan Drzew

Żywiec 3.09.2006

Do wiadomości:
Ks Tadeusz Zaleski

Ks. Mieczysław Łukaszczyk   Nowy Targ, dnia 16 sierpnia 2006 r.
Parafia św. Katarzyny
ul. Kościelna 1
34-400 Nowy Targ

Przewielebny Ksiądz
Tadeusz Zaleski

Radwanowice 1
32-064 RUDAWA

Odpowiadając na list Księdza oświadczam, że nigdy nie podpisałem zobowiązania do współpracy z SB, ani nie składałem w tej kwestii żadnych ustnych obietnic. Nie podpisałem też żadnego kompromitującego mnie dokumentu. Nigdy nie składałem informacji o żadnej konkretnej osobie. Nie donosiłem nigdy na nikogo. Moje rozmowy z tymi ludźmi – przede wszystkim przy odbieraniu paszportu - nie mogły szkodzić nikomu, także Kościołowi.

Na IV roku studiów w Wyższym Seminarium Duchownym w Krakowie, po raz pierwszy dane mi było – niestety - spotkać ludzi z UB w krakowskim urzędzie przy ul. 18 Stycznia. Przyczyną mojej jednorazowej, ale kilkugodzinnej, obecności w tym urzędzie, za wiedzą i zgodą Ks. Rektora, był pobyt na wakacyjnym obozie wędrownym alumnów w Beskidach. Byliśmy w grupie pod opieką Ks. Profesora, który codziennie w odwiedzanych schroniskach odprawiał Mszę św., o czym powiadomiony został UB przez nieznanych nam informatorów. Sprawiło to, że nasz Opiekun Duchowny musiał stawać przed sądami w Żywcu, Suchej Beskidzkiej i Nowym Targu, gdzie wymierzano mu kary grzywny. My natomiast byliśmy wzywani do UB. W czasie tej rozmowy - mimo usilnych namów i obietnic korzyści - nie zdołano nas złamać.

W latach 1970-73 pracowałem w parafii, w której istniały „zgłoszone" punkty katechetyczne. Można więc było za nauczanie religii otrzymywać wynagrodzenie. Nigdy z tego nie skorzystałem, uważając to za niegodne, pochodzę bowiem z tradycyjnej, góralskiej, religijnej i dość zamożnej rodziny.

List od księdza Mieczysława Łukaszczyka

W maju 1977 r., będąc proboszczem w Gilowicach, odprawiłem w tamtejszej Parafii pogrzeb śp. Stanisława Pyjasa, syna niezbyt gorliwych parafian. O tragicznej jego śmierci wiedziałem to, co było podane oficjalnie. Dopiero w jakiś czas po tym wydarzeniu, jak wielu innych, usłyszałem informacje o tym studencie w Radiu Wolna Europa.

Po wyborze Jana Pawła II, wielokrotnie organizowałem pielgrzymki do Watykanu. Musiałem więc odwiedzać właściwe w sprawach paszportowych urzędy, aby odebrać paszport dla siebie lub pomóc uzyskać ten dokument pielgrzymom. Organizowałem także pielgrzymki do Ziemi Świętej i Fatimy. Wyjeżdżałem również do różnych miejsc w Europie, w celach turystycznych lub na wypoczynek. Stąd zapewne nadany mi pseudonim.

W celu uzyskania zezwolenia na budowę punktu katechetycznego na os. Niwa w Nowym Targu, wiele razy sam lub z delegacją parafian, odwiedzałem Wojewódzki Urząd ds. Wyznań w Nowym Sączu. Następstwem tego były wizyty nieproszonych „gości" na plebanii, którzy żądali różnych wyjaśnień. Zawsze starałem się z petentami rozmawiać jak „człowiek z człowiekiem", co zapewne ludzie z SB wykorzystali przeciwko mnie, rejestrując te spotkania i czyniąc z nich notatki. Nigdy też nie miałem zwyczaju przyjmować upominków od obcych.

Od początku mojego pobytu w Nowym Targu odprawialiśmy w naszym kościele parafialnym 13. każdego miesiąca Msze św. w intencji Ojca Świętego i Ojczyzny. Były one bardzo uroczyste, a patriotyczne kazania głosili zaproszeni z tej okazji kaznodzieje. Z uwagi na bliskie sąsiedztwo Komendy MO (około 30 m), treść tych kazań i cała liturgia była dobrze słyszalna w ich siedzibie.

Zawsze bardzo sobie ceniłem honor własny i godność kapłańską oraz dobre imię mojej rodziny. Wyrażam więc gotowość poddania się procedurze Komisji „Pamięć i Troska", choćby dla utwierdzenia siebie w uzasadnionym poczuciu godności własnej. Prawie codziennie dziennikarze informują o osobach podejrzewanych o współpracę z SB,

2

następnie informacje te są dementowane przez historyków (np. dzisiejsza o Zbigniewie Herbercie).

Ksiądz zna tamte czasy, nie sądzę więc by dawał bezkrytycznie wiarę w treść notatek pozostawionych przez ówczesne służby. Nadmienić jednak pragnę, że krzywd wyrządzonych upowszechnianiem notatek ludzi z SB, czynionych bez wiedzy osób z którymi rozmawiali, a może nawet spreparowanych, zwłaszcza w stosunku do bardziej „widocznych" duchownych, nie da się już niestety naprawić, tak jak nie da się zebrać tych przysłowiowych rozsypanych piórek.

Z Bogiem,

3

Ks, Mieczysław Niepsuj
Via Cassia 1200
00189 Roma

Rzym, 03.09.2006

Przewielebny
Ks. Tadeusz Zaleski
Radwanowice 1
32-064 Rudawa

Przewielebny Księże,

Z treścią listu Księdza z 29.07.2006 mogłem zapoznać się dopiero po powrocie z urlopu w dniu 31 sierpnia. Niemożnością więc było odpowiedzieć w wyznaczonym przez Księdza terminie. Czynię to dopiero teraz.

Wiadomość zawarta w liście jest dla mnie bardzo bolesna. Okazuje się, że choć żyjemy w wolnym kraju, to nadal tkwimy jeszcze bardzo mocno w rzeczywistości PRL-u. A z bolesnych doświadczeń życia w tamtych czasach, o których młode pokolenie Polaków nic nie wie, a często nie chce wiedzieć, czyni się dzisiaj tanią sensację. Tak łatwo wydaje się na ludzi wyroki skazujące, nie mając ku temu żadnych podstaw.

Słowa Księdza "wskazujące niezbicie" oraz "ważna jest tutaj szczerość, bo... nikt już nie wierzy, że akta IPN są sfałszowane" świadczą o tym, że akta IPN są dla Księdza tak nieomylne jak Ewangelia. I to napawa mnie lękiem, że praca Księdza będzie tylko udostępnieniem tych akt szerokiej publiczności, a nie zada sobie Ksiądz trudu próby dotarcia do faktycznej prawdy. Przecież musimy to sobie wyraźnie powiedzieć, że akt IPN nie pisali ludzie święci i nie kierowali się przy tym światłem Ducha Świętego. Pisali je często zbrodniarze, a czynili to z najbardziej nikczemnych pobudek. Stąd dziwi mnie bezkrytyczne zaufanie Księdza do tych akt, czego dowody daje często Ksiądz w środkach masowego przekazu mówiąc np. jakim szokiem będą rewelacje objawione Księdzu w teczkach IPN. Zacytowane słowa Księdza odczytuję jednoznacznie jako żądanie, abym przyznał się do tego wszystkiego, co w tych aktach jest zawarte. A tego ja nie zrobię nigdy i za żadną cenę. Bo to byłoby z mojej strony kłamstwem.

Nie wiem, co zawiera moja teczka. Nie ja ją wypełniałem treścią. Czynili to ludzie wrogo nastawieni do Kościoła i do mnie. Z ludźmi tymi spotykałem się z konieczności załatwiania spraw paszportowych. W latach 1985 - 1989 miało to miejsce 5 razy. Na dowód załączam kopię z zachowanego z tamtych czasów paszportu. Na każdy wyjazd potrzebna była pieczątka WUSW. Wszystkie spotkania miały miejsce w urzędach paszportowych przy ul. Siemiradzkiego i ul. Józefitów w Krakowie.

List od księdza Mieczysława Niepsuja

2

Pierwsze spotkanie było w kontekście skierowania mnie do posługi w Domu Polskim Jana Pawła II w Rzymie. Nic dziwnego, że zwrócono wtedy na mnie szczególną uwagę. Ale czy jest do pomyślenia, abym w takim momencie, kiedy cieszyłem się pełnym zaufaniem najbliższego otoczenia Ojca Świętego Jana Pawła II i mojego Ordynariusza w Krakowie i rozpoczynałem nowy rozdział życia kapłańskiego, pozwolił się wciągnąć we współpracę z wrogami Kościoła? Przecież współpraca zakłada wspólny cel. W tym wypadku działanie na szkodę Kościoła. A ja od pierwszych chwil mojego życia chciałem być zawsze wiernym synem Kościoła. Dlatego wstąpiłem do Seminarium, zostałem kapłanem i mam nadzieję, że po dziś dzień nie sprzeniewierzyłem się tej wierności.

Następne trzy spotkania miały miejsce w czasie ciężkiej choroby, śmierci i pogrzebu mojego Ojca. I znowu pytam się, czy przy takich przeżyciach byłbym zdolny do paktowania z moimi prześladowcami. Bo tak zawsze odbierałem te spotkania. One były bardzo uciążliwe. Wie o tym każdy, który był na nie skazany.

Szczególnie przykry był dla mnie wyjazd z Polski do Rzymu na tydzień przed śmiercią Ojca. Musiałem wracać, bo kończyła się moja wiza wjazdowa do Włoch. W czasie kontroli mojego bagażu w ręce celnika wpadła tasma magnetofonowa z polską wersją filmu Z dalekiego kraju. Przez blisko godzinę przesłuchiwano ją tak głośno, abym mógł słyszeć. Wiem, że czyniono to celowo, aby zrobić na mnie wrażenie popełnionego przestępstwa. Dopiero po interwencji pilota, że samolot nie może już dłużej czekac na mnie, taśmę tę skonfiskowano mi (zażądano podpisu konfiskaty), i pozwolono mi udać się do samolotu.
Ten fakt opowiedziałem przy następnym spotkaniu paszportowym, jako przykład braku tolerancji i represji wobec Kościoła, gdy mój rozmówca próbował mi wmawiać jak dobrze układają się stosunki Państwo - Kościół.

A ostatnie spotkanie było w 1988 r. Wtedy czuło się już nadchodzącą wiosnę wolności.

Rejestracja jako tajny współpracownik nie oznacza jeszcze, że tak było naprawdę. W moim przypadku jest to kłamstwo i oszczerstwo. Nigdy nie byłem żadnym współpracownikiem służb SB. A tym bardziej tajnym. Bo o wszystkich spotkaniach w urzędzie paszportowym wiedzieli moi przełożeni, rozmawiałem o nich z moimi rodzicami, rodzeństwem, przyjaciółmi i kolegami. Opowiadałem też o tym, o co byłem pytany. Dziś treści tych rozmów we wszystkich szczegółach już nie pamiętam. Ale wiem, że były to tematy bieżące, o których pisały gazety, o których mówiło się w radio i w TV. Nigdy nie padały z moich ust żadne nazwiska, nigdy nikomu nie szkodziłem.

3

W mojej teczce nie ma ani jednego słowa pisanego przeze mnie. Niczego nigdy nie podpisywałem. Nie brałem też żadnych upominków w jakiejkolwiek formie. Nie było zresztą nigdy takich propozycji. To wszystko, co mam w tej sprawie do powiedzenia.

Podejmując się pracy badawczej pt. "Działalność antykościelna Wydziału IV Służby Bezpieczeństwa w Krakowie w latach 1980 - 1989" podjął się Ksiądz bardzo trudnego zadania. Życzę Księdzu, aby to zadanie wykonał jak najbardziej obiektywnie, pamiętając jak wielką jest sprawą prawo każdego człowieka do dobrego imienia. Gdyby Ksiądz kogokolwiek skrzywdził w tym względzie odpowie za to przed Bogiem i ludźmi. Nie powinna Księdzem kierować chęć przypodobania się mediom, chęć rozgłosu, taniej sensacji, wywołania szoku. Bo to wszystko szybko minie. A pozostanie dozgonna gorycz wyrządzonej krzywdy, którą trudno będzie naprawić.

Wciąż pozostaję pod wrażeniem dokonywanej ostatnio lustracji przed Sądem Lustracyjnym. Kamery bez przerwy pokazują twarz lustrowanej osoby w możliwie największym przybliżeniu, a swiadków - oficerów SB, którzy są głównymi winowajcami całej sprawy - nie pokazują prawie wcale, a jeśli już to tylko bardzo z daleka i od tyłu. Niech Ksiądz nie robi takiej lustracji!

Z wyrazami szacunku

ks. Mieczysław Niepsuj

Do wiadomości:

1. J.Em. Ks. Kardynał Stanisław Dziwisz

2. J. E. Ks. Bp Jan Szkodoń

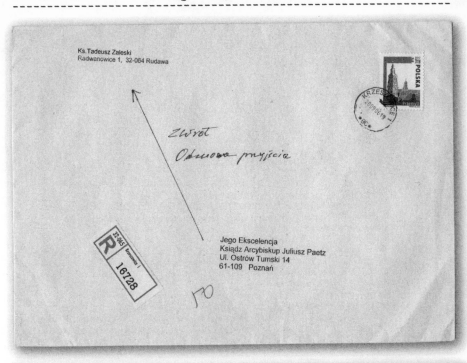

Zwrot listu wysłanego do arcybiskupa Juliusza Paetza

Ks Józef Podraza   Dobranowice, 17 sierpnia 2006 .
Dobranowice 109
32-020 Wieliczka

                    Przewielebny   Ksiądz
                    Ks. Tadeusz Isakowicz - Zaleski
                    Radwanowice 1

1.   Eminencji Księdzu Kardynałowi Stanisławowi Dziwiszowi przedstawiłem swoją sytuację po otrzymaniu listu od Księdza z dnia 28 lipca b.r. wraz z prośbą o pomoc - także Komisji „Pamięć i Troska," w możliwie całościowym rozpoznaniu problemu mojej rzekomej współpracy z SB, nie tylko w oparciu o jednostronne ich raporty.

2.   Wspomina Ksiądz w wysłanym do mnie piśmie:
  „W/w praca ma być obiektywnym   spojrzeniem na   skomplikowane choć nieodległe   dzieje Kościoła, a każdy   przypadek będzie potraktowany osobno, z podaniem okoliczności i uwarunkowań. Poza tym w pracy mam zamiar umieścić wyjaśnienia samych zainteresowanych".

    a/ Jest nieprawdą, że byłem tajnym współpracownikiem SB. Natomiast byłem wzywany na Komendę MO w Krakowie przy okazji składania podania o paszport. Spotkania z funkcjonariuszem SB porucznikiem Janem Wajdą traktowałem jako rutynowe, gdyż   budowaliśmy wówczas plebanię. Bez mojej wiedzy i zgody wpisał mnie na listę TW. Kapitan Brożek - Nowak -Szydłowska wiele razy prosiła o posługi religijno - sakramentalne dla swojej rodziny, krewnych i znajomych.
/ są zapisane w księgach parafialnych /.
W żadnym z tych przypadków nie była to świadoma współpraca z ówczesnymi władzami komunistycznymi. Oświadczam też, że nigdy nie wyraziłem zgody na współpracę z SB ani na piśmie, ani ustnie.
b/   Jak mam ustosunkować się do stawianych mi zarzutów, których autorami są tylko funkcjonariusze SB, gdy po raz pierwszy dowiedziałem się o nich z listu Księdza   w dniu 4 sierpnia b.r. a do 31 sierpnia mam dać wyjaśnienia. O zawartości dokumentów SB pisanych na mój temat, znajdujących się w zasobach IPN dowiedziałem się więc dopiero podczas rozmowy z Księdzem w dniu 5 sierpnia 2006 r. i to ogólnie - wyrywkowo. Pragnę zaznaczyć, że chciałbym zapoznać się z całością dokumentacji SB, aby w pełni odnieść się do stawianych mi zarzutów.
c/   Czas, jaki Ksiądz sobie i mnie wyznaczył na obiektywne spojrzenie na w/w czasy i lata jest zbyt krótki, a przez to niemożliwe jest zapoznanie się z dokumentacją znajdującą się w IPN. Nie tylko ze swojego życia wiem, że pośpiech jest złym doradcą. Służba prawdzie musi być cierpliwa. Pośpiechem można ludziom i Kościołowi, także przy tym temacie, wyrządzić ogromną krzywdę.
         Czuję się oszukany wpisem na listę jako TW oraz faktem, że sprawcy tego zajścia nie są pociągani do odpowiedzialności za wyrządzoną mi ogromną krzywdę.

Do wiadomości:
- J. Em. Ks. Kard. Stanisław Dziwisz
- IPN Kraków, ul. Reformacka
- Komisja „ Pamięć i Troska"

Ks Józef Podraza

Proszę o miłosne memento

List od księdza Józefa Podrazy

Polanka Wielka 03 –10 – 2006

> Przewielebny Ksiądz
> Tadeusz Zaleski
> Radwanowice 1

Przewielebny Księże

Odpowiadając na list Księdza z dnia 28 – 09 br. skierowanego do mnie informuję, że nigdy nie byłem współpracownikiem SB, żadnych zobowiązań nie podpisywałem i nie pobierałem z tego tytułu pieniędzy.

Stosowny list w tej sprawie kieruję również do Księdza Biskupa Tadeusza Rakoczego, mojego Ordynariusza, a kopię tego pisma do Jego Eminencji Księdza Kardynała Stanisława Dziwisza w Krakowie.

Z kapłańskim pozdrowieniem

Ks. Tadeusz Porzycki

Do wiadomości:

Jego Eminencja Ksiądz Kardynał Stanisław Dziwisz
Jego Ekscelencja Ksiądz Biskup Tadeusz Rakoczy

List od księdza Tadeusza Porzyckiego

Ks. Czesław Skowron
ul. św. Marka 10
31-012 Kraków

Kraków 27 weześnia 2006

Najprzewielebniejszy
Ksiądz Kardynał   Stanisław Dziwisz

ul Franciszkańska 3

K r a k ó w

Niniejszym zawiadamiam, że otrzymałem od księdza Tadeusza Zaleskiego list rozpowszechniający całkowicie fałszywą
wiadomość o mojej współpracy z urzędem bezpieczeństwa.

Oświadczam, że nigdy nie współpracowałem z przedstawicielami tego urzędu. Umieszczenie mnie na liście tych współpracowników jest podłym oszczerstwem . Mam zamiar wnieść do sądu
sprawę tego oszczerstwa. DO procesu w tej sprawie potrzebuję pozwolenia
Wassej Eminencji   i o to pozwolenie
Księdza Kardynała uprzejmie proszę .

Ks. Czesław Skowron

List od księdza Czesława Skowrona

Kraków .04.09.2006r.

Przewielebny Ksiądz
Ks. Tadeusz Zaleski
Radwanowice 1
32 - 064 Rudawa

Przewielebny Księże.

W odpowiedzi na pismo jakie otrzymałem od Księdza dotyczące mojej osoby, pragnę wyjaśnić i opisać w skrócie sytuacje jakie miały miejsce , a zapamiętałem.Pierwszy kontakt z urzędnikami jaki sobie przypominam miał miejsce w drugim , lub trzecim miesiącu pobytu w Seminarium .Był to rok 1952.Jako alum dostałem wezwanie do Urzędu Miasta Krakowa.Tam przyjął mnie człowiek, który jak się zorientowałem był pracownikiem Służby Bezpieczeństwa.Ku mojemu zdziwieniu zaczął mi robić wymówki ,że będąc przygotowanym technicznie,zamiast podjąć pracę w odbudowie zniszczonej Ojczyzny chcę się zamknąć w murach,gdzie jest nadmiar kandydatów na księży.Sugerował mi, że gdybym wiedział że wśród przełożonych, lub kolegów ktoś jest o wrogim ustosunkowaniu do Polski Ludowej to moim obowiązkiem jest poinformować władze.Byłem tym wszystkim oburzony.Już jako kilkuletnie dziecko wraz ze swoim starszym bratem (zginął w Oświęcimiu) służyłem Ojczyźnie w szeregach AK jako posłaniec i roznosiciel amunicji.Między innymi nie do pomyślenia by było dla mnie pracować na rzecz SB, zdradzając przełożonych i kolegów.
Drugi mój kontakt miał miejsce w mojej pierwszej parafii w Marcyporębie w roku 1959.Przyszedł do mnie człowiek z informacją, że jest postawiony we Wrocławiu pomnik Papieżowi Janowi XXIII . W czasie jego odsłonięcia mam obowiązek jako ksiądz tam być i wpisać się do księgi pamiątkowej.Po zakończeniu rozmowy próbowałdać mi gratyfikacje której oburzony nie przyjąłem.Sugerował mi również pomoc przy wyjeździe do Wrocławia ich środkami transportu.Oświadczyłem ,że mam swój pojazd i żadnej pomocy nie potrzebuję.Po tej uroczystości przyjechał do mnie ponownie oburzony, jak mogłem będąc księdzem nie być uczestnikiem tak wielkiej uroczystości.Zaczął mi grozić,że go popamiętam i gorzko będę tego żałował.Do całego tego incydentu nie przywiązywałem najmniejszej wagi.
Po przeniesieniu mnie do Nowej Huty - Bieńczyce przyszedł do mnie kolejny człowiek z prośbą,że gdy bym zauważył milicjantów,lub wojskowych spełniających obowiązki religijne to powinienem powiadomić władze państwowe.
Będąc na parafii Czerwonego Prądnika,również miałem odwiedziny w tej samej sprawie. Proponował mi , że mając przygotowanie ze studium wojskowego z Politechniki Krakowskiej dobrze by było to wykorzystać i

List od księdza Adama Sroki wraz z załącznikami

---

zostać kapelanem Wojska Polskiego. Odpowiedziałem,że na takie zmiany musi wyrazić zgodę Ks. Kardynał.

Następna moja placówka to Prądnik Biały.Przyjyjechał do mnie wówczs dziekan kapelanów wojskowych płk.Humeński proponując mi zostanie kapelanem wojskowym.

Każdy z nas Księży, a w szczególności piastujący miano proboszcza zapewne jest oburzony,głęboko dotknięty i czuje się skrzywdzony, ale ja uważam,że moja sytuacja bardzo różni się od innych księży.Parafia,którą było mi dane zarządzać przez 36 lat jest specyficzną. Zamieszkuje tu zdecydowana większość wojska i policji.W tych nadzwyczaj trudnych czasach dostałem zadanie założenia parafii.Ludzie przychodzili nie tylko w sprawach osobistych np.ochcić dziecko wojskowemu,czy policjantowi,lub dać ślub kościelny w tajemnicy,ale również w sprawach budowy Kościoła.

W tym to czasie spełniałem równieź posługę kapłańską w sposób dyskretny dla chorych wojskowych przebywających w Szpitalu Wojskowym przy ul. Wrocławskiej.Chodziłem po cywilnemu mając schowaną pod ubraniem burse.Za te posługę duszpasterską wojskowi zwrócili się z pisemną prośbą do Dowódcy Okręgu Krakowskiego o docenienie moich zasług.Zostałem uhonorowany przez Biskupa Polowego Wojska Polskiego Sławoja Leszka Głódź.

Jeśli chodzi o budowę Kościoła to na smym początku musiałem wywalczyć jego lokalizację, wybudować go, wykończyć,wybudować sale katechetyczne i mieszkania dla księży. W kolejności trzeba było ogrodzić bardzo duży plac z obiektami. Na końcu mojej posługi kapłańskiej przed emeryturą wybudowałem kaplicę na cmentarzu parafialnym.Przychodzili wówczas różni ludzie chętnie pomagający w tych wszystkich przecięwzięciach budowlanych. Nie muszę chyba opisywać, że w tych latach, aby załatwić najdrobniejszą rzecz dotyczącą budowy potrzebne były tzw.znajomości,protekcje itp.Było to jak się teraz zorientowałem wykorzystywane przez niektórych ludzi przeciwko mnie, Kościołowi i całej naszej wspólnocie parafialnej.Kto by wtedy pomyślał,że człowiek przychodząc i oferując pomoc przy załatwieniu materiałów budowlanych jest z aparatu służb bezpieczeństwa . Wczasie takiej rozmowy gościłem kawą, czy herbatą, a nie wiedziałem,że mam założoną teczkę i przypisane mi głupie pseudonimy.O czym oprócz budowy mogłem rozmawiać z obcymi mi ludźmi? . Przecież przychodzili tzw. parafianie-cywile, wojskowi i milicjanci. Jak mogłem domyślać się, że niektórzy z nich służą ,,podwójnie".

Nigdy na temat pracy duszpasterskiej z nikim nie rozmawiałem i nic nie przekazywałem,z nikim nie współpracowałem.

Nie będę prosił o przebaczenie ,bo nie poczuwam sie do winy w sprawach mi przypisanych. Mam czyste sumienie wobec Pana Boga i Kościoła.

Uważam, że choćby nie wiadomo jakie korzyści materialne były proponowane,to żaden Ksiądz wierny Panu Bogu i Kościołowi nie wyraził by zgody na świadomą współpracę ze Służbami Bezpieczeństwa. Naganka na Kościół i Księży była od lat .Myślę,że z bólem, ale i to przeżyjemy.

Z braterskim pozdrowieniem
Szczęść Boże.

Do wiadomości:

1.J.Emin.Ks.Kard.Stanisław Dziwisz

Załączniki:2.

Warszawa, dnia 13 lutego 1995 roku

Sławoj Leszek Głódź
Biskup Polowy
Wojska Polskiego

L.dz. 201/42-CP/95

Przewielebny
Ksiądz Kanonik Adam SROKA
<u>KRAKÓW</u>

Biorąc pod uwagę duszpasterską posługę Przewielebnego Księdza Kanonika dla żołnierzy i rodzin wojskowych oraz opiekę duchową nad chorymi Szpitala Wojskowego w Krakowie, pełnioną z dużym zaangażowaniem od 1970 roku, wychodząc naprzeciw pragnieniom środowiska wojskowego, wyrażonym w piśmie Dowódcy Krakowskiego Okręgu Wojskowego, Pana Generała Dyw. Zenona Bryka, po zasięgnięciu opinii Jego Eminencji Księdza Kardynała Franciszka Macharskiego, Metropolity Krakowskiego, niniejszym dekretem mianuję Przewielebnego Księdza Kanonika Honorowym Kapelanem Wojska Polskiego.

Jednocześnie serdecznie proszę o dalszą życzliwą obecność Księdza Kanonika w życiu religijnym środowiska wojskowego w Krakowie.

W tym duchu udzielam pasterskiego błogosławieństwa

Sławoj Leszek GŁÓDŹ

Ks. Andrzej DZIĘGA
Kanclerz

<u>Do wiadomości:</u>
1. Jego Eminencja Ksiądz Kardynał Franciszek MACHARSKI, Metropolita Krakowski
2. Szanowny Pan Generał Dyw. Zenon BRYK, Dowódca Krakowskiegop Okręgu Wojskowego
3. Wielebny Ksiądz Kapitan Tadeusz SKRZYNIARZ, p.o. Dziekan Krakowskiego Okręgu Wojskowego
4. Wielebny Ksiądz Pułkownik Zygmunt GOLA, Proboszcz Parafii Wojskowej w Krakowie

METROPOLITA KRAKOWSKI

Kraków, dnia 28 lutego 1995 r.

496

Drogi Księże Kanoniku,

gratuluję wyróżnienia, jakim Ordynariat
Polowy wyraża wdzięczność za posługę duszpasterską dla oficerów spełnianą w trudnym czasie
w sposób kapłański choć poza strukturami duszpasterstwa wojskowego. I sam dziękuję za te
dobre czyny spełniane z dyskrecją. Bóg zapłać.

Łączę wyrazy pełne braterskiego szacunku
i życzenia błogosławieństw Bożych na Wielki Post

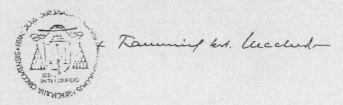

Przewielebny Ksiądz Kanonik
Ks. Proboszcz Adam SROKA
ul.Pasteura
31-222 Kraków

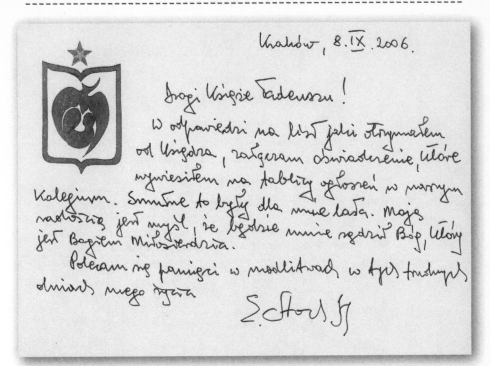

List od ojca Edwarda Stocha wraz z załącznikiem

OŚWIADCZENIE

Pragnę przekazać do wiadomości wszystkim zainteresowanym, że przez wiele lat pod wpływem różnych form szantażu współpracowałem z Urzędem Bezpieczeństwa w Krakowie.

Mogę powiedzieć zgodnie z sumieniem, że starałem się tak przedstawiać sprawy, by nikomu nie szkodzić.

Wszystkich bardzo przepraszam.

O. Edward Stoch SJ

Kraków, 25 VIII 2006

Dąbrowa Górnicza 24 VIII 06

Czcigodny Księże Kanoniku

Z wielkim zaskoczeniem i zarazem z wielkim bólem przeczytałem list od Księdza.Dlatego mimo ogromu pracy spieszę z wyjaśnieniem.Z pracownikami S B miałem do czynienie w czasie moich studiów w Krakowie. Wiedział o tym mój Ks, rektor i mój Ks. Proboszcz. Rektorem wtedy był obecny Ks kardynał Macharski.Proponowano mi zmianę studiów .Jak widać bezskutecznie.Po otrzymaniu święceń /1975r nikt się u mnie już nie pojawił. Ja też nie potrzebowałem niczego gdyż paszport na pielgrzymkę do Rzymu załatwiał Ks. Sołtysik dla całej grupy.Dopiero po tzw. Napadzie czy bobiciu Księdza byłem wezwany do Białego Domku w Krakowie jako świadek.Tam pytano mnie o różne sprawy kościelne i parafialne,ale na wiele z nich nie umiałem odpowiedzieć dlatego,że nie wiedziałem gdzie i kiedy i z kim Ks.Kardynał jedzie na urlop.Nigdy nie byłem stałym bywalcem Kurii ani ludzi z Nią związanych.Oni mnie wyśmiewali bo wiedzieli dużo więcej ode mnie. To przesłuchanie trwało ponad 4 godziny o czym Ks prałat Sołtysik dobrze wiedział.Pytano mnie również o Ks.Sołtysika ale ja do tej pory nie wiem z kim się przyjaźni kiedy i gdzie wyjeżdża.Jedno co wiedziałem to taki fakt jakim samochodem jeździ.O Księdza też pytali ale cóż ja wtedy wiedziałem zresztą do tej pory też nic prawie nie wiem.Dlatego jakiekolwiek pomysły że cokolwiek donosiłem tajnego jest fizyczną niemożliwością bo ja o niczym takim nie wiedziałem .Ja nie wiem kto to jest tajny współpracownik i nie chce tego wiedzieć.Codziennie przebaczam wszystkim i proszę Boga o siły do pracy,która codziennie na mnie czeka. Nie mam czasu na rozczulanie się nad sobą ani na inne rzeczy.To tyle na ile mogę pomóc

Z wyrazami szacunku.

List od księdza Jana Strony

Kraków, dnia 6.10.2006 r.

Księże Tadeuszu !

Jestem oburzony, że Ktoś po tylu latach
ofiarnej pracy kapłańskiej odbiera mi
dobre imię. Nigdy nie byłem w Urzędzie
Bezpieczeństwa i żadnych pism w tym Urzędzie na
nikogo nie składałem.

Ks. Kazimierz Suder

List od księdza Kazimierza Sudera

Jego Eminencja Ks. Kardynał Stanisław Dziwisz
Arcybiskup Metropolita Krakowski.

W związku z listem jaki otrzymałem od ks. Tadeusza Zaleskiego, a w którym są oszczerstwa pod
moim adresem informuję:

W 1966 roku zostałem mianowany wikariuszem parafii Kraków – Borek Fałęcki. Odmówiono
mi zameldowania na okres dłuższy niż 3 miesiące uzasadniając ze jestem osobą „nieużyteczną
społecznie".. W 1967 roku wezwał mnie do Urzędu ds. Wyznań ówczesny dyrektor wydziału, p.
Leon Król i mogę przypuszczać że   (powoływał się on na to ze ochrzczeni zostaliśmy „pod
tymi samymi dzwonami") miał zamiar namówić mnie do współpracy – ale po ostrej wymianie
zdań w czasie której przypomniałem mu jego przeszłość przedwojenną i wojenną - propozycja
współpracy nie padła Potem już nigdy propozycji współpracy nie otrzymałem.

Mieliśmy (ks. Władysław Gil i ja) wiele przykrości, utrudnień i problemów z S.B. w latach
1968-1973 gdy współpracując z ks. Blachnickim za zgodą ks. Kardynała Karola Wojtyły
tworzyliśmy w naszej archidiecezji młodzieżowe wspólnoty oazowe – my wytrzymaliśmy, nie
przestraszyliśmy się i nie ugięliśmy się – a ruch oazowy dzięki Bogu trwa do dziś. Pamiętam jak
raz funkcjonariusz S.B. stwierdzając że młodzież nielegalnie przebywa w Olszówce polecił mi
nakazać młodzieży by natychmiast wróciła do swoich domów. Odpowiedziałem wtedy
żartobliwą ironią: „ ja im takiego polecenia nie wydam, bo może się zdarzyć że w ich domu
nikogo nie ma, mogą nie dostać się do własnego domu, mogą tam narozrabiać i wtedy milicja i
sąd mnie wzięliby do odpowiedzialności – niech im pan nakaże wyjechać i niech pan weźmie
odpowiedzialność za skutki takiej decyzji". – pokrzyczał na mnie, postraszył sądem i odjechał.

W latach 1973-1977 byłem w Nowej Hucie - Bieńczycach duszpasterzem młodzieży szkół
zawodowych, młodzieży pracującej i studentów. Byłem w tych latach kilka razy wzywany do
urzędu ds. wyznań. Pan Duśko zarzucał mi, że przymuszam młodzież do uczęszczania na
katechizację, że moja działalność wykracza poza granice wolności religijnej.
Pamiętam też że (nie wiem dokładnie który to rok – można to sprawdzić czytając kazania ks.
Kardynała Karola Wojtyły w czasie procesji Bożego Ciała przy kościele św. Idziego) w połowie
maja dyrektor zasadniczej Szkoły Zawodowej przy Hucie im. Lenina, pan Harańczyk usunął ze
szkoły ucznia III klasy Z.S.Z., Janusza Posłusznego za to że nie zdjął ze swej piersi łańcuszka z
krzyżykiem – po stronie Janusza stanęła jego matka stwierdzając dyrektorowi że jest dumna z
postawy swego syna i że krzyżyk dostał od niej jako pamiątkę bierzmowania - pamiętam że w
porozumieniu z ks. Kardynałem Karolem Wojtyłą pisałem wtedy skargę na decyzję p.
Harańczyka m.in. do Wydziału ds. wyznań, do Ministerstwa ds. wyznań, do Ministerstwa
Edukacji (po prostu do tych instytucji które wskazał mi ks. Kardynał Wojtyła) – decyzja o
wyrzuceniu ucznia została cofnięta i szkołę ukończył. O pięknej postawie matki i syna mówił ks.
Kardynał Wojtyła w czasie procesji Bożego Ciała.

W latach 1977-1999 byłem wikariuszem ekonomem w parafii Kraków – Mydlniki. Tylko
wikariuszem ekonomem bo Urząd ds. wyznań odmówił zatwierdzenia mnie na urząd
proboszcza. Swoją drogą dumny byłam gdy p. Duśko, dyrektor wydziału ds. wyznań powiedział
mi że ze względu na moją antypaństwową działalność nie może zatwierdzić mnie na probostwo
– odpowiedziałem że swej postawy nie zmienię bo moja działalność nie jest antypaństwowa lecz
anty-partyjna i anty-ateizacyjna a zatem z wielkim pożytkiem dla polskiego państwa.

W czasie mego duszpasterzowania w Mydlnikach   prowadziłem budowę kościoła i w czerwcu
1979 roku ks. biskup Albin Małysiak kościół poświęcił.

W latach 1979-1994 byłem duszpasterzem parafii Podłęże – najpierw jako wikariusz ekonom a
potem gdy już nie trzeba była zgody władz państwowych jako proboszcz. Pełniłem też funkcję

Kopie listów do kardynała Stanisława Dziwisza przesłane autorowi niniejszej
publikacji przez księdza Tadeusza Szarka

notariusza, potem byłem wicedziekanem (praktycznie byłem i wicedziekanem i dziekanem bo ks. dziekan Józef Nowobilski był już ciężko chory) a w końcu dziekanem

Z tego czasu pamiętam dwie sytuacje;

1 – zaraz po wprowadzeniu stanu wojennego odwiedziło mnie dwóch ludzi w mundurach wojskowych prosząc bym zachęcił parafian do spokojnego przyjęcia ograniczeń stanu wojennego – odmówiłem stwierdzając że polecenia może mi wydawać tylko mój biskup – powiedziałem też „jakże może być spokój gdy ludzie nie mogą nawet przyjść w nocy bym poszedł do chorego a choćby telefonicznie prosili to ja nie mogę iść bo godzina milicyjna ; jak może być spokój gdy będę musiał odwołać pasterkę[1] ".

2 – przyjechał do mnie ktoś przedstawiający się że jest z wydziału ds. wyznań – usłyszałem że są dla mnie „kartki na benzynę" a ja się nie zgłaszam – nie przyjąłem stwierdzając że nie potrzebuję bo mam samochód „ na ropę". Faktycznie specjalnie kupiłem wtedy samochód „ fiat uno diesel " – było przecież do rozwiezienia po parafiach dekanatu wiele „ poczty kurialnej ".

W Podłężu przejąłem na własność parafii tamtejszy cmentarz który był cmentarzem komunalnym i Dom przedpogrzebowy przebudowałem na Kaplicę. – wybudowałem też nową plebanię – w związku z tymi sprawami było wiele kontaktów z przedstawicielami władzy – wszystkich przyjmowałem grzecznie .... – może wśród nich był przedstawiciel S.B. ale wtedy nawet do głowy mi to nie przyszło

W Mydlnikach a potem w Podłężu odwiedzało mnie też sporo dawnych parafian z Nowej Huty – dla kilkunastu byłem „ ojcem duchownym " , dla kilku również spowiednikiem .... nie wiem czy wśród nich nie było przedstawiciela S.B.

Powoli dobiega kresu moje ziemskie życie. Niedługo przyjdzie mi stanąć na Bożym Sądzie. W pełni świadom odpowiedzialności przed Bogiem przysięgam:
- **nigdy nie podpisałem współpracy z S.B.**
- **nigdy ustnie nie zgodziłem się na współpracę z S.B.**
- **nigdy od przedstawicieli S.B. nie otrzymałem ani pieniędzy ani jakiegokolwiek podarunku**
- **nigdy świadomie nie przekazałem funkcjonariuszom S.B. jakichkolwiek wiadomości.**

Kraków, 10.08.2006 r.

Odnośnie „ informacji " jaką otrzymałem od ks. Zaleskiego stwierdzam w niej łatwe do sprawdzenia błędy:

1 – pierwsza z teczek założona była od 1.II.1979 ......" *wymieniony jest wikariuszem parafii Bieńczyce* " - przecież od 1977 roku byłem już duszpasterzem w Mydlnikach

2 – *„cieszy się zaufaniem ks. Gorzelanego"* ... nigdy nie byłem w zgodzie z ks. Gorzelanym, z czego zresztą nie w 100% jestem dumny.

3 – *„ks. Szarek był już proboszczem w Niepołomicach"* .... nigdy nie byłem proboszczem w Niepołomicach

4 – *„znajomość języków obcych: łacina i francuski"* ..... nie znałem i nie znam języka francuskiego – trudno rok lektoratu z języka francuskiego w Seminarium określić jako znajomość języka

5 – *„zainteresowanie osobiste: turystyka, fotografia"* .... Nie mam i nigdy nie miałem aparatu fotograficznego, nie umiem posługiwać się aparatem fotograficznym (chyba że ktoś ustawi wszystko i poprosi bym „pstyknął")

Jego Eminencja
Ks. Kardynał Stanisław Dziwisz
Arcybiskup Metropolita Krakowski

Dnia 07.08.2006 r. odebrałem na poczcie skierowany do mnie list od Ks. Tadeusza Zaleskiego. Wręczając Ks. Kardynałowi ten list oraz otrzymany od ks. Zaleskiego wypis z akt I.P.N. dotyczący mojej osoby oświadczam:

Powoli dobiega kresu moje ziemskie życie. Niedługo przyjdzie mi stanąć na Bożym Sądzie. W pełni świadom odpowiedzialności przed Bogiem przysięgam:
Nigdy nie podpisałem współpracy z S.B.
Nigdy ustnie nie zgodziłem się na współpracę z S.B.
Nigdy nie zrobiłem dla S.B. jakiejkolwiek notatki.
Nigdy nie otrzymałem od S.B. ani pieniędzy ani jakiegokolwiek prezentu.
Nigdy też w sposób świadomy nie przekazywałem informacji pracownikom S.B.

Przez całe kapłańskie życie musiałem zmagać się w mej duszpasterskiej pracy z przeszkodami jakie stawiało mi S.B. i Wydział ds. wyznań. Nie potrafili mnie złamać. I z dumą stwierdzam, że w diecezjalnym duszpasterstwie oazowym oraz w parafialnej pracy duszpasterskiej z młodzieżą szkolną oraz młodzieżą pracującą i studentami mam spore sukcesy.
Prawo do dobrego imienia daje mi również praca duszpasterska w poszczególnych parafiach jak też prace związane z budownictwem sakralnym a mianowicie: w Mydlnikach kontynuowanie budowy kościoła zakończone jego poświęceniem w 1979 roku; w Podłężu budowa nowej plebanii i remont starej plebanii oraz organy i dzwony; w Kobierzynie rozbudowa kościoła zakończona jego konsekracją w 2000 roku.
Nie dałem się złamać i wiele dobrego zrobiłem. Mam więc prawo do dobrego imienia.. I to dobre imię odbiera mi swoimi pomówieniami ks. Zaleski. Jakim prawem! I dlatego serce mówi mi, że to czego nie potrafiło S.B. to wspaniale kontynuuje ks. Tadeusz Zaleski. Czyż jego działalność nie jest „przedłużonym ramieniem antykościelnej działalności S.B"? Bo niby dlaczego ja mam odpowiadać za to co bez mej wiedzy i zgody napisał podobno jakiś esbek?!!! I do dziś nie mam nawet prawa wiedzieć co o mnie napisał. Czy naprawdę najbardziej prawdomównymi ludźmi są esbecy?

Nie dałem się złamać. Mam prawo do dobrego imienia. Woltaire podobno powiedział kiedyś „kłamcie, kłamcie, a zawsze coś z tego pozostanie" – i pozostanie, bo część ludzi uwierzy mnie a część moim oszczercom!
Św. Jadwiga królowa powiedziała: „ a kto im łzy powróci" – ja też pytam: kto wynagrodzi za mój ból? kto przywróci mi dobre imię?

[podpis]

Kraków, 17.08.2006 r.

P.S.
Kopię tego listu przesyłam ks. T. Zaleskiemu.

Kraków, 22 sierpnia 2006

Drogi Księże Tadeuszu!

Kiedy się śledzi przekaz niektórych mediów w ostatnim czasie, można odnieść wrażenie, że Polacy w epoce realnego socjalizmu nic innego nie robili, tylko wzajemnie na siebie donosili. A tymczasem działo się w Polsce, w omawianym okresie, także bardzo wiele dobrych rzeczy i śmiem twierdzić, że to dobro zdecydowanie dominowało. Nie budzą one jednak zainteresowania, a trzeba by je utrwalić dopóki jeszcze żyją ludzie, którzy to dobro czynili i świadkowie, którzy mogą dać świadectwo prawdzie.

Oczywiście „życie w prawdzie" wymaga także wyjaśnienia trudnych problemów przeszłości, bo nie da się zbudować lepszej przyszłości bez rozwiązania kwestii przeszłości. W tym duchu przyjąłem list Księdza Tadeusza skierowany ostatnio do mnie. Analizując tamte czasy nie można się jednak ograniczyć do samych zasobów IPN –u, trzeba poznać także wszechstronnie realia, w których ludzie działali, także realia prawne, co w moim przypadku ma szczególne znaczenie. Nie znam całości materiałów, jakie na mój temat zgromadziła SB, ale jestem w sumieniu spokojny, bo wiem co robiłem i jak się zachowywałem w czasie już ponad czterdziestoletniej posługi kapłańskiej w Archidiecezji Krakowskiej. Przytoczona przez Księdza Tadeusza notatka żargonem milicyjnym (milicja wszystko „zabezpieczała") wyraża określoną sytuację prawną i po części (ale tylko po części) stan faktyczny. Zanim jednak się odniosę do spraw, których dotyczy, chciałbym podkreślić, że moje problemy z SB zaczęły się w początkach lat siedemdziesiątych, kiedy byłem wikariuszem parafii w Nowej Hucie – Bieńczycach. Wówczas to siedmioklasista, syn ORMO –wca wraz z kolegą, synem pana, który przygotowywał w parafii ołtarze na Boże Ciało dokonali włamania do kancelarii parafialnej. Było to włamanie sfingowane, bo nic nie zginęło. Wykorzystano je jednak jako pretekst do ściągania kilku księży (ja w tym czasie uczyłem młodzież) na komendę w Nowej Hucie w charakterze świadków. Oczywiście znaną metodą (szantaż kobietą, pokusy pieniężne, czy obietnice ułatwień w „karierze" duchownej) usiłowano nas naciągnąć na współpracę. Wspólnie z Ks. Władysławem Gasidłą poprosiliśmy o audiencję u Ks. Kardynała. Przypuszczam, iż obecny Ksiądz Kardynał może pamiętać tę sprawę, bo wówczas był kapelanem Ks. Kard. Wojtyły i jego prosiliśmy o audiencję, przedstawiając o co chodzi. W czasie rozmowy Ksiądz Kardynał zapytał mnie, czy chcę nadal pozostać w Nowej Hucie, czy też wolałbym, aby mnie przeniósł. Powiedziałem mu, że jestem w Nowej Hucie już cztery lata i mogę spokojnie zmienić parafię. Rzeczywiście w czasie przenosin skierował mnie do pracy duszpasterskiej w parafii Najświętszego Salwatora w Krakowie. Potem przez kilka lat dano mi spokój. Kiedy zostałem kierownikiem Wydziału Duszpasterstwa Charytatywnego ponownie się zainteresowano moją osobą. Nieżyjący już Ks. Prałat Dlopolski (zmarł w 1982 roku) załatwił mi możliwość wyjazdu na Kongres Maryjny w Saragossie. Złożyłem więc podanie o paszport. Po jakimś czasie otrzymałem pisemne wezwanie na rozmowę w sprawie paszportu na Komendę MO w Krakowie. Na rozmowę nie poszedłem. Godzinę po wylocie z Okęcia uczestników Kongresu, otrzymałem z Komendy telefon, bym sobie odebrał paszport. Oczywiście powiedziałem, że teraz mi już nie jest w tej sytuacji potrzebny.

List od księdza Jana Wala

Żeby w pełni zrozumieć notatkę, na którą Ks. Tadeusz się powołuje konieczne są pewne wyjaśnienia. Na początku lat osiemdziesiątych Kościół w Polsce stanął przed nowym wielkim wyzwaniem, jakim było wzięcie odpowiedzialności za pomoc charytatywną, której Zachód chciał udzielić Polsce. Jak wielka była to skala pomocy, może świadczyć o tym fakt, iż wielokrotnie przewyższyła ona powojenną pomoc UNRA. Ks. Biskup Domin przy różnych okazjach to podkreślał.. Kościół nie mógł się od tej odpowiedzialności uchylić , ze względu na postępującą pauperyzację społeczeństwa (znane półki z octem i musztardą w sklepach), któremu należało pomóc. Uchylenie się od tego typu przedsięwzięcia byłoby także niezrozumiałe dla tych, którzy oferowali pomoc, a były to: Unia Europejska, różne międzynarodowe działa pomocy, także ofiarodawcy prywatni, przede wszystkim zaś „Caritasy" wielu krajów świata i konkretne diecezje. Instytucje te zgodnie stwierdzały, iż mogą zaufać w tym względzie tylko Kościołowi. Biskupi polscy zdawali sobie sprawę, że pomoc zagraniczna stwarza nowe możliwości inwigilowania Kościoła, postanowili jednak je zminimalizować stwarzając nową sytuacje prawną. Jak ona wyglądała? Akcję pomocy koordynowały centralnie dwie instytucje : Komisja Charytatywna Episkopatu Polski (w zakresie organizacji i przyjmowania transportów oraz dystrybucji darów) oraz Ministerstwo Zdrowia i Opieki Społecznej (zabezpieczenie zwolnień od cła, pokrywanie kosztów transportów kolejowych, a także czuwanie nad tym by, akcja nie godziła w interesy państwa i nie stanowiła naruszeń obowiązującego prawa). W diecezjach dotychczas funkcjonowały Wydziały Charytatywne lub Wydziały Duszpasterstwa Charytatywnego (nazwy były różne w poszczególnych diecezjach), które zajmowały się formacją członków parafialnych zespołów charytatywnych oraz niesieniem pomocy: chorym, ludziom w podeszłym wieku, niepełnosprawnym, osobom specjalnej troski, dzieciom zaniedbanym z rodzin problemowych, głuchoniemym, niewidomym, biednym. Nie rezygnując z tej działalności musiały one podjąć nowe zadanie. Na potrzeby akcji pomocowej nadano im nazwę „Komisja Charytatywna Episkopatu Polski. Oddział diecezjalny w ...(np. w Krakowie). Nie chodziło tu jednak tylko o samą nazwę, zmiana ta pociągała za sobą określone konsekwencje prawne, rodziła podwójną odpowiedzialność prawną, w sensie kanonicznym (biskupowi diecezjalnemu podlegają wszystkie akcje duszpasterskie na terenie diecezji) i w sensie cywilnym. Bezpośrednią odpowiedzialność prawną wobec władz państwowych za przebieg zagranicznej akcji pomocowej ponosił nie ordynariusz diecezji, a dyrektor diecezjalnego oddziału Komisji Charytatywnej Episkopatu Polski. Takie rozwiązanie ograniczało znacznie możliwości inwigilacji Kościoła, choć stawiało ludzi odpowiedzialnych ze strony Kościoła za tę akcję w bardzo trudnej sytuacji.

Do końca nieprzewidywalne były zachowania samego Ministerstwa Zdrowia i Opieki Społecznej. Uczestniczyłem kiedyś z Biskupem Dominem w rozmowach z wiceministrem Mlekodajem (tak się chyba nazywał, a pochodził z Mszany, albo z okolic Mszany) na temat transportu kolejowego maszyn rolniczych z Tyrolu w Austrii dla rolników Podhala oficjalnie, faktycznie zaś dla zdelegalizowanej „ Solidarności Rolników Indywidualnych" regionu podhalańskiego. Ustaliliśmy, że dla zminimalizowania kosztów transportu kolejowego pociąg zostanie skierowany bezpośrednio do Nowego Targu i tam dojadą celnicy do oclenia. W ostatniej chwili dowiedziałem się, że transport został skierowany jednak do Krakowa i tu będzie clony. Okazało się, że celnicy dostali telefon z ministerstwa, że taką decyzję podjęto, a ponieważ mieli oni zaplanowane inne zajęcia, przenosili kilka razy terminy odprawy celnej. Tego typu posunięcia dezorganizowały naszą pracę. Także Służba Bezpieczeństwa, ponieważ było to dla niej zadanie nowe, usiłowała na różne sposoby, realizować powierzone jej w tym względzie obowiązki..

Po stanie wojennym przyjąłem zasadę nie udzielania wywiadów na temat akcji pomocowej „reżimowej" prasie. O ile pamiętam dobrze jeden z redaktorów, bodaj „Życia Literackiego" chciał uzyskać ode mnie pewne informacje na temat pomocy charytatywnej dla Krakowa.

Wskazałem mu, że dane te znajdzie w Ministerstwie Zdrowia i Opieki Społecznej, bo tam też są dokumentowane wszystkie transporty. Napisał potem, że odesłałem go z kwitkiem i skierowałem do premiera. Dziennikarzowi mogłem spokojnie powiedzieć - „nie".
Jeśli jednak przychodził ktoś, okazywał legitymację służbową i mówił, ze z ramienia milicji odpowiada za akcję pomocy zagranicznej i chce na ten temat porozmawiać, nie można mu było takiej rozmowy odmówić, miał bowiem do niej pewien tytuł prawny.

Trzeba jeszcze dodać, że Kraków w dziedzinie ukierunkowania transportów odgrywał rolę szczególną. Zwłaszcza ze względu na osobę Ojca św. a także szerokie kontakty zagraniczne Ks. Kardynała Macharskiego do Krakowa napływały ogromne ilości zagranicznej pomocy. Można powiedzieć, że faktycznie, zgodnie z życzeniem wielu ofiarodawców, na mapie pomocowej pierwsze miejsce zajmowała zdecydowanie Archidiecezja Krakowska, daleko za nią była Diecezja Katowicka (ze względu na osobę przewodniczącego Komisji Charytatywnej Ks. Bpa Czesława Domina otrzymywała także sporo darów), a dopiero później pozostałe diecezje. Pomoc, której nie ukierunkowywali sami ofiarodawcy, trafiała do wszystkich diecezji. Piszę o tym dlatego, że zwłaszcza po stanie wojennym, Kraków, a po części także Katowice, były jedynymi miejscami mającymi względnie stały kontakt z Zachodem, co nie mogło ujść uwadze Służby Bezpieczeństwa powodując nasilenie inwigilacji.

Kiedy zaczęła się akcja pomocy zagranicznej działania SB poszły w trzech kierunkach. Pierwszym z nich było uszczelnienie cła. Miałem od jednego z celników poufną informację, że tylko do Krakowskiego Urzędu Celnego skierowano , o ile pamiętam dobrze, siedmiu pracowników Służby Bezpieczeństwa, którzy zaczęli pracować w charakterze celników. Drugim elementem była stała inwigilacja akcji. Już pierwsza rozmowa z pracownikiem SB uświadomiła mi, że mają „wtyczki" na magazynie. Wiedział nawet w jakich boksach znajdują się: odzież, żywność, czy lekarstwa. Mieliśmy dwóch magazynierów zatrudnionych przez Kurię, ale na magazynie pracowało także kilku wolontariuszy pomocników. Osobiście z czasem domyślałem się, kto mógł donosić, były to jednak tylko moje przypuszczenia, a w oparciu o nie, nigdy nie ośmieliłbym się upublicznić nazwisk, bo pozory mogą mylić, a krzywda byłaby ogromna. Pytałem ludzi do których miałem zaufanie, co z tym fantem zrobić. Poradzono mi by nic nie robić, tylko starać się odseparować tych ludzi od możliwości zdobywania informacji. Na magazynie i tak znalazłyby się „wtyczki", jeśli się wie , kto prawdopodobnie jest donosicielem SB, łatwiej się zabezpieczyć, niż doszukiwać się kto znowu może nim być.

Trzeci kierunek działań SB miał charakter prewencyjny. I tu pozwolę sobie wrócić do informacji zawartej w notatce, że „poprzez kontakt ze mną zabezpieczają akcję". Notatka ta jest tylko po części prawdziwa, bo po pierwsze sugeruje, że w związku z darami często wyjeżdżam za granice , co nie jest zgodne z prawdą. Pierwszy raz za granicą byłem w Rzymie ze zbiorowymi pielgrzymkami diecezjalnymi na inauguracjç pontyfikatu i konsekrację Ks. Kard. Macharskiego. W sprawach transportów wyjeżdżałem tylko jeden jedyny raz i to oficjalnie, w diecezjalnej delegacji (wraz z Ks. Kanclerzem Fidelusem i panem Henrykiem Kubiakiem) do Kolonii, by podziękować Archidiecezji Kolońskiej oraz dziełom pomocy: Kawalerom Maltańskim i ekumenicznej organizacji „Lazarus Hilfswerk" za przesyłaną do Krakowa pomoc.. Potem jeszcze byłem za granicą trzy razy: z rekolekcjami wielkopostnymi do Polonii w Londynie (zaprosił mnie kolega kursowy Ks. Juszczak.), na rocznym stypendium naukowym (po habilitacji) w Louvain – la – Neuve (1986/87) i z referatem na zebraniu krajowym „Secours Catholique" w Lourdes, jesienią 1989 r. Nadto w ostatnim dziesięcioleciu przebywałem za granicą jeszcze 3 razy na Słowację (kontakty z Wydziałem Teologicznym w Koszycach oraz z Seminarium Duchownym w Badinie – Bańskiej Bystrzycy i raz w Niemczech - w odwiedzinach u kolegi księdza).
Jak na 40 lat kapłaństwa nie jest to liczba zbyt imponująca.

A teraz wracam do sprawy prewencyjnej. Notatka powinna właściwie brzmieć, że „usiłują przeze mnie zabezpieczać akcję". Obok wspomnianego już tytułu prawnego do rozmowy, SB dysponowała środkami by takie rozmowy (w sumie mogło ich być 7 – 8) wymusić. Podam tylko jeden przykład. W czasie stanu wojennego obowiązywała godzina milicyjna. Ostrzegaliśmy kierowców, że bezwzględnie przed godz. 10 wieczorem muszą być na terenie kurii. Kierowcy transportów instytucjonalnych do tego nakazu się stosowali. Z kierowcami transportów od prywatnych ofiarodawców bywało różnie. Dwa razy ściągano mnie po północy z Dąbia do „Białego Domku", bo kierowcy z Francji romansowali w godzinie policyjnej w szoferkach swoich samochodów z Polkami. Zatrzymano ich. Tłumaczono mi, że się nie mogą z nimi dogadać. Czy tak było? Śmiem wątpić, bo przy okazji rozmawiano ze mną na temat transportów.

Przyjęcie postawy konfrontacyjnej, było wielce ryzykowne, a nawet niebezpieczne, mogło albo akcję pomocową znacznie utrudnić, albo wręcz ją przyblokować. Podam konkretne przykłady. Ks. Tadeusz był w tym czasie chyba w Seminarium więc wie, że klerycy rozładowywali towar często około północy.

Z czego to wynikało? Kierowcy otrzymywali wizy krótkoterminowe, jeśli kontrola celna na granicy się przedłużyła, dotarli do Krakowa późnym wieczorem, a rano np. o dziesiątej musieli opuścić już kraj. W wypadku złośliwości wystarczyłoby tylko wydłużyć jeszcze kontrolę, a z oclonym już towarem kierowcy musieliby wracać z powrotem. Kolejny przykład: tiry dojeżdżały na Wiślną, gdzie był magazyn, przez Planty. Innego dojazdu nie ma. Niektórzy ludzie przechodząc głośno „nadawali", że tirami dewastujemy Planty. Gdyby zablokowano dojazd do magazynu musielibyśmy szukać magazynu gdzieś indziej. Nie byłoby to łatwe. Raz tylko prosiliśmy parafię na Krowodrzy o przyjęcie darów i powiedziano nam, że za żadne skarby świata się więcej nie zgodzą, bo gdy przyjechały samochody z różnych parafii po odbiór, parafianie oskarżali proboszcza, że handluje darami. SB mogła także doprowadzić do prowokacji, podkładając za granicą do transportów, lub w samym magazynie jakieś publikacje nielegalne, czy urządzenia poligraficzne. Rzadko też kto wie, że zwłaszcza na początku akcji myśmy ciągle balansowali na granicy prawa. Przychodziły w transportach leki. Nie było jeszcze aptek z darów. Część leków brały szpitale. Ale nie wszystkie leki ich interesowały. Dwie siostry zakonne – pielęgniarki, z emerytowanymi farmaceutkami segregowały leki i wydawały je na aktualne recepty ludziom. Łatwo się było do tego przyczepić. Inny przykład – niektórzy ludzie załatwiali sobie na Zachodzie sprzęt gospodarstwa domowego i dołączali go do transportów. Potem zgłaszali się z informacją umożliwiającą identyfikacje sprzętu i chcieli go odebrać. Piętnowaliśmy takie postępowanie, ale nie można mu było zapobiec. Sprzęt ten był zwolniony od cła, bo przyszedł w transporcie darów. Ale sprowadzający go indywidualnie musieliby cło zapłacić. W takiej sytuacji o prowokację nie było trudno. Kolejny przykład. Niektórzy proboszczowie załatwiali sobie na zasadzie partnerstwa parafii transporty darów do parafii. Myśmy musieli mieć dokumentacja każdego takiego transportu. Większości mieliśmy, bo proboszczowie dostarczali nam listy przewozowe. Ale nie wszyscy to robili. Czasem po ocleniu na granicy kierowcy jechali bezpośrednio do parafii i tam rozładowywali towar otrzymując potwierdzenie pieczątką parafialną. Celnicy przymykali na to oczy, ale takie postępowanie można było wykorzystać do przyblokowania akcji pomocowej, bo było ono niezgodne z ustaleniami na linii Komisja Charytatywna Episkopatu – Ministerstwo Zdrowia i Opieki Społecznej.

Mając nowohuckie doświadczenia z SB zastanawiałem się dlaczego w czasie akcji pomocowej nigdy nie usiłowano mnie nakłaniać do współpracy, czy cokolwiek ze mnie wyciągać. Doszedłem do wniosku, że to mijałoby się z celem. Bo to ja i moje działanie było właśnie przedmiotem inwigilacji, musiałbym zatem donosić na samego siebie. Czego zatem dotyczyły rozmowy?. Właśnie zabezpieczenia akcji charytatywnej przed „politycznym ukierunkowaniem", czy „przekrętami kombinatorów", którzy przyłączają się do każdej akcji społecznej (używam tutaj terminologii moich rozmówców). Szczególnie rozmówcom zależało na tym by nie „szkalowano" Polski na Zachodzie i by do kraju nie napływała nielegalna literatura oraz materiały poligraficzne. Sprawy nieprawidłowości w rozdawnictwie leżały gdzieś na dalekim planie ich zainteresowań. W takich rozmowach zapewniałem zawsze, że Kościołowi w Polsce, Ks. Biskupowi Dominowi, Ks. Kardynałowi Macharskiemu chodzi o to, aby była to akcja wyłącznie charytatywna i że moim zadaniem jest pilnowanie tego, by jakieś nierozważne działanie nie pozbawiło pomocy ludzi potrzebujących. To co mówiłem nie było jakimś politykowaniem, czy grą wobec SB. Doskonale zdawałem sobie sprawę, że pojedynczy człowiek, choćby najbardziej inteligentny, nigdy nie będzie w stanie „przechytrzyć" systemu. Od początku miałem też świadomość, że naszą siłą może być naprawdę tylko skoncentrowanie całej uwagi na niesieniu pomocy potrzebującym, na świadczeniu autentycznego miłosierdzia chrześcijańskiego, że tylko wówczas potrafimy obronić to co robimy. Nie pamiętam dziś szczegółów wszystkich rozmów, były one zawsze w jednym stylu, niektóre z nich jednak zapamiętałem. Miały charakter pouczeń, przestróg, czy „życzliwych" rad. Mówiono mi np. Proszę księdza. Niech ksiądz zwróci uwagę, bo mamy informacje, że w transportach przemycana jest „bibuła" na Zachód. Wie ksiądz, ze może to grozić przyblokowaniem transportów. Zawsze zwracam uwagę na to – odpowiadałem, - a na dodatek przecież wasze służby celne kontrolują transporty przy wjeździe i wyjeździe z kraju. Odpowiedź była następująca: Tak, służby celne nie zawsze są jednak w stanie wykryć te rzeczy, a w prasie zachodniej ukazują się artykuły szkalujące Polskę i nie mamy wątpliwości, że zostały zredagowane w oparciu o materiały przesłane nielegalnie z kraju. Przesyłanie nielegalne takich materiałów jest możliwe tylko przez kościelne transporty. Innym razem proszono mnie bym dokładnie sprawdzał listy przewozowe, bo po odprawie celnej na granicy, kierowcy zanim dojadą do Krakowa w drodze sprzedają część towaru przewożonego jako dary. Twierdziłem, że zawsze to robimy, na tyle, na ile to jest możliwe i, że winę za ten stan rzeczy ponoszą także sami celnicy, bo tak rozbebeszą paczki, że trudno się potem wszystkiego doszukać i dokładnie sprawdzić. Miałem też rozmowę na temat wwożonych rzekomo w transportach do kraju narkotyków. Przekonywałem, że nigdy czegoś takiego nie spotkaliśmy i że my zabezpieczamy nawet lekarstwa, które mogą tego typu substancje zawierać.

Czasami odnosiłem wrażenie, jakby wymyślano scenariusze potencjalnych zagrożeń. Ostrzegano mnie bowiem przed tym, że kierowcy transportów przemycają antyki na Zachód, domagając się byśmy zwrócili na to baczniejszą uwagę, i ograniczyli kierowcom kontakt z ludźmi. Gdy chodzi o samo rozdawnictwo, chyba dwa razy poruszono ten problem. Raz było to ostrzeżenie, że na bazarach handluje się wiktuałami z darów. Podkreśliłem, ze my także sprawdzamy bazary i że jest to zjawisko sporadyczne, z którego nie należy robić tragedii. My rozdzielamy to co otrzymujemy. Jeśli jakaś starsza osoba otrzyma żywność, której z racji zdrowotnych nie może spożyć, to czasem sprzeda ja na bazarze, by kupić artykuły bardziej dietetyczne.

Innym razem uwaga miała nawet charakter „życzliwej" przestrogi, że otrzymują od ludzi z różnych parafii skargi, iż parafie budujące kościoły otrzymują więcej darów. Tłumaczenie moje nie miało charakteru wykrętu, ale było zgodne z faktycznym stanem rzeczy. Dary docierały do nas z różnym nasileniem. Towary żywnościowe często były na granicy ważności. Jeśli był nagły napływ towarów, to chociaż wcześniej parafie budujące kościoły otrzymały dary, zawiadamialiśmy je także ponownie, bo miały zwykle własne samochody i mogły zorganizować szybki transport. Zwróciłem rozmówcy uwagę, że lepiej jest spotkać się z zarzutem niesprawiedliwego podziału, niż z zarzutem, że się żywność zmarnowało.

Ks. Biskup Domin wiedział o tych „najściach", bo sprawa dotyczyła nie tylko Krakowa, ale także innych diecezji i na zebraniach ogólnopolskich się o niej mówiło. Podkreślał, iż pod żadnym pozorem nie wolno udostępniać naszej dokumentacji, gdyż oryginały listów przewozowych posiadają Urzędy Celne, a rozdzielnictwo darów jest wewnętrzną sprawą Kościoła, któremu ofiarodawcy zaufali i tylko oni mają prawo wglądu do dokumentacji w tym względzie. Prosił też o ostrożność w rozmowach, cierpliwe wysłuchiwanie uwag, uspokajanie i rozwiewanie obaw. Mając świadomość lat pięćdziesiątych i likwidowania siłą „Caritasu" prowadziliśmy dokumentację rozdziału darów tak, by w razie jakiegoś niespodziewanego „nalotu" i przejęcia dokumentacji rozdzielnictwa nie stanowiła ona dla nikogo zagrożenia. Odnotowywaliśmy tylko ilość oraz rodzaj darów i pisaliśmy „Do rozdzielnictwa przez Arcybiskupi Komitet Pomocy", „Dla artystów <Piwnicy pod Baranami>", „Dla emerytowanych pracowników UJ", Dla Domu Spokojnej Starości w....", itp. Także księżom biorącym towar dla ludzi podziemnej „Solidarności" wypisywaliśmy dary na parafię, w której pracowali. Oczywiście osoby odbierające towar u nas na magazynie potwierdzały fakt odbioru.

Przestrzegając ściśle charytatywnego charakteru akcji osobiście nigdy nie przekazywałem żadnych informacji politycznych na Zachód, informowałem jedynie o potrzebach ludzi i o tym czego najbardziej im brakuje. Jeśli jednak ludzie z Arcybiskupiego Komitetu Pomocy prosili mnie o kontakt z jakimś zaufanym kierowcą, to im taki kontakt wskazywałem, prosząc by nie przekazywali mu żadnych materiałów piśmiennych. Nie uczestniczyłem też nigdy w rozmowach, które prowadzili i to świadomie, by nie narażać na niebezpieczeństwo akcji pomocowej. Byłem też przeciwny sprowadzaniu za pomocą transportów charytatywnych rzeczy, które mogłyby przyblokować pomoc. Nie zawsze się to udawało. O ile pamiętam ludzie z Arcybiskupiego Komitetu Pomocy dwa razy sprowadzili urządzenia poligraficzne (drukarki i to wielkogabarytowe). Za pierwszym razem sprawa była stosunkowo prosta, bo towar był odprawiony na granicy i niczego nie wykryto, z magazynu zaś wywieziono go zaraz po rozładunku. Drugim razem odprawa celna miała się odbyć u nas na magazynie. Kosztowało mnie to nieprzespaną noc, bo wpadka mogła oznaczać przyblokowanie pomocy zagranicznej nie tylko dla naszej archidiecezji, a dla mnie kryminał i do dziś jestem przekonany, że tylko modlitwa uratowała sprawę. Po odprawie celnej zażądałem by towar do godziny zniknął z magazynu. Nie otworzenie tak wielkiej gabarytowo paczki, mogło być celowe, by potem zrobić nalot na magazyn i oskarżyć nas, iż nie zgłosiliśmy nielegalnego towaru. Musiałem też liczyć się z tym, że ktoś z informatorów zaangażowanych na magazynie może się sprawą zainteresować. Ludzie z Arcybiskupiego Komitetu Pomocy, chyba sami zdali sobie sprawę, czym to groziło, bo więcej tego typu przesyłek nie było. Starałem się natomiast realizować, każdą prośbę Arcybiskupiego Komitetu Pomocy w zakresie przydzielenia darów, czy lekarstw, bo wiedziałem dobrze, że są to zawsze sprawy „nie cierpiące zwłoki".

Przeprowadzenie akcji zagranicznej pomocy wymagało wielkiego wysiłku wielu ludzi. Chciałbym na tym miejscu wymienić jedynie trzy kategorie osób: członków parafialnych zespołów charytatywnych, wolontariuszy ze społecznych komitetów pomocowych, jakie powstawały w różnych środowiskach oraz ludzi zaangażowanych w Arcybiskupim Komitecie Pomocy. Zwłaszcza ci ostatni wykonali ogromną pracę charytatywną (pomoc internowanym i członkom ich rodzin), ale także solidarnościową. Najwyższy czas, póki jeszcze żyją świadkowie, by ten wysiłek opisać i ukazać, bo w wielu wypadkach z racji bezpieczeństwa innych nie mogli oni dokumentować własnych dokonań.

Niezwykle godną i chrześcijańską postawę w tych trudnych czasach oraz wielkie wyczucie spraw kościelnych wykazali ludzie ze środowiska „Tygodnika Powszechnego". Mam zwłaszcza na myśli te osoby, z którymi się spotykałem: red. Wilkanowicza, red. Skwarnickiego, red. Bortnowską oraz dwie panie z Klubu Inteligencji Katolickiej, które bezinteresownie pomagały nam w prowadzeniu dokumentacji rozdzielnictwa darów. Kiedy były trudności ze strony władz z dotarciem do internowanych red. Wilkanowicz chcąc oswoić władze z myślą, że jest to zwyczajna działalność charytatywna Kościoła poprosił mnie o

wywiad, w którym miałem uwypuklić wielkie tradycje pracy charytatywnej Kościoła w tej dziedzinie. Wywiad ten ukazał się na łamach „Tygodnika Powszechnego". Po zniesieniu stanu wojennego wielu członków zdelegalizowanej „Solidarności", takich, którzy nigdy nie byli we władzach „Solidarności", ale mieli zacięcie społecznikowskie, przychodziło do mnie, by ich jakoś zaangażować. Polecałem im włączenie się w parafialną posługę charytatywną, ale oni chcieli czegoś więcej. Wówczas poprosiłem o radę p. Halinę Bortnowską. Wspólnie wymyśliliśmy zorganizowanie przy Papieskiej Akademii Teologicznej Studium Charytatywnego, które przygotowywałoby ludzi także do różnych form apostolatu społecznego. Nawiązaliśmy w tym względzie kontakt z Panem Stanowskim z KUL –u, późniejszym senatorem R.P., który miał doświadczenie wyniesione z przedwojennej Katolickiej Szkoły Społecznej w Poznaniu i pomógł nam przygotować program dla takiego studium. Zachętą w tym względzie służył nam obecny Ks. Kardynał Jaworski. Niestety z przyczyn obiektywnych Studium to nie zaczęło działać, ale była to idea z jednej strony „ do przełknięcia" przez władze komunistyczne, bo mieszcząca się w ramach problematyki charytatywnej, z drugiej zaś strony perspektywicznie bardzo przydatna.
Do dziś żałuję, że to nie wyszło.

Gdyby nie list Księdza Tadeusza chyba to co napisałem, i co ukazuje, jak sądzę mało znane fakty, zabrałbym ze sobą do grobu, a tak prawdopodobnie ujrzy światło dzienne. List ten skłonił mnie do przemyślenia, co bym zrobił, gdybym aktualnie znalazł się w identycznej sytuacji? Proszę mi wierzyć, że postępowałbym tak samo, ostrożnie, rozważnie i niekonfrontacyjnie, bo dzięki temu udało się pomóc bardzo wielu potrzebującym. To co robiłem nie było może spektakularne, ale jestem pewien, że dobrze służyło bliźnim. Dlatego mogę dziś ludziom spokojnie spojrzeć w twarz i sobie też, przed lustrem. A swoją drogą, kiedy myślę o tamtych czasach, dochodzę do wniosku, iż granicy niemal z cudem, że nie było żadnej wpadki, która mogłaby przyblokować pomoc, i że nie nasza mądrość oraz przezorność zadecydowały o tym, iż sprawy tak przebiegły, jak to miało miejsce.

Z kapłańskim pozdrowieniem.

In Christo!

ks. Jan Wal
/ - /

ARCYBISKUP
METROPOLITA WARMIŃSKI

Przewielebny Ksiądz

Tadeusz Zaleski

Radwanowice 1

32-064 R U D A W A

Przewielebny Księże!

W odpowiedzi na list Księdza z dnia 5 września 2006 r. (jeszcze na adres białostocki), informuję, że dostępne materiały gromadzone przez Wydział IV Służby Bezpieczeństwa na mój temat są mi znane. Zawarte są w nich uwagi dotyczące próby pozyskania mnie na współpracownika przy okazji starania się o pozwolenie na wyjazd za granicę, ze względu, jak to często podkreślano, „na ewentualną przydatność operacyjną". Ponieważ agenci służb bezpieczeństwa nie otrzymali ani mojej zgody ani żadnej pisemnej obietnicy na ewentualną współpracę, dlatego ostatecznie zrezygnowano z namawiania mnie do współpracy już w roku 1980. Przy notatkach dotyczących nadanego mi pseudonimu itp. zaznaczono: „bez wiedzy i zgody zainteresowanego". Oddział IPN w Białymstoku dał mi status pokrzywdzonego.

I jeszcze uwaga ogólniejsza: przynajmniej na podstawie dokumentów, które odnalazłem w swojej teczce wynika, że nawet rozmowa w biurze paszportowym mogła być zakwalifikowana przez odpowiednich urzędników jako źródło tajnych informacji. Dlatego kwalifikacja osób duchownych przez urzędników Służby Bezpieczeństwa musi być przyjmowana z wielką ostrożnością.

Z wyrazami głębokiego szacunku

Olsztyn, dnia 26 września 2006 r.

+ Wojciech Ziemba
Abp Wojciech Ziemba
METROPOLITA WARMIŃSKI

Do wiadomości:

J. Em. Kard. Stanisław Dziwisz - Metropolita Krakowski

10-006 Olsztyn, ul. Pieniężnego 22, tel. 0/89 527 22 80, fax 535 51 72, e-mail: w.ziemba@episkopat.pl

List od arcybiskupa Wojciecha Ziemby

Księże

Skoro Ksiądz Kardynał... to wyjaśniam. Miałem kontakt z UBowcami,
bodaj w 1866 r. Będąc studentem KUL-u.
Od godz 7 do 12 byłem maglowany
przez 2-och oficerów. Chcieli mnie
zwerbować na donosiciela. Stosowali
wszystkie możliwe sposoby, od obietnicy
nagród, zachęty, a skończyło się, że oebmo-
wy pokażą.

Skoro daję ten wstęp to dla wyjaśnienia,
że nigdy się nie zgodziłem na donosiciel-
stwo.

Pracując w Klewinie od 1972 r, nie pamiętam od jakiego czasu odwiedzał mnie -
jeżeli mam prawdę - UBek zwoliński,
bodaj były nauczyciel zawodowi w Gorlicach. Kiedy się pojawił? Nie pamiętam.
W Klewinie był "przedtem" stowarzyszeniem
Słowaków czasem pojawiały się konflikty
narodowościowe. Stąd moje przypuszczenie, że to UBeka interesuje

O odwiedzinach UBeka mówiłem na
spotkaniach z kapłanami. Odnosiłem wrażenie, że i oni nie byli wolni od
odwiedzin.

List od księdza Mieczysława Zonia

Żadnych zobowiązań nie podpisywałem
Nawet nie miałem takich propozycji
Spotkanie miało scenariusz:
„co słychać? — wszystko w porządku"
Co UBek notował ze spotkań?
Pewnie chciał się wykazać pracą —
a to już nie do mnie należało.

z kapłańskim pozdrowieniem

ks Mieczysław Leń

Miszewo 18/8 06

B

Wybrane dokumenty

Ze względu na objętość książki zestaw dokumentów ograniczony został do kilkunastu pozycji. Wybrano dokumenty charakterystyczne, ukazujące z jednej strony sposób pracy bezpieki, z drugiej natomiast – niebezpieczeństwa, jakie kryły się w doniesieniach składanych przez tajnych współpracowników. Zaprezentowano m.in.: informacje operacyjne i notatki służbowe przygotowywane na podstawie składanych doniesień; wyciągi z tych doniesień sporządzone dla potrzeb spraw obiektowych prowadzonych przeciwko danym osobom czy instytucjom; zapis rozmowy z kandydatem na TW oraz rozmowy werbunkowej, a także kilka dokumentów opisujących przebieg nieudanego werbunku.

Układ dokumentów odpowiada kolejności, w jakiej sprawy, których dotyczą, omawiane są w książce. Zgodnie z zasadami przyjętymi w całej publikacji w dokumentach zaczerniono informacje dotyczące spraw osobistych, w szczególności dane dotyczące członków rodzin.

Kraków, dnia |8 VI

T A J N E :

Egz.Nr ...

I N F O R M A C J A
=====================

dotyczy: zaangażowania kościoła w działalność polityczną.

Mimo wielokierunkowych interwencji w Kierownictwie Kościoła
oraz zapewnień kard. Fr. Macharskiego kościoły krakowskie w dalszym ciągu
wykorzystywane są przez niektórych księży do prezentowania problematyki
społeczno-politycznej jak również są miejscem powstawania manifestacji.

W kościele w Mistrzejowicach nadal utrzymywana jest tradycja
tzw. spotkań czwartkowych. W dniu 6.05. br. w słowie wstępnym ks.Jancarz
stwierdził, że nabożeństwo odprawiane jest w intencji "wszystkich tych, którzy
w dniu 1 i 3 maja zostali pobici za udział w manifestacjach pokojowych oraz
osoby niewinnie skazane". Zaznaczył, że osoby te otrzymały grzywny w górnych
granicach".
W intencjach wygłaszanych przez tego samego księdza modlono się m.innymi
"za osoby, które stały się ofiarami stanu wojennego, a szczególnie te, które
zginęły na terenie Nowej Huty". Na zakończenie ks.Jancarz powiedział, że
Jan Paweł II o odbywających się nabożeństwach czwartkowych w Mistrzejowicach
i w każdy czwartek o godz.21,oo łączy się w modlitwie z wiernymi tego kościoła

W dniu 13.03.br. w kościele sw.Jozefa odprawione zostało nabożeństwo w intencji ludzi pracy i papieża. W intencjach modlono się za:

- "rządzących i rządzonych, aby usiedli do wspólnego stołu i dyskutowali",
- "związki zawodowe, które reprezentowały by ludzi pracy",
- "poległych w obronie Ojczyzny".

W tym samym dniu w kościele oo Jezuitów odprawiono /jak zwykle 13-go każdego
miesiąca/ nabożeństwo w intencji Ojczyzny. Kazanie wygłoszone przez o.P.Lenar-
towicza zawierało liczne negatywne i ironiczne akcenty dotyczące polityki
władz PRL oraz nowej ustawy antyalkoholowej. Ustawę tę określił jako papierową
wydaną dla celów wyłącznie propagandowych aby wykazać się na Forum Między-
narodowym. Równocześnie dał do zrozumienia, że w Polsce powojennej rozpijanie
narodu jest działaniem celowym, podając przykłady wzrostu spożycia alkoholu.
Wyraził również pogląd, że w okresie istnienia "Solidarności" spożycie alkoholu spadło co było zasługą tego Związku.
Po nabożeństwie grupa ok.100 osób zatrzymała się na placu przed kościołem,
gdzie przy krzyżu z kwiatów zapalono swieczki modlono się, wznosząc palce
w kształcie litery "V" i odspiewano hymn oraz "Rotę". Jednym z inicjatorów

Informacja operacyjna sporządzona 18 czerwca 1983 r., zawiera m.in. informacje
o księżach Kazimierzu Jancarzu i Adolfie Chojnackim (zachowały się jedynie
dwie strony w aktach operacji „Zorza"); IPN Kr 08/296, t. 13, k. 68 i 69

- 2 -

tej manifestacji był Ryszard Bocian - były członek KPN, internowany w 1982r.

W dniu 15 bm. w Katedrze Wawelskiej odprawione zostało nabożeństwo w intencji 48-rocznicy śmierci J.Piłsudskiego. Rowniez i to nabożeństwo wykorzystane zostało do zorganizowania manifestacji politycznej w Krypcie. W przemówieniu wygłoszonym przez osobę swiecką zawarte były negatywne akcenty wskazujące na brak swobód demokratycznych w naszym kraju. Wygłoszona przez tą samą osobę litania zawierała m.innymi następujące intencje:

- "za uwięzionych i prześladowanych za przekonania",
- "za zamordowanych po II wojnie swiatowej przez UB i SB",
- "za prawdziwych Polaków z Nowej Huty, Lubinia, Gdańska i Wrocławia",
- "za to by przez kraty przeniknął krzyk prześladowanych za Solidarność".

Na zakończenie odspiewano "My pierwsza brygada" i hymn Polski. Wieniec z białoczerwonymi szarfami złożyły trzy osoby ze znaczkami KPN-u.

W kosciele w Bieżanowie w dniu 15 bm. głoszący kazanie ks. Adolf Chojnacki zawarł w nim liczne negatywne akcenty nawiązujące do obecnej rzeczywistosci. Powiedział m.innymi: "Jaka jest dzisiejsza lekcja dziejow apostoiskich. Zastosowali siłę i zastosowali przemoc i zastosowali swoiscie pojęte prawo, bo na obronę swojej wersji prawdy mieli prawo"..." To prawda, że nie posłużyli się pistoletem, z którego mogliby podziurawić niewygodnego swiadka prawdy, nie posłużyli się petardą, którą możnaby rozpruć tentnicę człowiekowi, a później tak opóźniać przyjazd pomocy, żeby się wykrwawił do śmierci".... "Dobrze wiemy, że bywają prawdy dla niektórych ludzi ogromnie niewygodne, prawdy które stara się pewna grupa ludzi zagłuszyć, a gdy to nie pomaga zagłusza chrzęstem gąsienic, pojazdów opancerzonych, wybuchami pocisków. Próbuje się zadławić tę prawdę gazami łzawiącymi"...."Czytamy dzisiaj w dziejach apostolskich, że mamy obowiązek swiadczyć prawdę. Czasem takie swiadczenie o prawdzie to będzie zawieszenie krzyża w szkolnej sali czy szpitalnej czy zakładzie pracy Swiadczeniem o prawdzie będzie także strzeżenie tego krzyża by go jakaś podła ludzka ręka stamtąd nie zrzuciła. Będzie to szukanie prawdy przez ucznia w szkole, ktory odrzuca fałsz podawany przez podręczniki i program nauczania ... to będzie na przykład odmowa przynależności jakiejś do ktorej zmuszają a innym razem będzie właśnie przynależność na którą nie pozwalają".

W dalszym ciągu aktywność przejawia Arcybiskupi Komitet Pomocy Więźniom działający przy Kurii Krakowskiej. Jak zwykle tak i po wydarzeniach w dniach 1 i 3 maja refinansował on grzywny zasądzone przez Kolegia d/s Wykroczeń ich uczestnikom. Osoby ukarane zwracające się do Komitetu otrzymują zwrot gotówki po przedstawieniu dowodów wpłaty /nawet ta formalność nie jest wymagana/

KOMENDA WOJEWÓDZKA
MILICJI OBYWATELSKIEJ
w Krakowie

OS L dz. HIG00 1144/83

Kraków, dn. 25. 04   1983 r.

T A J N E- spec. znaczenia

Egz. nr 1

126

Oor J Dypho
26.04.83 Ourry)

NACZELNIK WYDZIAŁU IV

W   M I E J S C U

     Jesteśmy w posiadaniu jednoźródłowej   lecz wiarygodnej informacji, że ks. JANCARZ z parafii Mistrzejowice z grupą działaczy nielegalnych struktur "Solidarności" nosi się z zamiarem wystosowania petycji do papieża Jana Pawła II, aby   warunkiem jego przyjazdu do Polski było zwolnienie wszystkich więźniów politycznych Pod w/wym. petycją mają być   zbierane w sposób   masowy podpisy mieszkańców parafii Mistrzejowice.

To samo środowisko wspólnie z ks. JANCARZEM przed dniem 1-go Maja ma organizować grupy po kilka osób, które   wydmuszkami z jajek napełnionymi tuszem lub farbą usiłują   niszczyć dekoracje. Nie wyklucza się także innych form działania w tym zakresie w zależności od sytuacji.

     Na dzień 1-go i 3-go Maja planują zorganizować tzw. "białych marszy", które mają wziąć swój początek z kościołów w Nowej Hucie i centrum Krakowa, by spotkać się pod gmachem KW MO.

     Niniejszą informację proszę wykorzystywać w sposób bardzo delikatny by nie dopuścić do dekonspiracji naszego źródła.

NACZELNIK WYDZIAŁU III-1
MJR MGR WIESŁAW RYNIEWICZ

Wyk. 3 egz
Egz. nr.1- Adresat
Egz. nr.2-3- a/a
OPR.JD
L.dz.m 715/83/MN

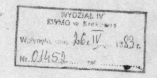

Notatka dotycząca działalności ks. Kazimierza Jancarza przesłana przez naczelnika Wydziału III-1 SB naczelnikowi Wydziału IV 25 kwietnia 1983 r.; IPN Kr 08/296, t. 12, k. 126

Kraków, dnia .....12. 05. 1883..

T A J N E - spec.znaczenia

Egz.nr .2.

W Y C I Ą G

z doniesienia tw.ps. Zygmunt" z dnia 11.05.1983 r.,
pozostającego na kontakcie chor. A.Jabłońskiego.

Proboszcz parafii św. Mikołaja ks. Antoni Sołtysik w dniu 10.05.br.
odleciał samolotem do Rzymu. Stamtąd uda się do RFN, gdzie odwiedzi
osoby duchowne i świeckie organizujące pomoc charytatywną dla par.
Św. Mikołaja. Swój wyjazd do KK ks. Sołtysik utrzymywał z niewiadomych powodów w tajemnicy. Jego wikarzy nic o wyjeździe nie wiedzieli;
poinformował ich o tym wczoraj organista parafialny. Takie postępowanie ks. Sołtysika oburzyło wikarych a jednocześnie wzbudziło podejrzenie wobec swojego proboszcza i jego tajemniczego wyjazdu. Wikarzy
przy kolacji medytowali czy ich proboszcz spotka się z papieżem
a jeśli tak to jakie sprawy będą przedmiotem ich rozmowy?.Ponadto
zastanawiano się dlaczego ks.Sołtysik udaje się do Rzymu na miesiąc
przed przyjazdem papieża do Krakowa? W efekcie doszli do wniosku,
że ks. Sołtysik to "zaufany człowiek papieża" od którego papież
ma informacje z pierwszej ręki. Ks. Sołtysik praktycznie codziennie
jest poza parafią, przebywa albo w Kurii albo odwiedza księży
w diecezji.

Wyk. w 2 egz.   Za zgodność:
druk:MF.

Wyciąg z doniesienia TW o pseudonimie „Zygmunt" na temat ks. Antoniego
Sołtysika, sporządzony 12 maja 1983 r.; IPN Kr 08/296, t. 12, k. 76

TAJNE

Egz.nr 1

W y c i ą g

z doniesienia spisanego ze słów t.w."Marecki" z dnia 5.IX.1969 r.

Ks. Górny z parafii św. Anny w Krakowie, który mianowany został na miejsce o. Drążka, diecezjalnym duszpasterzem rodzin objął już swoje urzędowanie w kurii i prawdopodobnie przychodzi tam w miarę jak tylko pozwoli mu czas. Kto przeforsował jego kandydaturę na to stanowisko trudno powiedzieć, nie mniej należy przypuszczać, że bp Jan Pietraszko.

Ks. Górny jest człowiekiem młodym, dość bystry, lubi nadskakiwać biskupom, robi wrażenie mądrego, rozsądnego kapłana. Według opinii kurialistów "orłem" nigdy nie był i chyba nie będzie. W konferencjach na terenie kurii udziału nie bierze i na parafii prawdopodobnie też niczym specjalnie się nie wyróżnia. Funkcję tę przyjął, bo zlecił mu Wojtyła. Czy będzie z tego zadowolony trudno powiedzieć, finansowo nie otrzyma ani grosza, bo to jest funkcja raczej społeczna. W ubiegłym roku ukończył kurs liturgiczny.

Wyk. 3 egz.
1 egz. t.x G.
2 egz. "Prefekt"
3 egz. duszp.rodz.
Opr.HKd/HW

Za zgodność.

Wyciąg z doniesienia TW o pseudonimie „Marecki" z 5 września 1969 r., zawierającego nieprzychylną charakterystykę ks. Kazimierza Górnego; IPN Kr 00100/1480, k. 8 (mikrofilm)

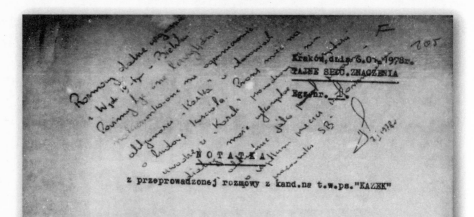

Kraków, dnia 6.01.1978r.
TAJNE SPEC.ZNACZENIA

Egz.nr.

N O T A T K A

z przeprowadzonej rozmowy z kand.na t.w.ps."KAZEK"

Kandydat na t.w.ps."Kazek" - opracowywany w związku z jego działalnością w kurii krakowskiej.

W czerwcu ubr. przeniesiony został do Oświęcimia i tam mianowany proboszczem oraz dziekanem dekanatu. W listopadzie 1977 na terenie jego parafii na osiedlu w Oświęcimiu, gdzie kuria od dłuższego czasu stara się o wybudowanie kościoła, miało miejsce ustawienia bez zgody władz prowizorycznego zadaszenia przy którym rozpoczęto ~~innnnn~~ odprawianie nabożeństw.

Celem odnowienia kontaktu z kandydatem / z którym dwukrotna rozmowa przebiegała pozytywnie/ oraz dla rozpoznania jego stanowiska i zamiarów w sprawie budowy na Osiedlu w Oświęcimiu, w dniu 5.01.1978r. udałem się do Oświęcimia.

Kandydata przypadkowo spotkałem obok kościoła. Gdy mnie rozpoznał, z własnej inicjatywy zaprosił mnie do swojego mieszkania prywatnego na plebanii i poczęstował kawą i ciastkami, a nawet proponował posiłek.

Zgodnie z ustaleniem pozorowałem, iż mój pobyt w Oświęcimiu jest przypadkowy i przy tej okazji chciałem złożyć mu życzenia oraz zapytać jak układa się praca w nowym miejscu pracy.

Kandydat początkowo opowiedział o okolicznościach swojego odejścia z Krakowa a następnie o warunkach pracy w obecnym miejscu. Stwierdził, że w okresie 12-to letniej pracy w kurii zżył się ze środowiskiem krakowskim, przywykł do tamtejszych warunków pracy i życia i właściwie nie brał pod uwagę przejścia w teren diecezji do pracy o zupełnie innym charakterze. Przeniesienie nastąpiło na skutek decyzji kardynała, której musiał się podporządkować.

Notatka z rozmowy z kandydatem na TW o pseudonimie „Kazek"
sporządzona 6 stycznia 1978 r. przez st. sierż. Kazimierza Aleksanderka;
IPN Kr 00100/1480, k. 105–108 (mikrofilm)

186

W Oświęcimiu nie czuje się najlepiej, zarówno z uwagi
na środowisko jak i napotykane trudności w pracy parafialnej
w ogóle. Tutejsze środowisko jest bardzo różnorodne, o dużej liczbie
ludności napływowej z różnych stron kraju i dlatego też nie jest
ono zbyt spójne. Nadto istnieje wiele trudności typu organizacyjnego jak np. zbyt mała ilość pomieszczeń do nauki religii.
Istnieje wreszcie problem budowy kościoła na terenie Osiedla.
Sprawa ta jest znana wszystkim, bowiem ciągnie się już prawie
od 20 lat. Jak się orientuję, kardynał Wojtyła uważa ją od jakiegoś
czasu za najważniejszą w diecezji. Chodzi mu tutaj szczególnie
o dwa elementy: O miejsce, które kojarzy się z obozem koncentracyj-
nym jest znane szeroko za granicą oraz osobę beatyfikowanego
O.Maksymiliana Kolbe, również z obozem związaną.
Z drugiej strony również od wielu lat wierni, głównie z terenu
Osiedla -na różne sposoby próbowali uzyskać zgodę władz na budowę
kościoła.

Przychodząc do Oświęcimia - kandydat zdawał sobie
sprawę z istniejącej sytuacji także w zakresie budowy.
Znając od lat stanowisko kard.K.Wojtyły w takich sprawach wiedział,
że w bliższej czy dalszej przyszłości zezwolenie takie zostanie
wydane. Pozostając przy tym pod presją wiernych uznał, że również
i on musi kontynuować starania u władz o uzyskanie zezwolenia.
Osobiście jest zwolennikiem polubownego załatwienia spraw, jest
zwolennikiem dialogu.
Od początku swego pobytu starał się ułożyć poprawne stosunki z miej-
scowymi władzami, o których pozytywnie się wyrażał.
Np. sam zmienił trasy przejścia pogrzebów, tak by nie kolidowały
z zakłóceniem ruchu, czym zresztą naraził się wiernym.
Rozmawiał z Naczelnikiem Miasta oraz Dyrektorem Wydziału d/s Wyznań
w Bielsku. Tu dodał, iż ostatnio został przez ten Wydział bardzo
niewłaściwie potraktowany, w ten sposób, że do odbierającej telefon
sprzątaczki powiedziano, iż nie jest żadnym proboszczem, co pozosta-
wiło go w głupiej sytuacji.

Dalej rozmówca stwierdził, że zorganizowanie nabożeństwa pod krzyżem w dniu 24.XI.1977r. oraz ustawienie w jego trakcie
wiaty nie było przez niego planowane. Dzień wcześniej ks.Dziwisz
przekazał mu polecenie kard.Wojtyły zorganizowania nabożeństwa,
w którym udział miał wziąć także kard.Volk. Natomiast samo ustawienie osłony "dla księdza aby miał gdzie odprawiać" było inicjatywą
wiernych.

107

W czasie swego pobytu karl. Volk powiedział m.inn., że oni /Niemcy/
byliby skłonni pomóc finansowo w budowie tego kościoła - pomnika,
gdy będzie on realizowany.

Z innych wypowiedzi kandydata wynikało, że w przypadku realizacji,
pomoc zagraniczna byłaby tak duża, iż nie napotkano by na żadne
trudności finansowe.

Sumując sprawę budowy, kandydat stwierdził, że
w pełni zdaje sobie sprawę z tego, że tak duży obiekt jak kościół
w Oświęcimiu, nie może być budowany nielegalnie. Wierzy więc w dobrą
wolę ludzi, sądzi że ktoś w końcu zrozumie iż budowa kościoła, którym
zainteresowany jest cały świat, przyniesie ogólną korzyść. Dodał, że
gdyby wiedział do kogo pójść aby to wytłumaczyć, to by się odważył
i poszedł.
Na razie robi to jednak do czego jest zobowiązany. Indagującym go
w tej sprawie wiernym, którzy np. wskazują, iż zezwolenie otrzymała
pobliska parafia / Rajsko ?/ - odpowiada, że trzeba chodzić
i prosić.

Mówiąc na temat dotychczasowych starań o uzyskanie
zezwolenia na budowę kościoła stwierdziłem, że wszelkie fakty naruszania przepisów są jednoznacznie niewłaściwe. Nie powinien inspirować wiernych do działalności nielegalnej, bo działania takie stają
się powodem konfliktów i napięć społecznych. Zamiast oczekiwanych
korzyści przynoszą negatywne i szkodliwe społecznie skutki.
Władze nie mogą zgodzić się z naruszaniem przepisów a przy tym
trudno uwierzyć aby postawienie wiaty w obecności kard. Wojtyły
i Volka było przypadkowe.

Kandydat - jak wspomniałem już wyżej - w pełni
zgadzał się z tym, że nielegalnie kościół nie może być wybudowany.

Dalsza rozmowa zeszła ponownie na tematy osobiste
kandydata. Z pewnym przekąsem wyraził się o nowych pracownikach
kurii twierdząc że "są to ludzie młodzi z doktoratami". Myśli, że
po kilku latach pobytu w Oświęcimiu powróci do Krakowa, ewentualnie
poprosi o przeniesienie do jakiejś spokojniejszej parafii.

Na zakończenie kandydat stwierdził, że zamierzał
porozumieć się ze mną telefonicznie, czego jakoś dotąd nie uczynił.
Odszukawszy w zapiskach upewnił się, że podany mu numer telefonu
jest aktualny i zapowiedział, że będąc w Krakowie zaprosi mnie na
kawę. Gdyby się to nie udało, zaprasza do siebie przy okazji imienin.
Zapraszając go wzajemnie do siebie i zapowiadając możliwość odwiedzin
we wcześniejszym terminie, rozmowę zakończyłem.

- 4 -

408

Uwagi z rozmowy

Zachowanie kandydata w czasie obecnej rozmowy było bardziej swobodne i bezpośrednie niż w czasie poprzednich, prowadzonych w biurze. Jest zrozumiałe, iż kandydat nie miał powodu aby opowiadać mi o szczegółach dla siebie niekorzystnych, chociaż nie krył, że wskazuje wiernym potrzebę ich bezpośrednich starań u władz.

Swoją sytuację w związku z objęciem stanowiska proboszcza oraz budowy przedstawił naogół zgodnie z wcześniejszym rozpoznaniem. Również sposób przyjęcia i sposób prowadzenia rozmowy z jego strony podyktowany był w jakimś stopniu aktualną sytuacją.

W powyższej sytuacji uważam za słuszne przeprowadzenie ponownej rozmowy w przypadku gdyby telefonicznie wywołał spotkanie bądź też udanie się do Oświęcimia z końcem lutego br.

Rozmowa obecna uzgodniona została wcześniej z Wydziałem IV-tym w Bielsku, któremu znana jest całość materiałów z opracowania. Bezpośrednio po jej zakończeniu, o okolicznościach związanych z budową poinformowałem Z-cę Naczelnika Wydz.IV-go.

Kopię notatki lub informację sporządzoną na jej podstawie w sprawie budowy przekażę do Wydziału IV-go KWMO w Bielsku Białej.

St.insp.Wydziału IV m.I-szej

st.sierż. E. Aleksanderek

Z A T W I E R D Z A M   Katowice, dnia _24.10_ 79r.

_____   T a j n e - spec.znaczenia
                                         _____
Dnia _____ 79r.
                                         Egz.Nr _1_

RAPORT
_____

z przeprowadzonej rozmowy werbunkowej z _WIKTOREM SKWORC_

        Melduję, że w dniu 23.10.79r. w pokoju wydzielonym
tut. Wydziału Paszportów dokonałem pozyskania tajnego współprac.
o pseudonimie "Dąbrowski".
Jako pretekst do telefonicznego poproszenia go na rozmowę
wykorzystałem posiadaną informację o zamiarze wyjazdu kandydata
do Austrii po odbiór samochodu dodstawczego dla potrzeb
seminarium. Kandydat wyraził zgodę na spotkanie i o umówionej
godzinie przybył do Wydziału Paszportów. Wejście i sama rozmowa
werbunkowa w pokoju wydzielonym odbyły się bez zakłóceń.

        Po wymianie kilku kurtuazyjnych zwrotów przeszedłem
do pytań związanych z jego zamierzonym wyjazdem do Austrii.
Kandydat potwierdził, że faktycznie z początkiem listopada
pojedzie po odbiór samochodu dostawczego marki "Volksvagen " dla
potrzeb katowickiego seminarium duchownego. Samochód ten jest daro-
zną organizacji o nazwie CANIZIUS WERK zajmującej się"budzeniem
powołań duchownych" - jest to Ogólnoaustriacka Organizacja będąca
ekspozyturą kurii austriackiej. Dyrektorem tej organizacji jest
ob. austriacki o nazwisku STEPFAN.
Kilka lat wstecz dyr. STEPFAN z grupą młodzieży austriackiej
był na pielgrzymce w Piekarach Sl. Od tego czasu datuje się
najprawdopodobniej jego znajomość z ordynariuszem katowickim.
Przy tej okazji na prośbę kandydata wydałem mu wcześniej przygotowany paszport . / za co serdecznie dziękował /.

Raport z rozmowy werbunkowej z ks. Wiktorem Skworcem sporządzony
24 października 1979 r. przez kpt. Jerzego Wacha (usunięto s. 2 zawierającą
informacje o rodzinie duchownego); IPN Kr 47/53, t. 1, k. 32 i 33 (kopia)

- 3 -

Po tych moim zdaniem dość szerokich
i szczerych wywodach o swojej rodzinie przystąpiłem
do zasadniczej części rozmowy werbunkowej tj. przedstawienia
propozycji - potrzeby okresowego spotykania się celem
omówienia - wyjaśnienia wybranych interesujących mnie problemów
dot. działalności katowickiej kurii.
Kandydat wyraził zgodę na moją propozycję, prosząc mnie
przy tym aby te spotkania nie były zbyt częste i związane
były z omawianiem faktycznie ważnych problemów.
Tłumaczył mi, że przy jego charakterze pracy - konieczności
stałego przebywania przy osobie H.Bednorza częste wychodzenie
z kurii i spotykanie się ze mną mogłoby wzbudzić podejrzenia
u H.B.
Uzgodniliśmy, że w razie potrzeby posługiwał się będzie
pseudonimem "DĄBROWSKI". Chodzi tu szczególnie o przypadki
telefonicznego kontaktowania się ze mną w razie pilnej potrzeby
i odbiorze telefonu przez osobę trzecią. Ja w kontaktach
z t.w. występuję pod nazwiskiem "WITKOWSKI". Podałem mu
swój numer telefonu 577-139 zaś t.w. podał mi swój 511-759.

W rozmowie z nowo pozyskanym t.w. dałem mu do
zrozumienia że w kontaktach ze sobą chciałbym bazować
na zasadzie szczerości i wzajemnego zaufania, a przede
wszystkim aby przekazywane przez niego dane były prawdziwe.

Poinstruowałem go również, że obowiązek go ściśle
zachowanie tajemnicy wobec osób trzecich omawianych przez
nas spraw i problemów. Zapewniłem również t.w. że jeżeli będzie
miał jakieś osobiste kłopoty i potrzebował będzie pomocy
zawsze może liczyć na takową z mojej strony.

Przed nowo pozyskanym t.w. nie stawiałem konkretnych
zadań do wykonania mając na celu powolne i systematyczne
przyzwyczajanie t.w. do mojej osoby, wyrobienia sobie zaufania
i pewności że fakt utrzymywania ze mną kontaktów nie wywrze
ujemnego skutku na dotychczasowy charakter jego pracy.

Wykonano w 1 egz.   Kier.Sekcji I Wydz.IV
Opr.JW/Wyk.KS Nr 02995

kpt. J. W A C H

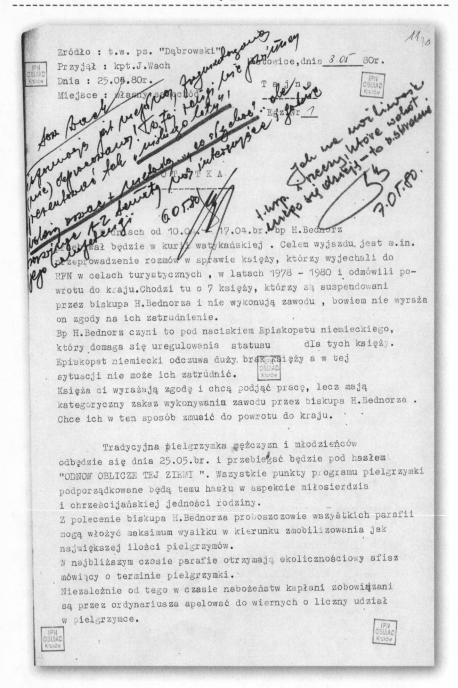

Zródło : t.w. ps. "Dąbrowski"
Przyjął : kpt.J.Wach   Katowice,dnia 3.05 80r.
Dnia : 25.05.80r.
Miejsce : własny   T a j n e
                                                    Egz.Nr 1

N O T A T K A

W dniach od 10.04 — 17.04.br. bp H.Bednorz
przebywał będzie w kurii watykańskiej . Celem wyjazdu jest m.in.
przeprowadzenie rozmów w sprawie księży, którzy wyjechali do
RFN w celach turystycznych , w latach 1978 - 1980 i odmówili powrotu do kraju.Chodzi tu o 7 księży, którzy są suspendowani
przez biskupa H.Bednorza i nie wykonują zawodu , bowiem nie wyraża
on zgody na ich zatrudnienie.
Bp H.Bednorz czyni to pod naciskiem Episkopatu niemieckiego,
który domaga się uregulowania statusu   dla tych księży.
Episkopat niemiecki odczuwa duży. brak księży a w tej
sytuacji nie może ich zatrudnić.
Księża ci wyrażają zgodę i chcą podjąć pracę, lecz mają
kategoryczny zakaz wykonywania zawodu przez biskupa H.Bednorza .
Chce ich w ten sposób zmusić do powrotu do kraju.

    Tradycyjna pielgrzymka mężczyzn i młodzieńców
odbędzie się dnia 25.05.br. i przebiegać będzie pod hasłem
"ODNÓW OBLICZE TEJ ZIEMI ". Wszystkie punkty programu pielgrzymki
podporządkowane będą temu hasłu w aspekcie miłosierdzia
i chrześcijańskiej jedności rodziny.
Z polecenie biskupa H.Bednorza proboszczowie wszystkich parafii
mogą włożyć maksimum wysiłku w kierunku zmobilizowania jak
największej ilości pielgrzymów.
W najbliższym czasie parafie otrzymają okolicznościowy afisz
mówiący o terminie pielgrzymki.
Niezależnie od tego w czasie nabożeństw kapłani zobowiązani
są przez ordynariusza apelować do wiernych o liczny udział
w pielgrzymce.

Notatka ze spotkania kpt. Jerzego Wacha z TW o pseudonimie „Dąbrowski"
sporządzona 3 maja 1980 r.; IPN 47/53, t. 2, k. 10, 10v, 11 i 11v (kopia)

- 2 -

Biskup H.Bednorz wyda list pasterski zapraszający
do udziału w pielgrzymce, który czytany będzie we wszystkich
kościołach diecezji katowickiej w niedzielę 18 maja br.

Przewidywany program uroczystości :

8.30 - godzina rozważań różańcowych
9.30 - przybycie biskupów - powitania gości, msza św.,
        kazanie ks. kard. Fr.Macharskiego,
13.00 - zakończenie połączone z procesją do bazyliki.

W czasie uroczystości pielgrzymkowych nastąpi odsłonię
i poświęcenie płaskorzeźby przedstawiającej Jana Pawła II
który będąc metropolitą krakowskim kilkakrotnie uczestniczył
w pielgrzymce.

Imprezę uświetnić ma również transmisja przemówienia
papieża przez Radio Watykan do pielgrzymów.
Problem ten będzie m.in. przedmiotem rozmów H.Bednorza
w czasie jego pobytu w Rzymie w dniach od 10 - 17 maja br.

Na pielgrzymkę zaproszeni zostali również biskupi z zag
m.in. : König , Weiberg /Austria/ , Volk /RFN/, oraz Tomaszek
i Wrana /CSRS/.

Dnia 3 maja br. 1 Piekarach Śląskich odbędzie się zebra
księży odpowiedzialnych za organizację pielgrzymki w celu
ustalenia i opracowania ostatecznego jej programu.

Z a d a n i a

1. W czasie pobytu w Rzymie dokładnie rejestrować
   - zapamiętać przebieg prowadzonych przez H.Bednorza rozmów
   szczególnie jakie problemy będzie omawiał, z kim i ich
   rezultaty i po powrocie złożyć mi szczegółową relację.

2. Inspirować bpa H.Bednorza aby w przypadku próby wykorzystani
   przez elementy antysocjalistycznej imprezy piekarskiej do
   kolportowania ulotek, literatury bezdebitowej, względnie
   zamiaru urządzenia analogicznej głodówki przez K.SWITONIA,

- 3 -

zajął zdecydowane stanowisko i nie dopuścił do powstania incydentu.

3.Wysondować jakie ewentualne kwestie natury społeczno-politycznej zamierza H.Bednorz poruszać w swoich wystąpieniach w czasie pielgrzymki i równocześnie sugerować aby takich problemów nie poruszał.

Przedsięwzięcia
----

1. Sporządzić informację zbiorczą do KW PZPR i Wydz.IV Dep.IV o przygotowaniach kurii katowickiej do pielgrzymki piekarskiej.

2. Opracować informację do Wydziału IV Dep.IV na temat wyjazdu H.Bednorza do Rzymu w celu uregulowania statusu księży z diecezji katowickiej przebywających w RFN , którzy odmówili powrotu do kraju.

3. Informację w części dot. programu pielgrzymki wykorzystać do planu operac. zabezpieczenia w sprawie obiektowej kryptonim "Piekary 80".

4. Poprzez inne wydziałowe źródła informacji kontrolować wszelkie zamierzenia kurii w kwestii ewentualnej zmiany programu i oprawy organizacyjnej pielgrzymki .

U w a g i

Spotkanie odbyłem w swoim prywatnym samochodzie poza terenem Katowic zgodnie zresztą z życzeniem t.w. Zasady konspiracji zostały zachowane. Rozmawiając na różne tematy z dziedziny życia społeczno-politycznego kraju m.in. o okresie po wyborach do Sejmu i Rad Narodowych t.w. stwierdził że osobiście brał udział w wyborach natomiast biskup H.Bednorz nie głosował z uwagi na złe samopoczucie. W dniu wyborów przeprowadził wizytację kanoniczną w dek. pszczyńskim

- 4 -

i wrócił późnym wieczorem. Czując się bardzo zmęczonym
oświadczył ... " chyba mi władze wybaczą, że w moim
wieku nie przystąpiłem do wyborów.".
Następne spotkanie uzgodniono na dzień 20 maja po powrocie
z Rzymu.

Wykonano w 2 egz.   Kierownik Sekcji I Wydz. IV
-----------------   kpt. J. WŁACH
Opr.JW/Wyk.KS Nr 01430

Katowice, dnia 1987.0.2.02.

TAJNE SPEC.ZNACZENIA

EGZ NR 2

NOTATKA   SŁUŻBOWA
========================

dot. rozmowy z tw. ps."Dąbrowski".

1987.01.31. przeprowadziłem rozmowę
z tw. ps."Dąbrowski". W trakcie spotkania tw. przekazał
następujące informacje.

-w kościele Mariackim" ks. Szczotok prowadzi spotkanie dla
ludzi pracy w ramach duszpasterstwa robotniczego. Spotkanie
takie ks. Szczotok prowadził już w poprzedniej parafii.
Twórcą tych spotkań w całej diecezji był biskup H.Bednorz.
Bp. Bednorz będąc biskupem ordynariuszem nakazał wszystkim
księżom prowadzenie szerokiej pracy z robotnikami.
Nad realizację tego polecenia osobiście czuwał. Wychodził
on bowiem z założenia, że diecezja katowicka jako najsilniej
uprzemysłowiona w kraju o przewadze robotników w strukturze
zawodowej wymaga szczególnej opieki ze strony Kościoła.
Efektem takiego stanowiska biskupa była ocena pracy Kościoła
katolickiego z robotnikami wystawionych przez delegacje
biskupów francuskich, którzy uznali prace w diecezji jako
modelową.

Jeżeli natomiast chodzi o p.Switonia to był on
dwa razy na spotkaniach organizowanych przez ks. Szczotoka.
P.Switoń nie jest organizatorem spotkań a conajmniej jednym
z uczestników i papewno nie będzie nadawał tonu ani opracowywał
programu spotkań.

W dniach 15.01.br. 21.01.1987 r. kanclerz
kurii katowickiej wraz z bp.Cz.Dominem przebywał w Rzymie
/3 dni/ i Wiedniu/1/1.
W trakcie pobytu w Watykanie byli na audiencji otwartej

Notatka służbowa ze spotkania por. J. Paliwody z TW o pseudonimie
„Dąbrowski" sporządzona 2 lutego 1987 r.; IPN Kr 47/51, k. 10, 10v i 11 (kopia)

- 2 -

u papieża. Nie udało im się spotkanie z papieżem bezpośrednie.
z pobytu w Watykanie ważniejszym bezpośrednim spotkaniem było
spotkanie z ks. Dziwiszem, który przekazał informacje dot.
oceny wizyty gen. Jaruzelskiego w papieża przez papieża.
Ocenę taką dał papież w trakcie prywatnej rozmowy z ks.
Dziwiszem. Papież stwierdził, że wizyta oficjalna gen.
Jaruzelskiego w Watykanie może dość wiele kościołowi w Polsce
i nie tylko ale takie przyczyni się napewno do dalszego procesu
normalizacji stosunków Polska-Zachód. Pomimo tego że episkopat
w Polsce uważa normalizację stosunków państwo - kościół za
proces zbyt powolny to zdaniem papieża gen. Jaruzelski,
uczynił już bardzo dużo dla poprawy stosunków z kościołem.
Jaruzelski nawet gdyby sam chciał aby ta normalizacja
przebiegała szybciej nie jest w stanie przyspieszyć, Jego
procesu. W polityce nie jest sam, musi się liczyć z partnerami
politycznymi swojego bloku a w szczególności z liderem. Jaruzels
załatwia sprawy w typowo Polski sposób np. stan wojenny,
opozycja polityczna, troche strasz trochę nagradza. Działania
jego cechuje elastyczność i duży rozwój polityczny. Utrzymuje
dobre stosunki z partnerem ze wschodu i poprawia stosunki
z zachodem. Jest realistycznie nastawiony do zachodzących przemia
w świecie, zdaje sobie sprawę że w Polsce musi nastąpić
normalizacja stosunków państwo kościół i dlatego zgadza się na
odejście od polityki poprzednich władz w tym zakresie.

- Tw. czytał niedawno"Polityke" i jest zdziwiony że takie
  bzdury można pisać w prasie narodowej i to wtedy gdy dąży
  się do normalizacji "Polityka" podała, że proboszcz kościoła
  rzymsko-katolickiego zarabia rocznie ponad 1,5 mln. zł.
  Tw. zna bardzo dobrze sprawe dochodów księży w szczególności
  w diecezji katowickiej, opolskiej, wrocławskiej i tak wikarzy
  w zależności o wykonywanych postaw otrzymuje od 20-25 tys.
  zł. miesięcznie plus mieszkanie i wyżywienie, proboszcz
  35-40 tys. zł. z kolędy księża otrzymują 1/3 zebranej
  kwoty reszta przechodzi na wydatki parafii. W diecezjach tych
  określone są również kwoty jakie można pobierać za wykonywanie
  posług kościelnych oraz jakiś odpowadzać procent na rzecz
  kurii. Jaka regulacja spowodowała, że diecezje te są najlepiej
  sytuowane materialnie w kraju.

- 3 -

- w miesiącu kwiecień - czerwiec br. złoży rezygnacje
  z funkcji biskupa ~~wikarego~~ bp.Kurpas. Powodem rezygnacji
  będzie ukończenie 75 roku życia przez w/wym.

            Biskup Zimoń wystąpił o wyznaczenie
dodatkowego biskupa ~~wikarego~~ w diecezji katowickiej/4/ motywując iż bp. Cz.Domin tylko w 1/4 wykonuje obowiązki
bp. wikarego resztę czasu poświęca na prace w Episkopacie
w ramach komisji charytatywnej.
Tak więc w najbliższym czasie zostanie powołany w diecezji
dwóch nowych biskupów. Kandydatami do funkcji zdaniem
tw. są rektor seminarium, kanclerz kurii, i sekretarz
kurii.

Wyk. 2-ch egz.
egz nr 1 - Wydz.IV
egz nr 2 - t.pracy tw.
nr masz.2209/87
Opr. JP/Wyk. AK

                        Kierownik Sekcji III
                        Wydziału /II-1 WUSW

                        por. J. PALIWODA

Zródło: tw. "Delta"
Przyjął kpt. Podolski
Dnia 6.11.1972 r.
w M.K. "Róża"

Kraków, dnia 7.11.1972 r.
Tajne spec. znaczenia
Egz.nr. 1

N o t a t k a *)
spisana ze słów tw.

Najogólniej biorąc, poglądy biskupa
Pietraszki w zakresie spraw politycznych i społecznych w kraju
i jego stosunek do władz państwowych, są pozytywne. Trzeba jednak
wyraźnie powiedzieć, że ten zakres zagadnień jest jakimś ubocznym
w jego zainteresowaniach, bowiem głównie i przedewszystkim
interesuje się sprawami kościelnymi i religijnymi. Takie poprostu
ma usposobienie. Może lepiej odda to kilka przykładów z jego
życia.

Kiedyś bp. Pietraszko był kapelanem kard.
Sapiehy, co mu nie odpowiadało, więc pewnego dnia spakował się
i wyjechał do poprzedniej placówki t.j. do Zakopanego. Sapieha
ściągnął go spowrotem, lecz Pietraszko wkrótce potem ponownie
uciekł, tym razem do seminarium. Tam rektorem był wtedy ksiądz
Kozłowski, człowiek nie liczący się z żadnym współpracownikiem -
wszyscy musieli postępować zgodnie z jego życzeniem. Pietraszko
nie mógł się z tym pogodzić więc znowu odszedł, tym razem do
św. Anny.

Te fakty charakteryzują Pietraszkę jako
człowieka samodzielnego, który nie liczył się z własną karierą
jaką mógł zrobić będąc blisko kard. Sapiehy. Miał własne zdanie
i odwagę postępowania według niego, pomimo że przez to narażał
się przełożonym. Czym się więc kierował? Chyba tylko chęcią
pracy dla kościoła zgodnej ze swoimi na nią poglądami. I chyba
tá właśnie dbałość o dobro pracy jest dla niego najbardziej
charakterystyczna. Dbałość o dobro religii i kościoła. Inne
sprawy, w tym właśnie polityczne, pozostawia jak gdyby na uboczu
i rzadko się nimi zajmuje.

Inny aspekt tej samej sprawy. Właściwie
można powiedzieć, że Pietraszko do dzisiaj nie czuje się w pełni
biskupem w jego urzędowym a nie religijnym znaczeniu. Był chyba
ostatnią osobą która spodziewała się wówczas nominacji biskupiej.

c.d.

Notatka z rozmowy kpt. Bogdana Podolskiego z TW o pseudonimie
„Delta" na temat bp. Jana Pietraszki sporządzona 7 listopada 1972 r.;
IPN Kr 010/9869, t. 1, k. 278–280

- 2 -

Wezwany przez Wyszyńskiego, dopiero w ostatniej chwili dowiedział
się od Wojtyły, że chodzi o tą nominację. Tak go to zaskoczyło,
że w efekcie spóźnił się na wyznaczoną audiencję - czego
Wyszyński nie omieszkał mu wytknąć - i podobno wychodząc stamtąd
zapomniał nawet ubrać swój płaszcz. To tak na marginesie.

           Potem było to znane posiedzenie Episkopatu
w Zakopanem, na którym bp. Pietraszko wystąpił i jednoznacznie
określił, że oddawanie w niewolę M.Bożej jest w obecnych czasach
niepoważną bzdurą. Biskupi przyjęli to lodowato i tylko dwóch
/w tym bp Nowicki/ złożyło mu gratulacje z racji tego wystąpienia.
Gdy o tym wystąpieniu dowiedział się nieobecny w Zakopanem
kard. Wyszyński wpadł we wściekłość, co bp. Pietraszko z humorem
skwitował stwierdzeniem, że stanowisko ordynariusza ma już
" z głowy". Również i to zdarzenie dobitnie potwierdza, że
biskup kieruje się dobrem religii, nie dbając jakie to przyniesie
skutki w odniesieniu do jego osoby.

           Zdarzenie mówiące bardziej wyraźnie o jego
stosunku do polityki, ale wskazujące też na jego poglądy miało
miejsce w czasie pobytu bpa Pietraszki w Rzymie. Mieszkał wtedy
w Kolegium Polskim i tam chciał mu złożyć wizytę p.
Polak będący emigracyjnym działaczem chadeckim, powiązany także
z chadecją włoską. Kiedy bp. Pietraszko dowiedział się kim jest
ten pan, a także o tym, że takie wizyty zwykłe kończą się
złożeniem datku "na potrzeby kościoła" stwierdził że " o polityce
z nikim nie będzie rozmawiał, a tymbardziej z takim panem"
i kategorycznie odmówił spotkania z tym panem.

           Wiem również, że bp. Pietraszko uważa za
celowe utrzymywanie przez kurię krakowską oficjalnych kontaktów
z krakowskimi władzami administracyjnymi i miał wobec kardynała
Wojtyły wystąpić z postulatem mianowania specjalnego w tym
zakresie pełnomocnika. W tym już bowiem roku, chyba gdzieś
w czerwcu bp. Pietraszko pewnego dnia przyszedł wzburzony
i w trakcie rozmowy stwierdził w tym sensie że "ja rozmawiam
z nimi, ale ja nie będę mógł więcej nic powiedzieć, tylko
przekażę tą wiadomość kard. Wojtyle, bo ja nie mam żadnych
pełnomocnictw". Nie precyzował z kim rozmawiał ani w jakiej
sprawie, poza tym, że był to ktoś na najwyższym szczeblu
krakowskim.

                                        - c.d. -

- 3 -

Niemniej jednak, gdyby kard. Wojtyła chciał
upoważnić kogoś do kontaktów z władzami w jego imieniu dając
mu równocześnie odpowiednie pełnomocnictwa to jedynym najbardziej
odpowiednim kandydatem byłby właśnie bp. Pietraszko. Chodzi
o to, że tylko on mógłby spełnić rolę przedstawiciela, a nie
tylko posłańca przenoszącego czyjeś zdania w obie strony.

Kraków, dnia 21 kwietnia 1987 r.

TAJNE SPEC ZNACZENIA

Egz.nr 2

INFORMACJA OPERACYJNA
================

uzyskana na podstawie słów t.w.ps."Magister".

                 Pielgrzymka papieża po Chile na pewno była bardzo trudna, ale zbytnio tym nie należy się przejmować. Podobnie podczas ostatniej wizyty Jana Pawła II w Nikaragui to samo się działo i porządkowi musieli rozpędzać tłum. Nie ma co zbytnio do tego przykładać wagi. Prawdopodobnie papież spodziewał się, iż takie sytuacje wynikają i nie czuł się tym zbytnio zaskoczony. Podobnych zajść spodziewał się jadąc do Irlandii czy do Turcji. A jednak ma odwagę i robi to dalej. Takie wizyty są bardzo kosztowne dla Watykanu, jak i dla strony zapraszającej. Mało jest prawdopodobne to co pisze prasa zachodnia o kardynale Marcinkusie. Za dużo w tym kryje się propagandy. Jeśli chodzi o zadłużenie, które był winien świadomie czy nieświadomie, to Watykan wypłacił 250 tys. dolarów. Nie ma powodów więcej od Marcinkusa żądać. Natomiast w sprawie śmierci Calviego jest masa przypuszczeń, które nie mają konkretnych podstaw.

Także w Krakowie przed wizytą papieża występuje szereg problemów, które na co dzień z władzami administracyjnymi rozwiązuje się. Np. początkowo planowano, że zaraz po przylocie na Błonia, ojciec święty pojedzie na grób "Papa mobile", ale z tego zrezygnowano. Bo trudno aby jechał pustymi ulicami. Wtedy trzeba ludzi ustawić na trasie. Nie wiadomo co zrobić z tymi co zostali na Błoniach. Zachodziłoby wielkie niebezpieczeństwo, że ci ludzie z Błoń mogliby spowodować zamieszanie, aby zająć dogodne miejsce na ulicach. Na Błoniach przewiduje się zebrać do 100 tys. wiernych. Nie zaprasza się ludzi spoza Krakowa. Papież będzie na Błoniach do 40 min. Następnie pojedzie na Wawel, gdzie odbędą się główne uroczystości religijne, transmitowane przez TV. Do Katedry wstęp będzie tylko za zaproszeniami dla ok. 1000 - 1200 osób. Dziedziniec ma być pusty.

Postanowiono, że na cmentarz pojedzie rano w dniu następnym ok. godz. 7.00 w drodze na lotnisko. Nasuwa się pytanie - z jaką prędkością ma jechać samochód?. Czy ma być odkryty - czy zamknięty? Bo jeżeli

Informacja operacyjna sporządzona po rozmowie kpt. Marka Janusza z TW o pseudonimie „Magister" w dniu 21 kwietnia 1987 r. (zaczerniono nazwiska i dane pozwalające na identyfikację osób we fragmencie dotyczącym spraw obyczajowych); IPN Kr 08/315, t. 7, k. 106, 106v, 107, 107v i 108

- 2 -

będzie jechał z prędkością 60 km/godz. to nie potrzeba ludzi na
trasie ustawiać. W każdym razie główne uroczystości przewidywane
są w Tarnowie i liczą tam bardzo na wiernych z Krakowa. Uzgodniono,
że z Krakowa pojedzie 50 tys.ludzi. Są obawy o transport. Może
zabraknąć autobusów. Druga sprawa, to nie wiadomo - czy młodzież
w tym czasie będzie miała wolne w szkołach. Być może tylko w Tarnowie ?

Jeśli idzie o Kraków, to papieża w ogóle miało tu nie być.
To jest tylko taki "dodatek", bo właściwe jego zadanie to jest -
" Tarnów, Warszawa, Łódź, Szczecin . W Częstochowie będzie też
bardzo krótko, bo tylko na Anioł Pański.

Kard. powołał ostatnio jeszcze Komisję Kongresu Eucharystyczne-
go. Zamierza po odjeździe papieża w Krakowie Kongres zakończyć.
Chce bardziej rozpowszechnić i unaocznić ludziom to co ojciec
święty na spotkaniach z wiernymi w Polsce przekazał. W skład tej
Komisji wchodzi kilku księży: m.in. Marian Jakubiec i Edward Staniek.

Natomiast za przygotowanie duszpasterskie diecezji są odpowiedzialni: bp. K.Górny, ks.S.Małysiak - kier.Wydz.Duszpasterstwa
Ogólnego oraz ks.M.Jakubiec - kier.Wydz.Katechetycznego. Zajmują się
oni m.in. oprawą i liturgią nabożeństw na Błoniach i na Wawelu.
Ustalono np., iż podczas pobytu papieża w Krakowie w kościołach,
w nocy będą tzw. czuwania. Ne pewno do Krakowa zjedzie się ludzi
z całej Polski. Zamiast chodzić po mieście - noc będą mogli spędzić
na modlitwie w kościele. W tym celu oddelegowani zostaną księża do
prowadzenia tego typu nabożeństw. Niehh wiedzą, że mają w Krakowie
papieża " jak Kara Kara pojechał do Egiptu w 211 r. to 2 tys.
Egipcjan kazał zabić, aby wiedzieli, że był cesarz".

Przed Kurią też będą bilety wstępu i papież ma raz się w oknach
Kurii ukazać. Od północy wszystkie światła w budynku zostaną wygaszone,
a plac "oczyszczony". Postanowiono także, iż osoby wchodzące do Kurii
będą korzystać z wejścia bocznego od ul.Wiślnej.

W ub.tygodniu kier.Wydz.Katechetycznego ks.Jakubiec opracował
sprawozdanie z działalności katechetycznej diecezji. Także inni
kierownicy wydziałów krakowskiej Kurii, podobne sprawozdania opracowują.
Będą one potem wysłane do odpowiednich kongregacji. Odpowiedzi należy
spodziewać się pod koniec roku.
Sprawozdanie Wydz.Katechetycznego ukazuje różnice w katechizacji
między rokiem 1972 a obecnym. Wg prawa kanonicznego, kard. podlegają
wszystkie szkoły katolickie na terenie diecezji. Brane były dane
od pijarów, prezentek oraz salezjanów z Oświęcimia.

- 3 -

Wykazano ilość uczących się i nauczycieli. Zaznaczono, iż księża nie angażują się jeśli idzie o katechizację proporcjonalnie do ilości święceń. Np. w ostatnich 5 latach wyświęcono w diecezji krakowskiej 241 księży, a katechizuje 111. Gdzie się reszta podziała?

Inna sprawa, że zdarzają się wypadki, ale to w małym procencie, że trzeba kogoś wycofać z katechizacji, zabronić mu uczyć, bo nie potrafi opanować sytuacji, jest nerwowy, czy wykłóca się z rodzicami. Przenosi się takiego księdza na kapelana czy penitencjarza. Do katechetów świeckich diecezja krakowska nigdy nie była entuzjastycznie nastawiona. Śląsk tak - bo tam są tradycje.

Bardzo pozytywnie jest oceniana praca sióstr zakonnych jako katechetek. Księża młodzi nie potrafią znaleźć z dziećmi "wspólnego języka" tak jak to one robią. Często tak się czyni, że gdy jest siostra zakonna, to jej daje się katechizację, a nie księdzu. Pod tym względem najlepsze są nazaretanki. Mają one teraz dobre powołania, bardzo dobrze pracują i są najbardziej pożyteczne. Również pod względem urody nie można im nic zarzucić. W "TP" pisze red. Tadeusz Żychiewicz. Dawniej występował pod ps. "Ojciec Malachiasz". Ma dość uszczypliwy język i swawolny jak na katolickie czasopismo. Kiedyś napisał "Niektóre siostry zakonne mają takie stroje, że niby wszystko zakrywają a właściwie podniecają swoimi szatami".

Co do Tygodnika to pisze się w nim obecnie na temat żydowski tyle artykułów, iż zaczyną to już nudzić. Bardzo polemiczne są artykuły Błońskiego, Dziewanowskiego, Berberyusza czy Turowicza. Podjęli oni atak na Siłę-Nowickiego za jego artykuł, który polemizował o rzekomym prześladowaniu Żydów przez naród polski. Siła-Nowicki pisze "że przed wojną były tarcia między Żydami a Polakami, ale były ku temu przyczyny. Ilu np. było w Polsce procentowo Żydów, a ilu Polaków? Natomiast wskaźnik procentowy na uczelniach wyższych był całkiem odmienny. Chodziło tu o to, aby więcej Polaków mogło studiować. Poza tym za czasów okupacji, owszem byli Polacy, którzy się "zeszmacili", donosili lub wydawali Żydów, ale za to podziemie ich rozstrzeliwało". Dlatego też słusznie napisał Siła-Nowicki, że jesteśmy jedynym narodem, który z podniesioną głową może chodzić jeśli idzie o II wojnę światową. Jesteśmy jedynym narodem, który nie poszedł na kolaborację. Ci co mordowali Żydów mają teraz spokój. Zapłacili kilkanaście miliardów dolarów i nikt się ich nie czepia.

- 4 -

Za granicą cała propaganda jest przeciwko Polakom. Udawadnia się,
że Niemcy w Polsce zakładali obozy koncentracyjne, gdyż było to
najwięcej katolików i tych co nienawidzili Żydów.
Ile kard. miał kłopotów w Genewie, żeby udowodnić, iż w Oświęcimiu
zginęli nie tylko ci Polacy którzy zostali złapani z bronią w ręku,
ale za samo tylko to, że byli Polakami. A oni podkreślają, że tylko
Żydzi jako naród skazani byli na zagładę. Skazani byli także Polayy.
          W sprawie tego budynku sióstr karmelitanek nie mają racji.
Budynek stoi poza obozem. Z drugiej strony w Oświęcimiu przebywali
Żydzi tzw. funkcyjni tj.pisarze, kapo itp. Natomiast większość ich
zginęła w Brzezince. Niestety kard. musiał pod naciskami "wielu
stron" "spuścić z tonu" i im ustąpić. Bo prawda jest taka, że rządzą
całym światem. Cała finansjera jest w ich ręku. Nie jest w tym rzecz
abyśmy w Polsce budowali antysemityzm, żebyśmy źle o tym narodzie
mówili, to jest skrajność, ale nie możemy sobie pozwolić żeby nam
wmawiano, że tylko Żydzi skazani byli na zagładę i nie należy robić
z nas okrutników, winowajców itd.
          Także papież od początku był w bardzo trudnej sytuacji.
Żydzi zaczęli od razu rozgłaszać, że "w kościele reakcja zwycięża
przyszedł człowiek z polską mentalnością, który nie będzie rozumiał
ekumenizmu i stanie się antyżydowski, jak cały naród polski".
Wojtyła na pewno nie ma nikogo z przodków pohhodzenia żydowskiego.
Jest zbyt dużym patriotą, aby być Żydem. Pójście jego do Synagogi
i wspólne modły to był gest dla Pdski. Papież jest zbyt wielkim
romantykiem, gdy chodzi o Polskę. Trzeba też powiedzieć, że stać go
na odważne gesty. Pojechać do Synagogi i modlić się razem z Żydami.
Są to wspaniałe gesty, na które nie zdobył się żaden papież.
Jako ciekawostkę - jacy kardynałowie pełnią funkcje w kościele
katolickim może służyć kard.Lustinger w Paryżu, zwany przez Francuzów
polskim Żydem. ZNAK przeprowadzał z nim rozmowę. Katolicyzm nazwał
dzielię na młodszym wypie jakin jak żydowsko ...... Kardynał kościoła
katolickiego tak to nazywa!
          Dyrektorem ▓▓▓▓▓▓▓▓▓▓▓▓▓▓▓▓▓▓ jest
ksiądz ▓▓▓▓▓▓▓▓▓. W wywiadzie dla polskiej telewizji, który został
przeprowadzony w trakcie wizyty gen.Jaruzelskiego w Rzymie powiedział,
że ▓▓ cieszy się dużą frekwencją. Jest to kłamstwo. Gdyby nie Polonia
amerykańska, to nie można byłoby go utrzymać.
Ks.▓▓▓▓▓▓▓▓▓▓ pełni tam funkcję kapelana. Oczywiście, gdy nie
ma ▓▓▓▓▓▓ to go zastępuje. ▓▓▓▓▓▓ ma dużego pecha. Zaczął robić
doktorat u ks.prof.Różyckiego na PWT. Temat pracy brzmiał:"Koncepcja

- 5 -

nieomylności papieża według teorii Hansa Künga". To nie był
odpowiedni tekst na jego mentalność. Nie znał także języka
niemieckiego. Musiał się go nauczyć. W międzyczasie Küng został
potępiony i w ogóle nie było sensu zajmować się tym problemem.
Następnie promotor zmarł. Postanowiono go wysłać do Rzymu.
Otrzymał inną pracę doktorską. Znów trafił niefortunnie. Promotor
jego zrzucił sutannę i "poszedł w świat". Kardynał na razie zrobił
go kapelanem, co będzie dalej - zobaczymy. Być może byłby lepszym
dyrektorem niż ks. ███████████. Z ks. ███████████ zna się
od wielu lat. Był wikariuszem u ███████████. O skłonnościach
homoseksualnych ██████ kardynał na pewno, przed jego przyjazdem
do Rzymu, nie wiedział. Wiadomo jest, że ██████ żyje w dużej przyjaźni z Dziwiszem, a "co zechce Stasiu to się robi".
Jeśli chodzi o zainteresowania ██████, to jego wielkim hobby
jest elektronika i fotografika.

Jeden z ostatnich numerów Newsweeka poświęcony jest
homoseksualizmowi wśród kleru. Są tam nawet zdjęcia pewnego jezuity,
który musiał opuścić zakon. O nim dawno było już słychać. Wmawiał
młodzieży, że homoseksualizm nie jest grzechem. I wyraźnie zaznaczał,
że sam jest homoseksualistą. Jeśli takie rzeczy mówi się to nie
można być kapłanem.

W Wydziale Teologicznym występował pewien problem w pisaniu
prac magisterskich przez kleryków. Bo np. jeżeli ktoś na III roku
zaczyna pisać pracę magisterską z filozofii, czy z historii i tam
ją napisze wcześniej, skąd jest pewność, że skończy teologię.
I teraz zrobiono duże obostrzenia. Najpierw musi zdać teologię.
Całe pięć lat. Wtedy uzna mu się pracę napisaną na Wydziale
Filozoficznym czy Historycznym.
Dziekan Wydziału Historii Kościoła prof. Janina Bieniarzówna
ma duże kłopoty z napisaniem historii Krakowa w XIV i XV wieku.
Za dużo wtedy w Krakowie było niemczyzny. To są bardzo delikatne
sprawy. Rozmawiała na ten temat z bp.Jaworskim. Bo z jednej strony
chciałaby jak najszerzej napisać, a z drugiej strony nie chce aby
wyszło, iż Kraków był jakimś zgermanizowanym miastem. Ma ny to
patrzymy *regionalistycznie* a nie historycznie. Wtedy jeszcze nie było
takiego poczucia narodowego jak w późniejszych wiekach.

Wyk. w 3 egz.   Za zgodność:
Wg rozdzielnika   kpt. M.Janusz
Opr. MJ/IIa/ACH
L.dz.m. 0087/87

Wyciąg z doniesienia TW o pseudonimie „Jurek" z 8 lutego 1974 r.,
zawierającego złośliwe charakterystyki księży pracujących w krakowskiej
kurii; IPN Kr 00100/1480, k. 58–61 (mikrofilm)

59

Świadomość utraty wpływów i znaczenia spowodowan[...]
widoczną z winą w usposobieniu i z chowaniu kanclerza.
Stał się szkodliwy, niemożliwy do współpracy, utrudnia
życie komu tylko może. Trudno w tej chwili podać konkre[...]
przykłady szkodliwości Kuczkowskiego, to są nieraz drobnos[...]
ki: temu przypnie łatkę, temu przygada tamtemu dotnie.
To są rzeczy, które się poprostu czuje. Między nim a Sat[...]
sussze była idealna harmonia, w pewnym sensie uzupełniali
się, teraz i to się popsuło.

3. **Kwestia ewentualnego następstwa po Kuczkowskim.**

Aktualny wicekanclerz Marszowski nie wchodzi w rachubę.
Jest to człowiek inteligentny, nawet dość sprytny, umiejący
wykorzystać różne sytuacje, ale wazeliniarz. On z Kuczkows[...]
kim niby stara się postępować elegancko, ale też wygaduje
na niego poza plecami. Przypuszczalnie Marszowski czeka [...]
umrze któryś kanonik katedralny, żeby uskoczyć na zwolnion[...]
miejsce. Na kanclerza jest za stary.
Mam wrażenie, że 3. Kuczkowski i Marszowski są już przekreś[...]
czeni "na szom".
Największe szanse na zajęcie wysokich stanowisk w diecez[...]
mają spośród młodych x D[...]iwisz i x Fidelus. Na trzecim
miejscu postawiłbym Górnego. Natomiast x Gawidło raczej
zupełnie się nie liczy. To taki powolny wołek roboczy.
Na stanowisko kanclerza największe szanse ma x. **Fidelus**
Jest zresztą w tym kierunku przygotowywany: powierzone [...]
mu stanowisko notariusza, równocześnie rozpoczął studia
prawnicze. Sądzę jednak, że stan obecny potrwa jeszcze p[...]
lat. Fidelus jest dopiero na II roku studiów i przed ich
ukończeniem raczej nie zostanie mianowany kanclerzem.
Jest to człowiek zdolny, niewątpliwie wybijający się, ale
raczej pozbawiony głębszego życia wewnętrznego. Ma sporo [...]

6°

pracy / nauka/, a jedyną chyba namiętnością jest samochód.

Ks. Dziwisz to osobna karta. Osobnik stosunkowo inteligentny
i sprytny nie z tej ziemi. Jest blisko kardynała i potrafi
to wykorzystać, wiele rzeczy zasugerować, podać do wiadomości.
Ma tę umiejętność mówienia pół-żartem, pół - serio, rzeczy,
które choćby kardynałowi przekazać czy podsunąć a których
nie może powiedzieć wprost.

Kuczkowski i Marszowski skaczą koło niego, bo
wiedzą że tą drogą można "dotrzeć" do kardynała.

Nie wykluczone, że Dziwisz wyląduje na biskupstwie
Ma zrobiony licencjat, kardynał może go skierować na studia
doktoranckie. Zresztą jest świeży procedens - biskupem został
kapelan abp Baraniaka, chociaż pod względem inteligencji
i sprytu ani się umył do Dziwisza.
Dziwisz poza tym sporo już jeździł z kardynałem za granicę,
wiele rzeczy potrafi załatwić, jest mu pomocny. Nie sądzę
więc by kardynał chciał go zmieniać kapelana.
Dziwiszowi - takie jest moje zdanie - nie można nic zarzucić
na tle moralności. Skłonności żadnych nie ma - w karty nie gra,
wódki raczej nie pije. Zawsze jest czymś zajęty, zagoniony.
Ten styl życia powoduje, że on chyba nie ma za dużo życia
wewnętrznego. Poza tym zdaje sobie sprawę, że ma już jakieś
stanowisko, pozycję w diecezji.
Wydaje mi się, że trudno mówić jakoby Dziwisz w ciągu kilku
lat przeszedł jakąś przemianę i że to już nie ten dawny
pokorny i cichy Stasio. Pokorny to on nigdy nie był, raczej
udawał pokorę. To był zawsze spryciarz zdający sobie sprawę
z możliwości jakie mu stwarza stanowisko kapelana. On umie
się znaleźć. Nawet gdy komuś "wbije szpilkę" to robi to
w dowcipnej formie, tak że jej "adresat" zrozumie, ale się
nie obrazi.

- 4 -

Ogólnie mówiąc - człowiek z przyszłością.

W rozmowach na temat ewentualnego następstwa po Kuczkowskim wymieniono czasem x Dudziołkiem. Nie sądzę, że ta kandydatura nie ma większych szans, przede wszystkim ze względu na wiek. Dźwigałski wszedł ostatnio do składu komisji budowlanej Rady Administracyjnej i gra tam "pierwsze skrzypce". Komisja ta urzęduje co poniedziałek w kurii. Do jej zadań należą takie sprawy jak: poradnictwo i koordynacja w zakresie budownictwa sakralnego oraz zabezpieczenie diecezjalnego funduszu przeznaczonego na ten cel / ustalono, że każdy ksiądz odprowadzi do kurii 1% wpływów z osobistej kolędy/.

Wyk. W 5 egz.   Za zgodność:

Kraków dnia 1987-04-06
Tajne - spec. znaczenia
Egz. poj.

Wyciąg.

z informacji operacyjnej tw ps "tomasz" na kontakcie insp.
A. Bielowicza z dnia 1987-04-02-

W dniu 87-04-01 do Tarnowa wyjechał Kanclerz krakowskiej Kurii
Metropolitalnej ks. Fidelus. Wyjazd nastąpił w związku z organizacją pobytu papieża w Krakowie i Tarnowie w trakcie planowanej na
czerwiec pielgrzymki. Ksę Fidelus pełni funkcję v-ce przewodniczącego d/s organizacji pielgrzymki na terenie diecezji krakowskiej.
Przewodniczącym jest tytularnie ks. kardynał Macharski. Sprawami
związanymi z organizacją uroczystego nabożeństwa na Wawelu zajmuje
się ks. Bielański.

Wyk. w 1 egz.   Za zgodność :

S. II

Dwa wyciągi z informacjami przekazanymi przez TW o pseudonimie
„Tomasz" w kwietniu 1987 r., dotyczącymi przygotowań do pielgrzymki
papieskiej; IPN Kr 08/315, t. 7, k. 132 i 133

Kraków dnia 1987-04-06

Tajme - spec. znaczenia

Egz. poj.

Wyciąg.

z informacji operacyjnej tw ps "Tomasz" na kontakcie insp.
Aś Bielowicza , z dnia 1987-04-06-

W związku z planowaną na miesiąc czerwiec wizytą papieską
do parafii z diecezji krakowskiej rozesłane zostały pisma z Kurii
dotyczące organizacji zamierzonych pielgrzymek wiernych z poszczególnych dekanatów. W pismach tych krakowska Kuria zwraca się o prze-
słanie dokładnych danych uwzględniających - ilość pielgrzymów ,
środki transportu oraz osobę odpowiedzialną za organizację danej
grupy. Termin dostarczenia odpowiedzi upływa z dniem 4 kwietnia.

Wyk. w 1 egz.   Za zgodność :

S. II

Zakopane dnia 1985- 09- 03. 26

Tajne

28

Egz. nr. ...

Notatka służbowa
----

z rozmowy z kand. na tw ps. "Ewa"

W dniu 29 sierpnia 1985r. przeprowadziłem kolejn
rozmowę z kandydatem na tw ps. "Ewa" w czasie której w/wymieniony przekazał mi następujące informacje :
- zasadniczym profilem pracy duszpasterskiej parafii Krzeptówki, która
prowadzona jest przez XX Pallotynów, jest działalność religijna w środowisku nauczycielskim i pracowników służby zdrowia. Zgodnie z nałożonymi
na tą parafię wymogami praca w tych środowiskach ma być na tyle atrakcyjna i elastyczna aby przyciągała do kościoła możliwie jak najwięcej
przedstawicieli tych środowisk. Powinni to być ludzie wpływowi i ciesz-
cy się znacznym autorytetem środowiskowym.
Atrakcyjność pracy tej przyjęła charakter spotkań z ludźmi prezentujący-
mi odpowiedni poziom intelektualny i znanymi na terenie kraju.
Zapraszano w związku z tym do tej parafii znanych aktorów, publicystów,
sprowadzano odpowiednie filmy jak np. Qvo Vadis. Z prelekcjami byli tu
Holoubek, M.Zawadzka i inni.
Działania te były ściśle uzgadniane z dziekanem zakopiańskim, który nadal nad tym sprawuje prawie całkowity nadzór.
Nadzór sprawowany przez dziekana ogranicza się jedynie do działalności
prowadzonej przez parafię. Natomiast nie ma żadnej styczności z pracą
duszpasterską prowadzoną przez istniejący tam dom zakonny XX Pallotynów.
Zasadniczo całe zgromadzenie pallotyńskie, a przede wszystkim prowincja
polska nie jest zadowolona z utworzenia w oparciu o ich zakopiańską placówkę obecnie istniejącej parafii.
Powstaniu tej parafii byli przeciwni wszyscy jednak musieli wyrazić na
to zgodę gdyż parafia ta powstała na wyraźne i bezpośrednie życzenie
JP II, który zaingerował w tą sprawę osobiście. W tej sytuacji nikt nawet z najwyższych czynników pallotyńskich nie ośmielił się polemizować
z tą sugestią.
Mimo to Pallotyni uważają, że ich zakopiański dom powstał jako placówka
wypoczynkowo rekolekcyjna dla całej Polski i ma obsługiwać wszystkich

Notatka służbowa z rozmowy kpt. Andrzeja Szczepańskiego z kandydatem
na TW o pseudonimie „Ewa" sporządzona 3 września 1985 r.;
IPN Kr 0032/2873, t. 1, k. 28–30

- 2 -

29

tutejszych księży i braci zakonnych. W związku z tym jej pierwotny i zasadniczy charakter nie jest praktycznie do pogodzenia z obowiązkami jakie zostały w ich obiekt wtłoczone po powstaniu tu parafii.

- Cała parafia Krzeptówki liczy ponad 1500 wiernych, do obsługi których dysponują jedynie kaplicą o nie całych 75m^2 powierzchni. Natomiast w ok okresie sezonu, który trwa prawie przez cały rok, na terenie tej parafii przebywa prawie drugie tyle wiernych.

W tych warunkach obecne zaplecze duszpasterskie, a przede wszystkim kaplica nie są w stanie sprostać postawionym przed nimi wymogom.

Dał temu jednoznacznie wyraz kardynał Macharski w czasie swego majowego pobytu w tej właśnie parafii. Wówczas obiecał kardynał obiecał podjąć energiczne działania zmierzające do uzyskania od władz administarcyjnych zgody na budowę kościoła na Krzeptówkach.

Starania takie podjęli jeszcze w 1976 roku sami XX Pallotyni gdy ich placówka została przemianowana na ośrodek uduszpastersko rekolekcyjny. Mieli wówozas już wstępne poparcie i obietnicę ówczesnego metropolity krakowskiego kard. Wojtyły, że podejmie starania u wądzz świeckichaby aby Pallotyni uzyskali zezwolenie na budowę małego kościółka przy swojej placówce.

Obecnie wśród polskich Pallotynów, a przede wszystkim wśród zakopiańskich panuje duży niesmak w związku z realizacjami na terenie Zakopanego budów obiektów sakralnych prowadzonymi przez kler świecki. Podkreśla się przy tym, że jeszcze nie było nawet w planie powstania parafii tatrzańskiej gdy Pallotyni już występowali o takie zezwolenie, a obecnie parafia tatrzańska ma już w znacznej mierze zaawansowaną budowę gdyż Pallotyni nadal za tym chodzą. Za takim stan rzeczy Pallotyni między sobą obwiniają kurię krakowską, którą we wszystkich sprawach daje pierwszeństwo lub wręcz foruje parafie prowadzone przez księży świeckich.

Wszystkie te odczucia pokrywają się w całej rozciągłości z odczuciami jakie ma w tym zakresie proboszcz zakopiańskiej parafii XX Pallotynów ks. Drozdek. Uważa on przy tym, że aby parafia, którą polecono mu kierować miała funkcjonować prawidłowo kwestia kościoła dla nich powinna być rozwiązana pozytywnie. W tej sprawie z początkiem nadchodzącego tygodnia /2-7.09./ udaje się do kardynała Macharskiego na audiencję aby przypomnieć mu wcześniejsze zobowiązania w tym zakresie.

Po spotkaniu z kardynałem metropolitą i w zależności od jej wyniku zamierza - po wcześniejszym umówieniu się - pojechać do dyr. Leśniaka do UW Nowy Sącz. Ma tam zamiar przedstawić swoje sprawy w tym zakresie.

Obok tego Pallotynów oburza stanowisko proboszcza parafii Kościelisko, który w sposób zdecydowany i jednoznaczny odmówił chowania na podległym mu cmentarzu wiernych z Krzeptówek. I tą sprawę ks. Drozdek zamierza przedstawić w rozmowie z metropolitą krakowskim.

- 3 -

30^{28}

Uwagi z rozmowy

- Rozmowa z kandydatem na tw przebiegała w sympatycznej
i rzeczowej atmosferze przy czym rozmówca poruszane problemy rozwijał
bez skrępowania i sprawy te omawiał w sposób wyczerpujący czasami tylko
stwierdzając, że my i tak te zagadnienia znamy i jesteśmy w nich zorię-
towani nie gorzej od niego.

- Na kolejną rozmowę z kand. ps. "Ewa" umówiłem się po jego
powrocie do Zakopanego i uzyskania informacji o pobycie ks. Drozdka
w kurii krakowskiej oraz wynikach rozmowy jaką miał z kardynałem Macharskim.
Dokładny czas i miejsce rozmowy zostaną uzgodnione w wyniku bezpośredniego kontaktu telefonicznego.
Propozycję spotkania i relacji w/omówinych kand. przyjął jako rzecz naturalną i wyraził na to pełną gotowwość.

Wnioski

- Rozmówca w obecnej chwili odpowiada pod względem merytorycznym wymogom stawianym przed tw. gdyż bez żadnych uwag umawia się na spotkania o charakterze konspiracyjnym oraz bez zastrzeżeń godzi się na re-
alizowanie stawianych mu zadań.
Równocześnie przyjmuje on do wiadomości i zastosowania się nasze sugestie
odnośnie postępowania w określonych sytuacjach uznanych przez nas jako
istotne operacyjnie korzystne.
- Uważam, że wystąpienie do rozmówcy z propozycją o napisanie
formalnego zobowiązania do współpracy z SB odniesnie wręcz przeciwny
skutek od zamierzonego i spowoduje, iż źródło to o ile nie będzie unikać
z nami kontaktów to będzie nam udzielać informacji, które będą dla nas
merytorycznie bez wartościowe.

Przedsięwzięcia

- W oparciu o raport z uzasadnieniem powyższej sytuacji operacyjnej wystąpić do Z-cy Szefa RUSW Zakopane d/s SB o wyrażenie zgody na
wykorzystywanie w/w jako tajnego współpracownika przy odstąpieniu od pobierania od niego formalnego zobowiązania od współpracy.
- W oparciu o powyższe zarejestrować w/w jako osobowe źródło
informacji w kategorii tw w sieci informacyjnej SB RUSW Zakopane.

kpt. A. Szczepański

odb. 2 egz
1 egz. tka kand."Ewa"
2 egz. Wdz. IV N.Sącz

Z a t w i e r d z a m

" .... "

Kraków dnia *19 04* 1978 rok

Tajne specjalnego znaczenia

Egz. pojedynczy

P L A N

3.

opracowania kandydata na tw.ks. BIELAŃSKIEGO Jana

Ks. BIELAŃSKI Jan, s.Teofila i Anieli zd. Kulawiak, ur.03.01.1939 roku w Odrowążu Podhalańskim pow. Nowy Targ. Pochodzenie społeczne: chłopskie, narodowość i obywatelstwo: polskie, zam.Kraków ul.Bronowicka 78, posiada dowód osobisty nr ZL 168 4828 wydany przez KPMO Nowy Targ. Obecnie wikariusz parafii Bronowice Małe.

Wymieniony w 1958 roku ukończył Liceum Ogólnokształcące w Nowym Targu - w czasie nauki w szkole średniej dał się poznać jako pilny i zdyscyplinowany uczeń - jednak nie był zbyt lubiany przez grono nauczycielskie i kolegów. Do krakowskiego Seminarium Duchownego wstąpił pod namową rodziców i miejscowego kleru.

W czasie pobytu w WSD Bielański oceniany był jako człowiek uczynny, życzliwy, bez większego doświadczenia życiowego, specjalnie nie uzdolniony /braki te nadrabiał pilnością i gorliwością/, przez kierownictwo seminarium dobrze widziany i wysoko notowany.

Przez cały pobyt w seminar' m skłonności do kobiet i alkoholu nie przejawiał,bardzo mu zależało na tym aby zostać księdzem. Ponadto znany był w seminarium z tego ,że"studiował"- dla własnego zadowolenia jak oświadczał kolegom - filozofię marksistowską.

W 1963 roku został wyświęcony i podjął pracę jako wikariusz parafii Stryszawa w dekanacie suskim gdzie pracował do 1966 roku, następnie pracował w Zakopanem /1966 - 1972/ a od 1972 roku podjął pracę na terenie miasta Krakowa najpierw w parafii św.Floriana do 1976 roku a do chwili obecnej w parafii Bronowice Małe jako wikariusz . W dotychczasowej pracy duszpasterskiej nie przejawiał działalności

Plan opracowania kandydata na TW ks. Jana Bielańskiego przygotowany przez ppor. Romana Waśkowicza 19 kwietnia 1978 r. (zaczerniono informacje dotyczące rodziny duchownego); IPN Kr 00100/1598, k. 10–12 (mikrofilm)

- 2 - 11

sprzecznej z zasadami ustrojowymi obowiązującymi w PRL. W głoszonych
kazaniach z zasady nie przejawiał wrogich akcentów za wyjątkiem kazania
wygłoszonego w lipcu 1965 roku, kiedy powiedział: "jak władze zdarły
znak krzyża świętego ze ścian,to z serc nam ich nie wydrą."
Do czasu pobytu poza Krakowem Bielański nie przejawiał również specjalnych skłonności do życia świeckiego, w stosunku do przełożonych był
uległy i skwapliwie wykonywał ich polecenia.
Pobyt w Krakowie stopniowo zmieniał jego osobowość, zaczął prowadzić
bardziej świecki tryb życia w w elu wypadkach zapominając nawet o swoim
kapłańskim powołaniu, które ac tej pory dominowało w jego życiu osobistym. Utrzymuje kontakty z wiel oma osobami cywilnymi w tym z jedną nn.
kobietą z którą prawdopodobnie był za granicą - kilkakrotnie wyjeżdżał
do Włoch i Jugosławii w celach turystycznych. Posiada własny samochód
m-ki Fiat 125 oraz konto dewizowe.
W roku 1977 zorganizował punkt katechetyczny w budynku prywatnym ob.
Francuz przy ul Bronowickiej nr 78 gdzie również zameldował się na pobyt stały - wychodząc tymsamym spod kurateli ks.proboszcza -Truszkowskie
go z którym do tej pory nie miał najlepszych stosunków.

W toku opracowania wymienionego jako kandydata na tw. zamierzam:

- dogłębnie i wszechstronnie rozpoznać jego aktualne i perspektywiczne
  możliwości co do informowania nas o sprawach będących w zainteresowaniu Służby Bezpieczeństwa. /parafia, kuria, środowisko/
- jego walory osobiste takie jak: poziom intelektualny, zainteresowania,
  upodobania hobby itd.
- jego predyspozycje psychiczne a w szczególności, łatwość nawiązywania
  kontaktów, umiejętność zachowania się w sytuacjach trudnych, szybkość
  podejmowania decyzji, krytyczne ocenianie faktów itd.

Z wymienionym zamierzam podjąć dialog operacyjny na płaszczyźnie towa-
rzyskiej wykorzystując do tego możliwości operacyjne posiadanych na

- 3 -   12

tamtym ternie osobowych źródeł informacji a także osób mających pośre-
nie dotarcie do wymienionego.

Opracowanie kandydata zamierzam prowadzić w następujących kierunkach:
- Prowadzić bieżące rozpoznanie stosunku kandydata do zaleceń płynących
z ośrodka dyspozycyjnego jakim jest krakowska kuria oraz od proboszcza
parafii jako bezpośredniego przełożonego.
- Rozeznać kontakty kandydata z osobami świeckimi oraz osobami duchownymi w celu uchwycenia kompromitujących go kontaktów lub sytuacji, które przyczynić się mogą do przyspieszenia procesu pozyskania go na tajnego współpracownika.
tajnego współpracownika.
- Przeprowadzenie dokładnego wywiadu i rozpoznania rodziny kandydata
ustalenie ich pozycji materialnej oraz zaangażowania społeczno-politycznego.
- Wspópraca z Wydziałem IV KWMO w Nowym Sącz w zakresie rozpoznania
i ustalenia jego kontaktów w rodzinnych stronach /rejon nowotarski/.

Opracowanie wymienionego jako kandydata na tajnego współpracownika po-
dyktowane jest koniecznością posiadania osobowego źródła informacji
w rejonie Bronowic i Widoku - albowiem w terenie tym coraz bardziej
eksponuje się problem budownictwa sakralnego /kościół na Widoku /.

Termin realizacji przewiduje się na III-ci kwartał 1978 roku - wyk.
                                        ppor.Roman Waśkowicz

Wyk.1 egz.RW
teczka kand.   st.insp. Wydziału IV sekc.Ia
                                                ppor. Roman Waśkowicz

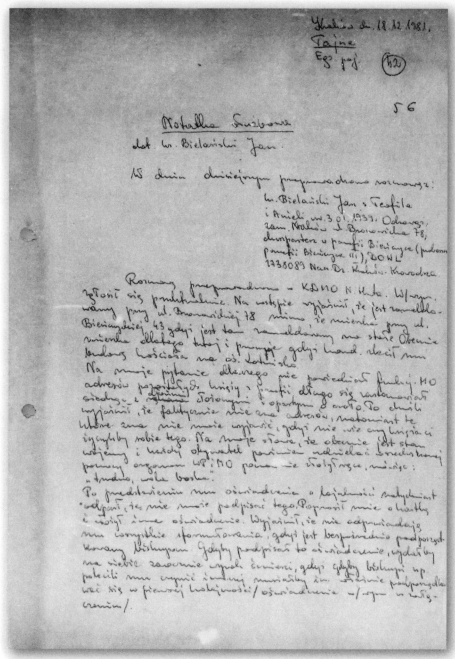

Notatka służbowa dotycząca nieudanej próby werbunku ks. Jana Bielańskiego
sporządzona przez ppor. Adama Wypaska 18 grudnia 1981 r.;
IPN Kr 00100/1598, k. 56 i 56v (mikrofilm)

Gdy mu powiedziałem - ewentualnych konsekwencjach gdyby nie przestrzegał obowiązującego przepisu prawnego odparł, że zawsze będzie przestrzegał. Ale gdyby otrzymał polecenie od moich wierzchników nie zgodne będzie musiał wykonać. Podczas rozmowy dało się zauważyć u w/w zdenerwowanie, które wyrażał poprzez złożenie dłoni i zaczerwienie rokie twarzy Prawdopodobnie wiedział o treści oświadczenia i był poinstruowany przez kogoś jak ma postępować. Oświadczenie które pisał, pisał bez zastanowienia się nad treścią

Wzór. kpt?

Ppor. Składowski

Ks Jan Bielański

57

18.12.1981

ul. Bronowicka 7?

duszpasterz w Nowej Hucie
Bieńczycach

Oświadczam

Ja niżej podpisany oświadczam
że w obecnym stanie wojennym
i zrewolucją ... nie będę szkodził
swojej ... Ojczyźnie,
Bogu, kościołowi i ewangelii
i będę postępował zgodnie
z własnym sumieniem ukształtowanym na prawie Bożym
miłości Boga i bliźniego.

Ks Jan Bielański

Oświadczenie ks. Jana Bielańskiego złożone 18 grudnia 1981 r.;
IPN Kr 00100/1598, k. 57 (mikrofilm)

Notatka służbowa dotycząca nieudanej próby nawiązania kontaktu
z ks. Janem Bielańskim sporządzona przez por. Adama Wypaska
16 kwietnia 1985 r.; IPN Kr 00100/1598, k. 67 (mikrofilm)

pracownika nie ma prawdopodobnie szans
na kontynuowanie dialogu. Proponuję zaniechać
opracowania kand. a materiały złożyć w Wydz.
"C".

W.g. Legz - t. kand. na ko. ps. "Garda"   St. insp. Wydz. IV s. VII
                                                  por. Wyszmaroś

Kraków 1987-01-20
T A J N E spec.znaczenia
Egz.poj.

69

A N A L I Z A

oprac.kand. na tw. ps."Gazda" nr rej.20260

Kand.na tw.ps."Gazda" nr rej.20260 został zarejestrowany jako kand.28.04.1978 r.wówczas to organizował nielegalnie punkt katechetyczny w budynku prywatnym,gdzie obecnie znajduje się ośrodek duszpasterski.Po utworzeniu punktu i zorganizowaniu nabożeństw w 1980 r. został przeniesiony na inną placówkę jako proboszcz. Z kand.przeprowadzono dwie rozmowy oraz podjęto kilka prób nawiązania dialogu.W obu rozmowach ustosunkował się negatywnie do pracownika. w trakcie drugiej rozmowy oświadczył,iż nie ma czasu a o ile jest potrzeba przeprowadzenia z nim rozmowy to prosi o wezwanie a wówczas będzie zmuszony się stawić.

W tej sytuacji proponuję zaniechać opracowania kand. a materiały włączyć do teczki EOK,która jest obecnie w DUSW Nowa Huta.lub złożyć w tut.Wydz."C" na okres 10 lat.

Wyk.1 egz.WA
egz.nr 1-t.pers.kand.na tw.nr rej.20260

po kierownik.IV Wydz.IV
kpt. Adam Wypasek

Dokument zamykający sprawę nieudanego werbunku ks. Jana Bielańskiego sporządzony przez kpt. Adama Wypaska 20 stycznia 1987 r.;
IPN Kr 00100/1598, k. 69 (mikrofilm)

BIBLIOGRAFIA

A

Źródła

EAOL 46954
IPN Bi 066/20
IPN BU 001043/2795 (mf 14291/1)
IPN BU 001043/3027
IPN BU 001043/3135 (mf 14749)
IPN BU 001043/3149 (mf 14765/1)
IPN BU 001052/1379 (mf 20455/1)
IPN BU 001052/1634
IPN BU 001052/1703 (mf 21170/1)
IPN BU 001102/247
IPN BU 00124/75
IPN BU 00191/316
IPN BU 00191/408
IPN BU 00473/110
IPN BU 00945/1674 (mf 6289/1)
IPN BU 01069/339 (mf J-469)
IPN BU 01069/732
IPN BU 01122/147
IPN BU 01122/165
IPN BU 01122/168
IPN BU 01122/169
IPN BU 01122/170
IPN BU 01254/304
IPN BU 01283/326 (mf V14-6C-1)
IPN BU 01283/329 (mf V14-6C-4)
IPN BU 01283/330 (mf V14-6C-5)
IPN BU 01283/332 (mf V14-6C-7)
IPN BU 01283/376 (mf V14-7B-2)
IPN BU 01283/628 (mf V14-17B-2)
IPN BU 01283/629 (mf V14-17B-3)
IPN BU 01283/745 (mf V14-20B-5)
IPN BU 01283/960
IPN BU 01283/961
IPN BU 01283/962
IPN BU 01283/963
IPN BU 01283/964
IPN BU 01283/965
IPN BU 01283/966

IPN BU 01285/209 (mf J-7526)
IPN BU 01285/873 (mf J-8348)
IPN BU 01429/11 (mf Opracowanie 585)
IPN BU 01521/1782
IPN BU 01521/32
IPN BU 01522/434
IPN BU 01522/513
IPN BU 01591/63 (mf J-11630)
IPN BU 01592/342 (mf J-10500)
IPN BU 01592/549 (mf J-10767)
IPN BU 01592/658 (mf J-10912)
IPN BU 01640/12
IPN BU 0296/217
IPN BU 0356/1, t. 1–2
IPN BU 0356/12, t. 1–4
IPN BU 0356/2, t. 1–4
IPN BU 0356/3, t. 1–4
IPN BU 0356/6, t. 1–3
IPN BU 0356/7, t. 1–3
IPN BU 0397/202
IPN BU 0397/213, t. 1–3
IPN BU 0397/263, t. 1–3
IPN BU 0397/466, t. 1–3
IPN BU 0397/562
IPN BU 0397/662
IPN BU 0586/1476
IPN BU 0639/111
IPN BU 0639/123
IPN BU 0639/141, t. 1–7
IPN BU 0645/40
IPN BU 0700/675, t. 1–2
IPN BU 0713/154
IPN BU 0713/217, t. 1–2
IPN BU 0713/230, t. 1–2
IPN BU 0713/264
IPN BU 0713/265
IPN BU 0713/267
IPN BU 0713/272

IPN BU 0713/288
IPN BU 0713/304, t. 1–3
IPN BU 0713/350
IPN BU 0713/369
IPN BU 0887/120
IPN BU 174/15
IPN BU 225/14, t. 1–3
IPN BU EA 218250
IPN BU EA 36661
IPN BU MSW II 1179
IPN BU MSW II 2974
IPN BU MSW II 2978
IPN BU MSW II 2981
IPN BU MSW II 2982
IPN BU MSW II 2986
IPN BU MSW II 2990
IPN BU MSW II 2997
IPN BU MSW II 3002
IPN BU MSW II 3003
IPN BU MSW II 3004
IPN BU MSW II 3005
IPN BU MSW II 3006
IPN BU MSW II 3007
IPN BU MSW II 3008
IPN BU MSW II 3011
IPN BU MSW II 3012
IPN BU MSW II 3037
IPN BU MSW II 3041
IPN BU MSW II 3043
IPN BU MSW II 3044
IPN BU MSW II 3399
IPN BU MSW II 389
IPN BU MSW II 4158
IPN BU MSW II 4231
IPN BU MSW II 4722
IPN BU MSW II 4723
IPN BU MSW II 4725
IPN BU MSW II 5864
IPN BU MSW II 5889
IPN BU MSW II 5954
IPN BU MSW II 6306
IPN BU MSW II 6363
IPN Ka 001/949, t. 3
IPN Ka 00141/345 j. 1
IPN Ka 00144/1627 j. 1
IPN Ka 00171/164 j. 1
IPN Ka 00171/1678 j. 1
IPN Ka 00233/821, t. 1–2
IPN Ka 0025/1057
IPN Ka 0025/1802, t. 1–2
IPN Ka 0025/2429
IPN Ka 0025/2715, t. 1–2
IPN Ka 0025/2788, t. 1–2
IPN Ka 0025/2961
IPN Ka 0025/2965

IPN Ka 0025/3174, t. 1
IPN Ka 0025/3182, t. 1–2
IPN Ka 0025/3476, t. 1
IPN Ka 0040/1406
IPN Ka 0046/1291, t. 1
IPN Ka 0062/176, t. 3
IPN Ka 0062/911, t. 2
IPN Ka 030/177, t. 2, 4, 6
IPN Ka 047/2311, t. 1–3
IPN Ka 056/123, t. 2–3
IPN Ka 056/3
IPN Ka 056/78
IPN Ka 07/188, t. 1
IPN Ka 085/10, t. 1, cz. 1
IPN Ka 085/12
IPN Ka 085/17
IPN Ka 085/20
IPN Ka 085/23
IPN Ka 085/3, t. 2
IPN Ka 085/37, t. 4
IPN Ka 085/4, t. 2
IPN Ka 085/41, cz. 1
IPN Ka 085/50
IPN Ka 085/61
IPN Ka 085/7, t. 7, 12
IPN Ka 085/8, t. 2, 5, 6, 8
IPN Ka 085/9, t. 6, 9
IPN Kr 0032/2873, t. 1–2
IPN Kr 00100/1480
IPN Kr 00100/1596
IPN Kr 00100/1598
IPN Kr 00100/1801
IPN Kr 00100/323
IPN Kr 00100/515
IPN Kr 00100/532
IPN Kr 00100/60
IPN Kr 00100/668
IPN Kr 00115/118
IPN Kr 00246/3039
IPN Kr 0032/1747, t. 1–3
IPN Kr 0032/2549, t. 1–2
IPN Kr 0032/2686, t. 1–2
IPN Kr 0032/2778
IPN Kr 0032/2809, t. 1–2
IPN Kr 0032/2814
IPN Kr 0032/2845, t. 1–2
IPN Kr 0032/2907, t. 1–2
IPN Kr 0032/3030, t. 1–2
IPN Kr 0032/3032, t. 1–2
IPN Kr 0032/544
IPN Kr 0032/811
IPN Kr 009/103, t. 1–2
IPN Kr 009/10508, t. 1–2
IPN Kr 009/10510, t. 1–2
IPN Kr 009/10514, t. 1–2

IPN Kr 009/10519, t. 1–2

IPN Kr 009/10522, t. 1–2

IPN Kr 009/10523, t. 1–2

IPN Kr 009/10553, t. 1–2

IPN Kr 009/10564

IPN Kr 009/10581

IPN Kr 009/10585

IPN Kr 009/10586, t. 1–2

IPN Kr 009/1334

IPN Kr 009/2773

IPN Kr 009/3034, t. 1–3

IPN Kr 009/3475

IPN Kr 009/3530

IPN Kr 009/3902

IPN Kr 009/3903, t. 1–2

IPN Kr 009/5244

IPN Kr 009/5255, t. 1–2

IPN Kr 009/5375, t. 1–2

IPN Kr 009/594, t. 1–2

IPN Kr 009/6105

IPN Kr 009/6623, t. 1–3

IPN Kr 009/6749

IPN Kr 009/7002

IPN Kr 009/7251, t. 1–4

IPN Kr 009/7469, t. 1–2

IPN Kr 009/7586, t. 1–8

IPN Kr 009/7789, t. 1–3

IPN Kr 009/7889

IPN Kr 009/8019

IPN Kr 009/8205

IPN Kr 009/8510

IPN Kr 009/8703

IPN Kr 009/8775, t. 1–3

IPN Kr 009/8851, t. 1–2

IPN Kr 009/8871, t. 1–3

IPN Kr 009/8945, t. 1–2

IPN Kr 009/9145

IPN Kr 009/9959

IPN Kr 009/9973

IPN Kr 009/9974

IPN Kr 009/9975, t. 1–12

IPN Kr 009/9987

IPN Kr 010/10452

IPN Kr 010/11899

IPN Kr 010/11975

IPN Kr 010/12402

IPN Kr 010/543, t. 1–2

IPN Kr 010/9833

IPN Kr 0101/266

IPN Kr 0102/21

IPN Kr 0160/2, t. 1–4

IPN Kr 039/110, t. 1

IPN Kr 049/72

IPN Kr 056/105

IPN Kr 059/100/14

IPN Kr 07/3401, t. 1–2

IPN Kr 07/4329

IPN Kr 07/4980

IPN Kr 07/5425, t. 1–4

IPN Kr 076/22

IPN Kr 08/262, t. 1–30

IPN Kr 08/296, t. 1–20

IPN Kr 08/303

IPN Kr 08/315, t. 1–25

IPN Kr 143/188

IPN Kr 210/45

IPN Kr 210/52

B

Literatura

Adamczewski Jan, *Mała encyklopedia Krakowa*, Kraków 1997.
Aparat bezpieczeństwa w Polsce. Kadra kierownicza, t. 2: *1956–1975*, pod red. Pawła Piotrowskiego, Warszawa 2006.
Aparat bezpieczeństwa w Polsce w latach 1950–1952. Taktyka, strategia, metody, wybór i oprac. Antoni Dudek, Andrzej Paczkowski, Warszawa 2000.
„Aparat Represji w Polsce Ludowej 1944–1989" 2004, nr 1.
„Arcana" 2002, nr 46–47 (numer specjalny poświęcony działalności operacyjnej UB-SB).
Baliszewski Dariusz, Kunert Andrzej Krzysztof, *Ilustrowany przewodnik po Polsce stalinowskiej*, t. 1, Warszawa 1999.
Bereś Witold, *Krzyż nad Nową Hutą. Rozmowa z ks. Tadeuszem Isakowiczem-Zaleskim*, „W drodze" 1988, nr 11 (183).
Błażyński Zbigniew, *Mówi Józef Światło*, Londyn 1985.
Bonowicz Wojciech, *Tischner*, Kraków 2005.
Boryszewski Paweł, *Duszpasterstwa Ludzi Pracy w latach 1973–1990*, Warszawa 1995.
Cecuda Dariusz, *Leksykon opozycji politycznej 1976–1989*, Warszawa – Toruń 1989.
Czasami mocni, czasami słabi. Z ks. Czesławem Skowronem rozmawia Jan Strzałka, „Tygodnik Powszechny" 2003, nr 4.
Czuchnowski Wojciech, *Blizna. Proces Kurii Krakowskiej 1953*, Kraków 2003.
Do prześladowania nie daliśmy powodu... Materiały z sesji poświęconej procesowi Kurii krakowskiej, pod red. Ryszarda Terleckiego, Kraków 2003.
Dudek Antoni, *Państwo i Kościół w Polsce 1945–1970*, Kraków 1995.
Dudek Antoni, Ryszard Gryz, *Komuniści i Kościół w Polsce (1945–1989)*, Kraków 2006.
Dyduch Jan, *Kanoniczne wizytacje parafii Kardynała Karola Wojtyły*, Kraków 2000.
Dzieje Krakowa, t. 4: *Kraków w latach 1918–1939*, pod red. Janiny Bieniarzówny, Jana M. Małeckiego, Kraków 1997.
Dzieje Krakowa, t. 5: *Kraków w latach 1939–1945*, pod red. Janiny Bieniarzówny, Jana M. Małeckiego, Kraków 2002.
Dzwonkowski Roman, *Leksykon duchowieństwa polskiego represjonowanego w ZSRR (1939–1988)*, Lublin 2003.
Encyklopedia wiedzy o jezuitach na ziemiach Polski i Litwy 1564–1995, oprac. Ludwik Grzebień, Kraków 1996.
Franczyk Jan L., *Na fundamencie Krzyża, Kościół katolicki w Nowej Hucie w latach 1949–1989*, Kraków 2004.
Frazik Wojciech, Musiał Filip, Szpytma Mateusz, *Twarze krakowskiej bezpieki. Obsada stanowisk kierowniczych Urzędu Bezpieczeństwa i Służby Bezpieczeństwa w Krakowie. Informator personalny*, Kraków 2006.

Gliksman Adam, *Solidarność Małopolska. Kalendarium 1980–2005*, Kraków 2005.
Głębocki Henryk, *Policja tajna przy robocie*, Kraków 2005.
Gontarczyk Piotr, *Kłopoty z historią. Publicystyka z lat 1996–2005*, Warszawa 2006.
Gorzelany Józef, *Gdy nadszedł czas budowy Arki. Dzieje budowy kościoła w Nowej Hucie*, Paryż 1998.
Gowin Jarosław, *Dlaczego jestem za lustracją*, „Znak" 2005, nr 3 (598).
Gowin Jarosław, *Kościół w czasach wolności. 1989–1999*, Kraków 1999.
Górny Stanisław, *Z dziejów starań o budowę kościoła Św. Maksymiliana Męczennika w Oświęcimiu*, Rzeszów 2002.
Graczyk Roman, *Tropem SB. Jak czytać teczki*, Kraków 2007.
Grajewski Andrzej, *Kompleks Judasza*, Poznań 1999.
Guzik Dominik, *Kapłani w strukturach opozycji politycznej w Krakowie w latach 1981–1989*, (maszynopis).
Gwałtownik Królestwa Bożego. Ks. Franciszek Blachnicki, Lublin 1994.
Historia Kościoła w Polsce, pod red. Bolesława Kumora, Zdzisława Obertyńskiego, t. 2, Lublin 1978.
Holzer Jerzy, *„Solidarność" 1980–1981. Geneza i historia*, Paryż 1984.
Instrukcje pracy operacyjnej aparatu bezpieczeństwa (1945–1989), oprac. Tadeusz Ruzikowski, Warszawa 2004.
Isakowicz-Zaleski Tadeusz, *Słownik biograficzny duchownych ormiańskokatolickich oraz duchownych rzymskokatolickich pochodzenia ormiańskiego w Polsce*, Kraków 2001.
Jacewicz Wiktor, *Martyrologium polskiego duchowieństwa rzymskokatolickiego pod okupacją niemiecką w latach 1939–1945*, Warszawa 1977.
Jan Paweł II, *Pamięć i tożsamość*, Kraków 2005.
Karsznia Niward St., *Powstanie parafii i budowa kościoła Matki Bożej Częstochowskiej w Nowej Hucie*, Kraków 1994.
Komunikaty Konferencji Episkopatu Polski 1945–2000, oprac. Jan Żaryn, Poznań 2006.
Konspiracja i opór społeczny w Polsce 1944–1956. Słownik biograficzny, t. 2, Kraków 2004.
Korkuć Maciej, *Niepodległościowe oddziały partyzanckie w Krakowskiem (1944–1947)*, Kraków 2002.
Kościół krakowski w tysiącleciu, Kraków 2000.
Kościół w godzinie próby, Kraków 2006.
Kowalów Witold, *Polscy katolicy na Bukowinie. Rozmowa z ks. Adolfem Chojnackim, jednym z duszpasterzy w Łucku*, „Wołanie z Wołynia" 1996, nr 2 (9).
Księga Pamiątkowa Duszpasterstwa Nauczycieli „Ostoja", Kraków 2002.
Księga Sapieżyńska, pod red. ks. Jerzego Wolnego, t. 1–2, Kraków 1982–1986.
Lasota Marek, *Donos na Wojtyłę*, Kraków 2006.
Lasota Marek, *Lato 1979. Jan Paweł II w Krakowie*, „Znak" 2005, nr 3 (598).
Leksykon duchowieństwa represjonowanego w PRL w latach 1945–1989, t. 1–3, pod red. Jerzego Myszora, Warszawa 2002–2006.
Ludzie bezpieki w walce z Narodem i Kościołem, oprac. Mirosław Piotrowski, Lublin 2000.
Łoziński Bogumił, *Leksykon zakonów w Polsce*, Warszawa 2002.
Marecki Józef, *Zakony męskie w Polsce*, Kraków 1997.
Marecki Józef, *Zakony żeńskie w Polsce*, Kraków 1997.
Metody pracy operacyjnej aparatu bezpieczeństwa wobec Kościołów i związków wyznaniowych 1945–1989, wybór i red. Adam Dziurok, Warszawa 2004.
Między sierpniem a grudniem. „Solidarność" w Krakowie i Małopolsce w latach 1980–1981, pod red. Tomasza Gąsowskiego, Kraków 2006.
Mikulski Jan, *Ks. Franciszek Blachnicki – prorok odnowy człowieka w czasach konfrontacji*, [w:] *Więksi i mniejsi prorocy Europy Środkowo-Wschodniej XX wieku*, pod red. Karola Klauzy, Stanisława Celestyna Napiórkowskiego, Kazimierza Peka, Lublin 2003.

Musiał Filip, *Polityka czy sprawiedliwość? Wojskowy Sąd Rejonowy w Krakowie (1946–1955)*, Kraków 2005.

Musiał Filip, *Skazani na śmierć przez Wojskowy Sąd Rejonowy w Krakowie (1946–1955)*, Kraków 2005.

Musiał Filip, Lasota Marek, *Kościół zraniony. Proces księdza Lelity i sprawa kurii krakowskiej*, Kraków 2003.

Myszor Jerzy, *Historia diecezji katowickiej*, Katowice 1999.

Nikt z nas nie żyje dla siebie… Z o. Augustynem Jankowskim OSB rozmawiają ks. Wiesław Alicki, Janusz Jabłoński, Anna i Marek Łosiowie, Kraków 2005.

Nitecki Piotr, *Biskupi Kościoła w Polsce w latach 965–1999. Słownik biograficzny*, Warszawa 2000.

Nowa Huta – miasto walki i pracy, pod red. Ryszarda Terleckiego, Marka Lasoty, Jarosława Szarka, Kraków 2002.

Opozycja w PRL. Słownik biograficzny 1956–89, t. 1–3, pod red. Jana Skórzyńskiego, Pawła Sowińskiego, Małgorzaty Strasz, Warszawa 2000–2006.

Paczkowski Andrzej, *Pół wieku dziejów Polski. 1939–1989*, Warszawa 2000.

Palmowski Władysław, *Był taki czas*, Kraków 2001.

Petrowa-Wasilewicz Alicja, *Leksykon ruchów i stowarzyszeń w Kościele*, Warszawa 2002.

Polak Grzegorz, *Kto jest kim w Kościele*, Warszawa 1999.

Przestępstwa sędziów i prokuratorów w Polsce 1944–1956, pod red. Witolda Kuleszy, Andrzeja Rzeplińskiego, Warszawa 2001.

Przybyszewski Bolesław, *Adam Stefan kardynał Sapieha – Pasterz Dobry, Książę Niezłomny 1867–1951*, Łańcut 2002.

Przybyszewski Bolesław, *Zarys dziejów diecezji krakowskiej (do roku 1994)*, Kraków 2000.

Raport Rokity. Sprawozdanie Sejmowej Komisji Nadzwyczajnej do Zbadania Działalności MSW, Kraków 2005.

Represje wobec duchowieństwa Kościołów chrześcijańskich w okresie stalinowskim w krajach byłego bloku wschodniego, pod red. Jerzego Myszora, Adama Dziuroka, Katowice 2004.

Roliński Adam, *Od „Wenecji" do „Reformacji". Operacyjne zainteresowania krakowskiej Służby Bezpieczeństwa 1962–1989. Próba zestawienia*, „Słowiniec" 2005, nr 27.

Rostworowski Tomasz SJ, *Zaraz po wojnie… Wspomnienia duszpasterza (1945–1956)*, Paryż 1986.

Sadecki Jerzy, *Nowa Huta. Ziarna gniewu, ziarna nadziei*, Warszawa 1989.

Sanak Józef, *„Gorszy niż bandyta". Kapłan w stalinowskim więzieniu (1950–1955)*, Bielsko-Biała 2001.

Seminarium duchowne w Krakowie. 400-lecie, Kraków 2001.

Skóra Ryszard, *Esbeckie świadectwa*, Mielec 2006.

Słownik polskich teologów katolickich, pod red. Ludwika Grzebienia, t. 5–7, Warszawa 1983–1995.

Smoleński Paweł, *A na hucie strajk… Opowieść dokumentalna*, Warszawa 1989.

Spis duchowieństwa diecezjalnego w Polsce, Poznań – Warszawa 1975.

Sprawa Pyjasa. Czy ktoś przebije ten mur?, oprac. Florian Pyjas, Adam Roliński, Jarosław Szarek, Kraków 2000.

Stan wojenny w dokumentach władz PRL (1980–1983), wybór i oprac. Bogusław Kopka, Grzegorz Majchrzak, Warszawa 2001.

Stan wojenny w Małopolsce w relacjach świadków, oprac. Zbigniew Solak, Jarosław Szarek, Kraków 2001.

Stan wojenny w Polsce 1981–1983, pod red. Antoniego Dudka, Warszawa 2003.

Stanaszek Bogdan, *Diecezja sandomierska w powojennej rzeczywistości politycznej 1945–1967*, t. 1: *Polityka personalno-organizacyjna*, Sandomierz 2006.

Szetelnicki Wacław, *Arcybiskup-Wygnaniec Eugeniusz Baziak metropolita lwowski*, Kraków 1989.

Szwagrzyk Krzysztof, *Prawnicy czasu bezprawia. Sędziowie i prokuratorzy wojskowi w Polsce 1944-1956*, Wrocław – Kraków 2005.

Szwagrzyk Krzysztof, *Zbrodnie w majestacie prawa*, Warszawa 2000.

Tajne dokumenty Państwo–Kościół 1980–1989, Londyn – Warszawa 1993.

Teczki Wojtyły. Z najnowszej historii Kościoła, Warszawa 2003.

Terlecki Ryszard, *Dyktatura zdrady*, Kraków 1991.

Terlecki Ryszard, *Wydawnictwa niezależne w Krakowie w latach 1976–1980*, [w:] *Wydawnictwa podziemne w powojennym Krakowie. Materiały sesji naukowej odbytej 26 czerwca 1992 roku*, Kraków 1993.

Terlikowski Tomasz, *Bon moty zamiast argumentów*, „W drodze" 2006, nr 10 (398).

Tischner Józef, *Polski kształt dialogu*, Paryż 1981.

Tokarczuk Ignacy, *Wytrwać i zwyciężyć*, Paryż 1988.

Urban Jacek, *Ks. Adolf Chojnacki*, „Wołanie z Wołynia" 2001, nr 6 (43).

W kręgu „teczek". Z badań nad zasobem i funkcjami archiwum Instytutu Pamięci Narodowej, pod red. Jerzego Bednarka, Pawła Perzyny, Łódź 2006.

Wanat Benignus Józef, *Zakon karmelitów bosych w Polsce*, Kraków 1979.

Widziane z Franciszkańskiej. Spotkanie z Kardynałem Franciszkiem Macharskim, t. 1, Kraków 2001.

Wokół teczek bezpieki. Zagadnienia metodologiczno-źródłoznawcze, pod red. Filipa Musiała, Kraków 2006.

Z dawna Polski Tyś Królową. Przewodnik po sanktuariach maryjnych, oprac. Grażyna od Wszechpośrednictwa M.B., Gizela od Niepokalanego Serca Maryi, Romana Szymczak, Szymanów 1999.

Zakony benedyktyńskie w Polsce, Tyniec 1980.

Zaleski Jan, *Kronika życia*, Kraków 1999.

Zieliński Zygmunt, *Kościół w Polsce 1944–2002*, Radom 2003.

Zwoliński Andrzej, *Kazimierz Jancarz*, [w:] *Encyklopedia katolicka*, t. 7, Lublin 1997.

Żaryn Jan, *Dzieje Kościoła katolickiego w Polsce (1944–1989)*, Warszawa 2003.

Żaryn Jan, *Kościół a władza w Polsce (1945–1950)*, Warszawa 1997.

Żaryn Jan, *Kościół w PRL*, Warszawa 2004.

Żaryn Jan, *Stolica Apostolska wobec Polski i Polaków w latach 1944–1958 w świetle materiałów ambasady RP przy Watykanie*, Warszawa 1998.

Żurek Jacek, *Kim byli „księża-patrioci"?*, „Biuletyn Instytutu Pamięci Narodowej" 2003, nr 1 (24).

WYKAZ SKRÓTÓW

ATK — Akademia Teologii Katolickiej
ChUR — Chrześcijański Uniwersytet Robotniczy
ChWLP — Chrześcijańska Wspólnota Ludzi Pracy
DLP — Duszpasterstwo Ludzi Pracy
DUSW — Dzielnicowy Urząd Spraw Wewnętrznych
GIM — Główny Inspektorat Ministra
GPK — Graniczny Punkt Kontroli
inf. — informator
IPN — Instytut Pamięci Narodowej
KI — kontakt informacyjny
KIK — Klub Inteligencji Katolickiej
KK — kraje kapitalistyczne
KM — Komenda Miejska MO
KO — kontakt operacyjny; kontakt obywatelski
KP — kontakt poufny
KP PZPR — Komitet Powiatowy PZPR
KPN — Konfederacja Polski Niepodległej
KS — kontakt służbowy
KSM — Katolickie Stowarzyszenie Młodzieży
KSMM — Katolickie Stowarzyszenie Młodzieży Męskiej
KT — konsultant
KTW — kandydat na tajnego współpracownika
KUL — Katolicki Uniwersytet Lubelski
KW MO — Komenda Wojewódzka MO
KW PZPR — Komitet Wojewódzki PZPR
LK — lokal kontaktowy
LWP — Ludowe Wojsko Polskie
MBP — Ministerstwo Bezpieczeństwa Publicznego
MK — mieszkanie konspiracyjne
MO — Milicja Obywatelska
MRN — Miejska Rada Narodowa
MSW — Ministerstwo Spraw Wewnętrznych
MUSW — Miejski Urząd Spraw Wewnętrznych
NOW — Narodowa Organizacja Wojskowa
NSZ — Narodowe Siły Zbrojne
NSZZ — Niezależne Samorządne Związki Zawodowe
ORMO — Ochotnicza Rezerwa MO
OZI — osobowe źródło informacji
PAT — Papieska Akademia Teologiczna
PO — pomoc obywatelska
PPRN — Prezydium Powiatowej Rady Narodowej
PRL — Polska Rzeczpospolita Ludowa
PSL — Polskie Stronnictwo Ludowe
PUBP — Powiatowy Urząd ds. Bezpieczeństwa Publicznego
PWT — Papieski Wydział Teologiczny

PZPR	– Polska Zjednoczona Partia Robotnicza
RFN	– Republika Federalna Niemiec
RSB	– Referat Służby Bezpieczeństwa
RUSW	– Rejonowy Urząd Spraw Wewnętrznych
SB	– Służba Bezpieczeństwa
SMW	– segregator materiałów wstępnych
TEOB	– teczka ewidencji operacyjnej na biskupa
TEOK	– teczka ewidencji operacyjnej na księdza
TEOP	– teczka ewidencji operacyjnej na parafię
TW	– tajny współpracownik
UB	– Urząd Bezpieczeństwa
UJ	– Uniwersytet Jagielloński
WiP	– Ruch „Wolność i Pokój"
WP	– Wojsko Polskie
WSD	– Wyższe Seminarium Duchowne
WUSW	– Wojewódzki Urząd Spraw Wewnętrznych
ZBoWiD	– Związek Bojowników o Wolność i Demokrację
ZMP	– Związek Młodzieży Polskiej
ZOMO	– Zmotoryzowane Odwody MO
ZSRS	– Związek Socjalistycznych Republik Sowieckich

INDEKS OSÓB

(skróty zob. *Wykaz skrótów*)
Indeks nie obejmuje *Załączników* i *Bibliografii*

SPIS TREŚCI

warto wiedzieć więcej

**Historia inwigilacji
Karola Wojtyły**

Marek Lasota
Donos na Wojtyłę

Roman Graczyk

Tropem SB
Jak czytać teczki

„**Krótki i przystępny przewodnik
po esbeckich archiwach**"
ks. Tadeusz Isakowicz-Zaleski

Społeczny Instytut Wydawniczy Znak,
ul. Kościuszki 37, 30-105 Kraków. Wydanie I, 2007.
Druk: Łódzka Drukarnia Dziełowa S.A., ul. Rewolucji 1905 r., nr 45, Łódź.